ما چگونه، ما شدیم

ریشه‌یابی علل
عقب‌ماندگی در ایران

دکتر صادق زیباکلام

۱۳۸۶

زیباکلام، صادق، ۱۳۲۷ -
ما چگونه ما شدیم، ریشه‌یابی علل عقب‌ماندگی در ایران / صادق زیباکلام. ـ [تهران]: روزنه، ۱۳۷۷.
۴۸۰ ص.: نقشه، جدول.

ISBN: 964-90133-5-0

فهرست‌نویسی براساس اطلاعات فیپا.
عنوان دیگر: ریشه‌یابی علل عقب‌ماندگی در ایران.
عنوان روی جلد: ما چگونه، ما شدیم؟ ریشه‌یابی علل عقب‌ماندگی در ایران.
این کتاب در سال‌های مختلف توسط انتشارات روزنه با شماره‌گذاری متفاوت منتشر شده است.
کتابنامه: ص. [۴۴۱] - ۴۴۶.
چاپ چهاردهم: ۱۳۸۵.
۱. ایران - - اوضاع اجتماعی - - تاریخ. ۲. ایران - - استعمار. ۳. استعمار فرهنگی - - ایران.
الف. عنوان. ب. عنوان: ریشه‌یابی علل عقب‌ماندگی در ایران.
HN ۶۷۰/۲/آ۸ ز۹ ۹۵۵/۰۰۴
۱۳۷۷
کتابخانهٔ ملی ایران م۷۸-۲۴۶۷

انتشارات روزنه

● **ما چگونه، ما شدیم** (ریشه‌یابی علل عقب‌ماندگی در ایران)
● **نویسنده:** دکتر صادق زیباکلام
● **طرح جلد:** رضا عابدینی
● **حروف‌چینی:** استلا اورشان
● **اجرای نقشه‌ها:** پویا دارابی
● **چاپ شانزدهم:** ۱۳۸۷، ویراست سوم
● **شمارگان:** ۵۰۰۰ نسخه
● **قیمت:** ۷۰۰۰ تومان
● **چاپ و صحافی:** شادرنگ
● **آدرس:** میدان توحید، خیابان توحید، نبش خیابان پرچم، پلاک ۴، طبقهٔ ۴
● **تلفن:** ۶۶۵۶۷۹۲۵ - ۶۶۴۳۰۵۰۳ ● **فاکس:** ۶۶۵۶۷۹۲۶
● **شابک:** ۹۶۴-۹۰۱۳۳-۵-۰ ISBN 964-90133-5-0

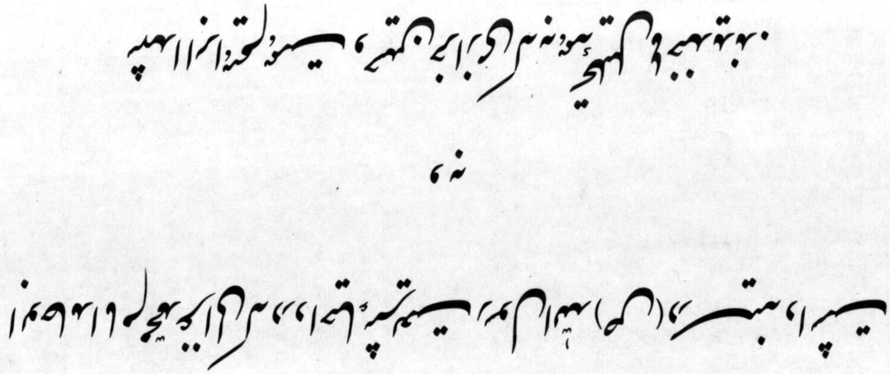

فهرست مطالب

فهرست نقشه‌ها

تولد «ما چگونه، ما شدیم»

بگذارید سخن را از اینجا شروع کنم که اساساً چه شد که من به سروقت مسئله عقب‌ماندگی ایران رفتم. داستان باز می‌گردد به سال‌های ۱۳۶۴ـ۱۳۶۳. من در آن سال‌ها وارد دوره دکترا در دانشگاه برادفورد انگلستان شده بودم و به دنبال نقطه شروعی برای تزم بودم. رساله‌ام پیرامون انقلاب اسلامی ایران بود؛ یا درست‌تر گفته باشم، این‌که چرا و چه شد که آن انقلاب رخ داد. چگونه رژیم مقتدر، پر صلابت و باثبات پهلوی دفعتاً آن‌چنان دچار بحران و مصیبت گردید و در میان بهت و ناباوری مخالفین و موافقین آن‌گونه سقوط کرد. در آن سال‌ها نیز همچون امروز، بلکه به مراتب پررنگ‌تر، پاسخ اصلی به این سؤال آن بود که برویم به سروقت پانزده خرداد سال ۱۳۴۲ و گمشده خود را از آن‌جا پی گیریم. اما نظری که من داشتم با این روایت فرق می‌کرد. من معتقد بودم که رمز و راز سقوط پهلوی‌ها و پیروزی انقلاب و تأسیس نظام اسلامی، علی‌رغم شگفتی و به دور از انتظار بودنش، در مجموعهٔ تحولات سیاسی و اجتماعی تاریخ معاصر ایران نهفته است. به اعتقاد من، انقلاب اسلامی حرکتی بود در ادامهٔ مبارزات قبلی مردم ایران علیه استبداد، خودکامگی حکومت، فقدان آزادی، فساد دولتی، نبود انتخابات آزاد و... در صورت پذیرش نظریهٔ فوق، سؤال بعدی این می‌شد که این مبارزات از چه زمانی و چگونه آغاز شد. پاسخ این سؤال در حقیقت می‌شد آغاز کار رساله من. با یک نگاه اجمالی، شروع مبارزات ضد استبدادی در ایران باز می‌گردد به اواخر عصر قاجار و نهضت مشروطه. بنابراین شروع کار رساله‌ام شد بازگشت به ایران اواخر قرن نوزدهم.

در بررسی ایران عصر قاجار در قرن نوزدهم بود که شکل و شمایل پرسشی که زمینه ساز نگارش **ما چگونه، ما شدیم** گردید به تدریج در ذهنم شکل گرفت. ما پیرامون عصر قاجار بالاخره مطالبی را در مدرسه فرا می‌گیریم. معمولاً هم به مناسبت‌های مختلف بر حجم

معلوماتمان پیرامون آن عصر اضافه می‌شود. این حکم کلی شامل من نیز می‌شد. جدای از آن‌که در دوران راهنمایی و متوسطه به هر حال دانش مختصری از ایران عصر قاجار آموخته بودم، بعدها نیز مطالب بیشتری یاد گرفتم. همه کسانی که در ایران به مدرسه رفته‌اند، مطالب فراوانی پیرامون اوضاع و احوال ایران در آن عصر فرا می‌گیرند. این‌که ایران کشوری عقب‌مانده، فاقد صنعت، ارتباطات مدرن، دانشگاه، راه‌آهن، بیمارستان، کتابخانه‌های عمومی و... بوده. حکام آن خودخواه، ظالم، نادان، بی‌رحم، مال پرست، ثروت‌اندوز، بی‌دین، مستبد، نالایق، وابسته (به قدرت‌های بیگانه) و... بوده‌اند. قدرت‌های استعماری در آن دوران همه کاره بودند و منافع ایرانیان را به پشیزی نگرفته و پایمال می‌کردند، و قس علی‌هذا. همه ما با این دست مطالب در دوران نوجوانی‌مان در راهنمایی و دبیرستان آشنا می‌شویم. به علاوه فیلم، کتاب و سریال‌های تلویزیونی هم بعدها این تصویر را کامل‌تر می‌کنند.

من هم استثنایی بر این قاعده کلی نبودم و در جریان از سرگیری مطالعاتم پیرامون ایران عصر قاجار، همانند بسیاری دیگر، درصدد بودم تا آن معلومات و آگاهی‌ها را صرفاً عمیق‌تر و کامل‌تر نمایم. اما درست در همین نقطه بود که یک مشکل اساسی برایم پیش آمد. مشکلی که در ابتدا در قالب یک پرسش ساده و شاید هم کودکانه برایم اتفاق افتاد، اما به تدریج روح و جانم را به تسخیر خود درآورد به نحوی که دیگر نمی‌توانستم به چیز دیگری بیندیشم یا کار دیگری انجام دهم. پیش‌تر گفتم که معلومات من پیرامون ایران عصر قاجار مشابه سایر ایرانیان بود. اما اتفاقی که برایم افتاد آن بود که یک «چرا» در ذهنم پیدا شد. ***چرا شاهان ما فاسد و بد بودند؟ چرا شاهان فرانسه یا انگلستان همه بد و فاسد نبودند؟ چرا رجال ما در عصر قاجار سرسپرده به سفارتخانه‌های خارجی بودند؟ چرا رجال انگلستان، روسیه یا فرانسه سرسپرده و وابسته نبودند؟ چرا در جامعهٔ ماکسی با علوم جدید آشنا نبود و از مدرسه و دانشگاه خبری نبود اما در بسیاری از کشورهای دیگر این‌گونه نبود؟ چرا کشورهای دیگر در فیزیک، شیمی، بیولوژی یا اقتصاد، محقق، عالم و دانشمند داشتند، در حالی‌که در ایران ماکسی حتی با نام این علوم هم آشنا نبود؟ چرا محصولات صنعتی کشورهای دیگر به دنیا صادر می‌شد، در حالی‌که در ایران ما یک کارخانه مدرن هم نبود؟ چرا کشورهای دیگر راه‌آهن، قطار و تراموا داشتند در حالی‌که در ایران درشکه و گاری هم نبود؟ چرا برخی از مردمان کشورهای دیگر می‌دانستند که در آن طرف دنیا چه می‌گذرد، در حالی‌که مردم در یک شهر ایران نمی‌دانستند که در شهر و روستای همجوارشان چه خبر است، چه رسد به این‌که بدانند در کشورهای دیگر و در آن سر دنیا چه می‌گذرد. چرا که اساساً***

ارتباطی با بیرون از شهر و روستایشان نداشتند. همه معلومات و اطلاعات من پیرامون عصر قاجار دفعتاً برایم بدل شد به یک علامت سؤال: ***چرا ایران آن همه دچار ضعف، انحطاط، بی‌خبری و عقب‌ماندگی شده بوده؟***

این سؤال به نوبه خود پرسش‌های دیگری را برایم رقم زد. ***آیا آن عقب‌ماندگی امری طبیعی بود؟ آیا شرایط ایران به گونه‌ای بود که عقب‌ماندگی آن امری محتوم و گریزناپذیر بود؟ آیا ایران همواره کشوری عقب‌مانده بوده؟ یا این‌که ایران از مقطعی در سراشیبی قهقرا و عقب‌ماندگی می‌افتد؟ در صورت اخیر، آن مقطع چه زمانی بوده و اساساً چرا اتفاق افتاده؟ جامعه‌ای که در مقطعی از تاریخش مهد علم و دانش بشری بوده و امثال ابوعلی سینا، فارابی، خواجه نصیرالدین طوسی، خوارزمی، جابرابن حیان، رازی، غزالی و... را به بشریت عرضه داشته، چگونه می‌شود که در مقطع دیگری آن‌قدر خشک و لم‌یزرع می‌شود که کسی اساساً در آن نمی‌داند فیزیک، شیمی، بیولوژی یا فلسفه هم وجود دارند، چه رسد به آن‌که عالم و دانشمند و صاحب‌نظر هم در این رشته‌ها پرورش داده باشد؟***

به دنبال یافتن پاسخ به این پرسش‌ها بود که اقدام به مطالعاتی نمودم. اما مشکلاتم نه تنها کاهش نیافت که بیشتر هم شد. مثلاً وقتی اثری را خواندم که در آن نشان داده شده بود که پادشاهان و حکام عصر قاجار چقدر فاسد، جاهل، وابسته و خودکامه بودند (و در نتیجهٔ سیاست‌های آنان ما به آن روز سیاه افتاده بودیم) این سؤال برایم به وجود آمد که چرا هرچه سلطان، پادشاه، امیر، وزیر و رجال فاسد، خودکامه و نادان بوده، نصیب ما ایرانیان شده بود؟ چرا اکثر سلاطین، پادشاهان و رجال کشورهای دیگر برخی وطن‌پرست، با تدبیر و باکیاست هستند و برخی نادان و فاسد، اما آن‌گونه که مورخین ما گزارش کرده‌اند، در ایران جملگی چنین بوده‌اند؟ ***به علاوه اگر رجال، سلاطین و پادشاهان ما در عصر قاجار این‌قدر عامل بدبختی و مصیبت بوده‌اند که مورخین ما امروزه می‌گویند، پس چرا آنان را در مقدس‌ترین اماکن مملکت به خاک می‌سپردند و کسی هم اعتراض نمی‌کرد؟*** چرا رجال و بزرگان سیاسی ما رشوه می‌گرفتند، وطن و ملک و ملت برایشان ارزشی نداشت (آن‌گونه که مورخین ما روایت می‌کنند) اما حتی یک‌بار هم اتفاق نیفتاد که مورخین انگلیسی، فرانسوی یا هلندی یکی از رجال و مسئولینشان را نفرین کنند به واسطه آن‌که به جای در نظر گرفتن مصالح و منافع میهن خودش، مصالح و منافع ایران را در نظر گرفته بوده؛ یا رشوه گرفته باشد که به نفع دولت ایران کار کند یا قرارداد امضاء نماید؟ ***آیا در ترکیب مولکولی ما ایرانیان ژن یا کرموزوم اضافی یا بالعکس کمبودی وجود***

دارد که این همه گرایش به فساد در میان دولتمردان و رجال ما در عصر «قاجار» متداول‌تر از سایر اقوام و ملل دیگر بوده؟

یک وقت به خود آمدم و متوجه شدم که ماه‌هاست کار بر روی انقلاب اسلامی و رساله‌ام را رها کرده‌ام و سرگردان و حیران به دنبال آن پرسش‌ها هستم. دلم می‌خواست قید و بندی نمی‌داشتم و می‌رفتم به دنبال همان سؤالات؛ اما نمی‌شد؛ یا دست کم من شهامتش را نداشتم. با این پیش‌فرض و امید با خودم کنار آمدم که من قطعاً نخستین کسی نیستم که با چنین پرسش‌هایی پیرامون جامعهٔ ایران روبه‌رو شده‌ام. یقیناً خیلی‌های دیگر نیز با این دست پرسش‌ها روبه‌رو شده‌اند و در نتیجه تحقیقات و بررسی‌هایی برروی یافتن پاسخ به این پرسش‌ها کرده‌اند. حال ممکن است در انگلستان آثار زیادی از این دست نباشد، اما قطعاً در خود ایران برروی این موضوع آثار و منابع متنوعی به رشته تحریر درآمده و وجود دارد. با این پیش‌فرض و با این امید که پس از پایان کار دکترا انشاالله به گونه‌ای خیلی جدی موضوع را دنبال خواهم کرد، با خودم کنار آمدم و پس از ماه‌ها تلاطم روحی مجدداً رفتم به سروقت رساله‌ام.

پس از بازگشت به ایران در سال ۱۳۷۰ اولیاء دانشگاه تهران مرا از دانشکده فنی به دانشکده حقوق و علوم سیاسی منتقل کردند. از آن‌جا که رساله دکترایم در برگیرنده تحولات ایران بود، داوطلب تدریس درس تاریخ تحولات سیاسی و اجتماعی ایران شدم. این درس در دو بخش ارائه می‌شود. بخش نخست آن پیرامون عصر قاجار است. تصور من این بود که در سر فصل‌های مربوط به این بخش به سؤالاتی که هفت سال قبل برای من به وجود آمده بود اشاراتی حداقل رفته باشد. اما در نهایت تعجب دریافتم که به آن پرسش‌ها حتی اشاره‌ای هم نشده بود. آن‌چه بود بیشتر توصیف و شرح و بسط رویدادهای تاریخی بود آن هم از منظر ضعف، وابستگی و ناکارآمدی حکام و مسئولین قاجار. بخش دیگر سرفصل‌ها در برگیرنده ظلم، اجحاف و نادرستی قدرت‌های استعمارگر و شرح و بسط توطئه‌ها و دسایس آنان بود. این مسئله که ***آن ایرانی که این اتفاقات در آن به وقوع پیوسته بود، چرا، چگونه و در نتیجه کدامین عوامل به آن صورت در آمده بود،*** اساساً در سرفصل‌های این درس مطرح نشده بود. چه رسد به این‌که مورد بحث و بررسی هم قرار گرفته باشد.

از آن‌جا که عنقریب می‌بایستی بخش نخست آن درس را که مربوط به ایران عصر قاجار می‌شد، تدریس می‌کردم به جستجوی منابع و ماخذی برآمدم که در تدریس از آنها بهره گیرم.

اما هرچه بیشتر گشتم کمتر اثری را پیدا کردم که رویکردش به ایران قرن نوزدهم منطبق بر پرسش‌هایی باشد که برای من به وجود آمده بود. اغلب آثاری که پیرامون این مقطع از تاریخ ایران بودند، به گونه‌ای به موضوع پرداخته بودند که اساساً آن پرسش‌ها هرگز برایشان مطرح نبوده. یا اگر هم چنین پرسشی برایشان به وجود آمده بوده، از کنار آن به راحتی عبور کرده و در عوض به شرح وقایع پرداخته بودند. به سخن دیگر، نویسنده انبوهی از مطالب پیرامون فساد، نادانی، وابستگی، خودکامگی و... رهبران و حکام قاجار گرد آورده، اما هرگز این پرسش را از خود نمی‌کند که چرا نسل اندر نسل و یکی پس از دیگری رجال و سلاطین حاکم بر ایران این‌گونه بوده‌اند؟ آیا قسمت، سرنوشت و تقدیر چنین رقم زده بود که حکام و سلاطین کشوری به اسم ایران، می‌بایستی از این سنخ باشند؟ آیا خود مردم ایران چنین حکام و رهبرانی می‌خواستند؟ آیا کسی یا نیرویی ما را نفرین، طلسم یا جادو کرده بود؟ آن‌چه مسلم است، آن حکام، سلاطین و رجال که از کره‌ماه نیامده بودند، از خارج هم کسی آنان را از طریق کودتا بر ما مسلط نکرده بود، آنان هر که و هرچه بودند، محصولات جامعهٔ خودمان بودند. بنابراین به جای شرح و بسط خیانت‌های آنان آیا نبایستی اندکی هم به این پرسش پرداخت که چه می‌شود و ***چگونه می‌شود که در قریب به ۱۴۰ سال که قاجارها بر ایران حکومت کردند، هر هفت پادشاه به همراه حکام و رجال قاجار یکی بعد از دیگری بدتر بودند؟ آیا در آب و خاک ایران عناصری وجود دارد که حکام و سلاطینش را به آن صورت درمی‌آورد؟*** نکند آن سلاطین و حکام خیلی هم آن‌گونه که ما امروزه تصور می‌کنیم نبودند؟ اساساً خود این نظر که حکام، رجال و سلاطین قاجار مسبب مصیبت‌ها، ضعف‌ها و پریشانی‌های ایران بودند چقدر قرین به واقعیت است؟ آیا بخش‌های دیگر جامعه ایران نقشی در به وجود آوردن آن عقب‌ماندگی نداشتند و مسبب فقط حکام و حکومت بوده‌اند؟ یا در کتاب دیگری، شرح مفصلی از اقدامات، دسایس و توطئه‌های خبیثانه انگلستان رفته بود. منتها می‌شد این پرسش را نیز مطرح ساخت که اساساً چه شد که انگلستان آمد به ایران و آن بلاها را بر سر ما آورد؟ ***چرا ما نرفتیم انگلستان یا فرانسه را مستعمره خود نموده یا دولت‌ها و رجال آنان را زیر نفوذ خود بگیریم؟***

با این تصویر و تصورات و پرسش‌ها بود که زمان به سرعت می‌گذشت و من عنقریب می‌بایستی به سر کلاس درس تاریخ تحولات ایران رفته و تدریس می‌نمودم. بخش عمده‌ای از مطالبی را که مورد بررسی قرار داده بودم، می‌شد به دو گروه تقسیم‌بندی نمود. گروه نخست مطالبی بودند که بدون در نظر گرفتن آن پرسش‌ها صرفاً به شرح و بسط وقایع

پرداخته بودند. چه کسی آمد، چه کسی رفت، کی چه کرد، ایران وارد کدام جنگ شد، چه کسی به قدرت رسید، چه کسی از قدرت برکنار شد، چه کسی خیانت کرد، چه کسی خدمت کرد و مطالبی از این دست. به سخن دیگر، شرح و بسط و توصیف تحولات، بدون ریشه‌یابی و توجه به اسباب و علل عمیق‌تر سیاسی، اقتصادی، اجتماعی و جامعه‌شناختی تحولات. بماند صحت و سقم و جهت‌گیری‌های خطی، سیاسی، نظری و ایدئولوژیک نویسندگان.

بخش دوم آثار، در برگیرنده تفکرات مارکسیستی یا متأثر از آرای نویسندگانی بود با رویکرد مارکسیستی و نئومارکسیستی در زمینه ***تئوری وابستگی*** همچون «فرانک»، «دوسانتوس»، «سالیناس» و غیره.[1] اساس این تفکر نیز همان رویکرد مارکسیستی در تبیین عقب‌ماندگی است که بر طبق آن استعمار عامل عقب‌ماندگی ایران (به همراه مابقی جهان سوم) است. ***در حالی که پرسش من، آن بود که چرا ایران اساساً در وهلهٔ اول بدل به کشوری عقب‌مانده گردید تا استعمار بتواند بر آن سوار شود؟***

چنین شد که از اواسط سال ۱۳۷۰ و پس از یک وقفه قریب به ۷ ساله من مجدداً به سراغ همان پرسش‌هایی رفتم که در سال ۱۳۶۳ و به هنگام آغاز کار رساله دکترا برایم پیش آمده بود. حاصل رفتن به دنبال آن پرسش‌ها، کتاب حاضر است که نگارش آن قریب به سه سال به درازا کشید.

بیش از دو سال از این مدت صرف نگارش فصل پنجم کتاب تحت عنوان ***«خاموشی چراغ علم در ایران»*** گردید. می‌گویند علاقهٔ والدین به فرزندی که بیمار است یا به هر دلیلی مجبور می‌شوند برای او زحمت بیشتری تحمل کنند بیشتر می‌شود. من هم به فصل **خاموشی چراغ علم** علاقهٔ زیادی پیدا کردم چرا که برای نگارش این ۹۰ صفحه مجبور به مطالعهٔ فراوانی شدم. آن هم در حوزه‌هایی که اشراف و علم و آگاهی قبلی در آنها نداشتم. آن‌قدر برروی این فصل کار کردم و برای نگارش آن زحمت کشیدم و مطالعه کردم که احساس می‌کنم به جای آن‌که من این فصل را به وجود آورده باشم، این فصل مرا از نو به وجود آورد. به جای آن‌که من آن را بنویسم و «بسازم» این فصل مرا «ساخت». اما چرا ضرورت نگارش این فصل پیش آمد.

---

1 - A. G. Frank, "Sociology of Underdevelopment and Underdevelopment of Sociology" in ***Latin America: Underdevelopment or Revolution*** (U.S., 1969); T, Dos Santos. "The Crisis of Development Theory and The Problem of Dependence in Latin America", in H. Bernstein (ed.), ***Underdevelopment and Development*** (U.K., 1977); P. W, Salinas. "A Paradigmatic View of Development Strategies", ***Cornell Sociology Bulletin***, Series No. 89 (U.S., 1977).

حاجت به گفتن نیست که یکی از ملزومات پیشرفت و توسعه در هر جامعه‌ای توان و سطح علمی در آن جامعه می‌باشد. یکی از مسایل اصلی که در رابطه با عقب‌ماندگی ایران در قرن نوزدهم مطرح است، فقدان یا غیبت بنیادهای علمی است. در ایران عصر قاجار نه کسی به دنبال علوم جدید است و نه اساساً کسی از وجود علوم و دانش‌های مدرن اطلاع و آگاهی دارد. در آن مقطع البته کشورهای بسیار دیگری هم مثل ایران بودند. نه مدرسه و دانشگاه داشتند و نه کسی در آن کشورها علم و اطلاعی از فیزیک، شیمی، اقتصاد، فلسفه، روانشناسی یا پزشکی داشت. اما از نظر من تفاوت بسیار مهمی میان ایران با بسیاری از کشورهای مشابه وجود داشت. در آن کشورها وضع همواره همان‌گونه بوده. به عبارت دیگر، در فلان کشور آفریقایی یا آمریکای جنوبی که در قرن نوزدهم خبری از علوم جدید در آن نبود، وضع همواره همان‌گونه بوده. پانصد یا هزار سال قبل هم آن کشور آفریقایی همان‌طور عقب مانده بوده که در قرن نوزدهم شاهدش هستیم. اما مشکل اساسی پیرامون ایران آن است که در مقطعی از تاریخش درگذشته، سرآمد دانشمندان دنیا در ایران بوده‌اند. همانند امروز که به شایسته‌ترین و عالم‌ترین دانشمندان در رشته‌های مختلف علمی جایزه نوبل می‌دهند، اگر در آن مقطع جایزه نوبل داده می‌شد، دانشمندان پهنه اسلام که ایران هم نگین برجسته آن بود، جوایز نوبل را درو می‌کردند و برای کشورها و تمدن‌های دیگر چیز زیادی باقی نمی‌ماند. در همان ایران که در قرن نوزدهم کسی اساساً نمی‌دانست فیزیک، شیمی و بیولوژی چیست و پزشکی مدرن ناشناخته بود، قریب به هزار سال قبل برجسته‌ترین علما و دانشمندان، فلاسفه، ریاضی‌دانان، پزشکان و کیمیاگران می‌زیسته‌اند. ما همواره در آثار و مکتوباتمان، نطق‌ها و سخنرانی‌هایمان به مقطع نخست اشاره کرده و با غرور و افتخار می‌گوییم که ایران یا ایران اسلامی به واسطه دستاوردهای علما و دانشمندانش سهم زیادی بر تمدن بشری دارد. اما همواره هم در همان نقطه می‌ایستیم و جلوتر نمی‌آییم. چراکه بعد از آن نقطه، بعد از عصر فارابی، ابوعلی سینا، خوارزمی و بیرونی ما وارد برهوت و شوره‌زاری می‌شویم که نه تنها دیگر از ابوعلی سیناها، خوارزمی‌ها و جابرابن حیان‌ها خبری نیست بلکه اساساً کسی نمی‌داند این گونه علوم هم وجود دارند. نه تنها از خوارزمی، بیرونی و فارابی خبری نیست، نه تنها علما و دانشمندان ایرانی در بغداد، خوارزم، نیشابور و ری به دنبال نجوم، فلسفه، ریاضی، هیات، کیمیا، پزشکی و جغرافی نیستند بلکه جامعه ایران آن‌چنان از علم فاصله گرفته که وقتی در سال‌های پایانی قرن نوزدهم و آغاز قرن بیستم مرحوم حاج میرزاحسن

رشدیه در تبریز نخستین مدرسه به سبک امروزی را بنا می‌نهد، عده‌ای شبانه ریخته و آن را خراب می‌کنند چون معتقدند از آن مدارس بسی کفر و زندقه و بابی‌گری حاصل آید.

طبیعی است که ما علی‌الدوام از ایران قرن نهم تا یازدهم میلادی با افتخار یاد کرده و خود را وارث آن فرهنگ و تمدن بپنداریم و در عین حال چشمان خود را بر روی ایران قرن نوزدهم ببندیم. اما واقعیت آن است که هر دو آنها ایران هستند، هم ایرانی که تمامی جوایز نوبل را می‌برد ایران است، هم ایرانی که مدرسه را در آن خراب می‌کردند. ما نمی‌توانیم فقط یک فرزندمان را که استاد دانشگاه یا جراح مغز و اعصاب شده، فرزندمان بدانیم و برادرش را که معتاد شده و گرفتار در زندان، از شناسنامه‌مان پاک کنیم. هر دو آنان پاره تن‌مان هستند. با مواجه نشدن با ایران قرن نوزدهم یا واقعیات آن را انکار کردن و یا تقصیر را بر گردن دیگران (اعراب، استعمار، شاهان خائن، رجال سرسپرده و وابسته و...) انداختن، نه کژی‌ها و ضعف‌های ایران قرن نوزدهم پاک می‌شود، و نه آن ایران بدل می‌شود به ژاپن یا آلمان.

بنابراین یکی از مسایلی که در نگارش ***ما چگونه، ما شدیم*** من به جد به دنبال تحقیق آن برآمدم موضوع ***خاموشی چراغ علم در ایران قرن نوزدهم*** بود. این‌که چه شد، چرا و چگونه ما از ابوعلی سینا رسیدیم به دیوارهای مخروبه مدرسه حاج میرزاحسن رشدیه در تبریز. بدون تردید بخشی از پاسخ اسباب و علل و عقب‌ماندگی یا عقب افتادن ایران در تبیین و فهم این پدیده نهفته بود. به جای سرگرم شدن با تئوری‌های شیک و مدرن و علمی «وابستگی» یا شرح موشکافانه جفاهای استعمار انگلستان یا تشریح فقره به فقره و جزء به جزء خیانت‌ها و کاستی‌های دولتمردان و سلاطین قاجار، من سعی کردم بفهمم چرا و چه شد که بعد از عصر فارابی و ابن سینا، دیگر نه فارابی در ایران متولد شد نه ابوعلی سینای جدیدی پای به عرصه حیات گذارد.

نگارش این فصل انصافاً برایم کار دشواری بود، چرا که به تدریج متوجه شدم برای فهم عوامل و دلایلی که سبب شدند تا به تدریج تمدن اسلامی که ایران هم جزیی از آن بود دچار رکود شود، نخست می‌بایستی به درک خود عصر طلایی تمدن اسلامی یا عصر فارابی، خوارزمی و ابن سینا بپردازم. برای درک آن اوج و شکوفایی و سپس آن رکود و سقوط می‌بایستی با جریانات فکری و سیر اندیشه از زمان ظهور اسلام به بعد آشنا شوم. آن اوج و بالندگی تاریخی مسلمین و سپس آن رکود و قهقرا نه از آسمان آمده بود و نه کار عوامل استکبار جهانی بود. هرچه بود از دل و از درون جامعه اسلامی برخاسته بود. بنابراین

می‌بایستی با اندیشه و جریانات فکری مسلمین آشنا می‌شدم. از اینجا به بعد بود که وارد دنیایی شدم که تا پیش از آن فقط نام یا نام‌هایش را شنیده بودم. مجبور شدم بفهمم که فی‌المثل چه شد خوارج به وجود آمدند و اختلاف فکری آنان با دیگران چه بود؛ مجبور شدم بفهمم که چرا جامعهٔ اسلامی به دو پاره تشیع و تسنن تقسیم شد. اختلاف میان جریانات درون دنیای اهل سنت چه بود؛ چرا گروهی شافعی شدند و گروه دیگری حنبلی یا مالکی. چرا جماعتی به عقل و اجتهاد روی آوردند و جماعتی دیگر به سنت و عقل نبی مکرم(ص) بسنده کردند. چرا جمعی قائل بودند که قرآن مخلوق است و عده‌ای دیگر معتقد بودند که قرآن از ازل بوده. چرا جمعی معتقد بودند که ذات حضرت باریتعالی را می‌شود دید، عده‌ای دیگر برعکس معتقد بودند که دیدن خداوند مقدور نیست؛ چرا عده‌ای عقل و اجتهاد را کنار گذاردند اما گروه دیگری آن را پذیرفتند؛ چرا عده‌ای انسان را صاحب اختیار می‌پندارند اما گروهی قائل به جبر هستند؛ و مسایل فکری و عقیدتی دیگری از این دست. ***چراکه کلید فهم ظهور و سقوط عصر طلایی تمدن اسلام در حقیقت درگرو فهم آراء مسلمین بعد از رحلت رسول الله (ص) می‌باشد.*** بدون فهم سیر اندیشه و تفکر در قرون اولیه تمدن اسلامی، مجبور می‌شویم که همه مسایل را تقلیل دهیم به خطاکار یا نابکار بودن این خلیفه یا آن سلطان، این وزیر یا آن امیر. و یا احیاناً تشبثات و القائات برخی یهودی‌ها و مسیحیان ستون پنجمی. به سخن دیگر، رفتن به دنبال همان تئوری‌های توطئه همیشگی و فرضیات دایی جان ناپلئونی.

اما برویم سر قصه عجیب و پارادوکسیکال تقدیم این کتاب به ابوحامد امام محمد غزالی (رضی‌الله عنه). من از سال ۱۳۷۰ که وارد دانشکده حقوق و علوم سیاسی شدم یکی از تجربیات جدید زندگی‌ام آشنا شدن با دانشجویان جانباز در کلاس‌هایم بود. دانشجویی که در بیست و چند سالگی یا سی و چند سالگی از دو چشم نابینا شده بود؛ یا در همین سنین دو پایش قطع شده و زندگی‌اش برروی یک صندلی چرخ‌دار خلاصه می‌شد؛ یا دو دست و یک پایش قطع شده بود؛ یا به دلیل جراحات شیمیایی علی‌الدوام می‌بایستی آنتی بیوتیک مصرف می‌کرد و قس علی‌هذا. علی‌رغم دشواری‌های بنیادی که بسیاری از دانشجویان جانباز داشتند، اما روحیه آنان علی‌الاغلب معرکه بود و شادی و نشاط، امید به آینده و لذت بردن از مواهب خیلی عادی زندگی به مراتب در آنان بیشتر از دانشجویان معمولی و سالم بود. در نخستین ترم کلاسم دانشجوی نابینایی بود که دو چشمش را در نتیجه انفجار خمپاره از دست داده بود. بسیاری از مواقع سرکلاس که درس می‌دادم بی‌اختیار چشمم به او می‌افتاد و

فکر می‌کردم با چشمان بسته او چگونه متون درسی، جزوات و کتاب‌ها را می‌خواند. بعضی وقت‌ها چشمانم را برای لحظاتی می‌بستم و به خودم می‌گفتم واقعاً او چگونه درس می‌خواند؟ به‌خصوص این‌که انسان تا بیست و چند سالگی چشمان کاملاً سالم داشته باشد و دفعتاً برای همیشه نابینا شود. مجموعهٔ اینها سبب شد تا تصمیم گرفتم کتاب ***ما چگونه، ما شدیم*** را به حرمت دانشجویان جانباز، به دو تن از سمبل‌ها و اسوه‌های جنگ، «همّت» و «خرازی» تقدیم کنم.

اما در جریان نوشتن فصل پنجم و جستجو در جهت یادگیری و آشناشدن با سیر اندیشه اسلامی، من مجبور شدم با کلیات آرا و اندیشه‌های اهل سنت و با سنت‌گرایان نیز آشنا شوم. آن آشنایی به شرحی که خواهم گفت سبب شد تا من کتاب را در کنار «همّت» و «خرازی» به امام محمد غزالی نیز تقدیم کنم.

ظرف سیزده سالی که از چاپ نخست کتاب در سال ۱۳۷۳ تا به امروز می‌گذرد، یکی از بیشترین پرسش‌هایی که از من شده آن است که چرا این کتاب را به غزالی تقدیم کردم. ازجمله دلایل این پرسش آن است که با توجه به تأثیر مهم خاموشی چراغ علم در عقب‌ماندگی تاریخی ایران و نقشی که غزالی در خاموشی چراغ علم داشته (دست کم به زعم سؤال‌کننده‌ها)، چرا کتاب به وی تقدیم شده است. در پاسخ به این سؤال من مجبورم به تشریح تأثیری که آشنا شدن با غزالی برروی من گذارد بپردازم.

من تعلق به نسلی دارم که رویکردش به دین محصول جهان‌بینی رایج میان روشنفکران شریعتمدار و دگراندیش دههٔ ۱۳۴۰ ایران بود. در آن مقطع، نگاهی که در میان اقشار و لایه‌های تحصیل‌کرده به مذهب بود متأثر از نگاهی «علم باورانه»، «تعقل‌گرا» و تا حدود زیادی پوزیتیویستی بود. به این معنا که به نسل ما این طور آموزش داده شده بود که هیچ چیز در دین نیست که با علم و عقل مباینت داشته باشد. طرفه آن‌که در سایه پیشرفت علم ما امروزه توانسته‌ایم حکمت برخی از احکام و باید و نبایدهای شریعت را درک کنیم. با پیشرفت بیشتر علم و دانش بشری، شأن نزول سایر دستورات آسمانی هم به تدریج روشن خواهد شد. به سخن دیگر، ***من تعلق به نسلی داشتم که ورودش به دین از گذرگاه علم عبور می‌کرد.*** فی‌المثل، برای اثبات مفید بودن روزه و ضروری بودن آن برای انسان، ما مجهز به کلی یافته‌های علمی بودیم که نشان می‌دادند روزه از نظر پزشکی و برای سلامت تن و روان چه فواید جالبی دارد. ایضاً اگر در شریعت آمده که خون نجس است، دلایل علمی این حکم چه می‌باشد. بخش

دیگر آموزه‌های دینی من و نسل ما محصول ماهنامه ***درس‌هایی از مکتب اسلام*** بود که از سوی شماری از علما و حوزویان نوگرا در قم که به مسایل جدید می‌پرداختند، انتشار می‌یافت. بسیاری از مطالب آن به نوعی در همین راستای علم‌گرایانه قرار داشت، منتها بیشتر در حوزه‌های اجتماعی. این‌که چگونه بسیاری از دستورات دینی اگر درست اجرا شده و درست فهمیده شوند، کمک به ایجاد یک جامعهٔ مدرن، امروزی، آزاد، عادلانه و... خواهد نمود. یادم می‌آید ازجمله مقالاتی که به صورت سلسله‌وار توسط یکی از فضلای حوزه نوشته می‌شد تحت عنوان ***«اسلام و اعلامیه جهانی حقوق بشر»*** بود که در آن یادداشت‌ها نشان داده می‌شد آن‌چه که امروزه تحت عنوان حقوق بشر عنوان می‌شود، ۱۴۰۰ سال پیش توسط اسلام آورده شده بوده. سایر مطالب آن به همراه آثار و کتب اسلام‌گرایان دیگر، در این راستا بود که اسلام از خود مدل حکومتی، الگوی اقتصادی، نظام حقوقی و... دارد و در یک کلام اسلام کلید حل و فصل همه مشکلات و مسایل سیاسی، اجتماعی و اقتصادی جوامع امروزی را در دست دارد. به عبارت دیگر، یک پای بنیان دینی نسل من برروی علمی بودن شریعت قرار داشت و پای دیگر برروی این اعتقاد که شریعت برای سامان دادن این دنیای ما آمده. بعدها هم من به دنبال درس، مبارزه و سیاست رفتم و آن رویکرد در همان حد و حدود دههٔ ۱۳۴۰ باقی ماند.

تقریباً دو، سه دهه بعد از این مقطع و دور بودن از قیل و قال‌های دینی دههٔ ۱۳۴۰، من در جریان نوشتن فصل پنجم کتاب ***ما چگونه، ما شدیم***، تحت عنوان «خاموشی چراغ علم» و پس از یک وقفه ۲۰، ۳۰ ساله یک بار دیگر درگیر مطالعات دینی شدم. ازجمله مجبور شدم برای نخستین بار در عمرم خیلی جدی به بررسی جریانات فکری پس از رحلت رسول‌الله (ص) وارد شوم. در اینجا بود که من با سنت‌گرایان، با امام احمدابن حنبل (رضی‌الله عنه) و ابوحامد امام محمد غزالی (رضی‌الله عنه) آشنا شدم. در جریان آشنایی‌ام با غزالی، من با شکل دیگری از نگاه به شریعت آشنا شدم. رویکردی که چندان اصراری بر روی عقل، علم، فلسفه و سایر معرفت‌های بشری برای فهم یا اثبات دین نداشت و در عوض تأکیدش برروی دل، اطاعت، ***تسلیم و بالاتر از همه ایمان و تعبد*** بود. من آموخته بودم که دلایل عقلی و علمی محکمی برای روزه‌داری وجود دارد. اگر کسی در دهه ۱۳۴۰ از من می‌پرسید که حکمت روزه‌داری چیست و شما چرا روزه می‌گیری، من فهرستی از یافته‌های پزشکی را می‌آوردم که نشان می‌داد روزه چه فوایدی برای جسم، جان و سلامت روزه‌دار در بر دارد. اما غزالی به من یاد داد که برای روزه‌داری فقط و فقط یک دلیل لازم است آن هم حکم حضرت باریتعالی است

که در کتابش آمده. غزالی برای این‌که علم جدید و پزشکی مدرن، فلسفه یونانی‌ها یا حکمت ایرانی‌ها اندر فواید روزه چه گفته‌اند و چه حجت‌هایی آورده‌اند، پشیزی اعتبار قائل نبود. نفس این‌که دستور روزه‌داری در شریعت آمده بود برای وی کافی بود. و اگر از وی می‌پرسیدیم که چرا از بام تا شام می‌بایستی صیام را نگه داریم، او به جای برشمردن دلایل و حجت‌های عقلی، یک کلام می‌گفت برای آن‌که رسول الله(ص) این گونه روزه می‌گرفته؛ تمام شد و رفت. برای غزالی نه اهمیتی داشت که مصرف مشروبات الکلی چه آثار سویی بر روی کبد انسان می‌گذارد و نه به دنبال یافتن دلایل علمی پرهیز از مصرف گوشت خوک بود. او واجبات شریعت را انجام می‌داد و از محرمات اجتناب می‌کرد، نه به واسطه آن‌که اینها عقلی بودند، بشر را عاقبت به خیر و رستگار می‌کردند، یا برای آنان براهین عقلی متقنی وجود داشت، ***بلکه صرفاً به واسطه آن‌که شریعت به مؤمنین این‌گونه دستور داده بود.*** برای او فقط یک علم، یک فلسفه، یک استدلال عقلی، یک برهان کلامی اعتبار داشت آن هم عبارت بود از دستور صاحب شریعت، حضرت محمد مصطفی(ص). شریعت غزالی خلاصه می‌شد در تسلیم و تعبد. از نظر غزالی، دینی که یک بخش آن را علم اثبات کرده باشد، بخش دیگرش را فلسفه پیوند زنده باشد و گوشه دیگرش را منطق آراسته باشد، فاقد مبنای استواری برای اطاعت حضرت حق می‌باشد.

غزالی فقط مبنای نگاه علمی به دین را در من ویران نکرد. بلکه پایه دیگر اعتقادی مرا، این‌که شریعت الزاماً برای سامان دادن به تمام اموراین دنیا آمده را نیز با ابهام و تردید روبه‌رو ساخت. غزالی تأکید بیشتر را برروی توجه به آخرت یا آن دنیا می‌گذارد. هدف دین، یا دست کم یکی از اهداف اصلی و عمده آن، بندگی حضرت باریتعالی، معاد و عبادت حضرت حق است. ممکن است، شریعت در خود سیستم بانکداری بسیار کارا، علمی و پیشرفته‌ای هم داشته باشد، ***اما به باور غزالی، هدف دین یا هدف اصلی و غایی آن ایجاد نظام بانکداری نیست بلکه توجه به معاد و قیامت است.***

علت آن را درست نمی‌دانم، اما نگاه سنت‌گرایان و غزالی مرا مجذوب و شیفته خود ساخت. بماند این‌که بعدها دریافتم که اساساً گره زدن دین به عقل انسان‌ها یا علم دانشمندان از منظر معرفت‌شناسی با چه اشکالات بنیادی روبه‌رو است. چنین شد که دیدم با همه وجود می‌خواهم ***ما چگونه، ما شدیم*** را به غزالی تقدیم کنم.

بروبیم بر سر کسانی که در بازنویسی متن جدید کتاب زحمت کشیدند. **فرشته (عزیزم)**

اتفاق بدون تردید نخستین ***نامی*** است که می‌بایستی از وی به واسطه بازخوانی، تصحیح و ویرایش چاپ جدید کتاب یاد کنم. سرکار خانم ***استلا اورشان*** که عهده‌دار تایپ بود، همچون موارد دیگر بارها و بارها با روی گشاده و بدون ذره‌ای اخم، تغییرات را انجام داد. ***خانم آکسانا بهشتی*** نیز متن قبلی کتاب را به طور کامل قرائت کرده و تصحیح کردند. آقای ***پویا دارابی*** کلیه نقشه‌های کتاب را بازنگری، تغییر و اصلاح نمودند. حضرات ***حمید*** و ***آرش بهشتی*** انصافاً زحمات زیادی برای چاپ جدید ***ما چگونه، ما شدیم*** متقبل شدند و بالاخره حضرت ***رضا عابدینی*** لطف کرده و جلد جدید کتاب را طراحی کردند.

دوش در حلقهٔ ما قصهٔ گیسوی تو بود　　تا دل شب سخن از سلسلهٔ موی تو بود
دل که از ناوک مژگان تو در خون می‌گشت　　باز مشتاق کمانخانهٔ ابروی تو بود

صادق زیباکلام
تیرماه فراموش نشدنی ۱۳۸۶

آیا ایران کشوری عقب‌مانده‌است؟

***توسعه:** عبارت است از ساختن و پرداختن خود - شهر - جهان جامعه و حتی یک قرارداد اجتماعی و ضوابطی که در آن اصل مرجع حقوق بشر بوده چه «موتور توسعه حقوق بشر است» تا در سایه آن هرکس بتواند به خلق پیاپی خود، جامعه و جهانی دیگر و خصوصی، کنش‌های متفاوت نشان دهد، و حتی ایجاد دولت وظیفه‌مند، که هر برنامه و عمل آن باید دارای یک توجیه حقوقی و تخصصی بوده، و زمینه‌ساز شکوفایی انسان در حوزه‌های اجتماعی، سیاسی، فرهنگی و تکنیکی باشد. و اما **مبنای توسعه:** خودسازی و در نهایت بنیاد و بنای خود است در برخورد با طبیعت، شیئی و... سرانجام کندن از خود وابسته به غیر، حتی به جبرهای بودن، به جهان و جرأت رهایی و رها شدن و بدون دخالت دیگری فهمیدن، اندیشیدن، شدن تا طلب حق و حقوق و به رسمیت شناختن من و حق و حقوق من موجود حق وجود. آنها که بدین‌گونه کنش نشان داده «توسعه یافته» و آنها که از کنش مانده در انتظار غیر نشسته و رهایی «توسعه نایافته» و ماکه پایبند زمین و از زمان رانده «عقب مانده».[1]*

در مسیر جاده اصلی تهران - تبریز و حدوداً ۲۰ کیلومتر مانده به تبریز برروی یک تابلوی آهنی زنگ‌زده و رنگ و رو رفته کنار جاده که توجه کمتر مسافری را به خود جلب می‌کند نوشته شده: **قره چمن**. اگر چشمان خسته سرنشین اتومبیلی هم تصادفاً بر روی آن بیفتد تصور می‌کند «قره چمن» روستایی است همانند هزاران روستای دیگر محقر منطقه آذربایجان. شاید کمتر رهگذری متوجه باشد که این روستای کوچک و محقر قریب به

---

۱ - محمود نکوروح، *عوامل توسعه غرب و دلایل توسعه‌نیافتگی ایران*، تهران: انتشارات چاپخش، ۱۳۸۴، به نقل از پشت جلد کتاب.

اگر این مطالب را احیاناً متوجه نشدید، نیازی نیست که دو مرتبه بخوانید. بارها و بارها هم که بخوانید نتیجه تداوم همان سردرگمی بغرنجی است که پس از مطالعه بار نخست دچار آن شدید. به توانایی‌های ادراکی خود تردید نکنید، هیچ اشکالی در شما نیست. بروید به سراغ مابقی مقدمه. پیرامون این انشاء، خطابه یا در حقیقت «هذیان ادبی» و موارد مشابه آن که پیرامون بحث توسعه‌نیافتگی اخیراً خیلی زیاد هم شده‌اند در اواخر مقدمه توضیحاتی آمده است.

۲۰۰ سال پیش مهم‌ترین مکان ایران بوده است. در نخستین دههٔ قرن نوزدهم، یعنی درست ۲۰۰ سال پیش، کشور ما وارد جنگی طولانی و مصیبت‌بار با همسایه شمالی‌اش امپراتوری روسیه می‌شود. جنگی که علی‌رغم همه تلاش‌های اجدادمان، منجر به شکست کامل ایران شد. ایران تمامی سرزمین‌هایش را در قفقاز از دست داد و فی‌الواقع روس‌ها در پایان جنگ تبریز را هم توانسته بودند به تصرف کامل خود درآورند. منطقه قره چمن که امروزه هیچ توجهی را به سوی خود جلب نمی‌کند و اساساً کسی آن را نمی‌بیند، در قریب به ۱۵ سال جنگ با روس‌ها قرارگاه اصلی فرماندهی نیروهای نظامی ایران بود. دشتی وسیع که بلندی‌های اطرافش آن را بدل به یک سنگر وسیع طبیعی ساخته است.

شبی در بحبوحهٔ آن جنگ، ملاقاتی عجیب در قره چمن میان فرمانده کل قوای ایران، شاهزاده عباس میرزا نایب‌السلطنه و مسیو ژوبر فرانسوی فرستاده ویژه ناپلئون بناپارت به ایران صورت می‌گیرد. ناپلئون که مدتی می‌شد به گونه‌ای جدی به فکر لشکرکشی به هند، نگین مستعمرات انگلستان در شرق، افتاده بود، هیأتی عالی مقام را به ایران اعزام می‌دارد تا با کسب اطلاعات از وضعیت کشور و موقعیت جغرافیایی و سوق‌الجیشی ایران، مقدمات لشکرکشی به هند از طریق خاک ایران را فراهم نماید. از آن‌جا که ما تا کمر درگیر جنگ با روسیه بودیم، آن هم جنگی که در آن منظماً در حال عقب‌نشینی در آن بودیم، بالطبع هر نوع همکاری و مساعدت ما با طرح‌های ناپلئون مستلزم آن بود که فرانسوی‌ها گام‌های جدی در راه تأمین نیازهای عاجل نظامی ما بردارند. به منظور اطلاع از نیازهای نظامی ما از یک سو و از سویی دیگر ادای احترام به شخص دوم کشور که در عین حال درگیر جنگ نیز بود، ژوبر راهی قره چمن می‌شود تا با فرمانده کل قوای ایران ملاقات نماید. علی‌القاعده پس از ادای تعارفات و اقدامات دیپلماتیک، مسیو ژوبر و هیأت همراه آماده می‌شوند تا به نیازهای فرماندهان نظامی ایران و در رأس آنان نایب‌السلطنه عباس میرزا گوش فرا دهند. در حالی‌که مترجمین و مقامات رسمی منتظر بودند تا فرمانده ایران نیازهای نظامی‌اش را برای فرستاده ناپلئون بازگو نماید، مطالبی که وی می‌گوید اسباب بهت و حیرت حاضرین می‌شود.

خسته و ناکام از شکست پشت شکست، ناکامی پشت ناکامی، عقب‌نشینی پشت عقب‌نشینی، از دست دادن یک شهر و یک منطقه پشت از دست دادن یک شهر و منطقه دیگر و به هدر رفتن سال‌ها تلاش، مجاهدت و جانفشانی نیروهای زبده ایرانی، فرمانده کل قوای ایران به یک‌باره سال‌ها بغض فروخورده در گلویش شکسته می‌شود و در عوض دادن

فهرست اقلام مورد نیاز قشونش پیرامون توپ، خمپاره، تفنگ و باروت، به ژوبر فرانسوی می‌گوید:

«مردم به کارهای من افتخار می‌کنند، ولی چون من، از ضعیفی من بی‌خبرند. چه کرده‌ام که قدر و قیمت جنگجویان مغرب‌زمین را داشته باشم؟ یا چه شهری را تسخیر کرده‌ام و چه انتقامی توانسته‌ام از تاراج ایالات خود بکشم؟... از شهرت و فتوحات قشون فرانسه دانستم که رشادت قشون روسیه در برابر آنان هیچ است، مع‌الوصف تمام قوای مرا یک مشت اروپایی سرگرم داشته، مانع پیشرفت کار من می‌شوند... ***نمی‌دانم این قدرتی که شما اروپایی‌ها را بر ما مسلط کرده چیست و موجب ضعف ما و ترقی شما چه؟ شما در قشون جنگیدن و فتح کردن و به‌کار بردن تمام قوای عقلیه متبحرید و حال آن‌که ما در جهل و شغب غوطه‌ور و به‌ندرت آتیه را در نظر می‌گیریم. مگر جمعیت و حاصلخیزی و ثروت مشرق‌زمین از اروپاکمتر است؟ یا آفتاب که قبل از رسیدن به شما به ما می‌تابد تأثیرات مفیدش در سر ماکمتر از سر شماست؟ یا خدایی که مراحمش بر جمیع ذرات عالم یکسان است خواستهٔ شما را بر ما برتری می‌دهد؟ گمان نمی‌کنم. اجنبی حرف بزن! بگو من چه باید بکنم که ایرانیان را هشیار نمایم؟***»[1]

از آن ملاقات تاریخی در قرارگاه سپاه ایران در دشت قره چمن میان عباس میرزا و ژوبر فرانسوی درست ۲۰۰ سال می‌گذرد. در طی این دویست سال پرسش تاریخی عباس میرزا (این‌که چرا به زعم عباس میرزا اروپایی‌ها آن‌گونه هستند و ما ایرانی‌ها این‌گونه، آنها پیشرفت کرده‌اند در حالی‌که ما عقب مانده‌ایم) توسط بسیاری دیگر نیز تکرار گردید. بسیاری از آنان خود را در مقام ژوبر پنداشته و سعی کردند به عباس میرزا پاسخ دهند.

حکایت کتاب ***ما چگونه، ما شدیم***، به تعبیری تلاش در جهت پاسخ به پرسشی است که از یک سابقه ۲۰۰ ساله برخوردار است. منتها یک بخش سؤال: این‌که ***ما چرا عقب ماندیم؟*** قبل از پرداختن به پاسخ‌هایی که به پرسش عباس میرزا در طی این ۲۰۰ سال داده‌ایم، لازم است که نگاه دیگری به شاهزاده ایران و سؤالش بیندازیم. چرا که طرح این پرسش (که ما عقب مانده‌ایم) خود فی‌نفسه حکایت از نبوغ و فهم عباس میرزا می‌نماید. میلیون‌ها ایرانی در این ۲۰۰ سال آمدند و رفتند و اساساً نفهمیدند که جامعه‌شان عقب مانده است، چه رسد به این‌که همچون شاهزاده عباس میرزا در مقام یافتن پاسخ این عقب‌ماندگی هم برآیند.

آن‌چه که این «کشف» را ارزشمند می‌سازد توجه به این واقعیت است که عباس میرزا دویست سال پیش در می‌یابد که کشورش به تعبیر امروزه «توسعه نیافته» یا عقب‌مانده است. او زمانی به این واقعیت پی می‌برد که هیچ‌یک از وسایل ارتباط جمعی مدرن امروزی وجود نداشته. بعدها بسیاری از ایرانیان به فرنگ رفته و با دیدن **شهر فرنگ**، متوجه وضعیت مملکت

۱ - عبدالهادی حائری، ***نخستین رویارویی‌ها***، ص ۳۰۸.

آن نخوانده بود، اما جنگ طولانی با روسیه سبب می‌شود تا او ضعف‌ها و درماندگی‌های جامعهٔ خود و در مقابل پیشرفت‌های جامعه اروپا را با همه وجود لمس کند. شاید برای عده‌ای این پرسش مطرح شود که اگر عباس میرزا در «عمل» و در سایهٔ جنگ با روسیه، توانست عقب‌ماندگی کشورش را ببیند، در آن صورت ارسال این همه دسته گل برای وی دیگر چه توجیهی می‌یابد؟ در پاسخ بایستی گفت که ایرانیان زیادی بعد از عباس میرزا نه غیرمستقیم بلکه مستقیم و از نزدیک اروپا را دیدند، اما آن بیداری که در روح شاهزاده قاجار به وجود آمد و همچون خوره بر جان وی افتاد در آنان هرگز ایجاد نشد. به علاوه، مهم‌تر از «دیدن» و درک شکاف میان ایران و غرب، مسئله «چه باید کرد؟» بود. عباس میرزا نه تنها شکاف و تفاوت را دید، بلکه به زعم خودش درصدد چاره‌سازی هم برآمد. بلافاصله پس از پایان جنگ، او دست به کار شد. عده‌ای را برای فراگیری دانش‌های جدید و صنعت راهی اروپا کرد، مقدمات یک ارتش مدرن را تدارک دید، دستگاه چاپ و روزنامه به ایران آورد و در تبریز که به عنوان نایب‌السلطنه حوزه حکومتی‌اش بود، ساختار یک دیوان سالاری و نظام مالی مدرن را پی ریخت. اما تیفوس مجالش نداد و در سن قریب به چهل سالگی نقاب در خاک کشید. شاید اگر زنده می‌ماند و به سلطنت می‌رسید به «میجی»[1] ایران تبدیل می‌شد. الیگارشی قاجار که برخی از اعضاء آن نگران از اقدامات و تغییرات شاهزادهٔ اصلاح‌طلب شده بودند، فقط جسم عباس میرزا را در خاک مدفون نکرد بلکه پرونده برنامه‌های سازندگی، اصلاحات و اقدامات او را نیز با عجله در زیر همان خاک دفن نمود. اما سؤال عباس میرزا همچنان باقی ماند. با آشنایی شمار بیشتری از ایرانیان در طول قرن نوزدهم، آن پرسش برای بسیاری دیگر نیز پیش آمد.

آگاهی نسل‌های پس از عباس میرزا از شکاف میان ایران و غرب تدریجی بود. آنان در ابتدا محو پیشرفت‌های تکنیکی و صنعتی غرب می‌شدند. برخی از ایرانیان که در نیمه اول قرن نوزدهم به اروپا سفر کرده و ذوق نوشتن هم داشتند مشاهدات خود را به صورت سفرنامه در می‌آوردند. آنان آن‌قدر از دیدن اروپا و مقایسه آن با مملکت عقب‌مانده خودشان شگفت‌زده و مبهوت می‌شدند که نام سفرنامه‌هایشان را **حیرت نامه** گذاردند.[2] ایرانیان برای

---

۱ – میجی امپراتور معروف ژاپن بود که ۵۰ سال بعد از عباس میرزا در ژاپن به قدرت رسید و با مجموعه‌ای از اصلاحات چهره ژاپن را دگرگون ساخت. میجی را معمار ژاپن امروزی می‌دانند.

۲ – صادق زیباکلام، ***سنت و مدرنیته: ریشه‌یابی علل ناکامی اصلاحات و نوسازی سیاسی در ایران عصر قاجار***، تهران: انتشارات روزنه، چاپ هفتم، بهار ۱۳۸۳، ص ۳۶۰ – ۳۵۷.

نخستین بار با بیمارستان، راه آهن، بانک، تراموا، تلگراف، پارک‌های بزرگ، برق، گاز، آب لوله‌کشی، کارخانجات، تولیدات صنعتی، تماشاخانه، اپرا و جنبه‌های دیگری از زندگی مدرن غرب آشنا می‌شدند. اما به تدریج آنان متوجه جنبه‌های عمیق‌تر تمدن غرب شدند. جنبه‌های زیربنایی سیاسی و اجتماعی همچون حاکمیت قانون (در برابر حاکمیت مطلق حکام و فرمانروایان در ایران)، محدودیت اختیارات حکومت (در مقابل اختیارات نامحدود پادشاه در ایران)، پاسخگو بودن حکومت در قبال اقدامات و تصمیماتش (در مقابل مطلق‌العنان بودن حکومت در ایران)، آزادی مطبوعات، آزادی احزاب و تشکل‌های سیاسی، آزادی مذهب و اجتماعات، انتخاب حکومت از سوی مردم (در برابر مشروعیت الهی حکومت در ایران) و امکان انتقاد از حکومت ازجمله جنبه‌های دیگر جوامع اروپایی بود که به تدریج ایرانیان را تحت تأثیر خود قرار می‌داد.

این آشنایی‌ها و به تعبیری آگاهی عمیق‌تر از غرب به نوبهٔ خود باعث گسترده‌تر شدن ابعاد پرسش تاریخی عباس میرزا می‌شد. مشکل اساسی نسل‌های بعد از عباس میرزا آن بود که آنان فقط با معضل شکاف یا فاصله میان ایران و غرب روبه‌رو نبودند، بلکهٔ به تدریج متوجه می‌شدند که غرب در عین حال منظماً در حال پیشرفت بود در حالی‌که هیچ روزنه‌ای در انتهای تونل تاریک عقب‌ماندگی ایران به چشم نمی‌خورد. به عبارت دیگر، پرسش عباس میرزا ضمن آن‌که به تدریج به نسل‌های بعدی انتقال می‌یافت، در عین حال ابعاد آن نیز گسترده‌تر می‌شد.

نسل‌های پس از عباس میرزا پاسخ‌های متفاوتی به پرسش تاریخی وی دادند. برخی از آنان پادشاهان قاجار را عامل عقب‌ماندگی کشور دانستند؛ برخی دیگر انگشت اتهام را به سوی حکام، فرمانروایان و رجال مستبد و خودکامه نشانه گرفتند؛ برخی به سروقت اسلام و حمله اعراب به ایران رفتند و آن را عامل عقب‌ماندگی ایران پنداشتند؛ برخی روحیه، خلقیات و فرهنگ خاص ایرانیان را مسبب وضعیت فلاکت بار ایران دانستند و قس علی‌هذا. تا رسیدیم به قرن بیستم و ورود افکار و اندیشه‌های مدرن به ایران.

یکی از جریانات مهم فکری که به تدریج از نخستین دهه‌های قرن بیستم وارد ایران شد مارکسیزم بود. بخشی از جهان‌بینی این ایدئولوژی از قضای روزگار مرتبط با پرسش شاهزادهٔ ایران بود. پاسخ مارکس اما یک تفاوت بنیادی با تمامی پاسخ‌هایی که ظرف یک قرن گذشته به پرسش‌های عباس میرزا داده شده بود داشت. مارکس پرسش عباس میرزا از ژوبر

۱۸

[illegible]

[illegible]

[illegible]

مقبولیت گسترده برخوردار نیست. اما علی‌رغم افول جهانی‌اش، این نظریه همچنان در ایران از محبوبیت فراوانی برخوردار است. البته از همان ابتدا هم این تبیین به عنوان یک نظریه مارکسیستی به کار گرفته نمی‌شد. اما آنان که با ادبیات مارکسیزم آشنایی دارند به سهولت متوجه می‌شدند که زیربنای ادبیات ما درخصوص عقب‌ماندگی عمدتاً همان چارچوب کلی دیدگاه‌های مارکسیستی است. البته بسیاری از جریانات رادیکال اسلام‌گرا که ظرف یک دههٔ اخیر گرایشات اصلاح‌طلبانه و لیبرالی پیدا کرده‌اند، از این گفتمان تا حدودی فاصله گرفته‌اند اما برخی از جریانات موسوم به ***اصول‌گرا*** و ***محافظه‌کاران*** همچنان با این نظریه همانند روزهای پررونق اولیه‌اش در نیم قرن پیش عجین هستند.

پرسش مهمی که پیرامون روایت مارکسیستی از اسباب و علل عقب‌ماندگی مطرح می‌شود آن است که چرا از میان جملگی نظریه‌هایی که در این خصوص به وجود آمدند، نظریه مارکسیزم این همه در ایران با اقبال گسترده روبه‌رو شد؟ پرسش بعدی آن است که علی‌رغم آن‌که این نظریه در زادگاه اولیه آن در اروپا و در بسیاری از کشورهای دیگر نیز از رونق افتاده، اما چرا در ایران همچنان به عنوان نظریه غالب باقی مانده است؟ چه رمز و راز و سری در این دیدگاه که «استعمار»، «غربی‌ها»، «استکبار» یا «امپریالیزم» باعث عقب‌ماندگی ما شده نهفته است که با گذشت بیش از نیم قرن از طرح آن و علی‌رغم بن‌بست‌ها، ضعف‌ها و پرسش‌های بسیاری که این نظریه با آن مواجه شده، در ایران هنوز از شوکت و اعتبار فراوانی برخوردار است؟

کلید فهم پاسخ این دو پرسش نه در قدرت یا قوت نظریه مارکسیزم در تبیین علل عقب‌ماندگی نهفته است بلکه در تبعاتی می‌باشد که پاسخ مارکس برای بسیاری از ما ایرانیان در بر دارد. به این معنا که پاسخ‌های قبلی به هر حال به نوعی مسئله عقب‌ماندگی ما را به خودمان باز می‌گرداند. در حالی که پاسخ مارکس ما را از اتهام عقب‌ماندگی تبرئه کرده و متهم دیگری را به جایگاه احضار می‌نماید.

پاسخ‌های قبلی صرف‌نظر از آن‌که حکام، فرمانروایان، رجال یا سلاطین وابسته ایران را عامل عقب‌ماندگی می‌پنداشتند؛ یا خلقیات، روحیات، کنش‌ها و رفتارهای اجتماعی ایرانیان را مسبب می‌دانستند؛ یا انگشت اتهام را به سمت مذهب، فرهنگ و تفکرات ایرانیان می‌گرفتند، به هر حال عقب‌ماندگی‌مان را با جنبه‌هایی از ایران و ***ایرانیت*** مرتبط می‌ساختند. به سخن دیگر، اسباب و علل عقب‌ماندگی تاریخی ایران را مجبور بودیم در درون یا از درون

[illegible]

گذشته‌مان احساس سربلندی و افتخار کردن، این همه بالیدن به نژاد ایرانی، به تاریخ و فرهنگ ایرانی، بر چه اساس و پایه‌ای می‌باشد؟ فی‌الواقع اگر از دو قرنی که به نام **عصر طلایی تمدن اسلامی** لقب گرفته و ایران هم بالطبع به عنوان بخشی از جهان اسلام نقش ارزنده‌ای در شکوفایی آن دو قرن داشته بگذریم، از بعد از آن، یعنی از آغاز قرن یازدهم میلادی (قریب به ۱۰۰۰ سال پیش) به این سو ما منظماً در حال نزول و رکود بوده‌ایم. آهنگ این سقوط بالاخص پس از سقوط صفویه در قرن هجدهم شتاب بیشتری گرفته و در قرن نوزدهم به اوج خود می‌رسد. معلوم نیست این همه قربان صدقه ایران و ایرانی رفتن، این همه فخر و مباهات به تبار ایرانی، نژاد ایرانی، فرهنگ و تمدن ایرانی ابراز کردن، به اعتبار کدام دستاوردهای علمی، فرهنگی، تمدنی، فکری، فلسفی و غیره ما ظرف ۲، ۳ قرن گذشته می‌باشد؟

آن‌چه که به بحث ما بیشتر مربوط می‌شود آن است که **ملتی که این همه خود را بزرگ و سربلند می‌پندارد، ملتی که معتقد است دین زیادی بر گردن پیشرفت و تمدن بشری دارد، واضح است که به هیچ روی نمی‌تواند بپذیرد که عقب مانده است.** هر نوع پذیرش، حتی صرف بحث پیرامون موضوع عقب‌ماندگی فی‌الواقع آب سردی برروی همه آن دسته گل‌ها و فخر و مباهات کردن‌های اغراق‌آمیز و غیرواقعی ما از خود و گذشته‌مان می‌ریزد. چگونه ممکن است تصور کرد که ملتی که علی‌الدوام برای خود و برای فرهنگ، تمدن و گذشته‌اش این همه دسته گل می‌فرستد و خود را سرآمد همه می‌پندارد، در عین حال هم بپذیرد که عقب‌مانده بوده است؟ **شاید اگر ما در عالم واقعیت آن‌قدر عقب‌مانده نمی‌بودیم، دلیلی نمی‌داشت که منظماً به گذشته و به تاریخ و فرهنگمان این همه ببالیم. همچنان‌که هیچ یک از رهبران، نویسندگان یا رسانه‌های جمعی اروپایی، هندی، تایوانی یا آرژانتینی علی‌الدوام نمی‌گویند، ملت بزرگ نروژ، مردم قهرمان هند، تاریخ تابناک هلند، تمدن‌کهن تایوان، خدمات و تأثیرات دانشمندان و متفکرین آرژانتینی به بشریت و سایر دسته‌گل‌هایی که ما ایرانیان برای خودمان ارسال می‌کنیم.** ضمن آن‌که ظرف پانصد سال اخیر عمده دانشمندان، اختراعات، اکتشافات و پیشرفت‌های علمی از اروپا برخاسته و یا هند فی‌المثل بزرگترین صادرکننده نرم‌افزار در دنیا می‌باشد.

فی‌الواقع دلیل اصلی اقبال ما ایرانیان به تبیین مارکسیستی پیرامون مسئله عقب‌ماندگی به واسطه آن است که در این تبیین، ما خود هیچ مسئولیتی در قبال عقب‌ماندگی‌مان پیدا نمی‌کنیم. اسباب و علل عقب‌ماندگی ما ریشه در بیرون از جامعه ما پیدا می‌کند و پدیده‌ای

بوده که از بیرون از ایران به ما تحمیل شده است. عقب‌ماندگی را پدیده برونی پنداشتن از یک سو و از سویی دیگر بالیدن به نژاد و فرهنگ و تمدن ایرانی دست به دست یکدیگر می‌دهند و سبب می‌شوند که ما اساساً به گونه‌ای جدی درصدد کنکاش و ریشه‌یابی عقب‌ماندگی‌مان بر نیاییم.

ذات نـایافته از هسـتی‌بخش　　　　کی تواند که شود هستی‌بخش

شرط اول رفتن به دنبال فهم یا کشف علل عقب‌ماندگی، شرط اول رفتن به دنبال یافتن پاسخ به پرسش شاهزاده عباس میرزا، آن است که ما در وهله اول صورت مسئله را بپذیریم. بپذیریم که عقب مانده‌ایم یا دست‌کم در گذشته عقب‌مانده بوده‌ایم. ما وقتی این‌قدر مغرورانه به خود می‌نگریم و مملو از فخر و مباهات به ایران و «ایرانیت»مان هستیم، چگونه می‌خواهیم به گونه‌ای جدی و اساسی و واقع‌بینانه بپذیریم که عقب مانده‌ایم؟

ملتی که اساساً به لحاظ روحی و روانی نمی‌خواهد یا نمی‌تواند بپذیرد که عقب مانده است، چگونه می‌توان از آن انتظار داشت که در مرحلهٔ بعدی به سراغ اسباب و علل عقب‌ماندگی‌اش برود؟ این یک واقعیت تلخ است که هیچ یک از مسئولین و رهبران ایران در گذشته و یا امروز کلامی پیرامون عقب‌ماندگی ایران نگفته‌اند. کدام دفعه رسانه‌های جمعی ما یا صدا و سیما برنامه‌ای تهیه کرد درخصوص عقب‌ماندگی ایران؟

بیش از نیم قرن از به راه افتادن تلویزیون و ۷۰ سال از تأسیس رادیو در ایران می‌گذرد. آیا حتی یک‌بار هم ظرف این ۷۰ سال اتفاق افتاده که رادیو یا تلویزیون، چند نفر را دعوت کنند تا پیرامون موضوع عقب‌ماندگی ایران بحث نمایند؟ در عوض صدها بار پیرامون استعمار و امپریالیزم و نقش آنان در استثمار و توسعه‌نیافتگی کشورهای جهان سوم برنامه برروی آنتن رفته است. در عوض صدها بار پیرامون نقش ایران و ایرانیان در پیشرفت علم و تمدن بشریت میزگرد، مصاحبه و همایش برگزار شده. کدام دفعه در دانشگاه‌های ما اساتید یا دانشجویان تجمع کردند و گفتند امروز بعد از ظهر می‌خواهیم پیرامون اسباب و علل عقب‌ماندگی ایران یک بحث و گفتگو و سمینار داشته باشیم؟

می‌رسیم به نقل قول مشعشعی که در اول مقدمه آوردیم. یکی از نتایج مثبت کتاب ***ما چگونه، ما شدیم*** که چاپ اول آن نخستین بار در ۲۴ دی ۱۳۷۳ انتشار یافت، طرح صورت مسئله‌ای به نام عقب‌ماندگی یا توسعه نیافتگی بوده. شخصاً معتقدم که علت اصلی مطرح شدن این کتاب و این که با اقبال زیادی روبه‌رو شد آن بود که برای نخستین بار اثری در ایران

انتشار یافته بود که نویسنده از پشت آن دسته گل‌های نژادپرستانه ایرانی بیرون آمده بود و همچون شاهزاده عباس میرزا در ۲۰۰ سال پیش، بدون احساس خجلت و شرمساری مطرح می‌کرد که ما عقب مانده‌ایم؛ یا حداقل عقب‌مانده بوده‌ایم. نکته دوم آن بود که پس از طرح موضوع عقب‌ماندگی، کتاب به سراغ کلیشه‌های رایج تئوری‌های وابستگی مارکسیستی و شبه مارکسیستی نمی‌رفت. بلکه سعی کرده بود تا اسباب و علل عقب‌ماندگی را از درون جامعهٔ خودمان استخراج نماید. از این بابت از همان ابتدا ***ما چگونه، ما شدیم*** با این انتقاد مواجه شد که تلاش در نادیده انگاشتن نقش استعمار در عقب‌ماندگی ایران دارد. ***در حالی‌که حرف بنیادی کتاب آن است که اگر ما در ابتدا عقب مانده نمی‌بودیم، استعمار نمی‌توانست به کشورمان وارد شود؛ با همه مصایب و پیامدهای بلندمدت منفی‌که‌ورود استعمار به ایران برای ما به همراه‌آورده است.*** اما کتاب معتقد است که نادیده گرفتن اسباب و علل بنیادی درونی جامعهٔ ایران و صرفاً بحث عقب‌ماندگی را تقلیل دادن به تئوری‌های مارکسیستی وابستگی، یک جور خودفریبی بیش نیست. درست همانند رویکرد برخی از روشنفکران عصر مشروطه که مسئله عقب‌ماندگی ایران را یکسره بر گردن حمله اعراب و ورود اسلام به ایران انداختند.

در مجموع این نگاه که عقب‌ماندگی ایران را بر گردن این و آن نیندازیم و اسباب و علل آن را درون جامعهٔ خودمان جستجو کنیم با استقبال‌هایی نیز روبه‌رو شد. این استقبال سبب شد تا ظرف یک دههٔ گذشته برخی آثار دیگر نیز با کنار گذاردن نظریه تئوری وابستگی به سراغ رویکردهای متفاوت‌تری بروند. اما اشکال اساسی بسیاری از این آثار در ذات ترجمه‌ای بودن آنان است. همان مشکل بنیادی که در حوزه‌های دیگر علوم انسانی نیز وجود دارد. نویسندگان این آثار نیز عمدتاً مفاهیم را از زبان اصلی که نوعاً انگلیسی می‌باشد اقتباس کرده و آنها را به صورت خیلی قالبی و کلیشه‌ای به فارسی بر می‌گردانند. حاصل این نوع نگارش‌ها متونی از آب در می‌آیند غالباً ثقیل، گنگ و نامفهوم همچون نقل‌قولی که در ابتدای مقدمه آمده.

ویژگی دیگر این متون لفاظی، کلی‌گویی و حالت انشاء یا خطابه داشتن آنها است. نقل‌قولی که در ابتدای مقدمه آمده نمونه‌ای از این دست آثار است. آثاری که اگرچه تحت عناوینی همچون «عوامل توسعه‌نیافتگی» یا «مباحث توسعه» چاپ شده‌اند، اما خواننده پس از مطالعه اثر به هیچ روی احساس نمی‌کند که دانشش چه درخصوص اسباب و علل عقب‌ماندگی ایران و چه پیرامون کل بحث توسعه چندان افزایشی یافته است. ازجمله

مباحثی که در این دست آثار خیلی مورد تأکید قرار گرفته و در عین حال از سوی برخی صاحب‌نظران ایرانی درخصوص بحث عقب‌ماندگی مطرح شده موضوع «عقلانیت» و «توسعه» است. به این معنا که آنان استدلال می‌کنند توسعه یک فرایند عقلانی است و در نتیجه ملازمت پیدا می‌کند با تفکر عقلانی و فرایند عقلانیت. به عبارت دیگر، آنان معتقدند که چون ما در برنامه‌ریزی‌ها و مسایل مربوط به توسعه از عقلانیت و تعقل چندان بهره نمی‌گیریم، در نتیجه نتوانسته‌ایم به پیشرفت و توسعه هم برسیم.

در پاسخ این دست مطالب پیرامون موضوع توسعه‌نیافتگی می‌بایستی گفت، در این‌که توسعه و پیشرفت و متقابلاً عقب‌ماندگی ارتباط مستقیمی با به کارگیری عقل و دانش دارد کمتر تردیدی می‌توان داشت. منتها دو پرسش اساسی مطرح می‌شود: این‌که چرا برخی جوامع به سمت و سوی تعقل‌گرایی رفتند اما گروه دیگر نرفتند؟ عین همین سؤال را دویست سال پیش عباس میرزا از فرستادهٔ فرانسوی در قره چمن می‌پرسد. ثانیاً، همه حکومت‌ها معتقدند که کارشان، تصمیماتشان و سیاست‌هایشان از روی عقل و دانش است. هم فتحعلی شاه، هم ناصرالدین‌شاه و هم سایر رهبران، مسئولین، حکام، فرمانروایان، سیاست‌گذاران و برنامه‌ریزان ما ظرف ۲۰۰ سال گذشته معتقد بودند که کارهایشان، تصمیماتشان و سیاست‌هایشان از روی عقل و تدبیر بوده است. همان‌طور که رهبران جوامع دیگری که ما آنها را توسعه یافته می‌پنداریم نیز آن‌چه را که به اجرا گذارده‌اند از روی عقل و فهمشان بوده. هیچ مسئول، مجری، رهبر سیاسی و برنامه‌ریزی اعتقاد ندارد که آن‌چه انجام می‌دهد عقلانی نبوده، اما علی‌رغم آن‌که سیاست‌های وی عقلانی و درست نیستند، او مصرّ بر پیشبرد آن برنامه‌ها و سیاست‌ها می‌باشد.

برعکس، فتحعلی شاه، ناصرالدین شاه، محمدعلی شاه، رضاشاه، محمدرضا پهلوی و سایرین قویاً اعتقاد داشتند که آن‌چه می‌کنند از روی عقل و حکمت و تدبیر بوده، و این‌که آن سیاست‌ها به خیر و صلاح ملک و ملت بوده است. بنابراین دعوت مسئولین و مجریان به ***تعقل‌گرایی*** و به کارگیری عقل و علم و دانش، ضمن آن‌که سخن سنجیده و معقولی است، اما بیش از آن‌که یک راه حل عملی باشد، نوعی ژست عالمانه بی‌حاصل است. ایضاً این استدلال هم که ما به دلیل عدم به کارگیری عقل و دانش عقب ماندیم هیچ نکته تازه‌ای پیرامون اسباب و علل عقب‌ماندگی به ما نمی‌گوید. چنین گزاره‌هایی صرفاً صورت مسئله را تغییر می‌دهند. به این معنا که در پاسخ استدلال فوق می‌توان پرسید ***چرا ما از عقل و دانش استفاده نکردیم اما***

دیگران کردند؟ ضمن آن‌که همان‌طور که پیش‌تر گفتیم، این نظر صرفاً عقیده یا درحقیقت ادعای نظریه‌پرداز است که رهبران ایران تعقل‌گرا نبوده‌اند. خود آن رهبران با همه وجود معتقد بوده‌اند که سیاست‌هایشان قطعاً از روی عقل و اندیشه بوده و انگیزه آنان نیز خدمت به ایران بوده است.

ماحصل کلام آن‌که بسیاری از آثاری که پیرامون اسباب و علل عقب‌ماندگی ایران و مباحث توسعه یافتگی انتشار یافته بیشتر عبارت‌پردازی، انشاء، خطابه و کلیشه‌های ترجمه شده هستند تا تجزیه و تحلیل‌های جدی واقع‌بینانه و مرتبط با موضوع.

مقدمه را با پرسش فرمانده کل قوای ایران شاهزاده عباس میرزا در ۲۰۰ سال پیش از مسیو ژوبر نماینده ناپلئون در روستای قره چمن نزدیک تبریز آغاز کردیم و با همان پرسش هم آن را به پایان می‌رسانیم. ظرف ۱۰، ۱۵ سالی که من تاریخ تحولات ایران را در قالب کتاب ***ما چگونه، ما شدیم*** در دانشگاه تهران تدریس کرده‌ام، هرازگاهی دانشجوی کنجکاوی پیدا می‌شود و از ته کلاس می‌پرسد که: «***استاد پاسخ به پرسش عباس میرزا، چه اهمیتی دارد؟ این‌که ما به کدام دلیل یا دلایل عقب ماندیم، چه فرقی می‌کند؟ آیا به جای کنکاش و بررسی این‌که ما به کدام دلیل یا دلایل عقب افتادیم، نمی‌بایستی به این مسئله بپردازیم که راه بیرون رفتنمان از این عقب‌ماندگی چه می‌باشد؟ گذشته را که نمی‌شود تغییر داد، ما به هر دلیل عقب ماندیم، همچنان‌که بسیاری کشورهای دیگر نیز عقب مانده بودند، اما امروزه، دیگر نمی‌توان آنان را عقب مانده یا حتی در حال توسعه توصیف نمود. آیا ما نیز نبایستی برویم به سمت و سوی بحث و بررسی پیرامون یافتن راهکارهایی که ما را در مسیر توسعه، پیشرفت و ترقی بیندازد؟***»

این پرسش علی‌الظاهر بسیار متین و منطقی به نظر می‌رسد. بنابراین آیا به جای نوشتن کتابی پیرامون ***ما چگونه، ما شدیم***، نبایستی کتابی نوشت پیرامون آن‌که ***ما چگونه، می‌بایستی آن‌گونه بشویم***. به سخن دیگر، آیا به جای پرداختن به اسباب و علل این‌که چرا ما عقب ماندیم، نبایستی برویم به دنبال این‌که چگونه از این عقب‌ماندگی رهایی پیدا کنیم؟ در پاسخ می‌بایستی گفت که خیر. و اتفاقاً قبل از پرداختن به مقوله «چه باید کرد؟» می‌بایستی نخست به این مسئله پرداخت که چرا ما اساساً در ابتدا عقب افتادیم. پرداختن به این موضوع که چرا قبل از ***بررسی راه‌های برون رفت از عقب‌ماندگی***، ما می‌بایستی برویم به دنبال بررسی پرسش عباس میرزا، خوشبختانه از حوصله کار ما بیرون می‌رود. فقط به این مختصر بسنده می‌کنیم که از ۲۰۰ سال پیش که بحث عقب‌ماندگی ما مطرح شد بسیاری از نخبگان سیاسی ما اتفاقاً

همانند همان دانشجوی هوشمند و کنجکاو من (که معتقد بود به جای رفتن به دنبال یافتن دلایل عقب‌ماندگی‌مان، ما می‌بایستی به دنبال بیرون رفتن از مدار عقب‌ماندگی برویم) رفتند به دنبال این‌که چگونه به پیشرفت و ترقی برسیم. از خود عباس میرزا گرفته تا میرزا تقی‌خان امیرکبیر، سپهسالار، حتی شخص ناصرالدین‌شاه، میرزا ملکم خان تا برسیم به انقلاب مشروطه و به اقدامات رضاشاه و محمدرضا پهلوی تا به امروز؛ همواره کسانی بوده‌اند که در مقام اصلاحات، تغییر و تحول برآمدند. منتها سؤال اساسی آن است که چرا همواره به نظر می‌رسد این تلاش‌ها ناکام می‌مانند؟ آیا اگر اقدامات عباس میرزا به نتیجه می‌نشست، نیازی بود که امیرکبیر در مقام اصلاحات و دگرگونی برآید؟ اگر عباس میرزا و امیرکبیر موفق شده بودند آیا دیگر نیازی بود که سپهسالار برود به سمت اصلاحات و اصلاح‌طلبی؟ اگر سپهسالار و سایر اصلاح‌طلبان قاجار موفق شده بودند، آیا نیازی به انقلاب مشروطه می‌بود؟ آخرین دور اصلاح‌طلبی که در این مسیر طولانی ۲۰۰ ساله اتفاق افتاد، اصلاحات موسوم به دوم خرداد بود که نه در عصر قاجار بلکه در دوران خود ما اتفاق افتاد. شاید کمتر جامعه‌ای را بتوان یافت که ظرف ۲۰۰ سال این مقدار تلاش برای تغییر و اصلاحات کرده باشد. با یک نگاه بدبینانه و خرافی، به نظر می‌رسد که روحی نامریی ما را نفرین کرده، چرا که علی‌الدوام ما خواسته‌ایم تغییر و تحول به وجود آوریم و علی‌الدوام هم به نظر نمی‌رسد که به جایی رسیده باشیم. در حالی‌که در بسیاری از جوامع دیگر صرفاً یک‌بار جنبش اصلاح‌طلبی به وجود آمده و آن کشور پس از آن برروی ریل ترقی و پیشرفت افتاده. در ترکیه، مالزی، کره جنوبی، تایوان، سنگاپور، هند و در بسیاری از جوامع دیگر یک جنبش اصلاح‌طلبی یا یک رشته برنامه‌های بنیادی برای تغییر و تحول صورت می‌گیرد و کم و بیش از آن نقطه به بعد آن کشور به تدریج از مدار عقب‌ماندگی خارج شده و پس از گذشت یکی، دو دهه دیگر نمی‌توان آن را جامعه‌ای در حال توسعه تعریف نمود. در حالی‌که ما ظرف ۲۰۰ سال گذشته بارها و بارها دورخیز کرده و پریدیم؛ اما بعداً معلوم شده که تلاش‌هایمان چندان موفقیت‌آمیز نبوده و می‌بایستی مجدداً اصلاح‌طلبی و پرش برای بیرون رفتن از مدار عقب‌ماندگی را تکرار کنیم.

ازجمله این تلاش‌ها در دوران خود ما اتفاق افتاد. بعد از پایان جنگ با عراق دوران جدیدی آغاز شد؛ ***دوران سازندگی*** و به نظر می‌رسید که این بار سرانجام ما برروی ریل صحیح افتاده‌ایم. اما هشت سال بعد معلوم شد که نه، آن مسیر خیلی هم درست نبوده و ***توسعه سیاسی*** و ***جامعه مدنی*** را فراموش کرده بودیم. ***سازندگی*** را رها کردیم و رفتیم به دنبال «***توسعه***

سیاسی*»** و «جامعه مدنی***». اما این بار هم پس از گذشت هشت سال معلوم شد که آن مسیر هم خیلی درست نبوده و ***عدالت اجتماعی***، ***مساوات*** و ***برابری*** را از قلم انداخته بودیم. در نتیجه پس از گذشت ۱۶ سال، ***سازندگی*** و ***توسعه سیاسی*** را کنار گذاردیم و استراتژی جدید را که ***عدالت اجتماعی*** است برگزیدیم. یحتمل، هشت سال بعد معلوم می‌شود که این مسیر هم صددرصد درست نبوده و شاید می‌بایستی می‌رفتیم به سر وقت کارهای ***فرهنگی***، ***معنوی*** و تقویت بنیان‌های اعتقادی مردم و جامعه.

در گذشته هم چنین بود. در زمان رضاشاه تصور می‌رفت که به مسیر درست افتاده‌ایم. اما بعداً معلوم شد که آن سیاست‌ها خیلی هم درست نبوده. در عصر بعد از رضاشاه رفتیم به سراغ مسیر دیگری: کودتای ۲۸ مرداد و سکوت مردم در قبال سقوط مصدق نشان داد که دست کم خیلی‌ها از مسیر بعد از رضاشاه راضی نبودند. از سال ۱۳۳۲ به بعد مسیر جدیدی توسط محمدرضا پهلوی آغاز شد. اما در سال ۵۷ و به دنبال پیروزی انقلاب اسلامی معلوم شد که آن مسیر هم خیلی درست نبوده. همچنان‌که مسیرهای بعد از انقلاب، از سیاست‌های سوسیالیستی مهندس میرحسین موسوی گرفته تا ***سازندگی***، ***جامعه مدنی*** و غیره بعدها معلوم شد که خیلی درست نبوده‌اند. بماند تلاش‌هایی که از سوی عباس میرزا، امیرکبیر، سپهسالار، ملکم خان، سیدجمال، مشروطه‌خواهان، طرفداران حزب توده و... صورت گرفت.

برخلاف تصور بسیاری، همه آنان که خواسته‌اند تغییر دهند، تحول ایجاد کنند، اصلاح نمایند و بسازند، اتفاقاً نیتشان خیر بوده و با همه وجود خواسته‌اند تغییر دهند. عباس میرزا و امیرکبیر همان‌قدر می‌خواستند تغییر دهند و بنایی نو در اندازند که سپهسالار، مشروطه‌خواهان، هاشمی رفسنجانی و دوم خردادی‌ها. منتها پرسش اساسی آن است که پس چرا آن تحول بنیادی اتفاق نیفتاد؟ بسیاری معتقدند که ژاپن امروز مدیون اقدامات و اصلاحات امپراتور آن در نیمه دوم قرن نوزدهم به نام میجی می‌باشد. او را معمار ژاپن مدرن می‌خوانند. علی‌القاعده انسان کنجکاو می‌شود که این میجی چه برنامه‌هایی در ژاپن به اجرا درآورد که ژاپن امروزی از بطن آن به تدریج تولد یافت؟ او در حقیقت کم و بیش همان اقداماتی را در ژاپن سعی کرد به اجرا درآورد که در ایران مرحوم میرزا تقی خان امیرکبیر ۲۰ سال قبل از میجی می‌خواست پیاده کند. منتها حاصل تلاش‌های اصلاح‌طلبی امیرکبیر شد پاشوره‌های خونین حمام فین کاشان و حاصل تلاش‌های اصلاح‌طلبی میجی شد ژاپن امروز.

حکایت اصلاح‌طلبی‌های ما آن بوده که هرازگاهی رادمردی یا راد مردانی کمر همت برافراشته‌اند و گفته‌اند بروید کنار، ما می‌گوییم «چه باید کرد» تا مملکت درست شود. بعد هم معلوم شده که اگر چه نیتشان خیر بوده، اما «چه باید کردشان» خیلی موفقیت‌آمیز نبوده. تمامی جنبش‌ها و تلاش‌های اصلاح‌طلبی ما ظرف ۲۰۰ سال گذشته یک وجه اشتراک بنیادی با یکدیگر دارند. جملگی آنها هرگز در مقام پاسخ‌دهی به پرسش عباس میرزا بر نیامدند. هیچ‌کدام آنها اساساً لحظه‌ای به دنبال بررسی این مسئله نرفتند که ***اساساً چرا ایران عقب افتاد؟*** بلکه جملگی بدون در نظر گرفتن اسباب و علل عقب‌ماندگی ایران، یک راست رفتند به سر وقت «چه باید کرد؟». عباس میرزا لحظه‌ای نرفت به دنبال سؤالی که خود از ژوبر فرانسوی پرسیده بود. بلکه بلافاصله بعد از پایان جنگ با روسیه دست به کار «چه باید کرد؟» شد. همانند شاهزادهٔ اصلاح‌طلب، هیچ یک از مصلحین بعدی نیز لحظه‌ای به دنبال یافتن یا دست کم بررسی این سؤال که ***چه شد ایران عقب افتاد*** نرفتند. بلکه همان‌طور که دیدیم صرفاً در مقام چاره برآمدند. شاید یکی از دلایل این‌که چرا اصلاح‌طلبی‌های ما ظرف ۲۰۰ سال گذشته همواره ناکام مانده این باشد که قبل از ارائه راه حل، می‌بایستی می‌رفتیم به دنبال بررسی این‌که چرا اساساً ما عقب ماندیم؟ سپس راه حل یا «چه باید کرد؟»مان را مرتبط با اسباب و علل عقب‌ماندگی‌مان و این‌که ***ما چگونه، ما شدیم؟***، تنظیم می‌نمودیم. ممکن می‌بود که در این صورت هم باز هم به جایی نمی‌رسیدیم و این روش هم موفق از آب در نمی‌آمد. اما دست کم بعد از ۲۰۰ سال تجربه ناموفق، ضرر ندارد یک‌بار هم نخست برویم به دنبال اسباب و علل عقب‌ماندگی‌مان، سپس در مقام راه حل و «چه باید کرد»؛ برآییم. ***ما چگونه، ما شدیم***، نه «فرشته» نجات از تونل عقب‌ماندگی است؛ نه شاه‌کلید حل و فصل تبیین اسباب و علل عقب‌ماندگی را در دست دارد؛ و نه حتی سر سوزنی ادعای پاسخ به پرسش **چه باید کرد؟** دارد. همه تلاش آن، این بوده که بتواند سؤال خیلی ساده و پیش پا افتاده‌ای را مطرح نماید: ***چرا و چه شد که ما اساساً عقب ماندیم؟*** بدون آن‌که لزوماً مدعی ارائه یک پاسخ کامل، دقیق و مورد اجماع باشد. همه هنر این کتاب (اگر هنری برای آن قائل شویم) در حد طرح یک پرسش است: ***ما چرا عقب ماندیم؟*** البته برای قومی که بسیاری از آنان در ابرها و آسمان‌ها به سر می‌برند و خود را سرآمد و سرشیر بشریت می‌پندارند، طرح چنین پرسشی البته که ناخوشایند، مهمل، و تلاشی جهت مشوب کردن اذهان و انحراف است. شاید هم به واقع همین‌طور باشد، والله اعلم به حقایق الامور.

مقدمه: طرح صورت مسئله

بحث پیرامون مقولهٔ ***عقب‌ماندگی*** (یا به اصطلاح مؤدبانه‌تر ***توسعه‌نیافتگی***) به هیچ روی موضوع جدیدی در ایران نیست. می‌توان گفت ایرانیان برای نخستین بار در قرن نوزدهم بود که به‌تدریج دریافتند جامعه‌شان دارای کاستی‌های بنیادی است. اگرچه آنان از این کاستی‌ها به تعبیر امروزی آن به نام «عقب‌ماندگی» یا «توسعه‌نیافتگی» نام نمی‌بردند، اما نتیجه یکسان بود. آنان - یا صحیح‌تر گفته باشیم معدودی از ایرانیان - دریافته بودند که در جامعه‌شان می‌بایستی تغییر و تحولاتی صورت می‌گرفته که نگرفته است. لذا از همان ابتدا که درک عقب‌ماندگی صورت گرفت، به موازات آن، فکر از میان بردن آن هم به‌وجود آمد. آنچه باعث به‌وجود آمدن این ادراک گردید تماس با مغرب‌زمین و آگاهی از تمدن آن بود.

حجم ارتباطات میان ایران و اروپا که از قرون وسطی کم و بیش برقرار بود از اوایل قرن نوزدهم به‌سرعت گسترش یافت. امکانات ارتباطی جدید و پیشرفته که از نیمهٔ دوم قرن هجدهم و به دنبال وقوع انقلاب صنعتی در اروپا به‌وجود آمده بود تسهیلات زیادی در امر مسافرت، ایاب و ذهاب و ایجاد ارتباط به‌وجود آورد. سرمایه‌داری تازه تولد یافته و رو به گسترش اروپا که به کرهٔ ارض به مثابه یک بازار بزرگ می‌نگریست از اوایل قرن نوزدهم در ایران نیز ظاهر گردید. گسترش نفوذ اروپاییان در ایران فقط به صورت جنگ با دو قدرت اروپایی روسیه و انگلیس نبود. از نیمهٔ دوم قرن نوزدهم اروپاییان زیادی برای بهره‌برداری از منابع ایران و برقراری مناسبات تجاری راهی ایران شدند. گسترش سریع ارتباطات در قرن نوزدهم همچنین باعث گردید تا برای نخستین‌بار شماری از ایرانیان به خارج از مملکت مسافرت کرده، با جوامع دیگر آشنا شوند. ایرانیان زیادی به عنوان دیپلمات، بازرگان، محصل و معدودی به منظور سیاحت برای نخستین بار راهی خارج شدند. به‌علاوه هزاران ایرانی دیگر نیز برای کار و امرار معاش بهتر راهی امپراتوری روسیه، عثمانی و هند شدند.

چه ایرانیانی که به عنوان دیپلمات، تاجر یا محصل و چه ایرانیانی که برای کار و ارتقاء سطح زندگی به خارج می‌رفتند با جوامعی آشنا می‌شدند که چندان شباهتی به ایران عقب‌ماندهٔ عصر قاجار نداشت. چنین ملاحظه‌ای حتی در مورد کسانی که به مناطقی همچون قفقاز، استانبول، آنکارا، کراچی یا بنگال نیز می‌رفتند مصداق داشت. آنان به‌گونه‌ای اجتناب‌ناپذیر بین این جوامع و ایران آن‌روز به مقایسه می‌پرداختند. چنین مقایسه‌ای بالاخص در مورد ایرانیانی که با اروپا آشنا شدند به‌مراتب چشم‌گیرتر و به تعبیری تکان‌دهنده‌تر بود.[۱] در یک طرف، ایران قرن نوزدهم قرار داشت با همهٔ عقب‌ماندگی‌هایش و در طرف دیگر اروپایی قرار داشت که هیچ چیز آن شباهتی به ایرانی که آنان می‌شناختند نداشت. مسئله، مقایسه به عنوان مثال، بین سیستم حمل و نقل در اروپا و ایران نبود زیرا اساساً در ایران مقوله‌ای به نام حمل و نقل وجود نداشت. حتی تا اوایل قرن بیستم حمل و نقل در ایران به استفاده از قاطر، الاغ، شتر، گاری و حداکثر اسب خلاصه می‌شد. در حالی‌که در اروپایی که ایرانیان می‌دیدند فقط هزاران کیلومتر خط آهن وجود داشت، کل راه‌آهن ایران در دهه‌های اولیهٔ قرن بیستم شامل یک خط تکی بین جنوب تهران تا حضرت عبدالعظیم به طول ۱۵ کیلومتر بود. حداکثر سرعت مسافران در اوایل قرن نوزدهم از ۴۰ کیلومتر در یک روز بیشتر نبود و مسافرت بین پایتخت ایران تا دومین شهر بزرگ آن یعنی اصفهان با سریع‌ترین وسیله (اسب) حداقل یک هفته به طول می‌انجامید،[۲] در حالی‌که در اروپا چنین مسافتی در ظرف چند ساعت پیموده می‌شد.

مسئله این نبود که آنان صنایع اروپا را با صنایع ایران مقایسه کنند چه، در ایران حتی تا اواسط قرن نوزدهم صنایع جدید پای به عرصهٔ وجود نگذاشته بودند تا بتوان آنها را با صنایع اروپاییان مقایسه کرد. مقایسه در خصوص شهرها و بناهای عمومی نیز همین گونه بود. علوم

---

۱ – از جمله آثاری از این دست که تأثیر نسبتاً قابل توجهی در روشنگری ایرانیان بر جای گذارد می‌توان به منابع ذیل اشاره داشت:

- **رسالهٔ یک کلمه**، مشاهدات میرزا یوسف‌خان مستشارالدولهٔ تبریزی
- **خاطرات حاج سیاح یا دورهٔ خوف و وحشت**، اثر حاج محمدعلی سیاح محلاتی
- **سیاحتنامهٔ ابراهیم‌بیگ**، به قلم حاج زین‌العابدین مراغه‌ای
- **خاطرات سیاسی**، نوشتهٔ میرزا علی‌خان امین‌الدوله

برای آگاهی بیشتر از مشاهدات نخستین ایرانیانی که در قرن نوزدهم با اروپا آشنا شدند و تأثیر این آشنایی بر آنان رجوع کنید به ***نخستین رویارویی‌های اندیشه‌گران ایران با دو رویهٔ تمدن بورژوازی غرب***، نوشتهٔ مرحوم دکتر عبدالهادی حائری، تهران، امیرکبیر، ۱۳۶۷، فصول هفتم و دهم.

2 - Ervand Abrahamian. ***Iran Between Two Revolutions***, Princeton (U.S., 1981), p. 14.

جدید هم وضعیت مشابهی داشتند. اساساً تا اواسط قرن نوزدهم که مرحوم امیرکبیر دارالفنون را پایه‌گذاری نمود در ایران خبر و اثری از علوم پایه یعنی فیزیک، شیمی، بیولوژی و ریاضیات نوین نبود. سایر رشته‌های علوم همچون پزشکی، علوم اجتماعی و انسانی، تاریخ، جغرافیا، اقتصاد، گیاه‌شناسی و داروسازی نیز وضع مشابهی داشتند.

به لحاظ ساختارهای سیاسی نیز به هیچ روی زمینه‌ای برای مقایسه وجود نداشت. در حالی‌که در بسیاری از ممالک اروپایی حکام و سلاطین قدرتی نداشته و در عوض مجالس (پارلمان)، احزاب و جریانات سیاسی، تشکیلات و اتحادیه‌های صنفی بخش قابل توجهی از قدرت سیاسی را تشکیل داده و مطبوعات آزادانه عملکرد حکومت و رجال سیاسی را مورد نقد و بررسی قرار می‌دادند، در ایران قدرت در دست یک فرد به نام شاه خلاصه می‌گردید. اوامر و خواسته‌های ملوکانه بی‌چون و چرا به اجرا در می‌آمد و حکم قانون داشت. نه حزبی وجود داشت، نه روزنامه‌ای، نه قانونی، نه امنیت سیاسی و اجتماعی، نه تشکیلات و نیروی صنفی و نه هیچ مقامی جرأت آن را داشت که برخلاف مصوبات اقدس همایونی کلامی بر زبان آورد یا نظر و عقیده‌ای ابراز دارد.

کل ایران قرن نوزدهم تشکیل می‌گردید از مجموعه‌ای از واحدهای اقتصادی که جملگی خودکفا بوده و کمتر ارتباطی با یکدیگر اعم از تجاری یا غیر آن داشتند. نه مبادلهٔ کالای چندانی بین این واحدهای منفک صورت می‌گرفت و نه اضافهٔ تولید یک واحد معمولاً راهی بازارهای دیگر می‌شد. نه شبکهٔ اقتصاد ملی چندانی وجود داشت و نه چندان اثری از گردش کالا، پول، سرمایه و خدمات به چشم می‌خورد. هر واحدی نیازهای اولیهٔ خود را تأمین می‌کرد (و فقط هم نیازهای اولیه‌اش را) بدون آن که اجبار چندانی به مبادلهٔ اقتصادی با واحدهای دیگر داشته باشد.[1] ایران قرن نوزدهم، در یک کلام، بیشتر شباهت به یک روستای دورافتاده اما بزرگ داشت که نام کدخدای آن پادشاه بود. همان‌طور که بسیاری از روستاهای قرن نوزدهم ایران از پیرامون و جهان اطراف خود بی‌خبر بودند، در این روستای بزرگ مردم که جای خود داشتند، بسیاری از دولت‌مردان، رجال و بزرگان آن نیز نسبت به دنیای پیرامون خود در بی‌خبری مطلق به سر می‌بردند.

برای نسل‌های اولیهٔ ایرانیانی که به‌تدریج در قرن نوزدهم با جهان بیرون از ایران آشنا می‌شدند تفاوت‌ها میان جامعه‌ای که در آن زندگی کرده بودند با جوامع جدیدی که با آنها آشنا

1 - Ibid pp. 1-6.

می‌شدند آن‌چنان از هر لحاظ فاحش و عمیق بود که نوعاً آنان را به تحیّر و شگفتی می‌انداخت. در ابتدا ایرانیان بیشتر نظاره‌گر بودند و کمتر به دنبال کنکاش در خصوص اسباب و علل این تفاوت‌ها می‌رفتند. اما به‌تدریج مشاهده و مقایسه یک مرحله به جلوتر رفته و جای خود را به این فکر داد که این همه تفاوت بین ایران و بلاد فرنگ چگونه و از کجا و چرا به‌وجود آمده بود؟ چگونه اروپاییان آن همه توانمند گشته و پیشرفت نموده بودند در حالی‌که ایران عصر قاجار آن قدر ضعیف و زبون و عقب‌مانده بود؟ آیا اروپاییان همواره در طول تاریخ توانمند بوده‌اند و ایرانیان ضعیف و ناتوان؟ آیا آن‌طور که برخی از اروپاییان اعتقاد دارند در نژاد آنان استعداد، هوش و لیاقت‌های خاصی بود که ایرانیان فاقد آن بودند؟ آیا اختلاف در نژاد باعث برتری فرنگیان شده بود؟

برای نسل اول ایرانیانی که در قرن نوزدهم با اروپا آشنا شدند چنین سؤالاتی لاجرم به‌وجود آمد. عباس میرزا نایب‌السلطنه و فرمانده کل قوای ایران خسته و درمانده از شکست‌ها و ناکامی‌هایش در مصاف با امپراتوری نیمه‌اروپایی روسیهٔ تزاری، به ژوبر فرانسوی نمایندهٔ قدرت دیگر اروپایی می‌گوید:

اگرچه این سؤالات دو قرن پیش مطرح شدند، اما آن‌چنان عمیق و کلاسیک هستند که حتی امروزه هم، اگرچه در قالب و اشکال دیگری، سؤالاتی مطرح و قابل بحث‌اند. اگر عباس میرزا امروز پس از گذشت دو قرن در میان ما ظاهر می‌شد احساسش نسبت به پاسخ‌هایی که ظرف این مدت به پرسش‌هایش داده شده است چه می‌بود؟ به احتمال زیاد احساس می‌کرد که پس از گذشت دو قرن هنوز به پرسش‌های بنیادی که در رنج‌نامه‌اش خطاب به فرستادهٔ ناپلئون مطرح کرده است پاسخ چندانی داده نشده است.

نسل‌های پس از عباس میرزا به ترتیب و به فراخور محیط اجتماعی و سیاسی که در آن متولد شدند هر کدام به‌گونه‌ای به اروپا نگریستند و در نتیجه، هر کدام در پاسخ به اسباب و علل برتری اروپاییان و متقابلاً عقب‌ماندگی ایرانیان به نتایج متفاوتی رسیدند. نسل بعد از او به اروپا با دیده‌ای از حیرت و تحسین نگریسته و محو و مبهوت ترقیات، اختراعات و پیشرفت‌های تکنیکی غربیان گردید.

نسل بعدی یک گام به جلوتر رفته و متوجه شد که زیربنای آن همه ترقی و پیشرفت، استفاده از علوم و دانسته‌های مدرن است. نسل بعدی به‌تدریج متوجه این واقعیت شد که اروپا را فقط علم و دانش و صنعت، کتاب و چاپ و راه‌آهن نیست که از ایران متمایز کرده

است. از دید آنان، آن‌چه غربیان را موفق ساخته بود و از ایرانیان کاملاً متمایز، در نهادهای اجتماعی و شیوهٔ حکومت خلاصه می‌شد. این نسل دیگر صرفاً به دنبال آوردن کارخانه، خط تلگراف، تراموا، لکوموتیو، چراغ برق، کالج، مریضخانه و ... نبود، بلکه مهم‌تر و اساسی‌تر از همهٔ اینها به دنبال آوردن - یا درست‌تر گفته باشیم کپی کردن - ساختار سیاسی غرب در ایران بود. نسلی که در نهایت زمینه‌ساز انقلاب مشروطه شد؛ نسل بعدی - نسل «تقی‌زاده» - حتی از این هم جلوتر رفته و معتقد بود هر آن‌چه در غرب هست بایستی در ایران نیز به‌وجود آید. از دید این نسل، چارهٔ همه دردها، ضعف‌ها و عقب‌ماندگی‌ها در عبارت مشهور و تاریخی تقی‌زاده خلاصه می‌شد: ***بایستی از فرق سر تا نوک پا فرنگی شد.***

نسل تقی‌زاده را بایستی پایان یک عصر فکری دانست؛ عصری که در آن برخورد با غرب از حالت تعجب و تحیّر شروع شده و با اوجش که پذیرش بی‌چون و چرای آن باشد به پایان رسید. نگرش جدید نسبت به غرب، برخلاف گذشته که در بستری از تحسین و غبطه فرورفته بود، به‌تدریج سرشار از نکوهش و مذمت شد. سرچشمهٔ نگرش جدید نیز اتفاقاً متأثر و ملهم از خود غرب بود. کارل مارکس، فیلسوف و اندیشمند بزرگ نیمهٔ دوم قرن نوزدهم، بنیان غرب را در قالب سرمایه‌داری به زیر سؤال برد. بت غرب که در طول قرن نوزدهم و طی دو دههٔ نخستین قرن بیستم این همه در ایران مرید پیدا کرده بود، از جانب مارکس متهم می‌گردید که «از چنگالش خون پرولتاریا و زحمتکشان دنیا به زمین می‌چکد». ولادیمیر ایلیچ لنین، رهبر انقلاب اکتبر و یکی از رهروان مصمم و رادیکال مارکس، کیفرخواست استادش را علیه غرب افزایش داده و بر آن جرم «امپریالیست» بودن را نیز اضافه کرد. پس از لنین، جانشینش استالین، بر پیشانی غرب افزون بر داغ امپریالیسم ننگ تجاوزطلبی و «استعمار» را نیز حک نمود.

تفکرات چپ که به‌تدریج از اوایل قرن بیستم در ایران ظاهر شده بود به یک‌باره در عصر بعد از فروپاشی دیکتاتوری رضاشاه در قالب تشکیلاتی منضبط، نیرومند، متشکل و سازمان‌یافته به نام ***حزب تودهٔ ایران*** در میان تحصیل‌کردگان، روشنفکران و اقشار مدرن جامعه، گستردگی فراوانی یافت.

آن‌چه این مقبولیت را تقویت می‌نمود کارنامهٔ عملکرد سیاه روسیهٔ تزاری و امپراتوری بریتانیا در ایران بود که زمین بکر و مستعدی برای بارور شدن نگرش جدید نسبت به غرب در اختیار حزب توده قرار می‌داد. برخلاف عصر مشروطه، غرب برای روشنفکران جدید

ایران، دیگر آن مدینهٔ فاضله، الگو و سرمشق نبود. غرب دیگر مترادف با ترقی، تجدد و آزادی نبود. مفاهیمی همچون ***اومانیسم***، ***رسیونالیسم*** (خردگرایی)، ***مشروطه***، ***پالمانتریسم***، ***اصل تفکیک قوا***، ***قرارداد اجتماعی ژان ژاک روسو***، ***روح‌القوانین منتسکیو***، ***لیبرالیسم جان استوارت میلز***، و متفکرینی همچون جان لاک، دیدرو، ولتر و... که الهام‌بخش ایرانیان منورالفکر عصر مشروطه بودند، برای روشنفکران جدید ایرانی، گیرندگی و جذابیت خود را به کل از دست داده بودند. نه تنها روشنفکران جدید ایرانی اساساً آشنایی با این مفاهیم و متفکرین نداشتند بلکه برای بسیاری از آنان این مقولات ***آرا و افکار بورژوازی غربی*** به شمار می‌آمد که در بهترین حالت خود، پاسدار و توجیه‌گر نظام سرمایه‌داری بود. بنابراین ترقی غرب به استعمار، تجدد و پیشرفت آن به استثمار و دموکراسی آن به زعم استالین و حزب توده به تجاوز و سرکوب ملل تحت ستم تقلیل یافت. در فضای جدید، پرسش عباس میرزا در رنج‌نامه‌اش به ژوبر فرانسوی که می‌پرسید ***چه چیزی اسباب ترقی و تسلط شما را بر ما فراهم آورده***، خلاصه می‌شد در «سرمایه‌داری» و «استعمار». اگرچه این پاسخ امروزه مقبول‌ترین و متداول‌ترین پاسخ به عباس میرزا است، اما این نحوهٔ نگرش بیشتر از شهریور ۱۳۲۰ به این طرف در ایران رواج یافت. قبل از آن، پاسخ‌های دیگری مطرح بودند که برخی از آنها شاید امروزه هم کم و بیش مطرح باشند. بنابراین قبل از پرداختن بیشتر به نظریهٔ ***استعمار، عامل عقب‌ماندگی***، این پاسخ‌ها را نیز به‌گونه‌ای شتابزده و گذرا معرفی می‌نماییم.

متأثر از رواج سکولاریسم در اروپای قرن نوزدهم، بسیاری از روشنفکران ایرانی این قرن بر این باور بودند که حداقل یکی از رمز و رازهای ترقی و پیشرفت اروپاییان در کنار گذاردن مذهب از صحنهٔ سیاسی جامعه و تقلیل آن به اِمری فردی و خصوصی است. آنان نهاد مذهب و روحانیون را عامل اصلی عقب‌ماندگی ایران می‌دانستند. به‌علاوه علما را سد راه پیشرفت دانسته و متهم به مخالفت با تغییر و نوآوری می‌نمودند. این طرز فکر در آثار بسیاری از نویسندگان و متفکرین آن عصر همچون عبدالرحیم طالبوف، میرزا فتحعلی آخوندزاده، میرزا آقاخان کرمانی، جلال‌الدین‌میرزا و نویسندگان بعدی مثل علی دشتی، احمد کسروی و ... به چشم می‌خورد.

سکولارها تنها گروهی نبودند که در مقایسه بین ایران و اروپا دست بر روی مذهب گذاشتند. گروه دیگری از ایرانیان نیز در جستجوی علل عقب‌ماندگی ایران، به سراغ مذهب رفتند. اگرچه ظاهر این دو گروه بسیار با هم شباهت داشت اما اساس اندیشه‌شان با یکدیگر

متفاوت بود. گروه اول، سکولارها، با مذهب اسلام عناد خاصی نداشتند. آنان به‌طور کلی خواهان رخت بربستن شریعت از پهنهٔ سیاسی و اجتماعی جامعه بودند، صرف‌نظر از آن که مذهب رایج در ایران (یا هر جامعهٔ دیگری) چه بود. اما گروه دوم مشکلشان با اسلام بود و نه با مذهب به‌طور عام. آنان دین را عامل عقب‌ماندگی نمی‌دانستند بلکه صرفاً اسلام را این‌گونه توصیف می‌کردند. از دید آنان، آیین اهورایی و باستانی ایرانیان - زرتشتی - نه تنها سد راه پیشرفت و تمدن نبود بلکه در عصری که آن آیین در ایران گسترش داشت ایرانیان دارای امپراتوری نیرومند و پهناوری نیز بودند. مشکل هرچه بود از زمان هجوم اعراب به ایران به‌وجود آمده بود. آن امپراتوری عظیم و تمدن بزرگ در نتیجهٔ یورش اعراب و چیرگی اسلام، در ایران از بین رفته و جای آن را ایرانی عقب‌مانده، فقیر و ناتوان گرفته بود. «نژاد پاک آریایی و اهورایی» ایرانی مسئولیتی در قبال عقب‌ماندگی ایران نداشت. مسئولیت یا گناه این عقب‌ماندگی با دیگران بود: اعراب و اسلام.

میرزا آقاخان کرمانی، یکی از بانیان و طرفداران سرسخت این نظریه، معتقد بود که در سیزده قرنی که از حملهٔ «اعراب وحشی و گرسنه» به «سرزمین پاک ایران» می‌گذرد، ایرانیان هرگز دیگر روی خوش ندیدند. خاک «بهشت‌آسای» ایران نابود گردیده، شهرهای پررونق، آباد و متمدن آن ویران شده، مردمانش در جهالت به سر برده و از کسب کوچک‌ترین پیشرفت محروم ماندند.[۱] به گفتهٔ محقق آمریکایی «منگول بیات فیلیپ»، انزجار این گروه از ایرانیان نسبت به اعراب به دلیل انهدام تمدن و فرهنگ ایران، آن‌چنان شدید بود که برخی از آنان از جمله میرزا آقاخان کرمانی برخی از نظریات نژادپرستانهٔ مرسوم آن زمان اروپا را به عنوان حقایق علمی پذیرا شدند:

> «ایرانیان از زمان حملهٔ اعراب، سیمای زیبا، چهره‌های سربلند و شاداب، قامت برجسته و خوش‌حالت خود را به خاطر نزول سطح اخلاقی‌شان، پیدایش عادات ناپسندیده در میانشان و غلبهٔ احساس ناامیدی بر وجودشان از دست داده‌اند.»[۲]

رد پای این تفکر نژادپرستانه را حتی می‌توان در جریان روشنفکری رادیکال اوایل قرن بیستم هم مشاهده نمود. نشریهٔ ***ایرانشهر*** که منعکس‌کنندهٔ آرای روشنفکران رادیکال و غیرمذهبی ایرانی در برلین بود، در تحلیلش از علل عقب‌ماندگی ایران از جمله به سراغ

---

1 - Mangol Bayat Philip. "Mirza Aqa Khan Kirmani: A Nineteenth Century Persian Nationalist", in Elie Kedourie and Sylvia G. Haim (ed.), ***Towards a Modern Iran: Studies in Thought, Politics and Society*** (U.K., 1980), p. 81

2 - Ibid.

امپریالیسم عرب رفته و نتیجه‌گیری می‌نماید که سلطهٔ اعراب بر ایران باعث ***رکود ذهن خلاق نژاد آریایی ایرانیان شده است.***[۱]

نتیجهٔ تاریخی این تفکر ناسیونالیستی افراطی (شوونیستی) این بود که نژاد «پاک»، «اصیل»، «اهورایی» و «آریایی» ایرانی هیچ مسئولیتی در قبال انحطاط و عقب‌ماندگی هولناک ایران نداشت. ایرانیان مردمانی «نیک‌سرشت» و بافضل و کمال بودند که از بد حادثه مملکت متمدن و پیشرفته‌شان مورد هجوم «مشتی عرب ملخ‌خوار بادیه‌نشین بدسرشت» قرار گرفته و مجد و عظمتشان از بین رفته بود. به عبارت دیگر، مشکل از «بیرون» وارد جامعهٔ ایران شده بود والا خود ایرانی‌ها هرگز جامعه‌ای عقب‌مانده پیدا نمی‌کردند. حتی در عصر بعد از مشروطه نیز این بینش نژادپرستانه در میان بسیاری از نویسندگان و متفکرین «پارسی‌گرا» باب بود. برخی بیشتر بر روی جنبه‌های ضدعربی و به اصطلاح سیاست «عرب‌زدایی» زبان فارسی و زدودن آن از الفاظ و اصطلاحات «بیگانه» تأکید داشتند و برخی دیگر بیشتر بر روی احیای فرهنگ آریایی – زرتشتی ایران قبل از اسلام. به لیست متفکرین پارسی‌گرای عصر مشروطه بعدها نویسندگان دیگری از جمله کسروی، عارف، ملک‌الشعرا بهار، صادق هدایت، استاد پورداود و مهدی اخوان ثالث (م. امید) نیز اضافه شدند. به عنوان مثال، اخوان ثالث، عرب را سمبل «اهریمن» می‌داند که هرآن‌چه خوب و «اهورایی» در ایران بوده از بین برده است.[۲]

اعراب تنها گروهی نبودند که در جستجوی اسباب و علل عقب‌ماندگی ایران بر کرسی اتهام قرار گرفتند. روحانیون و بسیاری از روشنفکران مسلمان به همراه ایرانیان ملی‌گرا، حکومت شاهان قاجار و سلطهٔ خارجی‌ها بر شئونات کشور را موجب عقب‌ماندگی ایران اعلام کردند. شاهان قاجار به نوبهٔ خود، فقدان ارتش و قوای انتظامی مدرن و با دیسیپلین را عامل عقب‌ماندگی و نابسامانی‌های ایران می‌دیدند. درباری‌های آگاه‌تر و رجال اصلاح‌طلب قاجار، هم‌مسلکان فاسد، نابخرد و قدرت‌طلب خود را عامل تباهی مملکت می‌دانستند. عده‌ای از ایرانیان آشنای با تاریخ تحولات اروپا، ریشهٔ عقب‌ماندگی ایران را در عدم تبدیل شیوه تولید فئودالیسم به سرمایه‌داری جستجو می‌کردند و برخی دیگر فقدان انقلاب صنعتی در ایران را مسبب اصلی پیشرفت غربیان و متقابلاً عقب‌ماندگی ایران می‌دانستند.

نارسا بودن این توضیحات کوشش زیادی لازم ندارد. در پاسخ این استدلال که «عدم

---

1 - op. cit., Abrahamian p. 124.

2 - Sourour S. Soroudi. "The Iranian Heritage in the Eyes of the Contemporary Poet Mihdi Akhavan Salis (M. Omid)",in ***Towards a Modern Iran***, op. cit, p. 135.

تبدیل نظام فئودالی به سرمایه‌داری در ایران باعث عقب‌ماندگی شد»، می‌توان پرسید که چه شد که فئودالیسم در ایران مبدل به بورژوازی نشد؟ و یا چرا در ایران، انقلاب صنعتی به‌وجود نیامد؟[1] در پاسخ «پارسی‌گرایان» کافی است صرفاً به این نکتهٔ تاریخی اشاره نماییم که یکی از پیشرفته‌ترین اعصار علمی در مشرق‌زمین (و از جمله ایران) از قضای روزگار به هنگام اوج تمدن اسلامی به‌وجود آمد.[2]

اما همان‌طور که پیش‌تر نیز اشاره کردیم این نوع توجیهات بیشتر در گذشته رایج بودند. به‌علاوه برای بسیاری از آنها غرب به‌گونه‌ای مستقیم یا غیرمستقیم الگوی پیشرفت و اصلاحات بود. اما دیدیم که باورهای غرب‌گرا با ورود افکار و اندیشه‌های مارکسیستی در ایران تخطئه شدند. غرب و تمدن آن نه تنها دیگر پیامی نداشت و سرمشقی برای ایرانیان اصلاح‌گرا به شمار نمی‌آمد بلکه مسئولیت معضلات اقتصادی، اجتماعی و سیاسی ایران (و جهان سوم به طور کلی) متوجه غرب بود. غرب دیگر نه تنها درخشندگی نداشت، بلکه افکار و اندیشه‌های سیاسی و اجتماعی آن هم محکوم و مذموم شمرده شدند. غرب‌ستیزی آن‌چنان در ایران باب گردید که فردی مانند محمدرضا شاه نیز در مذمت دموکراسی غربی داد سخن داده و به غربیان هشدار می‌داد که آنان به آخر خط رسیده‌اند و اگر به خود نیایند عنقریب تمدنشان به زیر سیل بنیان‌کن فساد، هرج و مرج و بی‌بند و باری فروخواهد رفت.[3] مفاهیم و انگاره‌های غربی جای خود را به انگاره‌های مارکسیستی همچون ***تضاد طبقاتی، جامعهٔ بی‌طبقه، پرولتاریا، طبقهٔ کارگر، زحمت‌کشان، تضاد، امپریالیسم، انقلاب، استعمار، مبارزه*** و ... دادند.

در چنین فضایی بود که مباحث عقب‌ماندگی و پیشرفت که نخستین بار در ایران در نیمهٔ دوم قرن نوزدهم مطرح شده بود مجدداً نقل محافل روشنفکران ایران گردید. تئوری‌های ریز و درشت مارکسیستی و شبه‌مارکسیستی با اصطلاحات خاص خود نظیر «وابستگی»، «توسعه و وابستگی»، «سرمایه‌داری وابسته»، «بورژوازی کمپرادور»، «صدور کالا و سرمایه از سوی کشورهای امپریالیستی یا متروپل به مستعمرات و کشورهای وابسته»، «اقتصاد وابسته»، «استعمار فرهنگی»، «فرهنگ استعماری» و ... از زوایای مختلف به تجزیه و تحلیل اسباب و علل عقب‌ماندگی ایران و رابطهٔ بین شرق و غرب پرداختند. از دیدگاه رادیکال و

---

۱ - این تازه در صورتی است که بپذیریم در ایران نظام فئودالی وجود داشته است. فی‌الواقع همان‌طور که در فصل بعدی خواهیم دید، خود این فرض علی‌رغم مقبولیت گستردهٔ آن چندان پایه و اساس جدی ندارد.

۲ - نک به فصل پنجم همین کتاب

۳ - نک به صادق زیباکلام، ***مقدمه‌ای بر انقلاب اسلامی***، تهران، روزنه، ۱۳۷۲.

انقلابی جدید رابطهٔ بین شرق و غرب در تضاد، تقابل و رویارویی خلاصه می‌شد. در یک طرف این تضاد تاریخی، غرب (استعمار، سرمایه‌داری جهانی، امپریالیسم، صهیونیسم، استکبار، شرکت‌های چندملیتی و...) قرار داشت و در طرف دیگر آن، کشورهای جهان سوم و در حال توسعه. اولی (غرب) ظالمانه ثروت و منابع دومی را به یغما برده، مردمانش را به استثمار درآورده، مغزهایش را ربوده، با صدور تکنولوژی تلاش می‌کند آنها را هرچه بیشتر وابسته نگه دارد و بالاخره با نفوذ و رسوخ فرهنگی‌اش سعی دارد ارزش‌ها و مفاهیم فرهنگ ملی و اصیل آن جوامع را از میان ببرد و فرهنگ خود را جایگزین آن سازد. نکتهٔ جالب در این تقسیم‌بندی، مشابهت آن با فرهنگ اساطیری ماست که برطبق آن جهان به دو نیروی «خیر» و «شر» تقسیم می‌شود. در یک‌سو، نور و خیر و نیروهای اهورایی و در سوی دیگر، تاریکی و شر و نیروهای اهریمنی. جهان سوم سمبل خوبی می‌شود و غرب سمبل زشتی و اهریمنی. این تشابه صرفاً یک روی سکه است. روی دیگر آن بازمی‌گردد به پدیدهٔ ***فرضیه‌های توطئه*** و مقبولیت و رواج گستردهٔ آن در ایران. برطبق این فرضیه، کمتر پدیدهٔ سیاسی و اجتماعی را می‌توان پیدا کرد که بر اثر تبانی و توطئه‌چینی قدرت‌های خارجی و دست‌های پنهان آنان (مستقیم یا توسط ایادی یا عواملشان) به‌وجود نیامده باشد. بسیاری از ایرانیان هر پدیده‌ای را که مطابق اندیشه یا منافعشان نباشد به‌دست‌ها و سیاست‌های مرموز مخالفین و دشمنانشان نسبت می‌دهند. اصطلاح معروف «کار، کار انگلیسی‌هاست» بازتاب رواج این نگرش در میان ماست. دشمنان (حقیقی یا خیالی) همواره در حال طرح نقشه و توطئه بوده و هر تحول ناخوشایندی که صورت گیرد لاجرم در نتیجهٔ به اجرا درآمدن یکی از این توطئه‌ها بوده است. فقط مردم نیستند که در هر پیچ و خم سیاسی، اجتماعی و اقتصادی که در ایران به‌وقوع پیوسته به دنبال دست‌های مرئی و نامرئی استعمار و قدرت‌های خارجی هستند، کمتر حکومتی را می‌توان در یک قرن گذشته در ایران سراغ گرفت که مخالفین خود را ***آلت دست بیگانگان*** اعلام نکرده باشد. یکی پس از دیگری، حکومت‌ها انگیزهٔ مخالفت مردم با آنها را ناشی از ***توطئه‌های بیگانگان، استعمار، ابرقدرت‌ها*** و عوامل داخلی‌شان اعلام داشته‌اند. مظفرالدین شاه بیش از سیزده هزار نفر از مردم تهران را که در جریان انقلاب مشروطه در سفارت انگلستان بست نشستند، ***مشتی خائن*** خواند ***که از ناحیهٔ انگلیس اجیر شده‌اند***. رضاشاه هم نسبت به خارجی‌ها به‌شدت بدگمان بود و به آنان با دیدهٔ تنفر می‌نگریست. تماس دولت‌مردانش با خارجی‌ها در حداقل ممکنه بود و در مواردی ارتباط آنان با خارجی‌ها

آن‌چنان سوءظن وی را برمی‌انگیخت که زمینهٔ سقوط رجال مربوطه فراهم می‌آمد. محمدرضا شاه نیز هر مخالفت مردم با رژیمش را به خارجی‌ها نسبت می‌داد. قیام ۱۵ خرداد را توطئه‌ای از جانب رژیم جمال عبدالناصر در مصر می‌دانست و دربارهٔ قیام تبریز در سال ۱۳۵۶ سخنگوی رژیم رسماً اعلام نمود ***آنهاکه در تبریز بلوا به پا داشته بودند از آن سوی مرز (اتحاد شوروی) آمده بودند.***[1] حداقل بخشی از نگرش «استعمار عامل عقب‌ماندگی» نیز از این طرز فکر نشأت گرفته است که برطبق آن، دشمنان ایران (استعمارگران) همواره درصدد ضربه زدن به ایران و طرح توطئه و نقشه به منظور جلوگیری از ترقی ایران و عقب نگه داشتن آن هستند.

به هر حال از هر زاویه‌ای که به نظریهٔ «استعمار عامل عقب‌ماندگی» بنگریم، نتیجه چندان تفاوتی پیدا نمی‌کند. علت این عقب‌ماندگی را بایستی در خارج از ایران جستجو نمود. مشکل هرچه بوده و هرچه هست خلاصه می‌شود در غرب و استعمار که نگذاشت ایران توسعه و ترقی کند. پاسخ پرسش‌های فرمانده کل قوای ایران، عباس‌میرزا، در یک لغت به نام ***استعمار*** خلاصه می‌شود. استعمار بود که به خاطر امیال و مطامع خود اسباب سقوط و رکود ما را فراهم آورد؛ منابع، معادن و ذخایر ما را به تاراج برد؛ کشاورزی ما را نابود کرد؛ صنایع ما را به ورشکستگی و تعطیلی کشاند؛ کشت تریاک را در کشور ما رایج نمود؛ روشنفکران و دولت‌مردان ما را به فراماسون و یک مشت پادو و حقوق‌بگیر خارجی‌ها مبدل ساخت؛ سلاطین و رجال فاسدی را بر سر ما مسلط نمود که با استبداد تمام بر ما حکومت کردند و در عوض دسته دسته امتیاز به اجانب و اروپایی‌های غارتگر واگذار نمودند؛ حرکت‌های مردمی ما را توسط عوامل مرموز داخلی‌اش به بیراهه کشاند (همچون مشروطه و ملی شدن نفت)؛ سعی کرد دین را از سیاست جدا سازد و ... هر مشکل، ضعف، ناتوانی، هر عیب و ایرادی که در ایران وجود دارد ریشهٔ آن نهایتاً بازمی‌گردد به استعمار. اگر در ایران فتحعلی شاه یا ناصرالدین شاه، عین‌الدوله یا امین‌السلطان بر سر کار بوده‌اند؛ اگر پیشرفت و ترقی صورت نگرفته؛ اگر از فیزیک و شیمی، ریاضیات و مهندسی، طب و روان‌شناسی، جغرافیا و علوم سیاسی، دانش زبان خارجه و اقتصاد خبری و اثری نبوده؛ اگر مملکت فاقد جاده و کانال، دیگ بخار و ریل قطار، چراغ برق و کارخانه، صنعت و فلاحت، تجارت و بانک‌داری، مدرسه و آموزشگاه، مریضخانه و دانشگاه، مطبوعات و بی‌سیم و مخابرات ... بوده، گناه همهٔ

---

۱ - برای اطلاع بیشتر از علل رواج فرضیه‌های توطئه در ایران و ریشه‌یابی این پدیده نگاه کنید به ***مقدمه‌ای بر انقلاب اسلامی***، صادق زیباکلام، ص ۳۲ - ۲۳.

[illegible]

▣ ۱۵

انگلیس یا فرانسه را به استعمار خود درآورند؟ چه‌طور شد انگلیسی‌ها، فرانسوی‌ها، روس‌ها، پرتغالی‌ها، ایتالیایی‌ها و دیگر کشورهای غربی سر از ایران درآوردند، ولی ایرانیان به عقلشان نرسید که راهی آن کشورها شوند؟ چگونه و چه‌طور شد که کارگزاران امپراتوری بریتانیا قادر شدند ایران را آن‌چنان تحت نفوذ خود درآورند، اما کارگزاران دولت ***ابدت مدت قوی‌شوکت قاهرهٔ همایونی ظل‌الله*** فتحعلی شاه یا ناصرالدین‌شاه حتی به درستی نمی‌دانستند که انگلستان در کجای دنیا قرار دارد؟

یک پاسخ می‌تواند این استدلال باشد که برخلاف استعمارگران که نه اخلاقی داشتند و نه به اصول و آیینی پایبند بودند، ایرانیان به دلیل پایبندی به اصول و اعتقادات اخلاقی و دینی نمی‌توانستند به خود این اجازه را بدهند که ثروت و منابع کشوری را به تاراج برند. البته اگر ما در طول تاریخ طولانی‌مان امثال سلطان محمود غزنوی، نادرشاه افشار یا آقامحمدخان قاجار را نداشتیم، شاید ممکن بود چشمان خود را به روی هم گذارده، در عالم خیال این‌طور تصور نماییم. اما واقعیت این است که ما نیز همچون اروپاییان استعمارگر، وقتی آب بوده است نشان داده‌ایم که شناگران قابلی هستیم. نادرشاه افشار نه علم و تکنولوژی به هند برد و نه فرهنگ و تمدن. او به‌جز ضرب شمشیر، ویرانی، خونریزی و غارت، متاع دیگری با خود به هند نبرد و در مراجعت هم آن‌چه از طلا و جواهرات از هندی‌ها به چنگ آورده بود بر پشت استران خود بار، و به ایران سرازیر نمود. آغا محمدخان قاجار هم وقتی بر مناطق مسیحی‌نشین قفقاز دست یافت آن‌چه توانست تاراج کرد و قبل از بازگشت نیز برای گرفتن زهرچشم، شماری از مردم را از دم تیغ گذرانده و گروهی از زنان و مردان مسیحی گرجی را نیز به اسارت گرفت و با خود به ایران آورد. بنابراین اخلاقیات، چندان مانعی بر سر راه تاخت و تاز ما بر مناطق دیگر قرار نمی‌داده است. اگر هم بپذیریم که به فرض ما به دلیل اخلاقیات، اقوام و ملل دیگر را به استعمار خود درنیاوردیم، هیچ اخلاق و اصولی ما را وادار نمی‌ساخت که اجازه دهیم استعمارگران بر گرده‌مان سوار شوند.

پاسخ واقع‌بینانه‌تر این است که ما توان به استعمار درآوردن دیگران را نداشتیم. گرفتن انگلیس، فرانسه و بلژیک که جای خود دارد، ما اگر در توانمان بود، گرجستان، قفقاز، شیروان، داغستان، ایروان، هرات و ... را از دست نمی‌دادیم. فی‌الواقع غارت و به استثمار کشیدن منابع و ذخایر آلمان و هلند که جای خود دارد، ما حتی تا اوایل قرن بیستم دانش و توان چندانی در زمینهٔ استفاده و به‌کارگیری منابع و امکانات داخل مملکت خودمان نیز

نداشتیم. بنابراین این سؤال که چرا استعمارگران سر از سرزمین ما به در آوردند اما ما نرفتیم جایی را مستعمره نماییم، به این پرسش تبدیل می‌شود که **چرا و چگونه شد که استعمارگران آن همه توان یافتند و ما در مقابل، آن همه ضعیف و ناتوان شدیم.** چگونه شد که «دارسی» نامی از آن سر دنیا آمد به ایران و در بیابان‌ها و تپه‌ماهورهای آغاجاری و مسجدسلیمان به دنبال نفت گشت، اما ما هنوز تا نخستین دهه‌های قرن بیستم اساساً این ماده را نمی‌شناختیم و نمی‌دانستیم به چه دردی می‌خورد؟ و این سؤالی بنیادی است که طرفداران نظریهٔ «استعمار عامل عقب‌ماندگی» کمتر خود را درگیر پاسخ‌گویی به آن نموده‌اند. در عوض آنان به توصیف و تشریح عملکرد استعمار پرداختند. به عبارت دیگر، به جای پرداختن به علت (این‌که چرا ما این‌قدر ضعیف و ناتوان بودیم که استعمار توانست وارد مملکتمان شود) آنان صرفاً به معلول پرداختند (این‌که استعمار پس از آن که وارد شد چه کرد).

سؤال اساسی این نیست که استعمار زمانی که آمد چه کرد. آنان آمده بودند تا نفت، گاز، قیر، توتون و تنباکو، مس، پنبه، فرهنگ و همه چیز ما را ببرند. این را حتی خود استعمارگران نیز انکار نمی‌کنند. محض نمونه حتی یک بار هم هیچ‌یک از مقامات و اتباع ممالک استعماری اعلام نکردند که ما برای انجام امور عام‌المنفعه و بشردوستانه به ایران رفته بودیم. رفته بودیم تا آب‌انبار، مدرسه، مسجد، مریضخانه، آموزشگاه، پل، جاده و ریل قطار برای ایرانیان بسازیم. در ضمن سطح بهداشت و پزشکی ایرانیان را نیز ترقی دهیم و با آفات نباتی متداول در آن کشور نیز مبارزه نماییم. این‌که استعمار برای بردن منابع و منافع ما وارد ایران گردید جای بحث ندارد. اما آن‌چه جای بحث بسیار دارد (بحثی که ما کمتر به طرح آن پرداخته‌ایم، چه رسد به تجزیه و تحلیلش) این است که چرا استعمار توانست به آن درجه از اقتدار و توانمندی برسد که از آن سر دنیا به راه افتاده، بیاید اینجا و ایران را غارت کند و عقب نگه دارد و متقابلاً ما به آن درجه از ضعف رسیدیم که نتوانستیم جلوی ورودش را بگیریم. صدالبته که ورود استعمار کمکی به بهبود وضعیت ما نکرد بلکه برعکس ما را ناتوان‌تر هم ساخت. اما مسئلهٔ اساسی این است که اگر ما ضعیف و عقب‌مانده نبودیم استعمارگران نمی‌توانستند بر گرده‌مان سوار شوند. این‌که استعمار وقتی وارد جامعهٔ ما می‌شود چه می‌کند، حرف و حدیث تازه‌ای نیست. منابع و آثار سیاسی و تاریخی معاصر ما مملو از شرح مبسوط و تکراری عملکرد استعمار است. این‌که چگونه قرارداد بستند، چگونه رشوه دادند، چگونه رجال را خریدند، چگونه چپاول نمودند، چگونه توطئه کردند، چگونه سعی کردند دین را از

سیاست جدا سازند... اما آن‌چه نداریم علت‌جویی و ریشه‌یابی اسباب و عللی است که جامعهٔ ما را از درون آن‌چنان ضعیف و آسیب‌پذیر ساخته بود که استعمار توانست آن مصیبت‌ها را بر سر ما وارد آورد. و این سؤالی است که اساساً مدافعین نظریهٔ «استعمار عامل عقب‌ماندگی» حتی زحمت طرح آن را نیز به خود نمی‌دهند، چه رسد به آن‌که خود را درگیر تجزیه و تحلیل آن نیز بکنند. در عوض همان‌طور که گفتیم شرح بلندبالایی وجود دارد از عملکرد استعمار (بگذریم از حجم ذهن‌گرایی‌هایی که در همین وقایع‌نگاری‌ها صورت گرفته است)، بدون آن‌که اشاره‌ای شود به این‌که چرا استعمار توانست وارد ایران شود و آن ایرانی که استعمار بدان پای گذارد و آن بلاها را بر سرش وارد آورد چگونه جامعه‌ای بود؟ وضع علوم در آن چگونه بود؟ وضع سواد و فرهنگ و آگاهی‌های اجتماعی در آن چگونه بود؟ وضع اقتصاد، صنعت و تجارت در آن چگونه بود؟ اوضاع و احوال سیاسی و حکومتی آن چگونه بود؟ اگر این پرسش‌ها مطرح شوند، برای نخستین بار ما به جای معلول‌نگری و معلول‌نگاری به سراغ ریشه‌یابی رفته‌ایم. به جای تکرار حدیث کهنه‌ای که استعمار چه کرد، بپردازیم به این‌که استعمار چرا توانست بیاید و آن بلاها را بر سر ما وارد سازد.

آثار و منابع طرفداران نظریهٔ «استعمار عامل عقب‌ماندگی» مملو است از شرح و وصف وابستگی رجال و سلاطین قاجار به قدرت‌های استعماری و این‌که چگونه آنان در خدمت مطامع استعماری قرار گرفتند، چگونه استعمار آنان را تقویت نمود و آنان نیز متقابلاً جاده صاف‌کن استعمار شدند، این‌که چگونه استعمار از طریق سلاطین قاجار اسباب تحکیم و تقویت استبداد داخلی و وابستگی ایران به قدرت‌های استعماری را فراهم کرد.[1] اما آن‌چه کمتر در این آثار مورد توجه قرار گرفته درک این واقعیت است که آن سلاطین، رجال و دولت‌مردان از کرهٔ ماه یا سوئیس که نیامده بودند. آنان مولود و معلول شرایط سیاسی و اجتماعی جامعهٔ ایران آن‌روز بودند. ما می‌توانیم ادعا کنیم که رضاخان و محمدرضا شاه را استعمارگران در ایران به قدرت رساندند که در جهت اهداف و مطامع آنان گام بردارند. اما آقامحمدخان قاجار، فتحعلی شاه، محمدشاه و ناصرالدین شاه را که دیگر سازمان سیا و انتلیجنت سرویس انگلیس به روی کار نیاورده بودند. چه آنان و چه سلاطین و شاهان دیگر همچون نادرشاه، کریم‌خان، شاه سلطان حسین، شاه اسماعیل صفوی صرفاً بازتاب و نتیجهٔ

---

۱ - به عنوان مثال نک به: عزت‌الله سحابی، ***مقدمه‌ای بر تاریخ جنبش ملی ایران***، تهران، شرکت سهامی انتشار، ۱۳۶۳، ص ۱۹-۱۰.

فصل اول

از کجا شروع کنیم؟

بدون تردید نخستین مسئله‌ای که سؤال فوق در ذهن می‌آفریند این است که بایستی از کدام مقطع یا زمان تاریخی، روایت عقب‌ماندگی یا «ما شدنمان» را شروع کنیم. اما این فقط بخشی از منظور ماست. مراد ما بیشتر از طرح پرسش فوق این است که از کدام زاویه و چگونه به موضوع بنگریم و از کدام مدخل وارد بحث شویم، چرا که زاویهٔ ورود تا حدود زیادی تکلیف آتی کار را روشن می‌نماید.

همان‌طور که در قسمت مقدمه دیدیم تفکر رایج در مورد مسئلهٔ عقب‌ماندگی خلاصه می‌شود در این‌که این پدیده بلایی بود که **از بیرون** بر سر ما وارد آوردند و به سخن دیگر «ما را، ما کردند». استعمار، امپریالیسم، شاهان فاسد، رجال سرسپرده، غرب ستم‌پیشه و ... جملگی دست به‌دست هم دادند و اسباب عقب‌ماندگی ما را فراهم ساختند. اما اگر قایل به این باشیم که ***ما، ما شدیم*** و در نتیجهٔ ***ما بودن ما*** استعمار، امپریالیسم، غرب و شرق و شمال و جنوب چه سوءاستفاده‌ها که نکردند و چه بلایا که بر سر ما نیاوردند، در این صورت مخروط سؤال عقب‌ماندگی برعکس می‌شود. یعنی به جای پرداختن به این‌که شاهان خائن چه کردند، بایستی به این بپردازیم که شاهان خائن اساساً چگونه به قدرت رسیدند. به جای پرداختن به این‌که استعمار چه کرد، بایستی به این پرداخت که استعمار اساساً چرا توانست بیاید. اگر قایل به نظریهٔ ***ما شدن*** باشیم، در این صورت بحث عقب‌ماندگی تبدیل می‌شود به این بحث که «ما چگونه، ما شدیم» و سؤال این می‌شود که برای ریشه‌یابی «ما شدنمان» باید به دنبال کدام اسباب و علل اجتماعی، تاریخی، سیاسی و یا اقتصادی برویم؟ و اساساً از کجا شروع کنیم؟

شاید یک پاسخ کلی این باشد که اگر قایل به این اصل باشیم که ریشه‌های صلاح و فساد و

پیشرفته بودن یا عقب‌ماندگی هر جامعه‌ای را باید در دل همان جامعه جستجو نمود، در این صورت مجبور خواهیم بود که از جامعهٔ ایران و عناصری که آن را می‌سازند آغاز کنیم و به منابع و آثاری که هر یک سعی داشته‌اند جامعهٔ ایران را کالبدشکافی و آن را به خوانندهٔ خود معرفی کنند، رجوع نماییم. یعنی باید بازگردیم به آثاری که جامعهٔ ایران را در گذشته به زیر ذره‌بین برده و سعی کرده‌اند زوایای مختلف آن را به ما بشناسانند. این‌که ایران چگونه جایی بوده است، چه روابط اجتماعی بر آن حاکم بوده است، مردمانش چه می‌کرده‌اند، حکام آن چه می‌اندیشیده‌اند، باورها و اعتقادات مردمانش چه بوده است، با اجتماعات دیگر چه ارتباطاتی داشته‌اند و... مشکل از همین‌جا شروع می‌شود.

برای یافتن پاسخ سؤالات فوق ما به کدام دسته از این آثار و نوشته‌ها بایستی مراجعه کنیم؟ یا دقیق‌تر گفته باشیم، گذشته را «چگونه» و از کدام زاویه ببینیم؟

شاید طرح این سؤال که «چگونه» به گذشته و واقعیات تاریخی بپردازیم نادرست باشد، زیرا که حقیقت یا واقعیات تاریخی ثابت‌اند (به صورت وقایعی که در گذشته صورت گرفته‌اند)، بنابراین فقط یک نوع بیشتر به آن نمی‌توان پرداخت و آن هم روایت بی‌کم و کاست آن‌چه در گذشته تحقق یافته است. ایراد فوق ***ظاهراً*** صحیح است. از آن‌جا که یک حقیقت بیشتر نبوده است، بنابراین گزارش آن نیز یک گونه بیشتر نمی‌تواند باشد، اما در عالم واقع این‌چنین نیست. نویسندگان مختلف از یک رویداد تاریخی تفاسیر و تعابیر متفاوتی ساخته‌اند. به سخن دیگر، حقیقت یکی است و تغییرناپذیر، اما برداشت و فهم ما از آن یکسان نیست، بنابراین از گذشته و سیر تحولات آن بیش از یک روایت وجود دارد.

مرحوم حمید عنایت نویسندگان و مورخین ایرانی و اروپایی را که در زمینهٔ تحولات سیاسی و اجتماعی ایران قلم زده‌اند به سه گروه مشخص تقسیم نموده است. گروه اول را نویسندگانی تشکیل می‌دهند که معتقدند در تاریخ و گذشتهٔ ایران تغییر و تحول خاصی وجود نداشته. نهادها و سازمان‌های اجتماعی و سیاسی ایران همواره دارای یک نوع رابطهٔ کم و بیش ثابت با مردم بوده‌اند. «از دید این محققین، ***تاریخ ایران در حقیقت امر جز داستان تسلسل حکومت‌ها و دودمان‌های شاهی چیز دیگر نیست.***»[1]

گروه دوم کسانی هستند که به تاریخ به صورت سیر یک جریان تکاملی مشخص و

---

۱ - حمید عنایت، جزوهٔ درسی تحت عنوان ***نهادها و اندیشه‌های سیاسی در ایران و اسلام***، دانشکدهٔ حقوق و علوم سیاسی دانشگاه تهران، ۱۳۵۰، ص ۱.

لایتغیر می‌نگرند و بالطبع تحولات سیاسی و اجتماعی ایران را نیز جدای از این روند تکامل نمی‌دانند. به گفتهٔ عنایت:

> «این دانشمندان که اغلب مارکسیست یا از ایران‌شناسان شوروی هستند، عقیدهٔ خود را به صورت حکمی عام بیان می‌کنند و هیچ کشوری را از آن مستثنی نمی‌دانند. به همین دلیل اصطلاحات و مفاهیم جامعه‌شناسی غربی را عیناً دربارهٔ نهادها و جریانات تاریخی ایران صادق می‌دانند و مثلاً مدعی هستند که نظام اجتماعی دورهٔ ماد با دورهٔ «اسکلاواژ» تاریخ اروپا یا دورهٔ ملوک‌الطوایفی عصر اشکانی با فئودالیسم اروپایی مطابق است و میان آنها هیچ فرقی وجود ندارد.»[۱]

گروه سوم در تقسیم‌بندی «عنایت» عبارتند از نویسندگانی که معتقدند جامعهٔ ایران دارای ویژگی‌های خاص خودش است و لذا سیر تحولات آن نیز متفاوت از جوامع دیگر (به‌خصوص جوامع اروپایی) است. او «هانری کربن»[۲] فرانسوی و پروفسور «آن لمبتون»[۳] انگلیسی را از این دسته دانسته و معتقد است که اینان با کاربرد مفاهیم و اصطلاحات جامعه‌شناسی اروپایی در مورد تاریخ اجتماعی و اقتصادی ایران مخالفند یا در این کار احتیاط کرده و اندازه نگه داشته‌اند.[۴]

از میان سه گروهی که برشمردیم، بایستی اعتراف کرد که بیشترین و قوی‌ترین تأثیر را گروه دوم (مارکسیست‌ها) بر نویسندگان ما و آثار سیاسی معاصر ایران گذارده‌اند. به همین دلیل نیز بیشترین و جدی‌ترین منابع و آثاری که در خصوص مسئلهٔ عقب‌ماندگی در ایران انتشار یافته است ملهم از این نگرش می‌باشند. فی‌الواقع همان‌طور که در بخش مقدمه نیز مطرح کردیم، زیربنای اندیشهٔ نویسندگان و تحلیل‌گران ایرانی که دربارهٔ مقولهٔ عقب‌ماندگی و توسعه‌نیافتگی تاکنون به تجزیه و تحلیل پرداخته‌اند بر روی قالب و چارچوب مارکسیسم قرار گرفته است، اگرچه بر روی آن لعابی از تعلقات دینی یا ملی‌گرایی نیز نشسته باشد. بنابراین جای آن دارد که در خصوص این گروه به بررسی بیشتری بپردازیم و با ساختار، نگرش تاریخی و قالب فکری که آنان برای تجزیه و تحلیل تحولات سیاسی و چگونگی سیر تکوین اجتماعی ایران استفاده می‌کنند آشنا شویم.

***

ظهور مارکس و اندیشه‌هایش در نیمهٔ دوم قرن نوزدهم باعث گردید تا در ایران هم

---

۱ – همان، ص ۲.

2 - Henri Corbin

3 - Anne K.S. Lambton

۴ – پیشین، حمید عنایت.

بسیاری از روشنفکران، نویسندگان و مورخین مدرن به سمت آرای او متمایل شوند. از برخی روشنفکران عصر مشروطه که با آثار و اندیشه‌های فلاسفه و اندیشمندان غیر مارکسیست اروپایی آشنایی‌هایی یافته بودند که بگذریم، شاید اغراق نباشد اگر ادعا شود که نسل روشنفکران بعدی که از اوایل قرن بیستم، بالاخص بعد از انقلاب اکتبر (۱۹۱۷)، پا به عرصهٔ حیات اجتماعی گذاردند غالباً تحت تأثیر مارکسیسم قرار گرفتند. نظرات مارکس بالاخص در مورد تکامل تاریخ و نحوهٔ پیدایش تحولات اجتماعی که از آن تحت عنوان «ماتریالسیم تاریخی» هم نام برده می‌شود مقبولیت زیادی در ایران پیدا کرد. آن‌چه این مقبولیت را دامن می‌زد ترجمه و نشر آثار نویسندگان و محققین اتحاد شوروی بود که شیوهٔ نگرششان به تاریخ تحولات سیاسی و اجتماعی ایران انطباق کاملی با جهان‌بینی حکومت بلشویکی داشت. این آثار، که در سیر تحولات تاریخی ایران به‌جز انطباق کامل آنها با نظرات و آرای رسمی مارکسیسم – لنینیسم حاکم بر اتحاد شوروی نکته‌ای دیگری نیافته بودند، با اقبال زیادی در میان نویسندگان، مورخین و تحلیل‌گران ایرانی روبه‌رو شد.[۱]

مارکس تاریخ را به ادوار مشخص تقسیم کرده و معتقد بود که جوامع بشری پس از گذر از یک دوره وارد دورهٔ دیگری می‌شوند. نخستین شکل یا فرماسیون اجتماعی را مارکس ***جامعهٔ اشتراکی اولیه*** یا ***کمون اولیه*** نام گذاری کرده است.

«جامعهٔ اشتراکی اولیه» که نخستین گردهم‌آیی انسان‌ها است مربوط به دوره‌ای است که بشر اولیه، درون غارها به صورت دسته‌جمعی زندگی می‌کرد. مردان، دسته‌جمعی به شکار می‌پرداختند و عملاً مالکیتی وجود نداشت. مارکس معتقد بود که به مرور زمان و با کشف راه‌های جدیدتر برای تهیهٔ غذا (کشاورزی و رام نمودن حیوانات و در نتیجه دامپروری) به‌تدریج شیوهٔ تولید و روابط تولیدی نیز تغییر یافت.

تغییر در تولید باعث پیدایش پدیدهٔ مالکیت درون «کمون اولیه» شد. از آن‌جا که به دلیل

---

۱ – از جمله معروف‌ترین آنها می‌توان به آثار ذیل اشاره داشت:

– ***تاریخ ایران*** (از دوران باستان تا پایان سدهٔ هجدهم میلادی)، به قلم پنج تن از مورخین مارکسیست شوروی: ن. و. پیگولوسکایا، آ. یو. یاکوبوسکی، ای. پ. پطروشفسکی، آ. م. بلنیتسکی، ل. و. استرویوا، ترجمهٔ کریم کشاورز، تهران، پیام، چاپ چهارم، ۱۳۵۴. این اثر همچنین در بخش‌های مختلف انتشار یافته از جمله تحت عنوان ***ایران باستان*** (ترجمهٔ کریم کشاورز) و ***ایران در سده‌های میانه*** (ترجمهٔ سیروس ایزدی و حسین تحویلی).

– م. س. ایوانف، ***تاریخ نوین ایران***، ترجمهٔ هوشنگ تیزابی و حسین قائم پناه.

– ای. پ. پطروشفسکی، ***کشاورزی و مناسبات ارضی در ایران*** و ***اسلام در ایران***، ترجمهٔ کریم کشاورز.

– ا. م. دیاکونوف، ***تاریخ ماد***، ترجمهٔ کریم کشاورز، تهران، بنگاه ترجمه و نشر کتاب، ۱۳۴۵.

این آثار بارها توسط ناشرین مختلف تجدید چاپ شده‌اند.

پایین بودن دانش بشری، کار یدی توسط انسان‌ها مهم‌ترین عامل تولید بوده است، برخی از انسان‌ها به‌تدریج مالک برخی دیگر از انسان‌ها شدند و بدین ترتیب میزان تولید خود را افزایش دادند. این دوره را مارکس ***دوران برده‌داری*** می‌نامد.

استفادهٔ بیشتر از زمین و وابستگی فزایندهٔ تولید به زمین یا «انقلاب کشاورزی» باعث شد که بشر وارد دورهٔ سوم تکامل تاریخی خود شود که مارکس آن را **دورهٔ *فئودالیسم*** می‌نامد. در این دوره زمین و کشاورزانی که بر روی آن کار می‌کنند مهم‌ترین عناصر تولید به شمار می‌روند و مالکین آنها «اشراف»، «نجبا» یا «فئودال» نام دارند.

دورهٔ چهارم، ظهور ***بورژوازی*** است که با زوال فئودالیسم و پیدایش سرمایه‌داری همراه بود. برخلاف دورهٔ قبلی که مرکز ثقل تولید در خارج از شهر و در روستا قرار داشت، در دورهٔ جدید کارخانجات حول و حوش و درون شهرها هستند که کانون تولید به شمار می‌روند. به جای کشاورزان نیز کارگران کارخانجات، که مارکس به آنان لقب ***پرولتاریا*** داده است، به عامل اساسی تولید تبدیل می‌شوند. بسیاری از اعضای طبقهٔ جدید یا «پرولتاریا» را روستاییان مهاجر به شهرها که به دنبال کار در کارخانجات هستند تشکیل می‌دهند. با مهاجرت آنان نظام فئودالی که نیروی انسانی خود را از دست داده است در شرف اضمحلال قرار می‌گیرد اما علی‌رغم این تحول، تولیدات کشاورزی در حقیقت افزایش هم یافت. علت این امر از یک‌سو ناشی از ظهور ***انقلاب علمی*** و ***انقلاب صنعتی*** است که در اروپا باعث افزایش بهره‌وری خیره‌کننده‌ای در تولید و نگهداری محصولات کشاورزی و غذایی شد به‌نحوی که کاهش نیروی انسانی در آن تأثیر چندانی نگذاشت. از سویی دیگر، تکنولوژی جدید، حمل و نقل و ارتباطات پیشرفته‌تر باعث شد که امکانات جدیدتری در امر تهیهٔ محصولات کشاورزی در دسترس بشر قرار گیرد.

نظام بورژوازی نیز از دید مارکس تحول یافته و تبدیل به سوسیالیسم می‌شود؛ عصری که در آن پرولتاریا از طریق انقلاب، نظام بورژوازی را سرنگون می‌کنند و قدرت را از آن خود می‌سازند و به تعبیر مارکس اقدام به تأسیس ***دیکتاتوری پرولتاریا*** می‌کنند. این نظام علی‌رغم ناهنجاری نامش، از دید مارکس پیشرفته‌ترین و دموکراتیک‌ترین شکل حکومت است. در نتیجهٔ استقرار حاکمیت پرولتاریا، استثمار فرد از فرد، از جامعه رخت بربسته و با استقرار سوسیالیسم، انسان‌ها قادر می‌شوند اجتماع جدیدی خلق نمایند که عاری از هرگونه ظلم و ستم طبقاتی است.

جدای از تغییرات کمی و کیفی در امر تولید، آن‌چه در نهایت باعث می‌شود جامعه از یک مرحله به مرحلهٔ دیگری گذر نماید عبارت است از عاملی که مارکس آن را ***تضاد اجتماعی*** یا ***تضاد طبقاتی*** می‌نامد. او در حقیقت «تضاد» را موتور حرکت تاریخ می‌داند و معتقد است جامعه در هر مرحله‌ای که قرار داشته باشد، طبقات مختلفی آن را تشکیل می‌دهند که هر یک دارای منافع متضاد و متقابل با یکدیگر هستند. این تضادها آنان را وارد پیکار و مناقشه با یکدیگر می‌نماید و در حقیقت تاریخ چیزی نیست جز حاصل این پیکارها و برخوردهای طبقاتی. سرانجام در نتیجهٔ این برخوردها طبقات محروم بر طبقات حاکم غلبه یافته و بدین ترتیب مرحله‌ای که جامعه در آن به سر می‌برد تکامل می‌یابد و جامعه وارد مرحلهٔ دیگر می‌شود. شکل عمومی این تحول هم به صورت فروپاشی هیأت حاکمهٔ قبلی (که از دید مارکس نمایندهٔ طبقات یا گروه‌های اجتماعی حاکم است) و جایگزین شدن آن با حاکمیت جدید است.

در جامعهٔ اشتراکی اولیه، «تضاد» بین انسان‌های قوی‌تر و ضعیف‌تر (به لحاظ فیزیکی و استعدادهای طبیعی) است. در دورهٔ برده‌داری تضاد میان برده‌ها و برده‌داران است، در جامعهٔ فئودالی مابین فئودال‌ها و دهقانان و در جامعهٔ سرمایه‌داری میان سرمایه‌داران یا بورژوازی و طبقهٔ کارگر یا به زعم مارکس پرولتاریا. تا این‌که سرانجام با اضمحلال سرمایه‌داری و حاکمیت سوسیالیسم و در نتیجهٔ تسلط پرولتاریا بر ابزار تولید، جامعه‌ای به‌وجود می‌آید که در آن مالکیت فردی از میان خواهد رفت. تکامل تدریجی سوسیالیسم منجر به پیدایش جامعه‌ای می‌شود که در آن «از هر کس به اندازهٔ توانش» انتظار کار می‌رود و نیز «به هر کس به اندازهٔ نیازش» خواهد رسید؛ جامعه‌ای که مارکس آن را غایت تکامل اجتماعی بشر می‌دانست و آن را «کمونیسم»[1] لقب داده بود.

این‌که جهان‌بینی تاریخی مارکس تا چه میزان بر واقعیت‌های تاریخی منطبق است و آیا این تقسیم‌بندی در تمامی اجتماعات بشری به همان‌گونه که مارکس آن را توصیف نموده وجود داشته است و اساساً آیا جوامع سرمایه‌داری به سمت خلق جامعهٔ بی‌طبقه و سوسیالیسم در حرکتند، در ورای بحث ما قرار می‌گیرد. آن‌چه بیشتر موضوع بحث ماست این واقعیت است که نظریات مارکس عمدتاً در خصوص جوامع اروپایی مطرح شدند. به

---

۱ - «کمون» (commune) در حقیقت همان جامعهٔ اشتراکی نخستین است که در آن مالکیت به صورت دسته‌جمعی یا «اشتراکی» بود و کسی تملک بر چیزی نداشت.

دلیل خصوصیات و ویژگی‌های خاص خودش، مارکس پیرامون جوامع آسیایی از نوع دیگری از فرماسیون سخن گفته که به‌نام **وجه تولید آسیایی** معروف گشته است. حق این است که قبل از مارکس هم کسان دیگری در باب تفاوت‌های بنیادی پیرامون جوامع آسیایی و اروپایی سخن رانده‌اند. اما نکتهٔ اساسی‌تر پیرامون وجود این تفاوت است و نه این‌که چه کسی برای نخستین بار در مورد آن سخن رانده است.

برخلاف جوامع اروپایی، مارکس در خصوص «تولید آسیایی» کمتر دست به کار منسجم و مفصلی زد. اساس اندیشهٔ مارکس پیرامون جوامع آسیایی در این خلاصه می‌شود که در این جوامع به دلیل شرایط جغرافیایی و نیازی که به مشارکت در امر مدیریت و تقسیم آب وجود دارد و به دلیل کمبود آن، دولت نقش مهم و محوری پیدا می‌کند.[1]

از دید مارکس و نویسندگان و محققین غربی که قبل از او این ایده را مطرح کردند تفاوت اساسی بین جوامع اروپایی و جوامع آسیایی در مسئلهٔ آب و - یا دقیق‌تر گفته باشیم - کمبود آن در جوامع آسیایی خلاصه می‌شود. این کمبود تبعات اجتماعی سرنوشت‌سازی در جوامع آسیایی به‌وجود می‌آورد که از مسئلهٔ مالکیت بر منابع آبی شروع می‌شود تا به‌وجود آمدن نقش اساسی و قاطعی که حکومت در این جوامع در مقایسه با جوامع اروپایی پیدا می‌کند. در جوامع اروپایی از آن‌جا که آب به حد وفور همواره وجود داشته است تملک آن چندان وارد معادلات اجتماعی نمی‌شود و فقط زمین است که ارزش دارد.[2] اما در جوامع آسیایی مالکیت آب نیز وارد معادلات اجتماعی شده و در شکل دادن این جوامع بسیار دخیل بوده است. در نتیجهٔ این دو عامل، مالکیت خصوصی جای خود را تا حدود زیادی به مالکیت دسته‌جمعی می‌دهد که در قالب حکومت ظاهر می‌شود. از این روست که حکومت در جوامع آسیایی نسبت به جوامع اروپایی نقش بنیادی‌تری پیدا می‌کند.

مارکس بیشتر از این مقولات کلی، به تشریح «وجه تولید آسیایی» نمی‌پردازد و در مجموع می‌توان گفت که سخنان او در حد طرح یک ایده است تا نظریه‌ای منسجم همچون نظراتش پیرامون تاریخ تحولات اروپا. عدم توجه مارکس به موضوع، باعث شده که «وجه تولید آسیایی» از طرف نویسندگان مارکسیست (یا نویسندگانی که به هر حال مارکسیسم را

---

۱ - نگاه کنید به رسالهٔ مرحوم دکتر محمد علی خنجی در نقد وی از کتاب **تاریخ ماد**، تهران، طهوری، ۱۳۵۸، ص ۲۲-۱۱.

۲ - فی‌الواقع در برخی از کشورهای اروپایی از جمله در انگلستان مصرف آب مجانی است و در منازل کنتور آب وجود ندارد.

مبنای تجزیه و تحلیل‌های خود قرار می‌دهند) کمتر مورد استفاده و کنکاش قرار گیرد. در عوض، نظریهٔ عمومی مارکس که همان تقسیم تاریخ به چهار دوران مشخص است، مورد استفادهٔ وسیع بسیاری از نویسندگان ایرانی قرار گرفته است.

ظرف یک قرن گذشته بالاخص از شهریور ۱۳۲۰ به این طرف کمتر نوشتهٔ جدی را پیرامون تحولات سیاسی، اجتماعی و اقتصادی ایران می‌توان یافت که مملو از تعابیر و اصطلاحات مارکس همچون «فئودالیسم»، «نظام برده‌داری»، «بورژوازی» و «تضاد» نباشد.[۱] از همه متداول‌تر همان اصطلاح «فئودالیسم» است. کاربرد این لفظ آن‌چنان متداول است که از آن برای توصیف وضعیت سیاسی و اجتماعی ایران در مقاطع مختلف به وفور استفاده شده است. برای تحلیل تاریخ ایران، از ظهور مادها در ششصد سال قبل از میلاد مسیح گرفته تا نزدیک به دو هزار و پانصد سال بعد از آن در عصر قاجار و پهلوی، نویسندگان ایرانی مکرراً صحبت از «فئودالیسم» کرده‌اند و اساس تحلیل‌هایشان از روند تحولات سیاسی و اجتماعی جامعهٔ ایران در مجموع برگرفته از اندیشه‌های کلاسیک مارکس است همچون: فئودالیسم اشکانی، هخامنشی، ساسانی، فئودالیسم عرب، بنی امیه و بنی عباس، فئودالیسم نظامی قبایل، فئودالیسم ایلخانان و بالاخره فئودالیسم صفوی، قاجار و پهلوی. در حالی‌که مراد مارکس از فئودالیسم عمدتاً در شکل اجتماعی تولید در اروپای قرون وسطی از قرن نهم تا پانزدهم خلاصه می‌شود.

اما اشکال این نظریهٔ رایج و متداول که مکرر در ادبیات سیاسی ما ظاهر شده است در چیست؟ و چرا ما بحثمان را در این قسمت با گریزی به نظریهٔ ماتریالیسم تاریخی مارکس و مقولهٔ فئودالیسم آغاز کردیم؟ پاسخ، یا در حقیقت ایراد اساسی که استفادهٔ وسیع از ایدهٔ فئودالیسم در تحلیل‌های سیاسی، اجتماعی و تاریخی وارد می‌نماید این است که به جای تلاش در شناخت واقعی جامعه و تحولات مربوط به آن، بسیاری از نویسندگان صرفاً سعی کرده‌اند تا مطالعه و بررسی‌شان را به‌گونه‌ای سطحی در این‌که چگونه در مقطع مورد مطالعه، جامعهٔ ایران در وضعیت فئودالی به سر می‌برده و ویژگی‌های یک جامعهٔ فئودالی هم – همان‌طور که مارکس گفته – چنین است و چنان خلاصه کنند. به دیگر سخن، آن‌چه موجب

---

۱ – البته نویسندگانی نیز بوده‌اند که یا به دلیل عدم آشنایی‌شان با مارکسیسم و ادبیات مارکسیستی و یا به دلیل آن که شرایط ایران را چندان قابل انطباق با دیدگاه مارکس نمی‌دیده‌اند از این قاعده مستثنی بوده‌اند. در مورد گروه اول می‌توان از احمد کسروی و برخی دیگر از نویسندگان عصر مشروطه نام برد و در مورد دوم بایستی از مرحوم دکتر محمد علی خنجی و شادروان حمید عنایت نام برد.

می‌شود این نظریه کاربرد مکانیکی پیدا کند. این است که به جای درک و شناخت واقعی جامعه – آن‌گونه که حقیقتاً بوده است – با فرمول‌بندی بر اساس قالب‌های مشخص و معین، تصویری ذهنی و نه چندان حقیقی، از تاریخ و تحولات آن پدید می‌آید.

به عنوان مثال، یکی از ویژگی‌های مهم و مشخص جامعهٔ ایران پیدایش قبایل و زندگی چادرنشینی است. این ویژگی، به‌گونه‌ای که در قسمت‌های بعدی خواهیم دید، در ایران باعث پیدایش نوعی بی‌ثباتی سیاسی می‌شود و یکی از نتایج بالفعل آن پیکارهای پایان‌ناپذیر قبایل مختلف و متعدد داخلی یا مستقر در اطراف ایران بوده است. از سویی دیگر، قبایل و صحرانشینان دایم در پیکار با روستاییان و اجتماعات ثابت (اسکان‌یافته) بوده‌اند. قبایل هم نه تنها پایگاه اجتماعی‌شان مانند یکدیگر بوده است بلکه اکثراً نیز دارای روابط اجتماعی مشابهی با یکدیگر بوده‌اند. بنابراین ظهور و افول یک طایفه بر اریکهٔ قدرت نمی‌توانسته چندان تحول سرنوشت‌سازی به شمار آید. اما اگر از دیدگاه مارکسیستی و ویژگی‌های دورهٔ فئودالی بر ایران بنگریم لاجرم آمد و رفت قبایل مختلف می‌بایستی در چارچوب تضادهای حاکم بر یک جامعهٔ فئودالی صورت گرفته باشد. به‌علاوه در نتیجهٔ هر آمد و رفتی جامعهٔ ایران به لحاظ تکامل اجتماعی قدمی به جلو برمی‌داشته است. در حالی‌که در عالم واقع به دلیل یکسان بودن شرایط و روابط اجتماعی قبایل، آمد و رفت آنها کمتر باعث می‌شد تا ایران به لحاظ تکامل اجتماعی گامی به جلو بردارد؛ مگر آن که استثنائاً در میان حکام قبیلهٔ جدید فرمانروایان لایق‌تری پیدا شوند. به عبارت دیگر، ایران عصر غزنوی یا سلجوقی و ایران عصر خوارزمشاهی یا تیموری به لحاظ بافت اجتماعی چندان تفاوتی با یکدیگر نداشتند زیرا در همهٔ این اعصار، ایران توسط قبایل مختلفی اداره می‌شد که به لحاظ پایگاه اجتماعی‌شان تفاوت بنیادی با یکدیگر نداشتند.

مثال دیگر می‌تواند در مورد قیام‌ها و مبارزاتی باشد که توسط مردم علیه حکومت‌ها در مقاطع مختلف تاریخ ایران اتفاق افتاده است. علل و اسباب به‌وجود آمدن این قیام‌ها بسیار مختلف و متفاوت بوده است. ممکن است برخی به واسطهٔ ظلم حکام یا سلاطین به‌وجود آمده باشند، برخی ریشه‌های مذهبی داشته‌اند، برخی دیگر بر سر آب و زمین بوده‌اند، در مواردی قیام‌ها برعلیه پرداخت مالیات یا خراج بوده است، یا ریشه‌های قومی، محلی و رقابت‌های بین قبایل یا طوایف و یا پای اختلافات مذهبی در میان بوده و... اما در قالب مارکسیستی این حرکت‌ها همواره فقط یک گونه تبیین می‌شوند و آن هم در چارچوب

مبارزات طبقات محروم و استثمار شده با اربابان و هیأت حاکمهٔ ظالم استثمارگر. در نتیجه، حرکت‌ها و قیام‌های مختلفی که در طول تاریخ ایران صورت گرفته همچون قیام زنگیان، سربداران، جنبش اسماعیلیه، نهضت حروفیه، حرکت‌های مختلف ایرانیان برعلیه اعراب، جنبش‌های مختلف تصوف، جملگی در چارچوب روابط فئودالی خلاصه و یک کاسه می‌شوند. تمامی این قیام‌ها از دید این قالب عبارتند از قیام و مبارزات توده‌های زحمتکش دهقانی برعلیه فئودال‌های ظالم. بنابراین با بررسی یکی از این قیام‌ها می‌توان مابقی را نیز شناخت، چون زیربنا یا علت ریشه‌ای در به‌وجود آمدن همهٔ آنها یکسان بوده است که همانا عبارت است از ***تضاد طبقاتی*** که در ***جامعهٔ فئودالی*** ایران بین ***دهقانان و توده‌های پابرهنهٔ شهری استثمار شده*** از یک‌سو و ***فئودال‌ها*** و ***زمین‌داران بزرگ استثمارگر*** از «سویی دیگر» وجود داشته است.[1]

بنابراین جملگی این جنبش‌ها همانند یکدیگرند. تمامی آنها را می‌توان یکسان مورد ارزیابی قرار داد زیرا علت نهایی اجتماعی و زیربنایی به‌وجود آمدن همهٔ آنها یکسان و عبارت است از تضاد طبقاتی میان طبقهٔ فئودال و طبقات کم‌درآمد استثمار شده؛ تضادی که لاجرم منجر به بروز قیام‌ها و جنبش‌های مختلف اعم از سیاسی یا مذهبی می‌گردد. به بیان دیگر، برای درک و شناسایی این جنبش‌ها ما مجبور نیستیم به گذشته باز گردیم، جامعهٔ آن زمان را بازسازی کنیم، لایه‌ها و اقشار مختلف اجتماعی آن را درونش جاسازی نماییم و اجزای تشکیل دهندهٔ آن حرکت را کنارهم قرار دهیم و آن را از نو بیافرینیم. به جای همهٔ اینها به این بسنده می‌کنیم که جامعهٔ آن‌روز ایران جامعه‌ای فئودالی بوده که در آن هیأت حاکمه در قالب اشراف، زمین‌داران یا فئودال‌های بزرگ حکومت می‌کرده‌اند و در مقابل آنان دهقانان و اقشار کم‌درآمد و خرده‌پای شهری قرار داشته‌اند و بر اساس تضاد بین این دو، این جنبش یا آن قیام، این حرکت یا آن طغیان، این شورش یا آن برخورد به‌وجود آمده است.

مشکل از آن‌جا شروع می‌شود که با به کارگیری اسلوب و قالب‌بندی‌های از پیش تعیین شده برای شناخت اجتماعی یک جامعه، تصویری به‌دست می‌آوریم که معلوم نیست تا چه

---

۱ - به عنوان مثال نگاه کنید به:
- مرتضی راوندی، ***تاریخ تحولات اجتماعی ایران***، تهران، امیرکبیر، ۱۳۵۸.
- محمدرضا فشاهی، ***تحولات فکری و اجتماعی در جامعهٔ فئودالی ایران***، تهران، گوتنبرگ، ۱۳۵۴.
برای آشنایی بیشتر نگاه کنید به:
- اباذر ورداسبی، ***ایران در پویهٔ تاریخ***، تهران، قلم، ۱۳۵۶.

[illegible]

قبل از پرداختن به سیر تحولات سیاسی و اجتماعی ایران، سعی می‌کند ارزیابی جدیدی از قالب‌ها و نظرات متداول مربوط و از جمله اصطلاح فئودالیسم به خواننده‌اش ارائه دهد.[1] در ابتدا ببینیم فئودالیسم در اروپا چگونه به‌وجود آمد.

می‌دانیم که امپراتوری بزرگ روم باستان نزدیک به هزار سال بر بخشی از اروپای امروزی (عمدتاً مناطق حوزهٔ مدیترانه و دریای سیاه) و لوانت (سوریه، لبنان، فلسطین) حاکمیت داشت. اجزای تشکیل‌دهندهٔ این امپراتوری اکثراً با یکدیگر نامتجانس بودند و شامل اقوام و طوایف مختلفی می‌شدند. از قرن سوم میلادی و با پذیرش دین مسیح از سوی امپراتور، امپراتوری روم تبدیل به قدرتی مسیحی شد. اما مسیحیت نیز به تنهایی نتوانست باعث گردد تا امپراتوری منسجم شود. سرانجام از قرن پنجم و ششم به‌تدریج امپراتوری بزرگ روم در شرف تجزیه قرار گرفت. البته هرازگاهی فرمانروایان نیرومندی در امپراتوری ظهور می‌کردند و سعی می‌نمودند که آن را مجدداً گرد هم آورند. آخرین فرمانروایی این‌گونه که در اروپا ظاهر شد «شارلمانی»[2] (یا شارلمان) بود که در دوران فرمانروایی‌اش (۸۱۴-۷۴۲م.) توانست برای آخرین بار بخش‌هایی از تکه پاره‌های امپراتوری سابق روم را گرد هم آورد:

> «شارلمانی بخش‌های بزرگی از اروپای غربی را که ممالک امروزی فرانسه و آلمان و ایتالیا را در برمی‌گرفت در امپراتوری خود متحد کرده بود. امپراتوری شارلمانی مانند هر امپراتوری بزرگ دیگر از اقوام و عناصر نامتجانس فراهم می‌آمد. اقوام ژرمانیک و لاتینی که در سایهٔ حکومت او با هم یگانه شده بودند هیچ سنت سیاسی و فرهنگی مشترک نداشتند و پیوندهای اقتصادی‌شان نیز ضعیف بود. بدین سبب انگیزهٔ «گریز از مرکز»[3] و مخالف وحدت در امپراتوری شارلمانی همواره به حال نهفته وجود داشت. این فقط نبوغ کشورداری و حسن تدبیر سیاسی، شهریاری چون شارلمانی بود که از پراکندگی امپراتوری پیش‌گیری می‌کرد و البته قدرت نظامی و نفوذ کلیسا نیز به او در این رهگذر یاری می‌رساند.»[4]

اما سرانجام امپراتوری بزرگ مسیحی (روم سابق) تجزیه شد و از تکه پاره‌های کوچک‌تر که بگذریم، به دو تکهٔ عمدهٔ شرقی و غربی تقسیم شد. تکهٔ شرقی که به نام امپراتوری «بیزانس» معروف است شامل مناطق شرقی و جنوبی مدیترانه می‌شد (بخشی از آسیای صغیر، یونان، بخش‌هایی از بالکان، گرجستان، ارمنستان...). تکهٔ غربی آن که عمدتاً

---

۱ - پیشین، حمید عنایت، ص ۷-۴.

2 - Charlemagne

3 - centrifuge

۴ - همان، ص ۵.

شامل مناطق غربی و جنوب غربی اروپای امروزه می‌شد (از جمله ایتالیا، آلمان، فرانسه و جنوب اروپا) بیشتر به نام «لاتین» معروف شد. از دامن تکهٔ شرقی (بیزانس) نهایتاً کلیسای ارتدوکس برخاست در حالی‌که تکهٔ غربی به‌تدریج مبدل به قلمرو کلیسای کاتولیک روم و منجر به زعامت پاپ گردید.

هر دو قسمت مسیحی بودند و در هر دو قسمت اقوام مختلف و مردمان متفاوتی می‌زیستند. اما به نظر می‌رسد عدم تجانس یا واگرایی در قسمت غربی امپراتوری سابق روم بیشتر بود. اقوام ژرمن (آلمان فعلی)، فرانک‌ها (فرانسهٔ فعلی)، رومی‌ها، بریتانیا، مناطق جنوب اروپا (شامل اسپانیا و پرتغال)، اقوام شمال اروپا (وایکینگ‌ها) جملگی جزء امپراتوری‌ای شده بودند که در آن غیر از عامل دین، دلیل دیگری برای اتحاد و انسجام در میانشان وجود نداشت. بنابراین با محو قدرت مرکزی، هریک از این اقوام و قدرت‌ها در مناطقشان سعی در اعمال حاکمیت نمودند. به سخن دیگر، تکهٔ غربی امپراتوری مسیحی به‌تدریج مبدل به ده‌ها خرده‌قدرت در اروپا گردید. فی‌الواقع آن‌چه به نام ***فئودالیسم*** معروف شد، در حقیقت ساختار قدرتی بود که به‌تدریج از اواخر قرن نهم میلادی و عمدتاً هم در تکهٔ غربی اروپا شکل گرفت. در تکهٔ شرقی (بیزانس)، «فئودالیسم» به آن معنا و مفهومی که در قسمت لاتین یا غربی امپراتوری روم به‌وجود آمد، تشکیل نشد. اما ببینیم در تکهٔ غربی چگونه نظامی به‌وجود آمد و این نظام تا چه میزان با جامعهٔ ایران در طول تاریخ شباهت یا سنخیت داشته است.

با فروپاشی تدریجی قدرت مرکزی بعد از شارلمانی، در اروپا قدرت‌های محلی در قالب نجیب‌زادگان، بارون‌ها، دوک‌ها، شوالیه‌ها، اریستوکرات‌ها و بالاخره پادشاهان سعی در اعمال حاکمیت نمودند. آنان سرباز و قوای نظامی در اختیار داشتند، زمین در تملکشان بود و بالطبع رعیت چاره‌ای به‌جز کار و زندگی در کنار آنها یا درحقیقت زیر سایهٔ آنها نداشت. صدها قلعه و برج و بارو همچون قارچ در اطراف و اکناف اروپا ظرف چند قرن بعدی سر برآوردند و در هریک از آنها «فئودالی» همچون یک شاه در منطقهٔ تحت قلمرو خود به اعمال حاکمیت مشغول بود. پیروزی یا شکست نظامی در این مقطع از تاریخ اروپا عبارت بود از به‌دست آوردن یا از دست دادن قلعه و دژهای محل زندگی فئودال‌ها. اما تکلیف کلیسا چه شد؟

فی‌الواقع نه تنها امپراتوری بزرگ مسیحی (یا همان امپراتوری سابق روم) به دو قسمت تجزیه شد، بلکه مسیحیت - یا دقیق‌تر گفته باشیم - کلیسا هم به دو جریان تاریخی

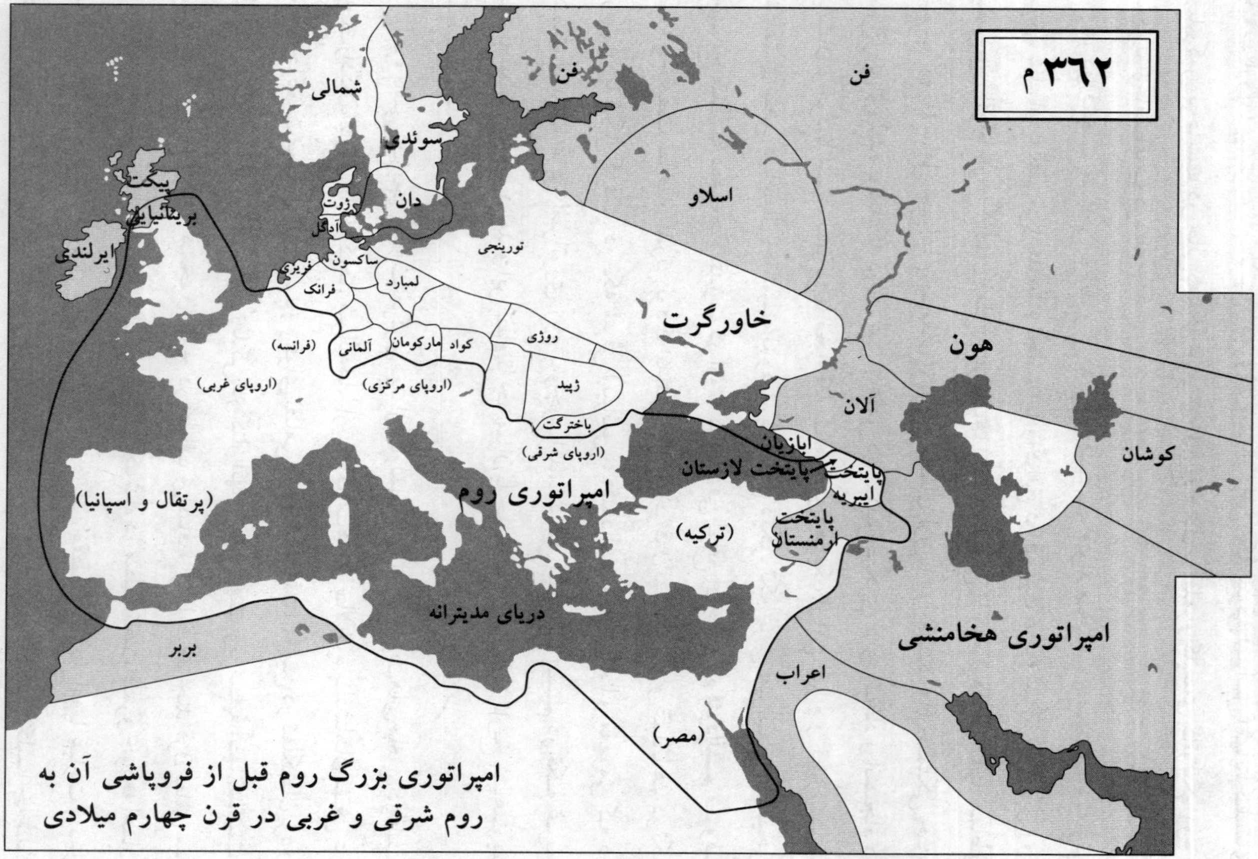

امپراتوری بزرگ روم قبل از فروپاشی آن به
روم شرقی و غربی در قرن چهارم میلادی

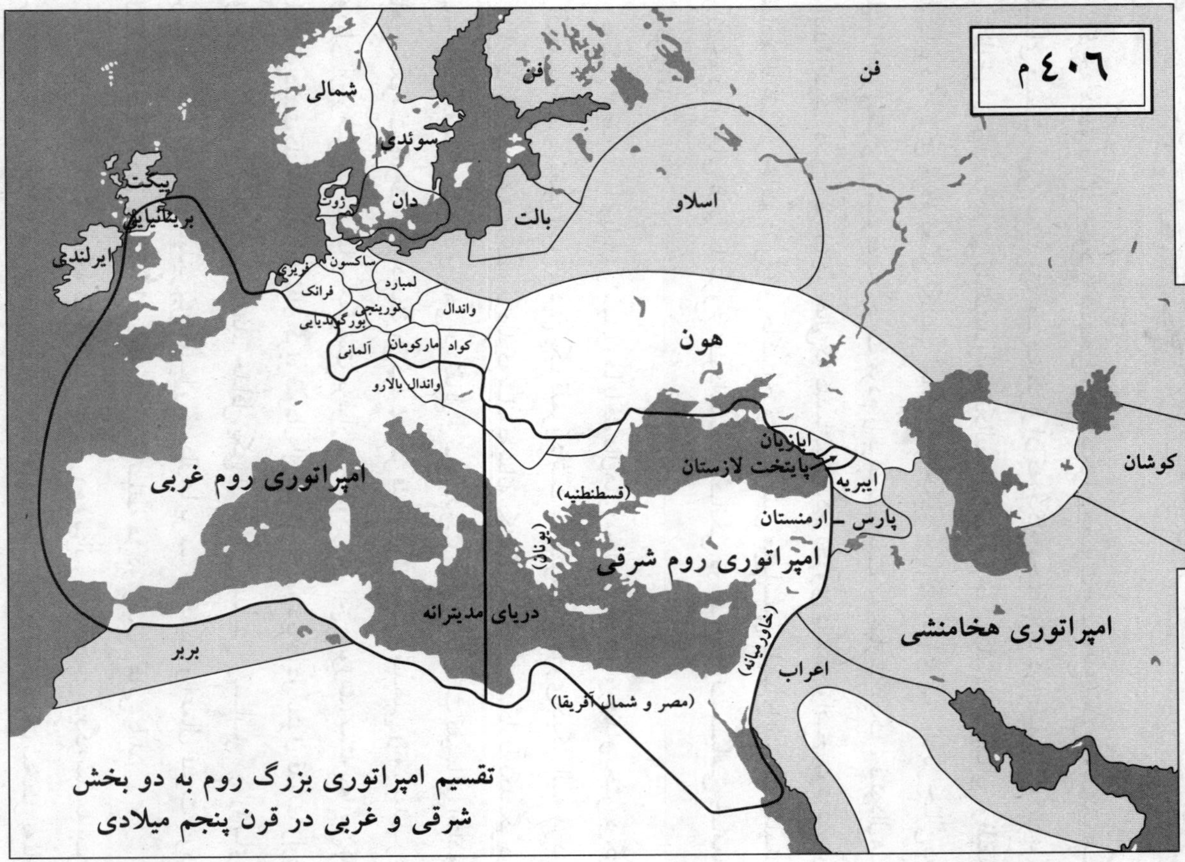

تقسیم امپراتوری بزرگ روم به دو بخش
شرقی و غربی در قرن پنجم میلادی

تقسیم گردید. البته هر دو قسمت مسیحی بود و در هر دو قسمت حکام، فرمانروایان و سلاطین مسیحی بودند و در مواردی عرق و تعصب زیادی هم به دین و آیین خود نشان می‌دادند. با این وجود به‌تدریج دو نوع نگرش یا جهان‌بینی پیرامون حاکمیت کلیسا به‌وجود آمد.

اگرچه هردو بخش، خود را مسیحی و خدمتگزار حضرت مسیح(ع) می‌دانستند، اما کلیسای قسمت غربی معتقد بود صرف‌نظر از آن که حکام مختلف (یا در حقیقت فئودال‌ها) چه وظایفی برعهدهٔ مردم می‌گذاشتند و چه تکالیفی از آنها می‌خواستند، در نهایت این وظیفهٔ کلیسا بود که برای مردم تعیین تکلیف نماید، زیرا حکام، اربابان دنیوی بودند در حالی‌که کلیسا امور معنوی و مربوط به آخرت مردم را برعهده داشت. به عبارت دیگر، فئودال‌ها نمایندهٔ قدرت دنیوی بودند در حالی‌که کلیسا نمایندگی اخروی داشت. واضح بود که در انقیاد و اطاعت از حاکم دنیوی و حاکم اخروی، مؤمنین می‌بایستی کلیسا را انتخاب نمایند. در نتیجه در اروپای غربی با شروع «فئودالیسم» دوگانگی در امر قدرت سیاسی جامعه به‌وجود آمد.[1]

بخشی از قدرت را اربابان و سینیورها یا فئودال‌های محلی به چنگ آوردند و بخش دیگر از آن کلیسا شد. به تعبیر امروزه، دین یک قلمرو داشت و حکومت قلمروی دیگر. البته هر دو به دلیل شرایط اجتماعی مجبور بودند که شانه به شانهٔ یکدیگر زندگی کنند. گاه با یکدیگر در صلح و صفا به سر می‌بردند و گاهی در تقابل و نبرد قدرت. گاه دور به‌دست کلیسا می‌افتاد و گاهی حکومت قدرت را در دست می‌گرفت. اگر فئودال، شخصی مذهبی و معتقد بود دوره‌ای از آرامش بین کلیسا و حکومت برقرار می‌شد. در غیر این صورت، بسته به این‌که کلیسا در دست کدام اسقف و میزان گریز فئودال از کلیسا چه اندازه بود، دو ستون قدرت وارد دوره‌ای از تقابل با یکدیگر می‌شدند. حداقل یکی از عوامل پیدایش رنسانس در اروپای غربی این تقابل خستگی‌ناپذیر بین کلیسا و فئودال‌ها بر سر حاکمیت و اعمال قدرت بود. رنسانس باعث گردید تا جامعهٔ اروپا در نهایت از سلطهٔ هر دو رقیب رهایی یابد.

اما سرنوشت کلیسا در تکهٔ شرقی امپراتوری روم (بیزانس) به‌گونه‌ای دیگر شد. به این معنا که کلیسا یا قدرت مذهبی با قدرت دنیوی در هم ادغام شده و در وجود یک شخص به نام

---

1 - J. M. Roberts, ***An Illustrated World History***, vol. 4: ***Different Worlds***, Penguin Books (U.K., 1980), pp.32-33.

قلمرو امپراتوری عباسی در اوج گسترش
آن در قرن نهم میلادی

فئودالیسم را فراهم نمود. در نتیجهٔ فقدان حکومتی مقتدر، برقراری نظم و امنیت و قانون برعهدهٔ قدرت‌های مختلف محلی یعنی فئودال‌ها قرار گرفت. بنابراین اولین و مهم‌ترین وظیفهٔ یک فئودال در درجهٔ اول تأمین امنیت رعایایش در مقابل قدرت‌های دیگر بود. رعایا نیز وظایف و تکالیف خاصی را در قبال فئودال برعهده داشتند.

بُعد دیگر روابط اجتماعی جامعهٔ فئودالی عبارت بود از روابط بین فئودال و پادشاه. تملک یک فئودال بر زمین‌هایش از طرف پادشاه به رسمیت شناخته شده بود و آنان در اصل خدمتگزار پادشاه و کلیسا بودند. اگرچه ایشان خود را فرمانبردار پادشاه می‌دانستند ولی در منطقهٔ خود مستقلاً حکومت می‌کردند. آنان برای خود سپاه، قصر، برج و بارو و خدم و حشم داشتند. به هنگام جنگ، با لشکریان خود در خدمت پادشاه قرار می‌گرفتند و به هنگام صلح در منطقهٔ خود فرمانروایی نموده و مالیات مشخصی به پادشاه می‌پرداختند. حق مالکیت آنان نسبت به منطقه‌شان معمولاً غیرقابل تغییر و همچون سلطنت موروثی بود. پسر فئودال، در وقتش جانشین پدر می‌گردید و غالباً تسلط یک خاندان اشرافی بر منطقه‌ای نسل اندر نسل دوام می‌یافت. حتی اگر بنا بر دلایلی روابط بین یک فئودال و پادشاه به هم می‌خورد و آنان وارد پیکار با یکدیگر شده و فئودال شکست می‌خورد، پادشاه فرد دیگری را از همان خاندان برای فرمانروایی برمی‌گزید. به‌ندرت اتفاق می‌افتاد که پادشاه پس از غلبه بر یک فئودال، خاندان او را از منطقه بیرون رانده و نجیب‌زادهٔ دیگری را در آن‌جا مستقر نماید.[۱]

اگر پادشاهی قصد می‌کرد که فشار بیشتری بر فئودال‌ها وارد سازد، مثلاً باج و خراج بیشتری از آنان مطالبه نماید یا به هر شکل دیگر اخلالی در قلمرو آنها به‌وجود آورد، معمولاً اشراف متحداً برعلیه پادشاه وارد پیکار می‌شدند؛ یا پادشاه زیاده‌طلب را وادار به عقب‌نشینی می‌نمودند و یا او را از سلطنت برداشته و پسرش، برادرش، خواهرش یا همسرش یا به هر حال یکی از اعضای خاندان سلطنتی را به جای او بر تخت سلطنت می‌نشاندند. در غیر این صورت، یعنی اگر پادشاه هنوز بر اریکهٔ تاج و تخت باقی می‌ماند، مجبور می‌شد که شرایط فئودال‌ها را بپذیرد.

چنین تحولی برای اولین‌بار در انگلستان در سال ۱۲۱۵ م. منجر به صدور منشور مهم تاریخی «مگناکارتا»[۲] گردید که حدود اختیارات و نحوهٔ عملکرد کلی پادشاه را تعریف می‌نمود و «جان»[۳] پادشاه مقتدر و مستبد انگلیس مجبور به تن دادن به آن گردید. قدرت

---

۱ – مقایسه شود با روابط بین حکومت و اربابان در ایران.

2 - Magna Carta

3 - King John

فئودال‌ها به حدی بود که سرانجام آنان موفق شدند «جان» را از سلطنت خلع نمایند. سپس در زمان پسر او «هنری سوم» [1] در سال ۱۲۱۶ اولین پارلمان در انگلستان تشکیل گردید که اختیارات پادشاه را باز هم محدودتر ساخت.

به طور کلی می‌توان گفت که شکل رابطهٔ قدرت مابین حکومت (پادشاه) و فئودال‌ها در مجموع مشخص بود. این شکل عبارت بود از به رسمیت، شناخته شدن حق تملک و بهره‌برداری فئودال‌ها در منطقهٔ تحت قلمرو خود از جانب پادشاه، اعم از آن که آن منطقه یا ولایت از طرف پادشاه به فئودال واگذار شده بود (در مقابل خدمات نظامی یا خدمات دیگری به پادشاه) یا ملک آبا و اجدادی آن خاندان بود. در مقابل به رسمیت شناخته شدن حاکمیت خود در منطقه، فئودال‌ها نیز وفادار به پادشاه بودند و خود را تحت امر او می‌دانستند. به‌علاوه به او مبلغ مشخصی مالیات نیز می‌پرداختند.

سازمان اجتماعی نظام فئودالی یعنی روابط و ساختار قدرت درون منطقهٔ تحت امر یک فئودال نیز تا حدود زیادی مشخص بود. هر رعیت یا سرف [2] چه در قبال زمینی که فئودال برای کشاورزی در اختیار وی گذارده بود و چه در قبال زندگی در منطقهٔ یک فئودال، تکالیف و وظایف مشخصی برعهده داشت.

در بهار هر سال، هر رعیت می‌بایستی در حدود یک و نیم هکتار زمین برای ارباب شخم می‌زد و در طول سال دو رأس گاو به مدت هفت روز برای استفاده در زمین‌های ارباب در اختیار او قرار می‌داد. در هر هفته ۳ روز می‌بایستی در زمین‌های ارباب کار می‌کرد و سالیانه یک عدد مرغ، ۱۶ عدد تخم‌مرغ و یک گاری هیزم به ارباب تحویل می‌داد. [3]

یک رعیت هرگز حق نداشت که منطقهٔ اربابش را ترک کند، به‌استثنای زمانی که به همراه اربابش به جنگ می‌رفت. چنان‌چه دختر یک رعیت ازدواج می‌کرد و یا پسرش را می‌خواست به مدرسه (که معمولاً در آن قرون منحصر به صومعه و مدارس دینی کلیسا بود) بفرستد می‌بایستی مبلغ مشخصی به ارباب پرداخت نماید. اگر رعیتی با تلاش و کوشش قادر می‌گردید پولی پس‌انداز نماید، می‌توانست با پرداخت آن به ارباب، خود را آزاد سازد (اعم از این‌که هنوز بخواهد در منطقهٔ فئودال زندگی کند یا این‌که به شهر برود).

---

1 - King Henny III

2 - serf

3 - R.J. Unstead, ***Looking at History***, vol. II. ***The Middle Ages***, A. and C. Black Ltd., (U.K., 1972), p. 20.

وضع قانون و اجرای مقررات توسط نجیب‌زاده صورت می‌گرفت و رعیتی که خلافی می‌نمود در «دادگاه کاخ»[۱] ارباب محاکمه می‌شد. البته در انگلستان از زمان «هنری دوم»[۲] در سال ۱۱۵۴ م. محاکمات به وسیلهٔ ارباب‌ها متوقف گردید و به جای آن محاکمه توسط هیأت منصفه‌ای مرکب از ۱۲ نفر صورت می‌گرفت که این فرم مبدل به شکل کلی قضا در غرب شد.

نکتهٔ شایان توجه در تمامی این مجموعه این است که همهٔ قوانین، وظایف، تکالیف، حدود و مقررات فوق‌الذکر مشخص و مکتوب بود.[۳] اگر رعیتی، به عنوان مثال، موفق می‌شد از منطقهٔ ارباب بگریزد و به مدت یکسال و یک روز در شهری اقامت کند بدون آن که دستگیر شود، در آن صورت «رعیتی آزاد شده» محسوب می‌شد و ارباب دیگر حقی نسبت به او و خانواده‌اش نداشت. این‌طور نبود که ارباب هر طور که اراده می‌نمود رفتار کند و هر مقدار که می‌خواست به دلخواه از رعایا بستاند.[۴]

اگر پیش‌تر گفتیم که کاربرد قالب فئودالیسم برای توصیف جامعهٔ ایران صحیح نیست به واسطهٔ تفاوت‌های بنیادی است که بین دو جامعهٔ ایران و اروپای قرون وسطی وجود داشته است. از جملهٔ مهم‌ترین این تفاوت‌ها حدود اختیارات حکومت و تفاوت بنیادی دیگر در مسئلهٔ مالکیت بر زمین است. همان‌طور که ملاحظه شد در نظام فئودالی اروپا به دلیل قدرت فئودال‌ها و کلیسا، حکومت دارای قدرت مطلق نبود. سلاطین و شاهان اروپایی مجبور بودند نجبا و اشراف را به رسمیت بشناسند و نمی‌توانستند به میل خود به قلمرو آنان تجاوز کنند، مالیات یا قشون اضافه از آنها طلب کنند و یا به اشکال دیگری در امور آنان مداخله نمایند. ناتوانی حکومت - یا دقیق‌تر گفته باشیم - قدرت نسبی (و نه مطلق) حکومت بالطبع باعث می‌شد که حق مالکیت اشراف به رسمیت شناخته شود: شاهان نمی‌توانستند به منطقه‌ای یورش ببرند و املاک آن را به تصرف خود درآورند. در عمل، توازن قدرتی مابین فئودال‌ها و حکومت برقرار بود و سعی در به هم زدن این تعادل از طرف حکومت همواره با واکنش دسته‌جمعی فئودال‌ها روبه‌رو می‌گردید. فی‌الواقع می‌توان گفت که بخش عمده‌ای از تحولات سیاسی اروپای قرون وسطی در نتیجهٔ کشاکش‌های سیاسی و جنگ قدرت بین فئودال‌ها از یک‌سو و دربار از سویی دیگر به‌وجود آمد. در حالی‌که در ایران به‌جز قدرت فائقه و

---

1 - manor court

2 - King Henry II

3 - Ibid., p. 21

۴ - مقایسه شود با روابط ارباب و رعیتی در ایران.

می‌نمود. بنابراین تجار به منظور افزایش درآمد خود سعی می‌کردند حتی‌الامکان در مقابل زیاده‌خواهی فئودال‌ها هم مقاومت نمایند و از آن‌جا که فئودال‌ها در شهرها نمی‌توانستند اعمال قدرت چندانی نمایند، بنابراین تجار و اصناف در مقابل آنان نیز از درجه‌ای استقلال عمل برخوردار بودند. به عبارت دیگر، تجار، اصناف و در مجموع نیروهایی که در امر تولید و انتقال کالا دخیل بودند در داخل شهرها مجبور بودند با حکومت دست و پنجه نرم کنند و در بیرون با فئودال‌ها. این تضاد دوگانه باعث به‌وجود آمدن نوعی توازن قدرت در شهرهای اروپای قرون وسطی شده بود که نتیجهٔ بالفعل آن استقلال و آزادی عمل نسبی در مقابل حکومت بود. اقشار شهری برای حفظ منافع اقتصادی خود در مقابل حکومت مجبور بودند به صورت دسته‌جمعی عمل نمایند. در نتیجه در داخل شهرها اتحادیه‌های مختلفی از اصناف، تجار و صاحبان حرف و مشاغل به‌وجود آمده بود که تنظیم امور هر صنف و پیشه‌ای را در دست داشتند. اعضای این اتحادیه‌ها از میان معمرین و بزرگان صنف انتخاب می‌شدند و جدای از رتق و فتق امور، وظیفهٔ مهم دیگر آنان مذاکره با حکومت بر سر وضع قوانین و مقررات تجاری و اخذ مالیات بود. به گفتهٔ احمد اشرف:

«این انجمن‌ها ابتدا به عنوان انجمن‌های برادری که رنگ و بوی دینی داشت، تشکیل شدند و بعدها به صورت انجمن‌هایی برای دفاع از منافع اقتصادی اعضا درآمدند. گیلدهای[1] غربی با قانونی کردن منافع صنفی و با مبارزات سیاسی و اقتصادی دعاوی خویش را تأمین و تثبیت می‌نمودند تا بتوانند در برابر زورگویی و فشارهای خارجی (از ناحیهٔ حکومت و اشراف) ایستادگی کنند. گیلدها به عنوان انجمن‌های صنفی در قلمرو فعالیت‌های خود، خودمختار و مسئول بودند. آنها می‌توانستند اعضای گیلد را تعیین کنند، رهبران خود را برگزینند و اموال مشترک و جمعی انجمن را اداره کنند.»[2]

به مرور زمان و با گسترش امر تجارت و فعالیت‌های اقتصادی درون شهرها عرصهٔ استقلال اتحادیه‌های صنفی و تجاری گسترده‌تر گردید. در نتیجه هر قدر به پایان قرون وسطی و عصر فئودالیسم نزدیک‌تر می‌شویم، قدرت انجمن‌ها و اجتماعات صنفی درون شهرها افزایش می‌یابد. در نهایت، با تغییراتی که در ساختار تولید در اروپای بعد از انقلاب صنعتی پدید آمد، مرکز ثقل تولید از مناطق روستایی و قلمرو فئودال‌ها خارج شده و به‌تدریج درون شهرها متمرکز گردید - شهرهایی که ظرف چندین قرن، نهادهای بالنسبه مستقلی از حکومت در آنها شکل گرفته بود. لذا شهرهای اروپای ماقبل انقلاب صنعتی قادر

---

۱ - Guild به‌معنای اتحادیه یا انجمن صنفی یا تجاری است.

۲ - احمد اشرف، *موانع تاریخی رشد سرمایه‌داری در ایران*، تهران، زمینه، ۱۳۵۹، ص ۳۰.

بودند پذیرای این تحول تاریخی شوند. افزایش قدرت اقتصادی تولیدکنندگان شهری لاجرم قدرت سیاسی را هم برای آنان به دنبال می‌آورد که نتیجهٔ تاریخی آن تولد بورژوازی و اروپایی بود که ما امروزه آن را می‌شناسیم.

***

چنین بود تصویر کلی از زندگی اجتماعی و ساختار تولیدی که مارکس آن را دورهٔ فئودالیسم نامیده است. نه تنها در عرض قرون وسطی در ایران چنین روابطی حاکم نبوده بلکه قبل و بعد از آن هم چنین ساختار اجتماعی در جامعهٔ ما وجود نداشته است. در جامعهٔ فئودالی اروپا حدود اختیارات حکومت و شخص اول آن در مجموع معین بود. همچنین حدود اختیارات فئودال‌ها، حدود و وظایف و موقعیت رعیت و مهم‌تر از همهٔ اینها، حق و حقوق اجتماعات شهری که در قالب انجمن‌ها و اتحادیه‌های تجاری، اصناف، پیشه‌وران و صاحبان حرف شکل گرفته بودند هم مشخص بود. و آن‌چه بسیار درخور توجه است این واقعیت است که این حد و حدود با کم و زیادش از جانب الیگارشی قدرت (دربار، فئودال‌ها و کلیسا) رعایت می‌شد.

ولی ما در ایران در هیچ مقطعی چنین ساختار اجتماعی نداشته‌ایم. در ایران تکلیف قدرت همواره مشخص بود: اول، وسط و آخر قدرت به حکومت ختم می‌شد. نه تجار و بازرگانان و نه اصناف و پیشه‌وران در داخل شهرها، نه ملاکین و به اصطلاح «فئودال‌ها» و نه رعیت در خارج شهرها، و نه هیچ قشر اجتماعی دیگری از حقوق اجتماعی مشخص و معینی که مورد قبول و احترام حکومت باشد برخوردار نبود. حکومت به میل خود و بالطبع بنا بر مقتضیات سیاسی، منافع اقتصادی و یا اعتقادات مذهبی خود آن‌گونه که می‌خواست اعمال قدرت می‌نمود. از هر که هر آن‌چه می‌خواست می‌ستاند و به هر که هر آن‌چه مایل بود می‌رساند. نه وزیر، نه وکیل، نه معمرین، نه علما، نه عوام، نه اصناف، نه تجار، نه رعیت و نه هیچ بنی‌بشر دیگری در مقابل اراده و خواست حکومت از هیچ امنیت، ملجأ و پناهی برخوردار نبود.

در اروپا، همان‌طور که دیدیم، اشراف یک پایهٔ اساسی ساختار قدرت سیاسی نظام فئودالیستی را تشکیل می‌دادند و همواره به عنوان وزنه‌ای در مقابل استبداد حکومت و مطلق‌العنان بودن پادشاه قرار داشتند. برخی از مهم‌ترین تحولات تاریخی اروپا مانند پیدایش منشور تاریخی «مگناکارتا»، به‌وجود آمدن پارلمان و محدودیت اختیارات و قدرت حکومت و پادشاه نتیجهٔ مبارزات متحد اشراف و فئودال‌ها علیه شاهان مستبد و

حکومت‌های خودکامه بود. محدودیت قدرت حکومت به نوبهٔ خود باعث می‌شد تا نهاد قانون و قضاوت این امکان را پیدا کنند تا بالنسبه مستقل از حکومت و اعیان و اشراف اعمال قدرت نمایند. استقلال امر قضا باعث به‌وجود آمدن امنیت اجتماعی می‌شد و امنیت اجتماعی نیز به نوبهٔ خود از یک سو، فضای مناسب برای فعالیت‌های اقتصادی و تجاری به‌وجود می‌آورد و از سویی دیگر، مشارکت سیاسی را سبب‌ساز بود. اما در ایران قدرت حکومت در قالب پادشاه همواره به صورت مطلق باقی ماند، بدون آن که نهادی به‌وجود آید تا یارای آن را داشته باشد که بتواند در مقابل استبداد و اعمال حاکمیت مطلق شاهان ابراز وجود نماید. در عوض در ایران، هر صاحب قدرتی اعم از زمین‌داران یا تجار و عناصر ذی‌نفوذ دیگر سعی داشتند تا خود را به هر طریقی که ممکن بود به رئیس حکومت نزدیک‌تر کنند تا بتوانند از طریق او اعمال قدرت نموده و به جاه و جلال و ثروت و قدرت دست یابند. در اروپا فئودال‌ها نه تنها مالک نسل اندر نسل مناطق خود بودند بلکه با اقامت در ملک خود بالطبع در غم و شادی و در رونق یا رکود اقتصادی آن سهیم بودند. به‌علاوه اقامت آنان در خارج از شهرها باعث می‌گردید تا نقشی در تجارت نداشته باشند. فی‌الواقع تجارت در اروپای قرون وسطی نه تنها مغایر با اشراف‌زادگی بود بلکه به لحاظ تشخص اجتماعی اگر نگوییم تجارت امری پست به شمار می‌آمد، حداقل چندان حرفهٔ با افتخار و پر اسم و رسمی نبود. اکثراً تجارت توسط یهودیان صورت می‌گرفت که به لحاظ اجتماعی در اروپای مسیحی قرون وسطی شهروندانی نامطلوب، حقیر و پست شمرده می‌شدند. اما برعکس اروپای قرون وسطی، در ایران تجارت مایهٔ تشخص اجتماعی به‌شمار می‌آمد. بنابراین نه تنها اشراف و «فئودال‌های» ایرانی به تجارت می‌پرداختند بلکه حکومت نیز دستی در تجارت داشت. این تفاوت آن‌چنان محسوس بود که «شاردن» سیاح فرانسوی را به شگفتی می‌اندازد:

> «در مشرق‌زمین اعاظم، بزرگان، حتی شاه نیز به تجارت می‌پردازند، این رجال و ملوک به مانند بازرگانان، عمال و مستخدمینی دارند که دارای همان عنوان منشیان تجار می‌باشند. اغلب ایشان صاحب کشتی‌های مخصوص تجارتی و مخازن (انبار) بازرگانی مخصوص هستند. فی‌المثل شاهنشاه ایران، ابریشم، منسوجات زربفت و سیم‌بافت و دیگر پارچه‌های نفیس، قالی و فرش و جواهر می‌فروشد، و از این کالاها برای فروش به ممالک همسایه صادر می‌کند.»[1]

وجه افتراق مهم دیگر جامعهٔ ایران با نظام فئودالی اروپای قرون وسطی در نحوهٔ زندگی

---

۱ - شاردن، **سیاحتنامهٔ شاردن**، ترجمهٔ محمد عباسی، تهران، امیرکبیر، ۱۳۵۰، چاپ دوم، جلد چهارم، ص ۳۶۴. به نقل از: پیشین، اشرف، ص ۲۶.

«فئودال‌های» ایرانی در مقایسه با همتایان غربی آنان بود. در اروپا همان‌طور که دیدیم فئودال‌ها با به سر بردن در منطقهٔ تحت قلمرو خود نه تنها در غم و شادی رعیت شریک بودند بلکه عمدتاً از زندگی شهری و تجارت دور می‌افتادند. اما در ایران بالعکس زمین‌داران بزرگ که غالباً از سوی حکومت و پس از به روی کار آمدن سلطان جدید یا سلسلهٔ تازه‌ای (از جانب حکومت) زمین‌دار شده بودند کمتر در منطقهٔ مورد تملک به سر می‌بردند و بیشتر در پایتخت و بر گرد پادشاه در دربار می‌گشتند. «فئودال‌های» ایرانی جدای از آن که قرابت و رابطهٔ احساسی خاصی با منطقهٔ تحت فرمانروایی خود نداشتند، رقابت‌ها و کشمکش‌های درون دربار و پیرامون پادشاه، آنها را وادار می‌ساخت برای حفظ موقعیت خود در پایتخت و در جوار مرکز قدرت باشند تا فرسنگ‌ها دورتر از آن.

بنابراین در ایران برخلاف اروپای قرون وسطی تفکیک منافع و در نتیجه پیدایش قطب‌های مشخص و مختلف اقتصادی که لاجرم منجر به پیدایش گروه‌های مشخص اجتماعی شود (با استقلال صنفی ـ سیاسی) هرگز به‌وجود نیامد. تنها یک قطب اقتصادی وجود داشت که آن هم در شهرها بود و لاجرم تحت سیطرهٔ بی‌چون و چرای حکومت قرار می‌گرفت. این وجه تمایز بنیادی بین ایران و غرب قرون وسطی را اشرف این‌گونه جمع‌بندی می‌نماید:

> «گیلدهای غربی در شهرهای خودمختار[1]، فعالیت می‌کردند و در آن نظام میان صنعت و بازرگانی از یک‌سو و کشاورزی از سویی دیگر، جدایی اساسی وجود داشت. بدین ترتیب که فئودال‌ها در دژها می‌زیستند و پیشه‌وران و بازرگانان در شهرها، از این رو شهر و روستا کاملاً از یکدیگر جدا بود. حال آن که در شهرهای شرق میانه، عاملان حکومت و زمین‌داران جملگی در شهر می‌زیستند و در نتیجه محله‌های شهر و اصناف شهری همراه با اجتماعات روستایی زیر سلطهٔ آنان قرار داشت. این امر از یک‌سو از آزادی و خودمختاری جلو می‌گرفت و از سوی دیگر مانع ایجاد تضاد میان شالوده‌های تولید شهری و روستایی می‌شد، یعنی تضادی که در مغرب‌زمین از عوامل مؤثر پیدایش نظام سرمایه‌داری بود.»[2]

نه تنها در جامعهٔ ایران، تفکیک نهادهای اقتصادی مابین شهر و روستا به‌وجود نیامد، بلکه بسیاری از زمین‌های اطراف شهرها و باغات متعلق به تجار و ثروتمندان شهری بود. لذا آن تضاد منافعی که بین تجار در شهرها و فئودال‌ها در بیرون از شهرها در اروپا وجود داشت (با نتایج اجتماعی مهمی که به بار آورد)، در ایران به‌وجود نیامد. لازمهٔ پیدایش چنین تضادی وجود قشری از اشراف و زمین‌داران بود که حق تملک آنان نسل اندر نسل دوام یافته باشد؛

---

۱ - خودمختار در مقابل نفوذ فئودال‌ها
۲ - پیشین، احمد اشرف، ص ۳۳.

حقی که همواره توسط حکومت‌های مختلف در ایران پایمال گردید. به گفتهٔ پروفسور «لمبتون»:

«[در ایران] هرگز اشرافیت ثابتی که مبنای آن بر مالکیت زمین باشد و وسیلهٔ انتقال املاک اشراف از نسلی به نسلی دیگر گردد به منصهٔ ظهور نرسیده است. مهم‌ترین علل این امر دوتاست. اول آن که ماهیت جامعهٔ اسلامی و قانون ارث در اسلام با این معنی معارض است و پس از چند نسل املاک خواه ناخواه به قطعات کوچک و کوچک‌تر تقسیم می‌شود... دومین علت مهم عدم ظهور اشرافیت ثابت و اشراف زمین‌دار در ایران هرج و مرج‌های متوالی و تغییرات مکرری است که در سلسلهٔ سلاطین روی داده است. روی کار آمدن هر سلسلهٔ جدید توأم با تغییراتی در ترکیب طبقهٔ مالک بود...

بنابراین مقایسهٔ طبقهٔ اشراف زمین‌دار ایران با طبقهٔ اشراف قدیم زمین‌دار انگلستان یا یکی دیگر از ممالک اروپای غربی مایهٔ گمراهی است.»[1]

اما شاید بتوان گفت که مهم‌ترین وجه افتراق فئودالیسم در اروپا با نظام اجتماعی ایران، به پیدایش انجمن‌ها و نهادهای دسته‌جمعی صنفی مستقل در شهرهای اروپایی که تا حدود زیادی در قبال حکومت از آزادی عمل برخوردار بودند و فقدان چنین نهادی در ایران بازمی‌گردد. به عبارت دیگر، مهم‌ترین تفاوتی که بین نظام اجتماعی ایران و اروپای قرون وسطی وجود دارد خلاصه می‌شود در حضور نسبی قانون و در نتیجه محدودیت قدرت حکومت در نظام فئودالی اروپایی و تمرکز مطلق قدرت در دست حکومت در ایران. به گفتهٔ حامد حنیف‌نژاد:

«در اروپا در اثر اشتراک مساعی اشراف زمین‌دار، ریشهٔ تأسیسات مذهبی، انواع محاکم، مجلس‌های قانون‌گذار به‌وجود آمده و سدی در برابر خودکامگی حکام که در رأس طبقهٔ اشراف جای داشتند پدید آمد. اما در ایران بی‌ریشگی و عدم ثبات اشراف هرگز اجازه نداد که چیزی شبیه به این تأسیسات سیاسی، حقوقی و مذهبی پدیدار شود و اختیارات شاهان و فرمانروایان را به مرور محدود کند. از این رو تنها چیزی که ثبات و دوام داشت، استبدادی خشن و متمرکز بود. شکل خشن استبداد در ادوار و اعصار گوناگون تاریخمان مانعی بزرگ در راه پیشرفت اقتصادی مردممان بوده است. زورگویانی که هرچندگاه یک‌بار بر این کشور حکومت کرده‌اند همواره خود را مالک همهٔ دارایی و هستی مردم می‌شمارند و مردم از ترسشان زندگی و فعالیت اقتصادی خویش را توسعه نداده‌اند و آن‌چه را که داشته‌اند مخفی ساخته‌اند.

... اگر اشراف ایرانی و زمین‌داران محلی روندی را شبیه به آن‌چه در اروپا طی شد، می‌گذراندند و از قدرت ریشه‌دار، غرور و تکبر اشراف اروپایی برخوردار می‌شدند، هرگز امیران و سلاطین نمی‌توانستند با اشاره‌ای طومار هستی و دارایی‌هایشان را بر باد دهند.

بی‌پایگی و نااستواری اشرافیت و نبودن اشراف مقتدر، تضادها و دشمنی‌های میان

---

1 - ا.ک. س. لمبتون، *مالک و زارع در ایران*، ترجمهٔ منوچهر امیری، تهران، مرکز انتشارات فرهنگی (وابسته به وزارت علوم)، تهران، ۱۳۶۲، چاپ سوم، ص ۴۵۹-۴۵۸.

مدعیان حکومت و اعضا خاندان حاکم را تشدید می‌کرد و بر دامنهٔ کشمکش‌های داخلی می‌افزود. این رقابت‌ها و کشمکش‌ها به تولیدات شهری و روستایی آسیب می‌رساند و به فقر توده‌های مردم می‌افزود و تکامل جامعه‌ها را مختل می‌کرد.»[۱]

اما علی‌رغم همهٔ این تفاوت‌های بنیادی میان جامعهٔ ایران و نظام فئودالیستی بسیاری از نویسندگان ایرانی (عمدتاً متأثر از مارکسیسم) به سادگی و بدون آن که دغدغه‌ای به خود راه دهند با قرار دادن ایران در چارچوب نظام فئودالی خیال خود را راحت نموده‌اند. حداکثر این‌که به‌وجود برخی از تفاوت‌های نظام غربی و شرقی اشاره کرده‌اند اما در نهایت جامعهٔ ایران را منطبق با نظریات کلی مارکس از تکامل تاریخی و نحوهٔ پیدایش فرماسیون‌های مختلف با روابط تولیدی مشخص دانسته‌اند. به عنوان مثال، ورداسبی می‌نویسد:

«در کشورهای شرقی نیز مانند ممالک غربی، شیوه‌های تولید متناوباً یکی جای دیگری را گرفته و حرکت جامعه به پیش، صورت وقوع یافته است.[۲]

ما ضمن پذیرفتن «شکل تولید آسیایی» که روشنگر برخی از نقاط تاریک شرق است معتقدیم که به‌طور کلی اختلاف اصولی و بنیادی بین تأسیسات اجتماعی و اقتصادی شرق و غرب وجود ندارد و خصوصیات فرعی که آنان را از یکدیگر متمایز می‌سازد مانع از آن نخواهد بود که ما شرق و غرب را عموماً از لحاظ تشکیلات و تأسیسات اقتصادی و اجتماعی در یک ردیف قرار دهیم. جامعهٔ ما مانند همهٔ جامعه‌های بزرگ – چه غربی و چه شرقی – از سادگی به پیچیدگی سیر کرد؛ یعنی در جریان پیشرفت، نظام سادهٔ ابتدایی را پشت سر گذاشت، سپس شیوهٔ زندگی برده‌داری را در پیش گرفت و در عصر دودمان اشکانی... مرحلهٔ نخست جامعهٔ فئودالی در ایران پدید آمد... .»[۳]

فشاهی حتی پا را از این هم فراتر نهاده و اساساً فکر این‌که نظام ایران با فئودالیسم غربی متفاوت است را «پنداری باطل» می‌داند:

«روش اقطاع و تیول در ایران کم و بیش به مانند اروپا بود. این‌که نویسندگان غربی نظیر بکر و «لمبتون» می‌کوشند ثابت کنند که اقطاع شرقی (به‌خصوص ایرانی) از فیف غربی کاملاً متمایز بوده و هرگز به آن مبدل نشده است و این‌که پولیاک سعی می‌کند به اقطاع ایرانی و عرب جنبهٔ اداری بدهد این‌که «لمبتون» می‌گوید اقطاع شرقی از فیف غربی کاملاً متمایز بوده و فئودالیسم اسلامی ربطی به هیچ نوعی از انواع مختلف فئودالیسم اروپایی نداشته و این‌که برخی دیگر از نویسندگان به پیروی از بکر و «لمبتون» و پولیاک می‌کوشند ثابت کنند روابط ارضی در ایران از نوع فئودالیسم غرب نبوده و به شیوه پاتریمونیال بوده است پنداری باطل است.»[۴]

---

۱ – حامد حنیف‌نژاد، *مبانی تاریخی و اجتماعی تحلیل وقایع ایران معاصر*، در مجموعهٔ مقالات *احیا*، تهران، ناشر حسن یوسفی اشکوری، ۱۳۶۷، ص ۵۱.

۲ – به سخن دیگر، سیر تحولات اجتماعی جامعهٔ ایران منطبق بر دیدگاه تاریخی مارکسیسم است.

۳ – اباذر ورداسبی، *علل کندی و ناپیوستگی تکامل جامعهٔ فئودالی ایران*، تهران، چاپار، ۱۳۵۶، چاپ سوم، ص ۱۱-۱۰.

۴ – پیشین، محمدرضا فشاهی، ص ۱۹.

یک عنصر بسیار قوی آرمانگرایی اجتماعی وجود دارد. بخش عمده‌ای از مارکسیسم در مقولات «ایده‌آلیستی» (علی‌رغم ضدیت بنیادینش با ایده‌آلیسم) و آرمان‌گرایانه‌ای همچون «رفع ستم طبقاتی»، «احقاق حق و حقوق زحمتکشان و رنجبران»، «از میان برداشتن ظلم و تبعیضات اجتماعی و اقتصادی»، «محو استثمار فرد از فرد» و ... خلاصه می‌شود. با در نظر گرفتن این واقعیت که بسیاری از کشورهای جهان سوم با فقر، بیکاری، عقب‌ماندگی، فاصلهٔ طبقاتی، انواع و اقسام محرومیت‌های شدید اجتماعی، ظلم و ستم و نابرابری‌های عمیق اقتصادی و اجتماعی روبه‌رو هستند، مقبولیت ایدئولوژی که نوید ساختن جامعه‌ای «ایده‌آل» را می‌دهد که عاری از فقر و هرگونه ظلم و ستم طبقاتی باشد، چندان هم تعجب‌آور نیست. بنابراین از این دید نیز مارکسیسم در ایران با اقبال زیادی روبه‌رو شد. این مقبولیت باعث آن شد تا بسیاری از ایده‌ها و اندیشه‌های مارکسیسم ـ لنینیسم به تفکرات و جریانات سیاسی دیگر نیز راه یابد. یافتن رد پای این آرا در جریانات ملی و مذهبی، و حتی بعضاً جریانات محافظه‌کار، در ایران نیاز به تلاش زیادی ندارد.

ممکن است گفته شود مارکسیسم به هرحال هرچه بوده مربوط به گذشته می‌شود و با فروپاشی بلوک شرق این اندیشه و قالب‌هایش دیگر به بایگانی تاریخ سپرده شده‌اند. این تصور صحیح نیست زیرا حتی امروز نیز این تفکرات بخش قابل ملاحظه‌ای از جهان‌بینی طیف گسترده‌ای از روشنفکران ایرانی را تشکیل می‌دهد.[1] اندیشه‌های منبعث و متأثر از مارکسیسم چه در قالب‌هایی همچون «راه رشد غیر سرمایه‌داری»، «اقتصاد دولتی»، «سرمایه‌گذاری دولتی»، «کنترل دولت بر بازار»، «مبارزه با امپریالیسم» و چه در قالب تئوری‌های «وابستگی و توسعه»، «استکبار، امپریالیسم، سرمایه‌داری جهانی عامل عقب‌ماندگی جهان سوم» و ... جملگی در نهایت منعکس‌کنندهٔ تفکرات مارکسیستی در اشکال و بسته‌بندی‌های متفاوت هستند.[2]

اما آن مقدار که به بحث ما در خصوص یافتن علل و عوامل عقب‌ماندگی جامعهٔ ایران مربوط می‌شود، بایستی گفت که مدل مارکس در تبیین و تحلیل سیر کلی تحولات اجتماعی و عقب‌ماندگی ایران با مشکلات و نارسایی‌هایی روبه‌روست. بحث فقط بر سر آن نیست که

---

۱ - کافی است نظری اجمالی به محتوای بسیاری از مجلات و ماهنامه‌های امروز ایران (۱۳۷۳) که از اقبال و احترام بالایی در مجامع تحصیل‌کرده، دانشگاهی و روشنفکر جامعه برخوردارند همچون، **ایران فردا**، **آدینه**، **کیان**، **فرهنگ و توسعه**، **تکاپو** و ... بیندازیم.

۲ - نک به: صادق زیباکلام، نقد نظریهٔ استعمار عامل عقب‌ماندگی، **فرهنگ و توسعه**، شمارهٔ ۱۱، فروردین ۱۳۷۳.

مارکس نظریهٔ ماتریالیسم تاریخی خود را اساساً با نگرش و الهام گرفتن از اروپا (آن هم عمدتاً غرب آن) خلق نمود. حتی بحث بر سر این هم نیست که بین اسباب و عواملی که جوامع اروپایی و ساختارهای مختلف آن را تشکیل دادند با ساختارهای یک جامعهٔ شرقی مثل ایران از اساس و بنیان تفاوت‌های فاحش وجود دارد. اشکال عمده‌ای که در نتیجهٔ کاربرد مکانیکی مارکسیسم در تبیین، تحلیل و شناخت سیر تکامل اجتماعی و تاریخی ایران به‌وجود می‌آید این است که بسیاری از سؤالات اصلی این سیر یا اساساً بدون پاسخ می‌ماند یا این‌که حداکثر با پاسخی متزلزل و سطحی روبه‌رو می‌شود. به عنوان مثال، این‌که چگونه شد که در شرق، از جمله ایران، نهاد حکومت این همه قدرت یافت؟ چگونه شد که در اینجا بسیاری از نهادها و ساختارهای مستقل از حکومت که در غرب به‌وجود آمد (همچون پارلمان، احزاب، گروه‌های مختلف ریز و درشت فشار، مطبوعات، اتحادیه‌ها و تشکل‌های صنفی و ...) شکل نگرفت؟ چرا در ایران اشراف، «فئودال‌ها» و زمین‌داران بزرگ هرگز نتوانستند ذره‌ای استقلال در قبال حکومت پیدا کنند؟ چرا شالودهٔ اقتصادی و تولیدی جامعه در دست حکومت و درون شهرهای بزرگ متمرکز گردید؟ چرا مالکیت کمتر به رسمیت شناخته شد؟ چرا قانون و نهادهای قانونی به استقلال دست نیافتند؟ چرا امر قضا همواره در پرتو قدرت حکومت اسیر ماند؟ چرا در ایران انقلاب صنعتی به‌وقوع نپیوست؟ چرا در ایران آن هم پس از یک دوره شکوفایی علمی چراغ علم خاموش شد؟ و بسیاری از پرسش‌های دیگر که ارتباط مستقیم با مسئلهٔ عقب‌ماندگی ایران پیدا می‌کند در چارچوب تجزیه و تحلیل مارکسیستی عملاً بی‌پاسخ می‌ماند. کما این‌که نه حزب توده، نه جریانات چپ‌گرای دیگر و نه تفکرات رادیکال و آثار تاریخی، اجتماعی، اقتصادی و سیاسی مدرن و معاصر ایران (که غالباً نیز ملهم و متأثر از مارکسیسم هستند) کمتر خود را درگیر چنین مباحثی کرده‌اند. در عوض سعی می‌کنند که چنین پرسش‌هایی را در قالب ماتریالیسم تاریخی ریخته و با طرح مقولات کلی همچون «تضاد طبقاتی»، «پیدایش فرماسیون‌های مختلف اجتماعی در ایران (کمون اولیه، برده‌داری، فئودالیسم و ...)» و «اشکال و روابط تولیدی به عنوان زیربنا و شکل‌دهندهٔ اصلی مناسبات اجتماعی و روابط حاکم بر جامعه»، «استعمار، امپریالیسم، استکبار، نظام سرمایه‌داری جهانی عامل عقب‌ماندگی ایران»، سیر کلی تحولات اجتماعی ایران را در همان اسلوب و قالب‌بندی‌های مارکسیستی خلاصه نمایند. به جای استفاده از یک الگوی از پیش تعریف و تعیین‌شده که نتیجه‌اش بالاجبار و به‌گونه‌ای اجتناب‌ناپذیر شناخت و تبیین

تحولات بر طبق آن الگو خواهد بود، ما در این کتاب سعی کرده‌ایم در جهت عکس عمل نماییم. یعنی به جای پیروی از یک الگوی معین، هدفمان این خواهد بود که ببینیم اصولاً جامعهٔ ایران **چگونه** جامعه‌ای بوده است و این **چگونه بودن** را کدامین علل سبب شده‌اند. و نهایتاً این‌که چگونه عوامل درونی جامعهٔ ایران شکل کلی مناسبات اجتماعی، اقتصادی و سیاسی آن را ترسیم کرده‌اند.

فصل دوم

ایران چگونه جایی است؟

«ایران به علت موقعیت جغرافیایی‌اش بر روی کرهٔ زمین و به سبب وضع خاص پستی و بلندی‌هایش یکی از نواحی خشک یا نیمه‌خشک عالم به شمار می‌رود... دشت‌ها و بیابان‌های وسیع و عریان از نباتات از مشخصات طبیعی ایران است.»

جغرافیای اقتصادی ایران[1]

«ایران کشوری است خشک و بایر که یک دهم آن نیز مزروع نمی‌باشد.»

به نقل از «خاطرات شاردن» سیاح فرانسوی در دیدارش از ایران در زمان صفویه (قرن هفدهم)[2]

به نظر نمی‌رسد بین آن‌چه سیاح فرانسوی شاردن در خاطراتش از ایران زمان صفویه شرح می‌دهد با نظرات علمی‌تری که سه قرن بعد از آن ابراز شده است تفاوت زیادی وجود داشته باشد. هر دوی آنها در مجموع بیانگر این واقعیت‌اند که ایران کشوری است خشک که بخش قابل توجهی از آن را بیابان‌ها و یا مناطق لم‌یزرع تشکیل می‌دهد. برای درک این شرایط چندان نیازی نیست که به آمار و ارقام و اطلاعات جدید ماهواره‌ای رجوع کنیم. کافی است این بار که از تهران خارج می‌شویم، بالاخص اگر خروجمان از جنوب آن باشد، نظر دقیق‌تری به اطراف بیفکنیم. هنوز کوچه و پس‌کوچه‌های جنوب تهران را پشت‌سر نگذارده‌ایم که کویر گستردهٔ خشک و فاقد زندگی به استقبالمان می‌آید. مشاهده‌ای در مورد

---

۱ - فتح‌الله سعادت، امیرهوشنگ امینی، **جغرافیای اقتصادی ایران**، تهران، انتشارات دانشکدهٔ علوم ارتباطات اجتماعی، ۱۳۵۰، ص ۱۱ و ۶۹.

۲ - **سیاحتنامهٔ شاردن**، ترجمهٔ محمد عباسی، ده جلد، تهران، ۱۳۳۵، به نقل از: پیشین، اباذر ورداسبی، ص ۹.

شهرهای بزرگ دیگر ایران نیز کم و بیش ما را به همان نتایج می‌رساند.

فی‌الواقع از کل ۱/۶۵۰/۰۰۰ کیلومتر مربع مساحت ایران کمتر از ۱۰ درصد آن مورد بهره‌برداری کشاورزی قرار می‌گیرد. از این مقدار نیز بیش از نیم آن به صورت آیش است[۱] و فقط ۴/۲ درصد آن به طور دایم زیر کشت قرار دارد. منابع دیگر این مقدار را حتی ۳/۷ درصد ذکر کرده‌اند.[۲] بیش از ۹۰٪ مابقی خاک ایران را ارتفاعات، بیابان، مراتع، جنگل و ... تشکیل می‌دهند. از این میان ارتفاعات به تنهایی نزدیک به $\frac{۲}{۳}$ خاک ایران را در بر می‌گیرند.[۳] رقم بعدی متعلق به کویر بزرگی در مرکز ایران است که در حدود $\frac{۱}{۴}$ آن را در بر می‌گیرد.[۴]

جدول شمارهٔ ۱

برآورد توزیع اراضی کل کشور بر حسب نوع (کیلومتر مربع)

نوع اراضی	مساحت	درصد
غیر قابل عمران	۸۱۸/۰۰۰	۴۹/۷
بایر قابل عمران	۳۳۰/۰۰۰	۲۰
جنگل طبیعی	۱۸۰/۰۰۰	۱۰/۹
مراتع طبیعی	۱۰۰/۰۰۰	۶/۱
آیش	۹۴/۰۰۰	۵/۷
زیر کشت سالانه و گیاهان دایمی	۷۰/۰۰۰	۴/۲
شهرها و راه‌ها	۳۲/۴۰۰	۲
بستر رودخانه و دریاچه	۱۲/۰۰۰	۰/۷
بیشه	۱۰/۰۰۰	۰/۶
مراتع مصنوعی	۱/۶۰۰	۰/۱
جمع	۱/۶۴۸/۰۰۰	۱۰۰

مأخذ: نشریهٔ بررسی‌های اقتصاد کشاورزی کشور (وزارت کشاورزی ۱۳۴۵)[۵]

---

۱ – آیش زمینی است که به منظور تقویت خاکش آن را شخم می‌زنند اما یک سال در آن چیزی نمی‌کارند.
۲ – ناصر معتمدی، *ایران یک کشور کشاورزی نیست باید صنعتی شود*، تهران، بی‌نا، ۱۳۴۴، ص ۵.
۳ – پیشین، فتح‌الله سعادت، ص ۱۸.
۴ – همان، ص ۲۰.
۵ – به نقل از: همان، ص ۷۲.

همان‌طور که از جدول شمارهٔ ۱ مشاهده می‌شود بیش از نیمی از خاک ایران را اراضی غیرقابل عمران تشکیل می‌دهد. یعنی بالفرض حتی اگر آب هم می‌بود باز این اراضی نمی‌توانست مورد استفاده واقع شود (به دلایل مختلف ازجمله شور بودن خاک، شنی بودن آن، سنگلاخ، باتلاق، درّه، پستی و بلندی‌ها...).

این‌که چرا از تمامی خاک پهناور ایران صرفاً در چند درصد آن بیشتر نمی‌توان کشت و زرع نمود به مشکل کم‌آبی بازمی‌گردد. از میان سه منبع تأمین آب، نزولات جوّی، رودخانه‌ها و مخازن زیرزمینی، نخستین منبع مهم‌ترین نقش را در تأمین آب در ایران برعهده دارد.

جدول شمارهٔ ۲

سهم مستقیم باران در زمین‌های زیر کشت ایران (میلیون هکتار)

زمین‌های مورد بهره‌برداری دیم:	۹/۸	
زیر کشت		۵/۶
آیش		۴/۲
زمین‌های مورد بهره‌برداری آبی:	۵/۶	
زیر کشت		۳/۶
آیش		۲
کل زمین‌های قابل بهره‌برداری:	۱۵/۴	
مساحت کل ایران	۱۶۵	

مأخذ: سازمان مرکزی آمار ایران (۱۳۶۳)[1]

همان‌طور که از جدول شمارهٔ ۲ ملاحظه می‌شود از مجموع ۱۵/۴ میلیون هکتار زمین زراعتی در ایران، در حدود $\frac{۲}{۳}$ آن را زمین‌های دیم که صرفاً از طریق باران آبیاری می‌شود تشکیل می‌دهد. به دیگر سخن $\frac{۲}{۳}$ محصولات کشاورزی ایران متکی به ریزش باران است. به علاوه این نزولات سرنوشت مراتع و چراگاه‌ها را نیز رقم می‌زند که پایهٔ اصلی دامداری ایران را تشکیل داده است.

با همهٔ اهمیتی که باران دارد ببینیم میزان آن در ایران چگونه است. متوسط ریزش باران در

---

1 - Mohammad Javad Amid, ***Agriculture, Poverty and Reform in Iran***, Routledge (U.K., 1990), p. 5.

ایران بین ۳۰ - ۲۵ سانتی‌متر در سال است و این میزان حتی به یک‌سوم میانگین ریزش باران در سطح دنیا که ۹۰ سانتی‌متر است هم نمی‌رسد.[1] قلت باران در ایران زمانی مشخص‌تر می‌شود که مقدار ریزش آن را با آمار نقاط دیگر دنیا مقایسه کنیم. متوسط ریزش باران در ژاپن ۱۶۰ سانتی‌متر (۶ برابر ایران)، مالزی ۲۵۰ سانتی‌متر (۹ برابر ایران)، اروپای غربی ۱۸۰ سانتیمتر (۷ برابر ایران) و در انگلستان ۲۰۰ سانتی‌متر (۸ برابر ایران) است.[2]

کمبود شدید باران در ایران ناشی از وضعیت کوهستان‌های اطراف فلات ایران است. ایران در مسیر وزش بادهای غربی ـ شرقی و شمالی ـ جنوبی قرار دارد. این بادها بخارهای آب دریای مدیترانه و اقیانوس اطلس را از غرب و بخارات دریای خزر را از شمال به سمت داخل یا فلات مرکزی ایران می‌آورند. اما مشکل اینجاست که دو رشته کوهستان‌های مرتفع در شمال و غرب ایران جلوی ورود این بخارات را به مناطق مرکزی ایران می‌گیرند. رشته‌کوه‌های البرز در شمال کشور مانع ورود ابرهای باران‌زای دریای خزر به داخل می‌شوند و ارتفاعات زاگرس در غرب کشور نیز همین مانع را بر سر ابرهایی که از غرب کشور وارد می‌شوند قرار می‌دهند. نتیجهٔ این وضعیت همان خشکی و بی‌آبی وسیع مناطق مرکزی ایران است.

اما این هنوز همهٔ تصویر خشکی ایران نیست. رقم ۳۰ - ۲۵ سانتی‌متر باران در ایران، همان‌طور که اشاره شد، در حقیقت معدل ریزش باران در ایران است. به سخن دیگر، در مناطقی از ایران کمتر از ۲۵ سانتی‌متر در سال باران می‌بارد، ضمن این‌که در مناطق دیگری بیشتر از این رقم است. همانند همهٔ کمیت‌های میانگین، سؤال اساسی‌تر این است که در چه میزان از خاک ایران ریزش باران بالاتر از رقم ۲۵ سانتی‌متر است و در چه میزان کمتر از این مقدار. به زبان آمار و ریاضیات، نحوهٔ توزیع این معدل چگونه است. متأسفانه بخش عمده‌ای از ایران در حقیقت زیر معدل قرار می‌گیرد. به عبارت دیگر، در بسیاری از مناطق ایران میزان بارش سالیانه به‌مراتب کمتر از ۲۵ سانتی‌متر است. آن‌چه معدل باران را در ایران بالا برده و به ۳۰ - ۲۵ سانتی‌متر می‌رساند وجود مناطق شمالی کشور است. در گیلان و مازندران ریزش باران بین ۱۰۰ تا ۲۰۰ سانتی‌متر است و از این دو ناحیه که بگذریم بخش عمده‌ای از ایران زیر معدل قرار می‌گیرد.

---

1 - Ibid.

۲ - همان، ص ۵۵.

جدول شمارهٔ ۳

متوسط ریزش باران سالانه در برخی از شهرهای مهم ایران

شهر	میزان باران سالانه به سانتی‌متر	شهر	میزان باران سالانه به سانتی‌متر	شهر	میزان باران سالانه به سانتی‌متر	شهر	میزان باران سالانه به سانتی‌متر
بندر انزلی	۲۱۶	تبریز	۳۱	بندرعباس	۲۳	شهرکرد	۱۳
گرگان	۱۵۸	اراک	۳۰	شیراز	۲۱	کرمان	۱۳
رشت	۱۴۴	ارومیه	۲۷	تهران	۱۹	بندر جاسک	۱۳
بابلسر	۱۰۴	بوشهر	۲۵	اهواز	۱۹	قم	۱۱
همدان	۳۶	زنجان	۲۴	زاهدان	۱۸	آبادان	۱۰
خرم آباد	۳۲	قزوین	۲۴	اصفهان	۱۷	یزد	۱۰
کرمانشاه	۳۱	مشهد	۲۳	سبزوار	۱۴	بم	۶

مأخذ: ادارهٔ کل هواشناسی کشور[1]

جدول توزیع باران حائز دو نکتهٔ اساسی است. نخست آن که از شمال و غرب کشور که به سمت مناطق شرقی و جنوبی‌تر کشور می‌رویم میزان باران کاهش می‌یابد. ثانیاً و مهم‌تر این‌که به‌استثنای حاشیهٔ نازک شمالی کشور که ریزش باران در آن‌جا بالاتر از متوسط جهانی است (۹۰ سانتی‌متر)، در مابقی ایران که اکثریت خاک کشور را دربرمی‌گیرد، نزول باران به‌شدت پایین است. فی‌الواقع اگر بخواهیم میزان ریزش باران را در ورای یک عدد کلی به نام «میانگین» یا «معدل» بیان کنیم بایستی گفت که فقط در ۴ درصد از سطح کشور میزان ریزش باران بیش از ۵۰ سانتی‌متر است. ***در ۹۶ درصد باقی‌مانده، میزان باران سالیانه حتی به ۲۰ سانتی‌متر هم نمی‌رسد.***[2]

سؤال اساسی دیگری که در اینجا مطرح می‌شود این است که با در نظر گرفتن شرایط اقلیمی ایران (جنس خاک، رطوبت، درجهٔ حرارت، ارتفاع از سطح دریا و ...)، چه میزان باران برای کشت و زرع لازم است. حداقل ریزش باران برای برقراری یک کشاورزی معقول در

---

۱ - همان، ص ۳۵-۳۳.
۲ - همان، ص ۵۲.

ایران ۲۵ سانتی‌متر است.[1] با توجه به این رقم یک‌بار دیگر به نتیجهٔ قبلی می‌رسیم که بیش از ۴ درصد از ایران مستعد کشاورزی از طریق باران نیست.

معضل دیگر عبارت است از وضعیت ناهموار مناطقی که از باران مکفی بر خوردارند یعنی مناطق غربی و شمالی. اگرچه در این مناطق ریزش باران بالنسبه مطلوب است، اما به دلیل وضعیت کوهستانی آنها بخش عمده‌ای از باران‌های این مناطق بدون آن که مورد استفادهٔ چندانی قرار گیرد به صورت سیلاب و جویبار از دامنهٔ ارتفاعات سرازیر شده، در غرب به سمت مرزهای غربی کشور می‌رود و در شمال به دریای خزر می‌ریزد. در مقابل، در دشت‌های مرکزی به علت بارندگی‌های پراکنده و یا بالا بودن درجهٔ حرارت، قبل از این‌که آب باران در سطح زمین جریان پیدا کند دوباره تبخیر شده و به جو برمی‌گردد.[2]

مانع بعدی بر سر راه کشاورزی ایران زمان بارندگی است. بخش عمده‌ای از بارندگی در ایران در اواخر زمستان و اوایل بهار صورت می‌گیرد، در حالی‌که نیاز اصلی به باران در تابستان است.[3]

اگرچه آمار فوق به تنهایی گویای شرایط دشوار طبیعی حاکم بر ایران است، اما مقایسه‌ای بین ایران و چند کشور دیگر این تصویر را روشن‌تر می‌نماید. مقایسه بین مقدار زمین زراعتی که به هر زارع ایرانی می‌رسد با چند کشور دیگر به وضوح عمق مشکل را نشان می‌دهد.

جدول شمارهٔ ۴
مقایسه بین مقدار زمین کشاورزی
که به هر فرد در ایران می‌رسد با چند کشور دیگر[4]

کشور	مقدار زمین زراعتی که به هر فرد می‌رسد (هکتار)			
	به هر فرد	برابر ایران	به هر روستایی	برابر ایران
کانادا	۱۷/۹	۳۲/۵	۱۶۹	۲۱۰
استرالیا	۹	۱۶	۹۰	۱۶۰
آرژانتین	۷	۱۳	۳۵	۴۵
آمریکا	۳/۲	۶	۳۲	۴۰
ایران	۰/۵۵	۱	۰/۸	۱

1 - Ibid.

۲ – همان، ص ۵۶.
۳ – همان.
۴ – پیشین، ناصر معتمدی، ص ۱۷–۱۶.

جدول شمارهٔ ۴ به‌نحو بارزی نشان‌دهندهٔ نامطلوب بودن شرایط کشاورزی در ایران است. این جدول بر اساس آمار جمعیت ایران در سال ۱۳۴۰ محاسبه شده و جمعیت کل ایران ۲۰ میلیون درنظر گرفته شده است. با در نظر گرفتن این واقعیت که رشد جمعیت در ایران به‌مراتب از چهار کشور مورد مقایسه بیشتر است، بنابراین فاصلهٔ بین ایران و کشورهای فوق ظرف ۳۰ سال گذشته زیادتر هم شده است.

از مجموع کلیات فوق چه نتایجی می‌توانیم به‌دست آوریم؟ وضعیت جغرافیایی فلات ایران بالطبع بر روی زندگی انسان‌هایی که در طول تاریخ در آن می‌زیسته‌اند تأثیر گذارده و آن را شکل داده است. نوع زندگی، شکل اجتماعات، مناسبات تولیدی، روابط مردم با یکدیگر، ساختار حکومت و سرانجام پیشرفت یا بالعکس عقب‌ماندگی ما رابطهٔ مستقیمی با شرایط محیطی‌مان پیدا می‌کند. به تعبیری می‌توان گفت که عقب‌ماندگی یا توسعه‌نیافتگی در حقیقت چیزی نیست به‌جز مجموعهٔ شرایط و عوامل فوق. جامعه‌ای که به هر فرد کشاورز آن بین ۴۰ تا ۲۰۰ برابر روستایی ایرانی زمین می‌رسد و یا میزان بارندگی در آن چندین برابر ایران است بالطبع تفاوت‌های بنیادی با جامعهٔ ایران خواهد داشت.

از میان جملگی ویژگی‌هایی که از دل شرایط اقلیمی ایران برخاستند سه عامل به نظر می‌رسد بیش از همه در چگونگی شکل‌گیری تمدن در ایران نقش داشتند. این سه عنصر عبارتند از ***پراکندگی اجتماعات در ایران***، پیدایش ***نظام ایلی و چادرنشینی***، و بالاخره ***تمرکز قدرت در دست حکومت***.

پراکندگی اجتماعات

می‌گویند که اجتماعات اولیهٔ انسان‌ها همواره در کنار رودخانه‌های بزرگ به‌وجود آمده است. علی‌القاعده اجتماع انسان‌ها در ایران نیز از این قاعدهٔ کلی نمی‌توانسته مستثنی باشد. در هرکجا که آبی وجود داشته نطفهٔ اجتماعات اولیه شکل می‌گرفته است. اما مشکل اساسی در ایران این است که به دلیل کمبود آب شمار چنین منابعی بالطبع بسیار کم است. ایران نه از شمار زیادی رودخانه که در بستر مناسب و طولانی در طول سال در جریان باشند برخوردار است و نه منابع مشابه دیگری در دسترس داشته است. به دلیل کمبود آب، منابعی که می‌توانسته در اطراف خود زندگی انسان‌ها را پذیرا شود اندک بوده. بنابراین اگر در منطقه‌ای آب بود، منطقهٔ بعدی کیلومترها دورتر قرار داشت. حتی اگر امروزه هم نگاهی سطحی به

نقشهٔ ایران بیندازیم، از حاشیهٔ نازک شمال که بگذریم، می‌بینیم که فاصلهٔ بین شهرهای ایران اکثراً بسیار زیاد است. غالباً برای رسیدن از یک شهر به شهر دیگر می‌بایستی ده‌ها کیلومتر بیابان‌های بی‌آب و علف را پشت‌سر گذارد. اگر هم مابین این دو نقطه اجتماعی باشد، بعضاً اجتماع کوچکی بیشتر نیست که از چند روستا با جمعیتی از چند ده و حداکثر چندصد خانوار تشکیل شده است.[۱]

بُعد مسافت بین شهرها و مناطق دیگری که اسکان دایم در آن‌جا به‌وجود آمده نتایج مهمی را به بار آورده است. نخستین و مهم‌ترین این نتایج عدم ارتباط بین این مناطق است. اولاً به دلیل کمبود آب، میزان تولید چنین مناطقی نمی‌توانسته زیاد باشد. ثانیاً اگر بالفرض در منطقه‌ای میزان تولید بیش از مصرف بود، به دلیل بُعد مسافت بین دو منطقه و در نتیجه فقدان حمل و نقل مناسب و اقتصادی، امکان کمی وجود داشت که اضافهٔ تولید آن منطقه راهی مناطق دیگر شود.

فقدان آن‌چه در اقتصاد امروزه به آن «تولید مازاد بر مصرف» یا «اضافه بر مصرف»[۲] گفته می‌شود مهم‌ترین خصوصیت تولید در ایران بوده است. درنتیجه مناطق اسکان‌یافته ایران جدا از یکدیگر در حصاری فرو رفته و به‌گونه‌ای پراکنده به صورت خودکفا به سر می‌بردند، بدون این‌که ارتباطات چندانی مابین آنها وجود داشته باشد. کسانی که حتی در قرن نوزدهم به ایران سفر کرده‌اند آن را مجموعه‌ای از نقاط پراکنده و دورافتاده از یکدیگر توصیف کرده‌اند که جملگی نیازهای معیشتی خود را در محل به‌دست می‌آوردند. یعنی حتی در آن عصر هم هنوز شالودهٔ یک اقتصاد سراسری در ایران به‌وجود نیامده بود که بتواند به کمک شبکه‌ای از ارتباطات تولیدات یک ناحیه را به ناحیهٔ دیگری منتقل نماید.[۳]

حداقل نتیجهٔ نامطلوب این‌گونه خودکفایی در این است که چون تولیدکنندگان اضافه

---

۱ – در فصل ششم خواهیم دید که در اروپا درست عکس این حالت است. شهرها و مناطق اسکان دایم بسیار نزدیک به یکدیگر هستند. به‌گونه‌ای که حتی پیاده و ظرف چند ساعت می‌توان از یک نقطه به نقطهٔ دیگری رفت و آمد نمود. نزدیکی اجتماعات با یکدیگر باعث می‌شود تا کالا و اضافهٔ تولید یک منطقه بتواند به منطقهٔ دیگر صادر شود و تبادل اقتصادی و تجاری بین مناطق مختلف برقرار شود. این تبادل، جدای از آن که به لحاظ اقتصادی در رشد و توسعهٔ اجتماعات نقشی اساسی بازی می‌کند، همچنین باعث می‌شود تا به لحاظ آگاهی و معرفتی نیز جوامع از حالت در خود فرورفتن و در حصاری قرار داشتن به در آیند و بتوانند با محیط‌های دیگر ارتباط برقرار کنند و تبادل فرهنگی نمایند؛ امری که در جوامع اروپایی به سهولت تحقق یافته اما در منطقه‌ای همچون ایران به سبب بُعد مسافت بین مناطق مختلف آن و مشکل بودن دسترسی و امکان ارتباطات از یک منطقه به منطقهٔ دیگر در حداقل ممکن صورت گرفته است.

2 - Surplus production

3 - op. cit., Ervand Abrahamian, pp. 13-14.

تولیدی ندارند، بالطبع درآمدی هم پیدا نمی‌کنند. فقدان درآمد، تولیدکنندگان را از دست‌یابی به دارایی و سرمایه محروم می‌سازد و فقدان سرمایه به نوبهٔ خود باعث می‌شود که سرمایه‌گذاری در امر تولید صورت نگیرد و در نتیجه تولید همواره در یک حالت ایستا درجا زده و پیشرفتی حاصل ننماید. این دور باطل را حتی امروزه هم در ایران می‌توان مشاهده نمود. در مناطقی که پراکندگی جمعیت زیادتر است، تولید بیشتر حالت معیشتی دارد و کمتر به مرز «مبادلهٔ کالا» می‌رسد. روستاییان بخش عمده‌ای از تولیدات خود را مصرف می‌کنند و «مبادلهٔ کالایی» (و بالطبع درآمدی) ندارند. برای درک بهتر مطلب کافی است مقایسه‌ای بین وضعیت تولید در سه منطقهٔ مختلف کشور به عمل آوریم.

در استان گیلان کمترین فاصله بین شهرها و مناطق روستایی وجود دارد. این فاصله در استان مرکزی افزایش یافته و در منطقهٔ سیستان و بلوچستان بازهم زیادتر می‌شود. وضع «تولید مازاد بر مصرف» در این سه استان کاملاً منطبق با مسئلهٔ پراکندگی جمعیتی آنهاست، به این صورت که ۷۴ درصد تولیدکنندگان در استان گیلان «اضافه بر مصرف» تولید نموده و مقدار اضافه را می‌فروشند. در استان مرکزی که پراکندگی جمعیت به نسبت استان گیلان افزایش می‌یابد، درصد این قبیل تولیدکنندگان کاهش یافته و به ۶۴ درصد می‌رسد. در استان سیستان و بلوچستان که پراکندگی شهرها و اجتماعات روستایی به ده‌ها کیلومتر می‌رسد، رقم مبادله به‌نحو حیرت‌انگیزی بازهم کاهش یافته و به کمتر از ۱۵ درصد می‌رسد. به عبارت دیگر ۲۶ درصد تولیدکنندگان در استان گیلان «تولید اضافه بر مصرف» ندارند. در استان مرکزی این رقم به ۳۴ درصد می‌رسد و در استان سیستان و بلوچستان بیش از ۸۵ درصد تولیدکنندگان صرفاً به اندازهٔ نیازشان قادر به تولید هستند.[۱] این آمار متعلق به نیمهٔ دوم قرن بیستم است (سال ۱۳۵۳). با در نظر گرفتن انقلاب شگرفی که در امر ارتباطات و حمل و نقل صورت گرفته است، می‌توان حدس زد که در قرون گذشته حجم مبادلات تا چه حد اندک بوده است.

در یک کلام، شرایط اقلیمی ایران پراکندگی اجتماعات اسکان‌یافته را سبب‌ساز شد. پراکندگی و دوری اجتماعات از یک‌سو و شرایط سخت جغرافیایی از سوی دیگر باعث شدند که سطح تولیدات کشاورزی در ایران پایین مانده و عمدتاً از حد برآوردن نیازهای مصرفی خود تولیدکنندگان فراتر نرود. عدم «اضافه تولید» بالطبع باعث شد که یافتن بازار،

---

۱ - خسرو خسروی، **مسئلهٔ ارضی و دهقانان تهیدست در ایران**، تهران، بیداری، ۱۳۶۰، ص ۷۰، ۱۰۳، ۱۳۵.

صدور کالا و ضرورت تجارت کمتر به‌وجود آید. در نتیجهٔ همهٔ این‌ها، درآمد تولیدکنندگان در ایران در سطح پایینی قرار گرفت و آنان کمتر توانستند اندوخته‌ای به‌دست آورند و آن را در راه تولید بیشتر، فراهم آوردن امکانات تازه‌تر و سرانجام در راه تجارت و ایجاد ارتباطات به کار گیرند.

زندگی عشایری و صحراگردی

عنصر اجتماعی مهم دیگری که در نتیجهٔ شرایط اقلیمی در ایران به‌وجود آمده سبک زندگی ایلی و کوچ‌نشینی بود. به دلیل کمبود شدید آب، امکان بهره‌برداری کشاورزی و اسکان دایم برای همهٔ جمعیت وجود نداشت. در نتیجه بخشی از مردم مجبور شدند برای زندگی و دست‌یابی به منابع طبیعی از یک نقطه به نقطهٔ دیگری حرکت نمایند. جدای از کمبود امکانات طبیعی (آب و زمین) برای فراهم ساختن امکانات لازم برای اسکان دایم، دو عامل دیگر نیز در به‌وجود آمدن زندگی ایلی در ایران مؤثر بودند. عامل اول، وجود مناطق گستردهٔ کوهستانی بود. تقریباً $\frac{۲}{۳}$ خاک ایران را ارتفاعات بلند و کوتاه تشکیل می‌دهند.[۱] در دامنه‌های برخی از این ارتفاعات در شمال و غرب کشور در نتیجهٔ ریزش برف و باران در زمستان و اوایل بهار، مراتعی به‌وجود آمده است که به صورت چراگاه مورد استفادهٔ دامداران قرار می‌گیرد. زمان بهره‌برداری این مراتع به طور معمول از اواسط بهار تا اواخر تابستان است. با شروع سرما از اوایل پاییز و شروع برف و باران در دامنهٔ ارتفاعات، مراتع تا بهار سال بعد دیگر قابل استفاده نیستند. این سیکل تغییر باعث می‌شود که مراتع و دامنهٔ ارتفاعات صرفاً در بخشی از سال بتوانند امکان زندگی را در خود فراهم آورند. کسانی که در بخش مساعد سال از آن بهره‌برداری می‌کنند با شروع فصل سرما مجبور هستند آن‌جا را ترک نمایند.

عامل دومی که به پیدایش نظام ایلاتی در ایران کمک نمود، تغییر درجهٔ حرارت در طول سال و در میان نقاط مختلف کشور است. همهٔ ما روزانه از رسانه‌های گروهی تفاوت درجهٔ حرارت بین گرم‌ترین و سردترین نقطهٔ کشور را می‌شنویم. بعضاً این اختلاف حتی به ۵۰ درجهٔ سانتی‌گراد نیز می‌رسد. این تفاوت گسترده به این معناست که در طول سال صرفاً برخی از مناطق برای زیستن مناسب هستند. در مناطق کم‌ارتفاع درجهٔ حرارت از اواخر بهار

۱ - پیشین، فتح‌الله سعادت، ص ۱۸.

تا اوایل پاییز بسیار بالا می‌رود، در حالی‌که در همان زمان هوای دامنهٔ کوهستان‌ها ملایم می‌شود. متقابلاً در پاییز و زمستان درجهٔ حرارت در ارتفاعات، بسیار پایین می‌رود به‌نحوی که زندگی در مناطق کوهستانی و برف‌گیر کشور سخت و بعضاً غیر ممکن می‌شود، در حالی‌که مناطق جلگه‌ای و دشت‌ها در این فصول درجهٔ حرارت معتدلی دارند. این وضعیت به طور طبیعی باعث می‌شود که در نیمی از سال بخشی از فلات ایران مناسب برای زندگی باشد و در نیم دیگری از سال بخشی دیگر.

مجموعهٔ این عوامل طبیعی باعث به‌وجود آمدن نوعی زندگی در ایران گردید که ما امروزه آن را به نام زندگی «ایلی» (ایلاتی)، «طایفگی»، «عشایری» یا «صحرانشینی» می‌شناسیم. ساختار اصلی این سبک عبارت است از زندگی به صورت متحرک، و به‌طور منظم از مکانی به مکانی دیگر در نقل و انتقال بودن. با تغییر شرایط جوی محل زندگی از اواخر بهار، ایل به سمت مناطق معتدل در کوهپایه‌ها نقل‌مکان می‌نماید. با شروع فصل پاییز و آغاز سرما در این مناطق، ایل مجدداً به سمت مناطق جلگه‌ای، دشت و کم‌ارتفاع بازمی‌گردد. در این ییلاق و قشلاق، ایل نه تنها بخش عمده‌ای از سال را در شرایط معتدل به سر می‌برد بلکه در محل اسکان موقتش نیز از منبع تغذیهٔ بالنسبه مطمئنی، که مراتع باشند، بر خوردار است.

***

به نظر می‌رسد زندگی ایلی یا چادرنشینی بخش قابل توجهی از ساختار اجتماعی ایران را تشکیل می‌داده است. حتی تا اوایل قرن بیستم در حدود $\frac{1}{4}$ کل جمعیت ایران را ایلات و قبایل تشکیل می‌دادند.[1] بنابراین می‌توان نتیجه گرفت که این رقم در گذشته به‌مراتب بیشتر بوده است. اما مهم‌تر از کمیت صحرانشینان، کیفیت و سبک زندگی آنان است.

به طور خلاصه می‌توان گفت که به دلیل طبیعت متحرک و اجبار قبایل به حرکت علی‌الدوام، شیوهٔ زندگی آنان ضرورتاً بسیار ساده و ابتدایی می‌شود. زندگی در زیر چادر نمدی یا چادرهای بافته شده از موی بز، در کنار احشام و بر روی زمینی که چند ماه بعد می‌بایستی آن را ترک کرد بالطبع نمی‌تواند به لحاظ اجتماعی چندان پیچیده و پیشرفته باشد. نیازهای صحرانشینان که عبارتند از محافظت خویش در مقابل عوامل طبیعی (گرما، سرما،

---

1 - Ibid., p. 11.

«شاردن» جهانگرد فرانسوی نیز جمعیت عشایر را در قرن هفدهم ۲۸٪ ذکر می‌کند (۱۱ میلیون از مجموع ۴۰ میلیون نفر)، به نقل از: **اطلاعات سیاسی - اقتصادی**، شمارهٔ ۶۲-۶۱، بهمن ۱۳۷۲.

باد و باران، حملات حیوانات وحشی...) و مقابله با دسته‌ها و قبایل دیگر، و در مرحلهٔ بعدی نگهداری و مراقبت از احشام و تأمین غذا، همواره در سطحی ابتدایی قرار دارد. شیوهٔ زندگی، نیازها و مقتضیات زندگی صحرانشینی آن‌چنان ابتدایی و ساده است که پس از گذشت هزاران سال هنوز تغییر چندانی به خود ندیده است. به لحاظ اجتماعی، چادرنشینان نه نیاز به بازار دارند، نه ارتباطات، نه مدرسه و مسجد، نه ساختمان حکومتی و دربار و پارلمان، نه بانک و شرکت و تجارتخانه و کارخانه، نه محکمه و قانون و زندان و نه عالم و خطیب روشنفکر و دانشمند. اگر اسکان دایم را سرچشمهٔ پیدایش شهرنشینی و به دنبال آن نهادهای اجتماعی (حکومت، قانون، تعلیم و تربیت، بازار، بانک، مناسبات تجارتی و حقوقی، مدرسه، مسجد، خانقاه و...) بدانیم، صحرانشینی درست در نقطهٔ مقابل این روند قرار می‌گیرد. نه این‌که صحرانشینان مخالفت یا عناد خاصی با نهادهای اجتماعات شهرنشین و اسکان دایم داشته باشند، بلکه آنان اساساً نیازی به این نهادها ندارند. ساختار اجتماعی زندگی یک ایل یا عشیره آن‌چنان ساده است که اصولاً نیازی به نهادهایی که لازمهٔ زندگی پیچیدهٔ شهری است پیدا نمی‌کنند. اسبی تیزرو، رمه‌ای سالم، فرزندانی دلیر و چابک‌سوار (و البته پسر) عملاً بخش عمده‌ای از نیازهای یک صحرانشین را برآورده می‌سازند.[1]

اما این همهٔ مشکل نیست. این‌که زندگی صحرانشینی همواره در یک حالت ساده و ابتدایی درجا زده و پیشرفتی ندارد تنها اشکال آن در ارتباط با مسئله عقب‌ماندگی نیست. مشکل دیگری که زندگی صحرانشینی بر سر راه پیشرفت اجتماعی قرار می‌دهد و نتایج آن به‌مراتب زیانبارتر از بُعد ابتدایی و ساده‌زیستی آن است عبارت است از تهاجم و تجاوز مکرر صحرانشینان به قلمرو مناطق اسکان دایم. نوع زندگی صحرانشینان بالطبع آنان را وادار می‌ساخت که سوارکارانی قابل و جنگاور باشند، به‌نحوی که دستهٔ کوچکی از آنان برای حمله و قتل و غارت منطقهٔ وسیعی کفایت می‌کرد. از سویی دیگر، اگر صحرانشینان دچار قحطی یا کمبود آذوقه می‌شدند، یا امکان دست‌یابی و استفاده از مراتع و چراگاه از آنان سلب می‌گردید (که بسیار هم پیش می‌آمد)، هجوم به مناطق مسکونی برای تهیهٔ آذوقه، اگر نگفته

---

۱ – به عنوان مثال، حتی در دههٔ پایانی قرن بیستم میزان بی‌سوادی در میان صحرانشینان بسیار بالاست. بر اساس آمار سال ۱۳۶۶ در بین بلوچ‌ها، در گروه سنی ۲۵ تا ۶۴ ساله، تنها ۴/۴ درصد باسواد بوده‌اند. براساس همین آمار، در یکی از ایلات جنوب «بهمئی»، در همان گروه سنی ۶/۲ درصد در سطح خواندن و نوشتن سواد داشته‌اند. برای کل جمعیت عشایر و در همان گروه سنی فقط ۹/۷ درصد باسواد بوده‌اند. «مرکز آمار ایران»، سرشماری اجتماعی – اقتصادی کل کشور، ۱۳۶۶، به نقل از: ***اطلاعات سیاسی – اقتصادی***، شمارهٔ ۶۲–۶۱، بهمن ۱۳۷۲.

باشیم طبیعی، واکنشی قابل انتظار قبایل بود. برخی از محققین زندگی عشایری حتی ادعا کرده‌اند که سرقت از مناطق مسکونی و راهزنی در حقیقت مترادف با شجاعت و دلاوری در میان عشایر به شمار می‌رود.[1]

صحرانشینان نه تنها در خارج از مناطق مسکونی راهزنی و ایجاد ناامنی می‌کرده‌اند بلکه ساکنین شهرها و روستاها نیز همواره در ترس از حملات و شبیخون‌های آنان به سر می‌بردند. ترس و کینه‌ای که در میان مردمان اسکان‌یافته نسبت به صحرانشینان وجود داشت باعث می‌گردید که آنان نیز به هنگام قدرتمندی متقابلاً سعی نمایند با جنگ و اعمال زور (حتی کشتار وسیع آنان) صحرانشینان را تا سرحد امکان ناتوان ساخته و از منطقهٔ خود دور کنند. در مجموع می‌توان گفت که فقدان امنیت در راه‌ها و مسیرهای بین شهرها و مناطق مسکونی و ترس از حملات صحرانشینان از جمله عوامل مهمی بود که مانع از رشد و گسترش تجارت و بسط شبکهٔ اقتصادی در ایران گردید.

تضاد بین این دو گروه البته ریشهٔ عمیق اقتصادی داشت. محدودیت شدید مناطق حاصلخیز در ایران باعث می‌شد که بین دو گروه صحرانشین و اسکان‌یافته همواره بر سر استفاده از این مناطق رقابت و کشمکش باشد. به دلیل نیازهای معیشتی‌شان، صحرانشینان خواهان رها کردن احشام خود در مناطق بیشتر و بهتری بودند، در حالی‌که منافع کشاورزان درست در جهت عکس قرار می‌گرفت. به‌علاوه اجتماعات اسکان‌یافته نیز خواهان بهره‌برداری از مراتع و دشت‌ها برای گله‌های احشام و چهارپایان خود بودند. در نتیجهٔ این تضاد، صحرانشینان یا قبایل برای دست‌یابی به منابع بیشتر و غنی‌تر هرگاه که قادر می‌شدند به شهرها و مناطق مسکونی هجوم می‌بردند و در بسیاری از موارد حکام و قدرت‌های محلی را ساقط می‌کردند. فی‌الواقع اگر ادعا شود که بخش عمده‌ای از تحولات تاریخی ایران در پیکارهای پایان‌ناپذیر میان صحرانشینان از یک‌سو و اجتماعات اسکان‌یافته از سویی دیگر خلاصه می‌شود، سخنی به گزاف نرفته است.

❋❋❋

نگاهی دقیق‌تر به تاریخ ایران نشان‌دهندهٔ این واقعیت است که بخش عمده‌ای از آن عبارت است از آمدن و رفتن صحرانشینان در قالب حکومت‌های مختلف. این واقعیت

---

۱ – خسرو خسروی، **جامعه‌شناسی روستایی ایران**؛ بهمن بیگی، **عرف و عادت در میان عشایر فارس**، به نقل از: پیشین، اباذر ورداسبی، ص ۳۷-۳۵.

بالاخص از قرن یازدهم میلادی (قرن پنجم هجری) به بعد چشم‌گیرتر است.[۱] به‌استثنای سلسلهٔ پهلوی، مابقی سلسله‌هایی که از قرن یازدهم میلادی (قرن پنجم هجری) در ایران به قدرت رسیدند مبنا یا خاستگاه قبیلگی داشتند.

اولین آنها قبایل ترک آسیای میانه بودند که در حدود سال ۱۰۰۰م. سلسلهٔ «غزنویان» را در ایران تشکیل دادند. از اواسط قرن یازدهم قبایل ترکمن جای آنان را گرفتند که در تاریخ ما آنان را به نام «سلجوقیان» می‌شناسیم. سپس «خوارزمشاهیان» که قبایل ترک‌نژاد دیگری بودند به قدرت رسیدند. در نیمهٔ اول قرن سیزدهم (هفتم هجری) مغولان وارد ایران شدند. حکومت آنان تا اواسط قرن چهاردهم (هشتم هجری) به نام سلسلهٔ ایلخانان ادامه یافت. در قرن پانزدهم (نهم هجری) مجموعه‌ای از قبایل ترک، ازبک و تاتار به فرماندهی تیمور لنگ قدرت را به‌دست گرفتند. آق‌قویونلو و قراقویونلوها که تیره‌های مختلف قبایل ترک و ترکمن بودند حکام بعدی ایران را تشکیل می‌دهند. در قرن شانزدهم (دهم هجری) قبایل ترک آسیای صغیر (آناتولی) به نام قزلباش حکومت صفوی را به‌وجود آوردند. با ورود قبایل مستقر در ماوراءالنهر به سرکردگی محمود افغان، حکومت صفویه منقرض می‌گردد.

در نیمهٔ اول قرن هجدهم (دوازدهم هجری) ایل افشار که در نواحی غرب و خراسان مستقر بود به سرکردگی نادرشاه، حاکم جدید ایران شد و پس از افشارها، قبایل جنوب ایران (لرها) تحت نام سلسلهٔ زندیه به قدرت رسیدند. و سرانجام در قرن نوزدهم (یا به عبارت دقیق‌تر اواخر قرن هجدهم) قبیلهٔ ترک‌نژاد قاجار قدرت را به‌دست گرفت. به سخن دیگر ***از قرن یازدهم میلادی تا اوایل قرن بیستم حکومت‌های ایران بلااستثنا منشأ قبیلگی داشتند.***

برخی از پیامدهای منفی بلندمدت فرمانروایی قبایل در فصول بعدی تشریح شده است، اما در مجموع بایستی گفت که ساختار اجتماعی ساده و ابتدایی قبیله بالطبع پس از آن که این قبیله یا آن یکی بر قدرت مسلط می‌گردید به درون حاکمیت راه می‌یافت و بزرگ‌ترین مانع را بر سر راه پیشرفت و ترقی ایران قرار می‌داد. استقرار قبایل در قالب قدرت سیاسی همچنین ضرورت‌های کشورداری و درگیر شدن در مسایل مالی، اداری و سیاسی البته آنان را الزاماً متحول می‌نمود. به عنوان مثال، در تاریخ می‌خوانیم که جانشینان چنگیزخان مغول سرانجام به اسلام گرویدند و به درجه‌ای از تمدن و فرهنگ اسلامی - ایرانی رسیدند و یا قبایل ترکمن در قالب سلسلهٔ سلجوقیان امپراتوری وسیع و مقتدری به‌وجود آوردند. اما این تحول اولاً

۱ - برای بحث بیشتر پیرامون علل هجوم قبایل از قرن یازدهم میلادی به بعد رجوع کنید به فصل سوم همین کتاب.

پس از آن بود که قبایل صدمات اقتصادی و اجتماعی زیادی بر پیکر ایران وارد ساخته بودند، ثانیاً -که مقوله اساسی‌تری است - عمر این حکومت‌ها چندان بقا و دوامی نمی‌یافت و قبل از آن که آشنایی قبیلهٔ به قدرت رسیده با ساختارها و نهادهای اجتماعی بتواند تبدیل به جریانی بادوام و بلندمدت در قالب حکومت شود از اریکهٔ قدرت به زیر کشانده می‌شد. معمولاً پس از گذشت مدتی از حاکمیت یک قبیله و به مجرد پیدایش آثار ضعف در آن، قبایل دیگر سعی در سرنگونی آن و به‌دست گرفتن قدرت می‌نمودند. در اکثر موارد نیز رمز پیروزی یک قبیله بر قبایل دیگر ظهور شخصیت نیرومندی در قالب رهبری آن قبیله بود؛ رهبری که هم در زمینه‌های سازماندهی و جنگیدن از شجاعت و استعداد زیادی برخوردار بود و هم در وادی تدبیر امور و تصمیم‌گیری‌ها از خود کاردانی، ظرفیت و توان قابل ملاحظه‌ای نشان می‌داد. سلطان محمود غزنوی، طغرل‌بیگ، چنگیزخان، تیمور لنگ، اوزون حسن، شاه اسماعیل، محمود افغان، نادرشاه و آقامحمدخان جملگی نمونهٔ چنین شخصیت‌هایی بودند که از قدرت تصمیم‌گیری، فرماندهی نظامی، شجاعت و شهامت زیادی برخوردار بودند. البته در کنار این قابلیت‌ها بایستی به خصوصیات دیگر این رهبران هم اشاره داشت و آن هم خشونت، بی‌رحمی و تمایل به خونریزی آنها است. تمایل به خونریزی و بعضاً قتل‌عام مخالفین و ساکنین شهرهای مورد حمله (حتی در موارد زیادی پس از تسلیم) به همراه سخت‌گیری و فقدان کوچک‌ترین گذشت و ترحمی نسبت به مخالفین و افراد خاطی به نظر می‌رسد صفات ممیزهٔ تمامی شخصیت‌های تاریخ‌ساز ایران است که دارای خاستگاه قبیلگی بوده‌اند.

به هرحال مؤسسین سلسله‌های پی در پی که از قرن یازدهم میلادی به بعد بر ایران حاکم شدند، همواره مردانی بودند که استعدادهای فردی کاملاً متمایزی از دیگر افراد قبیلهٔ خود داشتند. خود این پدیده که ظهور و افول قدرت‌ها متکی به توانمندی افراد مشخصی باشد، نشان‌دهندهٔ ساده بودن بافت اجتماعی آن است چه، اگر جامعه دارای نهادهای استوار و جاافتاده‌ای باشد، ظهور فرد ولو آن که دارای استعداد و توانمندی‌های چشم‌گیری هم نسبت به دیگران باشد به تنهایی نمی‌تواند منجر به تغییرات گسترده شود.

البته تأکید بر عنصر فردی در تغییر قدرت سیاسی، نبایستی باعث نادیده انگاشتن اسباب و علل دیگر شود. بدون تردید در افت و خیزهای حکومت‌های مختلف در ایران که منشأ قبیلگی داشتند، عوامل و علل دیگری همچون اقتصادی، سیاسی و اجتماعی نیز در کار

«ملوک‌الطوایفی» معروف است، عصری که در هر گوشه و کنار مملکت قبیله‌ای یا خاندانی قدرت را به‌دست گرفته، حکومت می‌کرد تا این‌که سرانجام سلطان محمود، طغرل‌بیک، آلب‌ارسلان، تیمور لنگ، اوزون حسن، شاه اسماعیل، نادر شاه، یا آغا محمدخانی ظهور کنند و تکه پاره‌های جدا شدهٔ ایران را مجدداً به ضرب شمشیر گرد هم آورند و پس از مدتی مجدداً نوبت به عصر بی‌ثباتی و جنگ‌های داخلی و ناامنی یا ملوک‌الطوایفی می‌رسید.

از قرن یازدهم میلادی (پنجم هجری) به بعد پدیدهٔ «ملوک‌الطوایفی» نخستین بار در خلال جابجایی قدرت بین قبایل ترک و ترکمن (غزنویان و سلجوقیان) بروز کرد. حدوداً از اواسط قرن یازدهم که قدرت غزنویان رو به ضعف می‌گذارد تا به قدرت رسیدن حکام جدید سلجوقی، قدرت‌های مختلفی در اطراف و اکناف ایران سر برداشتند: سیمجوریان، زیاریان، چغانیان، قراختاییان، کاکوییان، بقایای آل‌بویه و... جدای از این قبایل، ده‌ها خاندان ریز و درشت دیگر نیز که بسیاری از آنها مبنای طایفگی داشتند، سعی کردند تا بر گوشه‌ای از مملکت فرمان برانند. سرانجام پس از قریب به نیم قرن هرج و مرج با به قدرت رسیدن قبایل ترکمن در قالب سلسلهٔ سلجوقیان تمرکز قدرت مجدداً به‌وجود آمد.

جابجایی قدرت بین ترکمن‌های سلجوقی و ترکان خوارزمشاهی در اواخر قرن سیزدهم میلادی یک بار دیگر عصر هرج و مرج و ملوک‌الطوایفی را در ایران ظاهر ساخت. پس از تاخت و تاز نابود کنندهٔ مغولان در نیمهٔ اول قرن سیزدهم، از نیمهٔ دوم این قرن به‌تدریج جانشینان مغول در ایران تحت عنوان «ایلخانان» نزدیک به هفتاد سال حکومت کردند. با شروع فروپاشی ایلخانان از اواسط قرن چهاردهم و اضمحلال قدرت مرکزی، ملوک‌الطوایفی مجدداً در ایران سایه‌افکن شد. قبایل و خاندان‌های مختلفی در گوشه و کنار ایران صاحب قدرت شدند. چوپانیان در آذربایجان، آل جلایر در غرب (عراق امروزی)، آل مظفر در جنوب (یزد، کرمان، فارس)، آل کُرت در شرق (خراسان و مناطق ماوراءالنهر)، اسحاقیان در شمال (گیلان)، اتابکان لر در غرب و جنوب غربی، سربداران در سبزوار و طبرستان (مازندران) و ... در طول نزدیک به نیم قرن بیش از دوازده حکومت جایگزین یکدیگر شدند تا سرانجام با هجوم قبایل ترک، تاجیک، ازبک و تاتار از ماوراءالنهر (افغانستان) به رهبری تیمور لنگ مجدداً قدرت مرکزی بر ایران سایه افکند. اما تمرکز و آرامش چندان به درازا نینجامید و با مرگ تیمور لنگ، قدرت مرکزی به‌تدریج شروع به فروپاشی کرد و مجدداً بی‌ثباتی، جنگ‌های داخلی و ملوک‌الطوایفی بر ایران چیره گشته و

قبایل مختلف در اطراف مملکت قدرت را به‌دست گرفتند.

قلمرویی که تیمور در زمان خود به‌وجود آورده بود بسیار گسترده بود و از هندوستان تا سواحل دریای مدیترانه گسترش یافته بود. اما همانند بسیاری از امپراتوری‌های دیگری که از قرن یازدهم میلادی به بعد در ایران به‌وجود آمده بودند (همچون امپراتوری سلطان محمود غزنوی یا امپراتوری سلجوقی‌ها و سلطان محمد خوارزمشاه) فاقد یک پایگاه استوار سیاسی و اجتماعی بود. در مجموع، ماهیت این امپراتوری‌ها «فتح» یا در حقیقت «تصرف» مناطق وسیعی به ضرب شمشیر بود، بدون آن که ساختارهای سیاسی، اجتماعی و اقتصادی چندان استواری در آنها به‌وجود آمده باشد و تمامی آنها نیز پس از پایان اقتدار «فاتح»، بلافاصله از هم پاشیدند. سرنوشت امپراتوری عظیم تیمور لنگ نیز جدا از این الگو نبود و با مرگ او در سال ۱۴۰۵م. (۸۰۷هـ.)، ایران وارد یکی دیگر از دوره‌های بی‌ثباتی شد.

غزنه (افغانستان) و هند تحت حکومت یکی از جانشینان تیمور درآمد (پیرمحمد نوهٔ تیمور)؛ آذربایجان و عراق تحت حکومت جانشینی دیگر (جلال‌الدین میرانشاه پسر تیمور)؛ خراسان، ماوراءالنهر، سیستان و مازندران در دست پسر دیگر (معین‌الدین شاهرخ) قرار گرفت؛ فارس و مناطق جنوبی ایران به خانوادهٔ پسر دیگر تیمور (معزالدین عمر شیخ) رسید؛ ارمنستان و گرجستان قلمرو اعقاب دیگر او شد و در مابقی متصرفات تیمور قدرت‌های کوچک و بزرگ متعددی زمام امور را در دست گرفتند.[۱]

به‌تدریج بخشی از قبایل ترکمن قراقویونلو و آق قویونلو سعی کردند بخشی از خلاء قدرت مرکزی پس از مرگ تیمور را پر کنند، اما حوزهٔ اقتدار آنها بیشتر در شمال غربی ایران آناتولی (ترکیهٔ امروزی) و آذربایجان بود بدون آن که بتوانند نفوذ چندانی بر مابقی ایران پیدا کنند. فی‌الواقع مقارن با به قدرت رسیدن قزلباش‌ها (قبایل ترک آسیای صغیر) و تشکیل سلسلهٔ صفویه در قرن شانزدهم، ایران سال‌های زیادی می‌شد که در ورطهٔ کامل ملوک‌الطوایفی فرورفته بود:

> «در غرب و نواحی جنوب غربی این حکومت‌ها وجود داشتند: سلطان مراد آق‌قویونلو قسمت اعظم عراق عجم (اراک، قم، ساوه) را در تصرف داشت. در عراق عرب (عراق امروزی) بایرک‌بیک پرناک حکم می‌راند و در سرزمین دیار بکر (بخشی از ترکیهٔ امروزی) کاظم‌بیک حکومت داشت. در شرق ایران و خراسان، سلطان حسین میرزا شاهزادهٔ تیموری حاکم بود، در قندهار امیر ذوالفنون، در بلخ بدیع‌الزمان تیموری، و در کرمان ابوالفتح بایندر حکومت می‌کرد.

---

۱ – مریم میراحمدی، ***تاریخ سیاسی و اجتماعی ایران در عهد صفوی***، تهران، امیرکبیر، ۱۳۷۱، ص ۲۵.

در مرکز ایران و فلات داخلی هم دولت‌های کوچکی بود: مرادبیک بایندر در یزد، رئیس محمد کره در ابرقو، حسین کیای چلاوی در سمنان، خوار و فیروزکوه و به طور کلی مازندران، و سرانجام قاضی محمد کاشانی و جلال‌الدین مسعود در کاشان بودند.»[1]

اگر به این لیست، قدرت‌های دیگر نظیر الیاس‌بیک ایغور اوغلو در تبریز و الوند میرزا و دیگر حکام ترکمن وابسته به آق‌قویونلوها و قراقویونلوها در نواحی آذربایجان و بخش‌هایی از آسیای صغیر و بالاخره حکام و فرمانروایان متعدد نواحی قفقاز - گرجستان، داغستان و ارمنستان - را هم اضافه نماییم به این نتیجه می‌رسیم که مقارن با به روی کار آمدن سلسلهٔ صفویه در قرن شانزدهم میلادی، در ایران بیش از بیست حکومت مختلف و در حال پیکار با یکدیگر وجود داشتند. به سخن دیگر، در فاصلهٔ بین قرن یازدهم تا شانزدهم میلادی - از برخی از مقاطع کوتاه‌مدت که بگذریم - در بیش از $\frac{۴}{۵}$ این پانصد سال، ایران درگیر جنگ‌های داخلی بین قبایل و دودمان‌های مختلف محلی (غالباً با مبنای طایفگی) بود؛ کشمکش‌هایی که در خلأ یک قدرت مرکزی مقتدر، مابین خرده قدرت‌های عدیده برای کسب قدرت یا حفظ آن ایران را در خود فرو می‌برد.

در عهد بعد از صفویه نیز این تصویر مجدداً ظاهر می‌شود. سلاطین اولیهٔ صفوی به کمک جنگ‌های فراوان، در نهایت، موفق به استقرار یک قدرت مرکزی شدند که اوج اقتدار آن در زمان شاه‌عباس کبیر (۱۶۲۹ - ۱۵۸۸ م.) بود. اما تمرکز قدرت تا اوایل قرن هجدهم بیشتر دوام نیاورد. با حملهٔ قبایل مختلف افغان به رهبری سلطان محمود افغان به ایران در سال ۱۷۲۲ م.، سلسلهٔ صفویه منقرض شده، ایران مجدداً وارد عصر هرج و مرج و ملوک‌الطوایفی شد تا سرانجام از اواخر قرن هجدهم و اوایل قرن نوزدهم، قبایل ترک قاجار موفق شدند حکومت مرکزی بالنسبه مقتدری تشکیل دهند. در طی این قریب به هفتاد سال تلاطم و فقدان قدرت مرکزی (از زمان سقوط صفویه تا تشکیل سلسله قاجار) نادرشاه نزدیک به ۲۰ سال و کریم‌خان زند ۳۰ سال حکومت نمودند. اما ۲۰ سال حکومت نادر در حقیقت عبارت بود از ۲۰ سال جنگ و کارزارهای بی‌پایان با قبایل و طایفه‌های مختلف و متعدد داخلی و در مرحلهٔ بعدی لشکرکشی‌های خارجی. حکومت قبایل جنوب در قالب فرمانروایی کریم‌خان زند نیز اگرچه آرام‌تر از ایل افشار بود اما حدود آن عمدتاً خلاصه می‌شد به نواحی جنوب تا مناطق مرکزی؛ در مابقی ایران حکام و قدرت‌های مختلف بعضاً مستقل از قبایل جنوب و لرها حکومت می‌کردند.

---

۱ - همان، ص ۴۶.

به قدرت رسیدن قبیلهٔ قاجار نیز جدای از این روند نبود. به دنبال مرگ کریم‌خان زند در سال ۱۷۸۴ م.، آقامحمدخان، فرزند یکی از رؤسای قبیلهٔ قاجار که قبیله‌اش در پیکار با قبایل جنوبی شکست خورده و برخی از سران ارشد آن به اسارت در دربار کریم‌خان به سر می‌بردند، فرصت را مغتنم شمرده و با بازگشت به قبیله‌اش در شمال کشور و ایجاد اتحاد بین طوایف مختلف آن موفق گردید قدرت را به‌دست گیرد. موفقیت او البته مرهون سخت‌کوشی، جنگجویی و لیاقت‌های فردی‌اش بود. اما آن‌چه نمی‌بایستی از نظر دور داشت این واقعیت است که موفقیت قبیلهٔ قاجار بر دیگر قبایل و مدعیان قدرت، نتیجهٔ نزدیک به ۲۰ سال جنگ داخلی بود.

بی‌ثباتی ناشی از ساختار ایلی و طایفگی قدرت در ایران را همچنین می‌توان در تغییر پایتخت در ایران ملاحظه نمود. غزنویان، شهر غزنه در شرق ایران (افغانستان امروزی) را که نزدیک به محل اسکان طایفه‌شان بود پایتخت قرار دادند. با تسلط قبایل ترکمن (سلجوقیان)، پایتخت ایران تغییر کرد. ابتدا نیشابور، بعد ری، سپس مرو و بالاخره در زمان آخرین سلاطین سلجوقی اصفهان پایتخت ایران شد. با تسلط قبایل ترک‌نژاد خوارزمشاهی از اواخر قرن دوازدهم، پایتخت ایران مجدداً تغییر یافته و به گرگانج در خوارزم (ترکمنستان امروزی) انتقال یافت. مغولان نیز پایتخت را به دلخواه خود تغییر دادند. در زمان ایلخانان ابتدا مراغه، سپس تبریز و سرانجام سلطانیه (نزدیک زنجان) به نوبت پایتخت ایران شدند. با تسلط قبایل ازبک به رهبری تیمور لنگ پایتخت ایران به سمرقند انتقال یافت و مدتی نیز هرات پایتخت بود. با تسلط حاکمان بعدی (قبایل ترکمن آق‌قویونلو و قراقویونلو)، مرکز سیاسی ایران از شرق به غرب کشور منتقل شد. اردبیل، مراغه و سپس تبریز، به‌علاوه مناطقی از آسیای صغیر (ترکیهٔ امروزی) به ترتیب پایتخت ایران شدند.

با به قدرت رسیدن قبایل قزلباش (صفویان)، پایتخت ایران مجدداً جابجا شد. در ابتدا اردبیل و سپس تبریز پایتخت ایران شدند. در اواسط قرن شانزدهم، شاه‌طهماسب پایتخت را از تبریز به قزوین منتقل کرد. در اواخر همان قرن، شاه‌عباس مجدداً پایتخت ایران را تغییر داده و از قزوین به اصفهان منتقل کرد. در زمان نادرشاه خراسان مرکزیت یافت و در نیمهٔ دوم قرن هجدهم و در زمان تسلط قبایل جنوب کشور (زندیه) پایتخت به شیراز نقل مکان یافت. و سرانجام در آغاز قرن نوزدهم آقامحمدخان تهران را پایتخت قرار داد. فی‌الواقع در طی هشتصد سال از قرن یازدهم تا نوزدهم میلادی پایتخت ایران همچون توپ فوتبال در میان

قبایل مختلف ایران در گردش است. این‌که پایتخت ایران کجا قرار می‌گرفت بسته به این بود که کدام قبیله قدرت را در دست داشت. اگر قبایل آسیای مرکزی قدرت را در دست می‌گرفتند نواحی خراسان و ماوراءالنهر پایتخت می‌شد. اگر قبایل مناطق آناتولی به حکومت می‌رسیدند، پایتخت به نواحی آذربایجان انتقال می‌یافت. اگر لرها و قبایل جنوبی قدرت می‌یافتند مرکز ایران به جنوب منتقل می‌شد و اگر قبایل غرب کشور مسلط می‌شدند، پایتخت به آن سمت می‌رفت. جدای از موقعیت قبایل، عامل دیگری که استقرار پایتخت را در محل جدیدی رقم می‌زد ملاحظات نظامی و جنگ‌های پایان‌ناپذیر میان قبایل از یک‌سو و میان ایران و همسایگانش از سویی دیگر بود.

نیاز به توضیح چندانی نیست که اگر ثبات سیاسی، تمرکز قدرت به همراه استمرار و مرکزیت پایتخت یا «مادر شهر» را از جمله ملزومات تکامل اجتماعی و توسعه بدانیم، در این صورت آن‌چه در ایران بالاخص از قرن یازدهم میلادی به بعد شاهدش هستیم درست در عکس این جهت حرکت کرده است.

تمرکز قدرت در دست حکومت

در فصل اول دیدیم که تمرکز قدرت در دست حکومت، یکی از اساسی‌ترین خصوصیات سیاسی و اجتماعی جامعهٔ ایران در طول تاریخ بوده است. دیدیم که چگونه در ایران هرگز نهادهای سیاسی، اجتماعی و اقتصادی مستقل از حکومت (همانند جوامع غربی) نتوانستند به‌وجود آیند و چگونه سیطرهٔ قدرت بی‌چون و چرای حکومت بر هر امر ریز و درشت جامعه سایه‌افکن شد. به اعتقاد ما، این پدیده را بایستی سومین خصوصیت زیربنایی ساختار اجتماعی در ایران که ناشی از شرایط طبیعی و اقلیمی آن می‌شود به حساب آورد. این‌که چرا و چگونه حکومت در ایران (و به‌طور کلی در جوامع شرقی) آن‌چنان مقتدر می‌شود، موضوعی است که باعث به‌وجود آمدن مباحث زیادی در میان نظریه‌پردازان مارکسیست از یک‌سو و محققین غیرمارکسیست از سوی دیگر شده است. سعی ما در اینجا آن خواهد بود که حتی‌الامکان از وارد شدن به این مباحث آکادمیک خودداری نموده و صرفاً تا حدی که به بحث اصلی ما مربوط می‌شود اکتفا کنیم.

به اعتقاد محققین مارکسیست، منشأ پیدایش حکومت در جوامع اولیه، ناشی از به‌وجود آمدن **تضاد** در میان نیروهای تولیدکننده بوده است، به این صورت که در جریان رشد و

گسترش **کمون اولیه**[1]، به‌تدریج لایه‌های اجتماعی متفاوت در آن شکل می‌گیرند. گروهی به دلیل برخورداری از اتحاد و انسجام بیشتر در میان اعضای خود موفق می‌شوند از دیگران نیرومندتر شوند، گروهی به دلیل برخورداری از شرایط فیزیکی قوی‌تر، گروهی به دلیل دست‌یابی به امکانات طبیعی بهتر و مساعدتر، عده‌ای به دلیل دست‌یابی به سنگ و فلز و استفاده از آنها برای شکار و احتمالاً نبرد با دیگران، دسته‌ای به دلیل کشف کشاورزی ابتدایی و استفاده از خاک برای تکثیر گیاهان و رام کردن برخی از حیوانات وحشی (و در نتیجه استفاده از آنها برای بالا بردن تولید محصولات کشاورزی و تولید بیشتر مواد غذایی از طریق پرورش و نگهداری حیوانات) از دیگران جلو می‌افتند. صرف‌نظر از آن که کدام اسباب و علل باعث قدرتمندتر شدن و پیشی گرفتن بعضی از انسان‌های اولیه بر انسان‌های دیگر می‌شود، در پی این تحول، گروه نیرومندتر شده موفق به تولید بیشتر و در نتیجه دارای قدرت مضاعف می‌شود. گروه اخیر ظاهراً موفق می‌شود که به مرور زمان امکانات تولیدی خود را گسترش دهد و لاجرم انسان‌های دیگری را برای تولید در اختیار گیرد. به دلیل تملک گروه نیرومند شده بر ابزار تولید و حتی انسان‌های دیگر، نتیجه یا محصول تلاش‌های دیگران (به صورت کار یا جز آن) در اختیار این گروه قرار می‌گیرد که به نوبهٔ خود اسباب نیرومندتر شدن آنان را فراهم می‌سازد. مارکس معتقد است که در چنین جامعه‌ای بین گروه قدرتمند و دیگران، که برای گروه فوق کار می‌کنند یا در تملک گروه قدرتمند می‌باشند، بر سر تقسیم منابع و محصول ***تضاد*** ایجاد می‌شود. به منظور جلوگیری از فروپاشی این نظام و بقای روابط تولیدی آن، جامعه به نهادی نیازمند است تا با ایجاد نظم و وادار نمودن اعضای جامعه به پذیرش **حق** صاحبان قدرت در نحوهٔ تقسیم محصول، ثبات و دوام ساختار فوق را فراهم سازد. مارکس این نهاد را **حکومت** می‌نامد و معتقد است که ***حکومت‌ها*** در حقیقت عاملی برای تثبیت ساختار قدرت در جامعه بیش نیستند. از دید او، از آن‌جا که حکومت به‌جز حفظ ساختار قدرت در جامعه وظیفهٔ دیگری ندارد و از آن‌جا که ترکیب و ساختار قدرت در جامعه به نفع گروه یا طبقه‌ای است که امکانات تولیدی را در اختیار دارد، بنابراین **حکومت** فی‌نفسه عاملی است که در جهت حفظ و پاسداری از منافع طبقهٔ فوق قرار می‌گیرد. به عبارت دیگر، حکومت صرفاً وسیله و عاملی است در جهت حفظ، نگهداری و توسعهٔ منافع یک طبقهٔ خاص یا گروه مشخص از جامعه. از این روست که اصطلاح ***طبقهٔ حاکم*** این‌چنین در

---

۱ - اجتماعات سادهٔ انسان‌های اولیهٔ غارنشین که به صورت دسته‌جمعی می‌زیستند.

فرهنگ سیاسی مارکسیسم متداول شده است.

تا بدین‌جا اختلاف نظر چندانی در میان مارکسیست‌ها درخصوص مبدأ پیدایش حکومت وجود ندارد. جامعهٔ اولیه توسعه یافته و با توسعهٔ آن ساختار تولید در جامعه گسترده‌تر و پیچیده‌تر می‌شود. تحول کمّی و کیفی در تولید منجر به پیدایش طبقات مختلف می‌شود که بر سر تقسیم منافع اقتصادی با یکدیگر در تضاد قرار می‌گیرند. به منظور جلوگیری از هرج و مرج و فروپاشی جامعه، ضرورت پیدایش نهاد اجتماعی به نام **حکومت** پدید می‌آید که وظیفهٔ اصلی آن انسجام امور، تنظیم روابط اجتماعی و تعیین تکلیف جریان ***امردهی*** و ***امربری*** جامعه است.

جامعه‌شناسان مارکسیست بحث را از این تعریف ساده و عام گامی به جلوتر برده و معتقدند که حکومت اگرچه انسجام و نظم و امنیت و ترتیب امور و روابط اجتماعی فردی و گروهی انسان‌ها را با یکدیگر و نسبت به جامعه‌ای که در آن به سر می‌برند تنظیم می‌نماید، اما کل عملکرد و جهت‌گیری نهاد حکومت در حقیقت به‌گونه‌ای است که در جهت تحکیم، تثبیت و حتی افزایش منافع یک طبقه خاص از جامعه می‌باشد؛ طبقه‌ای که وسایل و امکانات تولید و ایجاد ثروت را در دست دارد - اعم از آن که ابزار تولید در ساده‌ترین شکل آن یعنی برده باشد یا زمین و رعیت یا کارخانه و سرمایه و اساساً هر آن‌چه قادر باشد ایجاد ثروت نماید.[1] به عبارت دیگر، اگرچه حوزهٔ اقتدار حکومت شامل همهٔ اقشار و طبقات جامعه می‌شود اما در عمل بیشترین سعی و تلاش آن در جهت تأمین و حفظ منافع طبقه‌ای است که بیشترین قدرت اقتصادی را داراست.

اگر به عنوان مثال، «برده» و «برده‌داری» اساس و پایهٔ اقتصادی جامعه‌ای را تشکیل دهد، در آن صورت و البته از دید مارکس، حکومت چنین جامعه‌ای در جهت تأمین منافع برده‌داران خواهد بود. اگر کشاورزی پایه و اساس اقتصادی آن را تشکیل دهد در آن صورت تلاش حکومت در جهت حفظ منافع زمین‌داران و ملاکین خواهد بود و ایضاً اگر صنایع یا تجارت، اساس و پایهٔ اقتصادی جامعه‌ای را تشکیل دهد، در آن صورت حکومت آن جامعه حافظ و پاسدار منافع صاحبان صنایع یا تجار (سرمایه‌داران) خواهد بود.

اگر ایرادات، کاستی‌ها و نظرات منقدین و مخالفین مارکس را درخصوص مبنای پیدایش

---

۱ - در ساده‌ترین شکلش، ***«ابزار تولید»***، می‌تواند چهارپایی باشد که صاحبش آن را برای شخم زدن یا بار کشیدن به دیگری اجاره دهد یا یک واحد بزرگ تولیدی یا ساختمانی چند طبقه که صاحبش آن را اجاره دهد. در جملگی اشکال فوق، بدون آن که کاری توسط مالک صورت گرفته باشد، برایش ایجاد درآمد شده است.

حکومت نادیده بگیریم، مشکل اساسی که این نظریه پیدا می‌کند در انطباق آن با نحوهٔ پیدایش حکومت در جامعه‌ای مثل ایران است. مشکلی که به نظر می‌رسد خود مارکس بیش از همه از آن آگاه بود. مع‌ذلک بسیاری در ایران فرضیهٔ فوق را دست‌نخورده و بدون در نظر گرفتن شرایط طبیعی و واقعیات موجود تحولات اجتماعی ایران به کار می‌گیرند. در نتیجه بسیاری از ویژگی‌های زیربنایی و مهم اجتماعی ایران بدون آن‌که تجزیه و تحلیل درستی از آنها ارائه شود در پرده‌ای از ابهام قرار می‌گیرند و یا آن‌که صرفاً با ارائهٔ تحلیل‌های کلی و قالبی از آنها، عملاً از این خصوصیات درمی‌گذرند.

به عنوان مثال، چگونه می‌شود که در ایران نهادهای سیاسی، اجتماعی و اقتصادی مستقل از حکومت به‌وجود نمی‌آید، در حالی‌که همان‌طور که در فصل اول دیدیم چنین نهادهایی در جوامع غربی به‌وجود می‌آیند. چگونه می‌شود که در جوامع غربی، حکومت فقط می‌تواند بخشی از قدرت را در دست داشته باشد و بخش دیگر را کلیسا، فئودال‌ها و بعدها نهادهای جدیدتر (همچون پارلمان، احزاب، رسانه‌های گروهی، مطبوعات، گروه‌های فشار، لایه‌های جدید شهری...) در دست دارند اما در ایران خارج از حکومت، اساساً هیچ نهاد یا گروه اجتماعی دیگری قدرت ندارد؟ اگر روند پیدایش حکومت در طول جریان تکامل اجتماعی ایران همانند غرب می‌بود (آن طور که ایران‌شناسان مارکسیست اتحاد شوروی و به تبع آنان بسیاری از ایرانیان اعم از مارکسیست یا غیر مارکسیست تحلیل نموده‌اند)، در این صورت و علی‌الاصول در ایران هم همانند غرب نهادها و گروه‌های اجتماعی مستقل از حکومت می‌بایستی به‌وجود می‌آمدند. از آن‌جا که چنین تحولی در ایران صورت نمی‌گیرد، منطقاً بایستی در اساس این اندیشه که حکومت در ایران هم همچون جوامع غربی مورد نظر مارکس مولود **تضاد** نیروهای تولیدی بوده است شک نمود.

***

در بخش نخست این فصل دیدیم که ایران منطقه‌ای خشک و کم آب است. بنابراین و ضرورتاً شکل زندگی و نوع جامعه‌ای که در آن به‌وجود آمد منطبق یا دقیق‌تر گفته باشیم معلول شرایط اقلیمی آن بوده است. دیدیم که این اشکال عمدتاً خلاصه می‌شد در پراکندگی اجتماعات اسکان‌یافته از یک‌سو و زندگی چادرنشینی از سویی دیگر. این دو به تنهایی کمتر می‌توانستند منشأ قدرت‌های بزرگی بوده باشند که در ایران در زمان هخامنشیان یا ساسانیان به‌وجود آمد. در این صورت چگونه علی‌رغم پراکندگی اجتماعات اسکان‌یافته و سبک

زندگی صحرانشینی (با همه مشکلات و موانعی که این دو بر سر راه توسعه و پیشرفت اجتماعی و اقتصادی قرار می‌دهند)، ایران موفق می‌شود تا یکی از بزرگ‌ترین و مقتدرترین امپراتوری‌های جهان باستان را به‌وجود آورد؟ بخشی از پاسخ به سؤال فوق، ما را وارد بحث پیرامون مقولهٔ حکومت می‌نماید و این‌که مبنای پیدایش قدرت و اساساً شیوهٔ اعمال حاکمیت در ایران چگونه و چرا با الگوی غربی آن تفاوت‌های بنیادی پیدا می‌کند.

اجتماعات اولیهٔ انسان‌ها صرف‌نظر از آن که در غرب یا شرق پدید آمده باشند، وابستگی زیادی به امکانات طبیعی برای بقا و رشد خود داشتند. به دلیل پایین بودن سطح دانش بشری، انسان‌ها صرفاً به آن‌چه در طبیعت به صورت آماده می‌یافتند متکی بودند. بنابراین استفاده از آن‌چه در طبیعت وجود داشت پایهٔ رشد و توسعهٔ اجتماعات اولیه بود. از جمله مهم‌ترین و اصلی‌ترین منابعی که در طبیعت وجود داشت آب بود و به نظر می‌رسد همین عامل بود که شرق و غرب را در جریان تکامل بعدی خود به راه‌های جداگانه کشاند.

در غرب، آب به حد وفور و به‌مراتب بیش از آن‌چه مورد نیاز انسان‌ها باشد وجود داشت. نزولات جوی غنی، منابع سرشار آب‌های جاری و بالاخره سهل بودن دست‌یابی به دریاها، امکاناتی بودند که سرنوشت تکامل اجتماعی غرب را رقم زدند. اما در شرق چنین امکاناتی به صورت گسترده وجود نداشت.

اولین و مهم‌ترین تفاوتی که در نتیجهٔ شرایط اقلیمی در شرق و غرب به‌وجود آمد این بود که در غرب به دلیل وفور امکانات طبیعی، نیازی به نیروی انسانی برای تهیه، انتقال و توزیع آن نبود. به گفتهٔ دکتر خنجی:

> «... در سراسر اروپا (برخلاف مشرق‌زمین) ابرها وظیفهٔ توزیع عادلانهٔ آب را همواره بر عهده داشته‌اند و بدین سبب است که برای اروپاییان هرگز مسئله‌ای به نام *«آب»*[1] وجود نداشته است. تقریباً در سراسر اروپا آب همچون هوا و آفتاب نه محدود بوده و نه قابل تملک...»[2]

اما در شرق به دلیل کمبود آب تصویر کاملاً متفاوتی به‌وجود آمد. در اینجا انسان‌ها از همان ابتدا مجبور شدند تا با مشکل کم‌آبی دست و پنجه نرم کنند. آنان به حکم نیاز، مجبور شدند که برای بقا و توسعهٔ جوامع خود به تلاشی عظیم دست بزنند: ابزار و لوازم برای انتقال آب اختراع نمایند، کانال بکشند، قنات حفر کنند، بند بکشند و ... تا بتوانند بخشی از نیازهای

---

۱ – تمام تأکیدها در متن نقل‌قول‌ها از ماست.
۲ – پیشین، محمدعلی خنجی، ص ۱۳.

خود به آب را تأمین نمایند. به نظر می‌رسد ایرانیان نخستین کسانی بودند که به کمک اختراع ابزار و دستگاه‌های مکانیکی موفق شدند آب را از بستر رودخانه و سطوح پایین‌تر به مناطق بالاتر منتقل نمایند. پروفسور «مک لوی»[1] معتقد است که اختراع ایرانیان که به نام **چرخ *ایرانی***[2] معروف شد در حدود سه قرن قبل از میلاد به همین نام در مناطق دیگر جهان مورد استفاده بوده است.[3]

نمونهٔ دیگر تلاش انسانی برای تهیهٔ آب که به‌مراتب از اختراع و ساختن دستگاه‌های مکانیکی گسترده‌تر و اساسی‌تر بود حفر قنات است. ایرانیان از زمان‌های قدیم موفق شده بودند تا با حفر تونل در زیر زمین، آبی را که در کوهپایه‌ها و مناطق مرتفع در دل زمین بود به مناطق پایین‌تر منتقل نمایند. این سیستم آب‌رسانی که به نام قنات معروف است نیاز زیادی به نیروی انسانی دارد و پس از حفر آن نیز بایستی قنات را نگهداری کرد و مرتباً گل و لایی را که در نتیجهٔ ریزش دیواره تونل در مسیر حرکت آب در زیر زمین به‌وجود می‌آید خارج نمود. طول یک قنات به چندین کیلومتر (حتی تا ۷۰ کیلومتر) می‌رسد.[4] عمق قنات در نقطهٔ شروع بین ۲۰ تا ۹۰ متر متغیر است. حتی امروزه با استفاده از امکانات تکنولوژی پیشرفته نیز حفر کانالی در زیر زمین به عمق ۹۰ متر و به طول ده‌ها کیلومتر امری مشکل و با هزینه‌ای بالا خواهد بود، چه رسد به ازمنهٔ قدیم و ایران باستان که پاره‌سنگی تیز یا قطعه فلزی پهن شده، حد نهایی پیشرفت تکنولوژی انسان‌ها بود.

ما امروزه آمار دقیقی از تعداد قنات‌های ایران در گذشته‌های دور نداریم اما آمارهای اخیر شمار قنات‌ها را حتی تا رقم ۵۰/۰۰۰ نیز ذکر کرده‌اند. اگر متوسط طول یک قنات را ۵ کیلومتر بگیریم، در این صورت در دههٔ ۱۳۴۰ (هـ ش.) مجموعهٔ شبکه قنات‌های ایران به ۲۵۰/۰۰۰ کیلومتر می‌رسیده است.[5] با در نظر گرفتن این واقعیت که در دهه‌های اخیر شمار قنات‌ها رو به کاهش بوده است، تنها نتیجه‌گیری قطعی در مورد گذشته این است که طول این شبکه‌های گستردهٔ ساختهٔ بشر، در ایران متجاوز از ۲۵۰/۰۰۰ کیلومتر بوده است.

اگر در ایران آب کم بوده، در عوض به نظر می‌رسد که بخشی از این کمبود را تلاش‌های

---

1 - Macloy

2 - Persian wheel

3 - Don Macloy,. ***Technology Made Simple***, (U.K., 1984), pp.320-321.

4 - op. cit., Amid, p.6.

5 - Ibid.

انسانی جبران می‌کرده است. تلاش‌هایی که برای تهیه و تأمین آب صورت می‌گرفته طبیعتاً نمی‌توانسته به شکل فردی صورت گیرد و الزاماً می‌بایستی به شکل دسته‌جمعی و گروهی انجام پذیرد. اما سؤال اساسی‌تری که به کار ما مربوط می‌شود این است که تشکل اجتماعی لازم برای سازماندهی این تلاش‌های عظیم برای ***آبیاری مصنوعی*** چگونه تحقق می‌یافته است. حفر تونلی در عمق ۳۰ یا ۵۰ متری زمین به طول ۱۰ تا ۵۰ کیلومتر، کشیدن کانالی از کرخه یا کارون که آب را به کیلومترها دورتر منتقل نماید، بستن سدی بر روی این رودخانه یا آن یکی، البته در زمان خودش کارهای عظیمی بوده است، اما در عمل در جوامع اولیه چگونه و چه کسی متولی اجراء آن می‌شد؟ هزینه – و به زبان امروزی – **بودجهٔ** مورد نیاز آن از کجا تأمین می‌شد؟ چه کسانی و به چه میزان حق برداشت از نتیجهٔ کار را داشتند و اساساً قنات حفر شده، بند احداث شده یا کانال کشیده شده متعلق به چه کسی یا چه کسانی بود؟ زمین‌هایی که تا قبل از آن بایر بودند (و عملاً بی‌ارزش) اما به واسطهٔ آب حاصله از قنات یا بند یا کانال دایر می‌شدند به چه کسی تعلق می‌گرفت؟

پاسخ بدین سؤالات و مهم‌تر از همه، نفس ایجاد تأسیسات آبیاری، که به دلیل طبیعت خود بالاجبار کارهای دسته‌جمعی می‌طلبید، ضرورت پیدایش نهادی را به‌وجود آورد که بتواند امور فوق را رتق و فتق نماید. این ضرورت و نیاز به نهاد یا سازمانی که قادر باشد امور مربوط به تهیه و توزیع آب در جوامع شرقی از جمله ایران را اداره نماید، مبنای پیدایش حکومت در این جوامع گردید. چنین ضرورتی در اروپا وجود نداشت چون وفور آب باعث می‌شد تا مسئله‌ای به نام تهیه و توزیع آن به عنوان یک مشکل و یک امر اجتماعی به‌وجود نیاید. اما در ایران به دلیل کمبود آب، چنین نیازی از همان ابتدای پیدایش، نخستین نطفه‌های پیدایش حکومت در اجتماعات اولیه را به‌وجود آورد. به عبارت دیگر، ***در جوامع شرقی مبنای پیدایش حکومت، براساس تضاد (آن‌گونه‌که مارکس در مورد جوامع غربی بحث می‌نماید) نبود بلکه درست برعکس آن، براساس نیاز به کار دسته‌جمعی (برای تهیه و توزیع آب) بود.*** حتی قبل از آن که انسان‌ها به فکر تهیهٔ آب از طرق مصنوعی و ساختهٔ دست بشر بیفتند، برای مدیریت امر توزیع منابع طبیعی آب همچون رودخانه‌ها، چشمه‌ها و برکه‌ها مجبور بودند نهادی به نام **حکومت** یا ***ریاست*** را در جامعه ایجاد کنند.

اگر پیدایش حکومت در غرب بر اساس به‌وجود آمدن تضاد بوده باشد (آن‌گونه که مارکس معتقد است)، مبنای پیدایش آن در شرق بیشتر ***اتحاد*** یا ضرورت کار دسته‌جمعی

بوده است. نتیجهٔ تاریخی و مهمی که از این دو مبنای پیدایش متفاوت و تا حدی متضاد به‌دست می‌آید این است که در غرب نخست تولید می‌بایستی به‌وجود آمده باشد، سپس رشد نموده و در جریان رشد خود به دلیل پیدایش تضاد در میان نیروهای تولیدکننده، حکومت ظهور کرده باشد، اما در شرق از همان ابتدا نیاز به حکومت بوده که آب را توزیع نماید تا تولید به راه افتد. بنابراین ظهور تمدن در غرب در قالب حکومت، شهر و شهرنشینی می‌بایستی دیرتر از شرق صورت گرفته باشد. شواهد و قراین تاریخی هم در مجموع چنین نظریه‌ای را تأیید می‌نماید. آن مقدار آثار باستانی که تاکنون از گذشتهٔ بشر به جا مانده حاکی از آن است که ظهور حکومت، تمدن و شهرنشینی در شرق به‌مراتب زودتر از غرب شکل گرفته است.[۱] چنین ملاحظاتی البته ارزش تاریخی دارند اما آن‌چه بیشتر به کار ما می‌خورد پرداختن به نتایج عملی است که از بحث فوق درخصوص مبنای پیدایش حکومت در شرق به‌دست می‌آید.

نظریهٔ شیوهٔ تولید در شرق و نقش محوری که حکومت در جریان تولید در این جوامع پیدا می‌کند از قرن نوزدهم به این طرف به نام ***وجه تولید آسیایی*** معروف می‌شود. همان‌طور که پیش‌تر نیز اشاره داشتیم مارکس خود از نخستین کسانی بود که بر روی تفاوت نحوهٔ تولید در شرق نسبت به غرب انگشت گذارد. او در مقاله‌ای در سال ۱۸۵۳ م. تفاوت فوق را این‌گونه شرح می‌دهد:

> «آب و هوا و شرایط اقلیمی و مخصوصاً پهنهٔ وسیع بیابان‌ها که از صحرای آفریقا، از طریق عربستان و ایران و هند تا تاتارستان تا مرتفع‌ترین فلات‌های آسیا، دامن خود را گسترانده‌اند، سبب پیدایش آبیاری مصنوعی به وسیلهٔ کانال‌ها و مؤسسات آبیاری شد که پایهٔ کشاورزی شرقی را تشکیل می‌دهد ... در بین‌النهرین و ایران و غیره از آب‌هایی که دارای بستر مرتفع هستند برای آبگیری کانال‌های آبیاری استفاده می‌نمایند. این ضرورت حاد یعنی لزوم استفادهٔ اقتصادی از آب به وسیلهٔ جماعت‌ها ... همان ضرورت دخالت قدرت مرکزی حکومت را ایجاب کرده است...»[۲]

مورخ انگلیسی «رابرتز» نیز در اثر معروفش پیرامون تاریخ جهان، موشکافانه شرح می‌دهد که چگونه تلاش به منظور مهار سیلاب‌های دجله و فرات در منطقهٔ جنوب بین‌النهرین (مناطق جنوب شرقی عراق امروزی) و آماده ساختن زمین و آبیاری آن برای کشاورزی و در نتیجه اسکان دایم، ضرورت همکاری دسته‌جمعی میان انسان‌ها را به‌وجود

---

1 - J. C. Roberts, ***The Penguin History of the World***, Penguin Books (U.K., 1990), pp. 55-194.

۲ - به نقل از: پیشین، محمدعلی خنجی، ص ۱۷-۱۶.

آورد. به گفتهٔ «رابرتز» در نتیجهٔ این همکاری، اجتماعات بزرگ‌تری به‌وجود آمدند و به‌تدریج نهاد قدرت در دل این اجتماعات، که می‌توان آنها را نخستین نطفه‌های شهرنشینی دانست، شکل گرفت.[۱]

منابع تاریخی که امروزه درخصوص ایران باستان در دسترس است بیشتر شرح اتفاقات پیرامون شاهان و سرداران و وصف جنگ‌ها و کشورگشایی‌های آنان است و شاید نتوان نظریه «تولید آسیایی» را مستقیماً با مراجعه به تاریخ نشان داد. اما در عین حال از لابلای نوشته‌های برخی دیگر از نویسندگان و محققین دقیق‌تر و ژرف‌نگرتر که به جنبه‌های زیربنایی‌تر تحولات اجتماعی آن عصر پرداخته‌اند شاید بتوان تا حدودی به نقش بنیادی حکومت در امر اقتصاد (کشاورزی) در ایران پی برد. از جمله در اثر «گیرشمن» محقق ایران‌شناس فرانسوی می‌توان اینجا و آن‌جا رگه‌هایی از این نقش مشاهده نمود. طبق نوشتهٔ «گیرشمن» یکی از مهم‌ترین اقدامات حکومت هخامنشی حفر قنات در مناطق کم‌آب امپراتوری بوده است. به‌علاوه، حکومت به امر خشک کردن باتلاق‌ها می‌پرداخته است (امری که همچون ایجاد قنات یا مهار بستر رودخانه‌های دجله و فرات از عهدهٔ چند نفر خارج بوده و لزوماً پای حکومت را به میان می‌آورده است). «گیرشمن» همچنین اشاراتی حاکی از نقش حکومت در توسعهٔ کشاورزی از طریق درختکاری و آوردن درختان و نباتات جدید از مناطق دیگر به ایران و بالاخره وضع مقررات برای استفاده از جنگل‌ها دارد.[۲] به علاوه او می‌نویسد که از جمله وظایف بانکی که در قرن هفتم قبل از میلاد توسط حکومت در ایران تأسیس شده بود حفر قنات و فروش آب به کشاورزان بوده است.[۳]

اگر برای نشان دادن نقش بی‌چون و چرای حکومت در امر تهیه و توزیع آب در عهد باستان شواهد کمی وجود دارد، برای زمان‌های بعد از آن ما با چنین مشکلی مواجه نیستیم. پروفسور ««لمبتون»» در اثرش پیرامون ایران قرون وسطی این نقش را با وضوح بیشتری نشان می‌دهد. به اعتقاد او، یکی از غنی‌ترین جنبه‌های نوشته‌های سیاسی ایرانیان در آن عصر مربوط به نقش حکومت در امر تهیهٔ آب و آبیاری است. او می‌نویسد که آثار سیاسی در آن دوره مکرراً درخصوص نقش شاه و حکومت در امر آبیاری و تقسیم آب تأکید می‌نماید و

---

1 - Ibid., pp. 55-59

۲ - ا. گیرشمن، ***ایران از آغاز تا اسلام***، ترجمهٔ دکتر محمد معین، تهران، بنگاه ترجمه و نشر کتاب، چاپ دوم، ۱۳۴۴، ص ۲۰۳-۲۰۲.

۳ - همان، ص ۲۰۸.

این‌که سلاطین و ملوک بایستی در این مهم کوشیده و امر تقسیم آب را با رعایت عدل و انصاف انجام دهند.[1] خواجه نظام‌الملک در اثر معروفش **سیاستنامه** هشدار می‌دهد که اگر حکومت نسبت به وظیفه‌اش در امر تهیه و تقسیم آب کم‌توجهی کند، خسارت زیادی به کشور وارد می‌آید. او بالاخص هشدار می‌دهد که اگر در تقسیم آب ظلم صورت گیرد (و حکومت آن را به عدالت تقسیم ننماید) خیر و برکت و فراوانی نعمت از جهان (و نه فقط از ایران) رخت برمی‌بندد. عبارت مشهور و تاریخی ***هیچ آفتی برای محصولات کشاورزی بدتر و مخرب‌تر از ظلم شاهان نیست*** نشان‌دهندهٔ عمق نفوذ و نقش محوری حکومت در زیربنای اقتصاد جامعه است.[2] ارتباط تنگاتنگ حکومت و آب را همچنین می‌توان از طریق تشکیلات مختلف دولتی همچون «دیوان مقسم الماء»، «قوام» و «حفاظه» که وظایفشان مربوط به امور تقسیم آب بوده‌است درک نمود. طومار معروف شیخ‌بهایی که در آن ریز کامل نحوهٔ تقسیم آب زاینده‌رود و کانال‌های فرعی آن ثبت شده است، پیچیدگی و در عین حال حیاتی بودن آب را در اقتصاد ایران نشان می‌دهد. استنتاج دیگری که می‌توان از طومار فوق به‌دست آورد، عبارت است از درک وظیفهٔ «حکومت» در مسئلهٔ توزیع آب و درنتیجه نقش «حکومت» در مجموعهٔ کلی بافت اقتصادی جامعهٔ ایران.

***

شرایط اقلیمی ایران ضرورت همکاری و کار دسته‌جمعی انسان‌ها را برای تهیهٔ آب پدید آورد. همکاری دسته‌جمعی به نوبهٔ خود مسئلهٔ مدیریت را به‌وجود آورد، و مدیریت به‌تدریج به حکومت مبدل شد. به نظر نمی‌رسد چگونگی قدرتمند شدن این عنصر جدید (حکومت)، در جریان شکل‌گیری و تحول بعدی‌اش در ایران، نیاز به توضیح زیادی داشته باشد. به عنوان نهادی که امر سازماندهی، تنظیم، تهیه و توزیع ارزشمندترین عنصر تولید یعنی آب را برعهده داشت ایجاب می‌نمود که حکومت برای پیشبرد امور جامعه از **قدرت** زیادی برخوردار باشد. از آن‌جا که مقدار آب کم و محدود بود، بدون تردید در امر توزیع آن، مشکلات، اعتراضات و مخالفت‌های جدی بسیاری پیش می‌آید. طبیعتاً بسیاری از اعضای جامعه توقع سهم بیشتری از آب می‌داشتند و به مقدار تخصیص یافته قناعت نمی‌کردند. اگر

---

1 - Ann K.S. Lambton, ***Continuity and Change in Medieval Persia: Aspects of Administrative, Economic and Social History, 11th-14th Century***, I.B. Tauris (U.K., 1988), pp. 159-161.

2 - Ibid., p. 160.

حکومت از قدرت قاهره‌ای برخوردار نبود بالطبع این مخالفت‌ها امور جامعه را مختل می‌نمود. به‌علاوه یک جامعه همواره در معرض هجوم جوامع همسایه و رقیب و صحرانشینان بود. از این جهت نیز حکومت بالضروره می‌بایستی توانمند می‌بود.

عنصر بعدی که نیاز به پیدایش حکومت و ضرورت قدرتمند بودن آن را فراهم می‌ساخت، مسئلهٔ مالکیت منابع آبی بود. به نظر می‌رسد مدیریت تهیه و توزیع آب از جانب حکومت مسئلهٔ تملک بر منابع آبی را نیز به دنبال خود می‌آورد. فی‌الواقع حکومت نه تنها تملک منابع انسان ساخته را در دست داشت بلکه به گفتهٔ «هرودوت» منابع طبیعی آب نیز در تملک دولت بود:

> «رودخانه‌های شاهنشاهی (در زمان هخامنشیان) متعلق به شاه بود، و هنگامی که آب برای کشاورزی لازم می‌آمد، یک صاحب‌منصب حکومتی بر باز کردن آبگیر نظارت داشت و میزان آبی را که هر قبیله یا شهرک برمی‌دارد معین می‌کرد. برای باز کردن آبگیر، عوارض هنگفتی دریافت می‌شد که بعداً به خزانه‌داری شاهنشاهی احاله می‌گشت.»[1]

به نظر می‌رسد تملک بر آب به دنبال خود، تملک بر زمین را نیز به‌وجود آورده باشد. از آن‌جا که کشاورزی پایهٔ اقتصاد را تشکیل می‌داد لذا ارزش زمین صرفاً در ارتباط با قابلیت به زیر کشت بردنش بود. بنابراین محتملاً زمین‌های بایر چندان ارزش نداشتند. اما زمانی که امکان آب‌رسانی به چنین زمین‌هایی به‌وجود می‌آمد بالطبع آنان ارزش پیدا می‌کردند. از آن‌جا که پیدایش آب اسباب ارزشمند شدن این زمین‌ها می‌شد و از آن‌جا که تملک آب نیز در دست حکومت بود، به احتمال زیاد تملک این زمین‌ها نیز در دست دولت قرار می‌گرفت و انسان‌هایی که به روی آنها به کشت و زرع می‌پرداختند در حقیقت به نوعی مستأجر دولت بودند.

عامل سومی که اسباب تملک «حکومت» بر زمین را فراهم می‌آورد تصرف یا فتح مناطق دیگر بود. «گیرشمن» نشان می‌دهد که از همان ابتدای استقرار اجتماعات اولیه در ایران، تصرف نظامی زمین تملک آن را نیز به همراه می‌آورد. بعدها این روند ریشه‌دارتر گردید به‌نحوی که **همهٔ زمین‌ها به حکم فتوحات متعلق به شاه بود.**[2]

به‌تدریج وسعت زمین‌هایی که در اختیار حکومت قرار گرفت به همراه حق حاکمیت بی‌چون و چرای دولت بر زمین آن‌چنان عمیق و گسترده گردید که در ورای حق تملک

---

۱ - به نقل از: اباذر ورداسبی، *ایران در پویهٔ تاریخ*، ص ۵۹.
۲ - پیشین، گیرشمن، ص ۲۰۵.

حکومت، حق حاکمیت دیگری وجود نداشت. به گفتهٔ مرحوم نفیسی، در عهد ساسانیان ***طبقات متعدد و اکثریت بالایی از مردم ایران عملاً از حق برخورداری از مالکیت محروم بودند و این حق در انحصار طبقات مرتبط با حکومت در آمده بود.***[۱]

ما در اینجا به مقاطع بعدی سیر تحولات اجتماعی بالاخص بعد از ظهور اسلام وارد نمی‌شویم. سیر این تحولات به‌گونه‌ای مفصل در فصول بعدی آمده است. اما در اینجا به این نکتهٔ اساسی و مهم بایستی اشاره نماییم که اقتدار بی‌چون و چرای دولت، حاکمیت آن و بالاخره حق تملک نامحدود حکومت بر آب و زمین در مجموع دست نخورده سر از عصر ایران بعد از اسلام نیز به در آورد، با این تفاوت که «خلیفه» جانشین «شاه» شد. اگر قبلاً زمین به پادشاه تعلق داشت اکنون ***زمین فقط به خلیفه تعلق دارد.***[۲] ورود قبایل آسیای مرکزی به ایران از قرن یازدهم به بعد به اقتدار مطلق حکومت ابعاد گسترده‌تری بخشید.[۳] آنان معتقد بودند که هر کجا که قبیلهٔ آنان برای چرای احشامش می‌رود جزء قلمروی حکومت می‌شود.[۴] «شاردن» سیاح فرانسوی که در زمان شاه عباس دوم (۱۶۶۲-۱۶۴۲م.) به ایران آمده بود در سفرنامه‌اش می‌نویسد که سرتاسر مناطق قزوین، گیلان، مازندران، یزد، کرمان، خراسان و آذربایجان جزء املاک خاصه (متعلق به شاه) بود.[۵] «سانسون» سیاح دیگر اروپایی نیز رابطهٔ حکومت و مالکیت را در یک جمله جمع‌بندی می‌نماید:

> «تمام ایران ملک مطلق شاه است و تمام املاک به دلخواه او ضبط می‌شود و هر وقت بخواهد می‌تواند همهٔ آنها را ضبط کند.»[۶]

حاکمیت مطلق و حق تملک بی‌چون و چرای حکومت اگرچه همان‌طور که دیدیم براساس یک مبنای طبیعی پدید آمد، لکن ***به‌تدریج که جامعه به لحاظ اجتماعی پیچیده‌تر شد برای آن محملی الهی و آسمانی نیز به‌وجود آمد.*** این‌که دقیقاً حکومت از چه زمانی در ایران برای خود حقی آسمانی و الهی قایل شد به درستی معلوم نیست. اما قدر مسلم این است که این پدیده در روزگار شاهان هخامنشی کاملاً شکل گرفته و جا افتاده بود: ***شاهان هخامنشی خود را مأمور و برگزیده از جانب اهورامزدا دانسته و حکومت خود را وسیله‌ای برای خدمت به یزدان پاک***

---

۱ - سعید نفیسی، *تاریخ اجتماعی ایران از انقراض ساسانیان تا انقراض امویان*، انتشارات موسسهٔ مطالعات و تحقیقات اجتماعی دانشکدهٔ ادبیات دانشگاه تهران، ۱۳۴۲، ص ۳۵.

۲ - ان. ک. اس. لمبتون، *سیری در تاریخ ایران بعد از اسلام*، ترجمه یعقوب آژند، تهران، امیرکبیر، ۱۳۶۳، ص ۱۲۹.

۳ - نگاه کنید به فصل سوم همین کتاب.

۴ - همان، ص ۲۴.

۵ - همان، ص ۱۳۵.

۶ - همان، ص ۱۳۶.

می‌دانستند.[1] در کتیبه‌ای که از خسرو انوشیروان پادشاه ساسانی به‌دست آمده است وی پس از آن که خداوند را به مناسبت پادشاهی‌اش سپاس می‌گوید خطاب به بزرگان و رجال قوم می‌گوید «بدانید که مرا این پادشاهی خدای عزوجل داد ... چون خدای‌تعالی جهان به من داد من (هم) به شما (آن را) ارزانی داشتم...».[2]

تا آن‌جا که مربوط به ایران باستان می‌شود، پشتوانهٔ قداست و الهی بودن حکومت را آیین زرتشت فراهم آورد. به نظر می‌رسد فلسفهٔ سیاسی دین زرتشت را بتوان در اعتقاد به قداست، مشروعیت و حقانیت پادشاهان خلاصه نمود؛ به‌گونه‌ای که به مقام پادشاهی و به مقام دین همانند دو ستون برای استقرار و بقای جامعه نگریسته می‌شد. با این معنا که اساس پادشاهی بر دین استوار بود و از آن سرچشمه می‌گرفت و متقابلاً پادشاه نیز پاسدار و خدمتگزار دین توصیف می‌شد.[3]

این وجه از حکومت نیز همانند حق حاکمیت مطلق آن و حق مالکیت بی‌چون و چرایش، به عصر بعد از اسلام راه یافت که نتیجهٔ آن فرو رفتن حکام، سلاطین، فرمانروایان، شاهان و خلفا در هاله‌ای از قداست و مشروعیت بود. همانند عصر قبل از اسلام که شاهان ایرانی خود را برگزیدهٔ اهورامزدا و یزدان پاک می‌دانستند، به‌تدریج فرمانروایان ایرانی بعد از اسلام نیز جایگاهی آسمانی پیدا کردند، به‌نحوی که شاه مقام ***سایهٔ خدا*** را در زمین پیدا کرد و اطاعت امرش واجب شد. مرحوم مطهری «مرجئه» را به عنوان نخستین جریان فکری معرفی می‌کند که در جهت قداست و مشروعیت خدشه‌ناپذیر حکومت گام برداشت. آنان صراحتاً می‌گفتند ***پیشوا (رئیس حکومت) هر چند گناه کند مقامش باقی است و اطاعتش واجب است و نماز پشت سر او صحیح است.***[4] اصل خطاناپذیری و تقدس حکام به‌تدریج تحول یافته و باعث می‌شود تا سلاطین و امرا به جایگاهی رفیع دست یابند:

> «بدان که خدای‌تعالی قوتی به پیغمبران داده است، و قوت دیگر به پادشاهان و بر خلق روی زمین واجب کرده که بدان دو قوت بباید گروید و بدان راه راست ایزدی بدانست.»[5]

در وصف اطاعت از شاهان نیز به‌تدریج این اعتقاد پیش آمد که:

---

۱ - پیشین، گیرشمن، ص ۱۷۲-۱۷۱.
۲ - پیشین، حمید عنایت، ص ۴۷.
۳ - همان، ص ۵۷.
۴ - مرتضی مطهری، ***آشنایی با علوم اسلامی*** (۳ جلد)، تهران، دفتر انتشارات اسلامی (وابسته به جامعهٔ مدرسین حوزهٔ علمیهٔ قم)، ۱۳۵۸، ص ۱۶۰.
۵ - ادموند کلیفورد باسورث، ***تاریخ غزنویان***، ترجمهٔ حسن انوشه، تهران، امیرکبیر، ۱۳۵۶، ص ۶۱-۶۰.

«خدای تعالی پادشاه را زبردست (بالاتر) همهٔ مردمان آفریده است، باید که ایشان را چنان دارد که همیشه خویشتن‌شناس باشند و حلقهٔ بندگی از گوش بیرون نکنند.»[1]

حتی تا قرن نوزدهم نیز این نگرش والا و الهی از مقام حکومت و پادشاه ادامه یافت:

«شاه شبیه جانشین خداست و بر طبق مشیت خدا شاه شده و بنده‌ای را نشاید که سر از کمند اطاعت او پیچد.»[2]

در یک کلام، حکومت به‌تدریج نهادی مقدس، مشروع و واجب‌الاطاعه گردید که اطاعت امرش واجب، لازم، فریضه و تکلیف بود. نیازی به توضیح نیست که چنین نهادی نه تنها بر آب و زمین تملک و حاکمیت داشت، بلکه جان، مال، ناموس، زندگی و همه چیز دیگر مردم هم در دستش بود.[3]

چنین شد که حکومت در ایران بدل به قدرتی مطلق گردید. از مباشرت در امر آب و آب‌رسانی در اجتماعات اولیه، حکومت به مقامی آسمانی نایل گردید. بنابراین اگر نهادها، سازمان‌های سیاسی، تشکل‌های صنفی، اقتصادی و اجتماعی چندانی خارج از حکومت هرگز نتوانستند شکل بگیرند، بدین خاطر بود که قدرت مطلق به همراه قداست، مشروعیت، «صاحب‌اختیار» و «ولی نعمت» بودن همواره به‌گونه‌ای بی‌چون و چرا در ایران از آنِ حکومت یا الیگارشی حاکم بود. در مقابل، از مردم یا «رعیت» انتظار می‌رفت و به آنان تکلیف می‌شد که به اطاعت از حکومت شاهان و سلاطین گردن نهند.

جمع‌بندی و نتیجه‌گیری

شرایط اقلیمی حاکم بر فلات ایران، تا حدود زیادی با نوع ساختار سیاسی، اجتماعی و اقتصادی که در ایران به‌وجود آمدند ارتباط مستقیم پیدا می‌کند. کمبود آب را می‌توان بنیادی‌ترین ویژگی شرایط محیطی ایران توصیف نمود. با متوسط ریزش باران بین ۲۵ تا ۳۰ سانتی‌متر در سال که کمتر از یک سوم میانگین دنیا است، ایران را می‌توان به‌معنای دقیق کلمه جزء مناطق خشک جهان به حساب آورد. رشته کوه‌های پردامنه و مرتفع در شمال و غرب کشور همچون دو دیوار بلند، مانع از ورود ابرهای باران‌زا به مناطق مرکزی فلات ایران می‌شوند. فقدان رودخانه‌هایی که در تمامی فصول سال جاری باشند عامل بعدی کم‌آبی

---

۱ - همان، ص ۴۸.

۲ - پیشین، عبدالهادی حائری، ص ۳۲۵.

۳ - برای بحث بیشتر پیرامون مشروعیت، جایگاه و قدرت حکومت به فصل چهارم رجوع کنید.

ایران است. به‌استثنای زاینده‌رود در اصفهان و دز، کرخه و کارون در خوزستان، فلات ایران از نعمت برخورداری از آب‌های سطحی نیز محروم است. در جنوب کشور و در حاشیهٔ خلیج فارس هم علی‌رغم مجاورت با دریای آزاد به دلیل گرمای زیاد، کمبود باران و شوری خاک، وضعیت با سایر مناطق چندان تفاوتی ندارد. وضعیت جغرافیایی سخت حاکم بر ایران، باعث به‌وجود آمدن شرایط اجتماعی شده است که در مجموع برای توسعه و پیشرفت چندان مناسب نبوده است. پراکندگی اجتماعات اسکان‌یافته، زندگی عشایری و صحراگردی و بالاخره تمرکز مطلق قدرت در دست حکومت از جمله عوامل مهمی هستند که ارتباط مستقیم با شرایط اقلیمی ایران پیدا می‌کنند.

نخستین پیامد بلندمدت شرایط جغرافیایی ایران عبارت است از پراکندگی و دور بودن مناطق محل زندگی انسان‌ها از یکدیگر. به دلیل محدودیت آب، ایرانیان در هرکجا که امکان زندگی بوده ساکن شده‌اند. و از آن‌جا که شمار چنین اماکنی به دلیل کمبود منابع آبی بسیار کم، پراکنده و به دور از یکدیگر بوده، بنابراین مناطق اسکان‌یافته در ایران نیز محدود، پراکنده و غالباً به دور از یکدیگر به‌وجود آمده‌اند.

فواصل نسبتاً زیاد بین مناطق مسکونی به نوبهٔ خود باعث می‌شود که تماس بین مناطق مختلف بسیار کم باشد. در نتیجه بسیاری از مناطق مسکونی به حالت خودکفا، محصور و بدون ارتباطات گسترده‌ای با محیط بیرون از خود، بقا و دوام یافته‌اند. عامل بعدی که به در حصار قرار گرفتن مناطق اسکان‌یافته کمک می‌نمود محدودیت تولید بود. کمبود آب و زمین باعث می‌شد تا در مجموع، در بسیاری از مناطق محل زندگی، تولید غالباً در حد برآوردن حداقل نیازهای اولیهٔ انسان‌های همان محل باشد و چندان تولید مازاد بر مصرفی برای صدور به مناطق دیگر باقی نماند.

پیدایش زندگی صحرانشینی یا عشایری ویژگی مهم بعدی است که از شرایط محیطی ایران سرچشمه می‌گیرد. کمبود آب و مرتع از یک‌سو و اختلاف نسبتاً عمیق در دمای بین مناطق مختلف از سویی دیگر باعث گردید تا شماری از ساکنین فلات داخلی ایران به جای اسکان دایم در یک محل، همواره برای تأمین منابع غذایی خود و احشامشان از یک منطقه به منطقهٔ دیگر حرکت نمایند. در بخشی از سال صحرانشینان در یک منطقه چادر می‌زنند و با تغییر فصل (و در نتیجه گرم یا سرد شدن هوا) آن منطقه را ترک گفته و به منطقهٔ دیگری که شرایطش معتدل است کوچ می‌نمایند. از آن‌جا که صحرانشینان علی‌الدوام در حال حرکت و

پیامد مهم دیگر شرایط اقلیمی ایران، تمرکز قدرت در دست حکومت بود. اگر رابطهٔ پیامدهای قبلی با مسئلهٔ عقب‌ماندگی بالنسبه واضح بود، ارتباط بین موضوع اخیر با مسئلهٔ عقب‌ماندگی کمتر از چنین وضوحی بر خوردار است. دلیل این ابهام به ارتباط میان عقب‌ماندگی با ساختار سیاسی باز می‌گردد. به این معنا که تمرکز قدرت در دست حکومت لزوماً منجر به عقب‌ماندگی نمی‌شود بلکه این تمرکز نتایجی را به بار می‌آورد که به نوبهٔ خود ارتباط مستقیم‌تری با مسئلهٔ عقب‌ماندگی پیدا می‌کنند. به عبارت دیگر، این‌طور نیست که تمرکز قدرت در دست حکومت با نفس پیشرفت و ترقی جامعه‌ای در تضاد قرار گیرد. حتی می‌توان مواردی را ذکر کرد که یک حکومت مقتدر به کمک اعمال سیاست‌های متمرکز و برنامه‌ریزی شده، موفق به انجام اصلاحاتی هم شده باشد. همچنین می‌توان مواردی را نشان داد که بی‌ثباتی سیاسی و ضعف قدرت مرکزی یکی از عوامل عقب‌ماندگی بوده است. حداقل بخشی از پیشرفت اقتصادی و توسعهٔ اجتماعی ایران قبل از اسلام که منجر به پیدایش یکی از بزرگ‌ترین امپراتوری‌های عهد باستان شده بود به یکپارچگی و اقتدار حکومت‌های هخامنشیان و ساسانیان باز می‌گردید. این اقتدار از جمله باعث شده بود که ایرانیان از دست‌یابی بر مناطقی برخوردار شوند (همچون بین‌النهرین و شمال آن شامل هلال خضیب تا دریای مدیترانه) که انبار غله و محصولات کشاورزی عصر خود بودند.

اما اگر از یک زاویهٔ دیگر به اثرات بلندمدت‌تر مسئلهٔ تمرکز قدرت در دست حکومت بنگریم بایستی گفت که این تمرکز از سویی دیگر باعث شد تا امکان به‌وجود آمدن برخی از تحولات اجتماعی که لازمهٔ پیشرفت و توسعه هستند، یا به‌طور کامل از میان برود و یا عمیقاً کاهش یابد. از جملهٔ این تحولات پیدایش نهادهای اجتماعی، سیاسی و اقتصادی مستقل از حکومت است. همان‌طور که دیدیم در ایران برخلاف جوامع غربی هرگز مجال شکل‌گیری تشکیلات و سازمان‌های صنفی مستقل از حکومت به‌وجود نیامد. این پدیده، که از آن به نام ***استبداد شرقی***[1] هم نام برده می‌شود، در عمل بدین معنا بود که مشارکت مردم در امر هدایت جامعه، مدیریت و توسعهٔ آن ناچیز بوده است. عدم شرکت مردم در ادارهٔ جامعه‌شان را می‌توان در ساده‌ترین شکلش به این صورت تعریف نمود که استعدادها و توانایی‌های فردی در ایران کمتر مجال برای عرض اندام و شکوفایی پیدا کردند. در عوض آن‌چه اعمال گردید، هر سیاستی و هر تصمیمی اعم از سیاسی یا اجتماعی، فرهنگی یا اقتصادی، خرد یا کلان،

1 - Oriental despotism

۱۸۰

برای این «مدیریت» و «ریاست» محملی ماوراء الطبیعی نیز پیدا شد و به‌تدریج از زمان هخامنشیان سلاطین و شاهان (مدیران و رؤسا جامعه) نه تنها مقسم و مالک منابع طبیعی (آب و زمین) به شمار می‌آمدند بلکه پاسدار و حافظ دین و آیین جامعه نیز شدند. مقام آنان الهی بود و حکومت نیز ودیعه‌ای آسمانی به شمار می‌آمد که به شاهان واگذار شده بود و آنان خود را خدمتگزار اهورامزدا می‌دانستند. طبیعی است که چنین مقام والایی در جایگاه مؤاخذه قرار نمی‌گرفت و هیچ کس و هیچ مقام و نهادی قادر نبود نسبت به اعمال و رفتار آن نظارت داشته و از حکومت حساب‌کشی نماید. در نتیجه بهترین افکار، آرا و تدبیر از آنِ حکومت بود و بالطبع دیگر جایی برای نظارت و ارزیابی اعمال آن باقی نمی‌ماند چه رسد به انتقاد و مذمت.

چنین شیوهٔ نگرشی نسبت به حکومت و جایگاه رفیع آن تبعات اجتماعی مهمی را به بار آورد. از جمله مهم‌ترین آنها ضعف امر قضا و به رسمیت شناخته نشدن حقوق اجتماعی انسان‌ها بود. کم‌رنگ بودن نهاد مالکیت و به رسمیت شناخته نشدن آن از ناحیهٔ حکومت و صاحبان قدرت، پیامد دیگر بود. با قدرتی که حکومت پیدا نمود و اقتداری که از آن برخوردار گشت، احترام به حقوق دیگران از حق تملک آنان بر آب و زمین گرفته یا حق تشکیل اجتماعات صنفی، سیاسی، دینی، قومی، فرهنگی و ... معنا و مفهوم جدی نمی‌توانست داشته باشد. حکومت‌های مختلفی که به قدرت رسیدند نه تنها خود را مالک سرزمین‌های تحت تصرفشان می‌دانستند و به دلخواه در آن دخل و تصرف می‌نمودند، بلکه خود را مالک و صاحب مردمانش نیز می‌دانستند. در بهترین حالت، مردم برای حکام و سران قبایل چیزی بیش از **رعیت** به شمار نمی‌آمدند و به‌جز انقیاد و اطاعت محض از حکومت، وظیفهٔ دیگری نداشتند.

در یک کلام، نه تنها شرایط طبیعی حاکم بر فلات ایران چندان مناسب پیشرفت و توسعه نبود بلکه نوع ساختار سیاسی و اجتماعی که در نتیجهٔ این شرایط به‌وجود آمد نیز به نوبهٔ خود موانع بیشتری را بر سر راه پیشرفت و ترقی ایران قرار داد.

فصل سوم

از صعود تا نزول (۱۸۰۰-۱۰۰۰م.)

هجوم قبایل و صحرانشینان آسیای مرکزی به ایران

حدوداً از نیمهٔ دوم قرن دهم میلادی (نیمه دوم قرن چهارم هجری) قبایل و صحرانشینانی که در نواحی شمال و شمال شرقی ایران زندگی می‌کردند به‌تدریج از طریق تهاجم و جنگ و گریز سعی در ورود به ایران نمودند. در مناطقی که یک شخصیت نیرومند در قالب فرمانده این قبایل ظهور می‌کرد آهنگ پیشرفت و فتوحات آنان چه در مناطقی که صحرانشینان مستقر بودند و چه در داخل ایران و همهٔ ماوراءالنهر چشم‌گیرتر می‌شد و معمولاً به تشکیل حکومت یا سلسلهٔ جدیدی در ایران می‌انجامید. غزنویان و بعدها سلجوقیان نمونهٔ بارز چنین سلسله‌هایی هستند که هر دو در حقیقت قبایل ترک‌نژاد و ترکمن مستقر در آسیای مرکزی بودند و هر دو آنها در شرایطی که از رهبری مقتدر و جنگاور برخوردار بودند توانستند بر رقبای محلی خود فایق آمده و به آن‌چنان نیروی نظامی دست یابند که آنان را قادر سازد حکومت را در ایران تغییر دهند و سلسله‌های جدیدی ایجاد نمایند. هجوم چنگیزخان و تیمور نیز منطبق بر چنین الگویی بود.

ممکن است این پرسش به میان آید که نه ایران، نه آسیای مرکزی و نه قبایل مستقر در آن در قرن دهم به‌وجود نیامدند. همهٔ این سه عنصر قبلاً هم بوده‌اند، پس چگونه است که این قبایل قبلاً به ایران هجوم نمی‌آوردند. اگر هم جنگ و گریزی صورت می‌گرفت (که یقیناً هم این‌طور بوده است)، آنان هرگز فکر ورود به ایران را به خود راه نمی‌دادند چه رسد به این‌که حکومت را هم تغییر داده و خود قدرت را در دست بگیرند. حداکثر تعدی آنها به صورت حرکات چریکی در قالب ربودن احشام و اسیر گرفتن تعدادی از مرزنشینان داخل ایران بوده

است. پس چگونه می‌شود که از مقطعی (اواخر قرن دهم) آنان به جایی می‌رسند که قادر می‌شوند به ایران سرازیر شده و حکومت تشکیل دهند؟ پاسخی که می‌توان داد این است که تا قبل از حملهٔ اعراب در قرن هفتم و در نتیجه فروپاشی امپراتوری ساسانی، در ایران حکومتی بالنسبه متمرکز و نیرومند بر سر کار بود. در چنان شرایطی فکر حمله به ایران و تصرف بخشی از آن، کمتر این قبایل را وسوسه می‌کرده است. همان‌طور که اشاره شد، تحرکات آنان علیه ایران به صورت شبیخون و سرقت بوده؛ یعنی ورود و بازگشت سریع.

نکتهٔ دوم این‌که تا قبل از ورود اسلام به ایران، اصولاً بخش عمدهٔ آبادانی و مدنیت ایران در غرب بود (مناطق فعلی غرب کشور و بین‌النهرین در عراق). تیسفون و مناطق وسیع اطراف آن که مرکز امپراتوری ساسانی به شمار می‌آمدند در منطقهٔ شمال بغداد قرار داشت. این نواحی که در تاریخ به نام بین‌النهرین معروف هستند بین دو رود بزرگ دجله و فرات قرار دارند و از این دو رود مشروب می‌شوند، یکی از حاصل‌خیزترین مناطق دنیا هستند و به لحاظ نوع آب و هوا، امکانات طبیعی و دست‌یابی به دو رود بزرگ، یکی از نخستین مراکز پیدایش تمدن و شاید جزء اولین مناطق در دنیا باشند که شکل زندگی به صورت اسکان دایم در آن به‌وجود آمد. از بیش از یکصد شهر عمدهٔ ساسانی که فهرست شده است، هشتاد و دو شهر در غرب واقع بودند.[۱] بنابراین نواحی شمال شرقی ایران از جمله خراسان، بیشتر نواحی مرزی بوده‌اند و به عنوان هدف مهمی برای قبایل آسیای مرکزی که در شمال آن مستقر بودند به شمار نمی‌آمدند. تا قبل از اسلام، تنها اهمیت و مدنیت ناحیهٔ خراسان به واسطهٔ آن بود که در مسیر ***جادهٔ ابریشم*** یعنی مسیر ارتباط تجاری بین شرق و غرب قرار گرفته بود.

اما به دنبال ورود اسلام به ایران، دو تحول عمده در ناحیهٔ خراسان صورت گرفت. نخست آن که خراسان به عنوان پایگاهی برای ورود به منطقهٔ وسیع ماوراءالنهر درآمد. سپاهیان اسلام که شامل قبایل عرب و بعضاً ایرانی بودند در این منطقه مستقر شدند و از آن برای اردو زدن و لشکرکشی به شهرها و مناطق مختلف ماوراءالنهر استفاده می‌کردند. این تحول باعث گردید که خراسان به صورت مرکزی برای تجمع نیروهای نظامی اسلام درآید و از این لحاظ واجد اهمیت جدیدی شود. واضح است که حضور سپاهیان و قبایل مختلف عرب در ناحیهٔ خراسان با خود آبادانی، رونق و گسترش شهرنشینی را به دنبال می‌آورد. پروفسور «لمبتون» نیز به این نکته اشاره دارد و می‌نویسد که قرون اولیهٔ اسلام در

---

۱ – پیشین، ادموند کلیفورد باسورث، ص ۱۴۷.

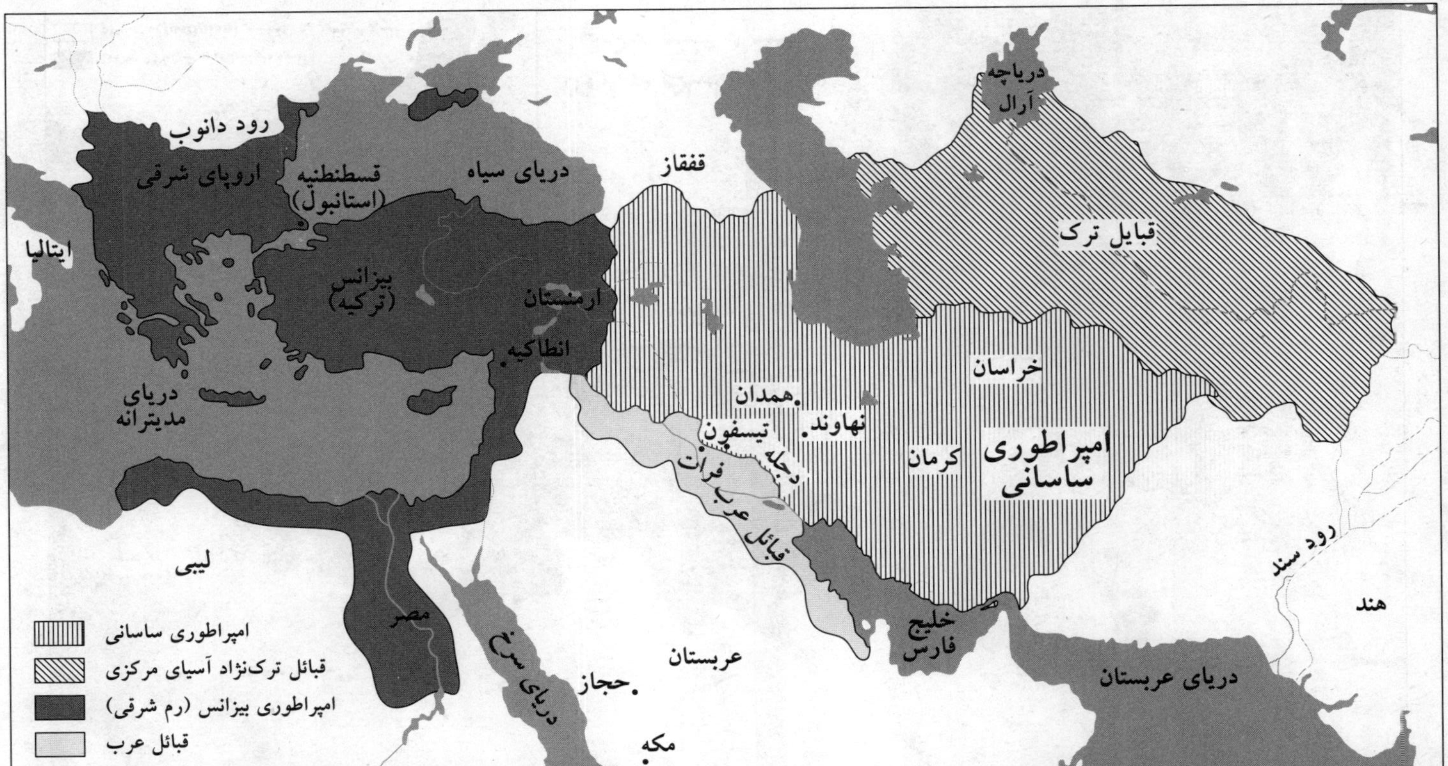

امپراطوری ساسانی قبل از حملهٔ اعراب در قرن هفتم میلادی

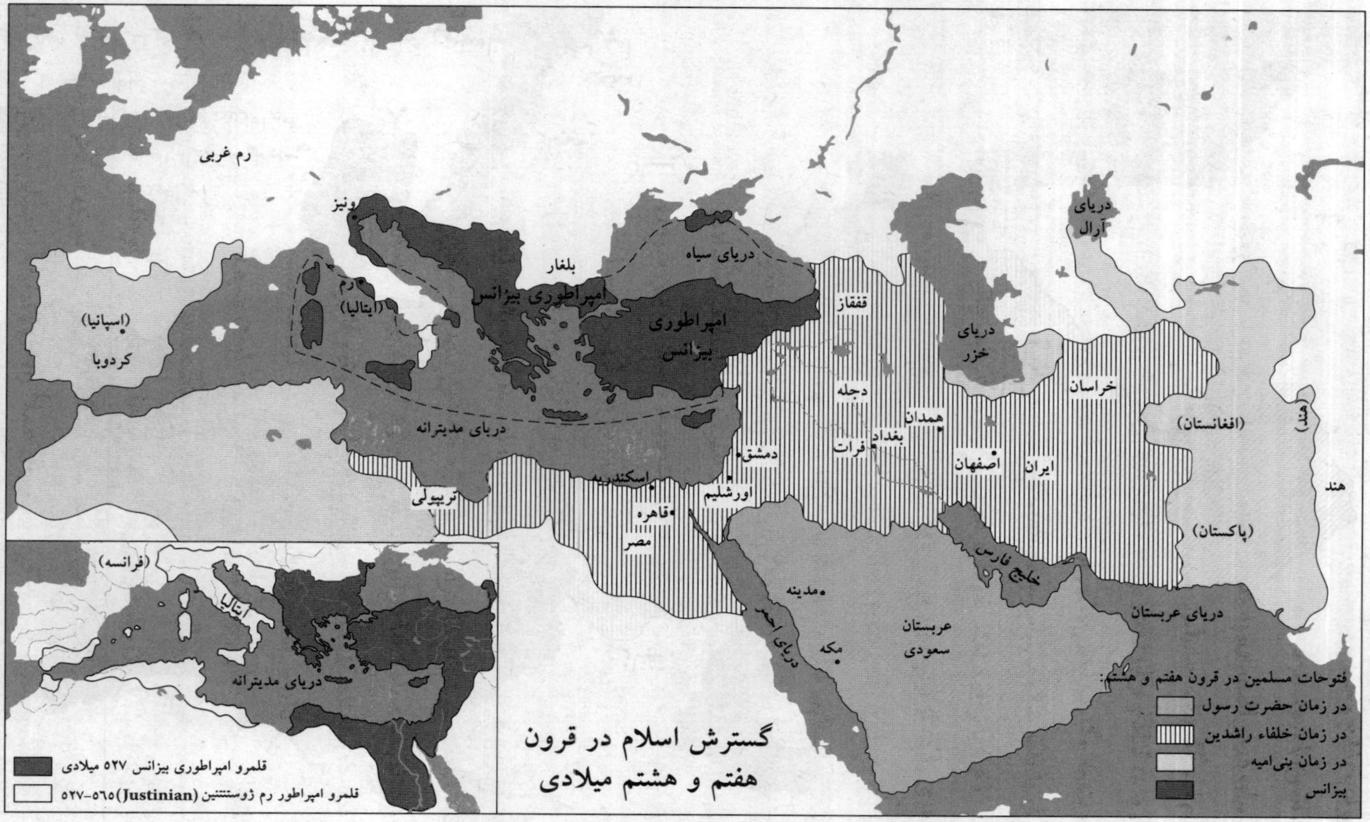

گسترش اسلام در قرون
هفتم و هشتم میلادی
رم غربی
ونیز
بلغار
دریای سیاه
رم
(ایتالیا)
(اسپانیا)
کردوبا
امپراطوری بیزانس
امپراطوری
بیزانس
قفقاز
دریای
خزر
دریای
آرال
خراسان
دجله
همدان
بغداد
فرات
دمشق
اسکندریه
اورشلیم
قاهره
مصر
تریپولی
دریای مدیترانه
اصفهان
ایران
(افغانستان)
(هند)
هند
(پاکستان)
خلیج فارس
مدینه
مکه
دریای احمر
عربستان
سعودی
دریای عربستان
(فرانسه)
ایتالیا
دریای مدیترانه
قلمرو امپراطوری بیزانس ۵۲۷ میلادی
قلمرو امپراطور رم ژوستنتنین (Justinian) ۵۶۵-۵۲۷
فتوحات مسلمین در قرون هفتم و هشتم:
در زمان حضرت رسول
در زمان خلفاء راشدین
در زمان بنی‌امیه
بیزانس

ایران شاهد رشد چشم‌گیر شهرها و مناطق شهرنشین بود. در بسیاری از مناطق ایران تولید بیش از مصرف بود و در حاشیهٔ شهرهای بزرگ مناطق وسیع کشاورزی به‌وجود آمده بود که از طریق سیستم آبیاری تغذیه می‌شد.[1]

تحول دوم به‌مراتب اساسی‌تر بود. قدرت مرکزی که تا قبل از حملهٔ اعراب به ایران وجود داشت و در عمل مانع هجوم قبایل آسیای مرکزی به ایران شده بود به‌تدریج از میان رفت. با اضمحلال امپراتوری ساسانی، ایران جزء قلمرو امپراتوری اسلام شد که مرکز قدرت آن ابتدا در دمشق و سپس در بغداد قرار گرفت. به عبارت دیگر، ایران از سوی دارالخلافه در بغداد اداره می‌شد.

در ابتدا که اسلام با خود پیام برابری و برادری را به ارمغان آورده بود، بالطبع ایرانیان رها شده از ستم ساسانیان دلیلی برای مخالفت با حکومت مستقر در دمشق یا بغداد نداشتند. اما به‌تدریج که از زمان «بنی‌امیه» عربیّت یا قومیّت عرب بر اسلام و پیام آزادی‌بخش آن سایه‌افکن گردید، ایرانیان مورد تحقیر و فشار اعراب قرار گرفتند و در نتیجه، آن روحیه و احساس وحدتی که در ابتدا در میان آنان نسبت به حکومت خلیفه به‌وجود آمده بود کم‌رنگ‌تر شد. به موازات آن ایرانیان اینجا و آن‌جا علیه بغداد سر به شورش برداشتند و گام در راه عدم اطاعت نهادند. در مواردی طغیان‌های آنان توسط حکومت بغداد با شکست مواجه شده و سرکوب می‌گردید و در مواردی دیگر آنان موفق می‌شدند لااقل برای مدتی حکومت‌های محلی تشکیل دهند. درعین‌حال امپراتوری اسلام رو به گسترش بود و اگرچه ایران یکی از نگین‌های ارزشمند این امپراتوری بود اما تنها نگین آن نبود. اسلام از غرب به سوی آفریقا و مدیترانه در حال گسترش بود و ظهور این یا آن قدرت محلی در ایران، مسئلهٔ مهم و خطر چندانی برای مرکز قدرت در بغداد به‌وجود نمی‌آورد؛ افزون بر این‌که ایرانیان نیز به‌تدریج به نوعی همزیستی با بغداد دست یافته بودند. به این معنا که رؤسای قدرت‌های محلی به جای ستیز مستمر با بغداد و نفی خلیفه، حاکمیت اسمی او را پذیرفتند و به نام او و از طرف او حکومت می‌کردند (البته بهای این تفاهم که پرداخت مالیات یا خراج به خلیفه در بغداد بود بالطبع رعایت می‌شد). به‌تدریج قدرت‌های محلی مبدل به سلسله و فرمانروایی شدند: صفاریان، طاهریان، آل‌بویه، آل زیار، کاکوییان و... نهایتاً سامانیان. یکی در سیستان، یکی در خراسان، یکی در طبرستان (مازندران امروزی)، یکی در ری، یکی در گیلان، یکی در

---

1 - op. cit., A.K.s Lambton, p. 158.

کرمان، یکی در مکران، یکی در فارس، یکی در... به عبارت دیگر، ***قدرت متمرکز و نیرومند ساسانی به‌تدریج و در طی یکی دو قرن اولیهٔ اسلام به مجموعه‌ای از خرده قدرت‌های محلی مبدل شد و قدرت مرکزی فقط اسماً وجود داشت (در هیأت خلیفه در بغداد) و عملاً از اقتدار چندانی در داخل ایران برخوردار نبود.***

بنابراین در طول دوسه قرن اولیهٔ ظهور اسلام در ایران دو تحول مهم به‌وجود آمد؛ از یک‌سو، خراسان به دلیل موقعیت استراتژیکش که دروازهٔ اسلام به ماوراءالنهر و شرق امپراتوری اسلام بود، بسیار پر رونق و آباد شد. از سویی دیگر، قدرت مرکزی که در گذشته مانع تاخت و تاز قبایل آسیای مرکزی به ایران بود به‌تدریج از میان رفت.

اما هنوز یک عنصر دیگر لازم بود که ایران را برای این قبایل مبدّل به هدفی ارزشمند نماید. این درست است که شمال و شرق ایران در عرض دو، سه قرن اولیهٔ اسلام، به تعبیر امروزی، «توسعه» بسیاری یافت، اما این توسعه بیشتر در قالب شهر و شهرنشینی یا پیدایش و توسعهٔ شهرها صورت گرفته بود که چندان نمی‌توانست مورد توجه قبایل باشد. یک شهر، هر قدر هم آباد و پر رونق، حداکثر توجهی که در قبایل ایجاد می‌کرد وسوسهٔ دستبرد و شبیخون را در آنان برمی‌انگیخت. ولی تصرف آن نمی‌توانست برای صحرانشینان که اساساً با شهر و شهرنشینی بیگانه بودند هدفی با اهمیت به شمار آید. بنابراین اگر قبایل آسیای مرکزی به ایران سرازیر شدند می‌بایستی هدف دیگری هم در سر داشته باشند. آن هدف مراتع شمال ایران از جمله ناحیهٔ خراسان بود که در مقایسه با استپ‌های فقیر آسیای مرکزی با زمستان‌های سرد و پربرفش، هدفی بس ارزنده به حساب می‌آمد.

***

اولین دسته از قبایل آسیای مرکزی که در حدود اواخر قرن دهم (چهارم هجری) به ایران سرازیر شدند ترکان غزنوی بودند که شهر غزنه در جنوب کابل مقر فرمانروایی آنان بود. پس از دست‌یابی آنان به قدرت و تشکیل حکومت، غزنه پایتخت ایران شد (در حدود سال ۱۰۰۰م. مطابق با اواخر قرن چهارم هجری).

ممکن است این ایراد گرفته شود که ترکان غزنوی سال‌ها قبل از آن که به حکومت برسند در دستگاه‌های حکومتی قبل از خود به عنوان فرماندهان و لشکریان دسته‌های مختلف سپاهیان سامانیان و دیگر فرمانروایان خدمت می‌کردند، بنابراین نمی‌توان و نبایستی آنان را صحرانشین توصیف نمود. بخشی از این ایراد صحیح است به این معنا که برخی از ترکان در

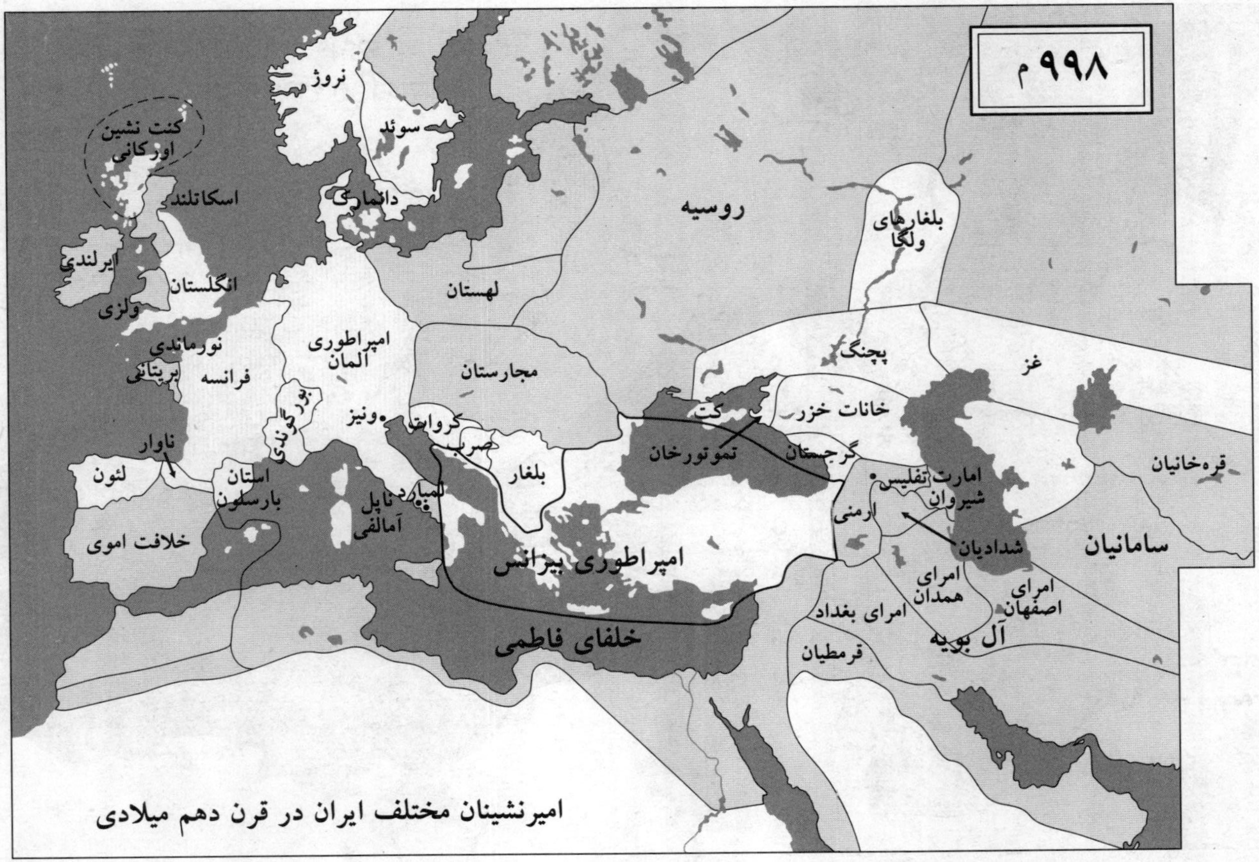

امیرنشینان مختلف ایران در قرن دهم میلادی

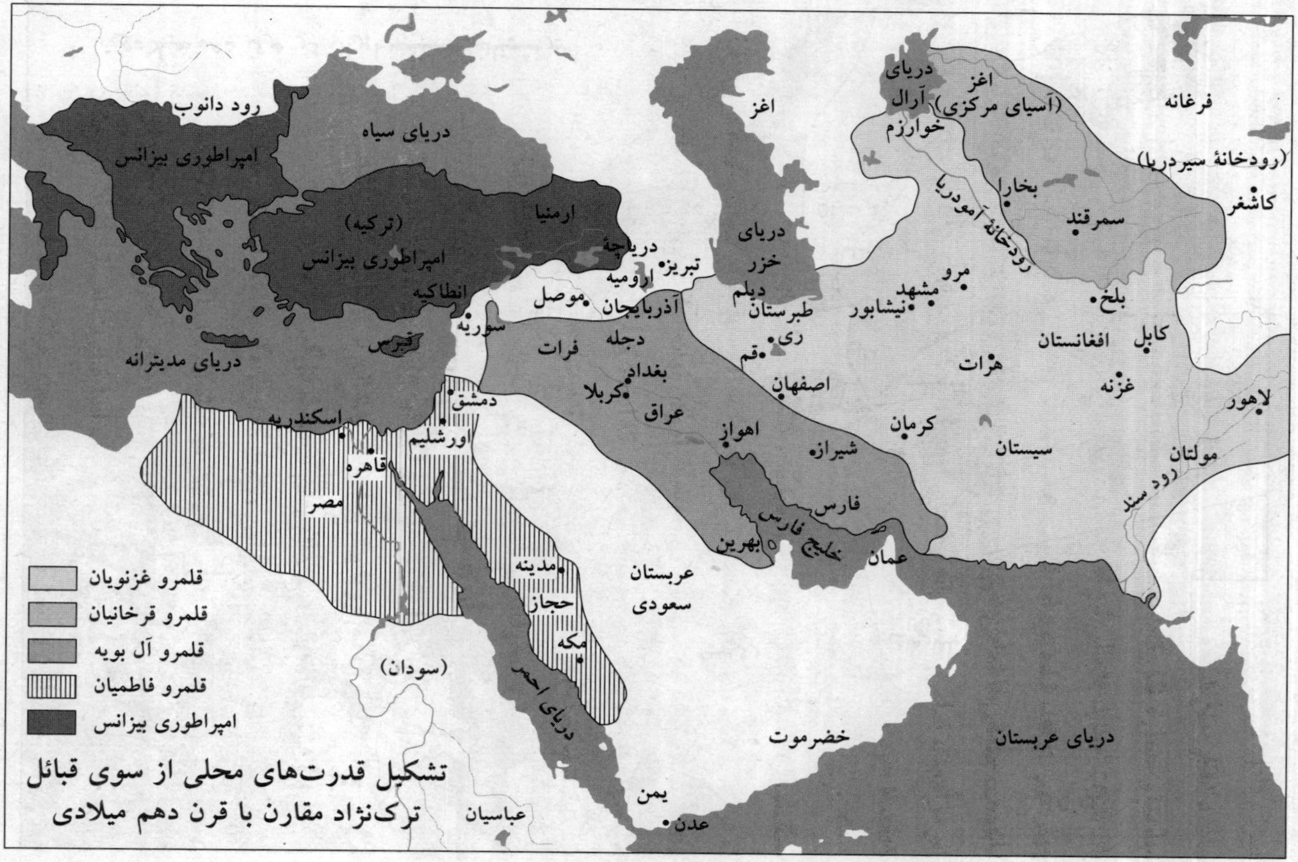

تشکیل قدرت‌های محلی از سوی قبائل
ترک‌نژاد مقارن با قرن دهم میلادی

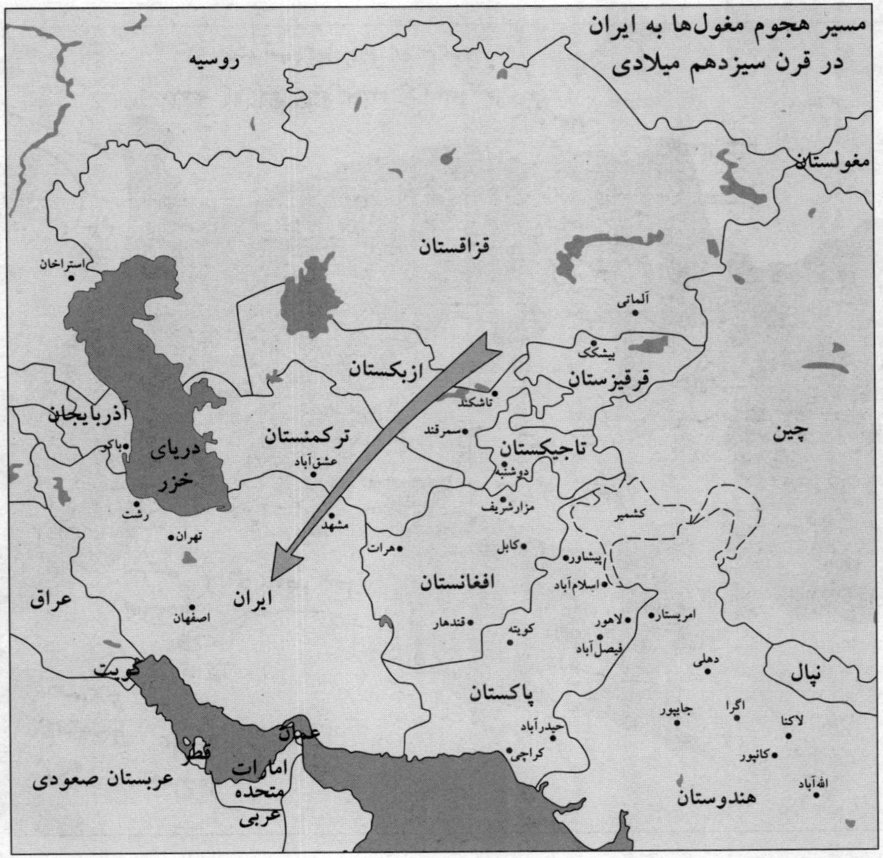

مسیر هجوم مغول‌ها به ایران
در قرن سیزدهم میلادی

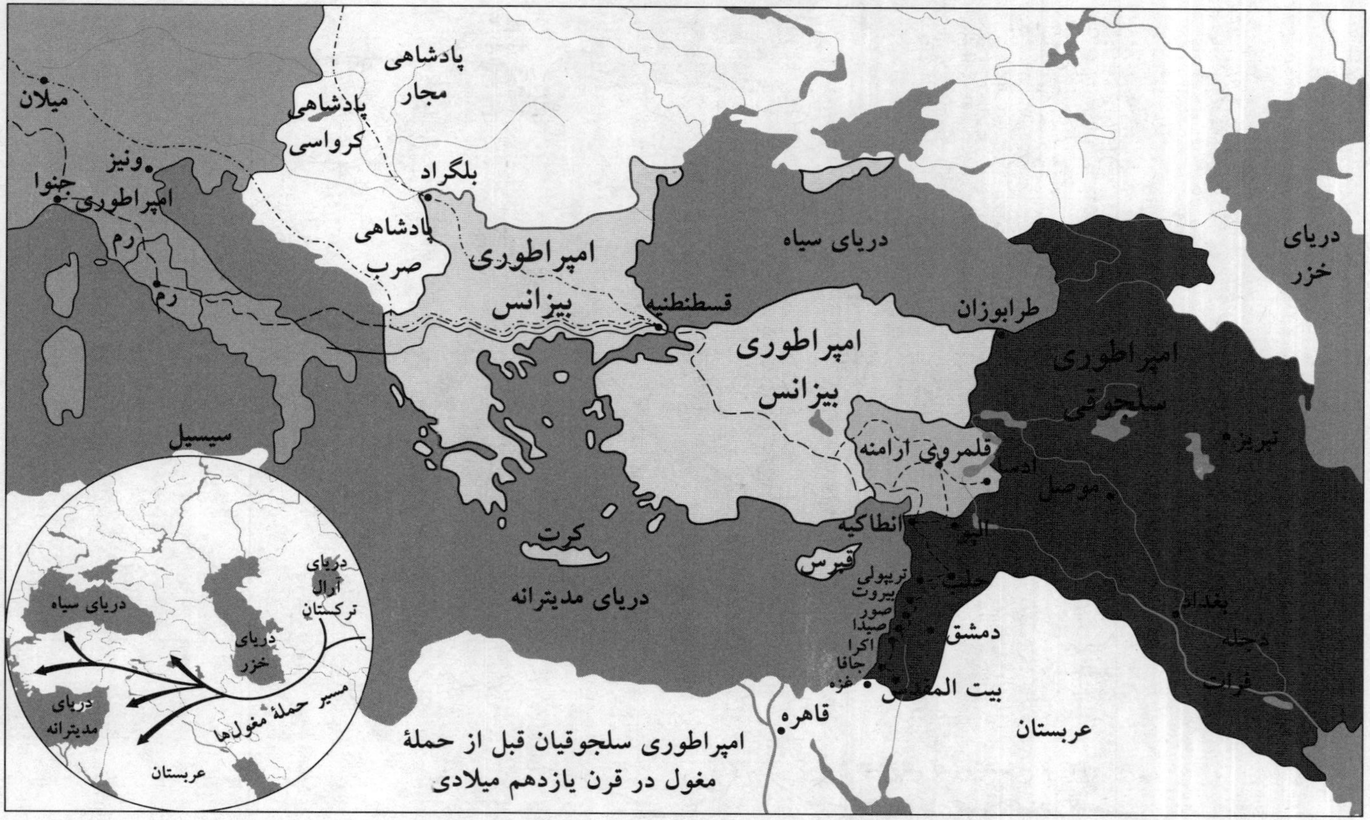

امپراطوری سلجوقیان قبل از حملهٔ
مغول در قرن یازدهم میلادی

ابتدا به عنوان برده و سپاهیان مزدور در دستگاه‌های نظامی حکومت‌های قبل از غزنویان حضور داشته‌اند. بالطبع به دلیل این حضور، آنان با بافت زندگی شهری و شهرنشینی تماس برقرار کرده و آشنا شده بودند. اما همان‌طور که مورخ ***تاریخ غزنویان*** استدلال می‌کند:

«... سلاطین دورهٔ اول غزنوی از لحاظ نژادی ترک بودند و حداقل تا عصر مسعود (یعنی در حقیقت ده سال آخر حکومت آنان) به ترکی سخن می‌گفتند. نباید نادیده گرفت که آنان تنها یکی دو نسل بود که از بیابان جدا شده بودند... ارتش غزنویان سنگر ملت و فکر ترکی بود زیرا بخش عمدهٔ این ارتش را ترکان تشکیل می‌دادند. آن دسته از مزدوران ترکی که از طریق خدمت به سامانیان داخل امپراتوری غزنوی شده بودند فرصتی داشتند تا خود را با عالم ایرانی - اسلامی تطبیق دهند، اما پیوسته عناصر تازه‌نفسی از ترکان با گذر کوتاهی از سرزمین‌های اسلامی امتداد ساحل جیحون از آسیای میانه می‌آمدند و این تازه‌واردان توازن ترکان بالنسبه وحشی و ساده‌دل را در میان رسته‌های سپاه غزنوی حفظ می‌کردند.»[1]

به عبارت دیگر، در مقابل آن دسته از افراد قبایل ترک که با شهرنشینی آشنا شده بودند، منظماً صحرانشینان بیشتری وارد ایران می‌شدند و توازن حکومت و - صحیح‌تر گفته باشیم - قدرت نظامی را به نفع تازه‌واردان تغییر می‌دادند. «بیهقی» نیز در تاریخ خود نقل می‌کند که چگونه فرمانروایان اولیهٔ ترکان علی‌رغم آن که از نظر نظامی پیشرفت‌های چشم‌گیری کرده بودند، در زمینهٔ ادارهٔ جامعه آن‌چنان بی‌تجربه و ناآگاه بودند که «امروز را از فردا قادر نبودند چاره سازند».[2] در نتیجه عنصر قومی و منش قبیله‌گرایی و صحرانشینی با استقرار غزنویان در دستگاه حکومت، به صورت بخش قابل توجهی از مختصات اجتماعی و اقتصادی حاکم بر جامعهٔ آن‌روز ایران درآمد.

اگر بخواهیم تاریخ دقیق فرمانروایی قبایل ترکان غزنوی را ذکر نماییم، باید بگوییم که نخستین سردار غزنوی در سال ۹۶۳ م. (۳۵۲ هـ.) و آخرین آنان تا سال ۱۰۹۹ م. (۴۹۰ هـ.) فرمانروایی نمودند. اما این بدان معنا نیست که غزنویان ۱۳۶ سال حکومت کردند. فی‌الواقع عمر اصلی فرمانروایی غزنویان بر ایران به‌مراتب کمتر از این مدت بود و تقریباً به ثلث آن هم نمی‌رسید. البته این سردار غزنوی یا آن فرمانروا (بعضاً هم تحت عنوان شاه یا سلطان) بر منطقه‌ای حکم می‌راند، اما یا حوزهٔ حکومت او منحصر به قلمرو بسیار محدودی می‌گردید و یا این‌که فرمانروایی‌اش صرفاً اسمی بود و او در عمل مطیع قدرت بزرگ‌تری بود. آن‌چه در تاریخ به نام «امپراتوری غزنوی» خوانده می‌شود در حقیقت محدود می‌گردد به فرمانروایی

---

۱ - پیشین، ادموند کلیفورد باسورث، ص ۵۵-۵۴.
۲ - همان، ص ۵۵.

سی‌ودو سالهٔ سلطان محمود غزنوی (۱۰۳۰ - ۹۹۸ م./ ۴۲۱ - ۳۸۹ هـ.).

اما این امپراتوری پس از مرگ سلطان محمود به‌تدریج طی ده سال حکومت سلطان مسعود (۱۰۴۰ - ۱۰۳۰ م.) از تصرف غزنویان خارج گردید. مجموعهٔ قلمرویی را که سلطان محمود در نتیجهٔ سی سال پیکارهای خستگی‌ناپذیر به‌دست آورده بود، در ده سال بعدی و در نتیجهٔ جنگ‌های جدید، از هم پاشید. در یک کلام، آمد و رفت ترکان در قالب حکومت غزنویان را می‌توان در نیم قرن جنگ و ویرانی و تاخت و تاز قبایل و صحرانشینان بر مناطق شهری ایران خلاصه نمود.

پس از ترکان نوبت به قبایل ترکمن آسیای میانه رسید. آنان از نیمهٔ دوم قرن یازدهم پای در جای پای ترکان غزنوی گذاردند. آن‌چه ما در تاریخ به نام شاهان و سلاطین اولیهٔ دودمان سلجوقیان می‌نامیم در حقیقت رؤسای قبایل و طوایف ترکمن بودند که استعدادهای نظامی و سپاهی‌گری‌شان در کنار عوامل دیگر، آنان را بر ایران مسلط می‌سازد. شیوهٔ به قدرت رسیدن ترکمن‌ها و تشکیل سلسلهٔ سلجوقیان از بسیاری جهات مشابه روند به قدرت رسیدن ترکان بود. فرماندهان اولیهٔ ترکمن‌ها، چغری، یبغو و معروف‌تر از همه طغرل‌بیگ که به عنوان اولین پادشاه سلجوقیان نام گرفت، از اواخر دههٔ ۱۰۳۰ م. (در زمان فرمانروایی سلطان مسعود) تهاجمات خود را آغاز نمودند. در ابتدا مرو، سپس خوارزم و سرانجام خراسان تا سال ۱۰۴۰ م. (۴۳۱ هـ.) به‌دست ترکمن‌ها افتاد. در پانزده سال بعدی ترکمن‌ها موفق به تصرف کامل ماوراءالنهر، طبرستان (مازندران)، کرمان و فارس شدند. در زمان جانشین طغرل، آلب ارسلان، حدود متصرفات ترکمن‌ها از آذربایجان نیز گذشته و به نواحی ارمنستان و بخش‌هایی از آسیای صغیر (ترکیه) رسید. در زمان ملکشاه (۱۰۹۲ - ۱۰۷۲ م.)، ترکمن‌ها موفق شدند سراسر آسیای مسلمان را به تصرف خود درآورند (از منتهی‌الیه ماوراءالنهر در شرق و مناطقی از هند تا سواحل دریای مدیترانه در غرب). اما همانند ترکان، که امپراتوری‌شان در زمان سلطان محمود به اوج قدرت خود رسید و سپس راه اضمحلال پیش گرفت، امپراتوری ترکمن‌ها نیز از اوایل قرن دوازدهم شروع به فروپاشی نمود. سلطان سنجر، آخرین فرمانروای نیرومند سلجوقی عملاً فقط بر مناطق شرقی این امپراتوری فرمان می‌راند. مناطق غربی عمدتاً به‌دست قبایل ترک و ترکمن‌های رقیب سلاجقه اداره می‌شد. اگر شروع قدرتمندی ترکمن‌ها را از اواسط قرن یازدهم بدانیم، افول آنان از نیمهٔ دوم قرن دوازدهم آغاز گردید. به عبارت دیگر از ۱۰۰۰ تا ۱۲۰۰ م.، ایران صحنهٔ قدرت‌نمایی قبایل

آسیای مرکزی بود. اگرچه ما عمدتاً از ترکان و ترکمن‌ها در قالب فرمانروایی غزنویان و سلجوقیان نام می‌بریم، اما تسلط قبایل و صحرانشینان بر ایران در طی این دو قرن (و قبل از آن) صرفاً محدود به این دو جریان نبود. در کنار - یا صحیح‌تر بگوییم - در حاشیهٔ آنان، از قبایل ترک‌نژاد دیگر آسیای مرکزی همچون قراختاییان، قراخانیان، چغانیان، زیاریان، سیمجوریان، خوارزمشاهیان و ده‌ها قبیله و طایفهٔ بزرگ و کوچک دیگر بایستی نام ببریم که معمولاً در شرایطی که سلطان محمود یا طغرل‌بیگ نامی، قدرت مطلق را در اختیار داشتند، آنها مطیع بودند اما به مجرد آن که قدرت فرمانروایی مطلق اندکی سست می‌گردید آنان بسته به استعداد نظامی‌شان سر برداشته و به اصطلاح به **ترک‌تازی** می‌پرداختند، تا این‌که مجدداً قدرت دیگری ظهور کند و آنان را مطیع سازد.

اما مصیبت بزرگ‌تر هنوز در راه بود. مصیبتی که تاخت و تاز تاتارها، ترک‌ها و ترکمن‌ها در مقایسه با آن همانند نیش پشه در مقابل زهر افعی است. اگر ترک‌ها این شهر یا آن منطقه را از ترکمن‌ها یا قبیلهٔ دیگری در طی جنگی می‌گرفتند و در نتیجه شماری از مردم آن منطقه کشته می‌شدند و یا بخشی از استحکامات و ابنیهٔ شهر از بین می‌رفت، مغولان با از بین بردن کامل شهر و منطقه اساساً چیزی بر جای نمی‌گذاردند. اگر ترک‌ها و ترکمن‌ها پس از عبور از کشتزاری، نیمه‌ویرانه و نیمه‌سوخته‌ای از آن برجای می‌گذاردند، پس از گذشتن مغولان دیگر چیزی بر جای نمی‌ماند که نیمه باشد یا ربع یا عشر. مغولان از اوایل قرن سیزدهم میلادی همچون امواج طاعون از دشت گبی (کشور مغولستان امروزی) سرازیر شدند. اگرچه پس از نیم قرن آنان به اسلام گرویدند و دودمان ایلخانان را تشکیل دادند (۱۳۳۵-۱۲۵۶ م./۷۲۷-۶۴۸ ه.)، اما ضرباتی که ایران در نیمهٔ اول قرن سیزدهم از مغولان خورد آن‌چنان گسترده، عمیق و همه‌جانبه بود که می‌توان گفت ایران دیگر نتوانست کمر راست کند. فی‌الواقع روند افول یا انحطاطی که از اوایل قرن یازدهم با هجوم اولین دسته‌های قبایل آسیای مرکزی به ایران آغاز گردید، تا اواسط قرن سیزدهم و به‌دست مغولان به اوج خود رسید و کامل شد؛ افولی که نتیجهٔ منطقی آن ایران قرن نوزدهم شد.

اما ببینیم پیامدهای بلندمدت هجوم‌های قبایل آسیای مرکزی به ایران به چه صورتی جلوه‌گر شدند. ما در تاریخمان زیاد می‌خوانیم که غزنویان امپراتوری وسیعی به‌وجود آوردند، مغولان خرابی و کشتار زیاد به بار آوردند، سلجوقیان آسیای صغیر را مسخّر کردند، خوارزمشاهیان فتوحات بسیاری داشتند و... اما آن‌چه کمتر می‌خوانیم و به ما آموخته

می‌شود این است که این ظهور و سقوط‌ها، این کشورگشایی‌ها، این ایجاد و زوال امپراتوری‌ها، این کشت و کشتارها چه پیامدهای بلندمدت اقتصادی، سیاسی، اجتماعی و فرهنگی به‌وجود آوردند و زمینه‌ساز چه تحولات و تغییراتی شدند. ما در تاریخ بسیار می‌خوانیم که سلطان محمود غزنوی هفده بار به هندوستان لشکر کشید و یا مغول‌ها این یا آن شهر را با خاک یکسان نمودند و مردم آن را از دم تیغ گذراندند و... چه‌ها که نکردند. اما آن‌چه کمتر مورد کنکاش قرار می‌گیرد این است که این هفده بار لشکرکشی به هند، از بین بردن یک شهر و گذراندن خلایق آن از دم تیغ، در عمل و بر حیات آن اجتماع و نسل‌های بعدی‌اش چه تأثیراتی گذاشت؟ آیا می‌توان، به عنوان مثال، بین نتایج بلندمدت اقتصادی، سیاسی و اجتماعی هفده‌بار لشکرکشی سلطان محمود غزنوی به هند و اساساً نتایج بلندمدت تاخت و تازهایی که بین قرون یازدهم تا چهاردهم در ایران صورت گرفت با مسئلهٔ عقب‌ماندگی ایران در قرن نوزدهم ارتباطی ایجاد نمود؟ و اگر پاسخ مثبت باشد، این ارتباط چگونه و به چه صورتی است؟

***

در ابتدا می‌بایستی تصویری کلی از موقعیت ایران، یا صحیح‌تر گفته باشیم آن بخش از ایران که در قرن یازدهم مورد هجوم قرار گرفت به‌دست آوریم. به نظر می‌رسد که این نواحی از ایران در آن برهه، از رونق اقتصادی قابل‌ملاحظه‌ای برخوردار بوده‌است. اصولاً بخشی از این نواحی، یعنی مناطق شمال و شمال شرقی ایران (خراسان و ماوراءالنهر) به دلیل قرار گرفتنشان در مسیر تاریخی «راه ابریشم» یعنی مسیر ارتباط تجاری مابین شرق و غرب، همواره از موقعیت بالنسبه بهتری از نظر تجاری برخوردار بودند. توسعه‌ای که پیش‌تر بدان اشاره داشتیم و در نتیجهٔ ظهور اسلام در این منطقه از ایران به‌وجود آمد، امر تجارت و اقتصاد را رونق بسزایی بخشید. امنیت و مرکزیت نسبی که در نتیجهٔ بیش از یک قرن حکومت سامانیان در ماوراءالنهر و خراسان به‌وجود آمد، شرایط مطلوبی برای شکوفایی اقتصادی این مناطق فراهم آورد. با پهناورتر شدن قلمرو اسلام در شرق، بالطبع حجم مبادلات تجاری در این قلمرو افزایش یافت. به تدریج بخش عمده‌ای از مسیر تاریخی «جادهٔ ابریشم»، که تا قبل از ظهور اسلام شامل مناطق مختلفی از جهت تقسیم‌بندی کشوری می‌شد، با گسترش اسلام عملاً فقط شامل یک منطقه یا یک کشور شد که آن هم قلمرو امپراتوری اسلام بود. به‌استثنای امپراتوری چین و مناطقی از شرق هندوستان، مابقی مسیر «راه ابریشم» عمدتاً از

امپراطوری سلجوقیان در اوج قدرت
آن در قرن یازدهم میلادی

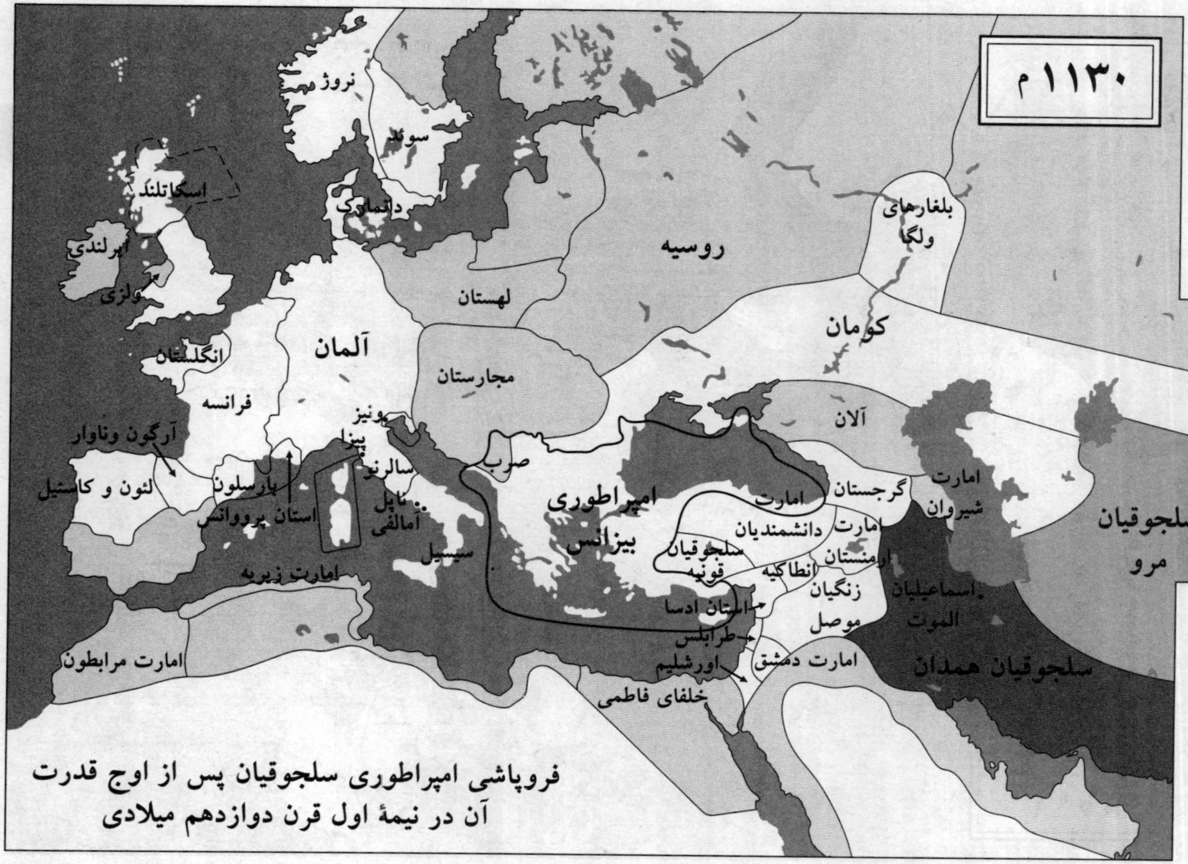

فروپاشی امپراطوری سلجوقیان پس از اوج قدرت
آن در نیمهٔ اول قرن دوازدهم میلادی

داخل امپراتوری اسلام می‌گذشت. از مناطق غربی هندوستان (پاکستان فعلی) و ماوراءالنهر، تا خراسان و آسیای صغیر و دریای مدیترانه یعنی مدخل اروپا جملگی جزء امپراتوری اسلامی می‌شد. نیازی به توضیح نیست که هر قدر تقسیم مسیر تجارت به قدرت‌های مختلف در امر عبور کالا دردسر ایجاد می‌کند، کاهش این قدرت‌ها به یکی، باعث تسهیل عبور و مرور کالا می‌شود. حداقل بخشی از رونق اقتصادی حاکم بر مناطق شمالی و شمال شرقی ایران (یا امپراتوری اسلامی) در حقیقت از گسترش تجارت بین شرق و غرب نشأت می‌گرفت.

علاوه بر مسیر تجاری بین شرق و غرب، در خراسان، یک مسیر شمالی - جنوبی نیز نواحی آن را از طریق کرمان و فارس به خلیج‌فارس پیوند می‌داد. در خلیج فارس، ایران از سه طریق به تجارت بین‌المللی ارتباط پیدا می‌نمود: از طریق سواحل اقیانوس هند به شرق، از طریق جنوب خلیج‌فارس به عدن و از آن‌جا به شمال آفریقا (مصر) و دریای مدیترانه و اروپا و از طریق شمال خلیج‌فارس، بصره، بغداد به لوانت (لبنان، سوریه و فلسطین) به دریای مدیترانه و اروپا. مجموعهٔ این عوامل سبب شده بود که:

> «جغرافی‌دانان، ***خراسان نیمهٔ دوم قرن دهم میلادی را مرکز جهانی داد و ستد***، میعادگاه بازرگانان عراق و مصر، بارانداز خوارزم، ری و گرگان و مرکز توزیع کالا به فارس، سند و کرمان و ***ساکنان آن را ثروتمندترین مردم توصیف کرده‌اند.***»[1]

«ابن‌حوقل» مورخ و جغرافی‌دان بزرگ عرب در قرن یازدهم، می‌نویسد که در ماوراءالنهر بیش از ۲۰۰ شهر وجود داشته. در منبع دیگر، **حدودالعالم**، رقم ۱۷۱ ذکر شده است. به‌علاوه هر دو منبع نوشته‌اند که برخی از این شهرها از جهت صنعت و تجارت اهمیت فراوانی داشته‌اند.[2]

> «... متاع سمرقند و بخارا از یک طرف به داخل ایران و شهرهای بزرگ آن پراکنده می‌گشت و از آن‌جا به عراق و آسیای صغیر (ترکیه) می‌رفت و از سوی دیگر در چین و هندوستان رواج یافت و حتی قراینی در دست است که از راه مغرب دریای خزر به ممالک شمالی اروپا نیز می‌رفته است....»[3]

اگر در این نقل‌قول‌ها دقیق‌تر شویم اهمیت اطلاعاتی که به‌دست ما می‌دهند روشن‌تر می‌گردد.[4] مورخین می‌گویند کالاهای تولید شده در منطقهٔ شمال شرقی ایران نه تنها به شرق

---

۱ - همان، ص ۱۵۱.

۲ - پیشین، مرتضی راوندی، ص ۶۶۷.

۳ - همان، ص ۶۶۵.

۴ - پیرامون رونق این مناطق از ایران همچنین می‌توانید مراجعه کنید به: عبدالحسین زرین‌کوب، ***تاریخ ایران بعد از اسلام***، انتشارات وزارت آموزش و پرورش، تهران، ۱۳۴۳، ص ۵۸۸-۵۸۳.

(چین و هندوستان) می‌رفته بلکه راهی غرب، یعنی عراق و آسیای صغیر نیز می‌شده است. این دو ناحیهٔ اخیر (بین‌النهرین و آسیای صغیر)، علاوه بر آن که به لحاظ آبادانی که در آن قرون داشته‌اند، خود مصرف‌کنندگان بزرگی بوده‌اند – همان‌طور که اشاره شد – مسیر حمل کالا نیز بوده‌اند. کالا از آسیای صغیر به قسطنطنیه (استانبول) وارد می‌شده و از آن‌جا با کشتی از طریق دریای سیاه به شمال و حوزهٔ بالکان صادر، و از مسیر جنوب به بنادر ونیز و جنوا (ایتالیا) برای توزیع در منطقهٔ مدیترانه و اروپا حمل می‌شده است. مسیر عراق نیز که در نقل‌قول‌ها آمده، همچنین جدای از آن که خود بازار وسیعی بوده است، پل ارتباطی به دریای مدیترانه از طریق سواحل لوانت (سوریه، لبنان، فلسطین) و از آن‌جا به نواحی جنوبی مدیترانه و اروپا بوده است.

سؤال دیگر این است که این امتعه یا به زبان امروزه «صادرات» چه بوده‌اند؟ و مقدار و حجم آن چه میزان بوده است؟ در مورد پرسش دوم اطلاعات چندانی در دست نیست. اما در مورد این‌که چه کالاهایی از شرق به غرب می‌رفته، مورخین آن دوره اطلاعات بیشتری به ما می‌دهند. «المقدسی» می‌نویسد از ترمذ (شمال شرقی خراسان) عمدتاً صابون، ادویه‌جات، گیاهان دارویی صادر می‌شده است.[1] نه او و نه دیگر مؤلفین مشخص نمی‌کنند که آیا ادویه‌جات و گیاهان دارویی محلی بوده یا از هند می‌آمده و صرفاً از این ناحیه عبور می‌کرده. به ظنّ قوی بخش قابل توجهی از ادویه‌جات از هند می‌آمده، اما گیاهان دارویی هم می‌توانسته محلی باشد و هم وارده از هندوستان. اگر در مورد «صادرات» ناحیهٔ ترمذ ابهامی وجود داشته باشد، لیست کالاهای مناطق دیگر کمتر با چنین مشکلی مواجه‌اند. به عنوان مثال، از بخارا پارچه و انواع منسوجات (نخی، کتانی، پشمی)، چراغ‌های مسی، مواد شیمیایی (روغن و چربی‌ها)، افسار و لوازم سواری؛ از شهر ربنجن ظروف قلعی، چرم، گوگرد؛ از خوارزم انواع پوست، شمع، تیر و کمان، کلاه‌خود، چسب (سریشم)، روغن کرچک، شمشیر، نیزه، گوسفند، انگور، بادام، قفل، گاوآهن، پنیر، ماهی، قایق؛ از سمرقند انواع پارچه، ادوات ساخته شده از نقره، ظروف بزرگ فلزی، لوازم سواری (رکاب، دهنه، زین)، کمربند، سوزن، گندم، کاغذ، وسایل جنگی (تسلیحات)، آهن، گاو، اسب و ... صادر می‌شده است.[2]

نگاه دقیق‌تری به این لیست نشان‌دهندهٔ این واقعیت است که همانند ممالک پیشرفتهٔ

---

۱ - به نقل از: پیشین، مرتضی راوندی، ص ۶۶۳.
۲ - همان، ص ۶۶۴-۶۶۳.

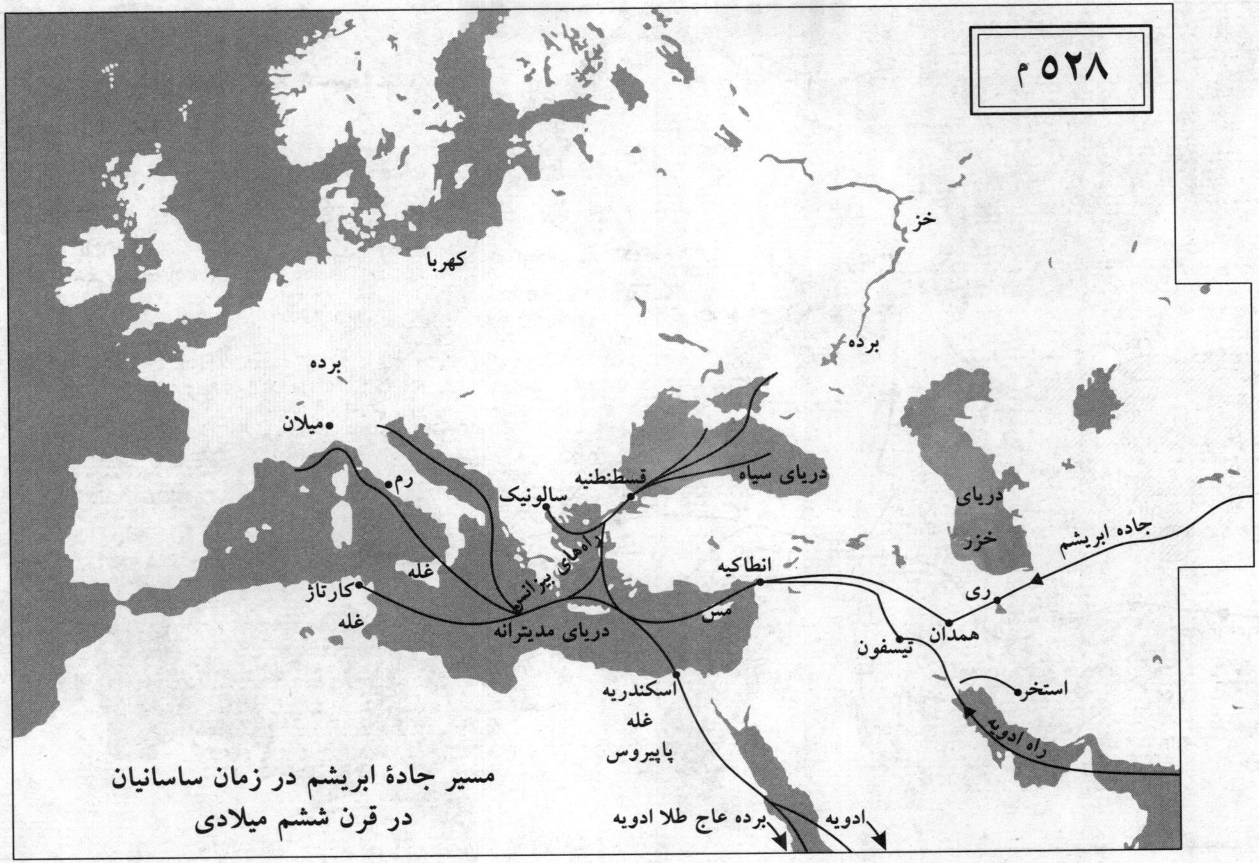

مسیر جادهٔ ابریشم در زمان ساسانیان
در قرن ششم میلادی

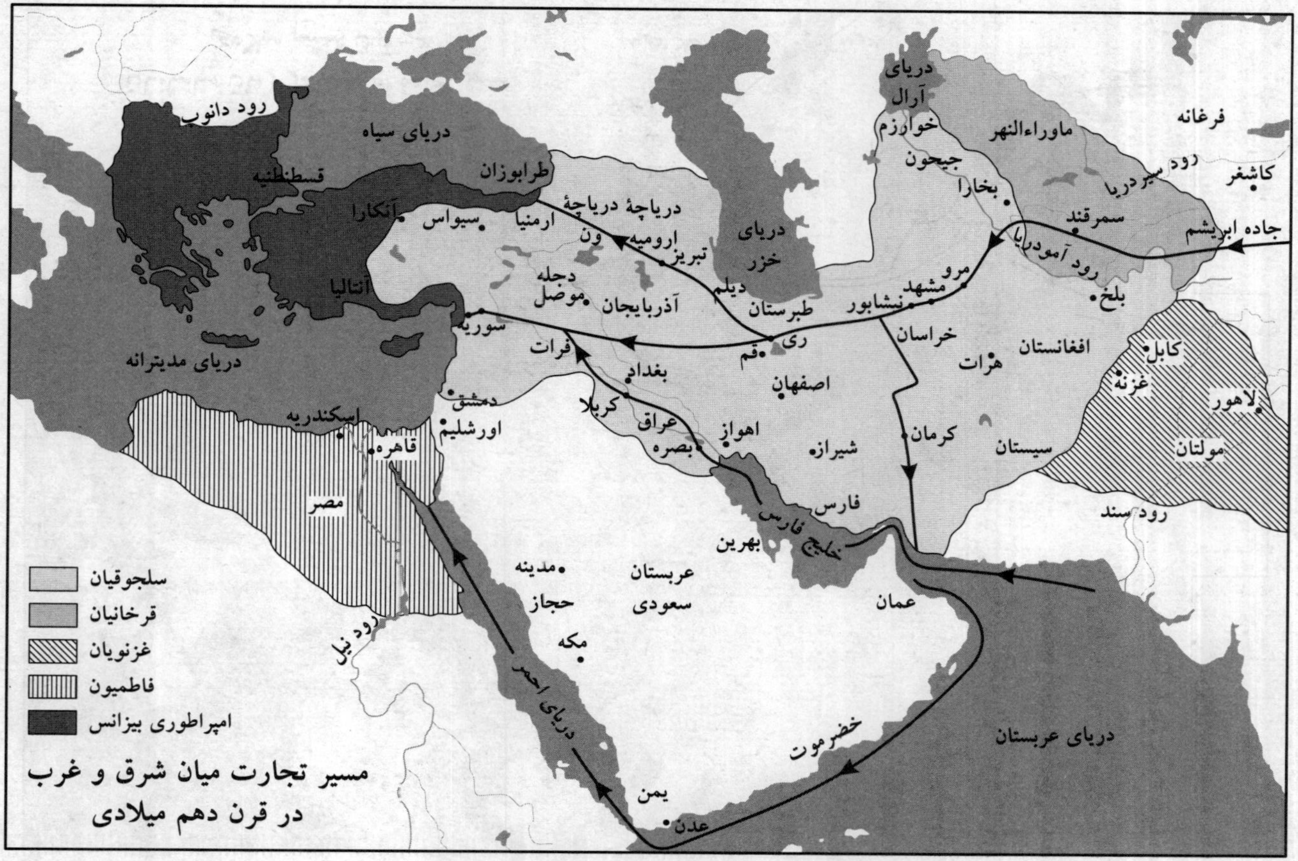

مسیر تجارت میان شرق و غرب
در قرن دهم میلادی

امروزی که نوعاً در هر دو زمینهٔ صنعت و کشاورزی کارآمد هستند، ایران آن‌روز (یا حداقل آن منطقه از ایران آن‌روز) هم در زمینهٔ کشاورزی و هم در زمینهٔ تولیدات صنعتی سرآمد بوده است. لیستی که مورخین ذکر می‌کنند شامل هم تولیدات کشاورزی و مواد غذایی می‌شده و هم، به زبان امروزی، تولیدات صنعتی و تسلیحات نظامی. آن‌چه این نتیجه‌گیری‌ها را قوت می‌بخشد اطلاعات بیشتری است که مورخین در زمینهٔ برخی تولیدات دیگر این مناطق به ما می‌دهند. در فرقان (فرقانه در افغانستان امروزی) انواع فلزات شامل آهن، قلع، نقره، جیوه، مس، سرب، خاک نسوز و نوشادور و در خجند نقره به مقدار زیاد استخراج می‌شده. بر طبق گفتهٔ مؤلف عرب، «استخری»، ذغال سنگ نیز بسیار استخراج می‌شده و بالطبع به مناطق دیگر نیز صادر می‌شده است. او می‌نویسد در ناحیهٔ اسبره **کوه سیاهی وجود دارد که مانند ذغال درخت می‌سوزد.**[۱]

ما از این اطلاعات می‌توانیم نتیجه بگیریم که اولاً در آن مقطع، ایرانیان (مسلمین) صنعت استخراج معادن را دارا بوده‌اند، ثانیاً با برخورداری از معادن، آنان قادر شده بودند به سطحی از تولید برسند که نه تنها بتوانند نیازمندی‌های داخلی خود را (که شامل بازار گسترده‌ای از سرحدات هند تا آسیای صغیر و از خلیج فارس تا دریای مدیترانه می‌شده) پاسخ گویند، بلکه اضافه تولید خود را به شرق (چین) و غرب (مناطق شمالی دریای سیاه، حوزهٔ مدیترانه و اروپا) نیز صادر نمایند. برای دست‌یابی به چنین وضعیتی دارا بودن معادن، کافی نبوده است، بلکه برای تبدیل آهن، مس، قلع، سرب و جیوه به تولیدات آن‌روز (شمشیر، سپر، زره، گاوآهن، لوازم سواری، ظروف فلزی، سوزن و...) مسلمین می‌بایستی از آن‌چه امروزه به آن صنعت «متالورژی» (ذوب و شکل دادن فلزات یا اصطلاحاً ذوب آهن) می‌گویند نیز برخوردار بوده باشند. «ابن‌حوقل» می‌نویسد که در دو محل در حوالی استرفشان، آن‌قدر ذخایر معادن آهن زیاد است که نه فقط نیازمندی‌های فرقان را - که خود تولیدات فلزی فراوان داشته - تأمین می‌کند بلکه مصنوعات فلزی این حدود به خارج هم حمل می‌شود.[۲] مؤلف دیگری می‌نویسد که در مارسهند بازار مکاره‌ای تشکیل می‌شده و از آن‌جا کالاهای گوناگون از جمله آهن را به نقاط مختلف می‌بردند.[۳] این بالا بودن سطح تکنولوژی را از توصیف «استخری» هم می‌توان استنباط نمود. او می‌نویسد که در قرن دهم و در زمان

---

۱ - همان.
۲ - همان، ص ۶۶۳-۶۶۲.
۳ - همان، ص ۶۶۳.

بنی‌عباس از نفت جدای از مصارف سوختی، در امور نظامی هم استفاده می‌شده است.[۱] طبق گفتهٔ او در محاصرهٔ شهرها از بمب‌های آتش‌زایی که از نفت تهیه می‌شده برای حمله استفاده می‌کرده‌اند.[۲]

اگرچه ما در اینجا تأکید اصلی‌مان را بر روی شمال و شرق ایران قرار داده‌ایم اما این به آن معنا نیست که فقط این مناطق از ایران تبدیل به مراکز رونق و آبادانی شده بودند. چنین وضعیتی در مناطق دیگری از ایران نیز به‌وجود آمده بود، از جمله اصفهان که در قرن دوازدهم پارچه و کالاهای لوکس به دنیا صادر می‌کرد.[۳] «مارکوپولو»ی معروف نیز در دیدارش از یزد در اواخر قرن سیزدهم میلادی (۱۲۷۲ م.) تحت تأثیر رونق تولید و نقل و انتقالات پرحجم تجاری این شهر قرار گرفته. او در سفرنامه‌اش می‌نویسد که منسوجات و البسهٔ زردوز و ابریشمی ساخت یزد به همهٔ مناطق جهان صادر می‌گردید.[۴]

واضح است که این شکوفایی اقتصادی و صنعتی نمی‌توانست بدون پیشرفت در زمینه‌های علمی باشد. دانشمندان نام‌آور ایرانی – اسلامی که در زمینه‌های مختلف علوم از ریاضیات، هیأت، نجوم و جغرافی گرفته تا شیمی، طب، فلسفه و تاریخ درخشیدند، در مجموع حول و حوش این قرون می‌زیسته‌اند. عملاً از اواخر قرن سیزدهم میلادی به بعد ما کمتر با نام دانشمند و عالم اسلامی در حوزهٔ علوم طبیعی و کاربردی برخورد می‌کنیم.[۵]

* * *

با این تصویر کلی از ناحیهٔ خراسان و ماوراءالنهر ایران (که بعد از ظهور اسلام در ایران مبدل به بزرگ‌ترین و متمدن‌ترین منطقهٔ ایران گشته، و عملاً مرکز علم و فرهنگ و تجارت و اقتصاد شده بود) اکنون بازگردیم به بحث اصلی‌مان و این‌که هجوم قبایل آسیای مرکزی از اواخر قرن دهم چه تأثیری بر این مجموعه گذاشت. روند به قدرت رسیدن و نحوهٔ تشکیل اولین حکومت این قبایل در ایران (غزنویان) می‌تواند به عنوان نخستین راهنمای ما عمل نماید.

نخست قبایل ترک تحت فرماندهی سلطان محمود، غزنین را در سال ۹۹۷ م. (۳۸۷ هـ.) تصرف نمودند. به دنبال دو سال جنگ و گریز، آنان سرانجام در سال ۹۹۹ م. خراسان را نیز

---

۱ – همان.

۲ – همان‌طور که کشورهای پیشرفتهٔ امروزی جدای از صنعت در زمینهٔ تولید و به کارگیری سلاح‌های کشتار جمعی پیشرو هستند، به نظر می‌رسد که ما هم در زمان پیشگامی خودمان، در این زمینه هم چیزی از امروزی‌ها کم نداشته‌ایم.

3 - op. cit., A.K.S Lambton, p. 169.

4 - Ibid., p. 172.

۵ – برای بحث بیشتر پیرامون «خاموش گشتن چراغ علم در ایران» به فصل پنجم همین کتاب مراجعه کنید.

تسخیر کردند. بعد از آن سیستان در سال ۱۰۰۲ م.، غور و مناطق دیگر افغانستان در ۱۰۱۱ - ۱۰۱۰ م.، خوارزم در سال ۱۰۱۷ م.، بلخ در ۱۰۲۴ م.، ری و مناطق جنوبی ایران در سال‌های آخر حکومت محمود بین سال‌های ۱۰۳۰ - ۱۰۲۵ م. به تصرف ترکان درآمدند. سلطان محمود افزون بر جنگ‌هایش در داخل قلمرو ایران، بین سال‌های ۱۰۲۶ - ۱۰۰۲ م.، جمعاً هفده بار به هندوستان لشکرکشی نمود. نگاهی دقیق‌تر به این اعداد و ارقام نشان‌دهندهٔ این واقعیت است که در طی سی و چند سالی که سلطان محمود امپراتوری بزرگ غزنویان را می‌ساخت، ایران تقریباً بی‌وقفه درگیر جنگ بود؛ یا نبردها مستقیماً در یکی از مناطق در جریان بود و یا این‌که امکانات مناطق مختلف می‌بایستی برای جنگی که در منطقهٔ دیگری در جریان می‌بود انتقال می‌یافت. بر خلاف تصور، مرگ سلطان محمود در سال ۱۰۳۰، به‌معنای پایان یافتن بیش از سه دهه جنگ و گریز نبود بلکه سرآغاز ده سال جنگ‌های دیگر توسط جانشین او سلطان مسعود بود. اگر جنگ‌های سی و چند سال قبلی برای تشکیل امپراتوری غزنویان صورت گرفته بود، جنگ‌های ده سال بعدی برای جلوگیری از فروپاشی آن بود. به سخن دیگر، ظهور قبایل ترک بر اریکهٔ قدرت و سقوط آنها به‌معنای نیم قرن جنگ بود.

به نظر می‌رسد که چنین روندی کم و بیش در مورد حکام بعدی ایران یعنی قبایل ترکمن هم صدق نماید. اگرچه آخرین فرمانروای سلجوقی تا سال ۱۱۹۴م. (۵۸۹هـ.) در ری بر اریکهٔ قدرت بود، اما قدرت حقیقی ترکمن‌ها عملاً از اوایل نیمهٔ دوم قرن دوازدهم در شرف فروپاشی قرار گرفت.

ترکان خوارزمشاهی از اواخر قرن دوازدهم گروه سوم فرمانروایی قبایل را در ایران تشکیل دادند، فرمانروایی که تا آمدن مغول‌ها در نیمهٔ اول قرن سیزدهم به طول انجامید. همانند قبایل پیشین، نیمی از زمامداری‌شان صرف تشکیل امپراتوری شد و نیمی دیگر صرف جلوگیری از فروپاشی آن. آن‌چه برای ما دلالت‌آمیز است این واقعیت است که هر دو نیمه در مجموعه‌ای از جنگ و ویرانی، یا در جهت کسب قدرت و یا در جهت نگهداری آن، سپری می‌شد و اولین قربانیان این جنگ‌ها مراکز پررونقی بودند که در پیش برشمردیم. به عبارت دیگر، این جنگ‌ها و اساساً نحوهٔ انتقال قدرت و شیوهٔ حکومت صحرانشینان نمی‌توانست بدون تأثیرات منفی و مخرب بر عمران و آبادانی و رونق صنعتی و کشاورزی ایران باشد. «ورداسبی»، به عنوان مثال، پیامدهای بلندمدت هجوم و استیلای صحرانشینان را در پنج بُعد خلاصه می‌کند: کاهش چشم‌گیر نفوس، ویرانی شدید شبکه‌های آبیاری، تقویت

دامداری و صحرانشینی (به ضرر کشاورزی و اسکان‌های شهری و روستایی)، تغییرات دامنه‌دار در ترکیب طبقهٔ زمین‌دار و بالاخره قطع تکامل صنعتی و تجاری بلند مدت ایران.[۱]

مهم این نیست که بر این لیست عوامل دیگری بیفزاییم یا برخی از عوامل ذکر شده را زیر سؤال ببریم؛ آن‌چه اهمیت دارد این است که بتوانیم برخی از این عوامل را بیشتر باز نماییم و اگر رابطه‌ای با عقب‌ماندگی تاریخی ایران پیدا می‌کنند، این رابطه را به‌گونه‌ای روشن‌تر نشان دهیم.

در تاریخ، موارد زیادی می‌توان یافت که اگر با تعمق و تأمل بیشتری خوانده شوند آثار تخریبی تاخت و تاز قبایل آسیای مرکزی بر ایران ملموس‌تر می‌شوند. «ابن فندق»، مورخ عرب، تاخت و تازِ یکی از فرماندهان غزنوی بر ناحیهٔ بیهق را این‌گونه شرح می‌دهد:

«... این شهر از سپاهسالار غزنوی... که با سپاهی بدانجا اعزام شده بود به‌شدت آسیب دید. سپاه مذکور در واحهٔ بیهق اردو زد و به غارت دست گشود. از جهت آن‌که پوست درختان پسته، روغنی و صمغ‌دار است، سپاهسالار به قطع آنها فرمان داد و سوخت خوبی برای تنورها مهیا کرد. باقی‌مانده را نیز از بیخ بریدند و به غزنه بردند. به همین خاطر خراسانیان او را «حاجب پاک‌روب» لقب دادند.

این‌گونه رویدادها در هفت سالی که غزان (یعنی قبایل ترک) در خراسان تاخت و تاز می‌کردند ادامه داشت. در این هفت سال... شخم زمین در بیرون قصبهٔ بیهق غیرممکن گشت، مگر آن‌که تنها در باغ‌ها و مزارع درون دیوار شهر اندکی محصول می‌گرفتند. در طول این ایام گوشت گوسفند به‌دست نمی‌آمد، تنها گوشت آهو یا گوساله و تخم‌مرغ یافت می‌شد آن هم به‌ندرت.

بدین ترتیب شهرهای پرجمعیت واحهٔ خراسان در موقعیت خطرناکی قرار گرفتند. شهرهایی چون نیشابور یا هرات معمولاً قادر به تغذیهٔ خود نبودند... این رویدادها سبب قحطی عمومی و کاهش جمعیت گردید. زمین‌ها زیرکشت نرفتند، روستاییان رو به گریز نهادند، دسته‌های عیار و دیگر ناراضیان از دولت غزنوی رو به افزایش نهاد...

در ناحیهٔ نیشابور قیمت زمین به سرعت سقوط کرد، و شاید این امر در فرو افتادن طبقات دهقان و خرده‌مالک به رعیت سهمی داشت. در سال ۱۰۳۹ خرده‌مالکان یا کدخدایان نیشابور ناچار شدند سقف خانه‌هایشان را برای خرید آذوقه بفروشند، و دانگی زمین به یک درهم شده بود. سابق بر این در محمدآباد که روستایی مجاور نیشابور بود زمین با درختان میوه و قابل کشت یا باغ انگور جفت‌واری به سه هزار درهم بود، اما در این ایام به دویست درهم خرید و فروش می‌گردید. بیهقی شنیده بود که به روزگار قحطی جفت‌واری زمین به یک من گندم می‌خریدند. الفارسی می‌نویسد که خاندان معلمیان که از خاندان‌های محتشم نیشابور بودند از خرابی‌های قحطی و ترکمنان چنان به ادبار افتادند که مجبور شدند به بیهق کوچ کنند.»[۲]

نقل‌قول به وضوح نشان‌دهندهٔ تأثیرات منفی هجوم قبایل بر ساختار کشاورزی

---

۱ - اباذر ورداسبی، *ایران در پویهٔ تاریخ*، ص ۱۶۷-۱۵۹.

۲ - پیشین، ادموند کلیفورد باسورث، ص ۲۶۴.

(اقتصادی) است. به دلیل رکود کشاورزی، بهای زمین آن‌چنان پایین می‌آید که باعث «ورشکسته» شدن واحدهای تولیدکننده (در قالب طبقات دهقان و خرده‌مالک) می‌شود. از سوی دیگر، روستاییان نیز مجبور می‌شوند که کشت و کار را رها کنند و برای یافتن لقمه نانی راهی شهرها شوند.

هولناک‌تر از این تصویر زمانی پیش می‌آمد که دو گروه از قبایل برای تصرف منطقه‌ای با یکدیگر وارد پیکار می‌شدند. نقل قول ذیل شرح یکی از این موارد است؛ زمانی که در سال‌های پایانی سلسلهٔ غزنوی نبردهای سختی بین ترکان و ترکمانان در ناحیهٔ خراسان در جریان بود:

> «ترکمنان، خراسان را سرزمینی بیگانه می‌دانستند و علاقه‌ای به اقتصاد و کشاورزی آن ولایت نداشتند. بی‌محابا غارت می‌کردند و بر سر راه خود به هرجا که می‌رسیدند احشام خود را در واحه‌های کشاورزی رها می‌ساختند تا به چرا پردازند.
>
> ویرانی خراسان از غارت ترکمنان در افزایش کشت و کشتار میان طرفین مخاصمه مؤثر بود....
>
> اما در پایان این دهه[1] که منازعه بر سر خراسان به شدیدترین مرحله رسید سپاهیان گرسنهٔ خود سلطان (سلطان غزنوی که دفاع خراسان را در مقابل ترکمن‌ها بر عهده داشت) کفّ نفس را به دور افکندند و در غارت ولایت و جستجوی آذوقه با ترکمنان به رقابت برخاستند. نیروهای معارض بر چهرهٔ خراسان می‌تازاندند و گام می‌گرفتند و در این میان خلق مصیبت‌زدهٔ ولایت از یک‌سو با بار مالیات مرسوم و مصادرهٔ آذوقه از جانب سپاهیان سلطان مواجه بودند و از سوی دیگر با غارت‌های صحراگردان و احشام ایشان. برنامه‌ریزی دراز مدت که لازمهٔ جوامع عالی کشاورزی و یا بازرگانی است، غیرممکن گردید. تولید آذوقه کاهش یافت، ارزش زمین پایین آمد و قحطی خواه ناخواه از دنبال رسید.»[2]

تخریب و فروپاشی اقتصاد ایران در نتیجهٔ هجوم قبایل آسیای مرکزی فقط منحصر به مناطق شمال شرقی ایران نبود. پروفسور «لمبتون» می‌نویسد که آبادانی، رونق و تجارت کرمان و شهرهای آن همچون بم، نرماشیر، درازین و بردسیر در نتیجهٔ هجوم قبایل ترک‌نژاد «غز» و فرمانروایان اصفهان و فارس (که خود از قبایل بودند) در اواخر قرن دوازدهم (۱۱۷۹ – ۱۱۷۸ م.) صدمهٔ زیادی دید. کشاورزی این مناطق از بین رفت و تجارت در آن متوقف گردید.[3]

***

---

۱ – مقصود دهه‌ای است که قبلاً بدان اشاره شد؛ بین ۱۰۴۰–۱۰۳۰ م. که در طی آن ترکمن‌ها موفق شدند امپراتوری ترکان غزنوی را درهم بشکنند و خود حکومت تشکیل دهند.

۲ – همان، ص ۲۵۶.

3 - Ibid., p. 173.

از بین رفتن بسیاری از شبکه‌های آبیاری (قنات، نهرها، کانال‌ها و بندها) پیامد دیگر تاخت و تاز صحرانشینان بود. در فصل دوم اشاره نمودیم که چگونه ایران همواره با مشکل کمبود آب روبه‌رو بوده است. **اما علی رغم آن، ما در تاریخ می‌خوانیم که این ناحیه یا آن منطقه آباد بوده و در آن کشت و زرع انبوهی صورت می‌گرفته، از نیشابور یا مرو محصولات کشاورزی زیادی به‌دست می‌آمده و... لکن اینها به دلیل برخورداری از مواهب طبیعی نبوده. به عنوان مثال، رونق کشاورزی نیشابور یا کرمان، همانند بسیاری از مناطق دیگر ایران، مرهون برخورداری از باران مکفی و یا قرار داشتن در مسیر رودخانه‌ای پرآب و طولانی که سرتاسر سال جریان داشته باشد نبود. اگر کشاورزی صورت می‌گرفت، در سایهٔ تلاش و کوشش‌های طولانی و سازمان یافته‌ای بود که توانسته بود به کمک ابداعات بشری از طریق کشیدن کانال‌های مصنوعی، حفر نهرها و، پیچیده‌تر و سخت‌تر از همه، استفاده از قنات، آب را به کرمان و یا نیشابور برساند. به سخن دیگر وجود آب در نیشابور، مرهون تلاش و کار پرحجم و طولانی انسان‌ها بود.** بالطبع بقای کشاورزی بستگی به حفظ این سیستم «انسان‌ساخته» داشت. همان‌طور که انسان‌ها موفق شده بودند آن را بسازند، به همان ترتیب هم عنصر انسانی می‌توانست آن را تخریب کند و از بین ببرد.

حداقل یکی از پیامدهای اسفناک هجوم قبایل به ایران از بین رفتن شبکه‌های آبیاری بود. شبکه‌هایی که از دیرباز و طی قرن‌ها مداومت با زحمت، صرف هزینه‌های زیاد و تلاش بسیار به‌تدریج در مناطق مختلف به‌وجود آمده بود. برخی از این شبکه‌ها بر اثر خرابی‌های دوران جنگ از میان می‌رفت؛ بعضاً مهاجمین برای محروم ساختن منطقه یا شهر مورد هجومشان از آب، قنات یا بندی را که آن شهر یا منطقه را مشروب می‌کرد از بین می‌بردند؛ گاهی هم به علت جابجایی جمعیت در منطقه‌ای و عوامل مشابه، بالطبع نیروی انسانی لازم برای نگهداری سیستم آبیاری، انجام تعمیرات و به عمل آوردن مراقبت‌های مورد نیاز وجود نداشت و به‌تدریج شبکهٔ آبیاری در معرض تخریب قرار می‌گرفت.

در تاریخ، نمونه‌های چندانی که مشخصاً پیرامون افول کشاورزی و تخریب شبکه‌های آبیاری باشند ذکر نشده است. اما این فقدان نبایستی ما را دچار تردید نماید زیرا علت این‌که مورخین چندان به از میان رفتن ساختار آبیاری، در اثر هجوم قبایل نپرداخته‌اند می‌تواند ناشی از این امر باشد که در مقایسه با مصیبت‌های دیگر همچون از میان رفتن شهرها، قتل‌عام‌ها و با خاک یکسان شدن مراکز تمدن، تخریب زیربنایی سیستم آبیاری از اهمیت چندانی برخوردار نبوده است. به هرحال اینجا و آن‌جا شواهدی ذکر شده که اگرچه به

جزئیات نپرداخته‌اند، اما می‌توانند ما را مطمئن سازند که از بین رفتن سیستم آبیاری و آب‌رسانی یقیناً یکی از پیامدهای درازمدت هجوم‌هایی که در طی قرون یازدهم، دوازدهم و سیزدهم بر ایران صورت گرفته‌اند، است. «هارتوگ»، مورخ هلندی تاریخ مغول، در بخشی از تاریخش تحت عنوان ***تخریب قرن‌ها سازندگی*** اشاره‌ای به از میان رفتن شبکه‌های آبیاری مناطق خوارزم و مرو درنتیجهٔ هجوم مغولان دارد.[1] او می‌نویسد که در منطقهٔ وسیع دلتای رود بزرگ جیحون به دریای آرال در منطقهٔ خوارزم (واقع در تاجیکستان و ترکمنستان امروزی)، ایرانیان شبکه‌های آبیاری گسترده‌ای ساخته بودند که آب جیحون را برای کشاورزی از طریق کانال‌های متعددی به مناطق هم‌جوار منتقل می‌نمود. به‌علاوه سدهای زیادی که در این منطقه ایجاد شده بود جلوی ورود سیلاب و جاری شدن طغیان‌های جیحون را به گرگانج - مرکز خوارزم - می‌گرفت. چنین ساختاری بالطبع خوارزم را مبدل به یکی از توسعه‌یافته‌ترین مناطق ایران نموده بود و گرگانج پایتخت آن را به صورت یکی از مراکز مهم تجارت درآورده بود.[2] اما همهٔ این‌ها در هجوم مغول‌ها به‌معنای دقیق کلمه از میان رفت. مردان گرگانج جملگی از دم تیغ گذشتند و زنان و کودکان به اسارت گرفته شدند، صنعتگران آن به مغولستان انتقال یافتند و بخش عمده‌ای از شهر در آتش ویران شد.[3] «هارتوگ» می‌افزاید: سرنوشت این منطقه هولناک‌تر از مناطق دیگر گردید، زیرا عمداً یا بر اثر جنگ، سدها شکسته شدند و مردمی که از تیغ مغولان جان به سلامت برده بودند در سیل غرق شدند و بخش عمده‌ای از این مناطق به زیر آب فرو رفت.[4] مرو منطقهٔ دیگری بود که به دلیل برخورداری از شبکه‌های آبیاری مفصل از رونق و آبادانی زیادی برخوردار بود. به گفتهٔ «هارتوگ»، مرو یکی از مراکز عمدهٔ تولید ابریشم و صنایع نساجی ایران بود. اما پس از هجوم مغولان، جمعیت آن قتل‌عام، و بخش عمده‌ای از شبکه‌های آبیاری با خاک یکسان شد.[5]

جدای از این عوامل، هنوز یک عنصر بنیادی‌تر از همهٔ اینها وجود داشت که به‌طور سیستماتیک مناطق کشاورزی ایران را در معرض نابودی قرار می‌داد. این عنصر عبارت بود از سبک زندگی و شیوهٔ تولیدی قبایل که مبتنی و متکی بر دامداری بود. طبیعی است که

---

1 - Leo de Hartog, ***Genghis Khan Conquerer of the World***, I.B. Tauris, (U.K., 1989), pp. 107-111.

2 - Ibid., pp. 107-108.

3 - Ibid., pp. 110-111.

4 - Ibid., p. 111.

5 - Ibid.

صحرانشینان در جریان ورود خود به ایران و زندگی در آن، شیوهٔ تولید دامداری را رها نکردند و به آن ادامه دادند. از نظر آنان اسکان دایم و کشاورزی ارزش چندانی نداشت و با روحیهٔ آنان سازگار نبود و مهم‌تر از همه، نیازهای آنان را برآورده نمی‌ساخت. در نتیجه و در عمل، ورود آنان به ایران تحولی در شیوهٔ تولیدی ایران پدید آورد که عبارت بود از ***تبدیل سیستماتیک زمین‌های کشاورزی به چراگاه و مرتع برای احشام قبایل***. درک این‌که این تحول چگونه صورت گرفت چندان پیچیده نیست. در حقیقت مجموعه‌ای از عوامل ریز و درشت به این روند کمک کردند. اولاً مهاجمین به دلیل آن که ساکن نبودند و همواره در حرکت و جابجایی به سر می‌بردند (حداقل در سال‌های اولیهٔ تهاجماتشان)، نیاز زیادی به دام، اسب و احشام داشتند. احشام برای حمل و نقل و انتقال مایحتاج نظامی و مواد غذایی سپاهیان ضرورت داشت. ثانیاً، با از بین رفتن قدرت مرکزی و پیدایش مبارزات بین قبیله‌ای، کشتکاران و ساکنین مناطق مسکونی در معرض حملات و غارت طوایف قرار می‌گرفتند. در چنین شرایطی عقل سلیم حکم می‌نمود که کشاورزان نیز به سمت زندگی صحرانشینی متمایل شوند، زیرا این سبک زندگی به جهت قابلیت تحرکش آنان را از امنیت بیشتری برخوردار می‌ساخت. مادام که آنان در منطقه‌ای ساکن بودند، در صورت بروز خطر (حملهٔ صحرانشینان) نمی‌توانستند چاره‌اندیشی چندانی نمایند. سرنوشت آنان بستگی به رفتار مهاجمین داشت. اما در مورد صحراگردان این‌طور نبود. آنان در صورت بروز خطر و ایجاد درگیری‌ها، یا نزدیک شدن قبایل بیگانه و دسته‌جاتی که امنیت آنان را تهدید می‌نمودند، می‌توانستند به مناطق امن‌تر عقب‌نشینی نمایند. به علاوه، گروه‌های مختلف صحرانشین می‌توانستند به همراه قبایل و دسته‌جات بزرگ‌تر به راه بیفتد و جدای از آن‌که در امنیت به سر می‌بردند، در غنایم به‌دست آمده نیز شریک می‌شدند. این تحول آخری، به‌خصوص به هنگام هجوم مغولان، بسیار متداول بود. شماری از سپاهیانی که به مغولان پیوسته بودند در حقیقت مغول یا تاتار نبودند بلکه قبایل کوچک و بزرگ محلی به اضافهٔ کشاورزان و مردم عادی بودند که به همراه مغولان به حرکت درآمده بودند. اینان جدای از آن‌که از این طریق در امنیت کامل به سر می‌بردند، سهمی هم در غنایم به‌دست آمده داشتند.

عامل بعدی که نقش بسزایی در تخریب شبکه‌های آبیاری و در نتیجه افول کشاورزی داشت، شیوهٔ جنگیدن مهاجمین بود. آنان در بسیاری از حملاتشان برای تصرف شهر یا منطقه‌ای نخست هدف خود را محاصره می‌کردند، سپس به‌تدریج کشتزارهای آن را از میان

می‌بردند تا محاصره‌شدگان را در معرض کمبود آذوقه قرار داده و آنان را وادار به تسلیم سازند. میزان از بین رفتگی مناطق کشاورزی و باغات پیرامون شهرها، بستگی داشت به سرسختی مهاجمین و در مقابل، مقاومت مدافعین. در مواردی، سرانجام که مهاجمین غلبه می‌یافتند، منطقهٔ مورد هجوم به **سرزمین سوخته**‌ای مبدل شده بود.

اگرچه آمار زیادی از میزان سپاهیان مهاجمین در دست نیست، اما همان مواردی هم که در برخی از تواریخ آمده نشان‌دهندهٔ گستردگی نیروهای صحرانشینان و در نتیجه معرف میزان تخریبشان است. یک سپاه معمولی شامل صد هزار تا نیم میلیون سرباز بوده.[۱] شمار اسبان همراه یک سپاه نیز از یکصدهزار تا چند صد هزار رأس ذکر شده است. به عنوان مثال، نقل شده است که به هنگام حملهٔ چنگیزخان، در سپاهش هفتصد واحد اسب وجود داشته که هر واحد شامل یک هزار رأس اسب بوده است.[۲]

به نظر می‌رسد رقم یکصدهزار رأس اسب در لشکرکشی‌های صحرانشینان، رقم کاملاً معمولی بوده باشد. اگر فرض بگیریم علیق روزانهٔ هر اسب حداقل ۶ کیلوگرم بوده باشد، یک سپاه معمولی که شامل یکصدهزار رأس اسب بوده روزانه به ۶۰۰ تن علیق فقط برای اسب‌هایش نیاز داشته. آن‌چه حایز اهمیت است، این است که هر سرباز چند رأس اسب در اختیار داشته (برای تعویض منظم آنها و در نتیجه جلوگیری از کاهش سرعت). تعداد اسبانی که هر سرباز به همراه داشته بین ۳ تا ۵ رأس ذکر شده است.[۳] به عبارت دیگر، یک دسته سپاه کاملاً کوچک متشکل از ۵۰ هزار نفر سوار، بین ۱۵۰ تا ۲۵۰ هزار رأس اسب به همراه داشته. بنابراین مصرف ۱۰۰۰ تن علیق در روز (بر اساس میانگین ۶ کیلوگرم علیق در روز برای یک اسب) برای اسبان رقمی معمولی به حساب می‌آمده. چنین لشکری صرفاً برای تدارک یک ماهه، می‌بایستی ۳۰ هزار تن علیق فقط برای اسبانش با خود حمل می‌نموده. اگر میزان باری را که یک شتر قادر به حمل است بین ۲۰۰ تا ۴۰۰ کیلو بگیریم، برای حمل ۳۰ هزارتن بار به حدود یکصدهزار نفر شتر هم نیاز بوده.[۴] جدای از اسب، هر سرباز چندین رأس گوسفند نیز

---

1 - op. cit., A.K.S. Lambton, pp. 8-24.

2 - Ibid., p. 21.

۳ - این تعداد را هم «لمبتون» و هم «هارتوگ» ذکر کرده‌اند:

I - op. cit., A.K.S Lambton, p. 21.

II - op. cit., Leo de Hartog, p. 46.

4 - op. cit., A.K.S Lambton, p. 23.

در اختیار داشته. رقم ۳۰ رأس گوسفند برای هر سرباز در یکی از منابع ذکر شده است.[1] اگر ما فرض بگیریم که این رقم زیادتر از حد معمول بوده باشد و آن را به ثلث تقلیل دهیم، یعنی برای هر سرباز صرفاً ۱۰ رأس گوسفند در نظر بگیریم، در این صورت عقبهٔ یک سپاه کوچک ۵۰ هزار نفری به هنگام لشکرکشی، می‌توانسته در حدود نیم میلیون رأس گوسفند نیز به همراه داشته باشد. بر اساس آمار نقل شده در مورد شمار سپاهیان مغول‌ها، «مورگان»، مورخ انگلیسی، نتیجه‌گیری می‌کند که به هنگام یورش چنگیزخان در سال ۱۲۲۰ م. به ایران، به همراه لشکریان وی ۲۴ میلیون گوسفند و بز و حدود ۴ میلیون رأس اسب در ماوراءالنهر و خراسان در حرکت بوده‌اند.[2] برای حمل علیق مورد نیاز اسبان و گوسفندان (و سایر دام‌هایی که به همراه لشکریان بوده) به علاوه ساز و برگ لشکریان و قوت و غذای آنان، نیاز به ده‌ها هزار رأس قاطر، الاغ، استر و شتر نیز بوده و بالطبع علوفه و علیقشان. واضح است که با امکانات آن زمان، دسته‌های مهاجم نمی‌توانستند نیازمندی‌های بیش از چند روز خود را به همراه داشته باشند. بنابراین برای تأمین مایحتاج خود هرآن‌چه را که در مسیر می‌یافتند دستبرد می‌زدند و به غنیمت می‌گرفتند. به گفتهٔ پروفسور «لمبتون» **چنین امواج متحرکی از سربازان، اسبان و احشام، مناطقی راکه بر سر راهشان قرار می‌گرفت به بیابانی بی‌آب و علف مبدل می‌ساختند.**[3] به‌دست آوردن مایحتاج، تنها عاملی نبود که اسباب ویرانی را فراهم می‌آورد؛ در یکی از لشکرکشی‌ها در منطقهٔ خراسان، لشکریان مهاجم کلیهٔ گاوهای منطقه را سر بریدند تا از پوستشان برای سربازان سپر تهیه نمایند.[4]

از بین رفتن مزارع و باغات صرفاً در زمان لشکرکشی به‌وقوع نمی‌پیوست. بلکه با تسلط قبایل بر قدرت، همان‌طور که قبلاً اشاره شد، اساساً شیوهٔ تولیدی و سبک زندگانی عشیرگی بر شیوهٔ تولیدی اسکان دایم و شهرنشینی چیره‌گشت. «برتولد اشپولر»، مؤلف ***تاریخ مغول در ایران***، می‌نویسد که علی‌رغم آن که «ایلخانان» به قدرت رسیده بودند مع‌ذلک به لحاظ شیوهٔ زندگی هنوز به همان روش دامداری و عشیرگی صحرانشینی عمل می‌کردند. آنان تمامی سال را در یک نقطه نبودند و متناسب با آب و هوا ییلاق و قشلاق می‌کردند.[5] «باسورث» نیز

---

1 - Ibid., p. 24.

۲ - دیوید مورگان، ***مغول‌ها***، ترجمهٔ عباس مخبر، تهران، نشر مرکز، ۱۳۷۰، ص ۱۰۷-۱۰۶.

3 - Ibid., p. 24.

4 - Ibid., p. 22.

۵ - برتولد اشپولر، ***تاریخ مغول در ایران***، ترجمهٔ محمود میرآفتاب، تهران، شرکت انتشارات علمی و فرهنگی (وابسته به وزارت علوم)، چاپ دوم، ۱۳۵۶، ص ۳۳۰.

شرح موشکافانه‌ای از ویرانی که در نتیجهٔ تسلط صحرانشینان بر سر مناطق پر رونق و آباد ایران وارد شده است به‌دست می‌دهد:

«وقتی ترکمنان به خراسان آمدند تنها ثروت ثابت خود را نیز که گله‌های اسب، شتر و مهم‌تر از همه گوسفند بود با خود به ولایت مذکور آوردند. نخستین درخواست صحراگردان از جوامع مقیم، واگذاردن مراتعی به آنان بود. و چون واحه‌های دشت‌های اطراف شهرهای بزرگ نظیر نیشابور، مرو و هرات بسیار حاصلخیزتر از روستاها بودند، در نتیجه ترکمن‌ها در اطراف شهرها چادر زدند. تا قبل از آمدن آنها ***به‌کشاورزی توجه زیادی می‌گردید و آبیاری پیچیده‌ای ازکانال‌کشی و حفر قنوات وجود داشت.*** تاخت و تاز صحراگردان و احشام آنان به چنین اقتصاد پیشرفته‌ای، بسی اندوهبار بود. اگر قبایل شکارچی جنگل‌نشین بی‌هم و غم‌ترین انسان‌ها باشند... شبانان صحراگرد نیز نسبت به طبیعت و زمین بی‌تفاوت‌ترین انسان‌ها هستند. بر خلاف کشتکاران که باید از دانه مراقبت کنند و به سال‌های آینده بیندیشند، صحراگردان مردمی ابن‌الوقت‌اند و تنها در لحظه زندگی می‌کنند واین لاقیدی موجب وحشت مردمانی است که زندگی ثابت دارند و خرابی‌ای که اغنام ایشان به بار می‌آورد وحشتناک‌تر از زخم تیرشان بود.

منابع تنها به‌ندرت صریحاً به تهدیدی که از سوی احشام ترکمنان به مزارع می‌شد اشاره می‌کنند اما بیهقی در آن‌جاکه می‌گوید ترکمنان عراقی در نیمهٔ دوم ایام پادشاهی محمود (۱۰۳۰ - ۱۰۱۵ م.) «مستهٔ خراسان بخورده بودند» بالصراحه به این موضوع اشاره دارد. میرخواند شرح مختصر اما روشنی از اوضاع نابسامان منطقهٔ نیشابور اندکی پیش از تصرف آن به‌دست سلجوقیان دارد که آن ولایت «چون زلف بتان پریشان و مانند چشم خوبان خراب شد و به علیق چارپایان (ترکمنان) فروماند». و نیز به نظر می‌رسد که ابن‌العبری در آن‌جاکه از ترکمنان اتباع طغرل سخن می‌گوید که هیچ ناحیه‌ای قادر نیست از کثرت نفرات آنان بیش از هفته‌ای نگاهشان دارد و از ناچاری محض، آنان مجبورند برای یافتن خوراک جهت خود و چارپایانشان به نقطه‌ای دیگر کوچ کنند، منظورش گفتن حقایق است. احشام ترکمنان در دیگر بخش‌های ایران نیز موجب بروز آشفتگی گشتند، وقتی که مهاجمان سلجوقی نخستین بار در سیستان پدیدار شدند آن سرزمین را ویران ساختند، آذوقه و علیق را ضبط کردند و به احشام خود خوراندند...

نیروهایی که سراسر خراسان را با ستوران خویش درنوردیدند و شیرازهٔ کشاورزی آن را از هم گسیختند و غلات را جهت تغذیه خودشان بر می‌داشتند و یا برای آن‌که به‌دست دشمن نیفتد نابودشان می‌کردند بر ویرانی‌های احشام در این ولایت می‌افزودند... این رویدادها سبب قحطی عمومی و کاهش جمعیت گردید. زمین‌ها زیر کشت نرفتند، روستاییان رو به گریز نهادند، دسته‌های عیار و ناراضیان از دولت غزنوی رو به افزایش نهاد.»[1]

تصویری که پروفسور «لمبتون» نیز از تسلط مغولان بر زیربنای شهرها و شهرنشینی ایران ترسیم می‌نماید چندان متفاوت از صدمه‌های قبایل پیش از آنها یعنی ترک‌ها و ترکمن‌ها نیست. به نظر ایشان، در نتیجهٔ تسلط مغول، گسستگی با گذشته در ساختار

---

۱ - پیشین، ادموند کلیفورد باسورث، ص ۲۶۴-۲۶۳.

اجتماعی ایران پدید آمد. ***قدرت سیاسی در ایران در دست صحرانشینان و رؤسای قبایل افتاد که نوعی «اریستوکراسی - نظامی‌گری» به‌وجود آوردند. صاحبان قدرت جدید به شهر و شهرنشینی با دیدهٔ نفرت و دشمنی می‌نگریستند. از دید این حاکمان، اجتماعات اسکان‌یافته اعم از آن‌که داخل شهرها بودند یا در روستاها به سر می‌بردند، انسان‌های پستی بودند که صرفاً به درد استثمار و بهره‌کشی می‌خوردند. حاکمان جدید در داخل چادرهای خود در خارج از شهرها زندگی می‌کردند و در مجموع خود را از آمیزش با اجتماعات اسکان‌یافته دور نگه داشتند. به‌علاوه آنان مناطق آبادی را اختصاص به چرای احشام خود می‌دادند؛[1] مناطقی که بسیاری از آنها قبلاً زیر کشت بودند.[2] بنابراین این واقعیت که در زمان ایلخانان (۱۳۳۵ -۱۲۵۶ م.) کشاورزی ایران دچار رکود زیادی می‌شود.[3] نبایستی چندان غیر منتظره باشد.***

افول کشاورزی در ایران و تبدیل مناطق کشت و زرع به مراتع و چراگاه برای صحرانشینان را می‌توان از طریق شواهد مشابه دیگری که در دست است استنتاج نمود. «پطروشفسکی» مقایسهٔ جالبی بین آمار روستاهای مناطق عمدتاً جنوب ایران قبل و بعد از حملهٔ مغول به عمل آورده است. بررسی او نشان می‌دهد که به‌استثنای ناحیهٔ اصفهان (که از حملهٔ مستقیم مغولان به دور ماند)، در مابقی مناطق شمار قصبات و روستاها بعد از حملهٔ مغول کاهش چشم‌گیری یافت. پروفسور «آبین»، مورخ فرانسوی، نیز نتیجه‌گیری مشابهی کرده است. بر طبق تحقیقات او، مناطق روستایی و اسکان دایم در قسمت‌های شرق ایران و آذربایجان در طول قرن چهاردهم کاهش، و در مقابل مراتع افزایش می‌یافتند.[4]

رکود اقتصادی و تغییر در زیربنای تولیدی ایران را می‌توان به بهترین وجه خود در ترکیب جمعیتی ایران مشاهده نمود. فی‌الواقع ترکیب جمعیتی ایران در پایان قرن سیزدهم میلادی (هفتم هجری) تغییرات اساسی می‌نماید. بین جمعیت شهرنشین و اسکان‌یافته ایران از یک‌سو و جمعیت صحرانشین آن از سویی دیگر تا قبل از این هجوم‌ها نوعی تعادل برقرار بود. اما با ورود صحرانشینان به ایران این تعادل به واسطهٔ سه عامل برهم خورده و به نفع صحرانشینان تغییر کرد. نخست آن که ورود صحرانشینان به ایران تعداد آنان را به نسبت جمعیت اسکان‌یافته افزایش داد. ثانیاً کشتارهای وسیعی از جمعیت شهرها که به هنگام

---

1 - op. cit., A.K.S Lambton, pp. 26, 53, 142.

2 - Ibid., p. 349.

3 - Ibid., p. 159.

4 - Ibid., p. 175.

یورش مغولان صورت گرفت، فاصلهٔ بین جمعیت صحرانشین و اسکان‌یافته را باز هم افزایش داد.[۱] بالاخره این واقعیت که برخی از ساکنین اسکان‌های دایم به لحاظ فقدان امنیت و هرج و مرج، شهر و یا روستا را رها کردند و به دنبال دسته‌جات صحرانشین به راه افتادند، یقیناً در به هم خوردن ترکیب جمعیتی ایران بی‌تأثیر نبوده است.

تأثیر مجموعهٔ این عوامل بر زیربنای اقتصادی ایران فلج‌کننده و ویران‌گر بود. «پطروشفسکی» به نقل از رشیدالدین، مورخ ایرانی قرن سیزدهم و هم‌عصر مغول، می‌نویسد که در پایان قرن سیزدهم ***در بسیاری از مناطق ایران تنها $\frac{1}{10}$ زمین‌ها زیرکشت می‌رفت و $\frac{9}{10}$ زمین‌ها بایر بود***.[۲] اگر صحت این رقم را با توجه به این‌که در قرن سیزدهم آمار و آمارگیری نمی‌توانسته وجود داشته باشد، مورد تردید قرار دهیم، اصل مطلب هنوز سر جای خود پا برجا خواهد ماند. پروفسور «لمبتون» نیز به همین نتیجه‌گیری رسیده و معتقد است که در دورهٔ ایلخانان تولیدات کشاورزی افول نموده و آبادانی کشور رو به انحطاط رفت.[۳] صرف‌نظر از این‌که آیا رقم دقیق کاهش تولیدات کشاورزی ایران، طبق ادعای رشیدالدین ۹۰ درصد بود یا کمتر، آن‌چه را که با قطعیت می‌توان گفت این است که در نتیجهٔ این هجوم‌ها بر زیربنای اقتصادی ایران صدمات گسترده، عمیق و بلندمدتی وارد آمد.

***

یکی از عناصر مهمی که این رکود و ویرانی زیربنای اقتصادی ایران را سبب گردید، کاهش جمعیت شهرها و مناطق اسکان دایم بود که در نتیجهٔ این هجوم‌ها پدید آمد. این کاهش عمدتاً در زمان یورش مغول‌ها پیش آمد. اگر هجوم‌های قبل از مغول ویرانی شهرها، از بین رفتن مراکز تمدن، برهم خوردن تجارت و تولید و تبدیل کشتزارها به مراتع را با خود به همراه آورده بود، هجوم مغولان، بر این همه، کشتار وسیع ایرانیان را نیز اضافه نمود. «ساندرز» طاعون مغول بر ایران را این‌گونه جمع‌بندی می‌نماید:

> «... شهرها با خاک یکسان شدند و ساکنان آنها به ویژه مردم خراسان در برخی از نقاط تقریباً به کلی نابود گردیدند. طبقهٔ تحصیل‌کردهٔ ایران از میان رفتند. هزاران تن از دانشمندان، آموزگاران و صاحب‌منصبان ضمن کشتارهای همگانی به هلاکت رسیدند. سواران مغول که از کشت و زرع بدشان می‌آمد و زمین را تنها برای چرای چارپایان و دام‌های خود می‌خواستند، اغلب کشاورزان را می‌چاپیدند و از کشتزارها می‌راندند. شاید

---

1 - Ibid., p. 26.

۲ - پطروشفسکی و دیگران، ***ایران در سده‌های میانه***، ص ۵۳-۵۲.
۳ - ان. ک. اس. لمبتون، ***مالک و زارع در ایران***، ص ۲۰۱.

غیر ممکن به نظر می‌آمد که ایران هرگز بتواند بار دیگر از زیر بار این ضربات خرد کننده کمر راست کند....»[۱]

آمار و ارقام کشتارها و قتل‌عام‌های مغول آن‌چنان عظیم و هولناک است که حتی یک دهم آن را هم به زحمت می‌توان امروزه باور کرد. به عنوان مثال، مرو، که منطقه‌ای آباد و یکی از قطب‌های مدنیت ایران به حساب می‌آمد، دوبار توسط مغولان مورد **قتل‌عام** قرار گرفت. بار اول در سال ۱۲۲۱ م. (۶۱۵ هـ.) بود که بنا بر گفتهٔ «ابن‌اثیر» در حدود هفتصد هزار نفر، و بنا بر روایت ***تاریخ جهانگشای*** «عطاملک جوینی»، یک میلیون و سیصد هزار تن به قتل رسیدند.[۲] در تسخیر هرات نیز به یک روایت[۳] ۱/۶۰۰/۰۰۰ نفر و بنا بر روایتی دیگر[۴] ۲/۴۰۰/۰۰۰ تن به قتل رسیدند. چنگیزخان در حمله‌ای به بلخ کلیهٔ جمعیت آن شهر را که ۲۰۰ هزار نفر ذکر گردیده است از دم تیغ گذراند.[5] نیشابور سه بار مورد کشتار سنگین قرار گرفت. در مرتبهٔ سوم، دختر چنگیز که در جریان محاصرهٔ آن شهر و پایمردی نیشابوریان همسر خود را از دست داده بود برای ورود به نیشابور لحظه‌شماری می‌نمود:

«... هرکس را که باقی مانده بود به فرمان او کشتند و حکم شد آن شهر را چنان ویران کنند که در آن‌جا بتوان زراعت کرد و حتی سگ و گربه آن شهر را هم زنده نگذارند. مغولان نیز چنین کردند. حتی گفته‌اند که سپاهیان تولی هفت شبانه‌روز در نیشابور ویران آب بستند و در سراسر آن جو کاشتند.»[۶]

در این کشتار ۱/۷۴۷/۰۰۰ تن از دم تیغ گذشتند.[۷]

اصولاً هر شهری که در جریان تسخیرش به یکی از نزدیکان یا بزرگان مغول آسیب می‌رسید با قتل‌عام کلی مواجه می‌شد. بامیان (در افغانستان امروزی) نیز دچار چنین سرنوشت هولناکی گردید. در جریان تصرف آن چنگیزخان یکی از نوه‌های مورد علاقهٔ خود را از دست داد. وقتی شهر سقوط کرد، چنگیزخان دستور داد حتی یک زندانی یا اسیر گرفته نشود. جملگی اهالی شهر از زن و مرد گرفته تا پیر و جوان، از زنان باردار گرفته تا کودکان شیرخواره از دم تیغ گذشتند. برای آن که حتی در نسل‌های بعدی هم از اهالی بامیان کسی

---

۱ – ج. ج ساندرز، ***تاریخ فتوحات مغول***، ترجمهٔ ابوالقاسم حالت، تهران، امیرکبیر، ۱۳۶۱، ص ۱۲۷.

۲ – پطروشفسکی و دیگران، ***ایران در سده‌های میانه***، ص ۱۵۹.

۳ – همان.

4 - op. cit., A.K.S Lambton, p. 19.

۵ – اباذر ورداسبی، ***ایران در پویهٔ تاریخ***، ص ۱۶۰.

۶ – همان.

7 - Ibid.

نباشد چنگیز دستور داد تا شکم زنان باردار نیز دریده شود.[1]

«پطروشفسکی» شیوهٔ قتل‌عام‌ها را این‌گونه به شرح می‌آورد:

> «ساکنان شهرها راکه قبلاً خلع سلاح کرده و به صحرا رانده بودند و مرعوب و روحیه‌باخته بودند، میان سپاهیان تقسیم می‌کردند. هر سپاهی افرادی راکه سهم وی شده بود به زانو می‌نشاند و سپاهیان سپس با شمشیر و یا با قداره سرهای ایشان را از تن جدا می‌کردند. بعد منشیان اسرا را وامی‌داشتند تا تعداد سرهای بریده را شماره کنند. به گفتهٔ جوینی پس از کشتار عمومی مرو در سال ۱۲۲۴(۶۱۸ هجری قمری) شمارش کشتگان (توسط منشیان اسیر) ۱۲ روز(تمام) به طول انجامید.»[2]

«هارتوگ» نیز پیرامون قتل‌عام مرو همین توصیف را می‌کند. به گفتهٔ او پس از سقوط مرو به‌دست مغولان، به هر سربازی ۳۰۰ الی ۴۰۰ مروی تحویل گردید که سر از تن‌هایشان جدا کنند. فی‌الواقع از مروی که یکی از مراکز عمدهٔ صنعت و تجارت آن روزگاران بود، فقط ۴۰۰ نفر صنعتگر باقی ماند که مغولان آنان را نیز روانهٔ مغولستان نمودند.[3]

سمرقند شهر دیگری بود که به زیر ستوران مغول‌ها گرفتار آمد. پس از سقوط شهر به‌دست مغولان، سه چهارم نفوس آن از بین رفتند.[4] هرات نیز که قبلاً به قتل‌عام مردمش اشاره رفت بر اثر هجوم مغولان نابود گردید. به‌دستور چنگیز، مغولان یک هفته تمام مردم هرات را کشتار می‌کردند تا آن که شهر با خاک یکسان گردید.[5] میزان قتل‌عام مردم در هرات آن‌چنان هولناک بود که جوینی بعدها نوشت ***حتی اگر نسل تازه‌ای به‌وجود آید و تا دامنهٔ قیامت افزایش یابد باز هم جمعیت آن شهر به یک دهم جمعیتی که سابق داشت نخواهد رسید.***[6]

خط سیر تخریب، کشتار و ویرانی فقط منحصر به شمال و شرق ایران نبود. اگر در تاریخ، بیشتر از این مناطق سخن به میان آمده است بدین خاطر است که این مناطق به ویژه از عمران و آبادانی پیشرفته‌ای برخوردار، و لذا مهم‌تر بودند. اما ویرانی فقط منحصر به این مناطق نبود. در صفحات مرکزی و غربی ایران نیز رد پای مغولان چندان تفاوتی با مناطق شمالی و شرقی نداشت. ری، قم، قزوین، زنجان، همدان و آذربایجان نیز زیر و رو شدند.[7] در مراغه مغولان نه تنها همهٔ مردم شهر را کشتند بلکه ساکنینی را هم که از شهر گریخته و به مناطق اطراف پناه

---

1 - op. cit., Leo de Hartog, pp. 113-114.

۲ - پیشین، پطروشفسکی، ص ۵۲؛ به نقل از: اباذر ورداسبی، *ایران در پویهٔ تاریخ*، ص ۱۶۰.

3 - op. cit., Leo de Hartog, p. 111.

۴ - پیشین، ج. ج. ساندرز، ص ۶۲.

۵ - همان، ص ۶۵.

۶ - همان، ص ۲۱۴.

7 - Ibid., pp. 116-117.

برده بودند از دم تیغ گذراندند.[1] همدان دوبار مورد هجوم قرار گرفت. بار اول در زمستان ۱۲۲۰ م. (۶۱۴ هـ.) اهالی تسلیم مغولان شدند و با پرداخت «غرامت» به آنها جلوی تخریب کامل شهر را گرفتند. مغولان مجدداً در بهار سال بعد (۱۲۲۱ م.) به همدان بازگشتند اما این‌بار همدانی‌ها که بر اثر پرداخت‌های سال قبل چندان ثروتی در بساط نداشتند تصمیم به مقاومت گرفتند. تصرف شهر برای مغولان به طول انجامید و در جریان محاصره، مغولان سربازان زیادی از دست دادند. سرانجام پس از سقوط شهر، مغولان خشمگین، اکثر اهالی شهر را از دم تیغ گذرانده و در پایان با به آتش کشیدن شهر آن‌چه را که از همدان باقی مانده بود به‌طور کامل نابود کردند.[2] در ری و بغداد نیز کشتارهای وسیعی صورت گرفت. کشتار ری به هنگام اولین موج حملهٔ مغولان در زمان چنگیزخان در سال‌های ۱۲۲۱ – ۱۲۲۰ م. صورت گرفت که در طی آن ۷۰۰/۰۰۰ تن به قتل رسیدند. کشتار بغداد به‌دست هلاکو، جانشین چنگیزخان، در سال ۱۲۵۸ م. (۶۵۲ هـ.) صورت گرفت. پس از سقوط بغداد پایتخت امپراتوری اسلام، مغولان ۸۰۰/۰۰۰ تن از مردم شهر را به هلاکت رساندند.[3]

در اینجا شاید این سؤال پیش آید که این ارقام تا چه میزان درست است؟ آیا به راستی برخی از شهرهای آن‌روز ایران جمعیت‌هایی بین یک تا میلیون نفر داشته است؟ آیا مرو (۱/۳۰۰/۰۰۰ نفر)، هرات (۲/۴۰۰/۰۰۰ نفر)، نیشابور (۱/۷۴۷/۰۰۰ نفر)، و ... واقعاً چنین گسترده و پرجمعیّت بوده‌اند؟ آیا این احتمال وجود ندارد که در امر ثبت و ضبط و نقل آمار تلفات شهرهای ایران به هنگام هجوم مغولان اغراق صورت گرفته باشد؟ آیا با در نظر گرفتن امکانات قرن سیزدهم و اساساً ترکیب اقلیمی ایران، وجود شهرهایی در ایران که بیش از یک میلیون نفر جمعیت داشته باشند، امکان‌پذیر بوده؟ «مورگان» مورخ انگلیسی چنین پرسش‌هایی را در کتابش پیرامون حملهٔ مغول به ایران مطرح ساخته و سعی نموده تا حدودی صحت و سقم این ارقام را مورد ارزیابی قرار دهد. از دید او، احتمال این‌که در مورد این ارقام غلو شده باشد و شهرهای آن‌روز ایران پذیرای چنین جمعیت‌هایی نبوده باشد وجود دارد. اما از سوی دیگر «مورگان» معتقد است که به هر حال این ارقام می‌تواند کم و بیش درست هم باشد. زیرا به هنگام یورش مغول‌ها روستاییان و ساکنین مناطق اطراف شهرها، برای فرار از قتل عام مغول‌ها به شهرها روی آورده و در آن‌جا پناه می‌گرفته‌اند. این عامل می‌تواند بالا

---

۱ – همان، ص ۲۱۲.

2 - Ibid., p. 117.

3 - op. cit., A.K.S. Lambton, pp. 19-20.

بودن ارقام کشتار در شهرها را تا حدود زیادی توجیه نماید. به عبارت دیگر، همهٔ یک میلیون و چندصد هزار نفری که در نیشابور به قتل رسیدند در حقیقت ساکنین نیشابور نبودند بلکه بخش قابل توجهی از آنها کسانی بودند که از اطراف و مناطق دور و نزدیک برای پناه گرفتن وارد نیشابور شده بودند.[۱]

جدای از قتل‌عام‌ها، عامل دیگری که باعث تلفات زیادی گردید استفادهٔ مغولان از مردان جوانی که اسیر می‌شدند در نبردها بود. مغولان ده‌ها هزار اسیر شهرها و مناطق قبلی را در جلوی لشکریان خود به حرکت درآورده و از آنان در تسخیر شهرها و نقاط جدید بهره می‌جستند. حرکت هزاران اسیر در پیشاپیش سپاهیان مغول بالطبع بزرگی و گستردگی ارتش آنان را بیشتر می‌نمود و عاملی روانی در جهت تخریب و تضعیف روحیهٔ حریف بود. اما مغولان در استفاده از این شیوه نیّت شوم دیگری نیز در سر داشتند. این اسرا در حقیقت در جریان محاصره و یا حمله به دشمن همچون یک «سپر انسانی» مورد استفاده قرار گرفته و نیزه‌ها و سلاح‌های دیگری که دشمن پرتاب می‌نمود به اسرا اصابت می‌کردند و آنان همچون برگ خزان، در نبردها به زمین می‌ریختند.[۲]

کشتار و تخریب شهرها تنها پیامد هجوم مغولان نبود. صدها هزار صنعتگر و کسانی که حرفه و دانش فنی داشتند و به‌نحوی در امر تولیدات شرکت می‌کردند، به اسارت مغولان درآمدند. مغول‌ها که به ارزش این گروه از اسرا واقف بودند به جای کشتار، آنان را روانهٔ مغولستان می‌نمودند. قبل از کشتار سمرقند، مغولان سی‌هزار تن از صنعتگران آن را به مغولستان گسیل داشتند.[۳] در منطقهٔ گرگانج (خوارزم)، مغولان یکصدهزار تن از صنعتگران را به مغولستان فرستادند و مابقی مردم را از دم تیغ گذراندند.[۴]

«ساندرز» افول تمدن شرق از جمله امپراتوری اسلام را در ارتباط مستقیم با هجوم مغول‌ها ارزیابی می‌کند. از نظر او حملهٔ مغول یکی از عوامل مهمی بود که باعث شد تا برتری علمی و فرهنگی شرق، به غرب انتقال یابد و شرق پیشگامی خود را از دست بدهد:

> «... برتری فکری و علمی «جهان قدیم» (شرق) رفته رفته به اروپای غربی منتقل گردید، ولی این انتقال فرهنگی را، گذشته از تنزل نسبی (جهان) اسلام، مقتضیات دیگری نیز پیش آورد. در وهلهٔ نخست، غرب لاتین از بلای کشورگشایی مغول در امان ماند و این

---

۱ - پیشین، مورگان، ص ۱۰۱-۹۰.

2 - op. cit., Leo de Hartog, pp. 101.

۳ - پیشین، ج. ج. ساندرز، ص ۶۲.

۴ - همان، ص ۶۳.

شانس بسیار خوبی بود که شاید هرگز ارزش واقعی آن شناخته نشد. موج هجوم مغول تا مرزهای آلمان و ایتالیا رسید و بعد پس زد. اگر فلورانس و رم نیز به سرنوشت کی‌یف (روسیه) و بغداد دچار می‌شدند، مشکل می‌توان تصور کرد که رنسانس هرگز می‌توانست اتفاق افتاده باشد.»[۱]

اینک نوشتهٔ «ساندرز» را دقیق‌تر بررسی کنیم. او می‌گوید که اولاً **جهان قدیم**، یعنی مشرق‌زمین، در مقطعی از تاریخ به لحاظ فکری و علمی از دیگر مناطق جهان از جمله اروپا به‌مراتب برتر بوده است. اما این برتری و جلوتر بودن به غرب انتقال می‌یابد و در مقابل شرق درجا زده و عقب می‌ماند. ثانیاً این‌که «ساندرز» هجوم مغول‌ها را یکی از عوامل اساسی می‌داند که این دگرگونی تاریخی را سبب شد. در مورد قسمت اول نظریهٔ «ساندرز» کمتر می‌توان تردید داشت. آن‌قدر شواهد تاریخی وجود دارد که به هیچ روی نمی‌توان در برتری تمدن شرق و پیشرفته بودنش در علم، دانش، اقتصاد، تجارت، صنعت و شهرنشینی در مقایسه با غرب کمترین تردیدی نمود. در خصوص یک قسمت از این برتری که پیرامون تجارت و اقتصاد بود در صفحات پیشین دیدیم که چگونه به هنگام ثبات سیاسی و رونق اقتصادی تولیدات شهرهای مختلفی از ایران روانهٔ بازارهای اقصی‌نقاط جهان می‌شدند. اما در خصوص قسمت دیگر سخن «ساندرز»، این‌که این برتری چرا و چگونه به غرب منتقل می‌شود، نیاز به بررسی بیشتری هست.

فی‌الواقع در اینجا دو بحث جداگانه مطرح می‌شود: اولاً این‌که شرق چگونه راه افول را پیمود، ثانیاً این‌که غرب چگونه گام در مسیر صعود گذاشت. بر خلاف تصور بسیاری، این دو مسیر لازم و ملزوم یکدیگر نبودند. بدین معنی که پیشرفت غرب مستلزم عقب ماندن شرق نبوده است. غرب می‌توانست راه صعود بپیماید بدون آن که شرق در سرازیری افول بیفتد. همچنین شرق می‌توانست به برتری یا حداقل پیشرفت خود ادامه دهد (که نداد)، ضمن آن که غرب هم در مسیر پیشرفت و صعود قرار گیرد (که گرفت). این‌طور نبود که شرق حتماً می‌بایست عقب بماند تا غرب بتواند به جلو گام بردارد (تصوری که علی‌رغم خطا بودنش بسیار متداول است). این‌که غرب چگونه غرب شد، مقوله‌ای جداست از این‌که شرق چگونه شرق شد. مقوله‌ای که به همان پیچیدگی «شرق شدن» شرق است. برای درک «غرب شدن» غرب، نیاز به آشنایی با تحولات اجتماعی غرب قبل و بعد از ظهور مسیحیت است؛ همچنین درک این‌که چگونه غربی‌ها در طول قرون وسطی توانستند به توفیق چشمگیر دریایی دست

۱ - همان، ص ۱۷۹.

یابند؛ و سرانجام آگاهی از تحولات تاریخ‌سازی همچون رنسانس، انقلاب علمی و صنعتی، انقلاب کبیر فرانسه و بالاخره پیدایش سرمایه‌داری که غرب معاصر را شکل داد.

طی قرون متوالی که شرق و غرب مسیرهای جداگانهٔ خود را می‌پیمودند، ارتباط بین آن دو برقرار بود: ارتباطات اقتصادی و تجاری، جنگ و صلح، اشغال مناطق یکدیگر و تماس‌های دیپلماتیک. در مجموع شکل این ارتباطات متقابل بود. اما در طول قرن هجدهم رابطهٔ بین شرق و غرب دچار یک دگرگونی اساسی گردید و غرب به‌تدریج بر شرق چیرگی کامل پیدا کرد. این تسلط که به‌تدریج از اواسط قرن هجدهم پدید آمد ابتداکند بود اما از اوایل قرن نوزدهم شتاب زیادی به خود گرفت به‌نحوی که در پایان این قرن، عملاً بخش عمده‌ای از شرق (از چین گرفته تا آفریقا) به‌علاوهٔ تمامی قارهٔ آمریکا تحت نفوذ و سلطهٔ غرب قرار گرفت. از دید سرمایه‌داری رو به رشد غرب و بالاخص نخستین کشور صنعتی جهان، انگلستان، کرهٔ ارض چیزی به‌جز یک بازار بزرگ نبود؛ بازاری که امکانات اقتصادی آن می‌بایستی هرچه بیشتر مورد بهره‌برداری قرار گیرد. لذا از ینگه دنیا، از قارهٔ آمریکا تا استرالیا، از آسیا تا آفریقا و تا قلب اروپا، عرصه‌ای گردید برای تسلط اقتصادی و به تبع آن نفوذ سیاسی و نظامی قدرت‌های غربی. آن‌چه این ولع سیاسی و اقتصادی را برای گسترش و تسلط عملی می‌ساخت دستاوردهای انقلاب علمی و صنعتی بود که چهرهٔ اروپا را از اواسط قرن هجدهم دگرگون ساخت و توانست ابزار و امکانات لازم را برای ایجاد و گسترش آن امپراتوری عظیم در اختیار غرب قرار دهد.

اما بحث ما پیرامون افول شرق یا - دقیق‌تر گفته باشیم - چگونگی پیدایش این افول در ایران است. در این فصل ما هجوم قبایل آسیای مرکزی به ایران در طی قرون یازدهم تا چهاردهم را به عنوان یکی از عناصر زیربنایی این افول مطرح نمودیم و برخی از پیامدهای این هجوم‌ها را بر زیربنای اقتصادی ایران مورد بررسی قرار دادیم. این آثار در کوتاه‌مدت بیشتر در رکود اقتصادی که ناشی از توقف تولید بود خلاصه می‌شد. اما تبعات مخرب‌تر تاخت و تازهای این قبایل بیشتر در درازمدت ظاهر گردید و به نظر می‌رسد بیشترین صدمه بر پیکر کشاورزی وارد آمد. شبکه‌های آبیاری ویران شد و زمین‌های مزروعی به چراگاه تبدیل گشت. علاوه بر آن، کاهش جمعیت که به دلیل کشتارهای وسیع زمان مغول‌ها صورت گرفته بود، ضربهٔ دیگری بر پیکر کشاورزی وارد کرد. طبیعی است که به دلیل ماهیت «کارگر بر» بودن کشاورزی در آن عصر، نقش نیروی انسانی در تولیدات کشاورزی حیاتی بود.

بالطبع کاهش جمعیت، کشاورزی را از مهم‌ترین «مادهٔ اولیه‌اش» که نیروی کار انسانی می‌بود محروم ساخت. به‌علاوه سیستم آب‌رسانی در ایران نیز بسیار «کارگر بر» بود. نگهداری و لایروبی قنوات، کاریزها، کانال‌ها و آب‌بندها نیاز زیاد و مستمری به نیروی کار انسانی داشت؛ انسان‌هایی که بسیاری از آنها را مغولان از دم تیغ گذراندند. بخش دیگر اقتصاد که خلاصه می‌شد در فعالیت‌های تولیدی درون شهرها اعم از تولیدات صنعتی و یا نساجی و پوشاک نیز زیر و رو گردید. صدها هزار ایرانی که در شهرهای مختلف ایران مستقیم یا غیر مستقیم در امر تولید و تجارت دست داشتند از دم تیغ گذشتند و هزاران هزار صنعتگر ماهر ایران به عنوان اسیر توسط مغولان به دشت گبی (زادگاه مغولان) انتقال یافتند.

نیازی نیست ببینیم جوینی، ابن‌اثیر یا جوزانی در خصوص قتل‌عام نیشابور، مرو، هرات، همدان و ری چه نوشته‌اند و از ارقام آنان چه نتایجی می‌توان به‌دست آورد. با مطالعه‌ای ولو اجمالی از صدماتی که ایران از ناحیهٔ هجوم مغول‌ها متحمل شده است کمتر تردیدی نسبت به پیامدهای اقتصادی بلندمدت این صدمات باقی می‌ماند. اما سؤال اینجاست که آیا اقتصاد – یا صحیح‌تر گفته باشیم – زوال و رکود آن، تنها پیامد هجوم قبایل بر ایران بود؟ اکثر مطالبی که در تاریخ پیرامون این هجوم‌ها آمده بر روی ضایعات اقتصادی متمرکز شده‌اند. آن‌چه کمتر مطرح شده تأثیرات این هجوم‌ها بر باورهای مذهبی و شالوده‌های سیاسی، اجتماعی و فرهنگی ایران است. این‌که چنین مقولاتی کمتر مورد بحث قرار گرفته‌اند نبایستی ما را به این باور خطا دچار سازد که پیامدهای اصلی این هجوم‌ها در ضایعات اقتصادی خلاصه می‌شود. یکی از دلایل بیشتر مطرح شدن مقولات اقتصادی، احتمالاً سهل‌تر و روشن‌تر بودن نتیجه‌گیری‌های اقتصادی نسبت به دیگر مقولات است. این‌که فی‌المثل در نتیجهٔ این هجوم‌ها، شبکه‌ها و زیربنای آبیاری ایران صدمهٔ زیادی دید و این عامل سبب گردید تا به نوبهٔ خود کشاورزی به حالت رکود درآید، نیاز به کنکاش و بررسی زیادی ندارد؛ اما این‌که بر نهاد حکومت، به‌عنوان مثال، در نتیجهٔ این هجوم‌ها چه تأثیراتی گذارده می‌شود، مطلب بسیار پیچیده‌تری می‌شود. این‌که باورهای دینی، تلقیات فرهنگی، عادات و اعتقادات اجتماعی مردم به کدام سو کشیده شد و اساساً این هجوم‌ها چه تأثیراتی بر آنها گذاشت، مقولات بسیار سخت‌تری می‌شوند.

نیاز به توضیح چندانی نیست که این‌گونه بررسی‌ها، علی‌رغم دشوار بودنشان، چرا ضرورت پیدا می‌کنند. پیامدهای اقتصادی این هجوم‌ها صرفاً بخشی از ابهامات ما را روشن

می‌سازد؛ اما بخش‌های دیگر، همچنان در پردهٔ ابهام قرار دارند. چرا، به عنوان مثال، علوم طبیعی این‌چنین در ایران بی‌ارزش شده و به‌تدریج منسوخ می‌شود. این درست است که مغولان دانشمندان زیادی را از دم تیغ گذراندند، کتابخانه‌های شهرهای مورد حمله را به آتش کشیدند و مدارس را بر سر مدرسین و متعلمین خراب کردند؛ اما اگر کسی می‌خواست که علم طب بیاموزد یا به دنبال ریاضیات برود، مغولان او را به این خاطر به داغ و درفش نمی‌کشیدند. چرا و چگونه اروپاییان در طول قرون وسطی موفق می‌شوند که برتری دریایی چشم‌گیری نسبت به شرقیان از جمله مسلمانان پیدا کنند؟ برتری‌ای که در حقیقت سنگ بنای تسلط بعدی آنان می‌شود. چگونه اساس حکومت در ایران استبدادی شده و چگونه عنصر قانون و پایهٔ مالکیت این‌گونه سست و کم‌رنگ می‌شوند؟ چرا در ایران گروه‌های اجتماعی - اقتصادی مستقل از حکومت آن‌گونه که در غرب پدید آمد به‌وجود نیامدند؟ و چرا حکومت در ایران، بر خلاف روندی که در غرب به‌وجود آمد، مرکز ثقل تمامی قدرت سیاسی و اقتصادی جامعه می‌شود؟

مقصود این نیست که این عوامل (که ارتباط مستقیمی با عقب‌ماندگی ایران پیدا می‌کنند) قبلاً در ایران حضور نداشتند و صرفاً و عمدتاً در نتیجهٔ هجوم‌های قبایل آسیای مرکزی بر ایران پدیدار شدند؛ برخی از آنها از دیرباز همواره جزیی از ساختار سیاسی و اجتماعی ایران بوده‌اند. به عنوان مثال، تمرکز مطلق قدرت در دست حکومت، پدیده‌ای نبود که ترک‌ها یا ترکمن‌ها یا مغولان در ایران پایه‌ریزی کرده باشند. مراد ما بیشتر این است که بررسی کنیم سیطرهٔ قبایل مهاجم آسیای میانه بر ایران، چه تأثیری بر این عوامل که ارتباط مستقیمی با عقب‌ماندگی ایران دارند گذاشت. آیا حضور آنان بر اریکهٔ قدرت در ایران باعث شد تا تمرکز قدرت در دست حکومت افزایش یا بالعکس، کاهش یابد؟ آیا سست بودن عنصر مالکیت در قبال حکومت، در نتیجهٔ به قدرت رسیدن آنان بهبود یافت یا بالعکس سست‌تر هم شد؟ آیا کم‌رنگ بودن نهاد قانون در قبال ادارهٔ حکومت، در نتیجهٔ حکومت قبایل از میان رفت یا بالعکس کم‌رنگ‌تر هم گردید؟ آیا امکان تشکیل گروه‌های اجتماعی - اقتصادی مستقل از حکومت، که تا قبل از آن کمتر وجود داشت، در نتیجهٔ به قدرت رسیدن قبایل در ایران افزایش یافت یا بالعکس شرایط پیدایش چنین گروه‌هایی سخت‌تر و غیر ممکن‌تر از گذشته هم شد؟ طرح این مباحث، به‌گونه‌ای مقدماتی، شالودهٔ فصل بعدی را تشکیل می‌دهد.

نبردهای بی‌پایان میان قبایل و دسته‌جات صحرانشین که بر ایران هجوم آورده بودند از یک‌سو و میان مهاجمین با قوای محلی از سویی دیگر، صدمات و ضایعات جدی و جبران‌ناپذیری بر ساختار اقتصادی و اجتماعی مستقر در ایران وارد آورد. بیشترین لطمه نیز بر پیکر کشاورزی و شالودهٔ اقتصادی متکی بر آن، وارد شد. جنگ‌های عدیده به همراه تاخت و تازهای طولانی صحرانشینان که غالباً در کنار شهرها یا در اطراف مناطق آباد اتفاق می‌افتاد لطمات جدی بر تولید و توان اقتصادی آنان وارد آورد. از جمله لطمات وارده و یکی از مهم‌ترین آنان از بین رفتن باغات، کشتزارها و مزارع بود. مهاجمین به دلیل سرشت کوچنده و صحراگردشان، به کشاورزی که زیربنای اقتصاد زندگی ساکن بود با دیدی بسیار منفی و حقیر می‌نگریستند، چراکه حیات اقتصادی آنها در گرو دام و احشامشان بود. لذا برای آنان مرتع و چراگاه اهمیت داشت، نه زراعت که لازمهٔ آن اسکان دایم و مراقبت از زمین بود. قربانی بعدی تهاجم آنان سیستم آبیاری پیشرفتهٔ ایران بود که در طی قرون متوالی با تلاش پی‌گیر اجتماعات اسکان‌یافته ایجاد شده بود. این سیستم «بشرساخته» نیاز به مراقبت دایم انسان‌ها داشت؛ انسان‌هایی که بسیاری از آنها در نتیجهٔ این یورش‌ها از بین رفتند و یا خود نیز به دسته‌های صحرانشین پیوستند. بنابراین آن دسته از منابع آبی که در جریان حملات صحرانشینان از میان نرفته بودند، در سال‌های بعدی و به واسطهٔ فقدان نیروی انسانی لازم برای نگهداری آنها به‌تدریج در معرض نابودی قرار گرفتند.

ویرانی و تخریب حاصله از ورود قبایل آسیای مرکزی به ایران با هجوم مغول‌ها در نیمهٔ اول قرن سیزدهم میلادی (هفتم هجری) ابعاد گسترده و عمیقی یافت. هولناک‌ترین بُعد هجوم مغول‌ها عبارت بود از کشتار وسیع مردم، به‌نحوی که بسیاری از شهرهای آباد و بزرگ ایران یا با خاک یکسان شدند یا بخش عمده‌ای از ساکنین خود را از دست دادند. به‌علاوه مغولان با انتقال هزاران صنعتگر ایرانی به دشت گبی (مغولستان امروزی) صدمهٔ دیگری بر پیکر اقتصاد ایران وارد ساختند. تأثیرات بلندمدت به قدرت رسیدن قبایل بر ساختارهای اجتماعی ایران در فصل بعدی مورد بررسی قرار خواهد گرفت. اما تا آن‌جا که مربوط به ملاحظات فوری‌تر می‌شود بایستی گفت که با رسیدن قبایل آسیای مرکزی به حکومت، سبک و الگوهای صحرانشینی و زندگی عشیرگی که تا قبل از آن صرفاً بخشی از جامعهٔ ایران را در بر می‌گرفت، از قرن یازدهم به بعد به‌نحوی گسترده و در قالب الیگارشی حاکم بر تمامی حیات سیاسی، اجتماعی، فرهنگی و اقتصادی ایران سایه‌افکن شد.

فصل چهارم

تأثیر هجوم قبایل بر ساختار نهادهای اجتماعی ایران

طبیعی بود که به قدرت رسیدن قبایل آسیای میانه در ایران، تأثیرات مهم و عمیقی بر ساختارهای اجتماعی ایران بگذارد. روش معمولی بررسی این تحولات به این صورت است که ساختارها و نهادهای اجتماعی رایج آن‌روز ایران را کالبدشکافی نموده و بررسی کنیم که حکومت ترکان، ترکمنان، مغولان و تاتارها چه تغییراتی در آنها به‌وجود آوردند. چنین روشی در صورتی ضروری خواهد بود که ما خواسته باشیم تاریخ اجتماعی آن دوران را مورد مطالعه قرار دهیم؛ اما هدف ما این نیست. ما بیشتر به دنبال عوامل و زمینه‌های عقب‌ماندگی یا به زبان امروزی عدم توسعهٔ ایران هستیم. بنابراین آن‌چه مد نظر ماست آن دسته از عواملی هستند که بیشتر در ارتباط با مسئلهٔ عقب‌ماندگی ایران قرار می‌گیرند. برای این منظور ما مجبور هستیم تاریخ را به جای روش معمول آن که از گذشته به سمت حال می‌آید، وارونه، و از حال به گذشته مرور کنیم. به جای حرکت از قرن یازدهم به سمت قرن نوزدهم، برعکس عمل نموده و از ایران قرن نوزدهم به ایران قرن یازدهم برگردیم.

از میان مجموع عناصری که اجتماع ایران قرن نوزدهم را تشکیل می‌دادند، به نظر می‌رسد که برخی از آنها از اهمیت بیشتری برخوردار بودند. به عنوان مثال، تمرکز مطلق قدرت در دست حکومت؛ ضعف حاکمیت قانون و در نتیجه فقدان امنیت فردی و اجتماعی؛ کم‌رنگ بودن نهاد مالکیت و به‌رسمیت شناخته نشدن آن به عنوان یک اصل کلی از طرف هیأت حاکمه و صاحبان قدرت؛ عدم برخورداری فرد از حقوق اجتماعی بالاخص در مقابله با حکومت؛ تمرکز قوهٔ اقتصادی جامعه در دست دولت یا قرار داشتن و تسلط کامل دولت بر آن‌چه «آدام اسمیت»[1]

---

1 - Adam Smith

آن را «ثروت ملی» می‌نامید؛ فقدان گروه‌های اجتماعی - اقتصادی که توانسته باشند مستقل از دولت به‌وجود آمده و رابطهٔ آنها با حکومت بر اساس مجموعه‌ای از قوانین و عرفیات باشد؛ خاموش بودن چراغ علم به‌جز در وادی علوم دینی، آن هم عمدتاً در زمینه‌های فقه و اصول؛ ... در یک کلام، مشخص‌ترین و عمده‌ترین ویژگی ایران قرن نوزدهم خلاصه می‌شود در تسلط کامل و بی‌چون چرای حکومت بر شالودهٔ اقتصادی، سیاسی و اجتماعی ایران.

سؤال پیچیده‌تر این است که آیا این تسلط مطلق و بی‌چون چرای حکومت حتماً می‌بایستی به عقب‌ماندگی جامعهٔ ایران منتهی می‌شد؟ آیا تمرکز قدرت در دست حکومت باعث پیدایش عقب‌ماندگی می‌شود و بین این دو یک رابطهٔ مستقیم برقرار است؟

نیازی به گفتن نیست که طرح چنین مقولاتی ما را به وادی نظریه‌پردازی پیرامون توسعه و عقب‌ماندگی می‌کشاند، امری که هدف اولیهٔ ما در اینجا نیست و بنابراین قصد درگیر شدن در چنین نظریه‌پردازی‌هایی را نداریم. اما در پاسخ این سؤال که «آیا در ایران قرن نوزدهم تمرکز قدرت در دست حکومت، سبب‌ساز عقب‌ماندگی ایران گردید یا نه؟» باید گفت که اصولاً چنین نظریه‌ای علی‌رغم ظاهر منطقی آن چندان پایه و اساسی ندارد. مهم‌ترین ایرادی که بر چنین نظریه‌ای می‌توان گرفت این است که حکومت ایران در قرن نوزدهم زاییدهٔ اوضاع و احوال طبیعی آن بود. این‌طور نبود که حکومت تصمیم بگیرد که تمامی قدرت را در دست خود متمرکز سازد و از این پدیده لاجرم عقب‌ماندگی حادث شود. نوع حکومت و ساختار آن در ایران قرن نوزدهم، از مجموعهٔ شرایط اجتماعی، اقتصادی، فرهنگی، سیاسی و نظامی ایران آن‌روز نشأت می‌گرفت. عاملی نبود که از بیرون بر ایران تحمیل شده باشد؛ هرچه بود جزیی از جامعهٔ آن‌روز ایران بود و از دل همان جامعه بیرون آمده بود. ما می‌توانیم ادعا کنیم که حکومت رضاشاه یا محمدرضاشاه بر ایران «تحمیل» شد و از درون خود جامعه سرچشمه نگرفت، بلکه «خارجی‌ها» آن را به‌وجود آوردند. اما در مورد آقامحمدخان قاجار، فتحعلی شاه، محمدشاه یا ناصرالدین‌شاه نمی‌توان چنین ادعایی کرد. حکومت قاجارها، حداقل در یکصد سال اولیهٔ آن، همان‌قدر مولود شرایط ایران بود که سرسبزی شمال و خشکی کویر لوت. بنابراین سؤال یا فرضیهٔ «تمرکز مطلق قدرت در دست حکومت باعث پیدایش عقب‌ماندگی در ایران گردید» را می‌توان وارونه کرد و گفت که «عقب‌ماندگی در ایران لاجرم باعث تمرکز مطلق قدرت در دست حکومت گردید».

برای گریز از نظریه‌پردازی و گرفتار شدن در چنین دور و تسلسلی، می‌توان مسئله را

مرحله به مرحله به جلو برد. نخست آن که در نظر بگیریم قدرت زیادی در دست حکومت متمرکز بود؛ ثانیاً این تمرکز قدرت در نتیجهٔ شرایط اجتماعی آن‌روز ایران به‌وجود آمده بود؛ ثالثاً، به جای سعی در برقراری رابطهٔ علت و معلولی بین دو متغیر حکومت و عقب‌ماندگی، ما هر دو آنها را به عنوان تابعی از شرایط کلی جامعهٔ آن‌روز ایران درنظر بگیریم. بنابراین هم عقب‌ماندگی و هم تمرکز قدرت در دست حکومت صرفاً به صورت جلوه‌هایی از وضعیت کلی اجتماعی ایران در قرن نوزدهم درمی‌آیند. جلوه‌های دیگر آن عواملی هستند که قبلاً بدان‌ها اشاره گردید از قبیل: خاموش بودن چراغ علم، به رسمیت شناخته نشدن مالکیت به عنوان یک اصل مسلم و خدشه‌ناپذیر، سست بودن نهاد قانون و فقدان امنیت فردی و اجتماعی و ....

دلیل این‌که چرا از میان همهٔ این عوامل ما در ابتدای این فصل تأکید بیشتری به روی تمرکز قدرت در دست حکومت نمودیم این است که اوّلاً خود این تمرکز یکی از عوامل به‌وجود آورندهٔ برخی از مشکلات دیگر است. بالطبع وقتی حکومت، مرکز ثقل قدرت جامعه می‌شود، نهاد قضاوت، جایی برای ابراز وجود پیدا نخواهد کرد. اگر حکومت می‌خواست حریم قضا و حقوق فردی و اجتماعی مردم را مورد توجه و احترام قرار دهد در آن صورت به کارگیری اصطلاح تمرکز قدرت مطلق در دست حکومت چندان معنا و مفهومی پیدا نمی‌کرد. ثانیاً این‌که حکومت می‌توانست در قبال کوشش‌های اصلاح‌طلبانه که در جهت از بین بردن عقب‌ماندگی صورت می‌گرفت، مقاومت کرده و چنین تلاش‌هایی را ناکام گذارد. بنابراین شاید بتوان ادعا نمود که از میان علل و عواملی که در مجموع عقب‌ماندگی را باعث شدند، عنصر **تمرکز قدرت مطلق در دست حکومت** از همه اصلی‌تر بود. پس از این مقدمه می‌توانیم مجدداً برگردیم به بحث اولیه‌مان: این‌که هجوم قبایل آسیای مرکزی چه تأثیری بر این پدیده داشت. آیا آن را به‌وجود آورد؟ و یا اگر این پدیده کم و بیش حتی قبل از آمدن این قبایل نیز وجود داشت، آیا تسلط آنان بر اریکهٔ قدرت اسباب تحکیم و تشدید آن را فراهم نمود یا بالعکس سلطهٔ مطلق حکومت را تعدیل کرد؟

در مجموع بایستی گفت که هجوم قبایل و تشکیل حکومت توسط آنان به‌نحو فزاینده‌ای باعث افزایش قدرت حکومت در ایران گردید. عوامل مختلفی باعث این افزایش شدند که مهم‌ترین آنها عبارت بودند از افزایش قدرت نظامی، افزایش قدرت اقتصادی و بالاخره متمرکز شدن قدرت سیاسی در دست حکومت که نتیجهٔ طبیعی دو عنصر قبلی بود.

تمرکز قوای نظامی: پیدایش ارتش

شالودهٔ اصلی ارتش در ایران تا قبل از به قدرت رسیدن قبایل آسیای مرکزی درمجموع متکی به بنیهٔ نظامی قبایل و قدرت‌های محلی بود. ارتش متمرکز ساسانیان در جریان حملهٔ اعراب در قرن هفتم میلادی به‌طور کامل از هم فرو پاشید. از آن‌جا که ایران جزیی از امپراتوری اسلام و در حقیقت قلمرو دارالخلافه به شمار می‌آمد بالطبع به لحاظ نظامی نیز تحت امر سپاه اسلام بود، اما در عمل این وضعیت به‌طور کامل صورت نگرفت. در اصل، ایران بخشی از قلمرو امپراتوری اسلامی بود اما در عمل قدرت‌های محلّی اینجا و آن‌جا قدرت را در دست داشتند. بالطبع هر قدرت محلی نیز متکی به قوای نظامی خود بود. ستون فقرات نظامی این قدرت‌ها نیز از طوایف و قبایل محلّی تشکیل می‌شد.

جدای از نیروهای محلّی، غلامان و بردگان ترک‌نژاد قبایل آسیای مرکزی که در بازارهای برده‌فروشی توسط حکام محلّی خریداری می‌شدند، عنصر دیگر نظامی را تشکیل می‌دادند. اینان که به لحاظ نظامی در جنگاوری و سواری تبحر داشتند علی‌رغم زرخرید بودنشان بعضاً به مقامات بالای نظامی هم می‌رسیدند. اما در مجموع اساس و پایهٔ اصلی قوای نظامی امیران و حکام مختلف محلی در ایران را اعضای قبایل تشکیل می‌دادند.

شیوهٔ فوق تا زمانی که خاندان حاکم محلی -که بر اساس نیروی قبیله استوار بود- صرفاً در صدد تسلط و پاسداری از قلمرو خودش می‌بود، در مجموع از کارایی برخوردار بود. اما برای حکومت‌های جدیدی که پس از به قدرت رسیدن قبایل آسیای مرکزی در ایران شکل می‌گرفت سیستم فوق پاسخگو نبود و می‌بایستی گسترش می‌یافت. آن‌چه این گسترش را ضروری می‌ساخت نیاز روزافزون ترکان به قوای نظامی بیشتر، مجهزتر و سازمان یافته‌تر به منظور دست‌یابی به اهداف نظامی‌شان بود. استراتژی حاکمان جدید را می‌توان در دو بعد کلی خلاصه نمود: نخست تسلط و تفوق نظامی بر قدرت‌های محلی (اعم از قبایل یا خاندان‌هایی که اینجا و آن‌جا قدرت را در دست داشتند)، دوم لشکرکشی به بیرون از مرزهای ایران (به منظور به‌دست آوردن غنایم جنگی).

در گذشته، ارتش از اعضای قبیله و شهروندان معمولی تشکیل می‌شد که غالباً خود نیز تجهیزات جنگی و آذوقه‌شان را فراهم می‌ساختند. بعد از پایان جنگ نیز بر سر کسب و کار یا زندگی عشیرگی خود بازمی‌گشتند. اعضای قشون «سرباز» نبودند بلکه بیشتر چوپان،

کشاورز، رعیت، چادرنشین و یا صاحب شغلی در شهر بودند که برحسب ضرورت و به‌طور موقت به امر سپاهی‌گری و جنگ و گریز می‌پرداختند. به زبان امروزه قشون، غیرحرفه‌ای بود. مگر آن که طرفین نبرد قبایل بودند که در آن صورت اعضای دو قبیله یا طایفه رو در روی یکدیگر قرار می‌گرفتند. اما سیاست‌های نظامی حاکمان جدید غیر از این بود. آنان نیاز به «سرباز» داشتند. حجم گستردهٔ نیازهای نظامی آنان به‌گونه‌ای بود که ساختارهای سنتی غیرحرفه‌ای نمی‌توانست پاسخ‌گو باشد. حاکمان جدید نیاز به نفراتی داشتند که همواره سرباز باشند و اساساً شغل دیگری به‌جز سربازی و سپاهی‌گری نداشته باشند.

***

این تحول از زمان به قدرت رسیدن نخستین فرمانروای جدید ایران، سلطان محمود غزنوی، از اوایل قرن یازدهم میلادی شکل گرفت. سلطان محمود تشکیلاتی به‌وجود آورد که اگرچه با ارتش به آن صورتی که امروزه ما آن را می‌شناسیم تفاوت‌های فراوانی داشت با این حال برای زمان خودش تحولی نوین در ساختار قشون و قوای جنگی کشور بود. سربازان «ارتش» جدید نه تنها حقوق دریافت می‌نمودند بلکه سهمی از غنایم جنگی نیز به آنان می‌رسید.[1] «ارتش» جدید مقررات خاص خود را نیز به‌وجود آورده بود. به عنوان مثال، سهم سواران (سواره‌نظام) از غنایم جنگی دوبرابر پیاده‌نظام بود. به‌علاوه همانند رسم ارتش‌های امروزی چنان‌چه سربازان دلیری‌ها یا عمل برجستهٔ دیگری انجام می‌دادند به دریافت «پاداش» نایل می‌آمدند.[2]

شمار نفرات ارتش سلطان محمود تا یکصدهزار نفر (به هنگام صلح) نقل شده است که جدای از واحدهای سواره و پیاده‌نظام، شامل چندین‌هزار رسته فیل‌سوار نیز می‌شده است.[3] واضح است که به هنگام جنگ و بسیج، این رقم افزایش هم می‌یافته است. تأکید و توجه سلطان محمود بر ارتش فوق‌العاده بود. به گفتهٔ راوندی، او ***اهالی کشور را به دو دسته تقسیم کرده بود، نیروهای مسلح و اهالی محل. او به سپاهیان حقوق می‌داد و از آنها انتظار داشت که بدون چون و چرا تمام فرامین او را اجرا کنند.***[4]

با اشاره‌ای اجمالی که به نحوهٔ شکل‌گیری حکومت غزنویان در ایران داشتیم گمان

---

۱ - پیشین، ادموند کلیفورد باسورث، ص ۱۲۷.
۲ - همان.
۳ - همان، ص ۱۲۶.
۴ - پیشین، مرتضی راوندی، ص ۵۴۸.

نمی‌رود نیاز بیشتری به توضیح باشد که چرا سلطان محمود (و دیگر فرمانروایان قبایل) این‌چنین نیاز سیری‌ناپذیری به قشون و قوای نظامی داشتند و چرا «ارتش» به‌وجود آمد. نهادی که سلطان محمود پایه‌گذاری نمود توسط دیگر رؤسای قبایل که به نوبهٔ خود بر ایران حاکم شدند پایدار ماند. اگرچه برخی از آنان قابلیت‌های سلطان محمود را نداشتند اما در مجموع «ارتش» به عنوان یکی از ابزارهای نیرومند حکومت جدید درآمد؛ ابزاری که نقش آن در گسترش و افزایش قدرت حکومت بسیار مهم و اساسی بود. سران سپاه (امرا و بزرگان «ارتش» جدید) که عمدتاً بردگان و غلامان ترک‌نژاد آزاد شده بودند، به‌تدریج درون الیگارشی قدرت جای گرفته و بخش مهمی از آن شدند. جنگ‌ها و رقابت‌های پایان‌ناپذیری که مابین قبایل مختلف آسیای مرکزی بر سر تصاحب قدرت در ایران از اوایل قرن یازدهم آغاز شده بود، به‌گونه‌ای اجتناب‌ناپذیر اتکای سلاطین و حکام ایران را بر ارتش افزایش داد. اگر اولین فرمانروای جدید، سلطان محمود، ارتش را به‌وجود آورد و ارتش، اطاعت بی‌چون و چرایی از او داشت، این تصویر تا زمان آخرین فرمانروا (تا قبل از هجوم مغولان)، سلطان محمد خوارزمشاه، تغییر زیادی یافته بود؛ تغییری که در مجموع در جهت قدرت یافتن «ارتشیان» بود. به نوشتهٔ «هارتوگ» ارتش یگانه پایگاه قدرت و تنها حافظ تاج و تخت سلطان بود. بنابراین، شاه ***برای بقای خودش چاره‌ای نداشت به‌جز آن‌که خواست‌ها و منافع ارتش را در ورای منافع مردم و کشور قرار دهد. او به هر قیمتی که شده بود می‌بایستی جلوی ناخشنودی «اریستوکراسی نظامی» راکه در میان سران ارتش به‌وجود آمده بود می‌گرفت تا بقای حکومت و اقتدارش تهدید نشود.***[1]

بنابراین پیدایش «ارتش» یا یک لایهٔ اجتماعی «اریستوکراسی نظامی» افزون بر بافت سنتی قشون که خاستگاه قبیلگی داشت، اولین ویژگی مهم اجتماعی به قدرت رسیدن قبایل آسیای مرکزی در ایران بود.

***

واضح است که پیدایش ارتش به دنبال خود هزینه و خرج و مخارج امور نظامی و لشکری را به همراه آورد. سپاهیان حرفه‌ای که در استخدام ارتش درآمده بودند دیگر از خود درآمدی نداشتند. بالطبع مواجب حکومتی می‌بایستی زندگی آنان را تأمین می‌نمود. یک راه تأمین مخارج سپاهیان جدید، غنایم جنگی بود. برحسب ظاهر، لشکرکشی‌های سلطان

1 - op. cit., Leo de Hartog, p. 94.

محمود به هندوستان «غزوه» بود: جنگ با کفار برای گسترش اسلام. اما به نظر می‌رسد هدف اصلی سلطان محمود بیشتر به‌دست آوردن مال و منال و ثروت هندوان بود تا مسلمان نمودن آنان و گسترش اسلام در آن سرزمین:

«... از سال ۱۰۰۲ تا ۱۰۲۶ م. سلطان محمود هفده بار (به هندوستان) لشگرکشی کرد. در نتیجه کشمیر، پنجاب، گجرات و مناطق وسیع دیگری از ولایات شمال غربی و شمال هندوستان را متصرف شد. هدف اساسی سلطان محمود از این جنگ‌ها به‌دست‌آوردن غنایم بود. به همین مناسبت محمود به جاهایی لشگرکشی می‌کرد که راجع به ثروت آن مناطق قبلاً اطلاعات کافی کسب کرده باشد.

لشگرکشی‌های محمود برای ملل هندوستان خسارت و بدبختی‌های فراوانی به بار آورد. محمود ضمن غارت هندوستان به‌دست سپاه خود، بسیاری از یادگارهای تاریخی هندوستان از جمله محراب تاریخی سومنات را یک‌باره خراب نمود، بسیاری از شهرها را با خاک یکسان کرد و با مردم بومی با وحشی‌گری بسیار رفتار کرد. در سال ۱۰۱۹ وقتی که قلعهٔ مولتان را تصرف کرد، حاکم قلعه فرار کرده بود و محمود به همین بهانه کلیهٔ سکنهٔ آن را قتل‌عام کرد.»[۱]

در یکی از این لشکرکشی‌ها، سلطان محمود افزون بر جواهرات فراوان، ۳۵۰ رأس فیل و ۵۳ هزار برده به غزنین برد. بعضی از منابع تاریخی می‌گویند اسرایی که توسط سلطان محمود کوچ داده شد به قدری زیاد بود که در شهرها برای سکونت آنها محلی نبود و مجبور شدند برای آنها اقامتگاه جدیدی بسازند.[۲]

اما غنایم جنگی صرفاً بخشی از نیازمندی‌های مالی نهاد جدید را تأمین می‌نمود. به‌علاوه «غنیمت» در جنگ‌هایی به‌دست می‌آمد که اولاً طرف مغلوب شده، مال و منال و ثروتی داشت و ثانیاً «ارتش» توانسته بود در جنگ پیروز شود. فی‌الواقع «غزوات» سلطان محمود با کفار ثروتمند هندی صرفاً بخش کوچکی از منازعات او را تشکیل می‌دادند. مابقی، یعنی بخش گسترده‌تر پیکارهای او با قبایل و مدعیان بی‌بضاعتی بود که در صورت شکست، مال و منال و جواهرات و ثروت چندانی نداشتند که به چنگ فاتحین بیفتد. بنابراین منبع اساسی و مطمئن برای پرداخت حقوق ارتشیان در حقیقت درآمدهای حکومت بود. مهم‌ترین این درآمدها از ناحیهٔ باج و خراج یا به زبان امروزه «مالیات» بود.

منظور ما از رواج مالیات از قرن یازدهم به بعد به‌معنای آن نیست که تا قبل از آن مالیات وجود نداشت، بلکه به این معناست که به دلیل پیدایش «ارتش» و هزینه‌های اجتناب‌ناپذیر

---

۱ - همان، ص ۵۴۵.

۲ - همان، ص ۵۴۷-۵۴۶.

آن، اخذ مالیات به‌گونه‌ای به‌مراتب جدی‌تر و منظم‌تر از گذشته دنبال گردید. فراوانی شواهد و منابع در این خصوص نشان‌دهندهٔ این واقعیت است که گرفتن مالیات و اخذ منابع مالی دیگر از مردم از این تاریخ به بعد با جدیت، قاطعیت و در موارد زیادی با خشونت همراه بوده است. پیدایش ارتش البته تنها عامل افزایش شدید بار مالیاتی نبود. با گسترش «امپراتوری غزنوی» مناطق بیشتری جزء قلمرو حکومت می‌شد. ادارهٔ مناطق جدید بالطبع سازمان حکومت را گسترش می‌داد و گسترش سازمان حکومت طبیعتاً مخارج آن را به‌طور مرتب افزایش می‌داد:

> «گردش چرخ امپراتوری غزنوی هزینه‌های سنگینی می‌طلبید. ادارهٔ مؤثر دولت و تأمین هزینهٔ مالی اردوکشی‌های نظامی که مستلزم حفظ حرکت توسعه‌طلبی بود به جریان وسیع مالیات‌گیری و انباشتن خزانه نیاز داشت... خرید و پرداخت وجوه سربازان برای ارتش‌های حرفه‌ای نظیر ارتش غزنوی مستلزم هزینه‌های سنگین بود... با افزایش هزینهٔ دولت مالیات‌های تازه وضع می‌گردید و گردآوری این مالیات‌ها نیز به حکومتی توانمندتر نیاز داشت و نتیجهٔ آن، رشد قدرت پادشاه در برابر رعایا بود؛ این افزایش قدرت پادشاه را می‌توان در میان سلاطین غزنوی مشاهده کرد...»[1]

دیوان‌سالاری یا به زبان امروزه بوروکراسی به‌علاوه مخارج نظامی از قرن یازدهم میلادی به بعد با ورود قبایل آسیای مرکزی به ایران و تشکیل حکومت، به طور منظم افزایش یافت. «اشپولر» حتی معتقد است که در دوران زمامداری اولجایتو (اوایل قرن چهاردهم) مخارج نظامی حکومت از درآمدش فزونی یافته بود.[2]

افزون بر غنایم جنگی و مالیات، حکومت از طریق ضبط اموال بی‌صاحب و مصادرهٔ دارایی‌های مخالفین یا کسانی که مورد غضب قرار گرفته و پست و منصب خود را از دست داده بودند، سعی می‌نمود مخارج نظامی خود را تأمین نماید. باج و خراج‌های مختلف، مقرری و هدایایی که والیان، رؤسای قبایل و عشایر و فرمانروایان مناطق فتح شده روانهٔ دربار می‌نمودند، منابع دیگر تأمین مالی حکومت بود. منبع مهم دیگر درآمد حکومت از ناحیهٔ زمین‌هایی بود که به رئیس قبیله یا در حقیقت سلطان تعلق داشت. به این زمین‌ها که در حقیقت از طریق مصادره یا پس از شکست قدرت‌های دیگر به‌دست آمده بود ***املاک خالصه*** می‌گفتند که جزء دارایی شخصی سلطان به حساب می‌آمد. سرپرستی اموال و دارایی‌های بی‌صاحب (اموال بی‌ورثه، اموال ایتام، افراد مهجور، صغار، مفقودالاثر و نظیر اینها) و

---

۱ - پیشین، ادموند کلیفورد باسورث، ص ۶۲.
۲ - برتولد اشپولر، *تاریخ مغول در ایران*، ص ۲۹۹.

اوقاف، درآمدهای دیگر حکومت بود.

مصادرهٔ اموال یا ضبط بخشی از ثروت کسانی که مورد اتهام حکومت قرار می‌گرفتند روشی معمول بود، بالاخص زمانی که حکومت با کمبود منابع مالی روبه‌رو بود. سیستمی که غزنویان برای مصادرهٔ اموال دیگران ابداع نموده بودند از روی «دیوان المصادره» دارالخلافهٔ بغداد کپی شده بود. این دستگاه که «دیوان مستخرج» نام داشت بعد از غزنویان نیز توسط حکومت‌های دیگر مورد استفاده قرار گرفت. دستگاه «مستخرج» وظیفهٔ شناسایی دارایی‌هایی را برعهده داشت که چون از طریق «ناصواب» گرد آمده بوده می‌بایستی از صاحبش پس گرفته می‌شد. در عمل، این دستگاه بدل به اسبابی شده بود که وظیفهٔ مصادرهٔ اموال کسانی را بر عهده داشت که مورد غضب حکومت قرار می‌گرفتند. شلاق و شکنجه ابزار دستگاه مستخرج بود برای اقرار متهمین به این‌که اموال آنها از راه نادرست و یا خیانت به حکومت به‌دست آمده است.[1]

اما نه شمار ثروتمندانی که با دستگاه «مستخرج» و دیوان مصادره سروکار پیدا می‌نمودند چندان فراوان بود و نه حجم اموال بی‌سرپرست و نه اموال وقفی. باج و خراج حکام و ولایات تابعه نیز بستگی به قدرت مرکزی پیدا می‌نمود. اگر حکومت نیرومند بود بالطبع ولایات تابعه و خراج‌گذاران نیز چاره‌ای به‌جز پرداخت نداشتند. اما در صورتی که اندک تعللی در مرکز پیش می‌آمد و یا حکومت درگیر منازعه می‌گردید، آن وقت ارسال خراج و مقرری‌ها دچار وقفه می‌شد. بنابراین تنها راه مطمئن درآمد برای حکومت اخذ مالیات مستقیم از مردم بود. بالاخص هرگاه که حکومت با مشکلات مالی یا مخارج جدیدی روبه‌رو می‌شد چاره‌ای به‌جز افزایش فشار بار مالیات بر مردم نداشت. سیاست‌های رؤسای قبایل ترک به‌تدریج مبدل به مهم‌ترین عنصر نارضایتی مردم از آنان گردید. جمع‌آوری مالیات به‌دست والیان و حکام محلی صورت می‌گرفت. آنان بخشی را برای خود برداشته و مابقی را روانهٔ مرکز می‌نمودند. بنابراین سرنوشت مردم مناطق مختلف به میزان فشار و رفتار حکام محلی بستگی داشت. اگر رفتار حاکم محلی مناسب بود، مردم کمتر زیر بار فشار مالیاتی حکومت قرار می‌گرفتند. در غیر این‌صورت - که غالباً هم پیش می‌آمد - حکام محلی یا به منظور افزایش ثروت شخصی خود و یا به‌منظور جلب نظر حکومت نسبت به درجهٔ خدمت‌گزاری خویش، حداکثر فشار را بر روی مردم وارد می‌کردند. فشار بیش از حد

---

۱ - پیشین، ادموند کلیفورد باسورث، ص ۶۷.

مالیاتی حکومت در اکثر موارد باعث رکود اقتصادی می‌گردید، زیرا اغلب کشاورزان از منطقهٔ زیر فشار خارج شده و به شهرها یا مناطق دیگر می‌رفتند. از جمله مناطقی که گرفتار یکی از ظالم‌ترین حکام ترک گردید منطقهٔ ری بود. این منطقه که تا قبل از فرو افتادن به‌دست ترکان، منطقه‌ای پررونق از نظر تولیدات صنعتی و کشاورزی بود و از موقعیت تجاری خوبی بهره‌مند بود، با تسلط حکام جدید دچار رکود و پریشانی شد:

> «در طی ایام اندکی که غزنویان در ری بودند موفق به جلب حمایت محلی نگردیدند. در آغاز، گروه‌هایی از مردم که از یاغی‌گری‌ها و تجاوزات (حکام محلی) به تنگ آمده بودند از ورود آنان استقبال کردند... از بخت بد رازیان اندکی بعد ثابت گردید که اربابان جدید نیز به اندازهٔ دیلمیان غیر قابل تحملند. تقاضاهای مالی آنان احساسات مردم را نسبت به آنان دگرگون ساخت...
>
> بیداد (حکام غزنوی) چنان این سرزمین را فرا گرفته بود که مردم از خدا می‌طلبیدند تا آنان را از غزنویان و حکومتشان رهایی دهد. ***سرزمین ری ویران و نفوسش پراکنده شده بودند.***»[1]

خراسان منطقهٔ دیگری بود که گرفتار سیاست‌های ویران‌گر مالی صحرانشینان گردید:

> «... بهره‌کشی مالی ریشهٔ اصلی عدم موفقیت غزنویان در جلب وفاداری خلق خراسان به حکومت غزنوی بود... سلاطین غزنوی، خراسان و منابع غنی آن را همچون گاو شیرده تلقی می‌کردند. گذشته از این، خراسان از غزنه دور بود، و در مقابل غزنویان پیوسته از منابع ثروت هند آن‌چه می‌خواستند بیرون می‌کشیدند. در مقایسه با پادشاهان ایرانی سابق خراسان که بیشتر منافع خود را با مصالح خراسان یکی می‌دانستند، غزنویان علاقه‌ای به رفاه مردم منطقه و دفاع از آن نداشتند.
>
> در بخش اول پادشاهی محمود، خراسان از سیاست‌های مالی اسفراینی وزیر، لطمات بسیار دید، همان‌طور که پیش از این دیده‌ایم اسفراینی پیوسته برای پرداخت از جانب خدایگانش تحت فشار بود. عتبی دربارهٔ سیاست غارتگرانهٔ وزیر می‌نویسد که او پیوسته از مردم بیرون می‌کشید و هیچ چیز بر جای نمی‌گذاشت. از کارها در خراسان مگر اخذ مالیات‌های گزاف، مکیدن تا قطرهٔ آخر و شهوت افزودن درآمد نشانی نبود و هیچ‌گونه اقدامات آبادانی (استعمار) صورت نمی‌یافت. چند سال پس از این، دیگر چیزی نمانده بود که از مردم گرفته شود. «چون در خراسان پس از آن که آب پستان‌هایش خشکیده بود نه قطره‌ای شیر مانده که بیرون شود و نه ذره‌ای روغن». زمین از بازدهی دست کشید، روستاییان راه گریز گرفتند و عاملان از جمع کردن مالیات مقرر عاجز ماندند....»[2]

به قدرت رسیدن ترکمن‌ها در اواخر قرن یازدهم میلادی نه تنها تعدیلی در این روند به‌وجود نیاورد بلکه به نظر می‌رسد که ابعاد آن را حتی گسترده‌تر هم کرد. روند این گسترش را تا اندازه‌ای می‌توان از روی هشدارها، رهنمودها و نصایحی که خواجه نظام‌الملک در سیاستنامهٔ خود به

---

۱ - همان، ص ۸۳-۸۲.
۲ - همان.

حکام و سلاطین ترکمن در قبال فشار بیش از حد حکومت بر مردم می‌دهد حدس زد.

> «نظام‌الملک در مورد فشار بر روستاییان و مطالبهٔ مالیات پیش از برداشت محصول اخطار می‌کند، به طوری که روستاییان برای یافتن پول به وام‌خواهی می‌افتند و مجبور به فروش مایملک خود می‌شوند. نظام‌الملک می‌گوید چنین سیاستی باعث کنده شدن روستایی از زمین و به غربت افتادن او می‌شود.»[۱]

امام محمد غزالی نیز در ***کیمیای سعادت*** به ظلم و بیدادگری حکام ترک و فساد اخلاق عامه در نتیجهٔ رفتار حکومت اشاراتی دارد.[۲] به طور کلی اوضاع معیشتی و رفتار حکومتی صحرانشینان ترک و ترکمن را پروفسور «لمبتون» این‌گونه جمع‌بندی می‌نماید:

> «از آن‌چه گفتیم چنین برمی‌آید که مردم تأمین نداشته‌اند و این نکته از خواص بارز زندگانی آنان بوده است. عبور و مرور دایمی قوای مسلح از دهات و زد و خوردهایی که میان امیران در می‌گرفت و دسته‌ای سپاهیان بی‌کار و راهزنانی که در دهات سیر می‌کردند کمتر موجب بهبود وضع و حال مردم روستاها می‌شد. از این گذشته ترقی مصنوعی قیمت‌ها که گاه اتفاق می‌افتاد و احتکار کالا از لوازم اجتناب‌ناپذیر چنین اوضاع و احوالی بوده است. البته گاه در سراسر امپراتوری یا لااقل در جاهای مختلف به مدتی کوتاه ورق برمی‌گشته و در سایهٔ قدرت سلطان یا حاکم محلی، چند صباحی امنیتی حاصل می‌شده است ... ***با این همه شک نیست که به طورکلی تمایل حکومت‌های ترک بر بیدادگری بوده است.***»[۳]

وضع مالکیت و زمین‌داری

وضع مالکیت و شیوهٔ زمین‌داری عامل بعدی بود که در نتیجهٔ تسلط صحرانشینان تغییر و تحول زیادی یافت. این تغییر و تحول از دو بُعد اساسی قابل بررسی است. نخست آن که در نتیجهٔ به قدرت رسیدن قبایل در ایران، تملک حکومت بر زمین یا زمین‌داری توسط دولت افزایش یافت. با درنظر گرفتن این وضعیت که زمین مهم‌ترین و اصلی‌ترین وسیلهٔ ایجاد درآمد بود، بالطبع تملک حکومت بر زمین‌های زیاد باعث افزایش قدرت آن گردید. بُعد دوم تغییر در کم‌اعتبار شدن نهاد یا اصل مالکیت بود. از میان عوامل مختلفی که باعث به رسمیت شناخته نشدن اصل مالکیت شدند دو عامل به نظر می‌رسد که نقش مهم‌تری داشتند: نخست دست به‌دست شدن زمین‌هایی که به‌دست حکام جدید می‌افتاد؛ دوم مصادره و ضبط بی‌رویهٔ زمین از سوی حکومت.

همان‌طور که در فصل دوم اشاره کردیم، تملک حکومت بر زمین و دخالت آن بر امر

---

۱ – همان، ص ۷۸.

۲ – به نقل از: ان. ک. اس. لمبتون، ***مالک و زارع در ایران***، ص ۱۵۷.

۳ – همان، ص ۱۵۷–۱۵۶.

کشاورزی و تولید در ایران یکی از ویژگی‌های مهم ساختار اجتماعی ایران در مقایسه با غرب است. می‌توان نتیجه‌گیری نمود که هجوم صحرانشینان آسیای مرکزی بر ایران، تملک حکومت بر زمین را افزایش داده و در نتیجه نقش دولت را در اقتصاد کشور بیشتر کرد. نظام کلی که با تسلط صحرانشینان بر وضعیت زمین‌داری در ایران سایه افکند، سیستم «اقطاع‌داری» بود. در مجموع بایستی گفت که این شیوه به روش‌های مختلفی صورت می‌گرفت.[1] عرف محل یا منطقه، به‌علاوه سبک و سلیقهٔ حکام و فرمانروایان مختلف و بالاخره نوسانات و وضعیت اقتصادی جامعه و نیازهای مالی حکومت باعث می‌شدند تا سیستم «اقطاع‌داری» با نوسانات و شدت و ضعف‌های متفاوتی صورت گیرد. اما ایدهٔ اصلی این نظام در مجموع ثابت بود. حکومت زمین‌هایی را که در تصاحب داشت (اعم از این‌که به وسیلهٔ جنگ، مصادره یا فقدان سرپرست به‌دست آورده بود) در اختیار افرادی که از سوی حکومت برگزیده می‌شدند قرار می‌داد تا از درآمدها و مواهب آن بهره جویند. «اقطاع‌دار» متقابلاً می‌بایستی بخشی از درآمدهای منطقهٔ واگذار شده را در قالب مالیات و یا دیون دیگری به حکومت ارسال داشته و مابقی آن را برای خود بردارد. «اقطاع‌داری» فی‌الواقع به‌معنای تملک زمین نبود و بر طبق روال پس از مرگ «اقطاع‌دار» حکومت «اقطاع» منطقه را به فرد دیگری واگذار می‌نمود. حکومت در ضمن می‌توانست حکم واگذاری اقطاع را فسخ نموده و دیگری را منصوب نماید.

اما در عمل «اقطاع‌داران» سعی می‌نمودند تا حاکمیت خود را بر منطقه تثبیت کنند و درثانی تا آن‌جا که می‌توانستند اسبابی فراهم آورند که منطقهٔ مورد «اقطاع» پس از مرگ کماکان در دست وارثین آنان باقی بماند. در شکل رابطهٔ «اقطاع‌داران» با مردم محلی نیز ناهمگونی‌های فراوانی وجود داشت. برخی از «اقطاع‌داران» نه تنها به مثابه مالک رفتار می‌نمودند بلکه با اقتدار کامل بر مردم منطقه نیز حکم می‌راندند. برخی دیگر صرفاً توجه خود را معطوف بر درآمدهای منطقه می‌نمودند و چندان در امور مردم مداخله نمی‌کردند. رؤسای قبایل پس از گرفتن این منطقه یا آن یکی بالطبع خود را «صاحب» آن می‌دیدند و منطقهٔ فتح شده برای آنان به مثابه غنیمت جنگی بود که می‌بایستی میان افراد قبیله تقسیم می‌شد. بنابراین در وهلهٔ نخست اعضای خانوادهٔ رئیس قبیله، سپس خویشان و نزدیکان،

---

۱ - برای اطلاع بیشتر از تغییر و تحولاتی که در وضعیت زمین‌داری و روش اقطاع در زمان حاکمیت ترکان سلجوقی به‌وجود آمد نگاه کنید به: ان. ک. اس. لمبتون، ***مالک و زارع در ایران***، ص ۱۶۲-۱۲۱.

سران خانوارها و طوایف وابسته به قبیله تا سپه‌سالاران و سرداران سپاه، به هر یک از طرف حاکم جدید منطقه‌ای واگذار می‌گردید. به عنوان مثال، ملکشاه سلجوقی، میان ۴۶ هزار عضو لشکر و بزرگان قبیلهٔ خود «اقطاع» تقسیم نمود. ترکمن‌ها به فراخور موقعیتشان صاحب زمین شدند: به رتبه‌های پایین، روستا و به رتبه‌های بالا، منطقه و در نهایت ولایت بخشیده شد.[۱] بر طبق سند دیگری «تکش سلطان» خوارزمشاهی منطقهٔ گرگان و پیرامون آن را طی یک فرمان همایونی به صدرالدین نامی واگذار کرد.[۲] اگرچه در حکم از او به عنوان «رئیس» نام برده می‌شود اما در شرح حکمش آمده که گرگان و مناطق اطراف آن در تملک وی قرار می‌گیرد.

فلسفهٔ سیاسی که از دیرباز در ایران رایج شده بود و بر طبق آن مُلک از آن حاکم و حکومت بود، با به قدرت رسیدن قبایل، قوام و اساس محکم‌تری هم نسبت به گذشته پیدا کرد. خواجه نظام‌الملک مغز متفکر و شکل‌دهندهٔ نظام سیاسی سلجوقیان به وضوح اعلام می‌دارد که ***ملک تعلق به سلطان دارد.*** رؤسای قبایل به عنوان سلاطین جدید و رؤسای حکومت، مالک نهایی زمین‌های مملکت شدند و همچون اموال شخصی‌شان قادر بودند به هر که مایلند ببخشند و از هر که دل ناخشنودند بستانند.[۳] این‌که سلطان تکش خوارزمشاه، منطقه‌ای را به مالکیت فردی درمی‌آورد، نشان‌دهندهٔ این مسئله است که او خود را صاحب زمین می‌دانسته و به عنوان مالک آن، این حق را برای خود به رسمیت می‌شناخته که مالکیت منطقه را واگذار به دیگران کند. راوندی (محمدبن علی، مورخ عصر سلجوقیان در قرن سیزدهم میلادی)، در تاریخ خود به وضوح ذکر می‌کند که مالکین از امنیت چندانی برخوردار نبودند زیرا حکومت معتقد بود که ***مالکیت زمین از آن امیر المؤمنین (حاکم مسلمین) است.***[۴]

به هرحال آن‌چه مسلم است، حق مالکیت بر زمین چندان از نظر حکومت به رسمیت شناخته نمی‌شده و به نظر می‌رسد حکومت مشکل چندانی در خصوص تصرف زمین و واگذاری آن به اشخاصی که می‌خواسته نداشته است؛ واگذاری‌ای که به صورت «اقطاع» صورت می‌گرفته. اگرچه در این خصوص آمار و ارقامی در دست نیست تا بتوان در مورد

---

۱ – پیشین، ای. پ. پطروشفسکی، ص ۴۳.

2 - Ibid., p. 98.

3 - Ibid.

4 - Ibid.

گسترش نظام اقطاع‌داری در ایران از قرن یازدهم به بعد به مقایسه پرداخت اما به احتمال زیاد این سیستم رو به افزایش بوده است. «اشپولر» تخمین می‌زند که در زمان ایلخانان (قرن سیزدهم و چهاردهم میلادی/هفتم و هشتم هجری) $\frac{1}{3}$ کل املاک زراعی ایران جزء املاک حکومت بوده است. این زمین‌ها شامل املاک وقفی، زمین‌های ضبط شدهٔ غیر وقفی، زمین‌هایی که مالکین آنها به دلیل دشمنی با حکومت گریخته بودند، زمین‌هایی که مالکین آنها به‌دست حکومت از بین رفته بودند، زمین‌های امرا و سلاطین قبلی یا «خالصه» که بالطبع به تصاحب فرمانروایان جدید درمی‌آمده، بوده است. «اشپولر» اضافه می‌کند که وسعت زمین‌هایی که در اختیار دولت بود آن‌چنان زیاد بود که یکی از سه شعبهٔ دیوانی که کل ادارهٔ امور مملکت را در اختیار داشت صرفاً به امر املاک سلطنتی یا «خالصه» می‌پرداخت.[1] تخمین «اشپولر» به نظر منطقی می‌رسد زیرا وسعت زمین‌هایی که در تصرف حکومت بود رابطهٔ مستقیمی با قلمرو آن داشت. هر قدر که قلمرو حکومتی بیشتر می‌بود، زمین‌هایی که در تصرف حکومت بود نیز افزایش می‌یافت. از آن‌جا که قلمرو قبایل مهاجم در ایران به طور منظم رو به افزایش بود، بنابراین وسعت زمین‌های تحت تصرف حکومت نیز مرتباً در حال افزایش بوده است. اگر وسعت قلمرو غزنویان در اوایل قرن یازدهم میلادی عمدتاً منحصر به شرق و شمال شرقی ایران بود، وسعت قلمرو امپراتوری سلاجقه یک قرن بعد از آن به غرب آذربایجان، قفقاز و آسیای صغیر رسیده بود. این قلمرو در زمان مغول‌ها باز هم افزایش یافت و در قرن چهاردهم میلادی به مرزهای جدیدتری رسید. لذا این‌که «اشپولر» معتقد است $\frac{1}{3}$ کل اراضی ایران در قرن چهاردهم میلادی در اختیار حکومت بوده با درنظر گرفتن وسعت قلمرو ایلخانان چندان هم غیر منطقی به نظر نمی‌رسد. جدای از او، پروفسور «لمبتون» نیز معتقد است که زمین‌های متعلق به حکومت از قرن یازدهم به بعد رو به افزایش بوده است.[2]

مهم‌تر از وسعت «اقطاع داری» و زمین‌های سلطنتی یا «خالصه»، نحوهٔ نگهداری آنها بود، چه این ملاحظه ما را مستقیماً در ارتباط با وضعیت تولیدات کشاورزی و در نتیجه وضعیت کلی اقتصاد ایران قرار می‌دهد. از اطلاعات در دسترس می‌توان این‌طور نتیجه‌گیری کرد که در مجموع رواج گستردهٔ «اقطاع‌داری» از قرن یازدهم میلادی به بعد نه تنها رونقی به کشاورزی ایران نبخشید بلکه در بسیاری از موارد به دلیل سیاست‌های نابخردانهٔ «اقطاع‌داران» یا

---

۱ - برتولد اشپولر، *تاریخ مغول در ایران*، ص ۳۲۷-۳۲۵.

2- op. cit., A.K.S. Lambton, p. 39.

حکام جدید، وضع کشاورزی نامطلوب شده و رکود اقتصادی به دنبال آن پدیدار شد.

> «تصاحب زمین‌های کشاورزان از سوی «رؤسای قبایل» و تشدید فشار مالیاتی از پایان سدهٔ دهم میلادی، مایهٔ فقر و تنگدستی بخشی از کشاورزان گردید. حال و روز کشاورزان که از نیمهٔ سدهٔ نهم میلادی تا اندازه‌ای بهبود یافته بود، در پایان سدهٔ دهم میلادی دوباره تباه‌تر شد. «مقدسی» نوشته است که در عراق عجم بسیاری از مردم معمولی از زمین و خانه محروم و ناچار به جدایی وطن گردیدند.»[۱]

اگرچه نظر مقدسی بیشتر در خصوص وضعیت اقطاع‌داری در اواخر قرن دهم و اوایل قرن یازدهم میلادی (زمان غزنویان) است، اما به نظر می‌رسد روند کلی در قرون بعدی به سمت خراب‌تر شدن بوده است تا بهبودی. نامطلوب بودن وضع اقطاعات را می‌توان از لابه لای سطور هشدارها و رهنمودهای خواجه نظام‌الملک در «سیاستنامه» نیز استنتاج نمود. این‌که او این همه «اقطاع‌داران» را به رعایت عدل و انصاف و ضوابط و مقررات فراخوانده و صراحتاً اعلام می‌دارد که آنان به‌جز «حق دریافت اجاره آن هم به‌وجهی نیکو حق دیگری بر رعایا ندارند»، نشان‌دهندهٔ این واقعیت است که «اقطاع‌داران» برای خود حق و حقوق دیگری نیز قایل بوده‌اند؛ حق و حقوقی که مطابق با شرایط اولیهٔ واگذاری اقطاع نمی‌بوده و بعدها به‌تدریج بدان اضافه شده است.[۲]

از میان عوامل مختلفی که وضعیت کلی اقتصادی در منطقهٔ مورد اقطاع را خراب می‌نمود به نظر می‌رسد علتی که پروفسور «لمبتون» ذکر می‌کند از همه مهم‌تر باشد. به گفتهٔ ایشان، در نظام اقطاع‌داری پیوند وابستگی بین صاحب اقطاع و منطقهٔ مورد اقطاع کمتر به‌وجود می‌آمد، زیرا صاحبان اقطاع غالباً در مرکز بودند و در نتیجه احساس منافع مشترک درازمدت چندانی با منطقهٔ مورد اقطاع پیدا نمی‌کردند.[۳] اگرچه اقطاع‌داران سعی می‌کردند منطقهٔ واگذار شده را حفظ نموده و حتی این واگذاری را به وراث خود منتقل کنند، اما بایستی توجه داشت که این اصرار در شرایطی صورت می‌گرفت که جایگزین بهتری وجود نداشت. در غیر این صورت، اگر به صاحب اقطاع منطقهٔ بهتری می‌رسید و یا شغل یا منصب جدیدی به وی واگذار می‌گردید که ارزش بالاتری به لحاظ درآمد برایش می‌داشت، او بی‌درنگ اقطاع را رها کرده و به سوی وضعیت جدید می‌شتافت. به‌علاوه همان‌طور که حکومت اقطاع می‌بخشید یا واگذار می‌نمود همان‌طور هم می‌توانست آن را پس بگیرد و به دیگری واگذار نماید (امری

---

۱ - همان، ص ۴۳.
۲ - همان، ص ۴۴.

3 - Ibid., p. 100.

که بسیار صورت می‌گرفت). عقل سلیم در این صورت حکم می‌نمود که صاحب اقطاع متحمل مخارج اساسی و زیربنایی بلندمدت به منظور توسعه و بالا بردن سطح زندگی و افزایش تولید در منطقهٔ مورد اقطاع نشود. به زبان امروزه تمایل به «سرمایه‌گذاری» درازمدت که نتایج آن در آینده ظاهر شود در نظام اقطاع‌داری امری نامعقول و ریسکی غیرلازم محسوب می‌شد.[۱]

مجموعهٔ این عوامل سبب می‌شد تا رابطهٔ صاحب اقطاع با منطقهٔ مورد اقطاع در حد یک رابطهٔ صرفاً مالی باشد، رابطه‌ای که بر اساس آن اقطاع‌دار فقط در فکر کسب درآمد فوری از منطقه بود و بس. این پدیده که والیان یا حکام محلی، منطقهٔ زیردست خود را غالباً به نظر یک سرزمین بیگانه نگریسته و به‌جز تحصیل درآمد از آن سودای دیگری در سر نمی‌پروراندند، یکی از ویژگی‌های مشخص اجتماعی ایران شد. بسیاری از خارجیانی که در قرن نوزدهم به ایران آمدند غالباً به این موضوع که حکام قاجار در مجموع به مملکت خود نه به عنوان میهن بلکه به چشم مملکتی بیگانه می‌نگریستند که فقط بایستی از آن بهره کشید، اشاره می‌نمایند. اگر دقت نشود که ریشه‌های تاریخی این پدیده از کجاست، لاجرم به کلیشه‌های رایج پناه خواهیم برد که عقب‌ماندگی ایران قرن نوزدهم را صرفاً خلاصه کنیم به حکام و سلاطین قاجار؛ در حالی‌که نزدیک به نهصد سال قبل از به قدرت رسیدن قاجارها بخشی از زمین‌داری و ساختار اقتصادی ایران این‌گونه بوده است و حکام قاجار صرفاً ادامه دهندهٔ الگویی بودند که صدها سال قبل از آنان شکل گرفته بوده است.

وضعیت قضا و امنیت اجتماعی

تحولاتی که تاکنون برشمردیم هرگز نمی‌توانستند شکل بگیرند و در عمل به اجرا درآیند مگر این‌که قدرت زیادی در دست حکومت متمرکز بوده باشد. به‌وجود آمدن ارتش، اخذ گسترده و بی‌رحمانهٔ مالیات، تصاحب زمین‌های زیاد و واگذاری آن به صاحب‌منصبان حکومتی، جملگی یک پیش‌نیاز اساسی داشتند که عبارت بود از تمرکز قدرت زیاد در دست حکومت. این تمرکز به بهای سرکوب مخالفین، فقدان امنیت و ضعیف بودن نهاد قضا و عدالت در جامعه بود. فقدان امنیت اجتماعی جنبه‌های مختلفی داشت. یک نمونهٔ آن سست بودن شالوده و نهاد

---

۱ - درست عکس حالتی که در نظام فئودالی غربی وجود داشت. در آن نظام، از آن‌جا که تملک یک فئودال بر منطقه‌اش قطعی و غیرقابل تصرف از ناحیهٔ حکومت بود، بنابراین فئودال‌ها به منظور بالا بردن منافع خودشان هم که بود حداکثر سعی و تلاش خود را در عمران و آبادانی املاک و منطقه‌شان اعمال می‌داشتند.

دادرسی و قضاوت بود. جلوهٔ دیگر آن سست بودن نهاد مالکیت و به رسمیت شناخته نشدن حق تملک بود. بُعد دیگر ناپایدار بودن موقعیت صاحب‌منصبان و اساساً فقدان امنیت شغلی بالاخص در سطح مناصب و مشاغل عالی‌رتبه بود. به نظر می‌رسد هر قدر منزلت اجتماعی مناصب بالاتر می‌رفت، به همان میزان نیز موقعیت صاحب منصب ناپایدارتر و نامطمئن‌تر می‌شد. بر طبق این فرمول، ناامن‌ترین مناصب به لحاظ این‌که صاحب آن اطمینان خاطری از فردایش نداشت سمت وزارت بود. آن‌چه این ناامنی را دامن می‌زد وضعیت امر قضا بود.

تصویر کلی که از امر قضا از قرن یازدهم میلادی به بعد وجود دارد حاکی از نامرتب بودن آن است. ضعف در داوری و اعمال رأی و مهم‌تر از همه نفوذ حکام و صاحب‌منصبان حکومتی بر امر قضا مهم‌ترین عوامل سست بودن این نهاد بود. اگرچه انتصاب قاضی توسط حاکم، باعث می‌شد که او از «وزیر» و صاحب‌منصبان دیگر مستقل باشد، اما این استقلال در عمل به واسطهٔ عوامل مختلفی خدشه‌دار می‌گردید. نخست آن که قضات، نیروی مستقل و متکی به خود نداشتند. بنابراین برای اعمال قدرت مجبور بودند به قوای وزیر و صاحب‌منصبان دیگر تمسک جویند. در نتیجه قاضی که مصرّ بود مستقل از عوامل فوق انجام وظیفه نماید در عمل به دلیل فقدان مساعدت صاحبان قدرت در اجرای خواسته‌هایش موفقیت چندانی نمی‌توانست به‌دست آورد؛ ثانیاً، صاحب‌منصبان و عوامل ذی‌نفوذ از داخل یا خارج از حکومت، در اموری که مربوط به امر قضا بود مداخله می‌کردند و در عمل، حد و مرز امر قضا و حیطهٔ اقتدار قاضی مشخص نبود. بالاخص در اموری که مربوط به نظم و امنیت می‌گردید، دخالت صاحبان قدرت و اصحاب حکومت بسیار متداول بود؛ ثالثاً، از زمان سلجوقیان (اواسط قرن یازدهم میلادی) وزیر از طرف سلطان مکلف گردید تا امور مذهبی را هم زیر نظر گیرد. بنابراین حکام اختیار عزل و نصب قاضی را که تا قبل از آن در انحصار شخص حاکم یا سلطان بود به وزیر تفویض نمودند.[1] در نتیجهٔ این تحول، اگر تاکنون، قضات مجبور بودند رعایت منویات خلیفه، حکام و سلاطین را بنمایند از این پس وزیران نیز به این لیست اضافه شدند.

با کشته شدن خلیفه به‌دست مغولان و برچیده شدن نهاد دارالخلافه در سال ۱۲۵۸ م. (۶۵۲ هـ.)، از نیمهٔ دوم قرن سیزدهم وضعیت امر قضاوت بدتر شد. تا قبل از آن، همان‌طور که اشاره شد، قاضی از سوی خلیفه برگزیده می‌شد. او به عنوان «نایب خلیفه» بر مسند قضاوت

1 - Ibid., p. 70.

می‌نشست (صرف‌نظر از میزان وابستگی‌اش به صاحبان قدرت)؛ اما با فروپاشی نهاد دارالخلافه، دیگر خلیفه‌ای در مرکز امپراتوری اسلام نبود که قاضی را منصوب کند و قاضی «نایبش» باشد. از این مقطع به بعد قاضی از سوی حکام و صاحب‌منصبان محلی برگزیده می‌شد. به جای خلیفه، قضات خود را نایب «رسول‌الله» می‌دانستند. حتی قبل از سقوط دارالخلافه در قرن سیزدهم و با به قدرت رسیدن قدرت‌های محلی درون امپراتوری اسلام، بسیاری از قضات توسط حکام محلی برگزیده می‌شدند. اما چون این حکام خود را علی‌الظاهر نایب خلیفه می‌دانستند، قضات منتخب آنان نیز مشروعیت خود را از سوی خلیفه می‌دانستند و به «نیابت» از او حکم صادر می‌کردند. امام محمد غزالی معتقد بود که قاضی که حکم از «صاحب شوکت» (قدرت محلی) دریافت نموده است حکمش کماکان معتبر است.[1] لذا این‌که قاضی حکمش را از خلیفه دریافت ننموده باشد به نظر نمی‌رسد از لحاظ شرعی مشکل چندانی ایجاد کرده باشد. اما مشکلی که ایجاد شد این بود که تا قبل از سقوط دارالخلافه به‌دست مغولان، خلیفه که بالاترین مقام حکومتی را در اسلام دارا بود، پشتیبان قاضی بود. اگر بالفرض قاضی مستقل و آزاداندیش بود و تن به نفوذ حکام و صاحب‌منصبان محلی نمی‌داد می‌توانست به عنوان این‌که «نایب خلیفه» است از او یاری جوید (صرف‌نظر از این‌که در عمل چقدر می‌توانست حمایت خلیفه را به‌دست آورد). اما با سقوط خلیفه و دارالخلافه، قضات عملاً از سوی حکام، سلاطین و صاحبان قدرت‌های محلی برگزیده شدند. به عبارت دیگر، از یک‌سو قضات از قدرت مرکزی (دارالخلافه) رهایی یافتند، اما از سویی دیگر گرفتار «خرده قدرت‌های» محلی شدند.

امر قضا بنابراین به مقدار زیادی در گرو روحیه و منش شخصیتی فرمانروایان محلی بود. اگر قاضی خواستار حفظ استقلالش می‌بود، چاره‌ای نداشت جز آن که با نفوذ صاحبان قدرت به مقابله بپردازد. مقابله‌ای که در یک سوی آن یک فرد به نام قاضی به تنهایی بود و در سوی دیگرش قدرت حکومت، بدون آن که دیگر خلیفه‌ای در کار باشد که قاضی بتواند به وی تمسک جوید. به نظر می‌رسد که در مجموع این تحولات، امر قضا را که تا قبل از آن چندان هم مستقل و نیرومند نبود، ضعیف‌تر و وابسته‌تر به حکومت نمود. از این ملاحظات کلی که بگذریم در عمل، قضا و قضاوت چگونه بود؟ تصویر کلی که وجود دارد در مجموع رضایت‌بخش نیست. قبلاً از «دستگاه مستخرج» که در زمان غزنویان به عاملی برای مصادره

1 - Ibid.

و ضبط اموال کسانی که به دلیلی مورد غضب حکومت قرار می‌گرفتند سخن راندیم. برای کسانی که با این دستگاه هم سر و کار پیدا نمی‌کردند اجرای قضاوت چندان بهتر نبود. شلاق و کاربرد شکنجه جزء لاینفکی از اجرای امر قضا بود.[۱] استفاده از شلاق و شکنجه را نبایستی با مسئلهٔ «حد» و «تعزیرات شرعی» اشتباه گرفت. این وسایل نه در جهت تعزیرات بلکه به عنوان ابزاری به منظور گرفتن اقرار و اعتراف از متهمین مورد استفاده قرار می‌گرفتند.[۲]

عامل دیگری که سبب سست‌تر شدن امر قضا و ضعف داوری قضات گردید عبارت بود از زمین‌دار شدن بسیاری از قضات از قرن سیزدهم میلادی به بعد. تا قبل از آن که قضات جزء قشر ملاکین شوند توانسته بودند در دعاوی که مابین مردم عادی و ثروتمندان صورت می‌گرفت بی‌طرفی خود را بالنسبه حفظ نمایند. اما به دنبال تغییر و تحولاتی که در وضعیت تملک زمین، بالاخص از قرن سیزدهم میلادی به این طرف پیش آمد، قضات نیز جزء اقشار زمین‌دار جامعه شدند. با این تحول، آن بی‌طرفی نسبی که قضات در داوری مابین مردم عادی از یک‌طرف و طبقهٔ ممتاز عمال کشوری و لشکری از طرف دیگر، از خود نشان می‌دادند از میان رفت و ***منافع قضات با منافع طبقهٔ زمین‌دار یکی شد (و) دیگر بی‌طرفی باقی نماند.***[۳]

فقدان امنیت اجتماعی و حقوق فردی

یکی دیگر از جلوه‌های بنیادی تمرکز قدرت در دست حکومت عبارت بود از فقدان امنیت فردی و اجتماعی که از قرن یازدهم میلادی به بعد یکی از مشکلات بزرگ اجتماعی ایران شد. این پدیده شکل‌دهندهٔ بسیاری از زوایای اجتماعی ایران بود. از جمله این زوایا و یکی از مهم‌ترین آنها در ادارهٔ حکومت بود. رؤسای قبایل و سرداران صحرانشینی که از قرن یازدهم به بعد فاتح ایران شدند در حقیقت مجبور بودند بر سرزمین‌هایی حکم برانند که به‌مراتب از بافت اجتماعی سادهٔ قبایل و طوایف آنان پیچیده‌تر و پیشرفته‌تر بود. آنان نه تجربه‌ای در امور کشورداری داشتند و نه تبحری در امر دیوان‌سالاری و یا سررشته‌ای در امور مالی. هنر و تبحر آنان صرفاً در جنگیدن و نظامی‌گری، و شایستگی آنان در امر مدیریت، در انسجام امور لشکرکشی و تقسیم غنایم جنگی به‌نحو شایسته در میان جنگجویان خود خلاصه می‌شد. آنان بالطبع امور نظامی و مسایل جنگ و صلح و لشکرکشی، بخشش زمین و

1 - Ibid., p. 83-84.

2 - Ibid.

۳ - ان. ک. اس. لمبتون، *مالک و زارع در ایران*، ص ۲۰۱-۲۰۰.

ملک، واگذاری اقطاع، کیفر دادن به خاطیان و جدا کردن سر از تن دشمنان و ... را خود در دست داشتند؛ اما مجبور بودند گرداندن امور و مسایل کشوری اعم از مالی یا دیوان‌سالاری را به‌دست «دیگران» بسپارند. شخصیت عمده و کلیدی «دیگران» در حقیقت وزیر بود. بنابراین وزرا[1] برای گرداندن امور اَجرایی و دیوانی حکومت به مثابه مغز بودند.

انتظاری که به‌طور طبیعی در چنین وضعیتی می‌رود این است که به واسطهٔ ناآشنایی حکام بر امور دیوانی، اتکای آنان به وزیر فوق‌العاده باشد و بنابراین، وزیر لاجرم از موقعیت سیاسی و امنیت اجتماعی استثنایی می‌بایستی برخوردار باشد. اما واقعیت فرسنگ‌ها با این نتیجه‌گیری منطقی فاصله دارد. علی‌رغم اهمیت برای دستگاه حکومت و پادشاه، دیوان‌سالاران و صاحب‌منصبان به‌طور عام و وزرا به طور خاص از کمترین امنیت اجتماعی و حرفه‌ای برخوردار نبودند. آنان با اشارهٔ سلطان، نه تنها عزت، شوکت و قدرت و ثروت خود را در یک چشم به‌هم زدن از دست می‌دادند، بلکه در غالب موارد جان خود را نیز بر روی منصبشان می‌باختند.

از شش وزیری که در طول قریب به چهل سال حکومت غزنوی‌ها به آنان خدمت کردند، چهار تن به قتل رسیدند و اموالشان مصادره گردید، پنجمی به زندان افتاده و اموالش نیز مصادره شد و ششمی به‌نحو معجزه‌آسایی توانست متواری شود. این لیست شامل مردان کاردان و با فضلی همچون احمدبن حسن میمندی و یا ابوعلی حسن‌بن محمد که در تاریخ به نام «حسنک وزیر» معروف است، می‌شود. سلطان مسعود، جانشین سلطان محمود، که پس از مرگ پدر بر تخت نشست کلیهٔ دولت‌مردان و صاحب‌منصبان زمان پدر را از کار برکنار نموده و اموال برخی را نیز مصادره کرد.[2]

آمار وزرای ترکمن‌ها (سلاجقه) هم چندان درخشان‌تر نیست. در فاصلهٔ بین اواخر قرن یازدهم تا اواسط قرن دوازدهم (۱۱۳۸ - ۱۰۹۲م.) جمعاً یازده وزیر به‌دست حکام مختلف سلجوقی به قتل رسیدند.[3] به عبارت دیگر، عمر متوسط صدارت هر وزیر قبل از آن‌که سر از تنش جدا شود بیش از چهار سال نبود. کارنامهٔ وزرای مغولان از وزرای ترکان و ترکمن‌ها

---

۱ - مراد از وزرا در اینجا معنای امروزهٔ آن که جمع چند وزیر می‌باشد نیست. مقصود از وزرا در اینجا وزیرانی هستند که هر یک در زمان خود تنها وزیر حکومت بودند.

۲ - پیشین، ادموند کلیفورد باسورث، ص ۲۳۷.

۳ - خواجه نظام‌الملک ۱۰۹۲ م.؛ تاج‌الملک ۱۰۹۳ م.؛ ابوالمحسن عزالدهستانی ۱۱۰۱ م.؛ فخرالملک ابن‌نظام‌الملک ۱۱۰۶ م.؛ سعدالملک ۱۱۰۷ م.؛ فخرالملک ۱۱۲۰ م.؛ کمال‌الملک سمیرومی ۱۱۲۱ م.؛ مختاس‌الملک کشتی ۱۱۲۷ م.؛ ابوالقاسم انسابادی درگزینی ۱۱۳۰ م.؛ کمال‌الدین محمدبن حسین ۱۱۳۸ م. به نقل از: op. cit., A. K. S. Lambton, pp. 46-47.

هم اسفناک‌تر است. طبق برآورد «اشپولر»، به‌استثنای یک تن، تمامی وزرای ایلخانان به قتل رسیدند.[1] در میان آنان نام مردان برجسته‌ای همچون رشیدالدین فضل‌الله معروف، وزیر با تدبیر و لایق اولجایتو در اوایل قرن چهاردهم به چشم می‌خورد. پس از مرگ اولجایتو در سال ۱۳۱۶ م. (۷۱۶ هـ.) پسر سیزده ساله‌اش، ابوسعید، جانشین پدر گردید. با به کرسی نشستن شاه جدید، ستارهٔ اقبال رشیدالدین رو به افول نهاد. پس از آن که وی مورد غضب شاهانه قرار گرفت از مسند وزارت برکنار شد. اما همانند سرنوشت بسیاری دیگر از وزرا، برکناری از منصب، مرحلهٔ اول از میان رفتن کامل بود. طبق روند معمول، پس از برکناری، رشیدالدین ***متهم به توطئه علیه حکومت (پادشاه) گردید*** و به اتهام خیانت پیکرش دو نیمه شد. سر او را در خیابان‌های تبریز (پایتخت ایلخانان) گرداندند در حالی‌که فریاد می‌زدند: ***این سر آن یهودی است که کفران نعمت خدا را کرده است؛ لعنة‌الله علیه!***[2]

بالطبع در چنین شرایطی مهم‌ترین و اصلی‌ترین هم و غم یک وزیر باید حفظ مقام و موقعیتش باشد. چه اگر از این مهم غفلت می‌ورزید فقط با مشکل از دست دادن مقام وزارت روبه‌رو نبود بلکه به شهادت لیست بلند بالای وزرای مقتول، در اکثر موارد زندگی‌اش نیز در معرض خطر قرار داشت. بنابراین بخش عمده‌ای از انرژی و کوشش‌های وزرا ناگزیر صرف خنثی نمودن توطئه‌ها و مقابله با مخالفینشان می‌شده است. کار ملک، کشورداری و مصالح رعیت به‌طور طبیعی در درجات بعدی اهمیت قرار می‌گرفت. ناپایداری مناصب حکومتی همچنین سبب می‌شد که بسیاری از صاحب‌منصبان و وزرا در خلال مدتی که قدرت را در دست داشتند تلاش زیادی برای پر کردن جیب خود و ثروت‌اندوزی نمایند. جدای از این‌که بذل و بخشش زیاد، به هنگام مورد غضب قرار گرفتن ممکن بود وسیله‌ای برای نجات جان آنها شود، در مواقع عادی نیز بذل و بخشش‌های مالی باعث می‌شد که کوشش برخی از مخالفین را خنثی نموده و رفع و دفع خطر نمایند. وزرا بعضاً حتی در اوج اقتدارشان نیز مجبور می‌شدند مبالغ قابل توجهی به صورت رشوه پرداخت نمایند تا جلوی کوشش‌های مخالفین خود را بگیرند. بی‌دینی، انحرافات عقیدتی، قرمطی بودن، خیانت به امیر، سخت‌گیری نکردن نسبت به مخالفین حکومت و یا - بدتر از آن - رابطه داشتن با آنان و شیعه بودن از جمله تهمت‌هایی بود که مخالفین و رقبای وزرا از آن علیه ایشان استفاده می‌کردند.

---

۱ - برتولد اشپولر، ***تاریخ مغول در ایران***، ص ۲۸۵.
۲ - پیشین، ج.ج. ساندرز، ص ۱۴۱.

حتی وزرای قدرتمند و با نفوذ نیز از شر چنین حملاتی در امان نبودند. از جمله خواجه نظام‌الملک مشهور، در عین اقتدار و قدرتمندی‌اش وقتی که متهم به «رافضی» بودن می‌شود برای جلوگیری از این‌که این اتهام به گوش شاه برسد مجبور می‌شود ۳۰/۰۰۰ دینار حق‌السکوت یا در حقیقت رشوه بپردازد.[۱]

وقتی عدم ثبات و امنیت برای قدرتمندترین صاحب‌منصبان حکومتی این‌چنین بوده باشد نیازی به گفتن نیست که در سطح کلی‌تر جامعه، وضع امنیت اجتماعی به چه صورتی بوده است. به عنوان مثال، تجار و ثروتمندان، کمتر می‌توانستند به تقاضای وام از سوی حکومت و یا افراد بانفوذ سیاسی که وابسته به حکومت بودند جواب منفی دهند. اگرچه به دلیل قدرت و نفوذ چنین وام گیرندگانی، شانس بازپس گیری وام چندان زیاد نبود.[۲] تجار نیز اجحاف حکومت را به اقشار دیگر منتقل نموده و با اخذ بهرهٔ بالاتری از آنها خسارت‌های مالی خود را از ناحیهٔ حکام و قدرتمندان سیاسی مرتبط با حکومت، جبران می‌کردند.[۳]

مشکلات ثروتمندان و تجار جامعه در مجموع چندان جدای از مشکلات سیاسی وزرا نبود. آنان نیز همچون وزرا به سهولت در مظان اتهام «مخالفت با حکومت» و «انحراف دینی» قرار می‌گرفتند. از آن‌جا که رؤسای قبایل به تأسی از بغداد سنی‌مذهب بودند، لذا متداول‌ترین شیوه برای اخذ مال از ثروتمندان، وارد کردن اتهام شیعه‌گری، رافضی، قرمطی، مجوس (زرتشتی) یا اسماعیلی به آنان بود. چنین اتهاماتی بیشتر مستمسکی بود برای مصادرهٔ اموال متهمین. به عنوان نمونه یکی از ثروتمندان نیشابور سر و کارش با «دستگاه مستخرج» می‌افتد. سلطان محمود به متهم می‌گوید که شنیده‌ایم قرمطی شده‌ای؟ متهم که «جرم» واقعی‌اش را می‌دانست به سلطان اظهار می‌دارد که «قرمطی نیستم، بلکه گناهم آن است که ثروت فراوان دارم. هرچه هست از من بگیر و بدنامم مکن. محمود نیز چنین کرد و پس از ضبط تمام دارایی او، صفای ایمانش را تصدیق نمود.»[۴]

تبعات منفی فقدان امنیت اجتماعی در سطح کارگزاران دولتی به دو صورت خود را نشان می‌داد. شکل اول، که قبلاً نیز بدان اشاره داشتیم، رواج فساد در میان دولت‌مردان بود. چون وزرا و صاحب‌منصبان به ناپایدار بودن موقعیتشان واقف بودند و چون می‌دانستند که در

---

1 - op. cit., A. K. S. Lambton, p. 43.

2 - Ibid., p. 329.

3 - Ibid.

۴ - پیشین، مرتضی راوندی، ص ۵۴۹.

صورت بروز مشکلی با حکومت (شاه، سلطان یا امیر) هیچ مرجع و قانونی نخواهد بود که آنان بتوانند با اتکا بدان به دفاع از خود برخیزند، در نتیجه پست وزارت و مناصب دولتی برای بسیاری از آنها فرصت مغتنمی به حساب می‌آمد که جیب خود را پر کنند؛ زیرا معلوم نبود که فردا هم هنوز مورد عنایت حکومت باشند. پروفسور «لمبتون» معتقد است که به هنگام صدارت و در دست داشتن قدرت، وزرا و دولت‌مردان بیشتر به فکر پر کردن جیب خود بودند.[1]

مشکل دیگر ناامنی اجتماعی این بود که بسیاری از مردان فهیم، امانت‌دار و باتقوا کمتر حاضر می‌شدند سمت و مشاغل دولتی بپذیرند. جدای از درستی و امانت‌داری‌شان، مشکل دیگر آنان با حکومت در این بود که بسیاری از آنها به دلیل برخورداری از استقلال رأی و پافشاری بر روی استقلال عمل خود نمی‌توانستند در دستگاه حکومتی دوام چندانی بیاورند. اولیای حکومت نیز بیشتر به دنبال آن بودند که منویات، فرامین، خواست‌ها و دستورات آنها بدون چون و چرا و بحث و گفت‌وگو به اجرا گذاشته شود. چنین وضعی با روحیهٔ صاحب‌منصبانی که از خود فکر و اراده‌ای داشتند بالطبع سازگار نبود و در نتیجه ***غالباً سلاطین و وزرای ایشان به اشخاص مورد نظر کارهای مهم را رجوع می‌کردند و به شایستگی و لیاقت اشخاص توجه نمی‌شد.***[2]

واگذاری امور به‌دست افراد نالایق صرفاً به این دلیل که از حکومت حرف‌شنوی مطلق داشتند آن‌چنان با تحکیم موقعیت قبایل در ایران رواج می‌یابد که خواجه نظام‌الملک آشکارا نگرانی خود را از آن در **سیاستنامه**‌اش نشان می‌دهد. وی ضمن «نصیحت» به ملوک و حکام اندر مذمت این روند به آنها در قبال سپردن چندین سمت دولتی به یک نفر «بی‌اصل» و «بی‌فضل» هشدار می‌دهد:

> «... هر وقت که مجهولان و بی‌اصلان را و بی‌فضلان را عمل فرمایند (پست و منصب دهند) و معروفان و اصیلان را معطل گذارند، و یک کس را پنج، شش عمل فرمایند و یکی را عمل نفرمایند، دلیل بر نادانی وزیر باشد و بدترین دشمن است که ده عمل یک مرد را فرماید و ده مرد را یک عمل فرماید... پس اگر وزیر عاقل و دانا باشد، علامت آن باشد که کارها به مردم اهل تفویض کند تا مملکت را زوال نیابد... .»[3]

اگر اقشار ثروتمند جامعه می‌توانستند با صرف مال، تا حدودی امنیت خود را تأمین

---

1 - Ibid., p. 33.

۲ - همان، ص ۶۳۵.

۳ - به نقل از: پیشین، مرتضی راوندی، ص ۶۳۵.

نمایند، اقشار معمولی‌تر در قبال حکومت مطلقاً بی‌دفاع بودند. ***وقتی نانوایان در پایتخت امپراتوری غزنویان تصمیم می‌گیرند که نرخ تازه‌ای بر نان بگذارند، سلطان محمود که از این تصمیم به خشم آمده بود دستور می‌دهد که رئیس صنف نانوایان را به زیر پای فیلان بیندازند تا درسی شود برای نانوایان و عبرتی برای اصناف دیگر.***[1] گاهی اوقات تمامی مردم یک منطقه که در مقابل تصمیم حکومت مخالفت کرده بودند مورد کیفر قرار می‌گرفتند. در اوایل قرن سیزدهم میلادی و قبل از هجوم مغولان، بخشی از امپراتوری ترکان خوارزمشاهی شامل سمرقند و مناطقی از ماوراءالنهر در جریان کشاکش میان قدرت‌های رقیب، از تصرف سلطان خوارزمشاه خارج گردید. مردم سمرقند که از ظلم حکومت خوارزمشاهیان به تنگ آمده بودند وضعیت را مغتنم شمرده و علی‌رغم این‌که حکام جدید غیر مسلمان بودند، حکومت آنان را بر هم‌کیشان مسلمان خود ترجیح داده و در نتیجه علیه خوارزمشاهیان طغیان نمودند. سلطان محمد خوارزمشاه که از این تحولات به خشم آمده بود در سال ۱۲۱۲ م. (۶۰۷ هـ.) با سپاهی زیاد راهی سمرقند شده و پس از تسخیر مجدد آن، با یک فرمان غارت و قتل‌عام سه روزه از مردم سمرقند انتقام گرفت.[2]

طغیان علیه حکومت که جای خود دارد، حکومت، حتی این حق را که مردم در مقابل حمله و هجوم قبایل دیگر از خود به دفاع برخیزند، برای آنان قایل نبود. نمونهٔ مشهور این نگرش، واقعهٔ حمله به بلخ در سال ۱۰۰۶ م. (۴۰۴ هـ.) است. در آن سال «جغوتکین»، یکی از سران قبایل قراخانی، از غیبت سلطان محمود که سرگرم کارزار در هندوستان بود استفاده نموده و به شهر بلخ حمله می‌کند. اما مردم بلخ در مقابل این هجوم به مقابله برمی‌خیزند و در جریان جنگ به «املاک خالصه» سلطان محمود خساراتی وارد می‌شود. پس از بازگشتش به بلخ، سلطان محمود به جای تشویق بلخیان، ***مردم شهر را عتاب کرد که آنان حق نداشتند در برابر دشمن مقاومت کنند که در نتیجه مستغلی بدان بزرگی از آن او ویران شود. رعایا باید کناری بایستند و ببینند کدام پادشاه قدرتمندتر است.... کار جنگ وظیفهٔ سپاه بود و رعایا نمی‌بایست غره شوند که از عهدهٔ این مهم برمی‌آیند.***[3] اگرچه خشم سلطان محمود علی‌الظاهر به واسطهٔ آن بود که در نتیجهٔ مقاومت مردم، خسارت زیادی بر اموال حکومتی (یعنی اموال سلطان) وارد آمده بود، اما دلیل بنیادی‌تر اعتراض او به مردم، از اینجا ناشی می‌شد که اگر قرار می‌شد مردم سرخود و

---

۱ – پیشین، ای. پ. پطروشفسکی، ص ۴۲.
۲ – پیشین، ج. ج. ساندرز، ص ۴۹–۴۸.
۳ – «تاریخ بیهقی»، به نقل از: پیشین، ادموند کلیفورد باسورث، ص ۵۰.

بدون دستور یا نظر حکومت تصمیم بگیرند که در مقابل این قبیله یا آن یکی بایستند، امروز این رویارویی با قراخانیان بود و فردا ممکن بود با ترکان غزنوی باشد. به نوشتهٔ «تاریخ بیهقی»، ایراد اساسی که سلطان محمود بر مردم وارد می‌سازد در نفس امر نیست بلکه در انگیزهٔ عمل آنان است. از نظر او، ***کار دفاع و امنیت و جنگ و صلح بر عهدهٔ حکومت است نه بر عهدهٔ مردم. وظیفهٔ آنان صرفاً انقیاد و متابعت از اعمال و رفتار حکومت است.***

مشروعیت و پایگاه سیاسی و اجتماعی حکومت

تحول بلندمدت دیگری که در نتیجهٔ تسلط قبایل آسیای مرکزی بر ایران به‌وجود آمد، استحکام عنصر اطاعت و گردن نهادن مطلق نسبت به حکومت بود. البته قبل از سرازیر شدن قبایل آسیای مرکزی به ایران نیز اطاعت از حکومت وجود داشت، اما ظهور این قبایل در مرکز قدرت، ابعاد آن را گسترده‌تر نمود. حداقل یک دلیل این گستردگی به زمینه‌های اجتماعی بافت قبیلگی بازمی‌گردد.

در ساختار اجتماعی «پدرسالاری» نظام قبیله، اطاعت از بزرگ قبیله یا «ریش سفید» قوم مطلق بود. ***با به قدرت رسیدن قبایل آسیای مرکزی در ایران، این عنصر اطاعت مطلق از رئیس قبیله وارد بافت حکومتی ایران گردید.*** افراد و اعضای قبیله به الپتکین (البتکین)، محمود، طغرل، چغری، سنجر، آتسز، چنگیز و ... زمانی که آنان بر مسند حکومت تکیه داشتند، با همان دیدی نگاه می‌کردند که به یک رئیس قبیله. از دید آنان، حکام، فرمانروایان و سلاطین مختلفی که بر ایران حکومت می‌کردند در، اصل رؤسا و بزرگان قبایلشان بودند. حکام نیز که در حقیقت رئیس و بزرگ این قبیله یا آن یکی بودند، بالطبع متأثر از روحیات و خلقیات اجتماعی نظام عشیرگی بودند. به عنوان رئیس قبیله، آنان خواهان اطاعت و انقیاد مطلق زیردستان بودند. از دید رؤسای قبایل، مجموعهٔ حکومت و سرزمین تحت فرمانروایی‌شان تفاوت اصولی با قبیله نداشت الاّ این‌که ابعاد آن گسترده‌تر گشته و چادر نمدی رئیس قبیله مبدل به کاخ دارالحکومه شده بود. بنابراین از نظر آنان تنها تغییر صورت گرفته این بود که صرفاً اندازهٔ قبیلهٔ تحت امرشان بزرگ‌تر شده بود. مابقی اصول و ضوابط حاکم بر شئونات زندگی اجتماعی، کم و بیش دست‌نخورده باقی ماند. از جمله این اصول و ضوابط، انتظار وفاداری و اطاعت مطلق از اعضای این «قبیلهٔ بزرگ» (بخوانید ایران) بود. بنابراین استنکاف از فرامین و دستورات حکومتی صرفاً یک مخالفت ساده با حکومت و حاکم نبود بلکه مخالفت با

قدرت، بعضی مواقع دچار نوسانات و اختلالاتی می‌شد. هر از گاهی که یکی از طرفین سعی می‌کرد پا را از دایره خود فراتر نهد، بالطبع موازنهٔ قدرت برهم می‌خورد. برهم خوردن این موازنه در عمل خود را به صورت مناقشات سیاسی و بعضاً نظامی جلوه‌گر می‌ساخت. اما از این نوسانات یا استثنائات که بگذریم به نظر می‌رسد که این توازن و تقسیم قدرت در مجموع پایدار بوده و حدود آن از جانب طرفین رعایت می‌شده است.

این وضعیت کم و بیش از قرون اولیهٔ ظهور اسلام در ایران به‌وجود آمد. آل‌بویه، به عنوان مثال، علی‌رغم آن که شیعه بودند و به لحاظ قدرت نظامی نیز قادر بودند بر بغداد مسلط شوند، با این حال در عمل، نوع رابطه‌شان با بغداد از چارچوب توازن مورد بحث فراتر نرفت. آنان نیز به نام خلیفه در بغداد خطبه می‌خواندند و با آوردن نام خود بعد از نام او، مشروعیت خود را از او می‌گرفتند. ورود قبایل آسیای مرکزی به ایران و تسلط آنان بر قدرت نه تنها این رابطه را برهم نزد بلکه آن را به‌مراتب مستحکم‌تر از گذشته هم نمود. کار تأیید رؤسای قبایل که اکنون به صورت سلطان یا شاه درآمده بودند از سوی خلیفه با آداب و تشریفات مفصل و باشکوهی صورت می‌گرفت. خلیفه سفیر یا رسولی را به منطقه اعزام می‌داشت و او «حکم» پادشاهی را از طرف خلیفه به شاه یا سلطان تفویض می‌نمود. «گردلفسکی» می‌نویسد:

«... سلاجقهٔ آسیای صغیر برای خلافت بغداد احترام تمام قایل بودند. هنگامی که سفیر نامهٔ خلیفه را می‌خواند شاه رو به مقر خلیفه می‌ایستاد و با احترام فرمان او را می‌شنید... شاه برای دریافت هدایای خلیفه از تخت به زیر می‌آمد و نعل طلایی قاطر خلیفه را می‌بوسید....»[1]

به روی کار آمدن خلیفه‌ای جدید نیز با اجرا مراسم **مشروعیت‌بخشی** همراه بود. بیهقی یکی از این مراسم را که در زمان سلطان مسعود به‌وقوع پیوسته این‌گونه شرح می‌دهد:

«... چون صبح بدمید چهار هزار غلام سرایی در دو طرف سرای عمارت به چند دسته بایستادند، دو هزار با کلاه دو شاخ و کمرهای گران... و با هر غلامی عمودی سیمین و دو هزار با کلاه‌های چهارپر بودند و کیش و کمر و شمشیر و شقا (تیردان) و نیم‌لنگ (جای کمان) بر میان بسته و هر غلامی کمانی مثل چوبه‌ای بر دست همگان با قباهای دیبای شوشتری بودند، و غلامی سیصد از خاصگان در رسته‌های صفه نزدیک امیر ایستادند با جامه‌های فاخرتر و کلاه‌های دو شاخ و کمرهای زر و عمودهای زرین همهٔ بزرگان دربار و ولایت‌داران و حجاب با کلاه‌های دو شاخ و کمر زر بودند و بیرون سرای مرتبه‌داران و حجاب با کلاه‌ها بایستادند و بسیار پیلان بداشتند تا رسول (فرستاده خلیفه) را در میان ایشان گذرانیده آید... و رسول را برنشاندند و آوردند و آواز بوق و کوس و دهل و کاسهٔ

1 - به نقل از: پیشین، مرتضی راوندی، ص ۶۳۴.

پیل (طبل و کوس و نقاره) بخاست گفتی که روز قیامت است و رسول را بگذرانیدند بر این تکلف‌های عظیم و چیزی دید که بر عمر خویش ندیده بود... پس از آن که نمایندهٔ خلیفه بار یافت، نامهٔ خلیفه را (به) سلطان می‌دهد و آن را به عربی و فارسی در برابر امیر می‌خواند. سلطان به مناسبت مرگ خلیفه یک روز اعلام عزاداری می‌کند و سه روز دیگر به مناسبت حکومت خلیفهٔ جدید بساط شادمانی برپا می‌کند. و بالاخره پس از انجام تشریفاتی زیاد بین خلیفه و سلطان قراردادی منعقد می‌شود که به موجب آن خلیفه ضمن منشوری خراسان، خوارزم، نیمروز، زابلستان و جمله هند و سند و چغانیان و ختلان و قبادیان و ترمذ و قصدار و مکران را جزو مناطق حکمروایی سلطان مسعود می‌شناسد.»[1]

خلفا همچنین به رؤسای قبایل عناوین مختلفی می‌دادند که دارای بار شرعی بود. لقب دریافتی از سوی خلیفه به دو عامل بستگی داشت. اولاً به قدرت و توان خلیفه؛ اگر او از قدرت چندانی برخوردار نبود و یا شخصیت چندان مقتدری نداشت، سعی می‌نمود این ضعف را با بخشیدن القاب سنگین به رؤسای قبایل جبران سازد. زیرا اعطای القاب سنگین به این سردار ترک یا ازبک، این رئیس قبیلهٔ ترکمن یا تاتار او را به صورت جزیی از الیگارشی قدرت دارالخلافه در می‌آورد. عنصر بعدی که تعیین‌کنندهٔ لقب رؤسای قبایل بود گستردگی فتوحات نظامی آنان بود. هرقدر که دامنهٔ این فتوحات گسترده‌تر می‌بود (و در نتیجه ثروتی که روانهٔ بغداد می‌شد بیشتر بود) به همان نسبت نیز درجهٔ القاب دریافتی و تعداد آنها نیز افزایش می‌یافت. القابی که سلطان محمود از خلیفه دریافت داشته بود دقیقاً با حجم فتوحات نظامی‌اش مطابقت پیدا می‌کرد. خلیفه القادر به او لقب ***ولی امیر المؤمنین، یمین‌الدوله*** و ***امین‌الملة*** اعطا نمود. به واسطهٔ انجام خدمات دیگری برای خلیفه (از جمله اعدام یکی از مخالفین خلیفه)، سلطان محمود القاب ***نظام‌الدین*** و ***ناصرالحق*** را نیز به خود اضافه کرد. پس از فتح سومنات در سال ۱۰۲۶ م.، خلیفه به القاب سلطان محمود لقب ***کهف‌الدولة والاسلام*** را نیز اضافه نمود.[2] سلطان مسعود نیز القاب ***ناصرالدین الله، حافظ عبادالله، المنتقم من اعداءالله، ظهیر خلیفةالله امیر المؤمنین***، را از خلیفه دریافت نمود.

عنصر دیگر «همزیستی» و رابطهٔ متقابلی که بین رؤسای قبایل و خلیفه برقرار بود از خدمات قدرت‌های نظامی در از بین بردن مدعیان و مخالفین بغداد نشأت می‌گرفت. از جملهٔ این مخالفین می‌توان از شیعیان، فرقهٔ اسماعیلیه، قرامطه، فاطمیان و معتزله نام برد[3] به اضافهٔ مخالفین و رقبای سیاسی خلیفه. فاطمیان در مجموع خارج از قلمرو ایرانیان بودند اما

---

۱ - «تاریخ بیهقی»، به نقل از: همان، ص ۶۳۵-۶۳۴.
۲ - پیشین، ادموند کلیفورد باسورث، ص ۵۱.
۳ - نگاه کنید به فصل بعدی.

گروه‌های دیگر شیعه پیوسته از طرف سلسله‌های ایرانی مورد سرکوب قرار می‌گرفتند. حکومت‌هایی که از قرن یازدهم میلادی به بعد توسط قبایل آسیای مرکزی به روی کار آمدند سنی بودند و اکثراً هم در گرایش دینی خود به بغداد، راه افراط پیموده و تعصب زیادی از خودشان نشان می‌دادند. سلطان محمود در «فتحنامه»ای که پس از فتح ری برای خلیفه در بغداد ارسال می‌دارد می‌نویسد:

> «ایزد تعالی دست ظلمه را از این بلاد کوتاه کرده است و آن را از فعالیت ملحدان باطنیه و بدعت گزاران بدکردار (یعنی مخالفین بغداد از جمله شیعیان) پاک ساخته است.»[1]

سپس به شرح مفصل اعمال غیر شرعی مخالفین خلیفه و استیلای روافض (شیعیان) بر قلمرو خلیفه می‌پردازد و در خاتمه به خود مباهات می‌کند که:

> «این ناحیه را از داعیان اسماعیلی و معتزلیان و رهبران غلات شیعه خالی ساخته و کمک گردید تا مقصود سنت به پیروزی برسد. این بنده ساعیانه عازم شد تا آنچه ایزد تعالی از قدرت به او داده است در جهت فیروزی آن خاندان غالب (خلافت عباسی) به کار گیرد.»[2]

نیاز به توضیح نیست که عرق دینی رؤسای قبایل کمتر از روی اعتقادات قلبی بود. مباهات شدید و غلیظ سلطان مسعود، آلب ارسلان یا طغرل، سلطان محمد خوارزمشاه، امیر قراخانیان یا رئیس ترکمن‌ها به سنی بودنشان، سرسپردگی کامل به مذهب اهل سنت و مبارزهٔ بی‌امان با مخالفین خلیفه، بانگ پرطنین سلطان محمود که «انگشت در عالم کرده و قرمطی همی‌جوید» (که خون آنان را به پای عظمت دارالخلافه در بغداد ریزد)، این‌که سلطان محمود مباهات می‌کرده که در خدمت به خلیفهٔ اسلام، ۵۰۰۰۰ رافضی و دیگر مخالفین و منحرفین از شریعت را معدوم کرده است[3]... از طریق مطالعهٔ مذهب اهل سنت یا بررسی اندیشه‌های شیعه به‌دست نیامده بود. آنان از مذهب تسنن جانب‌داری می‌کردند چون مذهب حکومت و مذهب مورد اعتقاد اکثریت جامعهٔ مسلمین بود. آنان از تسنن دفاع می‌کردند چون بالاترین مقام رسمی‌اش یعنی خلیفه، بر تاج پادشاهی که آنان بر سر می‌گذاشتند قداست و مشروعیت می‌بخشید. اگر مذهب بالاترین مقام رسمی حکومت تشیع یا اسماعیلیه می‌بود، بالطبع شیعه‌ستیزی و قرمطی‌کشی آنان مبدل می‌شد به حنبلی و حنفی‌ستیزی و مالکی و شافعی‌کشی.

---

۱ - پیشین، ادموند کلیفورد باسورث، ص ۵۲.
۲ - همان.
۳ - همان.

از سوی دیگر همان‌طور که رؤسای قبایل در خدمت قلع و قمع مخالفین بغداد قرار داشتند، خلیفه نیز از آنان در مقابل مخالفینشان حمایت می‌نمود. حمایت او اگرچه به لحاظ نظامی تأثیر چندانی در پیامد جنگ قدرت نداشت، اما در کشاندن مردم به جانب‌داری از یک طرف مخاصمه علیه طرف دیگر مؤثر بود. به عنوان مثال، در نبرد قدرتی که بین مسعود و برادرش محمد بر سر جانشینی پدر پیش آمده بود، جهت‌گیری خلیفه به نفع مسعود حربهٔ مؤثری در اختیار وی گذارد. مسعود فرمان داد تا نسخه‌های منشور خلیفه در حمایت از او و القاب وی که از سوی خلیفه در منشور ذکر شده بود به شهرهای خراسان و مناطق دیگر ارسال شود.[1]

جدای از مشروعیتی که خلیفه به رؤسای قبایل می‌بخشید، بخشی از فلسفهٔ سیاسی حاکم در آن زمان نیز در جهت تأیید حکومت و مشروعیت بخشی به آن بود. بیهقی می‌گوید:

> «بدان که خدای تعالی قوتی به پیغمبران... داده است، و قوت دیگر به پادشاهان و بر خلق روی زمین واجب کرده که بدان دو قوت بباید گروید و بدان راه راست ایزدی بدانست.»[2]

البته اعتقاد به «الهی بودن سلطنت» پدیده‌ای نبود که در قرن یازدهم میلادی پدید آمده باشد. چنین اعتقادی همان‌طور که در فصل دوم دیدیم، از دیرباز و قرن‌ها قبل از آمدن اسلام به ایران، به صورت جزء لاینفکی از زیربنای اعتقادی ایرانیان نسبت به حکومت وجود داشت. تحولی که آمدن قبایل پدید آورد، اختلاط این فلسفه با بینش سیاسی اسلامی بود. این بینش در اصل جوهرهٔ اندیشهٔ سیاسی دستگاه حکومتی در بغداد بود و از سوی آن پخش و تبلیغ می‌گردید. فی‌الواقع تنها تغییری که با ورود اسلام به ایران در این اندیشهٔ بنیادی صورت گرفته بود این بود که چنین باوری در یک چارچوب دینی قرار گرفت. به سخن دیگر، اعتقاد ستایش‌آمیز و ماوراءالطبیعی ایرانیان نسبت به نهاد سلطنت و شاه اکنون لعابی اسلامی نیز به خود گرفته بود. نتیجهٔ این ترکیب آن بود که نه تنها هاله‌ای از تقدس گرداگرد نهاد حکومت و حاکم را احاطه کرده بود بلکه تبعیت از حکومت و رئیس آن در قالب شاه، سلطان، فرمانروا و امیر به عنوان امری واجب و یک تکلیف تبلیغ می‌شد.

در سرآغاز کتاب معروف «سیاستنامه» خواجه نظام‌الملک - که آن را بایستی بدون تردید برجسته‌ترین اثر سیاسی زمان خودش بدانیم - در خصوص این‌که چگونه خداوند برخی از

---

۱ - همان، ص ۵۲.

۲ - «تاریخ بیهقی»، به نقل از: همان، ص ۶۱-۶۰.

مردان برجسته را به عنایت خود بر دیگران پادشاه می‌گرداند، مباحث مفصلی آمده است. بخش عمده‌ای از ادبیات سیاسی ایران در آن عصر خلاصه می‌شود در نصیحت مردم به اطاعت کامل از حکومت. به گفتهٔ «باسورث»:

> «قرن پنجم هجری (یازدهم میلادی) شاهد توسعهٔ نوع «آداب‌الملوک»ها در ادبیات ایران است. و نویسندگان این آثار از مناسبات میان پادشاه و رعایا بسیار سخن می‌گویند. نظام‌الملک بسیار تأکید می‌کند که ***خدای تعالی پادشاه را زبردست (بالاتر) همهٔ مردمان آفریده است، باید که ایشان را چنان دارد که همیشه خویشتن‌شناس باشند و حلقهٔ بندگی از گوش بیرون نکنند.***»[۱]

ستایش از اعمال قدرت حکومت و حق حاکمیت بی‌چون و چرای شاه و سلطان، همواره با هشدار در مورد تباهی مملکت، در صورت عدم اعمال این قدرت، همراه بود. از یک‌سو به مردم نصیحت می‌شد که تکلیف است که از حکومت تبعیت کنند و از سویی دیگر به حکومت نیز هشدار داده می‌شد که مردم را به حال خود نگذارد از آن رو که ***دادن هر نوع آزادی به رعیت هیبت پادشاه را زیان دارد و ضرورتاً به سرکشی منجر خواهد شد. زیرا اگر ذره‌ای به آنان (یعنی مردم) داده شود به خرواری تعبیر می‌کنند.***[۲]

خواجه نظام‌الملک آشکارا هشدار می‌دهد که عدل بسیار از ناحیهٔ حکومت باعث تباهی مملکت می‌شود:

> «رعیت بی‌ادب گشته است از بسیاری عدل ما و دلیر شده‌اند و اگر مالش نیابند ترسم که [در مملکت] تباهی پدید آید... تو [پادشاه] ایشان را بمال پیش از آن که تباهی پدید آید و اکنون بدان که مالش بر دو روی بود، بدان را کم کردن و نیکان را مال ستدن.»[۳]

بیهقی نیز همانند خواجه نظام‌الملک معتقد به اعمال حاکمیت بی‌چون و چرا و مطلق حکومت است. او در تحلیل خود از ساختار سیاسی جامعه از تشبیه معروفی که در میان فرهنگ ملل دیگر نیز آمده است استفاده می‌کند. بر طبق این مدل، سه نیرو در بدن وجود دارد: خرد، خشم و شهوت. بیهقی این سه نیرو را با نقش پادشاه، لشکریان و رعایا مقایسه می‌کند. همان‌طور که قوهٔ خرد از طریق خشم (قوهٔ قهریه) با قوهٔ شهوت مقابله می‌کند، پادشاه نیز لازم است با قوهٔ لشکر، رعیت را سر جای خود نگه دارد. به گفتهٔ بیهقی ***[رعیت] باید که از پادشاه و لشکر بترسد. ترسیدنی تمام، و طاعت دارند.***[۴]

---

۱ - همان، ص ۴۸.
۲ - همان، ص ۴۹-۴۸.
۳ - همان، ص ۴۸.
۴ - همان، ص ۴۹.

اعتقاد بر اطاعت بی‌چون و چرا از حکومت البته منحصر به ایران نبود بلکه زیربنای فلسفهٔ سیاسی تمام اندیشمندان اسلامی را در آن عصر تشکیل می‌داد. آرای متفکرینی همچون ابوحامد امام محمد غزالی، ابوالحسن علی‌بن محمد ماوردی و بعدها ابن‌تیمیه در این راستا قرار داشت. شرایط و وظایفی که ماوردی، اندیشمند اسلامی قرن یازدهم، برای خلیفه و نوع رابطه‌اش با حکام و رؤسای قبایل ذکر می‌کند به خوبی این معنا را می‌رساند.[۱] از دید ماوردی، خلیفه نه تنها صاحب مشروعیت است بلکه می‌تواند این مشروعیت را به دیگران تفویض نماید. بنابراین نه تنها اطاعت از او واجب است بلکه از حکامی هم که از جانب خلیفه مشروعیت می‌یابند نیز بایستی اطاعت نمود.

اما اصولی‌ترین بحث‌ها را در خصوص لزوم اطاعت از حکومت، امام محمد غزالی مطرح می‌نماید. در اندیشهٔ او مرز نازکی مابین «تأیید» و «اطاعت» از حکومت قرار می‌گیرد. از دید غزالی، تأکید بر اطاعت از حکومت لزوماً به‌معنای تأیید آن نیست. آن‌چه غزالی مسلمین را بدان فرا می‌خواند بیشتر «همزیستی» با حکومت است تا تأیید آن. همزیستی که نه از روی اعتقاد به عملکرد حکومت و یا میزان پایبندی آن به اصول و احکام شریعت، بلکه بیشتر از روی مصلحت‌اندیشی است. اگر حکومت حتی غیر عادل هم باشد باز غزالی حکم طغیان علیه آن را روا نمی‌دارد بلکه صرفاً « به این بسنده می‌کند که مسلمانان با آن همکاری ننموده و سعی در اصلاح آن با کلام بنمایند. اما اگر بیم آن داده شود که حتی کلام هم اسباب طغیان و هرج و مرج شود، در این صورت غزالی رأی به سکوت کامل می‌دهد.»[۲]

درک اصراری که علما مبنی بر وجوب اطاعت از حکومت داشتند شاید امروزه ثقیل به نظر برسد. اما این اعتقاد در حقیقت منعکس‌کنندهٔ شرایط و اوضاع و احوال سیاسی و اجتماعی آن عصر بود. مشکل مسلمین فقط این نبود که در ناحیهٔ شرق، با هجوم قبایل آسیای میانه مواجه شده بودند. در غرب نیز آنان درگیر ناامنی و هرج و مرج بزرگ‌تری شده بودند که عبارت بود از هجوم پیکارگران صلیبی در قرن یازدهم میلادی.[۳] هرج و مرج، ناامنی، جنگ‌های مکرر، بالطبع مسلمین را به این نقطه رسانده بود که امنیت و آسایش بالاترین

---

1 - Kabir Mafizullah, "The Function of the Khalifah during the Buwayhid Period (946-1055)", ***Journal of the Asiatic Society of Pakistan***, vol. 2, 1957, pp. 174-180.

2 - Edward Mortimer, ***Faith and Power: the Politics of Islam***, Faber and Faber (U.K. 1982), pp. 37-38.

۳ - نگاه کنید به فصل ششم همین کتاب.

نعمت‌هاست. و از آن‌جا که امنیت فقط در سایهٔ حکومتی مقتدر و یکپارچه به‌وجود می‌آمد، بنابراین تأکید و اصرار جامعه و طبیعتاً اندیشمندان و علما بر ضرورت چنین حکومتی بود. ملاحظات دیگر همچون عدالت و رعایت شرع عملاً تحت‌الشعاع امنیت قرار می‌گرفت.[1] آن‌چه می‌توانست جلوی قتل‌عام مغول‌ها و قبایل ترک، تاجیک، ازبک، تاتار و ترکمن از یک‌سو و صلیبیون را از سویی دیگر بگیرد، وجود حاکمی نیرومند بود. حاکم عادل، صاحب شریعت و باتقوا البته که افضل بود، اما مشروط بر این‌که می‌توانست جلوی مهاجمین را سد نماید، در غیر این صورت حاکم ظالم، اما مقتدر، ترجیح داشت.

ابن‌تیمیه، اندیشمند بزرگ و به تعبیر امروزه «رادیکال» قرن سیزدهم میلادی که هجوم مغولان را در دوران نوجوانی به چشم دیده بود، بعدها از این اعتقاد بسیار رایج که [حتی] ***اگر کسی از سلاطین بیدادگر حاکم شود، بهتر از آن است که هیچ‌کس حاکم نباشد و شصت سال با حاکم ظالم به سر بردن بهتر است تا یک شب بدون حاکم*** به دفاع پرداخت.[2] بنابراین صرف‌نظر از آن که وجوب اطاعت از حکومت در اسلام به چه صورتی بود، در عمل تحولات هولناک قرن یازدهم میلادی به بعد ضرورت این اطاعت را به‌نحو فزاینده‌ای محسوس نمود. زیرا شرط اولیهٔ در پناه قرار گرفتن از یورش قبایل و دیگر دشمنان و برخورداری از امنیت و آسایش وجود، حکومتی نیرومند و مقتدر بود. هرج و مرج، بی‌ثباتی، تساهل نسبت به مخالفین و ناراضیان و در نتیجه ضعف حکومت، دعوتی بود برای ورود مهاجمین. اما اقتدار حکومت یا تمرکز مطلق قدرت سیاسی در دست حکومت، همانند شمشیری دو دم بود. از یک‌سو جلوی مهاجمین خارجی را می‌گرفت، اما از سویی دیگر مخالفین و ناراضیان داخلی را نیز سرکوب می‌کرد. بالطبع نهادی که هم «مقدس» بود و هم «مشروع» و هم به واسطهٔ ملاحظات امنیتی «واجب‌الاطاعه»، دیگر کمتر کسی را یارای آن می‌بود که از فرمان وی سر باز زند. مضافاً این‌که چنین حکومتی بالطبع خود را محق می‌دانست تا هرگونه دخل و تصرفی را که لازم می‌داند در اموال و سرنوشت رعایای خود بنماید. بنابراین وقتی به این فرد یا به آن سردار، به این رئیس طایفه یا آن بزرگ عشیره، این منطقه یا آن ولایت را می‌بخشید نه تنها مرتکب عملی خلاف شرع نشده بود بلکه در چارچوب عرفیات و شکل‌های معمول عمل کرده بود. یا اگر اموال کسی را مصادره نموده، فلان کس یا فلان صاحب‌منصب را به زندان

---

۱ - حمید عنایت، ***اندیشهٔ سیاسی در اسلام معاصر***، ترجمهٔ بهاءالدین خرمشاهی، تهران، خوارزمی، ۱۳۶۲، ص ۳۴-۳۳.

۲ - همان، ص ۳۳.

انداخته و گردن می‌زد و یا مطلقاً هیچ حقی برای مخالفین یا برای اعتراض به خود قایل نبود (همان‌طور که در عمل هم هیچ کدام نبودند)، چندان هم خلاف عرف و عادت معموله عمل نکرده بود.

در یک کلام، مجموعه‌ای از قدرت نظامی و اقتصادی، رابطهٔ متقابل با مرکز قدرت رسمی امپراتوری اسلام در بغداد و بالاخره فلسفهٔ سیاسی – مذهبی رایج زمانشان، مشروعیت لازم را برای رؤسای قبایل که در ایران از قرن یازدهم به بعد به قدرت رسیدند فراهم آورد. مجموعهٔ این عوامل باعث شد که تمرکز مطلق قدرت در دست حکومت افزایش یابد و حاکمیت قبایل عملاً بی‌چون و چرا صورت گیرد. در عمل نیز هیچ‌یک از این قدرت‌ها از طریق مبارزات داخلی که توسط مردم علیه آنان صورت گیرد سرنگون نشدند بلکه عامل سقوط آنها همواره برونی و در قالب قبایل و نیروهای نظامی دیگری بود که از بیرون وارد شده و بر قبیلهٔ قبلی چیره می‌شدند.

***

اگر اکنون به ایران قرن نوزدهم بازگردیم و بین مختصات کلی آن جامعه و جامعه‌ای که در این فصل تشریح نمودیم، مقایسه‌ای به عمل آوریم دیگر جای شگفتی زیادی برایمان باقی نمی‌ماند. همان‌طور که حکومت در زمان غزنویان، سلاجقه، ایلخانان و ... قدرت مطلق را در دست داشت، در عصر قاجار نیز این‌چنین بود. همان‌طور که حکام و سلاطین غزنوی و سلجوقی، ایلخانی و ... واجب‌الاطاعه و ملقب به القابی همچون «یمین‌الدوله»، «امین‌الملة»، «نظام‌الدین»، «ولی امیرالمؤمنین» و ... بودند، حکام و سلاطین قاجار نیز واجب‌الاطاعه و ملقب به القابی همچون «سایهٔ خدا»، «معدلت‌آثار»، «اسلام‌پناه»، «شاهنشاه اسلام» و ... بودند. همان‌طور که آن حکام هیچ حق و حقوقی برای مردم قایل نبودند، حکام قاجار نیز مردم را «رعایا»یی می‌دانستند که به‌جز فرمانبرداری از اولیای حکومت و پرداخت مالیات، حق و حقوقی دیگر نداشتند. همان‌طور که در ایران عصر غزنوی، سلجوقی، ایلخانی ... کمتر مالک، تاجر و صاحب صنفی در قبال خواسته‌ها و امیال حکام و فرمانروایان از امنیت برخوردار بود، در عصر قاجار نیز حکومت از هر که اراده می‌کرد می‌ستاند و به هر که مایل بود می‌رساند. مفاهیمی همچون امنیت اجتماعی و فردی، قانون و به رسمیت شناخته شدن حقوق اجتماعی در ایران قرن نوزدهم همان‌قدر ناشناخته مانده بود که در ایران عصر آق‌قویونلوها و قراقویونلوها در قرن پانزدهم. اگر وزرا و صاحب‌منصبان غزنوی، سلجوقی،

ایلخانی ... به اشاره رئیس حکومت جان و مال و هستی خود را در یک چشم به هم زدن از دست می‌دادند، وزرا و صاحب‌منصبان قاجار نیز به اشارهٔ رئیس حکومت یا همچون حاج ابراهیم کلانتر (وزیر مقتدر و بانفوذ فتحعلی شاه) در دیگ آب‌جوش سرنگون می‌شدند و یا همچون امیرکبیر رگ‌های بدنشان قطع می‌شد؛ اگر هم خیلی شانس می‌آوردند همچون امین‌الدوله یا میرزاحسین خان سپهسالار خانه‌نشین می‌شدند. در یک کلام، در ایران قرن نوزدهم، حکومت همان‌طور حاکمیت مطلق داشت و در ورای پاسخ‌دهی و کنترل بود که در ایران قرون وسطی.

اگرچه به لحاظ سیاسی و اجتماعی در فاصلهٔ بین قرون وسطی تا قرن نوزدهم در ایران تغییرات دامنه‌داری به‌وجود نیامد، اما به لحاظ اقتصادی این‌گونه نبود. بهبود اقتصادی که در این فاصله به‌وجود آمد ناشی از به قدرت رسیدن قبایل ترک‌نژاد آناتولی و آذربایجان بود. اولین و مهم‌ترین تفاوت قبایل جدید که به نام «قزلباش» معروف بودند با قبایل قبلی که از آسیای میانه به ایران سرازیر شدند در تشیع آنها بود. به علاوه برخلاف رؤسای قبایل آسیای میانه که از خود تقدسی نداشتند و مشروعیتشان را از خلیفه در بغداد می‌گرفتند، رهبران قزلباش‌ها جدای از آن که رئیس قبیله و ریش‌سفید طایفه‌شان بودند، مراد، مرشد، پیر طریقت و در یک کلام رهبر مذهبی قبیله و طایفه‌شان نیز به شمار می‌آمدند. در نتیجه و به موازات به قدرت رسیدن قبایل جدید، تشیّع مذهب رسمی حکومت و مردم ایران شد.[۱] تشیّعی که توسط حکومت صفویه اشاعه یافت در مجموع نتوانست تغییرات سیاسی و اجتماعی عمیقی در ایران به‌وجود آورد. در نتیجه بسیاری از فرم‌ها و ساختارهای جامعهٔ ایران به همان صورت قبلی باقی ماند. صفویه را می‌توانیم تنها قدرتی بدانیم که پس از عصر هجوم قبایل آسیای میانه توانست در ایران یک حکومت متمرکز و بادوام به‌وجود آورد. تمرکز قدرت و تداوم آن باعث به‌وجود آمدن ثبات سیاسی گردید و ثبات سیاسی به نوبهٔ خود رونق اقتصادی را به دنبال آورد. مجموعهٔ این عوامل باعث شد تا ایران یک‌بار دیگر و برای آخرین بار تبدیل به یک ابرقدرت گردد.

دو قرن ثباتی که در زمان صفویه در ایران به‌وجود آمد، بیشترین تأثیرش در بهبود اقتصادی ایران بود و همان‌طور که اشاره شد، در زمینه‌های دیگر تغییرات چندانی صورت نگرفت. استبداد مطلق حکومت به همراه قداست آن همچنان باقی ماند؛ قانون کماکان ملعبهٔ

۱ – جدای از شیعه بودن رهبران قزلباش، آنچه به شیعه شدن ایران سرعت بخشید اختلافات و رقابت قزلباش‌ها با قبایل ترک سنی مذهب آناتولی بود که تحت عنوان «حکومت عثمانی» در آسیای صغیر (ترکیهٔ امروزی) به قدرت رسیده بودند.

دست حکام و فرمانروایان بود؛ هیچ نهاد و جریانی اعم از سیاسی، اجتماعی و صنفی نتوانست مستقل از حکومت پای به عرصهٔ وجود گذارد؛ ایرانیان نسبت به علوم و دانش‌های جدید همان‌قدر بیگانه ماندند که نسبت به صنعت و تکنولوژی؛ ارتباط با جوامع و ملل دیگر به‌وجود نیامد... در یک کلام در عصر صفوی به استثناء تحول اقتصادی در هیچ زمینهٔ دیگری رشد و توسعه چندانی پدید نیامد. بهترین دلیل این ادعا نیز سرانجام امپراتوری صفویه بود. همانند امپراتوری‌های غزنوی، سلجوقی، خوارزمشاهی، ایلخانی، تیموری و... امپراتوری صفویه نیز درنتیجهٔ تهاجم یک قبیلهٔ دیگر از هم فروپاشید. و همان‌طورکه در ظهور و سقوط قدرت‌های قبلی، ایران وارد دوره‌ای از هرج و مرج، بی‌ثباتی، ناامنی جنگ‌های داخلی و فلج شدن فعالیت‌های اقتصادی می‌شد در عصر بعد از صفوی نیز دقیقاً این‌چنین شد. ایران وارد عصری از تلاطم و نبردهای داخلی و خارجی گردید که نزدیک به هفتاد سال و تا به قدرت رسیدن قاجارها ادامه یافت.

در خلال دو قرنی که در ایران تغییر و تحول عمده‌ای صورت نگرفت در اروپا تغییرات تاریخی در شرف تکوین بود. صفویه زمانی به قدرت رسید که اروپا قریب به یک قرن می‌شد که وارد دورهٔ رنسانس شده بود. تحولاتی که با رنسانس پدید آمد نه تنها جامعهٔ اروپا را دگرگون ساخت بلکه با این دگرگونی دنیا وارد عصر دیگری شد. در زمان به قدرت رسیدن صفویه در ابتدای قرن شانزدهم میلادی (دهم هجری) فاصلهٔ بین ایران و غرب هنوز چندان قابل ملاحظه نبود (اگرچه روند فاصله یافتن آغاز شده بود). اما در نیمهٔ اول قرن هجدهم که صفویه سقوط کرد فاصلهٔ بین ایران و قدرت‌های غربی آن‌چنان عمیق شده بود که مقایسه در هر زمینه‌ای بین آن دو بی‌معنا بود.

از جمله این فاصله‌ها و یکی از مهم‌ترین آن، وضعیت علوم و کاربرد آن بود. در حالی‌که اروپای بعد از رنسانس انقلاب علمی را پشت سر گذارده و با پشتوانهٔ آن به سمت انقلاب صنعتی می‌رفت، ایران در رکود و جمود علمی کاملی غوطه‌ور بود. این تعطیلی و روی‌گردانی از علوم که در مقدمهٔ کتاب هم از آن سخنی به میان آوردیم یکی از اسباب و علل بنیادی عقب‌ماندگی ایران شد و متأسفانه علی‌رغم اهمیت موضوع، کمتر کار جدی و منسجمی پیرامون آن صورت گرفته است. بنابراین بررسی اسباب و علل و چگونگی رکود علمی که در ایران به‌وجود آمد موضوع بعدی کار ما را تشکیل می‌دهد.

تحول، می‌توان گفت که این موانع و مشکلات عمیق‌تر و گسترده‌تر شدند.

به قدرت رسیدن قبایل قزلباش و تشکیل سلسلهٔ صفویه در قرن شانزدهم میلادی نیز تغییری در روند عقب‌ماندگی ایران به بار نیاورد. تنها تفاوت عمدهٔ بین قزلباش‌ها با قبایل دیگر در تداوم حاکمیت آنان بود. حکومت آنان به‌مراتب بیش از قبایل دیگر به درازا انجامید که نتیجهٔ آن ثبات بالنسبه طولانی بود که به مدت دو قرن بر ایران سایه افکند. تأثیر این ثبات عمدتاً در اقتصاد بود و جنبه‌های اجتماعی و سیاسی ایران همچنان بدون تغییر و تحول باقی ماند. یکی از مهم‌ترین این جنبه‌ها رکود علمی و روی‌گردانی از دانش‌های طبیعی بود که در سایهٔ حکومت صفویه عیناً ادامه یافته و به دورهٔ بعد از آنان انتقال یافت. بررسی این روند، موضوع فصل بعد است.

فصل پنجم

خاموش شدن چراغ علم

> بزرگ‌ترین موفقیت‌های (علمی) باستانی مدیون یونانیان، یعنی نژاد غربی بود، (و) بزرگ‌ترین موفقیت‌ها در قرون وسطی مرهون مسلمانان، یعنی نژاد شرق بود.
>
> جورج سارتون [1]

> هنگامی‌که هارون‌الرشید و مأمون در بغداد دست‌اندرکار نشر و بسط علوم و فلسفه بودند، حداکثر هنر معاصرین آنان در غرب همچون شارلمان و شوالیه‌هایش، این بود که می‌توانستند نام خود را بنویسند.
>
> فیلیپ حیتّی [2]

از جمله تحولات مشخص و مهمی که مستقیماً در ارتباط با بحث عقب‌ماندگی ایران قرار می‌گیرد خاموش شدن چراغ علم در ایران است. نیازی به گفتن نیست که خاموشی فعالیت‌های علمی در هر جامعه‌ای یکی از قراین و یا در حقیقت یکی از ملزومات اصلی عقب ماندنش است. در ایران نیز چنین شد؛ به مدت چندین قرن فعالیت در وادی علوم طبیعی یا به تعبیر امروزی علوم جدید یا دقیقه در ایران عملاً از حرکت بازایستاد و تعطیل شد.

در طی قرونی که غرب از خواب گران قرون وسطی سر برمی‌داشت و رنسانس به همراه انقلاب علمی، تصور انسان غربی را از خود و جامعه‌اش دگرگون نموده و انقلاب صنعتی اسباب پیدایش جامعهٔ نوین غربی را پایه‌گذاری می‌نمود، در ایران از چنین تحولاتی کمترین خبر و اثری نبود. پس از چندین قرن که علوم طبیعی به کل از ایران رخت بربسته بود

---

۱ - جورج سارتون، **مقدمه بر تاریخ علم**، جلد اول، ترجمهٔ غلامحسین صدری افشار، انتشارات وزارت علوم، تهران، ۱۳۵۳، ص ۴۱.

2 - Philip K. Hitti, ***History of the Arabs***, 14th reprint, Macmilan (U.S., 1991), p. 315.

نخستین‌بار در نیمهٔ اول قرن نوزدهم بود که فکر ضرورت فراگرفتن این علوم در ایران به‌وجود آمد. شکست‌های پی‌درپی در عرصهٔ جنگ با امپراتوری روس، عباس میرزا فرمانده کل قوای ایران را بر آن داشت که برای ضعف‌های قشون ایران به چاره‌سازی پردازد. علی‌رغم رشادت‌ها و جان‌فشانی‌های زیاد ایرانیان و مجاهدت‌های شخصی عباس‌میرزا، او به‌تدریج دریافت آن‌چه در نهایت سرنوشت جنگ را رقم می‌زند دست‌یابی به تسلیحات جدید و امکان برخورداری از دانش‌های مدرن است. لذا به همت او برای نخستین بار گروهی از ایرانیان برای کسب علوم و دانش راهی اروپا شدند. بعدها امیرکبیر سعی نمود کار او را با تأسیس «دارالفنون» ادامه دهد. در سایهٔ تلاش‌های این دو بود که ایرانیان برای نخستین بار در قرن نوزدهم با علوم جدید آشنا شدند. تا قبل از آن، فیزیک، شیمی، بیولوژی، ریاضیات مدرن، اقتصاد، علوم سیاسی و ... در ایران ناآشنا یا متروک بودند.

البته ایران تنها کشوری نبود که حتی تا قرن نوزدهم نسبت به علوم بیگانه مانده بود؛ بسیاری دیگر از مناطق دنیا نیز در چنین وضعی به سر می‌بردند. اما این مسئله در مورد ایران از آن‌جایی غریب و شگفت‌آور می‌نماید که ایران برخلاف بسیاری از آن مناطق در مقطعی از تاریخ خود جلودار علم و دانش در دنیا بوده است. اگر در آن مقطع نیز همانند امروزه جایزهٔ نوبل وجود داشت بدون تردید ایرانیان و دقیق‌تر گفته باشیم دانشمندان پهنهٔ اسلام که ایران نیز جزیی از آن بود، جوایز نوبل را در رشته‌های مختلف علوم درو می‌کردند. این‌که ایران زمانی مهد علم بوده است و در مقطع دیگری بسان بیابانی برهوت، سخن تازه‌ای نیست.

در حالی‌که پیرامون مقطع اولیه، منابع تاریخی ما پر از توصیف، تمجید و مباهات می‌باشد، در مورد مقطع دوم ترجیح داده‌ایم که با سکوت از کنارش بگذریم.[1] این هم چندان غیرطبیعی نیست. کیست که ترجیح دهد به جای ایران زکریای رازی، جابربن حیان، ابوعلی سینا، فارابی و خوارزمی از ایرانی سخن بگوید که این شخصیت‌ها حتی برای خواص نیز اسامی متروک و فراموش شده هستند. بنابراین در حالی‌که منابع تاریخی ما سرشار از اشارات مکرر به مقطع اولیه می‌باشند - این‌که امپراتوری اسلامی در اوج شکوفایی‌اش چگونه موفق شد صدها عالم و دانشمند از طبیب، ریاضی‌دان، کیمیاگر گرفته تا جغرافی‌دان، ستاره‌شناس، مورخ، فیلسوف پدید آورد - اما پیرامون مقطع بعدی یا سخنی نیست و یا حداکثر و خیلی کلی و کلیشه‌ای گفته می‌شود که بالندگی مسلمین به‌تدریج رو به انحطاط گذارد. غالباً هم

---

۱ - به عنوان مثال نگاه کنید به مرتضی مطهری، ***خدمات متقابل اسلام و ایران***، چاپ سیزدهم، صدرا، تهران، ۱۳۶۶.

توضیحی داده نمی‌شود که چه شد که مسلمین و یا ایرانیان از آن اوج به آن حضیض سقوط کردند.

یک پاسخ متداول اما به‌غایت سطحی این است که چون مسلمین از اسلام اصیل دور شدند لاجرم به انحراف رفتند و اسباب تباهی‌شان پیش آمد. به لحاظ سیاسی آنان دچار تفرقه و جنگ‌های داخلی شدند و به لحاظ اجتماعی آن پیشرفت و سروری را که در دنیا به‌دست آورده بودند از دست دادند.[1]

مشکل این پاسخ صرفاً در این نیست که نه حد و مرز اسلام اصیل و انحراف را به درستی روشن می‌سازد و نه توضیحی می‌دهد که خود این انحراف چرا و چگونه به‌وجود آمد. مشکل اساسی‌تر چنین نگرشی در این است که معلوم نیست آیا مراد انحراف حکام است یا مسلمین یا هر دو. به‌علاوه زمان انحراف هم روشن نیست. اما اگر فرض بگیریم که مراد از انحراف، غصب حکومت توسط حکام و خلفایی است که به‌استثنای حضرت علی(ع) بعد از رحلت رسول‌الله بر مسلمین حکومت کردند و جدای از آن که خود در انحراف بودند امت را نیز (به‌استثنای شیعیان) گمراه ساختند، باز هم مشکل حل نمی‌شود. زیرا مقطعی که از آن به نام عصر طلایی رونق علمی اسلام یاد می‌شود و دانشمندان مسلمان بدون اغراق در هر زمینه علمی سرآمد عصر خود بودند، اتفاقاً در زمانی به‌وجود آمد که این «انحراف» (تحت عنوان خلافت بنی‌عباس) بر مسلمین حاکم بود. و از قضای روزگار، زمان افول یا حضیض هم اتفاقاً باز هم در همین مقطع اگرچه با یکی دو قرن تأخیر (به شرحی که خواهیم دید) رخ داد. به عبارت دیگر، در مقطعی مسلمانان پیشرو در علوم زمانهٔ خود بودند و در مقطع دیگری در همان اجتماع فعالیت‌های علمی راکد و منسوخ شده بود. تنها نتیجه‌ای که از این مشاهده می‌توان گرفت این است که صرف اسلامی بودن جامعه‌ای لزوماً و به‌طور اتوماتیک برای آن جامعه پیشرفت علمی به بار نمی‌آورد. متقابلاً نیز صرف اسلامی بودن جامعه‌ای لزوماً اسباب رکود فعالیت‌های علمی را در آن فراهم نمی‌آورد. شاید بیان این مطلب که با مسلمانی هم می‌توان به مرتفع‌ترین قلهٔ علمی دست یافت (همان‌طور که مسلمانان دست یافتند) و هم به عقب‌ماندگی و انحطاط رسید (همان‌طور که مسلمانان در مقطع دیگری رسیدند) سخنی بس معلوم و توضیح واضحات باشد. اما به نظر می‌رسد برای شماری از ایرانیان در اواخر قرن

---

۱ – به عنوان مثال نگاه کنید به: زین‌العابدین قربانی، ***علل پیشرفت اسلام و انحطاط مسلمین***، چاپ سوم، دفتر نشر فرهنگ اسلامی، تهران، ۱۳۶۸.

نوزدهم همین سخنان آن‌قدرها هم واضح نبود. چه، از دید آنان، عقب‌ماندگی ایران و فقدان علم و دانش در آن، نتیجهٔ هجوم اعراب و آمدن اسلام به ایران بوده است؛ به مانند کسانی که امروزه هم کم و بیش چنین نظراتی دارند و اسلام را مانع ترقی و سد راه علم می‌دانند.

جدای از نظریهٔ «انحراف»، استدلال متداول دیگری که در پاسخ چرایی خاموش شدن چراغ علم در ایران وجود دارد، هجوم مغول‌هاست. طبق این نظریه، هجوم مغول‌ها باعث شد که نه تنها بسیاری از دانشمندان ایرانی از بین بروند بلکه مغولان با انهدام مدارس، کتابخانه‌ها و رصدخانه‌ها، نهادهای علمی مسلمین را ریشه‌کن ساختند. به عنوان یک مورخ مارکسیست، دکتر فشاهی نظریهٔ فوق را این‌گونه بیان می‌دارد:

«تفکرات فلسفی متکی به علوم طبیعی در ایران، در قوت گرفتن شهر و شهرنشینی تأثیر بسیار داشت. شهرنشینی در مقیاس بزرگ، نطفهٔ «بورژوازی» را پرورش می‌داد. و بدین سبب است که می‌گوییم این تفکرات علمی می‌توانست تا چند سده بعد به نتیجه برسد و ایران را به سوی «رنسانس» و «رفرماسیون» و سرانجام به انقلاب بورژوازی رهنمون شود. اما درست در اوج اعتلای تفکرات فلسفی متکی به علوم طبیعی، و اوج اعتلای شهرنشینی در ایران، حملهٔ مغول و پس از آن حملهٔ تیمور همه چیز را در هم ریخت. شهرنشینی نابود شد و تمام شهرهای ایران (جز یکی دو استثنا) با خاک یکسان شدند. ... به دنبال این مسئله فلسفه رو به انحطاط و نابودی رفت و عرفان جای آن را گرفت. زیرا عرفان به‌عکس فلسفه که متکی به دانش‌های طبیعی است، تمایلی به ریاضیات و فلسفهٔ طبیعی نداشت. بورژوازی شهری که متکی به دانش‌های طبیعی (علوم) بود نابود شد و مغولان متکامل‌ترین شکل‌های فئودالیسم ... را با خود به ایران آوردند.»[1]

آیا مسئله به همین سادگی بود؟ یعنی «خاموشی چراغ علم در ایران» ناشی از هجوم مغولان بود؟ در این صورت دیگر موضوع چندانی دیگر برای تحقیق نمی‌ماند. همه چیز مرتب بود تا این‌که به یک‌باره مغولان وارد ایران شدند و همه چیز را از میان بردند و چراغ علم را نیز خاموش کردند. صورت ظاهر این نظریه درست است. همان‌طور که در فصول سوم و چهارم دیدیم هجوم مغول بر زیربنای شهرنشینی، کشاورزی، صنعت، اقتصاد، تجارت، تولید و در یک کلام تمدن ایران ضربات عمیق و جبران‌ناپذیری وارد آورد. اما مشکل از اینجا شروع می‌شود که تا آن‌جایی که مربوط به خاموش شدن چراغ علم می‌شود، این خاموشی، یکی دو قرن قبل از هجوم مغولان شروع شده بود. تردیدی نیست که روند این خاموشی در نتیجهٔ هجوم آنان تسریع یافته و گسترش زیادی پیدا نمود، اما نکتهٔ اساسی این

---

۱ - محمدرضا فشاهی، *گزارشی کوتاه از تحولات فکری و اجتماعی در جامعهٔ فئودالی ایران*، انتشارات گوتنبرگ، تهران، ۱۳۵۴، ص ۲۳۸.

است که ***این افول را آنان به‌وجود نیاوردند.*** اگر مغولان مسبب خاموشی چراغ علم در ایران می‌بودند، علی‌القاعده از زمانی که امواج اولیهٔ تخریب به‌تدریج فروکش نموده و مغولان اسلام آورده و به اصطلاح رام شدند، بساط علم و دانش نیز مجدداً می‌بایستی به راه می‌افتاد. اما واقعیت این است که از برخی استثنائات که بگذریم، ما در عصر بعد از مغول شاهد به راه افتادن مجدد کاروان علم نیستیم. فقدان فعالیت‌های علمی در عصر بعد از هجوم مغولان، بیانگر این واقعیت است که جمود علمی در ایران قبل از آمدن مغول‌ها به‌وجود آمده بود.

البته محققین دیگری توانسته‌اند فراتر از هجوم مغولان بروند. به عنوان مثال، مرحوم دکتر عبدالهادی حائری، ضمن اشاره به پیشرفت‌های شگرف علمی مسلمین می‌نویسد:

«ولی آن خلاقیت و کنجکاوی علمی مسلمانان سده‌های آغازین اسلام رفته‌رفته دچار کندی و ایستادگی گردید.»[1]

حائری دلیل کندی و توقف مسلمین را حائری به‌وجود آمدن تضاد فکری میان فلاسفه و سنت‌گرایان مذهبی می‌داند:

«کارزاری سهمگین میان هواخواهان آزاداندیشی، مانند فیلسوفان و صوفیان، دلبستگان برقراری باورها و اندیشه‌های یکپارچه و یکنواخت ... برپا گردید و برای سده‌هایی دراز، به درازا کشید. هنگامی که سلجوقیان امپراتوری پهناور خویش را بنیاد نهادند سیاست همسازگری در میان همهٔ مسلمانان را پیشهٔ خود ساختند و این سیاست با کوشش خواجه نظام‌الملک طوسی و از راه پایه‌ریزی مدرسه‌های نظامیه در بسیاری از سرزمین‌های اسلامی توانست به مورد اجرا درآید و همین سیاست نیز بود که آماج بنیادی خود را در منکوب ساختن هرگونه آزاداندیشی و گرایش به دانش‌های گوناگون جستجو کرد. در حقیقت همان گونه که طبیاوی می‌آورد، پدید آمدن آن رشته از مدرسه‌های نظامیه به معنی پیروزی علوم مذهبی رسمی بر حکمت طبیعی و فلسفهٔ نظری بود.»[2]

استدلال مرحوم حائری همان است که نویسندگان دیگری همچون دکتر مهدی فرشاد[3] و بالاخص دکتر ذبیح‌الله صفا[4] به‌نحو عمیق‌تری مطرح کرده‌اند. اساس استدلال هم این است که از مقطعی (که حائری آن را به روی کار آمدن سلاجقه در ایران می‌داند) یک روند عقل‌گریزی - اگر نگوییم عقل‌ستیزی - در ایران ظاهر می‌شود. هدف عمده و اصلی این حرکت، فلسفه و فلاسفه هستند ضمن آن که ترکش‌هایش بر تصوف هم اصابت می‌نماید. از

---

۱ - پیشین، عبدالهادی حائری، ص ۱۳۰.
۲ - همان.
۳ - مهدی فرشاد، ***تاریخ علم در ایران*** (دو جلد)، انتشارات امیرکبیر، تهران، ۱۳۶۵.
۴ - ذبیح‌الله صفا، ***تاریخ علوم عقلی در تمدن اسلامی تا اواسط قرن پنجم*** (مجلد اول)، انتشارات دانشگاه تهران، چاپ چهارم، ۱۳۷۱.

آن‌جا که اساس فلسفه، اندیشه و لاجرم تعقل است (که بعضاً ممکن است با باورهای دینی سازگار نباشد)، بنابراین تعقل و خردگرایی نیز مورد هجوم قرار گرفته و مطرود گردید.

قبل از پذیرفتن این نظریه بایستی به بُعد زمانی آن توجه دقیق‌تری کنیم. همان‌طور که دیدیم دکتر حائری ظاهر شدن این روند را هم‌زمان با به روی کار آمدن سلاجقه (نیمهٔ دوم قرن یازدهم میلادی) می‌داند. اما به شرحی که خواهیم دید این روند قبل از آن که سلاجقه در ایران به روی کار آیند شروع شده بود. فی‌الواقع تعقل‌گریزی و خردستیزی یا به قول دکتر حائری **یک‌سویه‌نگری** در حدود دو قرن قبل از آن که در ایران ظاهر شود در بغداد – مرکز دارالاسلام – آغاز شده بود. به سخن دیگر، در خاموشی چراغ علم در ایران، سلاجقه بانی یا مبتکر نبودند بلکه آنان صرفاً ادامه‌دهندهٔ راه و مسیری بودند که از مدت‌ها قبل از به قدرت رسیدن ایشان شروع شده بود. حتی اگر اصراری باشد که بحث را در چارچوب ایران محدود نماییم، باز هم سلاجقه آغازگر نخواهند بود زیرا غزنویان قبل از آنها در چنین مسیری گام نهاده بودند. البته سلاجقه، به شرحی که خواهیم دید، این مسیر را «نهادینه» کردند و آن را زیربنای نظام فکری – سیاسی که به‌وجود آوردند قرار دادند.

سؤال اساسی‌تر این است که این تحول چرا و چگونه به‌وجود آمد؟ نخست بایستی به این نکتهٔ اساسی توجه نماییم که در پاسخ به چرایی خاموش شدن چراغ علم در ایران ما چاره‌ای نداریم به‌جز آن که ایران را در مجموعهٔ امپراتوری اسلامی آن روزگاران در نظر بگیریم. زمانی که این امپراتوری، در عصر طلایی رونق علمی خود به سر می‌برد، ایران نیز جزیی از این شکوه و عظمت بود و بسیاری از دانشمندان آن عصر را ایرانیان تشکیل می‌دادند و زمانی که آن شکوفایی در پهنهٔ اسلام از میان رفت و دیگر مسلمین را چندان کاری با علم و فعالیت‌های علمی نبود، در ایران نیز، اگرچه با مقداری تأخیر، سرانجام همان فضا به‌وجود آمد.

***

اولین و مهم‌ترین نتیجه‌ای که مرتبط دانستن ایران با مابقی جهان اسلام برای ما پدید می‌آورد این است که بحث را بایستی با تحولاتی که در پهنهٔ اسلام صورت گرفت شروع کنیم و در امتداد آن گام در ایران بگذاریم. بنابراین پرسش «چراغ علم از کی در ایران خاموش شد؟» مبدل می‌شود به این سؤال که «افول یا انحطاط علمی در میان مسلمین از چه زمانی شروع شد؟» پاسخ دقیق آن است که نمی‌توانیم دست بر روی یک مقطع، به صورت سال

معیّن و یا رویداد یا تحول مشخصی بگذاریم و بگوییم از این نقطه و یا از این تاریخ بود که انحطاط علمی مسلمین آغاز گردید. به نظر می‌رسد که صحیح آن باشد که بگوییم مجموعه‌ای از عوامل به‌تدریج دست به‌دست یکدیگر دادند و در نهایت آن پیش‌کسوتی و رهبری علمی مسلمین در جهان را از بین بردند. این تحولات نه یک‌شبه به‌وجود آمد و نه صرفاً معلول و نتیجهٔ یک عامل بود. مضافاً این‌که این افول در یک پهنهٔ زمانی صورت گرفت که بیش از یک قرن به طول انجامید.

اگر بخواهیم دقیق‌تر بحث نماییم می‌توان گفت که عصر طلایی رونق علمی در اسلام از نیمهٔ دوم قرن هشتم میلادی (قرن دوم هجری) به‌تدریج پدیدار گشت؛ در طول یک قرن و نیم بعدی یعنی تا اواخر قرن نهم و اوایل قرن دهم تکامل یافته و به اوج خود رسید و پس از آن، تحول و پویایی‌اش رو به کندی نهاد، از قرن یازدهم به‌تدریج به سکون گرایید و از اواخر این قرن آثار درجا زدن و افول آن نمایان شد. در قرن دوازدهم روند افول، کاملاً شکل گرفته و به‌تدریج سایهٔ انحطاط و برهوت علمی که ما در قرون بعدی شاهدش هستیم به‌طور کامل پدیدار می‌شود. بنابراین در قرن سیزدهم که هجوم مغولان صورت گرفت و در قرن بعدی که تاتارها به رهبری تیمورلنگ ایران را زیر و رو کردند، جریان افول علمی مسلمین، یکی دو قرن می‌شد که در حال تکوین بود.

شکل دیگری که می‌توان به کرونولوژی یا منحنی زمانی صعود و نزول نگریست این است که ببینیم دانشمندان پرآوازه‌ای که نامشان با عصر طلایی اسلام گره خورده است در چه مقطع زمانی می‌زیسته‌اند. خوارزمی: اواخر قرن هشتم و نیمهٔ اول قرن نهم؛ جابربن حیّان: اواخر قرن هشتم و اوایل قرن نهم میلادی؛ الکندی: قرن نهم؛ ابن‌حوقل: قرن نهم؛ رازی: اواخر قرن نهم و اوایل قرن دهم؛ ثابت‌بن قرة: نیمهٔ اول قرن دهم؛ فارابی: نیمه اول قرن دهم؛ ابن‌سینا: اواخر قرن دهم و نیمهٔ اول قرن یازدهم؛ ابوریحان بیرونی: نیمهٔ دوم قرن دهم و نیمهٔ اول قرن یازدهم؛ گروه دانشمندان موسوم به اخوان‌الصفا: قرن یازدهم؛ ابوحامد امام محمد غزالی: قرن یازدهم؛ حکیم عمرخیام نیشابوری: نیمهٔ دوم قرن یازدهم تا اوایل قرن دوازدهم؛ ابن‌رشد: قرن دوازدهم؛ خواجه نصیرالدین طوسی: قرن سیزدهم.[1] همان‌طور که ملاحظه می‌شود اکثریت قریب به اتفاق دانشمندان صاحب نام اسلامی در عرض قرون هشتم تا

---

۱ - ***زندگینامهٔ علمی دانشمندان اسلامی***، بخش اول، ترجمهٔ احمد آرام، احمد بیرشک، بهاءالدین خرمشاهی، کامران فانی، فاضل لاریجانی، شرکت انتشارات علمی و فرهنگی، تهران، ۱۳۶۴؛ کالین. ا. رنان، ***تاریخ علم کمبریج***، ترجمهٔ حسن افشار، نشر مرکز، چاپ دوم، تهران، ۱۳۷۱.

دوازدهم درخشیده‌اند. اگر از استثنائات بگذریم، در حوزهٔ علوم طبیعی از قرن دوازدهم به بعد دیگر کمتر با نام‌های مشهور مواجه می‌شویم. به عبارت دیگر، عصر طلایی اسلام در حقیقت از نیمهٔ دوم قرن هشتم یعنی در حدود یک قرن و نیم بعد از ظهور اسلام شروع شد و کم و بیش تا قرن یازدهم ادامه یافته و پس از آن به‌تدریج رو به افول رفت. تا آن‌جا که به ایران مربوط می‌شود این افول تا نیمهٔ دوم قرن نوزدهم یعنی قریب به هفتصد سال ادامه یافت.

از جمله محققین ایرانی که به‌گونه‌ای جدی در مقام پاسخ‌گویی به این خاموشی برآمده‌اند بایستی از دکتر مهدی فرشاد نام برد. او پس از شرح مبسوطی در این باب که چگونه هر نوع بحث و فحص در مسایل علمی و اصولاً تعلیم و فراگیری علوم غیردینی و فلسفه در مدارس حوزهٔ خلافت (از جمله ایران) ممنوع شده و فقط آموزش مطالب دینی مجاز بود، «آیین مدرسی»[1] را به عنوان یکی از عوامل به‌وجود آمدن این تحول معرفی می‌نماید:

«در مواجهه با مسئلهٔ علم و دین، استدلال و فلسفه و سنت و شریعت برخی از متفکرین روی به مصالحه آوردند و کوشیدند تا بین آنها وجود ازدواج و تلفیقی پدید آورند. آن‌چه در تاریخ علم به نام آیین مدرسی خوانده شده گرایشی در این جهت با اعتقاد به اولویت الهیات بر معقولات مشخص بوده است. در آیین مدرسی علم دنیا می‌باید که در خدمت الهیات درآید و شناخت پدیدارهای جهان می‌باید که معطوف به شناخت منبع الهی باشد. علوم عقلی در این آیین (یعنی آیین مدرسی)، مکمّل باورهای منقول دینی است و تعقل و اندیشهٔ علمی در مسیر کلی اعتقادات مذهبی جریان پیدا می‌کند. در آیین‌های مدرسی، آن‌طور که در درازنای تاریخ تمدن بشر پدید آمده‌اند، تفکر آزاد و پرسش‌های بنیادی در باب مسایل دینی و به سؤال گذاشتن اصولی که مبانی دین را تشکیل می‌دهند مطرود است و در همین جاست که (فلسفه) به عنوان گرایش مستقل و غیر وابسته به اعتقادی خاص مطرود واقع می‌گردد و در نظر یک معتقد به آیین مدرسی، گمراه‌کننده شمرده می‌شود.

در جهان اسلام، خاصه از سده‌های یازدهم میلادی (پنجم هجری) به بعد آیین مدرسی رونق بیشتری یافت و این رونق به‌تدریج به اشراف کامل الهیات بر طبیعیات انجامید.»[2]

«جورج سارتون» نویسندهٔ اثر حجیم ***تاریخ علم*** نیز «آیین مدرسی» را عامل افول علمی مسلمین می‌داند. اما او این آیین را مشکل کلی علم در قرون وسطی می‌داند:

«پیش از سدهٔ دوازدهم یکی از گروه‌های شرقی، یعنی مسلمانان، در شرق و غرب به طور چشمگیری برتر از دیگران بودند. بنابراین، مسلمانان در پیشاپیش بشریت قرار داشتند. از سدهٔ دوازدهم به بعد، به‌تدریج رجحان به دنیای لاتین (غرب) منتقل شد، ولی این جریان تا سدهٔ شانزدهم [کامل نشد] ... پس از آن ... علم غربی با گام‌های بلند شروع به

---

1 - Scholasticism

۲ - پیشین، مهدی فرشاد، ج ۱، ص ۸۷-۸۶.

رشد کرد، در حالی‌که تمدن شرقی در حال وقفه ماند، یا حتی رو به زوال گذاشت. اختلافات حرکت دو نوع تمدن شرقی و غربی، پس از آن ... به طور روزافزونی افزایش یافت، چندان‌که پس از اندک زمانی مقایسهٔ میان آن دو سودی نداشت... .

حال، بگویید که این جدایی چگونه آغاز شد، و چگونه داشت آغاز می‌شد، چگونه اتفاق افتاد که پس از آن‌که ملل شرق و غرب تا (پایان قرون وسطی) با هم طی طریق کرده بودند، در آن نقطه از هم جدا شدند، شرقیان در همان جا ماندند و ... غربیان هرچه سریع‌تر در طریق کشف به پیش تاختند؟ توضیح آن بسیار ساده است. مردم شرق و غرب در معرض آزمایش بزرگ آیین مدرسی قرار گرفتند، مردم غرب از آن به در آمدند، ولی شرقیان شکست خوردند.»[1]

همان‌طور که ملاحظه می‌شود «سارتون» آیین مدرسی را مشکل اساسی علم در قرون وسطی می‌داند، مشکلی که بر شرق و غرب یکسان سایه افکنده بود. اما او معتقد است که با پیدایش رنسانس و غلبهٔ خردگرایی و تجربه‌گرایی از قرن شانزدهم به بعد، غربیان موفق می‌شوند حصار آیین مدرسی را شکسته و به کمک تجربه، علم را به جلو سوق دهند:

«مردم غرب علاج را یافتند (علاج رهایی از آیین مدرسی)، یگانه علاج، یعنی روش تجربی را؛ (اما) مردم شرق آن را نیافتند، یا آن را کاملاً نشناختند، یا از پذیرفتنش غفلت کردند.

خوانندهٔ کنجکاو ممکن است باز بپرسد: چرا مردم شرق علاج را نیافتند؟ پاسخ دادن به آن غیرممکن است. مورخ می‌تواند تا حدی اعمال مردم را تحلیل کند، او نمی‌تواند آنها را توضیح دهد. او می‌تواند نشان دهد که مردم غرب به‌تدریج روش تجربی را با موفقیت فراوان و در مورد مسایل گوناگون به کار بردند، او همچنین می‌تواند نشان دهد که مردم شرق در این کار شکست خوردند و به جای پیشرفت درجا زدند. شاید توضیح آن این باشد که مردم شرق، یعنی مسلمانان، به حد پیشرفتشان رسیده بودند ... و بعد از آن ناگهان متوقف می‌شوند و روزبه روز کمتر مورد توجه قرار می‌گیرند، در حالی‌که دیگران، که در آغاز درخشش کمتری داشتند، از ایشان بسیار جلوتر می‌روند.»[2]

اما هدف ما در حقیقت همان است که «سارتون» آن را غیرقابل توضیح دانسته و می‌گوید بیشتر از این نمی‌شود توضیح داد. اگر قایل به این باشیم که در اصل تفاوت نژادی میان شرقیان و غربیان نیست، پس لاجرم بایستی بپذیریم آن‌چه در نهایت باعث تفاوت میان آنان می‌شود (عقب‌ماندگی یکی و پیشرفت دیگری) از مجموعه‌ای از عوامل اقلیمی، سیاسی، اجتماعی و اقتصادی نشأت می‌گیرد. عواملی که بالطبع بر روی رفتارهای اجتماعی آنان (در قالب رفتار انسان‌ها و حکومت‌ها) اثر گذارده و نهایتاً ساختار کلی آن جامعه را رقم می‌زند. آن‌چه مسلم است همان‌طور که عواملی سبب شدند تا مسلمین به تعبیر «سارتون» **پیشاپیش**

---

۱ - پیشین، جورج سارتون، ص ۶۲-۶۱.
۲ - همان، ص ۶۲.

بشریت قرار گرفتند، عوامل دیگری هم می‌بایستی سبب شده باشد تا آنان عقب بیفتند. این عوامل که از کرات سماوی و آن سوی کهکشان‌ها نیامدند، هرچه بودند از داخل خود آن اجتماع روییدند. ما برای تحولات بعدی می‌توانیم به سراغ استعمار رفته و او را عامل همهٔ بدبختی‌ها بدانیم، اما این‌که برای مشکلات یک‌هزار سال پیش هم بایستی سراغ استعمار و عوامل خارجی برویم حداقل تا به الان مطرح نشده است. بنابراین برای یافتن آن علل و عوامل چاره‌ای نداریم به‌جز آن که به کالبدشکافی تاریخی و به نبش قبر تحولاتی که بیش از یک هزار سال پیش به‌وقوع پیوسته‌اند بپردازیم.

از جمله این عوامل که بیشتر در قالب یک فرضیه مطرح می‌شود همان نظریهٔ ادواری بودن تمدن‌هاست. به این صورت که هر تمدنی معمولاً پس از صعود و رسیدن به اوجش، به‌تدریج شروع به افول می‌نماید. دکتر فرشاد از این پدیده تحت عنوان «نظریهٔ ارگانیسمی تاریخ» و یا ادواری بودن تمدن‌ها نام می‌برد. از دید او، هر فرهنگ و تمدنی که در جهان به‌وجود آمده پس از پیمودن دوره‌های پیدایش، رشد و کمال به مرحله یا دورهٔ زوال می‌رسد. او تمدن اسلامی را هم از این قاعده مستثنی نمی‌داند.[1]

> «سنت‌های هندی، چینی، و یونانی و سریانی، در حکمت طبیعی، در سده‌های دوم و سوم هجری (هشتم و نهم میلادی) از طریق ترجمه‌ها همچون جویباری به پهنهٔ اسلام سرازیر گشت. متفکران بلاد مختلف (و بیشتر اندیشمندان ایرانی) بذرهای تفکر و جهان‌بینی‌هایی را که در ذهن خویش داشتند با این جویبار فرهنگی آبیاری کردند و بارور ساختند. همراه با حکمت پیشینیان نگرش‌ها و روش‌هایی دربارهٔ شناخت جهان نیز به اذهان متفکران اسلامی راه یافت. آنان آثار گذشتگان را مورد شرح و نقد قرار دادند و خود نیز با تجربه و استدلال وجوهی بر آن حکمت‌ها افزودند. حکمت مشاء یا حکمت ارسطویی را مشائیون اسلامی پذیرفتند و شرح‌ها بر آن نوشتند و حکمت فیثاغورس را متفکرانی همچون «اخوان‌الصفا» در اجزای حکمت خویش گنجانیدند. عقاید مانویان، مزداییان و افلاطونیان در اندیشه‌های رازی در هم آمیخته شدند و از آن میان حکمتی طبیعی ... پدید آمد. جامعیتی که از لحاظ علمی در شخصیت‌هایی چون بیرونی، ابن‌سینا، فارابی و رازی موجود بوده از همین گرایش سرچشمه می‌گرفته است.»[2]

پس از آن که فرشاد عصر طلایی اسلام را به اوج بالندگی‌اش می‌رساند به مقطع بعدی یعنی به دوران انحطاط آن می‌رسد. به اعتقاد او، این افول از آن‌جا شروع می‌شود که منابعی که

---

۱ - البته بایستی توجه نمود که فرشاد بین تمدن و مظاهر اسلامی با تفکر و اعتقادات اسلامی تفاوت قایل می‌شود و معتقد است که از میان رفتن مظاهر تمدن لزوماً به‌معنای نابودی آن نمی‌تواند باشد. (پیشین، مهدی فرشاد، ج ۱، ص ۸۸).

۲ - همان، ص ۸۹-۸۸.

باعث پیشروی فکری مسلمین بوده است به‌تدریج رو به انتها می‌رود و چون منابع جدیدی به‌وجود نمی‌آید بنابراین درجا زدن مسلمین آغاز می‌گردد:

«با وجود ابداعات در نگرش و روش که در درازنای عصر شکوفایی علم اسلامی یعنی از سدهٔ دوم تا پنجم هجری (هشتم تا یازدهم میلادی) پدید آمد باید اذعان داشت که «غذای» اصلی فکری اندیشمندان اسلامی را عمدتاً منابع ایرانی، یونانی و هندی تشکیل می‌داد ... و با این نیروی فکری بود که متفکران اسلامی سیستم حکمت طبیعی خویش را بنیان گذاردند.

اما نیروی فکری و منابع اندیشهٔ طبیعی نیز همواره حدی داشته و دارد و نظریه‌ها و روش‌های جهان‌شناسانه نیز تا حدی می‌توانستند در برابر ایرادات و مشکلاتی که بر آنها وارد می‌شده تاب بیاورند. این حد در جهان اسلام در حدود سدهٔ پنجم هجری (یازدهم میلادی) فرارسید. ... بنابراین زوال و تمدن در دنیای اسلام ... انحطاطی درونی بود و به خود سیستم حکمت طبیعی مربوط می‌گشت.»[1]

البته فرشاد به عوامل بیرون از سیستم، همچون شرایط نامساعد اجتماعی و سیاسی و آن‌چه او بدان «زمینه‌های مخالفت فکری» اطلاق می‌کند، مثل مخالفت‌های اشخاصی چون امام محمد غزالی و یا مقابله‌های اشاعره با جریان خردگرایی و سرکوب‌های فکری، نیز اشاره می‌نماید،[2] اما در نهایت معتقد است که این عوامل تنها پیری و انحطاط سیستم حکمت طبیعی در عالم اسلام را تشدید کردند:

«این عوامل با این‌که در رکود و تباهی حکمت در آن عصر نقش عمده‌ای داشتند اما آن‌طور که برخی مورخان گمان کرده‌اند تنها علت انحطاط علوم عقلی نبودند. سیستم حکمت طبیعی برای ادامهٔ حیات و احیاناً رشد خود نیاز به منابع جدید اطلاعات، نظریه‌ها و روش‌های مؤثرتر و مناسب‌تر از سیستم فکری قبلی داشت و این خواسته‌ها در آن عصر به علت تأثیرات منفی عوامل محیطی موجود نبودند. علم و حکمت از سدهٔ ششم هجری (دوازدهم میلادی) به بعد به یک «سیستم بسته» تبدیل شده بود. سیستمی که از محیط بیرونش جز مایه‌های زهرآگین به درونش راه نمی‌یافت. این سیستم بسته پس از آن که قوایش به پایان رسید و قدرت ادامهٔ حیات و مقابله با عوامل مخالف را از دست داد همانند بسیاری از سیستم‌های دیگر رو به پیری رفت و حرکت آن به سکون و رکود مبدل گردید و به این ترتیب موجودیت حکمت طبیعی از جامعهٔ شرقی آن‌روز رخت بربست و از میان رفت و تنها ساقه‌هایی از آن به صورت تک متفکرانی چون طوسی، سهروردی و ملاصدرا به جای ماندند.»[3]

مشکل اساسی نظریهٔ «ادواری» این است که به مسئلهٔ صعود و نزول و افت و خیزهای تمدن‌ها به‌گونه‌ای اجتناب‌ناپذیر می‌نگرد. اما در کنار این ایراد به نظر می‌رسد که فرشاد

---

۱ - همان، ص ۹۰-۸۹

۲ - همان، ص ۹۰.

۳ - همان.

توضیحی اساسی نیز در خصوص علت افول تمدن علمی اسلام ارائه می‌دهد. شاید بتوان اساس استدلال او را این‌گونه خلاصه نمود که در ابتدا با برخورداری از جریانات علمی که در حوزهٔ قلمرو امپراتوری اسلام بود رشته‌های مختلف علمی توانستند بارور شده و عصر طلایی اسلام را به‌وجود آورند. اما مشکل اینجا بود که این ذخایر نامحدود و بی‌پایان نبود و برای بقای خود نیاز به رشد و توسعه داشت. اگر نمی‌توانست رشد کند لاجرم درجا زده و در نهایت خشک می‌شد. علم مجبور است و مجبور بود برای رشدش با محیط پیرامون خود رابطه برقرار سازد؛ از آن گرفته و به آن بدهد. در جریان این ارتباط متقابل با محیط پیرامونش است که علم مانند یک موجود زنده رشد کرده و به جلو می‌رود.

اساس استدلال هم نظریهٔ ***ارگانیسمی تاریخ*** یا ***ادواری بودن تمدن‌ها*** و هم نظریهٔ ***آیین مدرسی*** «سارتون» با روند افول علمی در ایران سازگاری دارند. اما مسئلهٔ اساسی‌تر این است که علت به‌وجود آمدن آنها چه بود؟ چرا مسلمین، به‌زعم «سارتون»، روش تجربی را به کناری انداختند و صرفاً به دنبال حکمت الهی رفتند؟ اگر استدلال فرشاد را بپذیریم (که ساختار علمی در اسلام تبدیل به محیطی بسته شد و محیط پیرامون آن نه تنها نتوانست در جلو رفتن آن کمکی کند بلکه ***مایه‌های زهرآگین*** به درون آن وارد ساخت)، سؤال این است که چرا این‌چنین شد؟ چرا این محیط پیرامونی رو به زوال رفت؟ چرا محیط علمی ایران در ابتدا باعث باروری عصر طلایی اسلام شد اما بعداً این محیط به جای تغذیهٔ این نوزاد، زهر وارد پیکر آن نمود؟ آیا آن‌چه پیش آمد اجتناب‌ناپذیر و محتوم بود؟

اگر مشخص‌تر خواسته باشیم به معمای خود بنگریم، بایستی به سراغ کدام علل و عوامل برویم؟ کدامین تحولات، رویدادها و عوامل باعث شدند تا محیط علمی اسلام، به تعبیر فرشاد، به **محیطی بسته** مبدّل شود و یا آن که ***آیین مدرسی*** بر آن چیره گردد و یا این‌که ***تجربه‌گرایی***، به تعبیر «سارتون»، از آن رخت بربندد؟

به نظر می‌رسد بهترین نقطهٔ شروع آن باشد که به خود این تحول بازگردیم یعنی ببینیم در ابتدا چگونه عصر طلایی به‌وجود آمد. سپس بررسی کنیم که آن علل و عواملی که به قول فرشاد آن را از درون منحط و پژمرده ساخت و یا به تعبیر «سارتون» آن را اسیر آیین مدرسی و گریزان از تجربه‌گرایی نمود، چرا و چگونه به‌وجود آمدند.

***

شبه جزیرهٔ عربستان که اسلام در نیمهٔ اول قرن هفتم در آن تولد یافت به لحاظ

فعالیت‌های علمی همان‌قدر خشک بود که به لحاظ آب و هوا. قرن اول هجری تا اواسط قرن دوم ظهور اسلام را بایستی عصر پیشروی و فتوحات مسلمین دانست. بنابراین مجال فعالیت‌های علمی چندانی در این قریب به یکصد و پنجاه سال اولیهٔ اسلام به‌وجود نیامد.

قلمرو اسلام که در زمان رحلت رسول‌الله محدود به منطقهٔ حجاز یعنی تقریباً کمتر از نیمی از عربستان سعودی امروزی می‌شد در سی سال بعدی‌اش (۶۶۱ - ۶۳۲م.) به‌نحو حیرت‌انگیزی توسعه یافت. در این سی سال قلمرو اسلام شش برابر گردید. در شرق، امپراتوری اسلام تا بخارا پیش رفت، در شمال، تمامی لوانت (فلسطین، سوریه، لبنان تا جنوب ترکیه) تا تفلیس، و در غرب، شمال آفریقا از مصر تا تریپولی (شمال لیبی) جزء قلمرو اسلام گردید.

در یک قرن بعدی در زمان حکومت بنی‌امیه (۱۳۲-۴۳ هـ./ ۷۵۰-۶۶۱م.)، این قلمرو باز هم گسترش یافت. به کمک عنصر قبیله‌گرایی و یا قومیت عرب و با اتکا به برخی از قبایل بزرگ عرب همچون قریش، بنی‌امیه توانستند ضعف‌های عمدهٔ خود، از جمله فقدان پایگاه مردمی و بالاخص عدم محبوبیت در میان مسلمانان غیر عرب، را تا حدود زیادی جبران نموده و با به‌وجود آوردن یک نیروی نظامی بادیسیپلین و کارا، فتوحات خلفای راشدین را استحکام و آن را از ناحیهٔ غرب وسعت تازه‌ای ببخشند. میلیتاریزم نیرومند بنی‌امیه موفق شد تمامی شمال آفریقا، جبل‌الطارق، اسپانیا تا جنوب فرانسهٔ امروزی را به قلمرو امپراتوری اسلام بیفزاید.

حکام بنی‌امیه علی‌رغم قدرت و صلابت نظامی‌شان، نتوانستند شالودهٔ یک نظام متحول سیاسی را به موازات تثبیت حاکمیتشان ایجاد نمایند. قومیت یا به قول ابن‌خلدون **عصبیّت** و اتکا به عنصر قبیله‌گرایی و یا به تعبیر امروزه «پان‌عربیسم» به تنهایی قادر نبود تا پاسخ‌گوی امپراتوری عظیمی باشد که بنی‌امیه بر آن فرمان می‌راندند. فقدان یک ساختار سیاسی متناسب با چنین مجموعهٔ گسترده‌ای باعث گردید تا الیگارشی حاکم به‌تدریج مواجه با تضادها و رویارویی‌های داخلی فزاینده‌ای شود. مسلمانان غیرعرب نیز که بنی‌امیه با تحقیر، آنان را «موالی» (بندگان آزاد شده) می‌دانستند نسبت به حکام دمشق (مرکز امپراتوری بنی‌امیه) خشم و نفرت زیادی احساس می‌کردند. از این میان بالاخص ایرانیان به دلیل تحقیری که از ناحیهٔ حکام عرب احساس می‌کردند خشم و کینهٔ زیادتری نسبت به آنان داشتند. آن‌چه در نهایت توازن قوا را به نفع مخالفین بنی‌امیه به هم زد، پیوستن اعراب

مخالف حکومت دمشق به صفوف مخالفین دیگر بود.

تبعیضات و ستم‌های حکام بنی‌امیه محدود به موالی نمی‌شد. بسیاری از اعراب، بالاخص اعرابی که یا به قبایل کوچک‌تر و کم‌اهمیت‌تر عرب تعلق داشتند و یا به اقشار محروم‌تر و کم‌درآمدتر، به‌تدریج احساس می‌کردند که فاصلهٔ بین آنان و فرمانروایان بیشتر می‌شود. نه تنها بخش عمده‌ای از ثروت‌های مناطق فتح شده از کاخ سبز دمشق (کاخی که در زمان معاویه اولین خلیفهٔ اموی ساخته شده بود) سر درمی‌آورد بلکه بسیاری از سمت‌ها و مناصب حکومتی به قبیلهٔ قریش و قبایل سوری متحد بنی‌امیه تعلق می‌گرفت. به سخن دیگر، ***اگرچه قریب به یک قرن حکومت بنی‌امیه قدرت نظامی و قلمرو پهناوری برای امپراتوری اسلام به‌وجود آورد اما ساختار سیاسی - اجتماعی مناسبی برای ادارهٔ این مجموعهٔ عظیم به‌وجود نیامد.*** اساس این امپراتوری عظیم متکی بر نظام ساده و ابتدایی قبیله‌ای بود.

امپراتوری اسلام در زمان بنی‌امیه همچون پیکری بزرگ می‌ماند که سری کوچک سعی می‌کرد آن را با ابتدایی‌ترین اصول هدایت نموده و به پیش برد.[۱]

***

مشکلات سیاسی و لاجرم حکومتی بنی‌امیه به‌تدریج عمیق‌تر گشت و در نهایت مخالفین آنان موفق شدند پس از یک دوره جنگ‌های داخلی بنی‌امیه را از قدرت برکنار کنند. در سال ۷۵۰ م. (۱۳۲ هـ.) خاندان بنی‌عباس که شاخه‌ای از مخالفین بنی‌امیه، درون قبیلهٔ قریش بودند موفق شدند قدرت را به‌دست گیرند. به‌استثنای منطقهٔ «قرطبه» (جنوب اسپانیا) که در دست خاندان بنی‌امیه باقی ماند، بنی‌عباس موفق شدند مابقی امپراتوری اسلام را از چنگ بنی‌امیه خارج سازند. یکی دو دههٔ اولیهٔ حکومت بنی‌عباس صرف مبارزات داخلی برای تحکیم قدرتشان گردید. از آن‌جا که منطقهٔ شام (سوریه) و شهر دمشق زیر نفوذ و نزدیک قبایل سوری متحد بنی‌امیه قرار داشت، بنی‌عباس عاقلانه تصمیم گرفتند که پایتخت امپراتوری اسلام و مرکز قدرت خود را از دمشق تغییر داده و آن را به منطقهٔ امن‌تری در شرق امپراتوری منتقل کنند. منصور، خلیفهٔ عباسی در سال ۷۶۲ م. (۱۴۴ هـ.) دستور داد تا در کنار دجله در ۳۰ کیلومتری شمال تیسفون، پایتخت امپراتوری ساسانیان، قصری ساخته شود و پایتخت اسلام را به شهر جدیدالتأسیس بغداد منتقل نمود.

---

1 - A. A. Duri, (translated by Lawrence I. Conrad), ***The Historical Formation of the Arab Nation***, Croom and Helm Centre for Arab Unity Studies (U.S., 1987), pp. 30-35.

این فقط پایتخت جدید نبود که عصر تازه‌ای را در جهان اسلام به‌وجود آورد. به قدرت رسیدن عباسی‌ها را از جهات مختلفی می‌توان نقطهٔ عطفی در تاریخ اسلام دانست. اولین و مهم‌ترین این تحولات عبارت بود از باز شدن پای ایرانیان به مرکز قدرت امپراتوری اسلام. اعراب که تا آن زمان تجربهٔ گرداندن سرزمین‌های وسیع را نداشتند، مجبور شدند برای ادارهٔ امپراتوری عظیم اسلام از ایرانیان که دارای چنین تجربه‌ای بودند یاری طلبند. خاندان اشرافی و معروف ایرانی برامکه به همراه صدها کاتب، صاحب دیوان، ادیب، دبیر، منشی، استاد، طبیب و عالم، مدیریت و سازماندهی دستگاه بنی‌عباس را به‌دست خود گرفتند. ایرانیان توانستند یک بوروکراسی عریض و طویل اما در عین حال سازمان یافته و کارا برای رؤسای عرب خود به‌وجود آورند. اما این تنها دستاورد آنان نبود. ایرانیان به‌تدریج دارالخلافهٔ اسلام را مبدّل به دربار خسرو و کسریٰ با همان شکوه، اشرافیت، اسراف و تبذیرهای دربار شاهان ایرانی نمودند. جاه و جلال و زرق و برق مرکز دارالاسلام در بغداد هارون‌الرشید و هزار و یکشب اگرچه به نام اسلام بود، اما با اسلام زمان رسول‌الله و خلفای راشدین فرسنگ‌ها فاصله گرفته بود.

آن‌چه به حکام بنی‌عباس اجازه می‌داد که زندگی این‌چنین متنعم و افسانه‌ای برای خود فراهم آورند ثروت زیادی بود که تحت عناوین مختلفی همچون خراج، مالیات و جزیه از سرتاسر امپراتوری گستردهٔ اسلام راهی مرکز آن در بغداد می‌شد. به‌علاوه رونق اقتصادی و تجاری که در نتیجهٔ ثبات سیاسی نسبی، از اوایل قرن نهم با کاهش جنگ‌های داخلی و از میان رفتن کلیهٔ مخالفین بالفعل و بالقوهٔ بنی‌عباس به‌وجود آمده بود بغداد را مبدل به مرکز تجارت و داد و ستد میان شرق و غرب نموده بود.[۱] ثبات سیاسی به همراه رونق اقتصادی به اضافهٔ فضای متحول فرهنگی در بغداد، باعث پیدایش فضای اجتماعی جدیدی در مرکز امپراتوری شد. مورّخ سرشناس انگلیسی «رابرتز»، بغداد قرن نهم را شهری کاملاً «کازماپولیتن»[۲] (چند فرهنگی) توصیف می‌نماید و معتقد است در مشرق‌زمین تنها قسطنطنیه مرکز امپراتوری و تمدن بیزانس به پای مدنیت و تمدن بغداد می‌رسید.[۳]

آن‌چه بغداد را شایستهٔ دریافت این لقب کرده بود وضعیت خاص فرهنگی و اجتماعی

---

1 - S. N. Fisher and William Ochsenwald, ***The Middle East, A History***, McGraw-Hill, 4th edition (U.S., 1990), pp. 75-76.

2 - cosmopolitan

3 - op. cit., Roberts, p. 324.

مرکز امپراتوری اسلام بود. اتکای بنی‌عباس به مسلمانان غیرعرب در رویارویی با بنی‌امیه یکی از اسباب باز شدن پای ملیت‌های دیگر مسلمان به مرکز قدرت بود. بغداد قرن نهم میلادی نه تنها درون خود، ملیت‌های مختلف همچون ایرانیان، اعراب، سریانیان و ترکان را جای داده بود بلکه مهم‌تر از آن، اندیشه‌ها، دانشمندان و متفکرین مختلفی نیز از چهارگوشهٔ امپراتوری گستردهٔ اسلام در آن جمع شده بودند؛ عالمانی که بعضاً یهودی، مسیحی، زرتشتی و حتی دهری (ماتریالیست) بودند. ***در چنین فضایی بود که رنسانس یا عصر طلایی اسلام شروع به تبلور نمود.***

فعالیت‌های علمی و گسترش علوم در عربستان قبل از اسلام آن‌قدر اندک و محدود بود که می‌توان از آن صرف‌نظر نمود. ظرف یک قرن و نیم اولیهٔ ظهور اسلام نیز بنا بر دلایل مختلفی فعالیت‌های علمی چندان متحول نگردید. جدای از آن که در بخش عمده‌ای از آن یک قرن و نیم، مسلمین منظماً سرگرم پیکار و کشورگشایی بودند و آن ثبات و استواری که در زمان بنی‌عباس شاهدش هستیم هنوز به‌وجود نیامده بود، به نظر می‌رسد که حکام اموی اهمیت چندانی هم به علوم نمی‌دادند:

> «در مدتی بیش از یک قرن که حکومت و سیاست و سیادت در دست عرب بود نه تنها توجه و اقبالی اساسی به علم صورت نگرفت بلکه عرب اشتغال به علم را محنهٔ موالی و شغل بندگان می‌دانست و از آن کار ننگ داشت و به همین سبب تا آن‌روز که جز نژاد عرب حکومت نداشت اثری از روشنی علم در عالم اسلام مشهود نبود و پس از آن که با غلبهٔ عنصر ایرانی و برانداختن حکومت اموی و تشکیل دولت عباسی نفوذ ملل غیرعرب در دستگاه خلفا شروع شد توجه به علوم نیز آغاز گشت. ابن‌خلدون می‌گوید: از امور غریب یکی این است که حاملان علم در اسلام غالباً از عجم بودند خواه در علوم شرعی و خواه در علوم عقلی ....»[1]

برخی از نویسندگان پا را از این هم فراتر نهاده و مسلمین صدر اسلام را متهم به آتش زدن کتابخانه‌ها و از بین بردن مراکز علمی مناطق تحت تصرف خود می‌کنند. اما همان‌طور که مرحوم استاد مطهری نشان داده است، به نظر می‌رسد که در خصوص اتهام آتش زدن کتابخانه‌ها و از بین بردن مراکز علمی توسط مسلمانان اغراق‌گویی‌ها و اغراض‌نویسی‌هایی صورت گرفته باشد.[2] آن‌چه مسلم می‌نماید این است که مسلمین در ابتدای گسترش امپراتوری خود، طبیعتاً می‌بایستی به فکر مسایل نظامی، لشکرکشی و تثبیت حاکمیت خود بوده باشند تا دیگر اولویت‌ها. اما با ثبات و استقراری که به‌تدریج پدید می‌آمد آنان به سراغ

---

۱ - پیشین، ذبیح‌الله صفا، ص ۳۴.

۲ - مرتضی مطهری، *خدمات متقابل اسلام و ایران*، ص ۳۵۴-۳۰۸.

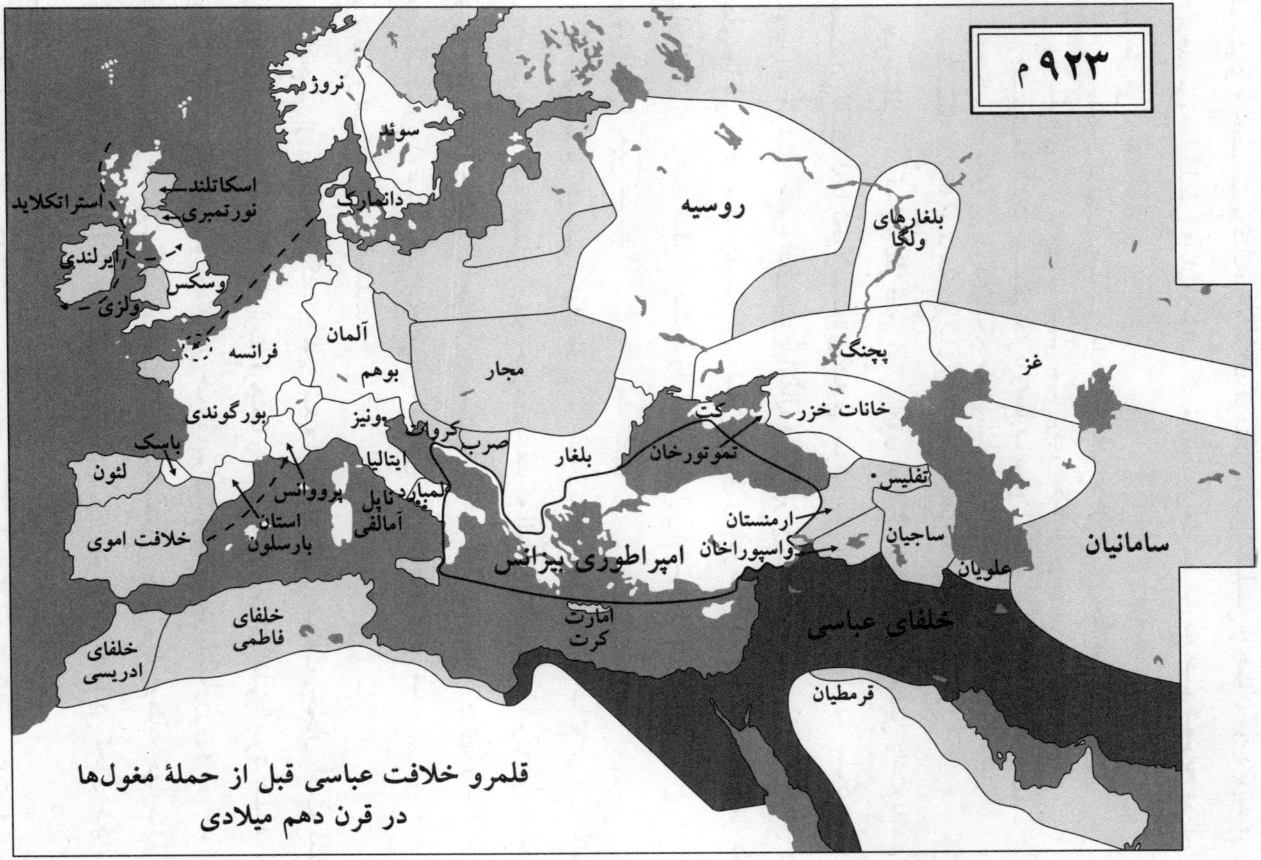

قلمرو خلافت عباسی قبل از حملهٔ مغول‌ها
در قرن دهم میلادی

مسایل بعدی از جمله فعالیت‌های علمی رفتند. دیدگاه مورخین بی‌تعصب‌تر، اتهامات علم‌ستیزی و خصومت با کتابخانه و مراکز فرهنگی توسط مسلمین را چندان مورد تأیید قرار نمی‌دهد. مورّخ انگلیسی «رنان»، مؤلف اثر معروف و مستند **تاریخ علم کمبریج** در این خصوص می‌گوید:

> «فاتحان مسلمان، با همهٔ شور مذهبی و تعالیم اخلاقی غالباً سختگیرانهٔ خود، در برابر فرهنگ‌های بومی مفتوحات خویش نسبتاً بردبار بودند. از این رو دربارهایی که برپا داشتند شاهد آمیزش چشمگیر هنرها و معارف بومی با اسالیب عربی اسلام بود. به این شکل، آنان علاوه بر چیزهای دیگر، علم یونانیان را از شهرهای هلنی (فتوحات مسلمین در منطقهٔ مدیترانه) و فرهنگ ایرانیان از شهرهای ساسانی به ارث بردند.»[1]

صرف‌نظر از آن که چه نظر قطعی‌ای پیرامون عصر گسترش اولیهٔ مسلمین داشته باشیم، واقعیت این است که با تحولات بعدی که در مرکز امپراتوری پیش آمد، علم‌گرایی و علم‌پروری مسلمین شهرهٔ آفاق شد. با انتقال مرکز امپراتوری اسلام از دمشق به بغداد و فضای خاصی که در مرکز جدید پیش آمد، زمینه‌های رشد و گسترش فعالیت‌های علمی در جهان اسلام به سرعت شکل گرفت. سؤال اساسی‌تر این است که علوم اسلامی منابع تغذیهٔ خود را از کجا تأمین نمودند؟

اگر بخواهیم مراکز علمی جهان آن‌روز را مقارن با به قدرت رسیدن اسلام در قرن هفتم میلادی مشخص کنیم بایستی از پنج حوزهٔ مختلف که اتفاقاً همگی نیز در شرق بودند نام ببریم: چین، هندوستان، ایران، بیزانس و شمال بین‌النهرین (سوریه امروزی) و بالاخره حوزهٔ اسکندریه (مصر). از این پنج مرکز به‌استثنای چین، مناطق شرقی هند و بیزانس، مابقی جزء قلمرو امپراتوری اسلام شدند.

در بخشی از این مراکز، یک یا چندین شعبه از علوم بر دیگر شعبات رجحان داشت. مثلاً در حوزهٔ اسکندریه که در اصل وارث فرهنگ و تمدن یونان باستان (هلنی) بود، فلسفه و ریاضیات سرآمد علوم دیگر بودند. در حوزهٔ ایران بیشتر طب و کشاورزی و در حوزهٔ هندوستان نجوم و ستاره‌شناسی موقعیت برتری داشتند. این چهار مرکز به مثابه چهارستونی شدند که پایه‌های عصر طلایی علمی اسلام بر روی آنان استوار گردید. اما این تحول چگونه صورت یافت؟

همان‌طور که پیش‌تر گفتیم، این چهار مرکز هر یک جزء قدرت مستقلی بودند که امکان

---

۱ – پیشین، کالین ا. رنان، ص ۲۸۲.

ارتباط زیادی بینشان وجود نداشت. به‌علاوه در هر کدام زبان کاملاً متفاوتی جریان داشت. اما با ظهور اسلام هر دو این موانع از میان رفتند. عربی، زبان رسمی امپراتوری و زبان حکومتی شد؛ درنتیجه منابع غنی این مراکز به عربی ترجمه شده و در اختیار دانشمندان قرار گرفت. دانستن زبان عربی کافی بود تا محققین هر رشته بتوانند از منابع و آثاری که در مراکز دیگر بود مطلع شوند و در صورت نیاز به آنها دسترسی داشته باشند.

***

اولین حرکت‌های نهضت ترجمه از نیمهٔ دوم قرن هشتم و در زمان منصور (۱۵۸ – ۱۳۶ هـ./ ۷۷۵ – ۷۵۴م.) خلیفهٔ بانفوذ و مقتدر عباسی به‌وجود آمد. ابن‌خلدون می‌نویسد:

«ابوجعفر منصور نزد ملک روم کس فرستاد تا کتب تعالیم مترجمه را برای وی بفرستد و او کتاب اقلیدس و بعض کتب طبیعیات را فرستاد. مسلمین آنها را خواندند و از مطالب آنها آگاهی یافتند و به اطلاع از مابقی این کتب و علوم راغب شدند.»[1]

جانشینان منصور، المهدی (۱۶۹–۱۵۸ هـ./ ۷۸۵–۷۷۵م.) و هادی (۱۷۰–۱۶۹ هـ./ ۷۸۶–۷۸۵م.) به دلیل کشمکش‌های داخلی چندان موفق نشدند تا نهضتی را که در زمان منصور آغاز شده بود ادامه دهند. اما در این فاصله رجال، دانشمندان و خانواده‌های متشخص ایرانی در بغداد و در خود ایران به این امر ادامه دادند تا نوبت به خلیفهٔ مشهور عباسی هارون‌الرشید (۱۹۳–۱۷۰ هـ./ ۸۰۹–۷۸۶م.) رسید:

«... چون هارون‌الرشید در جنگ‌های خود با رومیان بر بلاد انقره و عموریه و جز آنها از شهرهای آسیای صغیر (ترکیهٔ امروزی) و کتاب‌های آن بلاد دست یافت همهٔ آنها را که غالباً از کتب طب یونانی بود به بغداد برد و طبیب خود یوحنابن ماسویه را به ترجمهٔ آنها مأمور کرد.»[2]

اما موج عظیم و گستردهٔ توجه به علم و نهضت ترجمه در زمان مأمون (۲۱۸–۱۹۸ هـ./ ۸۳۳–۸۱۳م.) به‌وجود آمد:

«... چون خلافت به هفتمین خلیفهٔ عباسی مأمون رسید آن‌چه را جدّ او منصور آغاز کرده بود به اتمام رسانید. وی شروع به طلب علم از مراکز آن کرد و از ملوک روم بخواست تا آن‌چه از کتب فلسفی ایشان است به وی فرستند و آنان نیز هرچه از کتب افلاطون و ارسطو و بقراط و جالینوس و اقلیدس و بطلمیوس و فلاسفهٔ دیگر یافتند نزد او فرستادند. مأمون مترجمان ماهری برگزید و آنان را به ترجمهٔ کتب مذکور بگماشت و آنان نیز تا آن‌جا که ممکن بود از آن کتب ترجمه کردند. آنگاه مردمان را به خواندن و استفاده از آنها تحریص و به تعلیم آن علوم ترغیب کرد. مأمون با حکما خلوت می‌کرد و به مناظرهٔ آنان انس داشت و از مذاکرات ایشان لذت می‌برد....

---

۱ – به نقل از: پیشین، ذبیح‌الله صفا، ص ۴۰.

۲ – همان، ص ۴۱.

در نتیجهٔ نهضتی که به همت مأمون در تمدن اسلامی ایجاد شد کتب متعددی در منطق، فلسفه، نجوم، ریاضیات، طب، ادب و سیاست از یونانی و پهلوی و هندی و سریانی و نبطی به زبان عربی نقل شد و مبدأ تمام تحقیقات مسلمین در علوم مختلف قرار گرفت. علاقهٔ مأمون به ترجمه و نقل علوم به درجه‌ای بود که مثلاً به حنین‌بن اسحاق ... در ازای هر کتابی که از یونانی نقل می‌کرد هم‌وزن آن زر می‌داد.»[1]

اقدام دیگری که در این راستا صورت گرفت ایجاد ***بیت‌الحکمه*** در بغداد بود. بیت‌الحکمه در حقیقت یک مرکز یا کانون علمی بود که در آن دانشمندان زیادی گرد آمده بودند و به امر ترجمه، نسخه‌برداری از روی کتب به‌علاوه بحث و مجادله مشغول بودند. دکتر صفا پیدایش این مرکز را در زمان هارون الرشید می‌داند و معتقد است که در زمان مأمون این مرکز به اوج گسترش خود می‌رسد.[2] اما غالب مورخین آن را ایدهٔ مأمون دانسته و معتقدند که به دستور او ساخته شد. مسلم این است که اگر بیت‌الحکمه قبل از مأمون هم وجود داشت در زمان او بود که تولدی دوباره و بنیانی مستحکم پیدا نمود. دکتر فرشاد نقل می‌کند که در این مرکز در حدود یک میلیون کتاب وجود داشته است. به‌علاوه رصدخانه‌ای نیز به دستور مأمون در آن ایجاد شد.[3] وجود یک میلیون کتاب شاید قدری اغراق‌آمیز به نظر برسد اما آن‌چه مسلم است ***بیت‌الحکمه در عصر خودش معتبرترین و غنی‌ترین منبع علمی دنیا به شمار می‌رفته است.***

در طی بیست سال حکومت مأمون، رشد و گسترش علوم به‌نحو سریعی ادامه یافت و عصر طلایی اسلام عملاً شکل گرفت. اگرچه روال شکوفایی علمی در زمان دو خلیفهٔ بعدی، معتصم (۲۲۷-۲۱۸ هـ./ ۸۴۲-۸۳۳م.) و واثق (۲۳۲-۲۲۷ هـ./ ۸۴۷-۸۴۲م.)، نیز ادامه یافت اما به نظر می‌رسد اوجش در زمان مأمون بوده باشد. بعد چه شد؟ آیا منحنی گسترش و رونق علمی همان‌طور به صعود ادامه داد؟ پاسخ کوتاه این است که خیر، متوقف شد. منحنی بازگشت یا افول یا پشت کردن به علم و تعقل از نیمهٔ دوم قرن نهم و کم و بیش با به قدرت رسیدن متوکل (۲۴۷-۲۳۲ هـ./ ۸۶۱-۸۴۷م.) آغاز شد. مسعودی مورخ اهل سنت در ***مروج الذهب*** می‌آورد که:

«چون خلافت به متوکل رسید امر به ترک نظر و مباحثه در جدل و ترک اعتقاداتی که در ایام معتصم و واثق بر آن بودند کرد و مردم را به تسلیم و تقلید فرمان داد و شیوخ محدثین (علمای حدیث) را به تحدیث و اظهار سنت و جماعت خواند. (او) که میلی عظیم نسبت به اهل سنت و حدیث داشت، مخالفت را با اهل نظر آغاز نمود. متوکل با

---

۱ - همان، ص ۴۵-۴۴.
۲ - همان، ص ۴۸.
۳ - پیشین، مهدی فرشاد، ج ۲، ص ۸۰۸.

عقیدت مأمون و معتصم و واثق مخالفت کرد و جدال و مناظره در آرا را ممنوع ساخت و هرکه را بدین کار دست زد مجازات نمود و امر به تقلید داد و روایت و حدیث را آشکار کرد.»[1]

به نظر می‌رسد که مشکل حل شده باشد و چگونگی صعود و افول عصر طلایی را بررسی کرده باشیم. فی‌الواقع اکثریت قریب به اتفاق منابعی که به بررسی موضوع پرداخته‌اند عملاً به این نقطه که می‌رسند شروع به معرفی و توصیف پیامدهای منفی عصر پس از به قدرت رسیدن متوکل می‌نمایند. این‌که چگونه فعالیت‌های علمی به‌تدریج رو به کندی نهادند و سرانجام به‌طور کامل متوقف شدند؛ این‌که چگونه نحله‌های فکری خردگرا همچون معتزله قلع و قمع شده و چگونه فقها و علمای دگم جزم‌اندیش همچون اشاعره، تیر حملات خود را به سمت فلسفه و خردگرایی نشانه گرفتند و خلاصه به قول مرحوم حائری خلاقیت و کنجکاوی اولیهٔ مسلمین جای خود را به یک‌سونگری و حاکمیت سفت و سخت سنت می‌دهد.

طرح مسئله به این صورت اگرچه صحیح اما ناقص است زیرا سؤالات زیادی را بدون پاسخ می‌گذارد. چرا، به عنوان مثال، برخی از خلفا به سمت حمایت از دانشمندان و فعالیت‌های فلسفی و علمی رفتند اما متوکل و جانشینان او در عکس این مسیر گام برداشتند؟ آیا فقط جابجایی در قدرت و سلیقه‌های فردی و شخصی خلفا مسبب بودند؟ آیا در کنار حکومت، هیچ جریان دیگری نبود که بتواند یا بخواهد به استوار نگه داشتن فعالیت‌های علمی کمک نماید؟ اصولاً چرا برخی از خلفا از مشرب‌های عقل‌گرایانه و فعالیت‌های علمی حمایت کردند و برخی دیگر برعکس، این جریانات را سرکوب نمودند؟ گروه اول چه انگیزه‌ای داشت و کدامین اسباب و علل آنان را به این گرایش واداشت و متقابلاً اسباب و علل و انگیزه‌های گروه دوم چه بود؟ خود دانشمندان چه کردند و چه واکنشی نشان دادند؟ آیا مردم اساساً در کلّ این تحولات نقشی داشتند و واکنشی نشان دادند یا می‌توانستند نشان بدهند؟ علما و فقها چه موضعی داشتند؟ واقع مطلب این است که ما پاسخ بسیاری از این سؤالات را نمی‌دانیم. آن‌چه در اینجا آمده صرفاً یک تحلیل اولیه بیش نیست. اما در عین حال سعی شده از آن‌چه تاکنون بوده، یعنی توصیف صرف، فراتر برویم و به جای متهم کردن افراد و شخصیت‌ها (این خلیفه یا آن یکی، این عالم یا آن فقیه، این وزیر یا آن سلطان) ببینیم آیا

۱ – به نقل از: پیشین، ذبیح‌الله صفا، ص ۱۳۴.

می‌توانیم سرنخ‌هایی از طریق تحلیل و تبیین **تغییر و تحولات** جامعه به‌دست آوریم.

نحوهٔ پیدایش و خصوصیات عصر طلایی رونق علمی تمدن اسلامی

تسلط ما به موضوع، اکنون اندکی بیشتر شده است و شاید بتوان گفت که صورت مسئله به‌گونه‌ای صحیح و دقیق برایمان جا افتاده است. با شروع خلافت بنی‌عباس از اواسط قرن هشتم میلادی (قرن دوم هجری)، حکومت یک سیاست پی‌گیر و جدی در حمایت از دانشمندان و تشویق و ترغیب آنان و بسط و گسترش حوزه‌های مختلف علمی را به اجرا گذاشت. این سیاست در زمان مأمون در نیمهٔ اول قرن نهم به اوج خود رسید و تا اواسط این قرن ادامه یافت. اما با به قدرت رسیدن متوکل در نیمه دوم قرن نهم این سیاست فروکش کرده و عملاً متوقف شد. واضح است که این موج یا جریانی که خلفای اولیهٔ بنی‌عباس در مدت قریب به یک قرن دنبال می‌نمودند یک‌شبه از بین نرفت و تا مدتی به حیات خود ادامه داد، اگرچه به‌تدریج رو به تحلیل رفته و آثار افول و زوال آن پدیدار شد. این درست است که حکومت نه تنها از دانشمندان و فعالیت‌های آنان حمایت نمی‌کرد بلکه ممانعت هم به عمل می‌آورد، اما با همهٔ این‌ها صدها دانشمند، فیلسوف و محققی که تا زمان به قدرت رسیدن متوکل در «بیت الحکمهٔ» بغداد یا مناطق دیگر مشغول بودند به یک‌باره فعالیت‌های خود را متوقف نکردند. طبیعی است که این روند به‌تدریج آثار مخرب خود را ظاهر ساخت. به‌علاوه، اگرچه در بغداد چراغ علم رو به خاموشی رفت اما در بخش‌های دیگری از امپراتوری همچون ایران (به واسطهٔ حمایت قدرت‌های محلی همچون آل‌بویه یا سامانیان)، شمال آفریقا به واسطهٔ (حمایت فاطمیون) و قلمرو باقی‌ماندهٔ بنی‌امیه در کوردوبا (اسپانیای امروزی) این فعالیت‌ها کم و بیش، اما فقط تا مدتی، ادامه یافتند.

اما مسئلهٔ اساسی‌تر این است که بازگردیم به مقطع عصر طلایی در بغداد و ببینیم آن عصر چگونه به‌وجود آمد و خصوصیات آن چه بود. اولین و شاید بتوان گفت مهم‌ترین نکته‌ای که بایستی در مورد این عصر مورد توجه قرار گیرد این است که رونق علمی که در قرن اولیهٔ حکومت بنی‌عباس به‌وجود آمد یک جریان طبیعی و خودجوش نبود، بلکه پدیده‌ای بود که از بیرون وارد مرکز امپراتوری اسلام در بغداد شده بود. آن‌چه بدنهٔ علوم اسلامی را تشکیل می‌داد برگرفته از تمدن‌های دیگر بود. مسلمین این علوم را از تمدن‌های مختلف گرفتند و خود بر آن افزودند. این‌که مسلمین یا اعراب چقدر بر آن افزودند قابل بحث است. دکتر

ذبیح‌الله صفا اصولاً نقش چندانی برای اعراب قایل نیست و رونق علمی را مرهون ایرانیان می‌داند.[1] برعکس او، مورخ انگلیسی، «رنان»، معتقد است که اعراب صرفاً ترجمه نکردند بلکه از خود نیز تراویدند و بر آن افزودند.[2] شواهد تاریخی فی‌الواقع بیشتر مبیّن نظر «رنان» هستند تا صفا. در این‌که اعراب (مسلمین) یک مترجم صرف نبودند و خود نیز بر خرمن علم و دانشی که وارد بغداد شده بود افزودند کمتر می‌توان تردیدی داشت.[3] اما آن‌چه به بحث ما بیشتر مربوط می‌شود تشخیص این نکته است که رشد علم در میان اعراب رشدی تاریخی نبود. مقوله‌ای بود که از بیرون وارد شده بود (صرف‌نظر از این‌که آنان چقدر بر آن افزودند). نهضت علمی در زمان مأمون و دیگر خلفای علم‌گرا در حقیقت یک نهضت طبیعی خودجوش نبود، بلکه یک نهضت ترجمه بود. «دارالحکمه» نیز یک دانشگاه نبود، بلکه بیشتر یک دارالترجمهٔ بزرگ بود. اما چرا بحث چگونگی درخشش **علمی** در عصر طلایی، اهمیت دارد؟ پاسخش این است که چون این پدیده از دل جامعهٔ مسلمین آن روز نجوشیده بود بلکه مولود یا معلول یک‌سری عوامل جانبی دیگر بود، بنابراین اگر در آن عوامل تزلزلی پیش می‌آمد یا دچار اختلالاتی می‌شد، به ناچار بر وضعیت علوم هم اثر منفی می‌گذارد. امری که مع‌الاسف اما به هر حال پیش آمد.

علوم طبیعی مقوله‌ای نبود که به‌تدریج در جامعهٔ عرب آن‌روز رشد کرده باشد، بلکه بر اثر تحولی ناگهانی (فتح سرزمین‌هایی که این علوم در آنها وجود داشت) وارد جامعهٔ اعراب شده بود. آن‌چه به نام عصر طلایی اسلام در زمان بنی‌عباس درخشید پدیده‌ای نبود که به‌تدریج و مرحله به مرحله و در طی چندین قرن افت و خیز در بغداد شکل گرفته باشد و بنابراین؛ به آسانی و در نتیجهٔ رفتن یک خلیفه و آمدن یکی دیگر از بین نرود، بلکه وصله‌ای بود که همزمان با پیشرفت و فتوحات مسلمین در سرزمین‌هایی که علوم در آنها وجود داشت به یک‌باره وارد مرکز امپراتوری بنی‌عباس در بغداد شده بود. درختی نبود که به صورت نهالی کاشته شده و به‌تدریج ریشه دوانیده و رشد کرده باشد، بلکه درختی بود که با ریشه از جای دیگر کنده شده، به بغداد آورده شده و در آن‌جا کاشته شده بود. ممکن بود در شرایط مناسبی قرار بگیرد (که در عمل هم در مقطعی این‌گونه شد و این درخت ریشه گرفت و میوهٔ زیادی هم به بار آورد)، اما این احتمال هم وجود داشت که شرایط جدید برای رشدش

---

۱ – همان، ص ۳۴.

۲ – پیشین، کالین ا. رنان، ص ۲۸۴.

3 - op. cit., Phililp k. Hitti, pp. 363-415.

چندان مناسب نباشد و نهایتاً خشک شود. (امری که پس از گذشتن عصر طلایی پیش آمد). به سخن دیگر، از آن‌جا که درخت علوم طبیعی در امپراتوری اسلام از طریق تولد و رشدی طبیعی و خودجوش به بار نیامده بود بالطبع از خود هویت و جهت هم نداشت. ممکن بود به این سو کشانده شود یا به سویی دیگر سوق داده شود. هم در مسیر وزش جریانات فکری خردگرا و به تعبیر امروزی آزاداندیش ***اصحاب‌الرأی*** و معتزله قرار گیرد و هم در مسیر دیدگاه جزم‌اندیش و عقل‌گریز اشاعره و سنت‌گرایان ***اصحاب‌الحدیث***. مادام که جریان اول بر جامعهٔ مسلمین حاکم بود این درخت رشد کرد و زمانی هم که جریان دوم حاکم شد برگ و بالش ریخت و در نهایت خشک شد.

خصوصیت دومی که حایز اهمیت است و مستقیماً از ملاحظهٔ بالا نتیجه می‌شود این است که رونق علمی را حکومت پدید آورد (و مجدداً تکرار کنیم که خود به خود و به‌تدریج به‌وجود نیامده بود). پدیده‌ای را که حکومت به‌وجود آورده باشد طبیعتاً خودش هم می‌تواند آن را از بین ببرد. درست است که مواد اولیهٔ رونق علمی و عصر طلایی از مناطق دیگری وارد بغداد می‌شد و نیروی انسانی آن را نیز انبوهی از دانشمندان و مترجمین تشکیل می‌دادند، اما کارگردان و سازندهٔ این مجموعه حکومت بود. بنابراین اگر حاکم بعدی گونهٔ دیگری می‌اندیشید و به هر دلیلی علاقه‌ای به علوم نشان نمی‌داد، این مجموعه از حرکت باز می‌ایستاد؛ امری که در عمل به‌وقوع پیوست. البته در اینجا بحث اساسی دیگری هم مطرح می‌شود؛ که چرا یک خلیفه خواست و دیگری به آن پشت کرد. اما آن‌چه فعلاً مد نظر ماست تشخیص نقش بنیادی است که **حکومت** در ظهور و سقوط عصر طلایی برعهده داشت.

سومین خصوصیت عصرطلایی، به طبیعت تقلیدی علومی که رایج شدند بازمی‌گردد. همان‌طور که پیش‌تر هم اشاره داشتیم بخش عمده‌ای از معرفتی که حاصل شده بود ترجمه و تقلید منابع پیشینیان بود. خطر دانش یا علمی که عمدتاً بر روی ترجمه بنا شده باشد در این است که با خود نوعی تقلید به همراه می‌آورد. محققین بیشتر دل در گرو ترجمه و درک نظر مؤلف دارند تا سبک و سنگین کردن و نقادی اثر. در ترجمه و تقلید، تفکر و کنکاش کمتر به‌وجود می‌آید و بیشتر پذیرش نظرات دیگران غالب است، در حالی‌که علم زمانی می‌تواند به جلو برود که معرفت و آگاهی‌های قبلی و یا موجود مورد تردید قرار گیرد. حداقل برخی از دانشمندان عصرطلایی معلومات، آرا و نظراتی را که از کتب ایرانی، یونانی، سریانی یا هندی به عربی ترجمه شده بود، بی‌کم و کاست پذیرفتند. دکتر صفا این خصوصیت را به‌گونه‌ای

دیگر نیز مورد توجه قرار داده و می‌گوید که **مسلمین غالباً مغلوب شهرت بعضی از دانشمندان قدیم شدند و از تحقیق جدید در درستی یا نادرستی نظرهای آن بازماندند.**[۱]

چهارمین ویژگی عصرطلایی دربرگیرندهٔ یکی از پیشرفته‌ترین شاخه‌های علمی آن عصر یعنی دانش پزشکی است. از جمله علومی که در عصر طلایی بسیار مورد توجه مسلمین قرار گرفت پزشکی بود تا آن‌جاکه شاید بتوان گفت که پزشکی یکی از اسباب و علل اقبال علمی مسلمین گردید. همان‌طور که می‌دانیم اصولاً در آن عصر تفکیک علوم از یکدیگر به‌معنای امروزی آن وجود نداشت. یک طبیب علی‌القاعده به فلسفه، گیاه‌شناسی و خواص نباتات، کیمیا(شیمی) و بعضاً هیأت و نجوم هم آگاهی‌هایی داشت(ابن سینا سمبل و بهترین نمونهٔ عصر خود در این مورد است). بنابراین بسیاری از پزشکانی که به دربار بغداد راه یافتند بنا بر حال و هوای آن روزگاران با فلسفه نیز آشنا بودند. به نظر می‌رسد پزشکان در مجالست و نشست و برخاست‌های خود با خلفا و رجال درباری موفق شدند تا حدودی علاقه و یا حداقل کنجکاوی صاحبان قدرت را نسبت به علوم طبیعی به‌طور کلی و فلسفه بالاخص جلب نمایند. نقل شده است که مأمون خود در جلسات بحث و جدال‌های فلسفی حضور می‌یافته و بدان موضوعات علاقه‌مند بوده است.[۲] توجه و رواج و رونق پزشکی آن‌چنان گسترده شد که می‌توان گفت بغداد پایتخت امپراتوری اسلام با حضور ۸۶۰ پزشک حاذق و مجرب، در اوایل قرن دهم میلادی، بدون تردید معظم‌ترین و پیشرفته‌ترین مرکز پزشکی دنیا بوده و بیماران زیادی با امراض ناشناخته و صعب‌العلاج از مناطق دیگر راهی بغداد می‌شدند.[۳] پزشکی اسلام موفق شد که عصاره و برگزیدهٔ دانش پزشکی ایران، هند، بیزانس، روم باستان و یونان را در خود جای دهد. چه از طریق ترجمهٔ متون پزشکی و چه از طریق جذب بهترین مغزهای پزشکی عصر خود، مرزهای پیشرفت در پزشکی طی قرون نهم، دهم و تا حدودی یازدهم میلادی به‌نحو حیرت‌انگیزی گسترده شد. به نظر می‌رسد مسلمین هشتصد سال قبل از پاستور به مسئلهٔ واگیر (اپیدمی) و این‌که برخی از امراض از طریق آلودگی آب سرایت می‌کنند پی برده بودند.[۴] یکی از اعضای خاندان برجسته و معروف «بختیشوع» قرن‌ها قبل از فروید به اهمیت روان‌پزشکی و تأثیر روان بیمار بر جسمش پی

---

۱ - پیشین، ذبیح‌الله صفا، ص ۱۲۲.

۲ - همان، ص ۴۳-۴۲.

3 - op. cit., Fisher & Ochsenwald, p. 101.

4 - Ibid.

برده و حتی به معالجهٔ بیماران پرداخته بود.[1] خاندان بختیشوع علی‌رغم مسیحی بودنشان به دلیل برجستگی خانوادگی‌شان در طب، نسل اندر نسل، قریب به سه قرن در خدمت خلفای بغداد بودند.

آثار طبی ابن‌سینا و رازی که به لاتین ترجمه شده بود در سراسر قرون وسطی و حتی یکی، دو قرن بعد از آن، کتب درسی دانشکده‌های پزشکی غرب بود و تا اوایل قرن هفدهم هنوز به‌طور منظم تجدید چاپ می‌شد.[2] در زمینهٔ بهداشت نیز به نظر می‌رسد مسلمین دارای پندارهایی شده بودند، زیرا به دستور حکومت، اطبا می‌بایستی روزانه از زندان‌های بغداد بازدید به عمل می‌آوردند. تأسیس بیمارستان دستاورد دیگر عصرطلایی بود. در سرتاسر امپراتوری اسلام ۳۴ بیمارستان مجهز توسط حکومت ایجاد شده بود که هر کدام در یکی از شهرهای بزرگ قرار داشت. برخی آن‌چنان بزرگ و مجهز بودند که خدمات آنها تا قرن‌ها بعد ادامه یافت. بیمارستان قاهره که در نیمهٔ دوم قرن نهم تأسیس شده بود حیاتش تا قرن پانزدهم به درازا کشید. جملگی این بیمارستان‌ها دارای بخش داروسازی بودند و برخی نیز مجهز به کتابخانه بوده و افزون بر درمان، به آموزش پزشکی نیز می‌پرداختند. به‌علاوه در جملگی بیمارستان‌ها بخش مجزایی برای زنان وجود داشت.[3] و بالاخره بایستی از بیمارستان‌ها یا به زبان امروزه کلینیک‌های سیار نام برد که در قرن نهم از طرف حکومت در اطراف و اکناف امپراتوری در حرکت بودند و به معالجهٔ بیماران می‌پرداختند.[4]

علی‌رغم همهٔ این خصوصیاتی که در مورد پزشکی برشمردیم به نظر می‌رسد که این فعالیت علمی هم، در عصر افول به سرعت خاموش گردید. عامل دیگری نیز در پایان بخشیدن به شکوفایی پزشکی مؤثر بوده است. به دلیل کراهت تشریح و کالبدشکافی در اسلام، با قدرت یافتن سنت‌گرایان از زمان متوکل به بعد به‌تدریج مشکلات و موانع بی‌شماری بر سر راه فعالیت‌های پزشکی قرار گرفته و این علم شروع به درجا زدن و نهایتاً توقف کرد. یک راه حل برطرف کردن مشکل کالبدشکافی و تشریح، استفاده از میمون به جای انسان بود اما در نهایت به نظر می‌رسد که این راه حل، با موفقیت زیادی همراه نبوده است.[5]

---

1 - Ibid.

2 - op. cit., Philip k. Hitti, pp. 363-369.

۳ – مقایسه شود با ایران قرون وسطی و بعد از آن حتی تا اوایل قرن بیستم.

4 - Ibid., p. 365.

5 - Ibid., p. 363.

پنجمین خصوصیتی که در مورد عصر طلایی بایستی مورد توجه قرار دهیم پدیده‌ای است که امروزه به نام ***فرار مغزها*** معروف است. همان‌طور که امروزه به دلیل شرایط مطلوب‌تری که در غرب برای تحقیق و فعالیت‌های علمی وجود دارد شماری از دانشمندان و متخصصین جهان رهسپار آن دیار می‌شوند، در امپراتوری اسلام قرن نهم و دهم کم و بیش چنین وضعی برای دانشمندان پیش آمده بود. فی‌الواقع بسیاری از دانشمندانی که در عصر طلایی در بغداد گرد آمده بودند از مناطق دیگر دنیای آن روز راهی مرکز امپراتوری اسلام شده بودند. از آن‌جا که حکومت کمتر درصدد مداخله، تفتیش و تفحص درخصوص اعتقادات شخصی دانشمندان برمی‌آمد لذا دانشمندانی که مسلمان نبودند با اطمینان خاطر می‌توانستند در بغداد به فعالیت بپردازند. همچنین حکومت اصرار چندانی برای تحمیل عقاید خاص (اعم از مذهبی، فلسفی یا سیاسی) به دانشمندان نداشت که این خود عامل مثبت دیگری برای جذب و جلب آنان بود. حضور صدها دانشمند مسیحی، یهودی و زرتشتی در جهان اسلام به ویژه در مرکز آن، بغداد بهترین گواه تأیید این مدعاست. بسیاری از پزشکان دربار، حتی پزشک مخصوص شخص خلیفه، در حقیقت غیر مسلمان بودند، همچون خانوادهٔ معروف بختیشوع که قبلاً از آنان نام بردیم.

آن‌چه اهمیت این فضا را دوچندان می‌نمود فشار و تضییقاتی بود که کلیسا از مدت‌ها قبل علیه تعالیم و فعالیت‌های دانشمندان شروع کرده بود. این فشار به‌تدریج از قرن سوم میلادی که حکام امپراتوری روم و بیزانس به آیین مسیحیت درآمدند شروع شد. اولین برخورد جدی در اواسط قرن سوم پیش‌آمد که به تحریک حکومت، کتابخانهٔ معروف اسکندریه که یکی از بزرگ‌ترین مراکز علمی عصر خود بود به دلیل «ترویج آرا و اندیشه‌های الحادی» مورد هجوم قرار گرفت.[1] اسقف «سیریل»[2] نیز کراراً مردم را علیه آن‌چه کلیسا آن را «دانش الحادی» می‌خواند تحریک نموده و آنان را به اعمال خشونت علیه دانشمندان وامی‌داشت.[3] اما سرانجام ضربهٔ نهایی بر مرکز علمی اسکندریه، در قرن پنجم وارد گردید که در نتیجهٔ آن کتابخانه و موزهٔ مرکز، به‌دست متعصبین مسیحی ویران گردید.[4] چنین برخوردهایی بالطبع باعث تنگ شدن عرصه بر دانشمندان می‌گردید که در نتیجه، آنان از هر مرام و مسلکی که

---

۱ – پیشین، کالین ا. رنان، ص ۲۸۴.

۲ – بخشی از امپراتوری بیزانس که در جنوب ترکیهٔ امروزی قرار دارد.

۳ – همان.

۴ – همان.

بودند، شروع به مهاجرت به مناطق دیگر (از جمله ایران قبل از اسلام و بعدها مناطق مسلمان‌نشین) نمودند. در این مهاجرت آنان غالباً اسناد یا نسخه‌هایی از منابع علمی و کتب را نیز با خود می‌بردند.[1] «ژوستینیان» امپراتور مسیحی روم شرقی نیز همچون حکام هم‌کیش بیزانسی قبل از خود، در قرن ششم مدرسهٔ آتن را که مرکز علم و فلسفهٔ یونان از زمان باستان به این طرف بود تعطیل کرد. در نتیجه شماری از دانشمندان روانهٔ شرق، از جمله ایران شدند.[2] بسیاری از محققین یا دانشمندان که در عصر طلایی در بغداد فعالیت داشتند نسطوری (مسیحی) و یا یهودی رانده شده از مناطق دیگر (غیراسلامی) بودند.

در عصر افول، این روند معکوس گردید. جدای از آن که برای علمای اهل ذمه تضییقات زیادی به‌وجود آمد و تحت فشارهای متعصبانه قرار گرفتند، اصولاً با پدیدار شدن محدودیت‌های روزافزونی که برای دانشمندان پیش آمد آنان به‌تدریج بغداد را به قصد مناطقی که بتوانند بدون دردسر فعالیت‌های علمی خود را انجام دهند ترک نمودند.[3]

ششمین موضوعی که در خصوص عصر طلایی بایستی مورد بررسی قرار گیرد علل توجه نسل اول خلفای عباسی به علم و فلسفه و حمایت گستردهٔ آنان - به شرحی که آمد - از فعالیت‌های علمی در زمانشان است. ما در این فصل مکرر اشاره کردیم که چگونه تمایل این گروه از خلفا یکی از علل عمدهٔ پیدایش عصر طلایی بود. اما در خصوص علل و عوامل این گرایش تاکنون بحثی نکرده‌ایم. چرا خلفای اولیهٔ بنی‌عباس از بسط علم و فلسفه حمایت کردند اما بعدی‌ها به این سیاست ادامه نداده و در جهت عکس آن گام نهادند؟ واقع مطلب این است که ما در این خصوص نمی‌توانیم بر روی اسباب و علل متقن و استواری دست بگذاریم. البته بخشی از عوامل کلی که اسباب گرایش نسل اول را به سمت علوم به‌وجود آوردند روشن است و همان‌طور که پیش‌تر نیز اشاره داشتیم ثبات سیاسی به همراه رونق تجاری و اقتصادی که در دهه‌های اولیهٔ به قدرت رسیدن عباسیان به‌وجود آمد شرایط مطلوبی برای این گرایش ایجاد کرد. اگر جامعه‌ای در حال کشمکش‌های سیاسی، جنگ، قحطی و معضلات اقتصادی و اجتماعی باشد، احتمال این‌که در چنین جامعه‌ای فعالیت‌های گستردهٔ علمی و فرهنگی صورت گیرد منطقاً زیاد نخواهد بود. بالعکس اگر در جامعه‌ای درجه‌ای از ثبات سیاسی، امنیت اجتماعی و رفاه اقتصادی حضور داشته باشد، احتمال این‌که

---

۱ - همان.
۲ - پیشین، مهدی فرشاد، ج ۲، ص ۸۵
۳ - پیشین، ذبیح‌الله صفا، ص ۱۳۵.

در آن جامعه فعالیت‌های علمی و فرهنگی شکوفا شود به‌مراتب زیادتر است.

موضوع دیگری که در خصوص شرایط کلی عصر طلایی می‌توان گفت به آن‌چه امروزه «امنیت ملی» گفته می‌شود بازمی‌گردد. سرکوب و جلوگیری از افکار و عقاید و در کل فعالیت‌های آزادانهٔ فکری در بسیاری از موارد زمانی ظاهر می‌شود که دستگاه حاکمیت از قدرت خود چندان مطمئن نبوده و از آرای مخالف واهمه داشته باشد. در زمانی که عصر طلایی به‌وجود آمد جامعهٔ اسلامی در اوج قدرت نظامی، سیاسی و فرهنگی خود بود و علی‌القاعده ترسی از آرای مخالف و در نتیجه نیازی به ایجاد محدودیت در تبادل آرا و اندیشه با جهان بیرون از اسلام نداشت. به عبارت دیگر مرکز امپراتوری اسلام از آن‌چنان مجد و بالندگی برخوردار بود که ترس از فلان فیلسوف دهری یا پزشک مسیحی یا کیمیاگر یهودی همان‌قدر بی‌معنا به نظر می‌رسید که دغدغهٔ خاطر از آرای ارسطو، نظرات جالینوس حکیم و یا حکمت عقلی یونان. اما مشکلی که تکیهٔ بیش از حد به شرایط عمومی جامعه به‌وجود می‌آورد این است که در زمانی هم که منحنی افول آغاز شد جامعهٔ اسلامی کم و بیش باز در همان شرایط به سر می‌برد و تحولات یا حتی تحول خاصی که ناقض آن شرایط عمومی باشد به‌وجود نیامده بود. غالب نویسندگان نیز از کنار این مسئله گذشته‌اند و بدون آن که سعی چندانی در تجزیه و تحلیل آن نموده باشند، اکثراً مباحثشان در این خصوص صرفاً در توصیف خلاصه می‌شود. البته استثنائاتی هم هست از جمله دکتر مهدی فرشاد که پیش‌تر از او نام بردیم. وی در خصوص علت گرایش آن دسته از خلفای عباسی که به علوم توجه نشان دادند معتقد است که آنان اغلب از فرط تن‌آسایی، تن‌پروری، تعیش و شب زنده‌داری به بیماری‌های گوناگون دچار می‌گشتند و لذا علی‌الدوام به پزشک نیاز زیادی داشتند. او سپس با تأسف از پزشکان و دانشمندان دانشگاه جندی‌شاپور یاد می‌کند که ***سود خویش را در خدمت اربابان تازه جستند*** و با رفتن به بغداد باعث شدند تا دانشگاه و بیمارستان جندی‌شاپور از اساتید و متخصصین آن خالی شود.[1]

استدلال فرشاد را بیشتر بایستی ناشی از ناخشنودی سنتی ایرانیان از اعراب و بالاخص از خلفا دانست تا نظری محققانه و بی‌غرض. آن‌چه مسلم است این‌که مشکل خاصی برای منصور، خلیفهٔ عباسی در سال ۷۶۵م. پیش آمد که اطبای بغداد موفق به معالجهٔ او نشدند. به ناچار از جورجیس مسیحی رئیس دانشگاه پزشکی جندی‌شاپور کمک خواسته شد.

---

۱ - پیشین، مهدی فرشاد، ج ۲، ص ۸۰۷.

موفقیت او در تشخیص بیماری خلیفه و معالجهٔ قطعی آن باعث شد که خلیفه، او را به عنوان پزشک مخصوص خود برگزیند و جورجیس به همراه دستیارانش به بغداد مهاجرت نماید.[۱] به‌جز این مورد خاص، ما هیچ شواهد مطمئنی در دست نداریم که بر اساس آنها بتوانیم حکم کنیم که خلفای عباسی طبق ادعای فرشاد به دلیل عیاشی‌های مفرط نیاز به پزشک و مراقبت‌های دایم پزشکی می‌داشته‌اند. نیاز پزشکی آنان نه بیشتر از سلاطین، حکام و خلفای دیگر (از جمله ایرانیان) بود و نه کمتر. به‌علاوه اگر فرض بگیریم که خلفای عباسی به دلیل عیاشی و شب‌زنده‌داری نیاز ویژه‌ای به پزشک و دارو داشتند و لذا توجه خاصی به توسعه و پیشرفت پزشکی نمودند، درخصوص مساعدت و حمایت آنان از گسترش علوم دیگر همچون ریاضیات، نجوم، جغرافی، ستاره‌شناسی، فلسفه و ... عملاً توجیه و استدلالی نداریم.

از جمله مورخینی که به این موضوع توجه جدی‌تری نشان داده‌اند مستشرق انگلیسی «وات» است. فرضیهٔ «وات» این است که پس از تشکیل سلسلهٔ بنی‌عباس مبارزهٔ سیاسی پنهانی بر سر قدرت بین فقها از یک‌سو و رجال سیاسی عباسی از سویی دیگر آغاز شد. علما به دلیل تخصصشان در علوم دین و فقه، بالطبع حق تغییر و اعمال نظر در امور جاری حکومتی را از آن خود می‌دانستند. اما از سویی دیگر دبیران، منشیان، صاحب دیوان‌ها و وزرا چندان تمایلی به واگذاری قدرت به علما نداشتند و خواهان اعمال حاکمیت ارکان رسمی حکومت بودند، حکومتی که اگرچه داعیهٔ اسلام داشت و به نام اسلام حکم می‌راند اما از زمان بنی‌امیه مرز آشکاری بین آن و شریعت به‌وجود آمده بود. بوروکراسی – به تعبیر امروزه – خلیفه را ترغیب می‌نمود که در این رقابت بر سر قدرت، جانب دولت‌مردان را بگیرد تا فقها و علما. از آن‌جا که به هر حال امور روزمرهٔ حکومت را «بوروکراسی» دارالخلافه پیش می‌برد، بنابراین صرفه و صلاح خلیفه هم در این بود که پشتیبان ارکان اجرایی قدرتش باشد تا علما و فقها. در نتیجه خلیفه را در این کشاکش قدرت متمایل به دولت‌مردان می‌بینیم و در مقابل اگرچه فقها و عالمان دین مورد احترام زیادی هستند اما در عمل سعی می‌شود که پر و بال زیادی به آنان داده نشود.[۲] مورخ آلمانی «اشپولر» نیز همین استدلال را در علت گرایش حکام

---

1 - Op.cit., Philip k. Hitti, p. 309.

2 - William Montgomery Watt, ***Islamic Fundamentalism and Modernity***, Routledge (U.K., 1989), pp. 27-28

به ***طبقهٔ کُتّاب*** یا دیوان سالاران به زبان ***علما*** به کار می‌برد[۱] آن‌چه مسلم است در جابجایی قدرت که به دنبال فروپاشی بنی‌امیه و به قدرت رسیدن بنی‌عباس پیش آمد تغییر و تحولاتی می‌بایستی صورت گرفته باشد. طبیعی به نظر می‌رسد که در ابتدای این جابجایی، نیروهای مختلف برای به‌دست آوردن سهمی از قدرت وارد مبارزه شده باشند. بنابراین کاملاً محتمل است که فقها و علما نیز همچون بوروکرات‌ها سعی کرده باشند در مجموعهٔ جدیدی که در حال شکل‌گیری بود تا آن‌جا که می‌توانستند سهم بیشتری برای خود به‌دست آورند. اما در مجموع استدلال «وات» و «اشپولر» بیشتر دربرگیرندهٔ چارچوب روابط خلفا با متولیان دین است و در خصوص حمایت آنان از دانشمندان و علوم غیردینی مطلب چندانی به ما نمی‌دهند. مگر این‌که فرض کنیم حمایت آنان از گرایشات عقل‌گرایانه (همانند فلاسفه و معتزله) در مقابل علما و فقهای سنت‌گرا باعث می‌شده تا آنان عملاً به سمت دانشمندان و محققین علوم طبیعی بروند. به هر حال و صرف‌نظر از این‌که حمایت پررنگ خلفای اولیهٔ بنی‌عباس از دانشمندان و گسترش علوم به کدام انگیزه و علل بوده باشد، این نکته مسلم است که توجه آنان ستون فقرات عصر طلایی را تشکیل می‌دهد. و از زمانی‌که این حمایت متوقف گردید، افول و انحطاط علمی به‌تدریج ظاهر شد.

زمینه‌های پیدایش افول عصر طلایی اسلام

اگر اصراری بر دست گذاردن به روی یک نقطهٔ تاریخی به عنوان شروع جریان افول داشته باشیم این نقطه عبارت خواهد بود از زمان روی کار آمدن متوکل، خلیفهٔ نهم عباسی که در سال ۸۴۷م. (۲۳۲ هـ.) به قدرت رسید و به مدت چهارده سال تا سال ۸۶۱م. حکومت نمود. همان‌طور که پیش‌تر دیدیم، متوکل با به اجرا گذاردن سیاستی سخت در جهت بازگشت به سنت و رفتن به سمت علما و فقهای سنت‌گرا اسباب توقف رونق علمی را پیش آورد. اما همان‌طور که در قسمت قبلی دیدیم عصر طلایی خود دارای ویژگی‌هایی بود که به هر حال آن را آسیب‌پذیر می‌ساخت. بنابراین خلاصه کردن انحطاط صرفاً به متوکل و حکومتش همان‌قدر ساده‌نگری خواهد بود که عصر طلایی را صرفاً در وجود چند خلیفه خلاصه کنیم. به عبارت دیگر، این درست است که ما شروع منحنی افول را از زمان این خلیفه می‌بینیم، اما

---

۱ – برتولد اشپولر، ***تاریخ ایران در قرون نخستین اسلامی***، جلد اول، ترجمهٔ جواد فلاطوری، تهران، شرکت انتشارات علمی و فرهنگی، چاپ سوم، ۱۳۶۹، ص ۲۸۰.

درست‌تر آن خواهد بود که به تحلیل برخی از مسایل و تحولاتی که طی این یک قرن و حتی پیش از آن به‌وجود آمده بودند بپردازیم. از جمله این تحولات و شاید مهم‌ترین آن چگونگی شکل‌گیری و وضعیت جریانات فکری مقارن با به قدرت رسیدن متوکل نیمهٔ اول قرن نهم است. زیرا به شرحی که خواهیم دید، به قدرت رسیدن متوکل و اعمال سیاست‌های عقیدتی‌اش در حقیقت همچون اصابت جرقه‌ای بر یک بشکهٔ باروت بود؛ بشکه‌ای که مملو از تفکراتی بود که در انتظار فرصتی می‌گشتند تا از حصار خود به در آمده و اعمال قدرت نمایند.

ما در این فصل از ***سنت‌گرایان***، ***اصحاب‌الحدیث***، ***یکسونگرها*** (به تعبیر مرحوم حائری)، ***متعصبین*** (به تعبیر صفا)، ***اعمال کنندگان اختناق فکری*** (به تعبیر فرشاد)[1] و احیاناً اصطلاحات و تعابیر مشابه به دفعات استفاده کرده‌ایم. اینها چه کسانی بودند؟ چه می‌گفتند؟ چه می‌خواستند؟ چرا و چگونه به‌وجود آمدند؟ چه دلیلی داشت که با تعقل، خردگرایی، فلسفه و علوم طبیعی به ستیز برخیزند؟ اساساً اصطلاح ***سنت‌گرایان*** را چرا و در مقابل کدامین گروه یا گروه‌هایی به کار می‌بریم؟ این گروه‌ها یا جریانات دیگر یا به اصطلاح ***دگراندیشان*** چه کسانی بودند؟ آنها چه می‌اندیشیدند؟ و چرا بر خلاف «سنت‌گرایان» نه تنها با خردگرایی مخالفتی نداشتند بلکه موافق فلسفه و فعالیت‌های علمی بودند؟ ما نه به هیچ روی ادعای دانستن پاسخ همهٔ این سؤالات را داریم و نه پاسخ دادن به این سؤالات و چنین بررسی‌هایی اساساً به کار ما چندان مربوط می‌شود. قصد ما در طرح این سؤالات توجه دادن به این واقعیت است که در نظر نگرفتن روند تحولات فکری در میان مسلمین و صرفاً محدود کردن بحث به این‌که متوکل‌نامی روزی خلیفه شد و به یک‌باره آسمان به زمین و زمین به آسمان آمد، نهایت ساده‌نگری و ذهنیت‌گرایی خواهد بود. متوکل و سیاست‌های رادیکال سنت‌گرایانه‌اش در حقیقت همچون رخنه در سدی بود که با شکسته شدنش اسباب به راه افتادن سیلاب عظیمی از انبوهی افکار، عقاید و احساساتی گردید که طی سالیان متوالی در پشت این سد جمع شده بودند.

***

می‌دانیم که اسلام برخلاف مسیحیت دینی است این دنیایی. بخش عمده‌ای از تعالیم و دستورات اسلام اشعار بر مناسبات و روابط اجتماعی دارد. اگر یک فرد مسیحی مرتکب سرقت یا روابط جنسی با غیر همسرش شود، در آیین مسیحیت برای مجازات او

---

۱ - پیشین، مهدی فرشاد، ج ۱، ص ۹۲.

دستورالعملی وجود ندارد. همچنین اگر فردی فوت شود، مسیحیت برای نحوهٔ تقسیم میراث او در میان بستگانش دستورالعملی ندارد. اما اسلام همان‌طور که توجه به آخرت دارد، بر رفتار و روابط اجتماعی در این دنیا نیز نظر دارد. از زمانی که حضرت رسول‌الله به همراه صحابه‌شان به مدینه مهاجرت فرمودند تا ده سال بعدش که جامعهٔ اسلامی را به‌وجود آوردند آن حضرت هم رهبر معنوی (دینی)، هم سیاسی، هم نظامی و هم رئیس حکومت جامعهٔ اسلامی بودند. جدای از قرآن، نظرات و کلام آن بزرگوار برای مسلمین هم قانون بود، هم راهنما، هم دستورالعمل، هم وظیفه. اما بعد از رحلت ایشان این تکلیف عظیم و چند بُعدی بر عهدهٔ چه کسی یا کسانی می‌بایستی قرار گیرد و چگونه؟

از نظر یک گروه از مسلمین که طرفدار داماد و پسرعم رسول‌الله حضرت علی‌بن ابیطالب(ع) بودند و بعدها به نام شیعیان شهرت یافتند، پیامبر جانشین خود را در زمان حیاتشان تعیین فرموده بودند. اما از نظر دسته‌ای دیگر از مسلمین که اکثریت را شامل می‌شد، پیامبر مسئلهٔ جانشینی را برعهدهٔ امت گذاردند. بزرگان امت، جانشینی برای رسول‌الله برگزیدند که به عنوان «خلیفهٔ رسول‌الله» (جانشین رسول خدا) معروف گردید. بنابراین خلیفه بالاترین مقام رهبری جامعه را اشغال نمود. او نه تنها رهبری سیاسی امت را برعهده داشت بلکه هدایت دینی جامعه نیز برعهده او بود. اما مشکل از اینجا شروع شد که مسلمین آن انقیاد و تبعیت صد در صد و بی‌چون و چرایی را که نسبت به رسول‌الله داشتند نسبت به جانشینان او نشان نمی‌دادند. واضح است که این تحول ناگهانی نبود و به مرور زمان به‌وجود آمد. به‌تدریج که از دورهٔ فرمانروایی رسول‌الله دور می‌شویم این روند کم و بیش خود را نشان می‌دهد. نخستین بار در زمان عثمان (۳۵-۲۲ هـ./ ۶۵۶-۶۴۴م.) سومین خلیفه بود که رگه‌های نارضایتی از **حکومت** به‌گونه‌ای علنی خود را نشان داد. برخی از مسلمین دیگر نظرات رئیس حکومت و جانشین رسول‌الله را چندان دربست نمی‌پذیرفتند. مخالفت با نظر رئیس حکومت در زمان حضرت علی‌بن ابیطالب(ع) (۴۰-۳۵ هـ./ ۶۶۱-۶۵۶م.) اولین امام شیعیان و چهارمین جانشین رسول‌الله بازهم افزایش یافت.

با به قدرت رسیدن بنی‌امیه (۱۳۲-۴۰ هـ./ ۷۵۰-۶۶۱م.)، موقعیت حکومت در جامعهٔ اسلامی با زمان رسول‌الله فاصلهٔ زیادی گرفته بود. آن قداست، مشروعیت و مقبولیت مطلقی که نسبت به حکومت در زمان پیامبر وجود داشت بسیار کم‌رنگ‌تر شده بود. جدای از شیعیان که بنی‌امیه را اساساً غاصب می‌دانستند، برای بسیاری از اهل سنت هم مسئلهٔ مشروعیت

مطلق و بی‌چون و چرای خلیفه خدشه‌دار شده بود. بنابراین حکومت اگرچه قدرت سیاسی (و اقتصادی) را در دست داشت اما برای بسیاری از امت به لحاظ قداست و رهبری دینی دیگر یگانه منبع الهام و صاحب شریعت نبود. به دیگر سخن، اگرچه در اسلام دین با حکومت متولد شده بود و هر دو این عناصر در وجود مبارک حضرت ختمی‌مرتبت (ص) خلاصه شده بود، اما این ویژگی در مورد جانشینان ایشان یا خلفا نتوانست دوام بیاورد و به‌تدریج دین و سیاست از یکدیگر جدا شدند. این جدایی با شروع حاکمیت بنی‌امیه شتاب بیشتری به خود گرفت. از همان ابتدای زمامداری اولین خلیفهٔ اموی، معاویه (۵۹-۴۰ ه./ ۶۸۰-۶۶۱ م.) مرز مشخص و بالنسبه واضحی بین حکومت و دین در جامعهٔ اسلامی ظاهر شده بود.

اگر اسلام شریعت و آیینی همچون مسیحیت می‌بود، کم‌رنگ شدن جنبهٔ قداست حکومت مشکل چندانی به‌وجود نمی‌آورد. اما از آن‌جا که اسلام متکفل امور این دنیایی نیز هست بنابراین نیاز به منبعی بود که بتواند این امور را رتق و فتق نماید. مادام که حکومت از الوهیت برخوردار بود، طبیعی‌ترین نهاد برای برآوردن این منظور، خود حکومت بود. اما با کم‌رنگ شدن بُعد دینی حکومت، چه کسی و یا کدام نهاد اجتماعی می‌بایستی متولی امر دین می‌شد؟ پاسخ کلی و گسترده این است که این وظیفه به‌تدریج برعهدهٔ نهاد جدیدی به نام علما و فقها قرار گرفت. یا درست‌تر گفته باشیم، نیاز به کارگشایی امور دینی در تنظیم روابط اجتماعی باعث به‌وجود آمدن یک گروه مشخص اجتماعی گردید که این نیاز یا ضرورت را پاسخ گویند، گروهی که به نام فقها و علما شهرت یافتند.

مشکل بعدی این بود که این نهاد اجتماعی جدید که عهده‌داری امر تبیین، تعیین، استنباط، تفسیر و در یک کلام نظردهی، ارشاد و هدایت مسلمین را بر عهده گرفته بود به کدام منبع یا منابع بایستی مراجعه کند؟ یک منبع و مهم‌ترین آن خود قرآن بود. اما در قرآن ناسخ و منسوخ وجود دارد، آیات متشابه و محکمات وجود دارد و از یک آیه ممکن است برداشت‌های متفاوتی نمود. به‌علاوه بسیاری از آیات کلام‌الله مجید جنبهٔ اخلاقی، ارشادی و به تعبیر امروزه بینشی دارند و ارتباط تنگاتنگی با حل و فصل مسایل عملی به‌وجود آمده پیدا نمی‌کنند، مگر آن که از آیات استنباط شود و به اصطلاح مورد تفسیر قرار گیرند. که این خود باز نیاز به عالم و محقق امر دین را به‌وجود می‌آورد.

منبع دیگری که وجود داشت (و دارد) و به نظر می‌رسید بتواند پاسخگو و راهنمای حل و فصل مسایل عملی قرار گیرد روش و عملکرد خود حضرت ختمی‌مرتبت (ص) بود (و هست).

اعمال و رفتار آن حضرت به نام **سنت** یک منبع الهام و سرمشق برای مسلمین شد و گفتار و نظرات آن حضرت به نام **حدیث** منبعی دیگر. اهل سنت و مذهب تسنّن ریشهٔ خود را در اصل از اینجا می‌گیرد. هر قدر که ما از زمان خلفای راشدین (۴۰-۱۱ هـ./ ۶۶۱-۶۳۲ م.) دور می‌شویم اهمیت سنت و اعتبار حدیث افزایش می‌یابد، که این امری طبیعی است؛ زیرا همان‌طور که پیش‌تر گفتیم خلفای راشدین در مجموع برای اکثریت مسلمین از مشروعیت برخوردار بودند و نظر آنان حجت بود. اما با کاهش این مشروعیت از زمان بنی‌امیه نیاز به سنت و حدیث پیش آمد.

از آن‌جاکه استناد به کلام رسول‌الله (حدیث) خود به خود مشروعیت و مقبولیت به‌وجود می‌آورد، به‌تدریج صدها، هزاران و به زودی صدها هزار حدیث به‌وجود آمد که جملگی منتسب به رسول‌الله بودند. چه حکومت، چه قضات، چه علما و فقها و چه حتی مردم عادی برای اثبات عقیده‌شان، پیشبرد نظرشان و محق دانستن خودشان در یک دعوی حقوقی یا بحث فقهی استناد به این یا آن حدیث می‌کردند. بالطبع در چنین شرایطی احتمال این‌که جعل حدیث شود و کسانی برای پیشبرد امرشان حدیثی از خود ساخته و یا به حدیثی که پایه و اساس چندانی نداشت متوسل شوند بسیار زیاد بود. بنابراین مسئلهٔ بعدی که پیش آمد این بود که چگونه می‌توان از درست بودن یک حدیث اطمینان یافت. مطمئن‌ترین منبع برای سنجش درستی یک حدیث بالطبع **صحابه** رسول‌الله بودند، کسانی که از ابتدای دعوت تا زمان رحلت با معظم‌له بودند. از آن‌جاکه گفته‌های رسول‌الله در زمان حیاتشان (و تا مدت‌ها بعد از آن) ثبت و ضبط نشده بودند لاجرم نقل صحابه از رسول‌الله صرفاً متکی به حافظهٔ آنان بود. اگر فرض بگیریم صحابه همهٔ آن‌چه را که رسول‌الله در موارد مختلف فرموده بودند دقیقاً به یاد سپرده بودند و اگر فرض بگیریم محفوظات خود را در نهایت امانت‌داری به دیگران انتقال می‌دادند، مشکلی که هنوز وجود داشت این بود که صحابهٔ قدیمی‌تر و بالطبع نزدیک‌تر به پیامبر به مرور زمان از دنیا می‌رفتند و به‌تدریج به صحابه‌ای می‌رسیدیم که معلوم نبود چه میزان با پیامبر محشور بودند و اساساً معلوم نبود صرف آن که آنان در زمان پیامبر در قید حیات بوده‌اند می‌توانست مبیّن روایتشان باشد. به‌تدریج و ضرورتاً راه و روش یا «علمی» به‌وجود آمد که به کمک آن بتوان حتی‌الامکان یک حدیث را شناسایی و میزان موثق بودن آن را تعیین کرد. چون احادیث به ثبت نرسیده بودند و شفاهاً نقل می‌شدند بنابراین برای هر حدیثی ناقل یا ناقلینی وجود داشت. «الف» نقل می‌کرد که از «ب» شنیده بود که به نقل از «جیم» رسول‌الله چنین مطلبی را گفته بودند. اولین و اساسی‌ترین مطلبی که پیش می‌آمد این

بود که ناقلین حدیث یعنی «الف»، «ب» و «جیم» چه کسانی بوده‌اند و چقدر به صحت گفته‌هایشان می‌توان اطمینان داشت. این مکانیسم باعث به‌وجود آمدن مقوله‌ای به نام **علم رجال** گردید. یعنی شناسایی رجالی که ناقلین احادیث و روایات بوده‌اند یا به هر حال حدیث یا احادیثی از زبان آنان روایت شده بود. ***بخاری*** نخستین کسی بود که در قرن نهم میلادی (نیمهٔ اول قرن سوم هجری) سعی نمود وضع احادیث را سر و سامان بخشد. او در ابتدا کلیهٔ احادیث زمان خودش را جمع‌آوری نمود که بالغ بر ۶۰۰/۰۰۰ حدیث گردید. سپس احادیث موجود را یکی یکی مورد بررسی قرار داد و در نهایت از میان همهٔ آنها کمتر از ۳۰۰۰ را معتبر اعلام داشت.[۱]

مشکل استفاده از حدیث فقط منحصر به احتمال جعلی بودن یا معتبر نبودن روایت‌کنندهٔ آن نبود. بلکه مشکل اساسی‌تر این بود که طبیعت برخی از مشکلات و مسایلی که به‌وجود می‌آمدند به‌گونه‌ای نبود که بتوان با استفاده از یک حدیث آنها را چاره‌سازی نمود. جامعهٔ اسلامی به سرعت رو به گسترش بود و در جریان گسترش آن مسلمین بر سرزمین‌هایی غلبه می‌یافتند که به لحاظ ساختار اجتماعی به‌مراتب از شبه جزیرهٔ عربستان و مکه و مدینه پیچیده‌تر بودند. مسلمین به‌تدریج مجبور می‌شدند که در کنار احادیث و سنت رسول‌الله(ص) از فکر و قوهٔ استدلال نیز برای رویارویی با مسایل تازه استفاده کنند. یک روش ***قیاس*** بود یعنی مسلمین برای چاره‌جویی مسئلهٔ جدیدی که با آن مواجه می‌شدند سعی می‌کردند از مورد یا موارد گذشته که شبیه آن بود یاری جویند. روش دیگر ***استحسان*** بود؛ این‌که از میان دو یا چند امکان، راه حلی انتخاب شود که بیشترین خیر و نفع را برای جامعهٔ اسلامی در بر داشته باشد. چنین بررسی و کنکاش‌هایی به‌تدریج باعث به‌وجود آمدن علم فقه شد. در ابتدا بیشترین کاربرد فقه در امر قضاوت بود و فقها نیز نوعاً قاضی بودند.

منابع اصلی یا مواد اولیهٔ فکری یک فقیه را قرآن، سنت رسول‌الله و احادیث تشکیل می‌دهند. به کمک این منابع و استفاده از قیاس یا استحسان یک فقیه می‌توانست برای پدیده یا مسئله‌ای که قبلاً وجود نداشت به ***استنباط*** یا نظردهی یعنی ***رأی*** برسد. آن‌چه بین «منبع» و «روش» رابطه برقرار می‌نمود و در نهایت اسباب به‌وجود آمدن «رأی» یا نتیجه‌گیری جدیدی می‌شد، ***عقل*** بود.

ناگفته پیداست که چون پای عقل و استنباط شخصی در میان می‌آمد، استنباط یک فقیه ممکن بود با استنباط فقیه دیگر اختلاف داشته باشد. لذا عنصر بعدی که وارد فقه و استنباط

1 - Alfred Guillaume, ***Islam***, Penguin Books, 18th print (U.K., 1983), p. 91.

احکام گردید ***اجماع*** بود. ساده‌ترین تعریف اجماع عبارتست از: نظر اکثریت یا نظری که کمترین مخالفت‌ها را همراه دارد. بنابراین اساس فقه بر روی چهار پایهٔ قرآن، سنت، عقل و بالاخره اجماع قرار گرفت. به نظر می‌رسد که دیگر نبایستی مشکل چندانی در کارگشایی امور دینی مسلمین وجود داشته باشد و اگر حکومت قداست و مشروعیتش را تا حدودی از دست داده بود، فقها و علمای دین به‌تدریج با ظهور خود این خلأ را پر نمودند. اما واقعیت این است که نه خلأ ناشی از جدا شدن دین و سیاست چندان پر شد و نه نیاز به استنباط‌های حقوقی و شرعی تازه به‌طور کامل پاسخ داده شد.

همان‌طور که گفتیم اگرچه منابع فقهی یکی بود ولی عنصر عقل باعث می‌شد که در بسیاری از موارد رأی و نظر یک فقیه و عالم دین با دیگری متفاوت باشد. مشکل اساسی‌تر این بود که اصولاً حدود رأی و اظهار نظر تا کجا می‌بایستی باشد؟ برخی از فقها نسبت به این‌که در هر زمینه‌ای به سهولت اظهارنظر و حکم یا رأیی صادر کنند، احتیاط می‌کردند. زیرا اگرچه رأی و اظهار نظر یک فقیه از منابع شرعی استخراج شده بود اما در نهایت رأی شخصی بود. نظری بود که نه در قرآن آمده بود و نه مطابق با نص صریح حدیث یا برگرفته از سنت رسول‌الله بود. لذا این دسته از فقها در کاربرد و استفاده از رأی بسیار احتیاط کرده و به تعبیر امروزی با کل مسئلهٔ رأی، استنباط، قیاس، عقل و اجتهاد برخوردی محافظه‌کارانه داشتند. این دسته به نام ***اصحاب‌الحدیث*** مشهور شدند زیرا اتکای آنان بیشتر و حتی‌الامکان به حدیث و سنت رسول‌الله بود تا اجتهاد و استنباط. در سر دیگر طیف، آن دسته از فقها قرار داشتند که محدودیت چندانی برای رأی و نظر شخصی قایل نبودند. این دسته نیز به نام ***اصحاب‌الرأی*** شهرت یافتند چون برای رأی حساب زیادی باز می‌کردند. در میان این دو قطب، چهار مشرب عمدهٔ فقهی در نزد اهل سنت به‌وجود آمد. اگر از اختلافات کوچک‌تر و فقهی بگذریم، شاید بتوان گفت که تفاوت زیربنایی چهار مشرب ***حنفی***، ***مالکی***، ***شافعی*** و ***حنبلی*** خلاصه می‌شود در میزان یا درجهٔ استفاده از قیاس و استنباط (عقل) از یک‌سو و سنت و حدیث از سویی دیگر. به این معنا که در مذهب حنفی در مجموع قیاس، رأی یا استنباط و عقل از اعتبار زیادتری برخوردارند در حالی‌که در منتهی‌الیه طیف یعنی در مذهب حنبلی تأکید اصلی بر روی سنت و حدیث است.[۱]

آن‌چه به بحث ما مربوط می‌شود نحوهٔ به‌وجود آمدن این مذاهب نیست بلکه چگونگی

---

۱ - پیشین، ای. پ. پطروشفسکی، ص ۱۵۰-۱۴۱.

تحول زمانی پیدایش آنها است، زیرا همان‌طور که گفتیم، از مذهب حنفی که به سمت مذاهب دیگر می‌رویم عنصر تفکر یا عقل‌گرایی کم‌رنگ‌تر شده و به‌جای آن، اتکا به سنت و حدیث افزایش می‌یابد. نکتهٔ حایز اهمیت دقیقاً در همین جاست: به لحاظ زمانی هر قدر که به شروع عصر خاموشی نزدیک می‌شویم از «حنفی‌گری» دور شده و به «حنبلی‌گری» نزدیک‌تر می‌شویم. پیدایش این چهار مشرب فقهی از نیمهٔ اول قرن هشتم میلادی (دوم هجری) شروع می‌شود و تا اواسط قرن نهم که زمان فوت احمدبن حنبل (۲۴۱ هـ./ ۸۵۶م.) بنیان‌گذار مشرب حنبلی است، ادامه می‌یابد. در این قریب به یک قرن این چهار نحلهٔ فکری به ترتیبی که ذکر شد در جهان اسلام پا به عرصهٔ وجود گذاشتند.

پیش‌تر گفتم که دو عامل باعث پیدایش فقه گردید: نخست کاهش وجههٔ دینی حکومت، و دوم تسلط مسلمین بر سرزمین‌هایی که به لحاظ ساختار اجتماعی پیشرفته‌تر از شبه جزیرهٔ عربستان بودند. اگر پیدایش مشرب حنفی را اکنون با این دو عامل بسنجیم درمی‌یابیم که سازگاری زیادی با آن دو پیدا می‌کند. به لحاظ سیاسی ظهور ابوحنیفه (فوت ۱۵۰ هـ./ ۷۶۷م.) مصادف می‌شود با مقطعی که نارضایتی از بنی‌امیه به اوج خود رسیده است. بنابراین طبیعی است که به دلیل نارضایتی سیاسی، میزان مشروعیت بنی‌امیه به سطح نازلی رسیده باشد. لاجرم مسلمین برای کارگشایی امور شرعی خود به مرجع دیگری جز حکومت رجوع می‌نمودند. در خصوص عامل دوم هم بایستی گفت که مشرب حنفی به نام **مکتب عراقی**[1] شهرت یافت زیرا محل تولد و گسترش آن در حقیقت عراق و در مجموع مناطق شرق و شمال امپراتوری بود که به‌مراتب پیشرفته‌تر از شبه جزیرهٔ عربستان بودند.[2] به دلیل پیشرفتگی این مناطق بالطبع مسایل حقوقی، قضایی، اجتماعی، اقتصادی و حتی سیاسی که به‌وجود می‌آمدند و نیاز به راه‌گشایی شرعی داشتند در حد و حدودی بودند که به صرف اتکا به حدیث و سنت، که به هر حال غالباً در ارتباط با مسایل پیش آمده در جامعهٔ سادهٔ آن‌روز عربستان بودند، مشکل می‌شد برای آنها حکمی صادر نمود.

اما طبیعی بود که رشد و گسترش مذهب حنفی با استقبال چندانی از سوی علما و فقهای سنت‌گراتر جامعهٔ اسلامی که عمدتاً در مکه و مدینه بودند مواجه نشود، ضمن آن‌که سرچشمه و مرکز اندیشه و تفکرات دینی و فقهی در طی قرون اولیهٔ اسلام به هر حال در مکه

---

1 - the Iraqi school

2 - op. cit., Alfred Guillaume, p. 102.

و مدینه بود. جدای از آن که اسلام در عمل در این دو شهر به‌وجود آمده، تشکیل حکومت داده و به قدرتی منطقه‌ای مبدل شده بود، مهم‌ترین بخش از زندگی پیامبر نیز در این دو شهر سپری شده بود. صحابه، نزدیکان و هم‌عصران رسول‌الله (در قالب مهاجرین و انصار) نیز طبیعتاً یا از مکه بودند یا مدینه. لذا بعد از رحلت پیامبر اکثریت قریب به اتفاق کسانی که در نقل احادیث دسته اول از ایشان و عمل به سنت آن بزرگوار هم قولشان و هم فعلشان از مشروعیت، قداست و اعتبار بیشتری برخوردار بود در مکه و مدینه بودند. بنابراین طبیعی بود که بیشترین مخالفت با تفکراتی که تأکید بیشتری بر روی استنباط شخصی و تعقل می‌گذاردند تا سنت و حدیث، از ناحیهٔ علما و فقهای مکه و مدینه صورت گیرد. در عمل هم این‌گونه شد. اولین و مهم‌ترین مخالفت با جریان «حنفی» از مدینه و توسط مالک‌بن انس (فوت ۱۷۹ هـ./ ۷۹۶م.)، یکی از برجسته‌ترین فقهای آن عصر، آغاز گردید. همان‌طور که مشرب حنفی که در عراق به‌وجود آمده بود به نام مشرب عراقی شهرت یافته بود، تفکر مالک نیز به نام **مشرب مدینه** مشهور شد.

علی‌رغم تفاوت‌هایشان، فقهای هر چهار مشرب، حتی عالمان حنفی، نگران رواج استنباط و جای گرفتن نظرات شخصی یا اجتهاد به جای اتکا به حدیث و سنت رسول‌الله به عنوان پایه‌های حقوقی و فقهی برای استخراج احکام و تفسیر و تبیین شریعت بودند. هر چهار مشرب ترجیح می‌دادند که حتی‌الامکان منشأ آرای فقهی منطبق با احادیث و سنت‌نبوی باشد تا استنباط فقها. بنابراین و به‌تدریج این ***اجماع*** مابین هر چهار مشرب به‌وجود آمد که چارچوب کلی فقه بایستی حتی‌الامکان مبتنی بر سنت باشد و کمتر از اجتهاد استفاده شود. یک دلیل عمده برای این نظر که دیگر از اجتهاد استفاده نشود این بود که به نظر می‌رسید هر چهار مشرب تحول لازم را یافته بودند بنابراین دیگر نیازی به استنباط فردی نبود. به‌علاوه مسایل تازه‌ای که می‌توانست مطرح شود، بیان شده بودند لذا دیگر ضرورتی برای اجتهاد تازه وجود نداشت. در نتیجه فقها و علمای اهل سنت در قرن نهم به اصطلاح باب اجتهاد را بسته اعلام کردند.[1] به سخن دیگر، تأکید و ترجیح فقها که مایل بودند مبنای استخراج احکام شرعی و فقهی بر روی احادیث و سنت رسول‌الله باشد تا استنباط شخصی از یک‌سو، و شاید به موازات آن فروکش نسبی امواج اولیه‌ای که نیاز به رأی و استنباط شخصی را به‌وجود آورده بود از سوی دیگر دست به‌دست یکدیگر دادند و باعث آن شدند تا باب اجتهاد از سوی فقها در قرن نهم بسته شود.

1 - Ibid., pp. 100-101.

بر طبق نظری که در بالا ارائه گردید، علت بسته شدن باب اجتهاد تحولات درونی فقه بود. اما نظر دیگری نیز وجود دارد که علت بسته شدن باب اجتهاد را ناشی از تحولات درونی خود فقه نمی‌داند و به سراغ عاملی بیرون از حوزهٔ فقاهت می‌رود. مستشرق انگلیسی، «وات»، معتقد است که با جدا شدن تدریجی حوزهٔ سیاست از حوزهٔ دین، حکام و صاحبان قدرت برای پیشبرد اهداف و مقاصد خود فشار زیادی بر فقها و قضات وارد می‌ساختند. او معتقد است که با بستن تعمدی باب اجتهاد، قضات و فقها می‌توانستند در مقابل خواسته‌های حکومت مقاومت کرده و تغییرات یا احکام دلخواه آنان را انجام ندهند.[1]

به هر حال و صرف‌نظر از آن که اسباب و علل بسته شدن باب اجتهاد کدام بود، در عمل این تحول باعث به‌وجود آمدن رکود بلندمدتی در امر تحقیق، تفحص و نوآوری در زمینهٔ فقهی و قضایی گردید. تقلید از سنت و تکرار گذشتگان ستون فقرات تعلیم و تعلم در حوزه‌های علوم دینی شد و در مقابل روش نقادی و تعقل رو به تعطیلی گذارد. بنابراین بخشی از رکود فعالیت‌های علمی که از نیمهٔ دوم قرن نهم میلادی (زمان به قدرت رسیدن متوکل) به‌تدریج در جهان اسلام سر برون آورد ناشی از این تحول بود.

***

موضوع بعدی که در قرون اولیهٔ اسلام پیش آمد و در ارتباط مستقیم با عصر طلایی و مقطع بعدی آن یعنی افول علمی قرار می‌گیرد، تحولاتی بود که در حوزهٔ الهیات و فلسفه پیش آمد. نیازی به گفتن نیست که پدیده‌ها و جریانات مختلفی بر روی شکل‌گیری و تحول اندیشه‌های فلسفی، اعتقادات ماوراءالطبیعی یا متافیزیکی و به تعبیر امروزه جهان‌بینی اسلامی اثر گذاردند. اگرچه بنیان اولیهٔ این آرا بر پایهٔ قرآن و تعالیم رسول‌الله قرار داشتند اما سخن تازه‌ای نخواهد بود اگر اشاره کنیم که جدای از این دو منبع، پدیده‌ها و جریانات مختلف دیگری هم بر روی باورهای اسلامی تأثیر داشتند. برخی از آنها در نتیجهٔ تحولات سیاسی، اجتماعی و اقتصادی درون جهان اسلام در جریان رشد و گسترش پیش آمدند، برخی هم برونی بودند - نظیر تأثیر آرا و اندیشه‌هایی که از بیرون وارد اسلام شدند. مراد ما در اینجا لزوماً تأثیر مستقیم آرایی که از بیرون جهان اسلام وارد آن شد نیست. این طبیعی است که به عنوان مثال ایرانیان یا ملیت‌های دیگری که در قرون اول و دوم ظهور اسلام به آن گرویدند، فرهنگ و باورهای خود را یک‌شبه از دست ندهند و رگه‌ها و آثاری از آن باورها را

1 - op. cit., Montgomery Watt, p. 29.

به همراه خود وارد اسلام نمایند. این پدیده چندان ناشناخته نیست. آن‌چه بیشتر مورد نظر ماست ورود مباحث، سؤالات و مبهماتی است که در مذاهب و اعتقادات سرزمین‌های فتح شده وجود داشت و به همان صورت نیز وارد اسلام شد.

در این خصوص بیشترین تأثیر را برخی از مباحث رایج در مسیحیت آن زمان داشت. سؤالات و بحث‌هایی که از دیرباز در مسیحیت مطرح شده بودند عیناً به درون اسلام راه یافته و متفکرین و علمای اسلامی را به کنکاش و پاسخ‌دهی فراخواندند. دلیل آن یگانگی‌ای بود که بین اسلام و مسیحیت به عنوان دو مذهب توحیدی وجود داشت. هر دو مذهب پیروان خود را به پرستش خدای نادیده دعوت می‌کردند، هر دو اعتقاد به معاد، جهان آخرت، بهشت و دوزخ داشتند و بالاخره این‌که جهان هستی و هر آن‌چه خلق شده بنابر اراده و مشیت خداوند بوده است. بنابراین سؤالات متافیزیکی در خصوص ذات خداوند، قیامت، سرنوشت انسان در این دنیا و جهان آخرت که در مسیحیت پیش آمده بود در اسلام هم چندان بیگانه نبودند. سؤالاتی از این قبیل: آیا انسان‌ها در قیامت با همان جسم خاکی‌شان ظاهر می‌شوند؟ آیا در بهشت یا دوزخ انسان پیر می‌شود؟ آیا خداوند در قیامت قابل رویت است؟ آیا خداوند می‌شنود، می‌بیند، سخن می‌گوید، همان‌طور که انسان‌ها این صفات را دارند؟ آیا انسان‌ها در انجام اعمالشان مجبور هستند یا مخیّر؟ آیا افعالی که از انسان صورت می‌گیرد طبق مشیّت خداوند صورت می‌گیرد یا بنابر ارادهٔ شخصی آدمی؟ اگر سرنوشت هر انسانی از پیش مقدر شده، پس انسان‌ها خالق اعمال خود نمی‌توانند باشند و صرفاً ارادهٔ حضرت باری‌تعالی را به‌جای می‌آورند که در این صورت عقوبت یک انسان به واسطهٔ اعمال خلافی که انجام می‌دهد با مسئلهٔ عدل خداوندی چگونه سازگاری پیدا می‌کند و ...

برخی از این سؤالات به همان صورت وارد مباحث مسلمین شدند، برخی تغییراتی یافتند و بالاخره برخی دیگر خود باعث به‌وجود آمدن سؤالات و مباحث تازه‌ای گردیدند، همچون مسئلهٔ مخلوق بودن قرآن یا ازلی بودن آن که بدل به یکی از بزرگ‌ترین و حساس‌ترین مباحث فکری و اعتقادی در طی قرون دوم و سوم هجری در جهان اسلام گشت.[۱]

شاید بتوان مجموع عوامل درونی و برونی را که سهم عمده‌ای در شکل‌گیری باورهای دینی در اسلام داشتند به سه منبع اصلی تقسیم نمود: قرآن و تعالیم پیامبر؛ مناقشات و برخوردهای فکری و عقیدتی درون اسلام؛ پندارها و باورهایی که از بیرون بر آرا و

۱ – نگاه کنید به بخش‌های بعدی همین فصل.

اندیشه‌های مسلمین اثر گذاردند. کار ما در این قسمت بیشتر بررسی در خصوص چگونگی پیدایش مناقشات داخلی و تأثیر اندیشه‌های برونی است، زیرا به شرحی که خواهیم دید این دو منبع بیشترین تأثیر را بر روی عصر طلایی و خاموش شدن چراغ علم داشتند.

از نکات حایز اهمیت شکل‌گیری افکار عقیدتی مسلمین پس از رحلت رسول‌الله این است که بسیاری از آنها ریشه در اختلافات و منازعات سیاسی داشتند. به عنوان مثال، بر سر خلافت اختلاف نظر بروز می‌کرد و این مسئله که خود فی‌نفسه مسئله‌ای سیاسی بود به مرور زمان مبدل به پیدایش یک جریان عقیدتی می‌شد. یا قضاوت در خصوص عملکرد این خلیفه یا آن یکی که خود به تعبیر امروزه برخورد و موضع‌گیری سیاسی بود، به‌تدریج بدل به یک مشرب عقیدتی می‌شد. در مورد اول می‌توان به پیدایش تشیع اشاره کرد که در اصل، اختلاف نظر بر سر خلافت بود. در مورد دوم می‌توان به جریان ***خوارج*** و یا **مرجئه** اشاره داشت. البته همهٔ اندیشه‌ها خاستگاه سیاسی نداشتند. مسئلهٔ **جبر** و ***اختیار***، به عنوان مثال یا مخلوق بودن قرآن شاید چندان متأثر از تحولات و یا تنش‌های سیاسی نبودند. اما به هر حال نکتهٔ حایز اهمیت این است که وقتی دو گروه سیاسی معارض به‌وجود می‌آمدند، به مرور زمان حوزهٔ اختلافاتشان به مسایل الهی، جهان‌بینی و عقیدتی نیز کشانده می‌شد. یعنی یک طرف دعوا پیرو «جبر» یا **جبریه** می‌شد، در حالی‌که طرف دیگر به جانب «اختیار» تمایل پیدا کرده و ***قدریه*** می‌شد. یک طرف معتقد می‌شد مسلمانی که گناه کبیره مرتکب شده دیگر مسلمان نیست (که خود یک مبحث عقیدتی بود)، در حالی‌که طرف دیگر اعتقاد داشت که از آن‌جا که مرز بین مسلمان بودن و نبودن را گفتن شهادتین تعیین می‌کند بنابراین کسی که شهادتین را گفته باشد مسلمان است، اگرچه یک مسلمان گناهکار (که باز یک بحث عقیدتی بود).

اگر از بحث پیرامون به‌وجود آمدن شیعه بگذریم، بایستی گفت که اولین جریان سیاسی که در نتیجهٔ اعتراض به عملکرد حکومت به‌وجود آمد، خوارج بودند. اعتراض شدید آنان به حضرت امام علی(ع) در جریان مسئلهٔ حکمیت (۳۸ هـ./۶۵۹م.) و مخالفت شدیدتر آنان با معاویه و بنی‌امیه نیاز به توضیح چندانی ندارد. اگرچه علت اولیه‌ای که باعث پیدایش خوارج شد سیاسی بود، اما به‌تدریج آنان بدل به یک جریان عقیدتی شدند؛ جریانی که اگر خواسته باشیم با معیارهای امروزه آنان را بسنجیم بایستی گفت که آنان جریانی رادیکال بودند که حاضر نبودند سرسوزنی تن به مصالحه و واقع‌گرایی دهند. برخلاف تمایل سیاسی رایج عصر خود که حکومت را از آن خاندان‌های بزرگ قبیلهٔ قریش (و عملاً اعراب) می‌دانست،

خوارج معتقد بودند که یک سیاه حبشی هم می‌تواند خلیفه شود. مرز بین اسلام و کفر نیز برای آنان کاملاً مشخص و به‌گونه‌ای سیاه و سفید بود. به عنوان مثال، اگر مسلمانی مرتکب گناه می‌شد، حکمش همان حکم کفار و مشرکین می‌شد. چنان‌چه این مسلمان خلیفه هم بود از نظر خوارج فرقی نمی‌کرد و باز همان حکم شدید و غلیظ شاملش می‌شد. وظیفهٔ مسلمین دیگر این بود که چنین فردی را نابود سازند. خوارج نسبت به حکومت نیز بسیار سختگیر بودند. از نظر آنان مسلمینی که به مبارزه با حاکم ظالم و معصیت‌کار برنمی‌خواستند نیز حکم مشرک پیدا می‌کردند. به‌علاوه آنان شدیداً مخالف «تقیه» بودند و اعتقاد داشتند که مسلمان در هر شرایطی بایستی پاسدار اعتقاداتش باشد.[1]

اگر خوارج را معادل تندروها و رادیکال‌های آن‌روز بدانیم، در این صورت در نقطهٔ مقابل آنان **مرجئه** قرار می‌گیرد. بر خلاف خوارج، مرجئه اعتقاد نداشتند که مسلمین موظف به مبارزه با حکومت (بنی‌امیه) هستند زیرا صرف اقرار بنی‌امیه به اسلام آنان را در ردیف مسلمانان دیگر قرار می‌داد. از نظر آنان ***پیشوا هرقدر گناه می‌کرد در مقامش باقی می‌ماند و اطاعتش واجب بود و نماز پشت سر او صحیح.***[2] در تخاصم بین شیعیان، خوارج و بنی‌امیه مرجئه سیاست بی‌طرفانه‌ای پیش گرفتند زیرا از دید آنان تقابل میان این سه جریان در حقیقت رویارویی مسلمانان با یکدیگر بود. برخلاف خوارج، که مصرّ بودند ارتکاب معصیت توسط یک مسلمان او را از بهشت محروم ساخته و در ردیف کفار قرار می‌دهد، مرجئه اعتقاد داشت که تصمیم بهشت یا دوزخ در حیطهٔ ارادهٔ حضرت حق است و قضاوت نهایی در مورد مسلمانی که مرتکب گناه شده بر عهدهٔ ذات باری‌تعالی است. خداوند ممکن است بندهٔ خطاکاری را مورد بخشش قرار دهد، بنابراین بندگان نمی‌توانند با قاطعیت در مورد مسلمانی که معصیت کرده داوری نمایند.

اگر خوارج و مرجئه را دو قطب متضاد طیف عقیدتی - سیاسی مسلمین بدانیم، جریانی که به‌تدریج در میانهٔ طیف به‌وجود آمد به نام **معتزله** معروف گردید. معتزله را می‌توان به لحاظ فلسفی عقل‌گرا، به لحاظ سیاسی میانه‌رو و به لحاظ اجتماعی انسان‌گرا دانست. درخصوص مسئلهٔ جبر و اختیار که بحث‌ها و مجادلات زیادی را میان مسلمانان به‌وجود آورده بود، معتزله قایل به آزادی و اختیار عمل انسان بودند. البته همان‌طور که پیش‌تر نیز گفتیم بحث

---

1 - op. cit., Alfred Guillaume, pp. 112-173.

۲ - مرتضی مطهری، ***آشنایی با علوم اسلامی***، ص ۱۶۰.

جبر و اختیار قبل از معتزله پیش آمده بود و گروه‌هایی همچون **قدریه** و **جبریه** که اولی قایل به اختیار و دومی گرایش به جبر داشت نیز به‌وجود آمده بودند. اما تمایل معتزله به اختیار باعث استحکام و متحول شدن این گرایش گردید چه، آنان در دفاع از اندیشهٔ اختیار از مبانی فلسفی و منطق کلامی بهرهٔ زیادی بردند. بنابراین اگرچه آنان وارثین «قدریه» بودند اما در پرورش استدلال و مبانی تفکراتشان به‌مراتب فراتر از قدریه رفتند. آنان معتقد بودند که اگر انسان در انجام اعمالش دارای اختیار نباشد و مرتکب گناهی شود و سپس به واسطهٔ ارتکاب آن گناه خداوند به او کیفر دهد، چنین امری با اصل عدل و عادل بودن خداوند مغایرت پیدا می‌کند، زیرا خداوند بنده‌اش را به‌واسطهٔ عملی کیفر داده است که خود آن را می‌خواسته و اراده کرده است. بنابراین لازم است که درجه‌ای از آزادی و انتخاب برای انسان قایل شویم به‌گونه‌ای که اعمال او را در نهایت ناشی از اراده و اختیار خود او بدانیم. لازمه این‌که انسان در انجام اعمالش آزاد باشد و بتواند اختیار کند بالطبع این می‌شود که او بتواند خوب و بد را تشخیص دهد، و لازمهٔ این‌که انسان بتواند خوب و بد را تشخیص دهد کاربرد قوهٔ تمیز و ادراک و عقل است. بنابراین ***عقل*** جایگاه رفیعی در تفکر معتزله می‌یافت.[۱] تأکید معتزله بر روی عقل آن‌چنان جدی بود که برخلاف بسیاری از فقها که حدیث را مطلق می‌دانستند آنان اعتقاد داشتند که در ***تعارض حدیث با عقل، عقل مقدم است.***[۲] به‌علاوه، و باز بر خلاف نظر بسیاری دیگر از علما، معتزله اعمال و احادیث صحابه را مطلق و لازم الاجرا نمی‌دانستند بلکه ***نقد صحابهٔ پیغمبر (ص) و بررسی کارهای آنان را جایز می‌دانستند.***[۳] اما اساسی‌ترین و در عین حال بحث‌انگیزترین موضع‌گیری معتزله در بحث پیچیدهٔ مخلوق یا غیر مخلوق بودن قرآن پیش آمد.

همان‌طور که پیش‌تر نیز اشاره داشتیم یکی از بحث‌انگیزترین موضوعاتی که در قرون اولیهٔ اسلام در میان علما پیش آمد و اختلافات زیادی را سبب شد موضوع مخلوق یا غیر مخلوق بودن قرآن بود. بسیاری از علما معتقد بودند که قرآن در زمان پیامبر خلق نشده بلکه ذات آن ازلی بوده و همواره وجود داشته است. از دید آنان، قرآن به عنوان کلام خدا در یک زمان معین حادث نشده بلکه همانند علم خدا، قدرت و حیات او از قدیم (همواره) وجود داشته است.[۴] اما معتزله که تأکید زیادی بر روی اصل توحید داشت، چنین برداشتی از ذات

---

۱ - همان، ص ۱۵۹-۱۵۷.
۲ - همان، ص ۱۶۳.
۳ - همان.
۴ - همان، ص ۱۶۷.

قرآن را مغایر با توحید می‌دانست. زیرا از دید آنان، اعتقاد به این‌که قرآن حادث نشده و از قدیم بوده ایجاب می‌کرد که در این صورت قرآن جزیی از ذات پروردگار باشد که چنین امری از دید معتزله شرک بود و حداقل مغایر با اصل توحید و یگانگی ذات باری‌تعالی.[۱]

اگرچه صورت این اختلاف جنبهٔ کلامی و فلسفی داشت اما تبعات بحث به نظر می‌رسد جنبهٔ عملی پیدا کرده بود. به سخن دیگر، دعوا صرفاً بر سر آن نبود که گروهی معتقد باشند قرآن خلق نشده و در مقابل، عدهٔ دیگری معتقد باشند که قرآن در یک مقطع زمانی مشخص توسط خالق خلق شده است. از دید گروه اول، به دلیل این‌که قرآن جزیی از ذات خدا می‌بود بنابراین معنی ظاهری یا تحت‌اللفظی (نص) آن برای مسلمین کفایت می‌کرد. بنابراین تفسیر و برداشت از قرآن چندان نمی‌توانست جایز باشد. اما از دید عقل‌گرای معتزله، از آن‌جا که قرآن خلق شده بود بنابراین می‌توانست بنا بر ارادهٔ خداوند به‌گونه‌ای دیگر نیز خلق شود. به عبارت دیگر، قرآن مخلوق خداوند بود و نه جزیی از او، بنابراین مسلمین می‌توانستند فراتر از معنی ظاهری و تحت‌اللفظی قرآن رفته و آن را تفسیر نمایند. تفسیر قرآن نیز به نوبهٔ خود مسئلهٔ تعقل و رجوع به عقل را پیش می‌آورد. بنابراین اگرچه ظاهر بحث به نظر می‌رسد مجرد و فلسفی بود، اما تبعات آن بدون تردید جنبهٔ عملی پیدا می‌کرد. دیدگاه‌های دیگر معتزله نیز در نهایت به سمت خردگرایی می‌رفت. به گفتهٔ مرحوم عنایت:

> «پیشتازتر از همهٔ متفکرانی که اشتهای مسلمانان را برای بحث و فحص نظری برانگیختند، معتزله بودند که رشد و رونقشان در قرن دوم هجری (هشتم میلادی) بود و غالباً کوشش‌های آنان نخستین تلاش‌ها در راه آشتی دادن بین عقل و وحی انگاشته می‌شود.»[۲]

***

با تصویری اجمالی که از چگونگی سیر اندیشهٔ دینی در یکی دو قرن اولیهٔ اسلام یافتیم اکنون مجدداً بازمی‌گردیم به عصر طلایی رونق علمی اسلام. واضح است در شرایطی که رونق علمی در جریان بود و محیط مطلوبی برای گرایشات متکی به عقل به‌وجود آمده بود، از جمله جریاناتی که به سرعت بارور شده و گسترش می‌یافت، معتزله و به‌طور کلی جریانات عقل‌گرا بودند. در عمل هم این‌گونه شد. اگر در زمینهٔ علوم طبیعی حکومت در عصرطلایی پر و بال زیادی به اطبا، ستاره‌شناسان، کیمیاگران، ریاضی‌دانان و گیاه‌شناسان داد، در حوزهٔ

1 - Ibid., pp. 130-131.

۲ - پیشین، حمید عنایت، ***اندیشه سیاسی در اسلام معاصر***، ص ۲۶.

اندیشه، تفکرات فلسفی و عقیدتی علی‌القاعده می‌بایستی به سراغ علما و مشایخ معتزله و عقل‌گرا می‌رفت؛ و نیز این‌چنین شد. دقیقاً از نیمهٔ دوم قرن هشتم میلادی ستارهٔ اقبال معتزله رو به درخشش رفت و در نیمهٔ اول قرن نهم به اوج خود رسید. به‌نحوی که مشرب اعتزال به تعبیر امروزی بدل به ایدئولوژی رسمی حکومت شد. آرای معتزله آن‌چنان رواج یافته و رسمی شد که فقها، بالاخص آنان که به امر قضاوت هم می‌پرداختند، به امر حکومت در زمان مأمون (۸۲۳ - ۸۱۳م.) مجبور بودند که اقرار به مخلوق بودن قرآن نمایند تا از نظر حکومت مشکل عقیدتی و «خطی» نداشته باشند. بسیاری از علما که این‌چنین نمی‌اندیشیدند برای نگه داشتن منصب خود و یا از بیم درافتادن با حکومت، تن به اقرار دادند. اما فقیه و نظریه‌پرداز بزرگ اهل سنت، احمدبن حنبل (بنیان‌گذار مذهب حنبلی)، در برابر حکومت ایستاد و به دلیل استنکاف از اقرار بر مخلوق بودن قرآن سر از زندان درآورد. تردیدی نیست که دستگاه «انگیزاسیون»ی که معتزله در اوج اقتدار خود به راه انداخته بودند با سرشت خردگرایانه و تعقلی آنان ناسازگاری فاحشی داشت. شاید یک دلیل به‌وجود آمدن این تناقض، به حکومتی شدن تفکر معتزله بازمی‌گشت.

سؤال جالب توجه این است که حکومت چه سودی داشت که این‌چنین از معتزله دفاع کرده و به آنان پر و بال بدهد؟ یک دلیل منطقی همان است که قبلاً نیز بدان اشاره داشتیم و آن این‌که وقتی فضای عقل‌گرایانه پدید می‌آید بالطبع مشرب‌های فکری که سازگاری بیشتری با تعقل دارند پا به میدان می‌گذارند. اما احتمالاً حکومت در حمایت از معتزله می‌توانسته برای خود انگیزه‌هایی نیز داشته باشد. یکی از مهم‌ترین این انگیزه‌ها می‌توانسته استفاده از معتزله جهت رویارویی فکری با جریاناتی همچون شیعه، خوارج و اسماعیلیه باشد. مبارزه با مانویت، ثنویت و تفکرات دینی ایرانیان قبل از اسلام هم می‌توانسته عامل دیگری باشد. «دوری»، محقق و مورخ عرب، بالاخص از نگرانی خلفای بغداد از رواج اندیشه‌های مانوی و اسماعیلی (در میان ایرانیان) نام می‌برد.[1] «اشپولر» نیز معتقد است که معتزله جدی‌ترین مخالف اندیشه‌هایی بود که مبنای آنها براساس ثنویت ایرانی (همچون دیدگاه رایج در مذاهب زرتشتی و مانوی) بود. او همچنین اظهار می‌دارد که به دلیل استقبال و گرایش ایرانیان مسلمان به تفکرات منطقی و خردگرایانه، افکار معتزلیان در ایران بسیار گسترده شد.[2]

---

1 - op. cit., A. A. Duri, p. 38.

۲ - برتولد اشپولر، *تاریخ ایران در قرون نخستین اسلامی*، ص ۲۸۲.

آن‌چه مسلم است، پشتیبانی حکومت سبب شد تا آرای معتزله گسترش قابل ملاحظه‌ای پیدا کند، به‌نحوی که به موازات ترجمهٔ منابع علوم طبیعی، آثار و تألیفات فلسفی از منابع یونانی نیز مورد توجه عالمان اسلامی قرار گرفته و به عربی ترجمه شدند. زیرا معتزله برای جدل با مخالفین فکری خود نیاز به منابع فلسفی و آرایی داشتند که بر پایهٔ خردگرایی به رشتهٔ تحریر درآمده بود. از آن‌جا که بسیاری از آثار فلسفی یونانی دارای چنین ویژگی‌ای بودند بنابراین مورد استفادهٔ علمای معتزله قرار گرفته و به درون اسلام راه یافتند:

«ترجمهٔ کتب در تمدن اسلامی در آغاز امر مقصود بر کتب طب و نجوم و اندکی بعد خصوصاً بر اثر نفوذ معتزله و حاجت این فرقه در مقالات خود باثبات و استدلال توجه به فلسفه و نقل کتب منطق و فلسفه... با سرعتی عجیب آغاز شد. ... معتزله به سبب توجه به مبانی عقلی و بحث در مسایل مهمی مانند عدل و توحید و اختیار و نفی رؤیت و خلق قرآن و نظایر این مباحث و مناقشه با فرق مختلف اسلامی مانند اهل سنت و حدیث و شیعه و ملل غیراسلامی مثل مانویه (زنادقه) و مجوس و نصاری و یهود که معمولاً کلام مدون و استواری داشتند، ناگزیر محتاج به اتخاذ روش منطقی و فلسفی برای پیروزی خود بودند و به همین سبب گروهی از ایشان به منطق و فلسفهٔ یونانی متوجه شدند. ... اگرچه علمای اهل حدیث و سنت غالباً با این عمل معتزله مخالفت می‌کردند لیکن به هرحال آنان منشأ تحولی از جهت توجه به علوم عقلی در میان مسلمین گردیدند و به سایر جریانات در پیشرفت علوم کمک کردند.»[1]

علی‌رغم همهٔ اینها، موفقیت معتزله، همانند مجموعهٔ عصر طلایی، موفقیتی ریشه‌ای و پایدار نبود. به‌علاوه موفقیت آنان به قیمت مخالفت علما و فقهایی به‌دست آمده بود که در انتخاب میان عقل و سنت ملاکشان دومی بود. اما به دلیل حمایت حکومت از معتزله و شرایط خاص عصر طلایی این دسته از علما مجبور شده بودند مخالفت و ضدیت خود را با خردگرایی معتزله در دل نگاه داشته تا فرصت آنان نیز فرا برسد؛ فرصتی که سرانجام از نیمهٔ دوم قرن نهم میلادی و با به قدرت رسیدن متوکل ظاهر گردید.

سرآغاز انحطاط و افول عصر طلایی

نخستین جبهه‌ای که متوکل گشود علیه معتزله بود. او خون کسانی را که در مورد مخلوق بودن یا نبودن قرآن بحث کنند مباح اعلام کرد؛ به حمایت از شیوهٔ تقلید و اطاعت بی‌چون و چرا از اهل حدیث پرداخت؛ تعلیم و تربیت اهل ذمه (یهودی، مسیحی، زرتشتی) را ممنوع و درس خواندن فرزندان اهل ذمه را در مدارس مسلمانان قدغن ساخت. دامنهٔ سخت‌گیری‌ها

---

۱ – پیشین، ذبیح‌الله صفا، ص ۱۳۱ و ۵۰.

پس از متوکل افزایش یافت و به تدریج دامن کتاب‌فروشان را نیز گرفت. طبق دستور حکومت، کتاب‌فروشان و نسخه‌برداران کتب در بغداد می‌بایستی سوگند یاد کرده و متعهد شوند که از فروش کتب فلسفی و سایر آثاری که در خصوص مباحث علم کلام و جدل می‌بود خودداری نمایند.[1] گروه دیگری که مورد دشمنی قرار گرفتند دانشمندان غیرمسلمان بودند. قبلاً دیدیم که چگونه در عصر طلایی جامعهٔ اسلامی درهای خود را بر روی دانشمندان غیرمسلمان باز نموده و بغداد ملجأ و پناهگاهی شده بود برای خیل دانشمندان، فلاسفه و اطبایی که تحقیقات و اندیشه‌هایشان مورد غضب کلیسا قرار گرفته بود. اما اکنون این روند معکوس می‌گردید. نه تنها دارالاسلام دیگر استقبالی از دانشمندان غیرمسلمان نمی‌کرد بلکه برای آن عده‌ای هم که از قبل بودند تبعیضات زیادی اعمال می‌شد. اهل ذمه، از جمله دانشمندانشان، مجبور شدند که عمامه‌های عسلی رنگ بر سر گذارند و بازوبندی بر روی لباس بدوزند تا از مسلمانان متمایز باشند.[2] البته وضع دانشمندان مسلمان هم چندان بهتر از هم‌صنفان غیر مسلمانشان نبود:

> «... اعمال متعصبانهٔ حکومت ... فرصت‌های مناسبی برای اهل سنت و حدیث و فقها و محدثین متعصبی مانند احمدبن حنبل در آزار مخالفان خود که ... متهمین به کفر و زندقه و الحاد مثل ریاضیون و فلاسفه و متکلمین معتزله و نظایر آنان در زمرهٔ ایشان بودند، به‌وجود آورد و این فرصت را ظهور اشعری و تشکیل فرقهٔ اشاعره و آوردن مقالات آنان کامل کرد.»[3]

به نظر نمی‌رسد بررسی و کنکاش در نتایج سیاست‌های جدید چندان پیچیده باشد:

> «زیان‌هایی که جلوگیری از بحث و نظر و اعتقاد به تسلیم و تقلید بر اندیشهٔ بحاث مسلمین که تازه در حال تکوین و ترقی بود، وارد آورد بی‌شمار و از همهٔ آنها سخت‌تر آن است که با ظهور این دسته در میان مسلمین، مخالفت با علم و علما و عناد با تأمل و تدبر در امور علمی و تحقیق در حقایق و انتقاد آرای علمای سلف، آغاز شد زیرا طبیعت محدثین متوجه به وقوف در برابر نصوص و احترام آنها و محدود کردن دایرهٔ عقل و احترام روایت به حد اعلی و منحصر ساختن بحث‌ها در حدود الفاظ است. این امور سبب عمدهٔ ضعف تفکر و تفضیل نقل بر عقل و تقلید بدون اجتهاد و تمسک به نصوص بدون تعمق در مقاصد آن و بغض و کراهیت نسبت به فلسفه و اجزای آن و **درآوردن متفکرین در شمار ملحدین و زنادقه گردید.** اینها نتایجی بود که بعد از اختناق اعتزال بر عقل‌های مسلمین چیره گردید و ***آن‌چه درکتب بود بر آن‌چه در عقل محترم است برتری یافت و به همین سبب عالمی که از نصوص دینیه و لغویه مطالب بسیار در حفظ داشت بر عالمی که قلیل‌الحفظ و کثیرالتفکر بود***

---

۱ - حسین سلطان‌زاده، *تاریخ مدارس ایران* (از عهد باستان تا تاسیس دارالفنون)، تهران، پگاه، ۱۳۶۴، ص ۷۱.
۲ - پیشین، ذبیح‌الله صفا، ص ۱۳۵.
۳ - همان.

رحجان یافت و عالم مقلد از عالم مجتهد برتر شمرده شد و اکرام محدث و فقیه بر بزرگداشت فیلسوف و متفکر فزونی یافت و در نتیجه فلسفه و سایر علوم عقلی روزبه روز از رونق و رواج افتاد تا به جایی که نظایر محمدبن زکریا (رازی) و ابوریحان (بیرونی) و ابونصر (فارابی) و ابوعلی (سینا) حکم سیمرغ و کیمیا یافتند و جای شخصیت‌های بارز طب و طبیعیات و ریاضیات و منطق و الهیات را فقها و محدثین و مفسرین و متکلمین اشعری و کرامی و جز آنان گرفتند.»[1]

درک این‌که چرا این همه با فلسفه و علوم عقلی ضدیت وجود داشت چندان نبایستی مشکل باشد. از دید علما و فقهای سنت‌گرا و محافظه‌کار، بسیاری از مسایل و استدلالاتی که منبعث از فلسفه بودند یا به هر حال به‌نحوی تکیه بر منطق داشتند تأکیدشان به روی حدیث و سنت نبود. پایه و اساس این استدلالات بیشتر بر روی عقل و رأی بود تا پذیرش بی‌چون و چرا. الجوزی یکی از علمایی که بیشترین و جدی‌ترین حملات را به فلاسفه و شیوه‌های خردگرایی وارد ساخته، این نکته را به وضوح در نوشته‌هایش نشان می‌دهد:

«ابلیس در فریفتن فلاسفه از این روی قادر شده است که آنان به آرا و عقول خود بسنده کردند و به مقتضای گمان خود سخن گفتند بی‌آن که به انبیا التفاتی کنند ... مثلاً ... زمین را ستاره‌ای در میان فلک فرض کردند و ... گفته‌اند که خداوند جز بر نفس خود علم ندارد و برخی مانند ابن‌سینا و معتزله گفته‌اند که امر بر نفس خود و بر کلیات علم دارد و نه بر جزئیات ... بعداً ابلیس گروهی از ملت ما (مسلمانان) را فریفت و ایشان را در شمار این فرقه درآورد.»[2]

نه تنها فلسفه مشمول «سفاهت، حمق» و «علم ابلیس» شد و فلاسفه در ردیف «کافران» و «ملحدین» قرار گرفتند، بلکه علم کلام که توسط معتزله بر رگه‌هایی از منطق ارسطویی استوار گردیده بود نیز بر کرسی اتهام قرار گرفت:

«... شافعی رحمة‌الله گفت اگر بنده‌ای به همهٔ منهیات خداوند غیر از شرک دچار شود بهتر از آن است که در علم کلام نظر کند و اگر شنیدی [کسی] از اهل کلام است، شهادت ده که وی .. دینی ندارد و حکم من در باب علمای کلام آن است که آنان را به تازیانه بزنند و در میان عشایر و قبایل بگردانند و بگویند این سؤال کسی است که کتاب و سنت را رها کرد و به کلام روی آورد. احمدبن حنبل گفت که اهل کلام هیچ‌گاه روی رستگاری نخواهند دید و همهٔ علمای کلام زندیق‌اند.»[3]

صفا معتقد است که این عناد شدید با متکلمین به آن خاطر بود که فقها و اهل حدیث و سنت در قبال استدلالات منطقی مخالفین خود عاجز می‌ماندند و لاجرم به صدور چنین احکام سختی علیه آنان مبادرت ورزیدند.[4]

---

۱ – همان، ص ۱۳۶–۱۳۵.
۲ – به نقل از: پیشین، ذبیح‌الله صفا، ص ۱۴۲–۱۴۱.
۳ – همان، ص ۱۴۳.
۴ – همان.

همان‌طور که در برهۀ عصر طلایی، طیف عقل‌گرایان از جریانات متعددی تشکیل شده بود، در این برهه نیز ما با یک جریان روبه‌رو نیستیم بلکه با طیفی از فقها مواجه هستیم که برخی در گرایش خود به سنت و گریز از تعقل، از بعضی دیگر به‌مراتب تعصب بیشتری نشان می‌دادند. از لایه‌های نازک و کم‌اهمیت‌تر که بگذریم، دو جریان را می‌توانیم بااهمیت‌ترین روند فکری سنت‌گرایی بدانیم. جریان اول به نام «اشعریان» یا ***اشاعره*** شهرت دارد. شاید اطلاق جریان به دومی چندان درست نباشد زیرا دومی بیشتر در قالب یک فرد تبلور یافت. اگرچه آرا و اندیشه‌های این فرد به صورت یک جریان یا نحلۀ فکری همانند قدریه، جبریه، مرجئه، خوارج، معتزله، اشاعره درنیامد اما بدون تردید او توانست عمیق‌ترین تأثیر را بر تفکر دینی در اسلام گذارده و با تجدید نظری که در قالب‌های رایج زمان خود گذارد، شکل و شمایل و ساختار بخش عمده‌ای از اسلام عصرهای بعدی را پی‌ریزی نماید. شاید سخنی به اغراق نباشد اگر گفته شود که تلقی و معرفت دینی رایج در جهان اسلام (اهل سنت) امروزی به هیچ‌یک از گذشتگان به اندازۀ او مدیون نباشد. او ابوحامد امام محمدغزالی بود که پیرامون وی در قسمت بعدی که به تحلیل تأثیر تغییر و تحولات مرکز دارالاسلام بر ایران پرداخته‌ایم سخن خواهیم گفت.

اگر ستون دوم جریان سنت گرایی صرفاً از امام محمدغزالی آغاز شده و در خود او نیز پایان می‌یافت، جریان اول درست عکس این بود؛ به این معنا که همانند بسیاری دیگر از نحله‌های فکری، در ابتدا شخصیتی ظهور کرد با آرا و اعتقاداتی تازه و تفسیری جدید از اندیشه‌های پیشین و به‌تدریج شاگردانی گردش حلقه زدند و به نوبۀ خود برخی از آنان ادامه‌دهندۀ راه استاد شدند ضمن آن که در روند رشدش عالمان دیگری نیز ممکن بود به آن تفکر بپیوندند. پیدایش جریان اشاعره نیز دقیقاً این‌گونه شد. در ابتدا عالمی به نام ابوالحسن علی‌بن اسماعیل اشعری (۳۲۴-۲۶۰ هـ./۹۳۵-۸۷۳م.) که نوادۀ ابوموسی اشعری حکم واقعۀ صفین بود ظاهر گردید. زمان تولد و شکل‌گیری فکری اشعری مصادف شد با نیمۀ دوم قرن نهم، یعنی زمانی که افول خردگرایی عصر طلایی آغاز شده بود. او در ابتدا نزد یکی از بزرگان معتزله شاگردی نمود و تا چهل سالگی ملازم استادش بود و در دفاع از مشرب معتزله کتب بسیاری تألیف نمود. اما در سال ۹۱۳م. (۳۰۲هـ.) یعنی زمانی که چهل سالش بود رسماً اعلام نمود که از معتزله دست برداشته است. آن‌چه در این تغییر حایز اهمیت بود این است که اشعری صرفاً اعلام نداشت که از معتزله دست شسته است بلکه در مسجد جامع بصره اعلام

نمود که **توبه** نموده است. به عبارت دیگر منزلت اجتماعی معتزله آن‌چنان شده بود که برای دست شستن از آن اعتقادات انسان می‌بایستی **توبه** کند.

معمولاً اشعریان را نقطهٔ مقابل و سرسخت‌ترین مخالفین معتزله می‌دانند. اما مؤلفین ***تاریخ فلسفه در جهان اسلام***، اشعریان را در وسط طیف سنت‌گرایی قرار می‌دهند.[۱] آن‌چه مسلم است، اشعریان به هیچ روی به مقام و منزلتی که عقل در نزد معتزله داشت قایل نبودند. از نظر آنان عقل ذاتاً ارزشی نداشت. اعتبار آن صرفاً بدین خاطر بود که به وسیلهٔ آن آگاهی نسبت به شرع صورت می‌گرفت، در حالی‌که برای معتزله عقل و برهان عقلی محور بود و هر برهان نقلی که عقل آن را استوار نمی‌دانست مردود بود.[۲] با این همه، اشاعره را بایستی در زمرهٔ سنت‌گرایان معتدل به حساب آورد زیرا در میان سنت‌گرایان کسانی وجود داشتند که اساساً نظر و اثبات عقلی را حرام می‌دانستند.[۳]

حوزهٔ دیگری که اشاعره در آن بر معتزله تاختند مقولهٔ «جبر و اختیار» بود. و شاید بتوان گفت که جدی‌ترین مخالفت را در این زمینه بر آنها وارد ساختند. آنان، و البته به همراه سنت‌گرایان دیگر، معتزله را متهم نمودند که با طرح این‌که انسان بر روی اعمالش اختیار دارد و ***خالق*** اعمالش است، «خالق» دیگری را در کنار خالق متعال می‌آفرینند. به تعبیر سنت‌گرایان، قایل شدن به «دو خالق» که سرچشمهٔ آن دفاع معتزله از اصل اختیار بود، در تناقض آشکار با اصل توحید و وحدانیت ذات باری‌تعالی قرار می‌گرفت. به‌علاوه معتزله متهم شدند که با اعتقاد به این‌که خداوند فقط آن‌چه خیر و صلاح بنده‌اش است را برای وی مقرر می‌دارد، برای خالق عملاً تعیین تکلیف می‌نمایند.[۴] زیرا تعبیر دیگر این اعتقاد معتزله این بود که انسان قادر است «خوب» و «بد» و «خیر» و «شر» را تشخیص دهد. در حالی‌که از دید مخالفین معتزله، این فقط ذات باری‌تعالی بود که از باطن اشیا، «خوب و بد» و «خیر و شر» امور آگاهی داشت. به عبارت دیگر، «خوبی» و «بدی» اموری ذاتی و تعریف شده نبودند. هر آن‌چه خداوند انجام دهد و اراده نماید «خوب» است و خیر و صلاح و نفع بنده‌اش در آن قرار دارد. در حالی‌که طبق اعتقاد معتزله، «خوب» و «خیر» معلوم هستند و خداوند هم

---

۱ – حنا الفاخوری، خلیل البحر، ***تاریخ فلسفه در جهان اسلامی***، ترجمهٔ عبدالحمید آیتی، سازمان انتشارات و آموزش انقلاب اسلامی، تهران، چاپ سوم، ۱۳۶۷، ص ۱۴۸.

۲ – همان، ص ۱۴۴.

۳ – همان، ص ۱۴۸.

4 - op. cit., Alfred Guillaume, p. 133.

«می‌بایستی» فقط آنها را برای بنده‌اش اراده نماید. سنت‌گرایان، این اعتقاد معتزله را نیز همچون گرایش آنان به «اختیار» هم‌ردیف شرک دانسته و بر آن تاختند.

اشعریان اگرچه به دلیل موضع‌گیری بینابینی‌شان در مورد عقل، در مقابل معتزله قد برافراشته و برای آنان مشکلات عقیدتی زیادی آفریدند، اما در نهایت نتوانستند در میان علما و فقهای سنت‌گراتر که از نیمهٔ دوم قرن نهم به بعد قدرت یافتند نفوذ زیادی داشته باشند. حتی برخی از سنت‌گرایان آنان را همانند معتزله متهم به بدعت‌گذاری کردند. اما ستارهٔ اقبال آنان با ظهور خواجه نظام‌الملک در ایران و تأسیس مدارس نظامیه درخشیدن گرفت.[۱]

از کم و کیف و جزئیات مباحث و ایراداتی که سنت‌گرایان علیه معتزله و خردگرایی وارد می‌آوردند که بگذریم، نتیجهٔ این تحول بسیار گسترده و عمیق بود. در نتیجهٔ این تهاجمات صدمات و لطمات زیادی بر پیکر جریانات تعقلی وارد آمد؛ صدماتی که آن‌چنان عمیق بودند که در نتیجهٔ آنها بینش تعقلی و نقادی کمتر توانست کمر راست کرده و حتی به بخشی از بالندگی قبلی‌اش دست یابد. جدای از فلسفه، قربانی دیگر این یورش علوم طبیعی بودند. اگرچه سنت‌گرایان دشمنی خاصی با علوم نداشتند و حتی شاخه‌ای از آن یعنی ریاضیات به واسطهٔ کاربردش در محاسبات ارث مورد نیاز بود با این حال این علوم نیز از پای درآمدند. فی‌الواقع بایستی گفت که علوم طبیعی در حقیقت بلاگردان و قربانی فلسفه شدند. زیرا همان‌طور که پیش‌تر گفتیم در آن دوران در میان فلسفه و علوم طبیعی عملاً فاصلهٔ چندانی وجود نداشت و دیدیم که نوعاً دانشمندان علوم طبیعی فیلسوف نیز بودند و یا فلسفه هم می‌دانستند و به هر حال با فلاسفه محشور می‌شدند. به دلیل این ارتباط ارگانیک بین فلسفه و علوم دیگر، حمله به فلسفه به‌گونه‌ای اجتناب‌ناپذیر حمله به علوم طبیعی نیز محسوب می‌گردید. ضمن این‌که سنت‌گرایان در کارزار خود علیه عقل‌گرایان نیک می‌دانستند که تکیه‌گاه علوم طبیعی یا به قول آنان ***علوم اوایل*** بر روی تعقل قرار دارد بنابراین اگر قرار بود چیزی به‌جز حدیث و سنت و تقلید در کار نباشد، لاجرم برای این علوم هم نمی‌توانست فضای چندانی باقی بماند؛ ***علوم اوایل*** یا علوم قدما یا علوم در مقابل ***علوم شرعیه*** قرار گرفتند با همهٔ تبعات منفی که این رویارویی می‌توانست در بر داشته باشد:

«تمام علوم ریاضی و طبیعی و الهی و فروع مختلف آنها یعنی طب و فلک (نجوم) و موسیقی و کیمیا و جز آن با حمایتی که از طرف عده‌ای از خلفا و امرا نسبت به آنها می‌شد مورد اعتراض گروه بزرگی از متعصبین اهل سنت و حدیث بوده است و هرکس راکه بدان

۱ - نگاه کنید به قسمت بعدی.

علوم توجهی داشت زندیق و ملحد می‌دانسته‌اند. اتهام مأمون به زندقه[1] نزد بعضی اهل مذهب از همین جهت بود ... و اصولاً پیشروان دین و فقها و زهاد در میان اهل سنت و جماعت لفظ علم را جز بر علم موروث از نبی اطلاق نمی‌کردند و یا جز آن را علم نافع نمی‌شمردند و علمی را که نفع آن برای اعمال دینی ظاهر و آشکار نبود عدیم‌الفایده می‌پنداشتند و می‌گفتند به تجربه دریافته شد که چنین علم به خروج از صراط مستقیم منتهی خواهد شد. علوم اوایل (علوم طبیعی) را ***علوم مهجوره و حکمة مشوبة به‌کفر*** می‌شمردند و معتقد بودند نهایت آن به کفر و تعطیل خواهد کشید ...»[2]

این تحول توانست آهسته آهسته بر بغداد سایه افکند و به‌تدریج فعالیت‌های علمی را فلج سازد.

اما بغداد اگرچه مرکز جهان اسلام و قلب آن بود اما همهٔ این جهان نبود. در مناطق دیگر امپراتوری که نفوذ بغداد کمتر بود فعالیت‌های علمی توانست ادامه یابد. مهم‌ترین این مناطق ایران بود. گرایشات مختلف شیعه همچون ***اخوان‌الصفا*** و ***اسماعیلیه*** که مخالفین جدی بغداد به شمار می‌آمدند از تسلیم به سیاست‌های جدید سر باز زدند. به‌علاوه دربار بسیاری از قدرت‌های محلی ایران که برخی نیز مانند آل‌بویه شیعه بودند برعکس دربار بغداد بر روی دانشمندان باز بود و از آنان حمایت می‌کرد. حمایت بسیاری از فرمانروایان سامانی از دانشمندان در تواریخ ثبت شده است. در سایهٔ این حمایت‌ها بود که خراسان و ماوراءالنهر در قرن دهم میلادی بدل به مراکز مهم علمی و ادبی شدند. مورخ عرب «مقدسی» درباره سامانیان می‌گوید:

«خدا ایشان را پیروزی بخشد که خوش‌رفتارترین شاهان و فرهنگ‌پرورترین ایشانند، از امثال زبانزد مردم است که هرگاه درختی بر خاندان سامانیان یاغی شود، خشک خواهد شد... در فرهنگ این خاندان چنان است که دانشمندان را در برابر شاه مجبور به زمین‌بوسی نمی‌کنند. در شب‌های آدینه در ماه رمضان مجلس مناظره می‌سازند. شاه این جلسه‌ها را با پرسش می‌گشاید، سپس دیگران به سخن می‌آیند. گرایش ایشان به مذهب ابوحنیفه است.»[3]

از میان خاندان‌های مهم دیگر ایرانی از آل‌بویه و به‌خصوص از عضدالدوله (نیمهٔ دوم قرن دهم) به فرهنگ‌پروری یاد شده است. ابن‌اثیر دربارهٔ او می‌نویسد:

«(عضدالدوله) مستمری برای فقها، محدثین، متکلمین، مفسرین، استادان نحو و شعرا و نسب‌دان‌ها و پزشکان و حسابداران و مهندسان برقرار داشت و به وزیر خود،

---

۱ - مأمون به دلیل توجهش به علوم و حمایتش از دانشمندان در نزد بعضی از علما و فقها به نام «امیرالکافرین» شهرت یافته بود.

۲ - پیشین، ذبیح‌الله صفا، ص ۱۳۹-۱۳۸.

۳ - به نقل از: پیشین، حسین سلطان‌زاده، ص ۸۰-۷۹.

نصربن هارون که مسیحی بود اجازه تعمیر و آبادانی معابد و دیرها را داد و اموالی میان فقرای مسیحی پخش کرد.»[1]

نه تنها وزیر عضدالدوله مسیحی بود بلکه برعکس خلفای هم‌عصرش، در بغداد توجه زیادی نیز به دانشمندان و فعالیت‌های علمی مصروف می‌داشت. او بیمارستان بغداد را که از اواسط قرن نهم رو به انحطاط رفته بود بازسازی نموده و برجسته‌ترین اطبا را در آن گرد آورد.

«وی در شیراز کتابخانه‌ای عظیم احداث کرد که دارای کتاب‌های زیادی بود و به قول مقدسی نسخه‌ای از هر کتابی که تا زمان عضدالدوله دربارهٔ هر علمی و هر موضوعی تألیف شده بود، در آن‌جا موجود بود. ... عضدالدوله به وضع دانشمندان توجه داشت، روز مناظرات و مباحثات علمی و ادبی شرکت می‌کرد و بسیاری از علما را از نواحی گوناگون به دربار خود جذب می‌نمود...»[2]

همان‌طور که می‌بینیم علی‌رغم شروع جریان رکود عصر طلایی در بغداد، در ایران فعالیت‌های علمی کماکان ادامه یافت. اگر هم جریان افول تأثیری بر حیات علمی گذارده باشد (که یقیناً هم بی‌تأثیر نبوده)، این تأثیر چندان نمی‌توانسته گسترده باشد زیرا شواهد و قراین موجود حکایت از آن دارد که تا قرن یازدهم حیات علمی در ایران به هر حال وجود داشته است. اما دو عامل باعث شدند تا در نهایت ایران هم در مسیر بغداد گام نهد.

نخست آن که ایران به هر حال بخشی از امپراتوری اسلام بود و نمی‌توانست در تجزیه و تحلیل نهایی راهی جدا و مستقل از مابقی امپراتوری بپیماید. ایران جزیی از یک کل بود که مرکز آن در بغداد قرار داشت. ممکن بود در قدرت مرکزی ضعف و خللی پدید آید (که پیش هم می‌آمد) و یا در ایران سرداران و حکامی به قدرت برسند که چندان حاضر به سرسپردگی و اطاعت دربستِ از بغداد نباشند (که پیش هم می‌آمد)، اما در نهایت مشروعیت و مقبولیت امپراتوری ملهم و متأثر از بغداد بود. بغداد بود که رهبری امپراتوری اسلام را (علی‌رغم مخالفت‌های بزرگ و کوچک) بر عهده داشت و نه عضدالدولهٔ دیلمی، قابوس‌بن وشمگیر، امیر بخارا یا پادشاه سامانی. بنابراین در بلندمدت، سیاست‌ها، نگرش‌ها و تفکر حاکم بر مرکز امپراتوری بود که در مابقی امپراتوری جریان می‌یافت.

اما اگر هم به‌گونه‌ای محدود و مختصر این احتمال یا امید وجود داشت که در مناطقی که صدها و بعضاً هزاران کیلومتر با مرکز قدرت فاصله داشتند روال فکری و بینشی غیر از آن‌چه

۱ - همان، ص ۸۳
۲ - همان، ص ۸۴

در مرکز بود بتواند جریان پیدا کند، این احتمال توسط عامل دوم یعنی ورود قبایل و طوایف آسیای مرکزی به ایران از قرن یازدهم برای همیشه از میان رفت. زیرا همان‌طور که دیدیم این قبایل با پذیرش کامل سبک و سیاق تفکر حاکم بر بغداد باعث شدند تا آن تفکر به‌طور قطعی و همه‌جانبه در ایران نیز راه یافته و بر ایرانیان مسلط شود. بنابراین ایران در قرن یازدهم به‌تدریج جای در جای پای بغداد قرن نهم گذارد.

آغاز افول جریان تعقل در ایران

علی‌رغم رو به خاموشی رفتن چراغ علم در بغداد، در ایران همان‌طور که دیدیم فعالیت‌های علمی تا قرن یازدهم که قبایل آسیای مرکزی موفق شدند قدرت‌های محلی را در ایران برچیده و حکومت‌های مقتدر و بالنسبه متمرکزی را پایه‌گذاری نمایند، ادامه یافت. از برخی استثنائات که بگذریم این سلسله‌ها خود را تحت امر بغداد و جزیی از امپراتوری اسلام می‌دیدند و بالطبع نگرش مرکز دارالاسلام برای آنان واجب‌الاطاعه بود. در فصل سوم به تشریح دیدیم که چگونه رؤسای قبایل علی‌رغم این‌که قدرت نظامی را در دست داشتند مع‌ذلک خطبه به نام خلیفه در بغداد خوانده و مشروعیت خود را از او می‌گرفتند. این روند البته منحصر به صحرانشینان آسیای مرکزی نبود. پیش از آنان نیز آل‌بویه که شیعه هم بودند علی‌رغم آن‌که قدرتشان در حدی بود که می‌توانستند خلیفه را ساقط نمایند مع‌ذلک خطبه به نام «امیرالمؤمنین» می‌خواندند و خود را **شاهنشاه** خطاب می‌کردند.

این‌که رؤسای قبایل چه میزان قلباً و باطناً معتقد به خلیفه در بغداد بودند و چه میزان حفظ ظاهر می‌کردند به درستی و دقیقاً روشن نیست. آن‌چه مسلم است در مواردی تنش‌هایی بر سر قدرت یا میزان مالیات و خراج میان آن دو پیش می‌آمده اما از نظر اعتقادات به نظر نمی‌رسد مشکلی بین بغداد و رؤسای قبایل در ایران پیش آمده باشد. فی‌الواقع شواهد موجود حاکی از آن است که رؤسای قبایل در اعتقاد خود به اسلام (یا درست‌تر گفته باشیم شریعت حاکم در بغداد) بسیار هم تعصب داشته‌اند:

> «... سلطان محمود غزنوی اجازهٔ ازدواج دو دخترش را با دو امیر ترک مشروط به این نمود که آن دو امیر باید ابتدا به شرف اسلام مشرف گردند. ... دربارهٔ یکی از سلجوقیان اطلاع در دست است که وی هنگام ملاقات یکی از دانشمندان [علما]، سه دفعه دست او را بوسیده است. فرمانروایی مثل مسعود غزنوی نه تنها در تمام ماه مبارک رمضان روزه‌های خود را می‌گرفت، بلکه در غیر از این ماه نیز روزهای معینی در هفته صائم بوده است. حکام و فرمانروایان به طور مرتب با علما دربارهٔ مسایل دینی گفت‌وگو می‌کردند ... و در

مباحثاتی که بین [فقها] صورت می‌گرفت شرکت می‌جستند، و پیوسته تلاوت قرآن نموده و در دوران پیری انزوا اختیار می‌کردند، همین شیوهٔ زندگی را نیز در وصیت‌نامه‌های خود به فرزندان خود توصیه می‌کردند و مقارن آن، به ایشان زندگانی مرضی خدا، و احترام زیاد به دانشمندان دینی را تأکید می‌کردند.»[۱]

تبعیت بی‌چون و چرای دینی رؤسای قبایل از بغداد عملاً به این معنا بود که تفکر حاکم بر بغداد دیر یا زود به ایران نیز انتقال می‌یافت. در عمل نیز چنین شد و نخستین امواج سهمگین خردستیزی مقارن با اولین حکومت صحرانشینان (سلطان محمود غزنوی) به ایران رسید:

«سلطان محمود در مذهب حنفی بسیار متعصب بود و با پیروان دیگر مذاهب و فلاسفه و اندیشمندان با شدت و سختی عمل می‌کرد و جمع کثیری را به اتهام بددینی به قتل رساند. از جمله بعد از آن‌که مجدالدوله ... پس از شکست از سپاهیان محمود، دستگیر و اسیر شد، جمعی از یاران او را به اتهام باطنی بودن و دشمنی با عباسیان به دار آویخت و عده‌ای را تبعید کرد و کلیهٔ کتب فلسفی، نجومی و آثار مربوط به مذاهب اعتزالی کتابخانهٔ مجدالدوله را سوزاند و بقیهٔ آن را که صدبار [شتر] کتاب بود، تصاحب نمود. ... در زمان او ... تعقیب و قتل افراد به اتهام داشتن عقاید مذهبی و فلسفی (که از ناحیه حکومت ممنوع اعلام گردیده بود) آغاز گردید و ... سلطان محمود بسیاری افراد را به این اتهام به قتل رساند و کتب زیادی را در زمینه‌های فلسفه، نجوم و مذهب (مذاهب مخالف رأی حکومت) به آتش کشید و از میان برد.»[۲]

«اشپولر» نیز دقیقاً همین نظر را دارد و معتقد است که برای اولین بار در ایران بعد از اسلام در زمان سلطان محمود غزنوی بود که حکومت اقدام به مبارزه علیه علمایی نمود که اعتقاداتشان با نظر رسمی حکومت متفاوت بود؛ سیاستی که بعد از غزنویان در زمان حکومت قبایل بعدی (سلجوقیان) نیز ادامه یافت. او حتی مواردی را ذکر می‌کند که یکی از علما به جرم «زندقه» و دیگری به جرم ***اعتقاد کفرآمیز معتزلی*** به امر حکومت اعدام شدند.[۳]

مبارزه با خردگرایی و دفاع از سنت با به قدرت رسیدن ترکمن‌ها و ظهور خواجه نظام‌الملک بر صحنهٔ حکومت تحولی بنیادی یافت و به تعبیر امروزه «نهادینه» شد. قبایل ترکمن موفق شدند در قالب سلسلهٔ سلجوقیان بزرگ‌ترین قلمرو را در داخل جهان اسلام تشکیل دهند. آن‌چه این قلمرو پهناور را توانسته بود نگه دارد ضرب شمشیر و نیروی نظامی ترکمن‌ها از یک‌سو و از سویی دیگر کیاست و تدبیر یکی از بزرگ‌ترین رجال سیاسی ایران بعد از اسلام، خواجه نظام‌الملک، بود. نام او جدای از ***سیاستنامه*** یادآور ***مدارس نظامیه*** و رواج

---

۱ - برتولد اشپولر، ***تاریخ ایران***، ص ۲۷۶-۲۷۵.
۲ - پیشین، حسین سلطان‌زاده، ص ۹۱ و ۸۸.
۳ - برتولد اشپولر، ***تاریخ ایران***، ص ۲۸۱-۲۸۰.

سفت و سخت سنت‌گرایی است. سیاستی که به‌گونه‌ای اجتناب‌ناپذیر عقل‌ستیزی و قلع و قمع تشیع، اسماعیلیه، معتزله، فلاسفه و اصولاً هر جریانی را که مخالف رأی حکومت می‌اندیشید را به‌دنبال داشت. اگرچه سیاستی که خواجه به اجرا درآورد نزدیک به دو قرن پیش از آن در بغداد و نیم قرنی هم می‌شد که در ایران شروع شده بود، اما بعید است که انگیزه‌های خواجه در رفتن به سمت این سیاست با حکام بغداد یا رؤسای قبایل یکسان بوده باشد. او نه تنها به لحاظ اندیشه و معرفت با مخدومین ترکمن خود قابل قیاس نبود بلکه یک سر و گردن نیز بالاتر از حکام و رجال بغداد می‌ایستاد. درک این‌که چرا سلطان محمود، مسعود، یبغو، آتسز، چغری، طغرل، سنجر، ملکشاه و دیگر رؤسای قبایل آن‌چنان در مقابل قداست و مشروعیت بغداد سر تعظیم فرود می‌آوردند چندان پیچیده نیست. تلألو، شکوه و مدنیت بغداد که در زمان خودش بزرگ‌ترین مرکز تمدن در دنیا بود (صرف‌نظر از آن که خلیفه طرفدار معتزله بود یا پاسدار سنت) برای رؤسای صحرانشینی که چشم‌اندازشان فراتر از چادرنمدی قبیله نمی‌رفت و نام خود را نیز قادر نبودند بنویسند آن‌چنان خیره‌کننده و چشم‌گیر بود که اگر آنان تحت تأثیر بغداد قرار نمی‌گرفتند جای تعجب بود. اما در مورد خواجه این‌گونه نبود. او را به هیچ روی نمی‌توان در ردیف یک مقلد یا مجری صرف بغداد دانست. بنابراین سؤال اساسی این است که اسباب و علل و انگیزه‌های خواجه برای پایه‌ریزی آن سیاست سفت و سخت سنت‌گرایانه در چه بود؟ آیا او به واقع پایبندی شدید به شریعت داشت و قصدش از اعمال این سیاست خدمت به دین بود یا بغداد؟ اگر در مورد اول بتوان تردیدهایی داشت، احتمال دوم را با جرأت بیشتری می‌توان منتفی دانست. او تعلق خاطر چندانی به بغداد نشان نمی‌داد و دلیلی هم برای این امر نداشت. اگر سیاست گرایش به سنت او هم‌جهت با تفکر بغداد قرار گرفته بود این بیشتر مولود تصادف بود. والا انگیزه‌های او در اعمال این سیاست با انگیزه‌های حکام بغداد تفاوت داشت.

خواجه نظام‌الملک در رأس حکومتی قرار گرفت که به سرعت بدل به بزرگ‌ترین قدرت زمان خود می‌گردید. وسعت این امپراتوری پهناور از ماوراءالنهر شروع می‌شد، تمامی آسیای مرکزی، ایران و ماورای قفقاز را دربرمی‌گرفت و تا سواحل شرقی مدیترانه ادامه می‌یافت. اما مشکل اساسی این بود که پایهٔ اصلی این امپراتوری پهناور را قبایلی تشکیل می‌دادند که اگرچه به لحاظ قدرت نظامی همه گونه صلاحیت برای حکومت داشتند اما به لحاظ تدبیر امور حکومتی، اعمال سیاست و در یک کلام ملک و مملکت‌داری با کمبودها و

ضعف‌های اساسی همراه بودند. خواجه می‌بایستی آن‌چه را که این حکام (بخوانید رؤسای قبایل) به لحاظ سیاست و کیاست کم داشتند جبران نموده و مجموعهٔ عظیمی را که ترکمن‌ها به ضرب شمشیر به‌وجود آورده بودند به مدد تدبیر اداره کند. مشکل دیگر خواجه این بود که حکومتش وارث مناقشات و تنش‌های فکری و عقیدتی زیادی بود که از زمان ترکان غزنوی برجای مانده بود؛ تنش‌هایی که به واسطهٔ تلاش غزنویان در اعمال و بسط سیاست بغداد در ایران به‌وجود آمده بود. سعی غزنویان در این راه بالطبع مقاومت و مخالفت‌های زیادی را در اطراف و اکناف ایران به‌وجود آورده بود. این مخالفت‌ها مادام که غزنویان اقتدار کامل داشتند ظاهر نمی‌شد و همچون آتشی به زیر خاکستر نهفته بود. اما در مقطعی که از یک‌سو قدرت آنان در حال افول بود و از سویی دیگر ترکمن‌ها (سلاجقه) هنوز بدل به قدرتی غالب نشده بودند، این تنش‌ها از همه طرف سر برون آورده بودند. معتزلیان، روافض (شیعیان)، اسماعیلیه، قرامطه، باطنیان، زرتشتیان، اخوان‌الصفا و همهٔ گروه‌هایی که مخالف سیاست رسمی حکومت بودند اکنون هر یک در نقطه‌ای میدان‌داری می‌کردند. برخی، همچون معتزله یا اخوان‌الصفا، صرفاً مخالفین عقیدتی بودند. اما مخالفت برخی دیگر، همچون اسماعیلیه، صرفاً محدود به بحث و فحص و کلام و جدل نمی‌شد بلکه پای تعارضات نظامی و طغیان علیه حکومت را نیز به میان می‌آورد.

> «از نیمهٔ دوم قرن پنجم (یازدهم میلادی) و سرتاسر قرن ششم (دوازدهم میلادی) که در حقیقت باید آن را عصر مجادلات مذهبی و مناقشات فرقه‌ای نامید کلیهٔ امور سیاسی و اجتماعی تحت‌الشعاع مذهب قرار داشته است. اختلافات عمیق فرق شیعه با اهل سنت و اشعریه و معتزله و نیز برخوردهای داخلی مذاهب اربعه به ویژه شافعی و حنفی در تمام بلاد اسلامی به‌خصوص در خراسان و اصفهان و بغداد مرکز خلافت از مسایل رایج آن روزگار بوده است.
>
> رقابت‌های مذهبی در این دوره چنان بالا گرفته بود که از حد مجادلات علمی بین فقها و رؤسای مذاهب تجاوز کرده و به دسته‌بندی و تحزب میان پیروان آنان منجر می‌گردید و کار به زد و خورد می‌کشید. غالب مورخان و تذکره‌نویسان این دوره، بخش عمدهٔ مطالب تاریخی را به شرح این‌گونه حوادث اختصاص داده‌اند.»[1]

هنر بزرگ خواجه این بود که باید آن‌چنان استراتژی برمی‌گزید که از یک‌سو قدرت حکام ترکمن را هدایت کند و در قالب یک تشکیلات حکومتی درآورد و از سویی دیگر تشتت آرا و هرج و مرج‌های گروهی و دسته‌ای را از میان برداشته و نهایتاً شالودهٔ نظامی منسجم، متمرکز، کارا و یکدست را می‌ریخت. این‌که موفقیت او در این امر پیچیده تا چه حد بود، قابل بحث است. اما

---

۱ - نورالله کسایی، *مدارس نظامیه و تأثیرات علمی و اجتماعی آن*، تهران، امیرکبیر، چاپ دوم، ۱۳۶۳، ص ۱۷-۱۶.

مهم این است که او مشکل را تشخیص داده و مقدمات و اسباب از میان برداشتن آن را نیز فراهم آورد.

به نظر می‌رسد مهم‌ترین استراتژی او برای از میان برداشتن تشتت و هرج و مرجی که در نتیجهٔ مناقشات و تنش‌های عقیدتی به‌وجود آمده بود و برقراری انسجام و تمرکز عقیدتی، ایجاد **مدارس نظامیه** بود. در خصوص این مدارس سخن کم گفته نشده است. برخی نیز ادعا کرده‌اند که این مدارس نطفهٔ اولیهٔ دانشگاه‌های امروزی بوده‌اند که بعدها توسط غربیان مورد تقلید قرار گرفتند. اگر هم این‌چنین بوده باشد، یقیناً نیت خواجه نظام‌الملک ایجاد دانشگاه به‌معنای امروزی آن نبوده است. هدف او بیشتر تربیت نسلی از فقها و عالمان دینی بود که از طریق آموزش‌هایی که در طی مدت تحصیلشان در این مدارس فرا می‌گرفتند قادر شوند با افکار و عقاید دیگر از اسماعیلیه، شیعه و فاطمیه گرفته تا معتزله و عالمان و فیلسوفان دیگر به مبارزه بپردازند و در نتیجه فضای متشنج و متفرق آن عصر را مبدل به فضایی یکپارچه، آرام و متمرکز نمایند. هدف او ایجاد یکپارچگی و انسجام کامل در سرتاسر امپراتوری وسیع سلاجقه بود. انسجام و وحدتی که از دید ژرف‌نگر خواجه ممکن نبود به‌دست آید مگر آن که در ابتدا، یکپارچگی و انضباط عقیدتی به‌وجود آید. به‌زودی شعبات مدارس نظامیه در بغداد، اصفهان، ری، نیشابور و دیگر شهرها و مراکز عمدهٔ امپراتوری ایجاد شد. مواد درسی این مدارس در فقه، اصول و معارف دینی خلاصه می‌شد:

«... در زمینه‌های علمی هم توجه مدارس نظامیه، تنها بر علوم و معارف مذهبی موقوف بوده است و پیشرفتی که در این راه حاصل گردید منحصر بود به تألیف و تحشیهٔ آثاری در رشته‌های فقه و اصول و حدیث و علوم قرآنی. **برخلاف علوم دینی با فلسفه و علوم عقلی سخت مبارزه می‌شد و دانشمندان این مدارس به ویژه امام محمد غزالی از مبارزان سرسخت فلسفه بودند.** تدریس منطق تنها از آن جهت مورد توجه بود که فقها را در زمینهٔ جدل و مناظرات مذهبی یاری نماید.

با استنتاج از این مقدمات درمی‌یابیم که مدارس نظامیه در شمار آن دسته از مراکز علمی نبوده است که نوابغ بشری را از هر نژاد و ملیتی در خدمت به علم به سوی خود جذب نماید، بلکه با اعمال محدودیت‌های علمی و مذهبی و نادیده‌گرفتن بسیاری از رشته‌های دانش بشری و منع دانشمندان و دانش‌پژوهان غیر شافعی، پیشرفت علوم و اندیشه‌های آزاد را در مسیر رکود و انحطاط قرار داد و عواملی را که در قرن‌های نخستین اسلامی باعث پیدایش و تحرک نیروی ابداع و ابتکار شده بود تا حدود زیادی از بین برد و توجه دانشمندان را به شیوهٔ سنت‌گرایی و تقلید و شرح و تحشیه یا تفسیر بر آثار پیشینیان معطوف ساخت.»[1]

به زودی تحصیل در حوزه‌های دینی مدارس نظامیه پلکان ترقی سیاسی و اجتماعی

---

۱ - همان، ص ۱۶.

گردید. فارغ‌التحصیلان آن به‌طور اتوماتیک وارد مشاغل و مناصب حکومتی می‌شدند و مدرسین آن از قدر و منزلت خاصی در نزد حکومت برخوردار بودند. در نتیجه و به‌تدریج تحصیل در علوم دینی از پرستیژ و تشخص اجتماعی خاصی برخوردار شد زیرا تحصیل در این وادی‌ها مترادف با مقام و منزلت دنیایی نیز شده بود. پرستیژ و تشخص اجتماعی بالایی که در قرن هشتم و نیمهٔ اول قرن نهم برای دانشمندان علوم طبیعی، فلاسفه و مترجمین وجود داشت از قرن یازدهم به‌تدریج منحصر به علمای علوم دینی و فقها شد. در نتیجه موج اقبال دینی و رفتن به سراغ فقه و دروس حوزوی به‌شدت رایج شد و متقابلاً علوم طبیعی خوارتر و بی‌منزلت‌تر؛ مشکل اساسی مدارس نظامیه صرفاً این نبود که علوم مذهبی را به بهای کنار گذاردن علوم طبیعی و فلسفه ترویج و گسترش دادند، مشکل اساسی‌تر این مدارس آن بود که خود علوم دینی را نیز به‌گونه‌ای ژرف و همه‌جانبه مورد آموزش قرار نمی‌دادند، بلکه اساس آموزش آنها، در آشنایی با آرای فقهی مشاهیر گذشتهٔ اهل سنت (عمدتاً نیز مشرب شافعی) و تکرار و تقلید از آنان بدون نقادی، و افزودن چندانی بر آنها خلاصه می‌شد.

اگر خواجه نظام‌الملک را معمار سیاسی نظام جدیدی که از قرن یازدهم میلادی بر ایران حاکم شد بدانیم، در آن صورت ابوحامد امام محمدغزالی را بایستی نظریه‌پرداز و طراح فکری آن به شمار آوریم. با این تفاوت که تأثیر غزالی به‌مراتب گسترده‌تر و ژرف‌تر از کار خواجه بود، به حدی که اگر، ادعا کنیم که پایه‌های بخش عمده‌ای از تفکر دینی فعلی جهان اسلام (به غیر از تشیع) در اصل بر آرای غزالی قرار دارد سخنی به گزاف نگفته‌ایم. او زمانی در طوس متولد شد (۴۵۰ م./ ۱۰۵۸ ه.) که جهان اسلام در حال عبور از یک تحول عمدهٔ سیاسی - فکری بود. قدرت مرکزی دارالاسلام در هیبت دارالخلافهٔ بغداد رو به ضعف گذارده بود. قبایل و طوایف استپ‌های آسیای مرکزی به پشتوانهٔ نیروی نظامی‌شان وارد ایران شده و در نتیجه در شرق امپراتوری اسلام قدرت جدیدی در شرف ظهور بود. اگرچه همان‌طور که در فصول قبلی نشان دادیم این قبایل به‌شدت به سمت اسلام رسمی رفتند که از ناحیهٔ حکومت در بغداد ترویج می‌شد، اما به هر حال ورود آنان در امپراتوری، بدون تنش و پیامدهای مختلف در ساختار قدرت نبود. به لحاظ اندیشه و تفکر نیز می‌دانیم که جهان اسلام به شکل دیگری در حال عبور از حالتی به حالت دیگری بود. به عبارت دیگر، عصر غزالی، عصر شدت منازعات سیاسی و فکری تواماً بود.[۱]

---

۱ - پیشین، حناالفاخوری، ص ۵۱۸.

به دلیل فقر خانوادگی، غزالی نوجوان به همراه برادرش عازم یکی از مدارس نظامیه گردید تا ضمن آموختن فقه معیشتشان نیز تأمین شود. جدای از فقه، او به تحصیل در جدل، منطق، کلام و علم اختلاف مذاهب نیز پرداخت و طولی نکشید که به دلیل استعداد شگرفی که داشت بر همهٔ اقران برتری یافت و به‌زودی مورد توجه خواجه نظام‌الملک قرار گرفت. انسجام فکری که قبلاً از آن یاد کردیم و گفتیم خواجه آن را زیربنای قدرت سلاجقه قرار داده بود با ورود امام محمد غزالی تحولی بنیادی یافت. او شش سال در کنار خواجه زیست و در سال ۱۰۹۰ م. وارد مدرسهٔ نظامیهٔ بغداد شد. در آن‌جا نیز به سرعت سرآمد دیگران شد و بدل به بزرگ‌ترین متفکر و نظریه‌پرداز مرکز دارالاسلام گردید. اما در حالی‌که در نهایت شهرت و اوج بالندگی به سر می‌برد دچار شک گردید و مدتی معتکف شد. پس از آن به‌گونه‌ای جدی و سیستماتیک به مدت سه سال به مطالعهٔ فلسفه پرداخت و در پایان این دوره مهم‌ترین اثر خود را به نام ***تهافت‌الفلاسفه***[۱] تألیف نمود. تا آن‌جایی که به رویارویی با خردگرایی مربوط می‌شود، «تهافت‌الفلاسفه» را می‌توان کیفر خواست غزالی علیه فلسفه و فیلسوفان دانست.

موضع‌گیری سفت و سخت غزالی در قبال فلسفه باعث آن شده که از سوی برخی از محققین ایرانی مورد انتقاد قرار گیرد. به عنوان مثال، مرحوم حائری، ضمن برشمردن غزالی در ردیف یکی از اسباب و علل مهمی که باعث رکود فکری مسلمین گردید، می‌نویسد:

> «از دانشمندان بزرگی که در آن روزگاران بیش از هر کسی با آزاداندیشی و گسترش اندیشه بر پایهٔ تعقل و استدلال ستیز کرد و یک سونگری را جانی تازه بخشید امام محمد غزالی بود. ... یورش سهمگین او به فلسفه و اندیشه‌های فلسفی، شیوه‌های مبتنی بر خرد، اندیشه، استدلال و ژرف‌نگری را از گسترش فراگیر بازداشت. وی در رد اندیشه‌های فلسفی تا جایی پیش رفت که فارابی و ابن‌سینا را «المتفلسفة‌الاسلامیه» (فیلسوف‌نمایان اسلامی) نامید، و برخی از سخنان آنان را «الکفر الصریح» خواند. و موضوع «تکفیر» آن فیلسوفان اسلامی را در ***اعترافات*** خود یادآوری کرد.»[۲]

نویسندگان دیگر نیز همچون حائری، امام محمد غزالی را بی‌کم و کاست بر کرسی اتهام قرار داده‌اند.[۳] اما به نظر نمی‌رسد انگیزهٔ مخالفت غزالی با فلسفه آن‌گونه که حائری یا فرشاد قایل شده‌اند، به واسطهٔ ستیز او با تفکر و خردگرایی بوده باشد. اگر بخواهیم به این اشتباه متداول دچار نشده و به یک‌باره حکم محکومیت سنگین غزالی را به اتهام از بین بردن فلسفه، علم، دانش، آگاهی، تعقل، معرفت و ... صادر نکنیم چاره‌ای نداریم به‌جز آن که مجدداً نگاه

---

۱ - ***تهافت الفلاسفه*** را می‌توان به فارسی به‌معنای بی‌انسجامی یا آشفتگی فلاسفه ترجمه نمود.

۲ - پیشین، عبدالهادی حائری، ص ۱۳۱.

۳ - به عنوان مثال نگاه کنید به: پیشین، مهدی فرشاد، ج ۱، ص ۹۲.

جامعه‌شناسانه‌ای به محیطی که غزالی در آن می‌زیست بیفکنیم. نویسندگان عرب **تاریخ فلسفه در جهان اسلام** چنین نگاهی را به دقت مبذول داشته‌اند:

«غزالی در عصری می‌زیست که دین اسلام از مجرای اصلی و صحیح خود خارج شده به وضعی افتاده بود که پیش از آن سابقه نداشت. اعتقاد مردم در اصل و حقیقت نبوت سستی گرفته بود و این سستی موجب ضعف ایمان و سستی در عمل به احکام دین شده بود. غزالی موضوع را از جنبه‌های مختلف مورد بررسی قرار داد، که سبب این سستی عقیده و بی‌ایمانی مردم چیست؟»[1]

دکتر طباطبایی نیز معتقد است که «غزالی به‌گونه‌ای خلل‌ناپذیر بر این باور رسیده بود که بی‌سامانی‌ها و بی‌رسمی‌های روزگار از حد گذشته است و جمهور مردم به درد مزمن بددینی و سست‌ایمانی گرفتار آمده‌اند و فقط اوست که از درد و درمان آگاه است...».[2]

اما علل این پریشانی و درد چه بود و غزالی آن را ناشی از چه می‌دید؟ به نظر می‌رسد او ریشهٔ مشکلات را در تشتت فکری و هرج و مرج عقیدتی حاکم بر جامعهٔ اسلامی آن روز می‌دید. از دید او، گروه‌های مختلف عقیدتی به سهولت یکدیگر را کافر دانسته و خارج از مسیر دین اعلام می‌کردند. به گفتهٔ خودش ... *اشعری حنبلی را تکفیر می‌کرد ... حنبلی اشعری را ... اشعری معتزله را ... معتزلی اشعری را و ...* .[3] در اینجاست که غزالی تیغ برداشته و به سراغ فلسفه می‌رود زیرا او فلسفه را از جمله عوامل اصلی این هرج و مرج فکری می‌داند. به سخن دیگر، ***اگر او بر فلسفه می‌تازد، برخلاف تصور رایج، به دلیل عقل‌ستیزی و یا خردگریزی‌اش نبود بلکه به این خاطر بود که غزالی به غلط یا درست این‌طور تشخیص می‌داد که فلسفه یکی از عوامل به‌وجودآورندهٔ هرج و مرج فکری بود که به نظر او بر جامعهٔ مسلمین آن عصر سایه افکنده بود.*** هنر بزرگ غزالی این بود که اگرچه بیش از دو قرن بعد از ورود و نفوذ فلسفه یونانی در اسلام تولد یافته بود با این حال با مطالعه و بررسی‌های خود توانست این اختلاط را دیده و انگشت بر روی رگه‌های فلسفهٔ یونانی که با جهان‌بینی اسلامی در هم آمیخته شده بود بگذارد. از دید او، مشکل از آن‌جا شروع می‌شد که نه تنها افکار فیلسوفان یونان (سقراط، افلاطون و ارسطو) با یکدیگر سازگاری نداشت بلکه در موارد زیادی ناقض یکدیگر می‌شدند. اگر نظام فلسفی آنان همانند ریاضیاتشان بر پایه و اساس منسجم و اصولی قرار داشت، دیگر دلیلی برای این

---

۱ - پیشین، حنا الفاخوری، ص ۵۸۶.

۲ - سیدجواد طباطبایی، *درآمدی فلسفی بر تاریخ اندیشهٔ سیاسی در ایران*، دفتر مطالعات سیاسی و بین‌المللی (وابسته به وزارت خارجه)، تهران، ۱۳۶۷، ص ۸۴.

۳ - به نقل از: پیشین، حنا الفاخوری، ص ۵۸۸-۵۸۷.

ناهماهنگی و تناقض وجود نداشت؛ ناهماهنگی و تناقضی که به زعم غزالی عیناً وارد فلسفهٔ اسلامی شده بود. بنابراین نام ادعانامهٔ خود علیه فلاسفه را همان‌طور که دیدیم «تهافت‌الفلاسفه» یا «ناهماهنگی» و «بی‌انسجامی» فیلسوفان نام گذارد. به‌علاوه او به این نتیجه رسید که مترجمین عرب (مسلمین) ترجمه‌های نه چندان درستی از متون اصلی به زبان عربی ارائه کرده‌اند.[1] او ایرادات اصلی خود از فلاسفهٔ یونان (و بالطبع آن مقدار از آرای آنان که وارد جهان اسلام شده بود) را طبقه‌بندی و در بیست مورد مشخص آنها را مطرح کرد. اگرچه ایرادات او را بعدها «ابن‌رشد» در ***تهافت‌التهافت*** به‌گونه‌ای استادانه پاسخ گفت اما هجوم غزالی به فلسفه در آن مقطع بدون تردید کمک چشم‌گیری به تقویت و گسترش امواج سنت‌گرا و عقل‌ستیز نمود.

بعد دیگر ارتباط امام محمد غزالی با **خاموش شدن چراغ علم** در برخورد او با علوم طبیعی‌است. در مجموع بایستی گفت که اگر نگوییم او با علوم ضدیتی داشت، حداقلش این است که استقبال چندانی هم از آن نمی‌کرد. اما به نظر نمی‌رسد دغدغهٔ خاطر او از علوم، فی‌نفسه به خاطر طبیعت آن بود. او بیشتر نگران تبعات احتمالی بود که فعالیت‌های علمی می‌توانستند به بار آورند، از جمله این‌که مطالعهٔ علمی ممکن بود محقق را تحت تأثیر قرار دهد و از امر دین منصرف نماید. او در پاسخ کسانی‌که به فواید علوم و ریاضیات عنایت داشتند این‌چنین استدلال می‌کند:

«... اگر چیزی سودی تنها و زیان‌هایی بسیار دارد جایز نیست برای این یک منفعت خود را به زیان‌های بزرگ دچار کرد چنان‌که شراب لاشک در تعدیل مزاج و تقویت طبع و دماغ و قمار در تشحیذ خاطر مؤثر است و با این‌حال هر دو حرامند و حتی مداومت در بازی شطرنج با آن‌که ذهن را نیرومند می‌سازد ممنوع و محظوراست و همچنین است نظر در علم اقلیدس و المجسطی و دقایق حساب و هندسه و ریاضت در آنهاکه خاطر را تشحیذ و نفس را نیرومند می‌کند و با این‌حال ما آن را به سبب یک افت که در پی دارد منع می‌کنیم زیرا از مقدمات علم اوایل [علوم طبیعی] است که مذاهب فاسدی در پی دارد و اگرچه در خود علم هندسه و حساب مذهب فاسدی که متعلق بدین باشد وجود ندارد لیکن می‌ترسم که بدان منتهی گردند.»[۲]

به عبارت دیگر، غزالی با نفس این علوم مخالف نبود بلکه معتقد بود که تبعات و آثار این علوم باعث فساد می‌شود، همان‌طور که شطرنج و شراب ممکن است انبساط خاطری دهند اما به دلیل تأثیری که بر روی ذهن می‌گذارند حرام است و بایستی از آنان دوری گزید.

---

1 - op. cit., Alfred Guillaume, pp. 136-137.

۲ - به نقل از: پیشین، ذبیح‌الله صفا، ص ۱۴۹.

به‌علاوه او نگران آن بود که سر و کار داشتن با علوم طبیعی و ریاضیات به دلیل طبیعت تعقلی‌شان ممکن بود انسان را دچار این توهم نماید که در امر دین نیز بخواهد از همان روش استدلالی و منطق تعقلی استفاده نماید؛ روشی که کاربرد آن در امر دین درست در نمی‌آمد و انسان را به انحراف و سست‌ایمانی سوق می‌دهد زیرا ***اساس دین از نظر غزالی بر ایمان و شهود بود و نه استدلال و منطق علمی***. به گفتهٔ خودش ***کمیاب است کسی که در علم ریاضی مطالعه و تعمق کند و از دین منصرف نگردد و لگام تقوی را از سر برنیاورد.***[1]

او با خلق آثار معروف دیگری از جمله ***احیای علوم دین***، ***المنقذ من الضلال*** سعی نمود مسلمین را به قول خودش از آن **بیماری** هرج و مرج فکری رهایی بخشیده و معرفت دینی زمانه‌اش را مورد بازنگری و خانه‌تکانی اساسی قرار دهد. مهم‌ترین هدف او در این بازنگری و بازسازی آن بود که راه رسیدن به دین را از طریق استدلال نظری و براهین عقلی و مباحث ملال‌آور فقهی و جدلی و در یک کلام فضای پر تب و تابی که امر شریعت بدان گرفتار آمده بود جدا سازد و شریعت را در مسیر ایمان و اعتقاد ساده اما خالص و بی‌چون و چرا قرار دهد. مسیری که ***به ضرورت تجدید علوم دینی آگاه بود و می‌خواست عاطفهٔ دینی را، که به علت مجادلات کلامی از قلوب مسلمانان رخت بربسته بود، بار دیگر زنده سازد.***[2] تلاش او برای رسیدن به ایمان از طریق ***دل*** به جای ***عقل*** سبب شد که علی‌رغم پایبندی سفت و سختش به سنت نهایتاً سر از تصوف به در آورد.

همان‌طور که خواجه نظام‌الملک سعی نموده بود تا اساس یک ساختار منسجم سیاسی را پی‌ریزد، امام محمد غزالی نیز در سایهٔ نگرش سفت و سخت و سنت‌گرایش پایهٔ یک شریعت منضبط را فراهم آورد؛ شریعتی که در آن نه فضای چندانی برای تعقل و خردگرایی بود و نه فلسفه و علوم طبیعی. تعقل سیاسی خواجه، انضباط عقیدتی غزالی و بالاخره پشتیبانی سخت حکام ترک‌نژاد از سنت‌گرایی، چهرهٔ فکری و اجتماعی ایران را از قرن یازدهم به بعد به سرعت دگرگون نمود. فضای حاکم بر بغداد نیمهٔ دوم قرن نهم به بعد سرانجام به ایران رسید، یا درست‌تر گفته باشیم در ایران نیز به‌وجود آمد، با همهٔ تبعات و پیامدهای منفی و زیانبار آن. ما ممکن است در این خصوص که آیا انگیزه و هدف غزالی از روی آوردن به سنت با متوکل، به عنوان مثال، یا دیگر حکام عباسی یکسان بود یا خیر بحث کنیم. همچنین

۱ – همان، ص ۱۴۹.

۲ – پیشین، حنا الفلاخوری، ص ۵۹.

می‌توانیم همین مقایسه را بین غزالی و دیگر فقها و علمای سنت‌گرا به عمل آوریم و یا حتی در اختلاف بین اهداف و انگیزه‌های غزالی و خواجه نظام‌الملک به بررسی بپردازیم. اما صرف‌نظر از آن که آیا مشترکاتی بین آنها باشد یا خیر، واقعیت مسلم‌تر این است که نتیجه یکسان بود؛ خاموشی تدریجی اما کامل و بلندمدت چراغ علم در ایران. و این خاموشی محدود به شرق امپراتوری نشد بلکه غرب آن را نیز به‌تدریج فراگرفت:

«... در جانب مغرب نیز مخالفت با علوم اوایل [علوم طبیعی] کتب علمی کم و بیش دایر بود چنان‌که غیر از کتب طب و حساب و لغت و فقه همهٔ کتبی که در عهد خلیفهٔ اموی اندلس ... در علوم مختلف عقلی گرد آمده بود به فرمان منصوربن ابی عامر در محضر خواص علما سوخت و در چاه‌ها مدفون گشت. زیرا غیر از علوم دینی سایر معارف نزد عوام اندلس مذموم و هر که به علوم فلسفی و حکمی اشتغال داشت متهم به الحاد و کفر بود.»[1]

اما بدون تردید بیشترین و حادترین مخالفت‌ها با علوم و فلسفه، در حوزهٔ بغداد و شرق امپراتوری ظاهر گردید. از جمله مظاهر این روند وارد آوردن اتهام کفر و بی‌دینی به دانشمندان بود. به گفتهٔ صفا:

«در میان دانشمندان قرن چهارم و پنجم و ششم (دهم، یازدهم و دوازدهم میلادی) کمتر کسی را می‌توان یافت که از اتهام به کفر و زندقه و الحاد برکنار نبوده باشد و حتی برخی از علما هم در اواخر عمر از این‌که چندی در این راه (مطالعه بر روی فلسفه و علوم اوایل) سرگردان بودند نادم می‌شدند و استغفار می‌کردند.»[2]

دامنهٔ اتهام کفر و بی‌دینی فقط محدود به امثال ابوعلی سینا و فارابی نبود. دانشمندان دیگری همچون ابوریحان بیرونی نیز متهم به الحاد شدند و عمرخیام برای اثبات دینداری‌اش به مکه رفت.[3] حتی هیئت، ستاره‌شناسی و نجوم نیز از لهیب این آتش در امان نماندند. رصدخانه و دانشگاه معروف سمرقند که به‌دست پادشاه علم‌دوست، الغ‌بیگ در قرن پانزدهم تأسیس شده بود و به گفتهٔ «تاریخ علم کمبریج» بزرگ‌ترین رصدخانهٔ جهان در عصر خودش بود[4]، پس از مرگ الغ‌بیگ به سرعت رو به افول گذاشت و سرانجام در قرن شانزدهم به‌دست متعصبان مذهبی با خاک یکسان شد.[5] همچنین علم هندسه نیز مکروه و اشتغال به آن مایهٔ گمراهی اعلام گردیده و مهندسین، احمق خوانده شدند.[6]

---

۱ - پیشین، ذبیح‌الله صفا، ص ۱۴۷.
۲ - همان، ص ۱۴۰.
۳ - پیشین، کالین ا. رنان، ص ۲۹۶ و ۲۹۹.
۴ - همان، ص ۳۰۳.
۵ - همان.
۶ - پیشین، ذبیح‌الله صفا، ص ۱۴۵-۱۴۴.

ادامهٔ خاموشی چراغ علم تا اواسط قرن نوزدهم

دامنه علم‌ستیزی با گذشت زمان نه تنها کاهش نیافت بلکه به‌گونه‌ای وسیع و عمیق و به مثابه یک تفکر و سیاست رسمی درآمد تا جایی که علوم و دانش‌های طبیعی نه تنها دیگر ارزشی نداشتند بلکه مسلمین از آشنایی و کسب آنها منع می‌شدند. اندیشمندان بعدی که در جهان اسلام درخشیدند نه تنها سعی در جلوگیری از خاموشی چراغ علم ننمودند بلکه بعضاً این روند را تسریع و تقویت نمودند. به عنوان مثال، ابن‌خلدون محقق پرآوازهٔ قرن چهاردهم، نمونهٔ کامل چنین دانشمندانی بود. او نه تنها **_چندان روی خوشی به آموختن فلسفه و برخی دیگر از دانش‌ها مانند نجوم نشان نداد [بلکه] می‌گوید سزاست که این صناعت بر همهٔ اهل اجتماع و شهرنشینان ممنوع و حرام شود چه زیان‌های بسیاری از آن به دین و دولت‌ها می‌رسد._**[1] او همچنین به کسانی که مایلند به فلسفه نزدیک شوند هشدار می‌دهد که **_پیش از آگاهی کامل و جامع از «علوم شرعی» و «تفسیر و فقه» به حکمت روی نیاورند._** علت آن هم روشن است زیرا برای ابن‌خلدون مرز بین **علم** و **_گمراهی_** بسیار نازک و شاید غیرقابل تفکیک باشد. لذا می‌گوید **_کسانی از منتسبان به علم که خدا آنان را گمراه کرده بود فلسفه را فرا گرفتند. ..._** و **_ابونصر فارابی و ابوعلی سینا را نمونه‌های برجسته‌ای از آن مردان گمراه به شمار می‌آورد._**[2] با چنین نظر پست و تردیدآمیزی که ابن‌خلدون به علوم و فلسفه دارد آن‌چه می‌ماند این است که مسلمین را هشدار دهد که در این چاه سقوط نکنند:

> «از این علوم [فلسفی و عقلی] و دانندگان آن تباهی خرد به ملت اسلام روی آورده است و بسیاری از مردم به سبب شیفتگی به آنها و تقلید از عقاید ایشان عقل خویش را از دست داده‌اند و گناه آن بر عهدهٔ کسانی است که مرتکب این‌گونه امور می‌شوند. ... سزاست که از اندیشیدن و توجه در آنها اعراض کنیم، چه اعراض از نگریستن در [علوم] طبیعی از قبیل این است که فرد مسلمان اموری را که برای او سودمند نیست فروگذارد زیرا مسایل طبیعیات نه در دین و نه در معاش به کارمان آید و از این‌رو لازم است آنها را فروگذاریم.»[3]

استقرار صفویه در قرن شانزدهم نیز چندان کمکی به بهبود این وضع نکرد. این انتظار که به دلیل تکیهٔ مذهب شیعه بر روی اجتهاد با تشکیل حکومتی شیعی در ایران لاجرم گرایش گسترده‌ای نسبت به روش‌های تعقلی و خردگرایی می‌بایستی پدید آید نه تنها جامهٔ عمل نپوشید بلکه به گفتهٔ مرحوم حائری ستیزی سخت میان عقل‌گرایان و طرفداران دانش از

---

۱ - پیشین، عبدالهادی حائری، *نخستین رویارویی‌ها*، ص ۱۳۲-۱۳۱.

۲ - همان، ص ۱۳۲.

۳ - به نقل از: همان، ص ۱۳۲.

یک‌سو و مخالفین آنان از سویی دیگر به‌وجود آمد. ***از آن رهگذر سنت غزالی و وابستگان به راه او در چارچوب ویژگی‌های یک جامعهٔ شیعه زنده شد و در این کارزار فکری و عقیدتی البته پیروزی از آن‌کسانی بود که با آموختن دانش‌های مبتنی بر خرد و استدلال سر ستیز داشتند.***[۱] به عبارت دیگر، اگرچه ظرف عوض شد (در قالب تشکیل نخستین حکومت فراگیر شیعه) اما محتوی به همان صورت باقی ماند. اگرچه یکی پس از دیگری علمای صفوی به تسنّن تاختند اما تعارض شدید با اهل سنت به‌معنای این نبود که آنان متقابلاً به سمت فلسفه و خردگرایی متمایل شوند. برعکس، بسیاری از علمای برجستهٔ عهد صفوی همچون ملامحسن فیض کاشانی یا علامه محمدباقر مجلسی با «عقل» در نهایت احتیاط - اگر نگوییم اکراه - برخورد می‌کردند.[۲]

> «مجلسی به «بطلان» آن‌چه وی «طریقهٔ حکما» می‌خوانده باور داشت و می‌گفت که حق‌تعالی اگر مردم را در عقول خود مستقل می‌دانست انبیا و رسل علیهم‌السلام را برای ایشان نمی‌فرستاد [که] همه را حواله به عقول ایشان می‌نمود.»[۳]

بی‌اعتباری تعقل از دید مجلسی تا بدان حد بود که در کارزار میان اصولیه و اخباریه حاضر نبود اصولیه را که متکی بر اجتهاد بود، دربست بپذیرد و می‌گفت مسلک فقیر در این باب بین بین و وسط است.[۴]

به سخن دیگر، در ایران شیعهٔ قرن شانزدهم همان‌قدر عناد با علوم طبیعی و بیزاری از فلسفه و فلاسفه وجود داشت که در ایران سنی قرن دوازدهم میلادی؛ با این تفاوت که در عهد سلجوقیان ایرانیان با رشته‌های مختلف علوم هنوز آشنا بودند و چراغ علم اگرچه در معرض تندبادهای سهمگین قرار گرفته بود اما هنوز خاموش نشده بود. در حالی‌که زمانی‌که صفویان به قدرت رسیدند این خاموشی عملاً دیگر به‌وقوع پیوسته بود.

---

۱ - همان، ص ۱۷۸.

۲ - حتی شاید بتوان گفت که مشابه تقسیم‌بندی اصلی که جهان تسنّن را به دو جناح «اصحاب‌الرأی» و «اصحاب‌الحدیث» تقسیم کرده بود، در تشیع نیز تکرار گردید. دو جریان فکری عمدهٔ شیعه که از آنها تحت عنوان «اصولیه» و «اخباریه» نام برده می‌شود به ترتیب معادل «اصحاب الرأی» و «اصحاب‌الحدیث» هستند. «اصولیه‌ها» همچون «اصحاب الرأی» اهل سنت معتقد بودند که به استناد به اصول و موازین اصلی تشیع، علما می‌توانند استنباط و اجتهاد نموده و رأی جدیدی صادر کنند. در حالی‌که در نقطهٔ مقابل آنها علمای اخباری، همچون «اصحاب‌الحدیث»، با استنباط و اجتهاد مخالفت کرده و معتقدند که شیعیان در عصر غیبت امام معصوم(ع) فقط می‌توانند به اخبار و احادیث مطمئنه از حضرت رسول (ص) و ائمهٔ اطهار(ع) اتکا نمایند. به عبارت دیگر، فرق عمده‌ای که بین علمای «اخباری» شیعه و «اصحاب‌الحدیث» سنی وجود دارد در این است که «اخباریون» علاوه بر احادیث منقول از حضرت رسول‌الله (ص)، احادیث امامان معصوم شیعه(ع) را نیز معتبر می‌دانند والّا در اساس بحثشان که مخالفت با اجتهاد است، تفاوت چندانی با یکدیگر ندارند.

۳ - همان، ص ۱۷۹.

۴ - همان.

گمان نمی‌رود برای ایران بعد از عصر صفوی نیاز به کنکاش چندانی باقی مانده باشد. در طول دو قرن فرمانروایی صفویان اگرچه روند افول بی‌کم و کاست ادامه یافته و ابعاد آن گسترده‌تر نیز گردید اما لااقل در زمینه‌های اقتصادی و تا حدودی اجتماعی حکام صفوی موفق شدند به پیشرفت‌هایی نایل آیند. اما حتی این دستاوردها نیز در عصر بعد از صفوی به سرعت رو به زوال گذاشت. هجوم قبایل افغان، ظهور نادرشاه به همراه سال‌ها جنگ و کشورگشایی، کشمکش‌های پایان‌ناپذیر میان جانشینان نادر و مدعیان تاج و تخت بعد از او، به قدرت رسیدن قبایل جنوب کشور در قالب حکومت زندیه و بالاخره دو دهه لشکرکشی و جنگ‌های بی‌امان همراه‌ـقتل عام و ویرانی مقارن با به قدرت رسیدن قاجارها عملاً رمق چندانی از ایران عصر صفوی برجای نگذارده بود. بنابراین در عصر قاجارها خاموشی چراغ علم به‌گونه‌ای ژرف‌تر ادامه یافت ضمن آن که مرکزیت و رونق نسبی اقتصادی و اجتماعی عصر صفوی هم دیگر در میان نبود.

هشداری که علمای عصر صفوی به مسلمانان در قبال دوری گزیدن از دانش‌های استوار بر پایهٔ خرد و استدلال می‌دادند از سوی علمای عصر قاجار نیز تکرار گردید.[۱] میرزا ابوالقاسم قمی رئیس حوزهٔ علمیهٔ قم (۱۲۲۷ هـ./ ۱۸۱۲ م.)، به عنوان مثال اجازه نمی‌داد طلاب، به‌جز فقه و اصول با علوم دیگری آشنا شوند. به‌علاوه ***رساله‌ای بر ضد صوفیان و فیلسوفان نوشته و «انکار کفر» صوفیان را در مرتبهٔ «انکار کفر ابلیس» دانست و دربارهٔ فیلسوفانی مانند ملاصدرا که به وحدت وجود باور داشتند آورد که «کفر و زندقهٔ» آنها ظاهر است.***[۲] اما نه ضدیت میرزای قمی و نه اساساً ضدیت کلی که نسبت به علوم طبیعی و فلسفه در عصر قاجار وجود داشت، برای ما چندان بیگانه نیست. پدیده‌ای است که اکنون می‌دانیم از قرن نهم میلادی آغاز گردید و آن‌چه ما پس از سپری شدن یک هزار سال، در قرن نوزدهم شاهدش هستیم صرفاً ادامهٔ همان روند است. به سخنی دیگر، خواری علم در ایران شیعهٔ عصر قاجار در قرن نوزدهم، یادآور خواری علوم در ایران سنی عصر سلجوقیان در قرن یازدهم است. همچنین آموزشی که در مدرسهٔ فیضیهٔ میرزای قمی شیعه شاهدش هستیم تفاوت چندانی با آموزش مدرسهٔ نظامیهٔ بغداد خواجه نظام‌الملک سنی ندارد. هر دو خلاصه می‌شدند در فقه و اصول؛ یکی منحصراً در فقه و اصول سنی، دیگری در فقه و اصول شیعی. و هر دو نسبت به

---

۱ - همان، ص ۳۶۳.
۲ - همان، ص ۳۶۴.

فلسفه، تاریخ، علوم، آثار و احوال ملل دیگر، آشنایی با افکار و اندیشه‌های متفاوت، آگاهی از تمدن‌های دیگر و ... به یک اندازه غریبه و ناآشنا.

***

نیاز به قوهٔ تصور فوق‌العاده‌ای نیست تا بتوان حدس زد که خاموشی چراغ علم در یک جامعه چه پیامدهایی را به بار می‌آورد. از جملهٔ این تبعات و شاید یکی از زیان‌بارترین آنها را می‌توان بی‌خبری و عدم آگاهی از ملل دیگر و جهان پیرامون اسلام دانست. در حالی‌که مسلمین در قرون اولیهٔ گسترش اسلام برخوردی فعال و پویا با ملل دیگر و با فرهنگ و تمدن‌های دیگر داشتند در مقطع بعدی که جریان افول شروع شد، مسلمین آن پویایی نخستین خود را از دست داده و به‌تدریج سر در لاک خود فرو برده و به تعبیر امروزه در موضعی ایزوله شده و انفعالی قرار گرفتند. این بی‌خبری از دنیای بیرون از جهان اسلام را می‌توان به اشکال مختلف ملاحظه نمود. در حالی‌که در عصر طلایی صدها کتاب و رساله از منابع مختلف به عربی ترجمه گردید، در تمامی دورهٔ بعد از آن تنها یک کتاب از زبان اروپایی به عربی برگردانده شد که آن هم نه دربارهٔ علوم بلکه پیرامون تاریخ امپراتوری روم بود.[۱] نمونهٔ دیگر از این بی‌اطلاعی را می‌توان در فقدان آشنایی با زبان‌های دیگر دید. این بی‌اطلاعی از اقوام و ملل دیگر شاید تا مقاطعی از تاریخ در عین حال که عیب بود اما به هر حال می‌توان آن را به‌گونه‌ای توجیه نمود، اما از قرون پانزدهم و شانزدهم به بعد بالاخص از زمان صفویه که میان ایرانیان و اروپاییان به‌گونه‌ای جدی ارتباط برقرار گردید و تماس‌های دیپلماتیک، تجاری، نظامی و فرهنگی هر روز افزایش بیشتری می‌یافت دیگر به هیچ روی قابل توجیه نبود:

«دولت‌مردان و سیاست‌گزاران روزگار صفوی دلایلی فراوان برای برقراری پیوند با اروپاییان داشتند و بر همین پایه، رفت و آمدهای فراوانی میان ایران و کشورهای اروپایی برقرار بود. در چنین ویژگی‌هایی خود به خود نیازی آشکار به آشنایی و شناخت ملت‌های اروپایی بوده و مهم‌ترین و مؤثرترین وسیلهٔ این آشنایی آموختن زبان‌های مردم کشورهایی بود که در حوزهٔ پیوندهای سیاسی، بازرگانی و نظامی ایران قرار داشتند. ***با این همه، بسیار جای شگفتی است که ما هنوز با نام مرد یا زنی مسلمان ایرانی که در آن روزگار یکی از زبان‌های اروپایی را بداند و در ایران زیست کند آشنا نشده‌ایم.***

این نیاز به شیوه‌ای آشکار احساس می‌شده ولی گامی از سوی شهروندان مسلمان ایران در راه برآوردن آن نیاز برداشته نمی‌شده است. ... میهمانان رسمی، سفیران و نمایندگان سیاسی کشورهای بیگانه و جهانگردان که به ایران می‌آمدند ناچار بودند که زبان

---

۱ - همان، ص ۱۳۴.

فارسی یا ترکی را خود بدانند تا با شاه، درباریان و دیگر مردم به گفت‌وگو و کنکاش بپردازند.»[۱]

این ضعف حتی در مورد کسانی که به عنوان نمایندگی ایران به کشورهای خارج سفر می‌کردند نیز به چشم می‌خورد. در سال ۱۶۲۵ م. هیأتی رسمی از ایران عازم هلند می‌شود تا در خصوص مناسبات بازرگانی و دیپلماسی میان دو کشور مذاکره به عمل آورد. اما جالب اینجاست که هیچ‌یک از اعضای این هیأت نه زبان هلندی می‌دانستند و نه آشنایی با هیچ زبان دیگر اروپایی داشتند.[۲] حتی در اواخر قرن هفدهم که رابطه با اروپا گسترش بیشتری یافته بود نیز در این وضعیت چندان تغییری به‌وجود نیامده بود. ترجمهٔ نامهٔ رسمی یک دیپلمات اروپایی در سال ۱۶۸۲ م. به دلیل عدم آشنایی ایرانیان به زبان‌های خارجی ۵ ماه به طول می‌انجامید.[۳] پر واضح است که در چنین وضعیتی این خارجی‌ها بودند که زبان فارسی را یاد می‌گرفتند. به‌علاوه اقلیت‌های دینی ایرانی (مسیحیان و یهودی‌ها) نیز به عنوان مترجمین اروپاییان عمل می‌کردند. کم نبودند اعضای سفارتخانه‌های کشورهای اروپایی در ایران که زحمت فرا گرفتن زبان فارسی را به خود داده بودند و با دانستن فارسی قادر بودند مصالح و منافع کشور متبوع خویش را به‌نحو مطلوب‌تری تأمین نمایند.[۴]

نمونهٔ دیگر روی‌گردانی از علوم می‌تواند در صنعت ساعت‌سازی باشد. علی‌رغم آن که مسلمین نیاز به دانستن دقیق اوقات برای برآوردن برخی از عبادات خود داشتند و در زمینهٔ اندازه‌گیری زمان در عصر طلایی، مطالعات و بررسی‌های زیادی صورت گرفته بود مع‌ذلک این رشته از دانش نیز به خواری گرایید:

«شاردن جهانگرد فرانسوی چند دهه پس از آن که شاه صفی «یک نفر وقت و ساعت‌ساز» از انگلستان خواسته بود چنین نوشت: «***صنعت ساعت‌سازی هنوز برای ایرانیان مجهول می‌باشد باقی بماند؛ هنگامی که من در کشورشان اقامت داشتم فقط سه یا چهار ساعت‌ساز وجود داشتند که آنها هم از اروپا آمده بودند.***» وی در جای دیگر می‌افزاید که «حتی یک نفر از مردم خود مملکت پیدا نمی‌شود که بتواند ساعتی را خوب میزان کند و اصلاح نماید.»[۵]

بی‌اطلاعی از صنعت ساعت‌سازی و یا ندانستن زبان آنها تنها دو نمونه از تبعات روی

---

۱ - همان، ص ۱۵۷-۱۵۶.
۲ - همان، ص ۱۵۷.
۳ - همان، ص ۱۵۸.
۴ - که البته ما امروزه این را به پای ***روحیهٔ استعماری*** اروپاییان می‌نویسیم ضمن آن که سخنی هم از بی‌دانشی خود به میان نمی‌آوریم.
۵ - به نقل از: پیشین، عبدالهادی حائری، ص ۱۴۹.

برتافتن از علم یا خاموش شدن چراغ علم هستند. «برنارد لوئیس» موارد زیادی را ذکر می‌کند که مسلمین در طی قرون وسطی حتی علاقه‌ای به دانش‌هایی که نفع مستقیمی برای آنها داشت نیز نشان ندادند.[۱] حتی تا سال ۱۷۷۰ م. حکام امپراتوری عثمانی نمی‌دانستند که بین شمال و جنوب اروپا راه آبی وجود دارد، بنابراین وقتی نیروی دریایی روس‌ها ناگهان در مدیترانه به آنان حمله‌ور شدند، دولت عثمانی به گمان این‌که ناوگان روس‌ها با تبانی ونیزی‌ها و از آبراههٔ آنها استفاده کرده‌اند به‌شدت به ایتالیایی‌ها اعتراض کردند. به عبارت دیگر، علی‌رغم آن که در مقطعی ترکان عثمانی تا دروازه‌های وین نیز پیش آمده بودند اما آن‌قدر در علوم و دانش‌های جدید از جمله دانش جغرافیا عقب بودند که حتی در اواخر قرن هجدهم نیز هنوز درنیافته بودند که بین بالتیک و مدیترانه راه آبی وجود داشت که می‌توانست مورد استفادهٔ نیروی دریایی قرار گیرد.[۲] اما ترکان عثمانی هنوز در مقایسه با ایرانیان جلوتر بودند، زیرا اگر آنان در آستانهٔ قرن نوزدهم هنوز نمی‌دانستند که جغرافی اروپا چگونه است، پادشاه ایران در نیمهٔ اول قرن نوزدهم گمان می‌کرد با کندن زمین می‌توان به ینگه دنیا رسید. فتحعلی شاه قاجار پادشاه ممالک محروسهٔ ایران در جریان شرف‌یابی قنسول بریتانیا مشتاقانه از وی می‌پرسد که «چند ذرع بایستی زمین را حفر کنند تا به ینگه دنیا (آمریکا) برسند؟» و وقتی قنسول انگلیس متحیرانه پاسخ می‌دهد که راه رسیدن به ینگه دنیا از طریق کندن زمین نیست، اعلی‌حضرت با تغیّر اظهار می‌دارند که «نمایندهٔ انگلیس اطلاعی ندارد زیرا قنسول عثمانی شخصاً به ایشان گفته‌اند که با کندن زمین می‌توان به ینگه دنیا رسید».[۳]

پیداست که حکومت چنین حکام و سلاطینی چه نوع جامعه‌ای را به‌وجود می‌آورد. اما مشکل اینجاست که ما همواره و بر حسب تلقی ظاهری خود، این بی‌خبری را فقط به حکام و دولت‌مردان ایرانی نسبت داده‌ایم (بالاخص در عصر قاجار)، در حالی‌که همان‌طور که دیدیم کل جامعه آن هم نه در عصر قاجار بلکه از صدها سال قبل‌تر از آن گرفتار این ضایعه شده بود. اما بی‌خبری حکام صرفاً یکی از ده‌ها پیامد زیانبار «خاموشی چراغ علم» بود. ناتوانی از به‌کارگیری علوم و فنون جدید به منظور توسعه و ترقی جامعه و عدم استفاده از منابع طبیعی و بهره‌گیری از نیروی انسانی جنبه‌های دیگر خاموشی چراغ علم بود. بی‌دانشی ما بالاخص

1 - Bernard Lewis, ***The Muslim Discovery of Europe*** (U. K., 1982), quoted by Watt, P. 14.

2 - op. cit., Montgomery Watt, p. 14.

۳ - ***خواندنی‌های تاریخی***، جلد دوم، تهران، انتشارات هفته، ۱۳۶۲، ص ۶۹.

[illegible]

[illegible]

[illegible]

[illegible]

[illegible]

می‌دانیم که در میان اعراب زمان جاهلیت از علوم خبر و اثری نبود. اما در جریان گسترش اسلام در زمان خلفای راشدین و بنی‌امیه، برخی از مناطقی که به‌دست مسلمین افتاد به لحاظ علمی بسیار غنی و پیشرفته بودند (بخش‌هایی از ایران و امپراتوری بیزانس به اضافهٔ اسکندریه و قاهره). اعراب در یک الی یک قرن و نیم اولیهٔ ظهور اسلام چندان به سراغ علوم نرفتند. جنگ‌های اولیه و سعی در تحکیم قدرت، مجال چندانی برای فعالیت‌های اجتماعی باقی نگذاشت. ضمن آن که برخی نیز غافل بودن اعراب از علوم یا حتی ضدیت آنان را علت عدم شکوفایی علوم در زمان بنی‌امیه می‌دانند. به هر حال آن‌چه مسلم است در مدت قریب به یک قرن حکومت بنی‌امیه، مسلمین به لحاظ علمی، چندان حرکت قابل توجهی انجام ندادند.

اما با به قدرت رسیدن بنی‌عباس از اواسط قرن هشتم میلادی (دوم هجری) اوضاع یک‌باره تغییر کرد. ثبات سیاسی و رونق اقتصادی که به‌تدریج با به قدرت رسیدن بنی‌عباس به‌وجود آمد باعث گردید تا به لحاظ اجتماعی مرکز امپراتوری اسلام تا حدودی دگرگون شود.

خلفای اولیهٔ بنی‌عباس علاقه و تمایل زیادی به دانشمندان و فعالیت‌های علمی نشان دادند. پایتخت دارالاسلام به‌تدریج مرکز تجمع علما و دانشمندان مختلف از گوشه و کنار جهان متمدن آن‌روز شد. کم نبودند در میان آنان دانشمندان غیرمسلمان که به دلیل ضدیت کلیسا با علوم، موطن خود را در امپراتوری بیزانس یا مناطق مسیحی‌نشین دیگر ترک گفته و به قلمرو اسلام مهاجرت کرده بودند. جدای از حمایت حکومت، آن‌چه در پیدایش رونق علمی نقش بسزایی داشت عبارت بود از موفقیت زبان عربی.

جدای از آن که کلام خدا به زبان عربی بر مسلمین نازل گردیده بود، عربی همچنین زبان رسمی حکومت و زبان الیگارشی حاکم نیز بود. در نتیجه، عربی به صورت عامل پیوند و ارتباطات در میان نخبگان امپراتوری جدید درآمد. زبان مادری یا بومی دانشمندان و علمای غیرعرب، هر چه بود، جملگی به زبان عربی تسلط داشتند و به آن زبان می‌نوشتند و مطالعه می‌کردند. با تشویق، ترغیب و پشتیبانی جدی حکومت، صدها کتاب و رساله پیرامون علوم، فلسفه، منطق، الهیات و تاریخ از یونانی، عبری، کلدانی، آشوری، فارسی، سانسکریت و چینی به عربی ترجمه گردید. به تعبیری می‌توان گفت که مسلمین بر عصارهٔ دانش و تمدن‌های دیگر دست یافتند. این تحول به همراه درجه‌ای از ثبات سیاسی، امنیت اجتماعی و رونق اقتصادی و مهم‌تر از همه حمایت جدی حکومت از دانشمندان و فعالیت‌های علمی

[illegible]

عقل‌گرا همچون معتزله به حکومت بازگردید و پشتیبانی حکومت از آنان باعث تفوق و پیشی‌گرفتنشان از رقبای دیگر شد.

اما این به هیچ روی به‌معنای آن نبود که سنت‌گرایان از میان رفته یا تسلیم حاکمیت شوند. برعکس، آنان منتظر فرصت بودند تا «ضدحملهٔ» خود را شروع کنند؛ فرصتی که از نیمهٔ دوم قرن نهم و پس از به قدرت رسیدن متوکل پیش آمد. برعکس خلفای قبلی، متوکل به‌شدت جانب سنت‌گرایان را گرفت و با هرگونه بحث و جدل مخالفت ورزیده و آن را ممنوع نمود. از قرن دهم فشار حکومت به فلاسفه هم رسید و به‌تدریج عرصه بر دانشمندان و فعالیت‌های آنان نیز تنگ شد.

اگرچه حکومت نقش بسزایی در پیش افتادن طیف سنت‌گرایان به زیان طیف خردگرا و همچنین در رو به تعطیل رفتن فعالیت‌های علمی و تحت فشار قرار گرفتن دانشمندان برعهده داشت، اما واقعیت این است که طبیعت یا ویژگی‌های علمی که در عصر طلایی در بغداد شکل گرفت به‌گونه‌ای بود که از پاره‌ای جهات آن را آسیب‌پذیر ساخته بود.

نخست آن که علمی را که در عصر طلایی به‌وجود آمده بود می‌توان به تعبیری «عاریتی» نامید. به این معنا که علمی نبود که در بغداد و در طی قرون و اعصار طولانی و به‌تدریج تحول و تکامل یافته باشد بلکه علمی بود که از مناطق مختلفی که جزء جهان اسلام شده بودند و یا مناطقی که حتی جزء امپراتوری اسلامی هم نبودند گرفته شده و در بغداد گرد هم آمده بود. بنابراین قوام چندانی نداشت و ممکن بود همان‌طور که در بغداد توسط حکومت گرد هم آمده بود، همان‌طورهم متفرق شود. ویژگی دیگر این علم باز می‌گشت به نقش ترجمه در آن. بخش عمده‌ای از شالودهٔ علمی که در بغداد پایه‌گذاری شده بود برگرفته (ترجمه شده) از آثار علمی تمدن‌های دیگر بود. مشکل دانش و معرفتی که بر اساس ترجمه باشد این است که اولاً ممکن است درست فهمیده نشود، ثانیاً مبهمات، اشکالات و نارسایی‌های آن کمتر می‌تواند توسط استفاده‌کنندگانش شناسایی و اصلاح گردد (که نتیجهٔ آن پیشرفت و تکامل آن حوزه یا شاخه از دانش است) و بالاخره، علم مبتنی بر ترجمه، عالمان و پیروانی مقلد بار می‌آورد به‌نحوی که آن‌چه را که ترجمه کرده‌اند غالباً به‌گونه‌ای مطلق و بدون نقادی می‌پذیرند. ویژگی سوم علم در عصر طلایی وابستگی آن به حکومت بود. فی‌الواقع تکیه‌گاه اصلی فضای علمی حاکم بر بغداد بر روی شانه حکومت قرارداشت. میزان این وابستگی به‌گونه‌ای بود که اگر این تکیه‌گاه (به هر دلیلی) از میان می‌رفت، فعالیت‌های علمی کمتر این شانس را داشت

است. اما در این‌که نتیجهٔ اعمال این سیاست یکی بود کمتر می‌توان تردیدی داشت. در ایران نیز همان محیط خشک و تعصب‌آلودی که حاکمیت بغداد سعی نموده بود از نیمهٔ دوم قرن نهم میلادی به‌وجود آورد با تمامی تبعات زیانبار آن از قرن یازدهم به‌تدریج حاکم گشت.

البته بایستی توجه داشت که حکومت، خلق‌کنندهٔ جریانات فکری سنت‌گرا نبود بلکه همان‌طور که پیش‌تر دیدیم اصولاً از همان ابتدای شکل‌گیری امپراتوری اسلام، چه در رویارویی با مسایل اجرایی و چه در حوزهٔ مسایل فلسفی و ماوراءالطبیعی به‌تدریج دو جریان نسبتاً مشخص به‌وجود آمدند: یکی در مجموع، متمایل به استنباط فردی و عقل بود، دیگری با اعتقاد به ناقص بودن عقل انسان، بیشتر متکی به سنت و حدیث. اولی نه تنها تضادی بین علم و دین نمی‌دید بلکه در تبیین و تحلیل مباحث دینی و اعتقادی از فلسفه کمک گرفته و خردگرا بود؛ دومی بالعکس، جزم اندیش، ضد فلسفه و گریزان از علوم طبیعی. به دنبال ظهور فضای جدید و غلبهٔ کامل آن، جریان دوم بدل به جریان فکری حاکم شد و به مرور سلطهٔ خود را بر فضای فکری حاکم بر جامعه تثبیت کرد. از جمله شخصیت‌هایی که اندیشه‌اش در خدمت تفکر جزم‌گرای حاکم قرار گرفت ابوحامد امام محمد غزالی بود. اما در خصوص غزالی بایستی به این نکتهٔ اساسی اشاره داشت که انگیزهٔ او در دفاع بنیادینش از سنت و رویارویی با فلسفه و علوم طبیعی با انگیزهٔ دارالخلافه و حکام و سلاطین ایرانی و همچنین دیگر سنت‌گرایان هم‌عصرش متفاوت بود. غزالی احساس می‌کرد که ریشهٔ آن همه هرج و مرج و پراکندگی فکری به همراه انبوهی از جنگ‌ها و منازعات عقیدتی و فرقه‌ای که مابین جریانات مختلف دینی در عصر او به‌وجود آمده بود به بیراهه رفتن از صراط مستقیم دین باز می‌گشت. او علت این «کج‌روی» و یا به زعم خودش «بیماری» را ناشی از برداشت‌ها و رسوخ و نفوذ فلسفه و تأثیرات مباحث فلسفی بر پندارهای دینی مسلمین می‌دانست. به دیگر سخن، مخالفت او با فلسفه و نحله‌های خردگرایانه و علوم طبیعی به واسطهٔ نفس آنها نبود بلکه به دلیل تشتتی بود که از دید غزالی فلسفه و علوم طبیعی بر افکار و آرای مسلمین گذارده بودند.

به هر حال و به هر کیفیت، فضای خردستیز بغداد به‌تدریج و از قرن یازدهم میلادی با همهٔ تبعات و آثار زیانبار آن در ایران نیز ظاهر گردید. مهم‌ترین این تبعات ضدیت با فلسفه و خاموش شدن چراغ علم بود. گذشت زمان و تحولات سیاسی و اجتماعی بعدی به نظر نمی‌رسد کمک چندانی به از میان برداشتن این روند کرده باشد. زیرا به مرور زمان خردگرایی

در میان مسلمین بیشتر رو به تحلیل و زوال رفت تا جایی‌که در قرون بعدی کمتر فعالیت علمی در میان مسلمین (از جمله ایرانیان) وجود داشت و اساساً علوم طبیعی و شاخه‌های دیگر علوم حتی تا اواسط قرن نوزدهم برای مسلمین بیگانه و ناآشنا بود. روی برتافتن از علوم و دانش به‌علاوه ناآگاهی از تمدن‌ها و بی‌اطلاعی از اجتماعات و اقوام و ملل دیگر (که خود نتیجهٔ دیگر خاموشی چراغ علم بود) دست به‌دست یکدیگر داده و نه تنها یکی از پایه‌های جدی عقب‌ماندگی ایرانیان را به‌وجود آوردند بلکه در مواجهه با اروپاییان که در قرون جدید پیش آمد باعث گردید تا ایرانیان بهای سنگینی برای جهل و بی‌خبری خود بپردازند.

[illegible]

[illegible]

[illegible]

[illegible]

یا همواره روشن بوده است. اما همان‌طور که در بالا اشاره کردیم، حداقل نتایجی که از پنج فصل گذشته می‌توان گرفت این است که جریان افول ایران هرچه بود، اسباب و عللش درونی بود، یعنی بر اثر مجموعه‌ای از عوامل و عللی که در شرق و از جمله ایران وجود داشتند پدید آمد. این‌طور نبود که کسی یا نیرویی یا کشوری یا تمدنی که از آن سر دنیا (غرب) برخاسته و بر ایران تاخته، تمدن، پیشرفت‌ها و دستاوردهای آن را از میان برده و به جای آن انحطاط و عقب‌ماندگی را جایگزین کرده باشد؛ طرز فکری که علی‌رغم واهی بودنش کم و بیش و به اشکال مختلف در اذهان بسیاری از ما جا افتاده است، به‌نحوی که هر پیچ و تاب و افت و خیزی را در گذشته و حال از این زاویهٔ خیالی برای خود تجزیه و تحلیل می‌کنیم. این به هیچ روی به‌معنای نفی رویارویی زیان‌باری که از قرن هجدهم آغاز گردید، در قرن نوزدهم به اوج خود رسید و در قرن بیستم نیز بعضاً مستقیم و یا غیرمستقیم ادامه پیدا کرده است، نیست. اما مسئلهٔ اساسی این است که این رویارویی زمانی آغاز شد که جوامع اسلامی آن‌چنان در قهقرا افتاده بودند که حتی حکام بخش‌های اروپایی آن (تا چه رسد به بخش‌های دیگر آن در آفریقا و صحرای خشک عربستان) این حداقل را نمی‌دانستند که بین دریای مدیترانه و بالتیک راه آبی وجود دارد و یا حتی بدتر از آن گمان می‌کردند راه رسیدن به ینگه دنیا حفر زمین و کندن چاهی عمیق است. به عبارت دیگر، شرق و غرب زمانی در قرن هجدهم رو در روی یکدیگر قرار گرفتند که شرق قرن‌ها بود که در سراشیبی عقب‌ماندگی افتاده بود و فقط یک معجزه می‌توانست جلوی تسلط همه‌جانبهٔ غرب را در این رویارویی بگیرد. معجزه‌ای که هرگز اتفاق نیفتاد. اما طرح مسئله به صورت ***رویارویی*** نیز چندان درست نیست. این‌که بگوییم ***غرب رویاروی شرق قرار گرفت*** خالی از ایراد نیست زیرا طرح مسئله به این صورت این فکر را به‌وجود می‌آورد که از قرن هجدهم به بعد تنها مسئله بااهمیت در تاریخ روابط بین‌الملل عبارت بوده از رویارویی بین شرق و غرب، در حالی‌که چنین تصوری فرسنگ‌ها با واقعیت فاصله دارد.

اولاً «رویارویی» بین شرق و غرب صرفاً بخشی از سیر تحولات دنیا بود و نه همهٔ آن. ثانیاً - که به‌مراتب مهم‌تر است - حجم رویارویی غربیان با یکدیگر از قرن هجدهم به بعد چندین برابر حجم رویارویی میان شرق و غرب بود. اگر جنگ را به‌عنوان یک پارامتر یا مؤلفه‌ای در جهت اندازه‌گیری میزان رویارویی فرض بگیریم، حجم جنگ‌ها، ویرانی‌ها و نابودی که در میان خود غربیان به‌وقوع پیوست با حجم جنگ‌هایی که بین غربیان و شرقیان

به‌وقوع پیوست اساساً حتی قابل مقایسه هم نیست. اگر از دو جنگ هولناک و ویرانگر جهانی اول و دوم بگذریم (که در آن شرقیان، حتی امپراتوری عثمانی، یا نقشی نداشتند یا حداکثر نقش حاشیه‌ای داشتند)[1]، بخش عمده‌ای از جنگ‌هایی که از قرن هجدهم به بعد در غرب به‌وقوع پیوست در حقیقت میان خود اروپاییان بود تا میان آنها با شرقیان. همچنین اگر از جنگ‌های ایران و روس صرف‌نظر کنیم ده‌ها فقره از جنگ‌های ویرانگری که در ایران صورت گرفت میان خود ایرانیان (بخوانید طوایف و قبایل مختلف ایران) بود. نه این‌که چنین تصویری صرفاً از قرن هجدهم به بعد به‌وجود آمده باشد. قبل از آن هم دقیقاً این‌چنین بود. اکثریت قریب به اتفاق تخاصمات، جنگ‌ها و قشون‌کشی‌ها، مابین غربیان با یکدیگر و شرقیان با یکدیگر بود. شمار جنگ‌هایی که بین دو قدرت اسلامی ایران شیعه و امپراتوری عثمانی سنی رخ داد اگر بیشتر از مجموع جنگ‌های ترکها با رقبای غربی خود نبود، دست کمی هم از آنها نداشت. بنابراین اگر بخواهیم این تصویر خیالی را که بر طبق آن اروپاییان هیچ کار و زندگی دیگری نداشته‌اند و ندارند الا این‌که فقط با مسلمانان پیکار نمایند و هیچ فکر و ذکر دیگری به‌جز فکر مبارزه با مسلمین در مخیله‌شان نمی‌گذرد، به کناری بگذاریم، سؤال اساسی این می‌شود که تماس بین شرق و غرب چگونه بوده است؟ و اصولاً آیا این تماس تأثیر یا تأثیراتی بر مسئله عقب‌ماندگی شرق از جمله ایران داشته است؟ اما چنین مباحثی را نمی‌توان بدون یک ارزیابی ابتدایی و اولیه از آن قسمت از کرهٔ زمین که اروپا می‌نامیمش مطرح نمود. اروپا چگونه جایی است؟ و این **چگونه جایی بودن** چه تأثیراتی بر رفتار و الگوهای اجتماعی اروپاییان داشته است؟ و از جمله مهم‌ترین این تأثیر و تأثرات برخورد اروپاییان با مشرق‌زمین چگونه بوده است؟

موقعیت اقلیمی اروپا و تأثیرات آن بر روابط میان شرق و غرب

کمتر ایرانی را می‌توان یافت که علاقه‌مند به تاریخ تحولات ایران بوده باشد و با نام حداقل یکی، دو مستشرق اروپایی همچون پروفسور ادوارد براون، شاردن، برادران شرلی، هانری کربن و... آشنا نباشد. در حالی‌که ما با کمتر ایرانی روبه‌رو هستیم که صاحب تألیفات و تحقیقاتی در خصوص نقطه‌ای از دنیا یا کشور و ملت به‌خصوصی باشد. کمتر ایرانی را می‌توان یافت که علاقه‌مند به مقولات سیاسی، اجتماعی و فرهنگی ایران باشد و حداقل

۱ – واضح است که در این تقسیم‌بندی ما ژاپن را جزء اردوگاه غرب به حساب آورده‌ایم.

یکی، دو اثر از نویسندگان و محققین اروپایی نخوانده باشد (به صورت ترجمه البته). در حالی‌که ما هزاران تألیف و کتاب، سفرنامه، خاطرات، مقاله، تحلیل و پایان‌نامه از غربیان دربارهٔ ایران و مردمان، مذاهب، آیین‌ها، آثار باستانی، گذشته، حال، آینده، قبایل، عشایر، تحولات سیاسی و اجتماعی، انقلاب مشروطه، انقلاب اسلامی، کوه‌ها و دره‌ها، حکومت‌ها، پادشاهان، سنت‌ها و باورها، موسیقی و هنر و ادبیاتش و ... داریم، کمتر کار بکر و دست اول مشابهی از ناحیهٔ ایرانیان در مورد غرب و غربیان (و یا شرق و شرقیان دیگر) داریم. پاسخ معمول ما این بوده که غربیان برای غارت، استعمار و استثمار ما نیاز به شناختنمان داشته‌اند و لذا پیرامون هر جنبه‌ای از حیات اجتماعی، فرهنگی، سیاسی و اقتصادی ما به کند و کاو پرداخته‌اند. بعید به نظر می‌رسد که کسی واقعاً مغلطهٔ فوق را به عنوان یک پاسخ جدی بپذیرد، زیرا جدای از آن که بسیاری از مطالعاتی که صورت گرفته صرفاً جنبه پژوهشی و آکادمیک داشته‌اند و در جهت کلی بالا بردن دانش و معرفت علمی بوده‌اند و اساساً ارتباطی با استعمار و مطامع استعماری پیدا نمی‌کنند. مشکل بنیادی‌تر پاسخ فوق این است که به مسئلهٔ اساسی‌تر که همانا فقدان تحقیقات و بررسی‌های ایرانیان پیرامون غرب و غربیان باشد چندان پاسخی نمی‌دهد.[۱]

فی‌الواقع یکی از مقولاتی که غالباً در بحث میان شرق و غرب پیش می‌آید این است که به نظر می‌رسد غربیان نسبت به شرقیان، روحیهٔ کنجکاوی خیلی بیشتری در طول تاریخ از خود نشان داده‌اند. در حالی‌که ما با مردان و حتی زنان اروپایی زیادی در تاریخ روبه‌رو هستیم که گام در سرزمین‌های ناآشنا و کاملاً بیگانه نهاده‌اند، کمتر با شرقیانی مواجه هستیم که دست به چنین اقدامی زده باشند. اگرچه ما با نام‌های اروپایی همچون برادران پولو و مارکوپولوی ایتالیایی، برادران شرلی انگلیسی، و شاردن فرانسوی آشنا هستیم، اما در کنار این نام‌های مشهور، هزاران اروپایی دیگری هم بوده‌اند که در نقاط دیگر دنیا به سیر و سیاحت و تفحص پرداخته‌اند و ما نام آنان را نمی‌دانیم.

چرا اروپاییان همواره به سیر و سیاحت و رفتن به نقاط ناشناخته و غریب علاقه‌مندی و کنجکاوی نشان داده‌اند، اما شرقیان کمتر چنین خصوصیتی را از خود بروز داده‌اند؟

---

۱ - واقعیت این است که ریشه‌های اصلی مطالعات و تحقیقات غربی‌ها در خصوص ایران و فقدان چنین تلاشی از سوی ایرانیان نسبت به غرب و غربی‌ها (و همچنین شرق و شرقی‌ها) در حقیقت به همان مسئله اصلی «خاموش بودن چراغ علم» در ایران بازمی‌گردد. زیرا آشنایی و تحقیقات پیرامون سبک‌های شعر یا زبان‌های مرده و از بین رفتهٔ یک ملت یا خطی که ایرانیان هزاران سال پیش به کار می‌برده‌اند و امروزه فقط در کتیبه‌های باستانی موجود است و تحقیقات مشابه اینها از سوی غربی‌ها در مورد ایران (که هیچ ارتباطی هم با استعمار و مطامع استعماری پیدا نمی‌کنند) همان‌قدر «علم» است و کار «علمی» که تحقیق و تفحص بر روی موشک، اتم، ماهواره و مهندسی ژنتیک.

همان‌طور که پیش‌تر اشاره داشتیم پاسخ معمول ما این بوده است که آنها برای جاسوسی، جمع‌آوری اطلاعات، غارت دیگران و خلاصه انگیزه‌های ناشایست، غیر انسانی و تجاوزگرانه به سیر آفاق و انفس پرداخته‌اند. به عنوان مثال، مارکوپولو و قبل از او پدر و عمویش، بدان جهت رهسپار شرق شدند تا مغولان را تشویق به حمله به مسلمین نمایند. برادران شرلی به این خاطر آمدند که ایران را تشویق کنند تا با امپراتوری عثمانی وارد جنگ شود و شاردن آمده بود تا توطئهٔ خبیثانهٔ دیگری را علیه مسلمین تدارک ببیند. اگر هم فرض بگیریم این‌طور بوده باشد که هر اروپایی که پای به مشرق‌زمین گذاشت آمده بود تا توطئه‌ای علیه اسلام و مسلمین به عمل آورد (و اساساً غربیان به‌جز طرح توطئه علیه مسلمین کار و زندگی دیگری ندارند)، باز هم این پرسش بنیادی که در اول کتاب مطرح نمودیم بی‌جواب می‌ماند که چرا ما نرفتیم؟ چه‌طور شد که فرانسویان، ایتالیایی‌ها، اسپانیایی‌ها یا انگلیسی‌ها به عقلشان رسید که راه بیفتند، به سرزمین‌های ناآشنا و کاملاً غریب بروند برای حفظ منافعشان و انجام توطئه، اما ما چنین نکردیم؟ چه‌طور شد که هزاران مبلّغ مسیحی از اروپا راهی چین، هند، ایران، آفریقا و ینگه دنیا شدند برای تبلیغ و گسترش مسیحیت اما کمتر ایرانی یا عربی سوار بر کشتی شد یا با کاروانی به راه افتاد در میان سیاهان زنگی آفریقا یا سفیدپوستان آلاسکا تشیع یا مذهب شافعی یا حنبلی را تبلیغ کند. چرا کمتر چینی یا نژاد زرد یا هندو برای تبلیغ آیین کنفسیوس، بودایی، هندو یا برهمایی بار سفر بربسته و رهسپار دیار ناشناخته شدند؟ در حالی‌که در قرون وسطی هزاران دریانورد اروپایی دل به اقیانوس‌های سهمگین زدند تا سرزمین‌های جدیدی را کشف نموده و راه‌های نویی به اقالیم دیگر پیدا کنند. یکی قارهٔ آمریکا را کشف کرد یکی استرالیا و زلاندنو را، چهارمی راه جدید آبی از اروپا به شبه قارهٔ هند گشود، یکی در قلب آفریقا به سیاحت پرداخت و دیگری سعی کرد جنگل‌های انبوه آمازون را بپیماید، چطور شد که کمتر هندو، چینی، عرب یا ایرانی به فکر رفتن به دنیای جدید و کشف و یافتن سرزمین‌های تازه و راه‌های میان‌بر افتاد؟ واقع مطلب این است که این حس ماجراجویی، این علاقه به سیر و سیاحت و شجاعت و شهامت گام نهادن در آب‌ها، خشکی‌ها، بیابان‌ها، یخ‌ها و جنگل‌های انبوه و کوه‌های سر به فلک کشیده و مواجهه با مردمان کاملاً ناشناخته و غریب از خصوصیات بارز اجتماعی غربیان بوده است. اگرچه برخی از آنها از این رهگذر به مال و جاه و مقامی رسیدند و توانستند منافعی برای کشورهایشان فراهم آورند، در مقابل و هزاران برابر این عده کسانی بودند که در این سیر و

سیاحت‌ها و «سیروا فی‌الارض»ها گام در راه‌های بی‌برگشت گذاردند و در نهایت گمنامی جان باختند؛ سرنوشتی که بسیاری از اروپاییان از آن بی‌اطلاع نبودند. اگر کریستف کلمب و ماژلان، یا واسکودوگاما و کاپیتان کوک توانستند آمریکا یا استرالیا را کشف کنند، در مقابل، هزاران دریانورد دیگر نیز بودند که به روی عرشهٔ کشتی‌هایشان در پهنهٔ اقیانوس‌های بی‌پایان بر اثر گرسنگی و تشنگی یا بیماری تلف شدند، یا کشتی‌شکسته به قعر دریاها رفتند یا در توفان جان باختند یا در چنگال دزدان دریایی یا قدرت‌های دیگر گرفتار آمدند و به هلاکت رسیدند؛ باز هم سرنوشتی که دریانوردان اروپایی از آن نیک آگاهی داشتند.

برخی این خصوصیت را تمایل غربی‌ها به ماجراجویی تعریف کرده و آن را ناشی از روحیهٔ زیاده‌طلبی و حرص و آز آنان دانسته‌اند. در مقابل، شرقیان را به دلیل مناعت طبع و قناعت ستوده‌اند. برخی دیگر بالعکس، غربیان را متهور با روحیه‌ای خلاق و ذهنی کنجکاو تعریف کرده‌اند و در مقابل شرقیان را متهم به خمودی و جمود و بی‌تحرکی نموده‌اند. آن‌چه مسلم است این «دل به دریا زدن» غربیان را نه می‌توان هنر و صفت آنان دانست و نه عیب و عار و ننگشان. همان‌طور که درنیفتادن شرقیان به اطراف و اکناف عالم از طریق خشکی و یا دریا را نیز نمی‌توان و نبایستی عیب آنان یا برعکس هنرشان دانست. چنین داوری‌هایی، نژادپرستانه و فاقد ارزش علمی هستند، اگرچه که برحسب ظاهرشان فریبنده، عقلایی و منطقی هم به نظر برسند. قضاوت صحیح‌تر آن است که صفات، ویژگی‌ها و الگوهای رفتاری و اجتماعی غربیان همان‌قدر مولود و معلول شرایط طبیعی و اقلیمی محیط زندگی‌شان بوده است که رفتار و برخوردهای اجتماعی شرقیان. به دیگر سخن، «دل به دریا زدن» غربیان همان‌قدر ناشی از خصوصیات شرایط محیطی آنها است که محافظه‌کاری و دل به دریا نزدن شرقیان. پاسخ به این سؤال که چرا غربیان به تفحص و رفتن به نقاط دیگر حریص شدند، کاملاً در ورای کار ما قرار می‌گیرد. تنها آن قسمت از بحث که به دریا و چیره شدن غربیان در دریا مربوط می‌شود، آن هم به‌گونه‌ای مختصر، موضوع بحث ما می‌شود چراکه نفوذ و سلطهٔ غربیان در دریا در مجموعهٔ روابط بین شرق و غرب نقش بنیادی پیدا می‌کند و به‌گونه‌ای که خواهیم دید ***تسلط بر دریا در حقیقت پیش‌نیاز تسلط غربیان بر مشرق‌زمین بود.***

موفقیت اروپاییان در دریا

از جمله مسایل پیچیده اما در عین حال سرنوشت‌ساز در تعیین شکل نهایی رابطهٔ شرق با

غرب، تسلط نهایی و بی‌چون چرای اروپاییان در دریا بود. این عامل را به تنهایی شاید بتوان اساسی‌ترین عنصر تسلط غربی‌ها نه تنها بر جهان شرق بلکه بر کل دنیا از قرون وسطی به بعد دانست. برخلاف باور و اعتقاد جاافتادهٔ ما که تسلط غربیان را ناشی از انقلاب صنعتی یا از آن مقطع به بعد می‌دانیم، این تسلط قرن‌ها قبل از ظهور بورژوازی و پیدایش سرمایه‌داری در غرب در قرن نوزدهم به‌وجود آمده بود. انقلاب صنعتی صرفاً باعث گردید تا غرب به ابزار و امکانات پیشرفته و نیرومندی در جهت نیل به تسلط بیشتر و کامل‌تر بـه اجـتماعات دیگـر دست یابد، والّا اصل روند سلطه قرن‌ها قبل از آن شروع شده بود. انقلاب صنعتی در اواسط قرن هجدهم به‌وقوع پیوست در حالی‌که قریب به سیصد سال قبل از آن اروپاییان تسلط خود را در دریا به‌دست آورده بودند. انقلاب صـنعتی تـوانست کشـتی‌های بـزرگ‌تر، تـندروتر، مجهزتر و مسلح‌تر به سلاح‌های مـخرب‌تری در اختیار نـاوگان‌های دریـایی قـدرت‌های اروپایی قرار دهد، اما پرتغالی‌ها، بـه عـنوان مـثال، سـه قـرن قـبل از دست‌یـابی بـه چـنین کشتی‌هایی بر تنگهٔ هرمز و جزایر قشم و کیش و بندرعباس تسلط یافته بودند. حتی از این هم مهم‌تر، رقبای اسپانیایی آنها توانسته بودند کـرهٔ زمـین را دور زده و قـارهٔ آمـریکا را کشـف نمایند. ***چرا*** و شاید مهم‌تر از آن ***چگونه*** اروپاییان توانستند در مقایسه با ملل شرقی و از جمله ایرانیان به آن‌چنان برتری و تفوق بی‌چون و چرایی دست یابند؟ تـفوقی کـه بـدون تـردید، بزرگ‌ترین نقش را در تسلط بعدی آنان بر مناطق دیگر دنیا داشت، اگر نگفته باشیم که خود این برتری اساساً باعث تسلط آنان بر شرق و مابقی جهان شد.

در ابتدا بایستی گفت که اصولاً موقعیت جغرافیایی اروپا به‌گونه‌ای است که می‌توان آن را شبه جزیره توصیف نمود زیرا از سه طرف در محاصرهٔ دریاهای آزاد قـرار گـرفته است: از شمال، غرب و جنوب. به‌علاوه در مرکز و قطعهٔ اصلی اروپا رودخانه‌های عریض و طویل قابل کشتیرانی وجود دارند که اسباب ارتباط و حمل و نقل بین مناطق مختلف اروپا و دریا را فراهم می‌سازند، در حالی‌که در ایران، به عنوان مثال، شهرهای قدیمی و مـراکـز تـمدنی آن صدها کیلومتر با یکدیگر و دریا فاصله دارند. این مجاورت و نزدیکی به دریا باعث گردید که اروپاییان از همان ابتدا به دریانوردی تمایل زیادی پیدا نمایند. نه تنها مراکز عمدهٔ اقتصادی و تجاری در قرون وسطی مناطق بندری همچون ونیز و جنووا، سیسیل، پیزا[1]، مـارسی[2]،

---

1 - Pisa

2 - Marseilles

بوردو[1]، آمستردام و لیسبون بودند بلکه ملت‌هایی که نهایتاً بدل به قدرت‌های استعماری شدند نیز کشورهایی بودند که بلااستثنا نزدیک‌ترین تماس را با دریا داشتند همچون انگلستان، فرانسه، هلند، بلژیک، اسپانیا، پرتغال و ... .

البته مناطق دیگری نیز مشرف بر دریا بوده‌اند اما تحول آنان همانند اروپاییان نشد. بنابراین به‌جز دریا اسباب و علل دیگری نیز زمینه‌ساز بوده‌اند. یکی از مهم‌ترین این عوامل نفوذ اقوام، ملل و فرهنگ‌های مختلفی است که قارهٔ اروپا را پوشانده‌اند. شاید در کمتر نقطه‌ای از جهان در وسعتی به کوچکی اروپا بتوان منطقه‌ای یافت که در آن این همه ملت‌های متعدد با زبان‌های مختلف، نزدیک به یکدیگر به سر برند. به نظر می‌رسد آن‌چه باعث پیدایش انبوه اجتماعات مختلف در اروپا گردید شرایط آب و هوایی معتدل اروپا و وفور باران است. اقوام مختلف نیمه‌وحشی همچون ژرمن‌ها، ساکسون‌ها، نرمان‌ها، وایکینگ‌ها، فرانک‌ها از نواحی شمال اروپا که دارای آب و هوای سرد با زمستان‌های طولانی است به‌تدریج به صفحات مرکزی و جنوبی آن مهاجرت کرده و با به در آمدن از هیأت صحرانشینی، نطفه‌های اولیهٔ بسیاری از جوامع و ملل بعدی اروپا را تشکیل دادند. آن‌چه مهم‌تر از علل پیدایش اقوام و ملل مختلف در اروپا است تأثیر آن بر سیر بعدی تحولات اجتماعی اروپاییان است.

اقوام مختلفی که در اروپا ساکن شدند ضمن حفظ زبان و پاره‌ای از خصوصیات قومی خود به‌تدریج تبدیل به یک ملت و کشور شدند. این ملل مختلف ضمن آن که در مجاورت یکدیگر می‌زیستند و بعضاً حتی عضو یک جامعهٔ بزرگ‌تر نیز شدند، با این حال هویت مستقل خود را حفظ نمودند. حضور ملل و اجتماعات مختلف پهلو به پهلوی یکدیگر البته دارای این نتیجهٔ منفی بود که علی‌الدوام آنان در حالت رقابت با یکدیگر به سر می‌بردند و کراراً نیز میان آنان ستیز و جنگ در می‌گرفت. این عامل به تنهایی شاید مهم‌ترین دلیل باشد برای توضیح این‌که چرا قارهٔ اروپا این همه شاهد جنگ‌های پی در پی بوده است. اما در مقابل این نقطه ضعف، نزدیکی ملل مختلف اروپا نسبت به هم باعث می‌شد که آنان به لحاظ فرهنگی و اجتماعی تأثیر زیادی بر روی یکدیگر بگذارند. فاصلهٔ بین اجتماعات و مراکز عمدهٔ اروپا آن‌چنان کم است که مسافرت و ایاب و ذهاب به نقاط مختلف آن حتی برای مردم عادی آن هم با پای پیاده امکان‌پذیر است. در حالی‌که در ایران، به عنوان مثال، همان‌طور که در

1 - Bordeaux

[illegible]

مواد غذایی را تهیه کند. به‌علاوه همان‌طور که دیدیم پیدایش تمدن در شرق زودتر از غرب به این معنا بود که شرقیان جدای از مواد غذایی، قادر بودند به تعبیر امروزه «کالای صنعتی» یا «تولیدات» نیز به غرب صادر کنند. بنابراین در اروپا همواره بازار برای کالای شرقی وجود داشت. تجارت این امتعه و حمل و نقل آن از سواحل لوانت (شرق مدیترانه) به مراکز تجاری اروپا در ونیز و جنووا عامل مهمی شد برای گسترش دریانوردی و استفادهٔ اروپاییان از دریا. از ونیز و جنووا نیز کالا به مناطق داخلی (مرکزی) اروپا از طریق راه‌های آبی و به غرب و جنوب اروپا از طریق دریا حمل می‌شد.

اما مسئلهٔ اساسی دیگر این است که غربیان بهای کالایی را که از شرق دریافت می‌داشتند چگونه می‌پرداختند؟ آنان کالای ساخته‌شدهٔ چندانی نداشتند و تولید مازاد مصرف یا صادراتشان نیز خلاصه می‌شد در چوب، پشم و پوست. اما هیچ‌یک از این مواد بازار چندانی در شرق نداشتند. آب و هوای گرم در بسیاری از مناطق شرق باعث می‌شد تا ساکنینش – به‌استثنای مناطق کوهستانی – به لباس‌های پشمی و پوست نیاز چندانی نداشته باشند. در مناطق کوهستانی و سردسیر نیز اولاً تجمع انسانی زیاد نبود، ثانیاً همان‌طور که دیدیم به جای تحمل زمستان در مناطق سردسیر، شرقیان در هیأت قبایل و دسته‌های صحرانشین ییلاق و قشلاق می‌کردند. به هر حال آن مقدار پشم و پوست که مورد نیاز بود توسط قبایل و صحرانشینان شرقی فراوان تأمین می‌شد. چوب نیز که در اروپا برای ساختمان مصرف زیادی داشت، در شرق موارد مصرف زیادی نداشت. البته برخی از کالاهای غربی (همچون پارچه‌های ساده و ارزان‌قیمت) وارد بازارهای مشرق‌زمین می‌شد اما به تعبیر امروزه، غربیان در تجارت با شرق همواره دچار «کسر موازنهٔ تجاری» بودند. این کسری را غربیان مجبور بودند با طلا و نقره بپردازند. بنابراین نیاز به فلزات گران‌بها یا هر ثروت دیگری که بتواند صورت‌حساب تجاری آنان را بپردازد از یک‌سو و تلاش برای دست‌یابی و تهیهٔ خوراک ارزان‌تر از شرق از سوی دیگر و بالاخره پیدا نمودن کالا یا مواد یا تولیداتی از اروپا یا هر مکان دیگری که بتوان به شرق صادر نمود، جملگی دست به‌دست یکدیگر دادند تا اروپاییان برای تجارت بیشتر و بهتر با شرق به جستجو و تلاش بپردازند. به تعبیر دیگر، کمبود، اگر نگفته باشیم فقر، بود که آنان را وادار به دریانوردی بیشتر و ریسک پای گذاردن به سرزمین‌های ناشناخته کرد. و آن‌چه این روند را مستحکم و تاریخی نمود تلاش بی‌وقفهٔ آنان بود برای تهیه، تولید و دست یافتن به منابع، اجناس و کالاهایی که در شرق بازار داشته و

بتواند تجارت آنان را با مشرق‌زمین موازنه کند.

***

جدای از اقتصاد، عامل دیگری که برخی از اروپاییان را به رفتن به سرزمین‌های غریب و ناشناخته واداشت مسیحیت - یا درست‌تر گفته باشیم - تبلیغ مسیحیت بود. ما امروزه به دلیل تبلیغات رایج این پدیده را جزیی از «برنامه‌ها و ترفندهای استعمار» می‌دانیم. ولی واقعیت این است که مبلغین مسیحی زمانی شروع به این کار کرده بودند که قرن‌ها با عصر استعمار فاصله داشت. به‌علاوه مبلغین مسیحی فرستادگان و نمایندگان کلیساهای خود بودند تا نمایندگان دولت‌ها و قدرت‌های اروپایی. ضمن آن که اساساً پیدایش «دولت ملی» و «کشور»[1] - به تعبیر امروزی آن - پدیده‌ای بود که بیشتر از قرن هفدهم به‌وجود آمد و تا قبل از آن تقسیم‌بندی‌های عمده در اروپا حول کلیسا، خاندان‌های بزرگ اشرافی و درباریان مختلف بود تا یک کشور و مملکت مشخص. البته قدرت‌های اروپایی چه قبل و چه بعد از قرن نوزدهم احتمالاً از آگاهی‌ها و اطلاعات مبلغین مسیحی استفاده می‌کرده‌اند. در مواردی مبلغین با این یا آن قدرت اروپایی در مناطق مختلف همکاری می‌کرده‌اند ضمن آن که در مواردی نیز بین آنان تخاصم و تقابل حاکم بوده است. اما صرف‌نظر از آن که قدرت‌های اروپایی چقدر از مبلغین مسیحی بهره‌برداری کرده باشند، نیت غالب مبلغین صرفاً تبلیغ آیین مسیحیت و مبارزه با کفر و شرک بود. بسیاری از آنها در راه آرمان مقدس خود از بین می‌رفتند و در مجموع اکثراً زندگی پرماجرا، سخت و پرمشقتی داشتند. با ظهور رنسانس از قرن شانزدهم و رواج سکولاریزم (غیر مذهبی شدن) در میان بسیاری از قدرت‌های اروپایی، حمایتی که برخی از دربارها از مبلغین مسیحی می‌نمودند به مقدار زیادی کاهش پیدا کرد و تمام بار گسترش مسیحیت در اطراف و اکناف دنیا عملاً بر دوش مبلغین مسیحی قرار گرفت. به عبارت دیگر، رنسانس جدای از ضربات فکری که بر پیکر کلیسا وارد نمود، به‌لحاظ عملی نیز محدودیت‌هایی برای آن به‌وجود آورد. با این حال مسیحیان بسیاری از کلیساهای مختلف اروپایی به منظور گسترش مسیحیت و مبارزه با کفر و شرک به سرزمین‌های کاملاً ناشناخته رفتند و بعضاً تمامی عمر خود را نیز در آن سرزمین گذراندند ضمن آن که در مواردی نیز با دشمنی و مخالفت مردم محلی هم روبه‌رو می‌شدند.

این‌که چرا این پدیده عمدتاً در میان مسیحیان به چشم می‌خورد و مسلمانان کمتر به راه

---

1 - Nation-State

افتادند که دین خود را در اطراف و اکناف دنیا تبلیغ کنند چندان روشن نیست. شاید یک علت آن به نحوهٔ تولد این دو مذهب بازگردد. با به صلیب کشیده شدن حضرت عیسی مسیح(ع) و تعقیب حواریون ایشان توسط رومیان، مسیحیت به صورت یک جریان نیمه‌مخفی در میان پیروان اندکی که داشت در فلسطین باقی ماند. توسط این پیروان اندک و علی‌رغم فشار، تضییقات و مجازات‌های امپراتوری روم آیین مسیحیت به آهستگی گسترش یافت. سرانجام پس از گذشت بیش از سیصد سال از ظهور حضرت مسیح بود که با گرویدن امپراتور روم به آیین مسیحیت فشار بر مسیحیان قطع شد. بنابراین در قرون اولیهٔ مسیحیت وظیفهٔ پاسداری از آن، تبلیغ، تبشیر، دعوت دیگران (یعنی کفار و مشرکین از دید مسیحیان) و گسترش و رواج آیین جدید صرفاً بر دوش مؤمنین مسیحی بود. اما اسلام بر عکس مسیحیت، تقریباً از همان ابتدا یعنی پس از قریب به یک دهه پس از هجرت حضرت محمد (ص) به مدینه، حکومت تشکیل داد. به تعبیر دیگر، اسلام در مقایسه با مسیحیت در قالب حکومت متولد شد و گسترش یافت، در حالی‌که مسیحیت سه تا چهار قرن بعد از تولدش توانست به درون حکومت راه یابد. بنابراین دعوت به اسلام و گسترش آن از همان ابتدا بر دوش حکومت قرار گرفت در حالی‌که پیشبرد مسیحیت بر عهدهٔ مؤمنین مسیحی بود. عامل دیگر را شاید بتوان در تحمل‌پذیری اسلام و متقابلاً تحمل‌ناپذیری کلیسای قرون وسطی دانست. اگر قلع و قمع سنّیان و شیعه نمودن اجباری آنان در اوایل به قدرت رسیدن صفویه و متقابلاً کشتارهای وسیع شیعیان به‌دست ترکان عثمانی را استثنا کنیم، در مجموع حاکمیت‌های اسلامی نسبت به مخالفین مذهبی خود تحمل به‌مراتب زیادتری از حکام مسیحی نشان دادند. کم نبودند اقلیت‌های مسیحی که به دلیل مخالفت با کلیسا یا حکام مسیحی مجبور می‌شدند که سرزمین خود را ترک کرده و در گوشهٔ دیگری صدها کیلومتر دورتر زندگی کنند. حتی در مواردی حکومت‌های مختلف مسیحی و یا کلیسای حاکم، مخالفین مسیحی خود را بر کشتی سوار و به سرزمین‌های دورتر تبعید می‌کردند. به هر تقدیر و صرف‌نظر از آن که علل و عوامل چه بودند، واقعیت این‌گونه شد که اشاعه و بسط مسیحیت توسط افراد و اعضای معمولی کلیساها و فرق مختلف مسیحیت صورت گرفت و این پدیده از همان ابتدای ظهور مسیحیت تا به امروز ادامه داشته است.

به هرحال بر اثر مجموعه‌ای از علل و عوامل محیطی – اقلیمی، اروپاییان از آغاز پیدایش تمدنشان رو به دریا گذاردند و مردمانی دریانورد شدند. در ابتدا، دریانوردی اروپاییان بیشتر

به منظور برآوردن پاره‌ای نیازهای فوری‌ترشان همچون تهیهٔ غذا، دست‌یابی به منابع، امکانات و مناطق دیگر و بالاخره تجارت با شرق بود. اما به‌تدریج و بالاخص از قرون وسطی به بعد دریا بدل به بزرگ‌ترین و در عین حال حیاتی‌ترین عامل ارتباطی اروپا با جهان شد. سؤال اساسی این است که تحولات بین شرق و غرب چه تأثیری بر این پدیده گذارد و متقابلاً دریانوردی اروپا و وابستگی هرچه بیشتر اروپاییان به دریا چه نقشی در شکل روابط بعدی بین شرق و غرب پیدا کرد.

جنگ‌های صلیبی؛ نخستین دوررویارویی‌های بین اسلام و اروپا (۷۰۰ - ۴۹۵ هـ./۱۳۰۰ - ۱۰۹۵ م.)

در فصل اول گفتیم که امپراتوری روم سرانجام به دو تکهٔ شرقی و غربی تقسیم شد. تکهٔ شرقی که ما آن را به نام امپراتوری بیزانس می‌شناسیم از ماورای قفقاز، گرجستان، ارمنستان امروزی شروع می‌شد و با گسترش به سمت جنوب و غرب شامل ترکیه، خاورمیانه، یونان و بالکان می‌شد. زمانی که اسلام در قرن هفتم ظهور و شروع به گسترش به خارج از شبه جزیرهٔ عربستان کرد، در شرقش ایران و در شمال آن امپراتوری بیزانس قرار داشت. بنابراین از همان ابتدای گسترش اسلام، مسلمین رودرروی بزرگ‌ترین قدرت مسیحی زمان خود قرار گرفتند. اولین پیروزی‌های عمدهٔ مسلمین بر امپراتوری بیزانس در زمان ابوبکر تحقق یافت که در طی آن سوریه، مناطقی از جنوب ترکیه و لوانت (از جمله بخش‌هایی از فلسطین امروزی) به تصرف مسلمین درآمد. عُمَر کار پیشروی اسلام را با تلاش‌های بی‌وقفه ادامه داد و سرانجام مسلمین در سال ۶۳۸ م. (۱۶ هـ.) بیت‌المقدس را تصرف نمودند. بیت‌المقدس و مناطق اطراف آن برای مسیحیان مقدس‌ترین مکان است و بالطبع حاکمیت مسلمین بر آن (که از دید مسیحی‌ها کافر محسوب می‌شدند) خالی از اشکال نبود. مسیحیان در حقیقت بیت‌المقدس و فلسطین را **سرزمین مقدس**[1] می‌نامند. جدای از مسیحیان، «سرزمین مقدس» هم‌چنین برای یهودیان نیز مقدس‌ترین مکان دینی محسوب می‌شود. از آن‌جاکه مسیحیان و یهودی‌ها از نظر اسلام اهل کتاب محسوب می‌شوند لذا مسلمین پس از تصرف بیت‌المقدس بردباری و تحمل زیادی نسبت به اهل کتاب از خود نشان دادند. به‌علاوه از آن‌جا که بیت‌المقدس هم قبله‌گاه اول مسلمین بود و هم محل معراج حضرت رسول‌الله، بنابراین برای

1 - the Holy Land

سرزمین مقدس در قرن یازدهم میلادی شامل فلسطین
(کرانه غربی رود اردن، نوار غزه و جنوب لبنان امروزی)

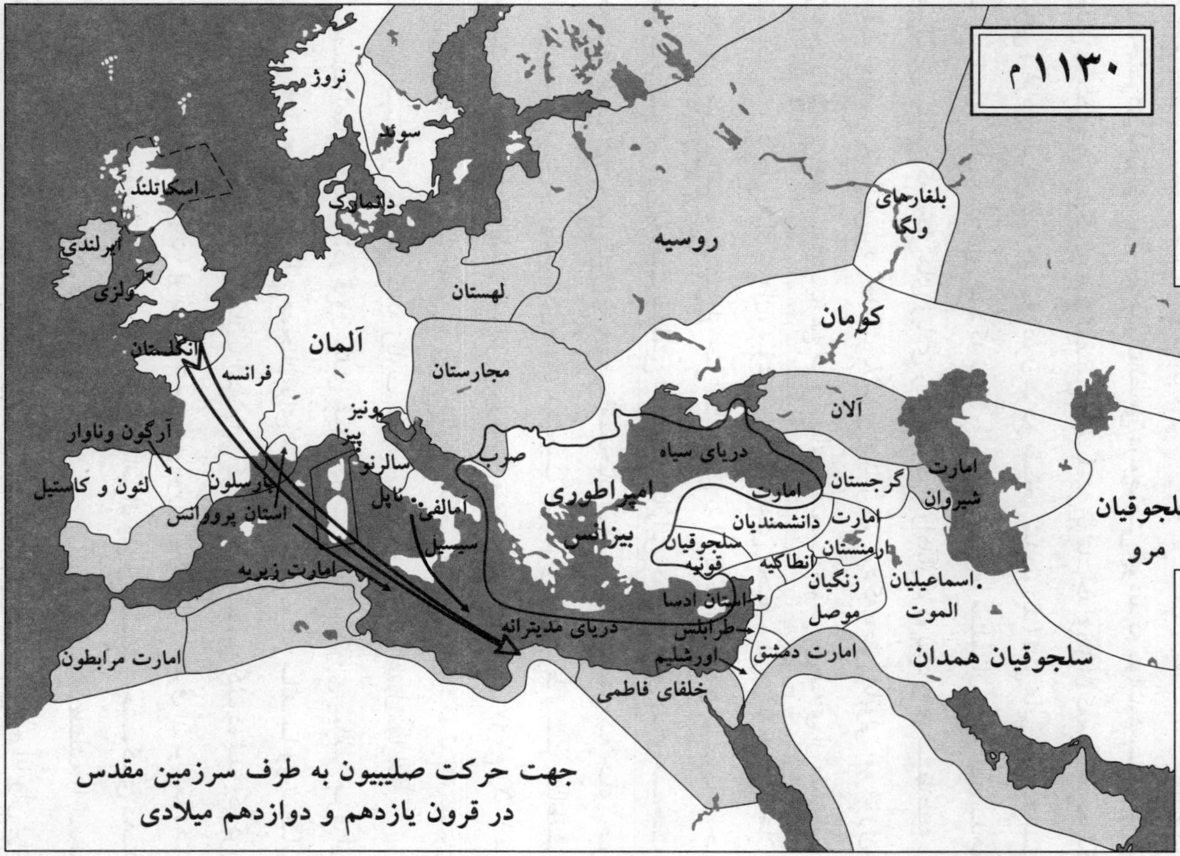

جهت حرکت صلیبیون به طرف سرزمین مقدس
در قرون یازدهم و دوازدهم میلادی

مسلمین نیز مکان بسیار مقدسی محسوب می‌شد. مجموعهٔ عوامل فوق باعث می‌شدند تا مسلمین رفتار شایسته و معقولی در سرزمین مقدس از خود نشان دهند. علی‌رغم همهٔ اینها، حاکمیت مسلمین بر سرزمین مقدس برای مسیحیان چندان قابل پذیرش نبود. اما با وجود دل ناخشنودی‌شان آنان به لحاظ قدرت نظامی در وضعیتی نبودند که بتوانند دست به حرکت جدی به منظور باز پس‌گیری بیت‌المقدس از مسلمین بزنند. جدای از آن که میان هر دو تکهٔ شرقی و غربی امپراتوری روم (که اکنون هر دو مسیحی شده بودند) تنش‌هایی وجود داشت، موازنهٔ نیروهایشان به‌گونه‌ای نبود که توان رویارویی جدی با مسلمانان را به آنان بدهد. امپراتوری بیزانس که بخش‌های زیادی را به مسلمین واگذار کرده بود و در قسطنطنیه به حالت محاصره به سر می‌برد، حداکثر تلاش و امیدش این بود که بخش آناتولی امپراتوری را از هجوم مسلمین حفظ نماید. بخش غربی دنیای مسیحیت هم در ورطه‌ای از مبارزات و کشمکش‌های داخلی میان شاهان، سرداران و فئودال‌های مختلف فرورفته بود. به‌علاوه اسلام در زمان بنی‌امیه با گذشتن از جبل‌الطارق پای به اروپا گذارده بود و اسپانیا تا نواحی جنوب فرانسه امروزی به‌دست مسلمین افتاده بود. بنابراین چه برای شرق دنیای مسیحیت و چه برای غرب آن، بازپس‌گیری یا به تعبیر مسیحیان «نجات» بیت‌المقدس که جای خود داشت، مسئلهٔ فوری و مهم‌تر برای جهان مسیحیت جلوگیری از سقوط بیشتر مناطقشان به‌دست مسلمین بود. شارلمان امپراتور نیرومند و مقتدر غرب در سال ۷۹۷م. (۱۷۵ هـ.) هیأتی را به بغداد اعزام و با خضوع و خشوع از خلیفهٔ مسلمین تقاضا کرد که توجه بیشتری نسبت به امنیت زوار مسیحی که به زیارت سرزمین مقدس می‌رفتند اعمال نمایند.[1]

مصاف اصلی مسلمین در قرون بعدی عمدتاً در شرق و یا امپراتوری بیزانس بود، اما علی‌رغم تلاش‌هایشان آناتولی همچنان برای مسلمین تسخیرناپذیر ماند. با ورود قبایل آسیای مرکزی به ایران و گرویدنشان به اسلام این گره نیز برای مسلمین گشوده شد. اگر گروه اول ترکان مهاجم (غزنویان) توانستند قلمرو امپراتوری اسلام را در مشرق آن توسعه دهند، گروه بعدی (سلاجقه) توانستند مرزهای غربی امپراتوری را گسترش چشم‌گیری دهند. اگرچه قبایل ترک و ترکمن موفق نشدند قلب امپراتوری بیزانس یعنی قسطنطنیه را تسخیر نمایند و این پیروزی برای ترکان عثمانی در قرن پانزدهم ماند، اما بخش اعظم آناتولی برای نخستین بار به‌دست مسلمانان افتاد. در نبرد تاریخی و معروف «ملازگرد» (نزدیک دریاچهٔ

---

1 - op. cit., Fisher and Ochsenwald, p. 72.

وان در ترکیهٔ امروزی) در سال ۱۰۷۱ م. (۴۶۴ هـ.)، آلب ارسلان پادشاه سلجوقی شکست سنگین و به دور از انتظاری بر امپراتور مسیحی بیزانس وارد نمود و عملاً آسیای صغیر به‌دست مسلمین افتاد.

نبرد ملازگرد بزرگ‌ترین واقعهٔ سیاسی در جهان آن‌روز بود. اگرچه همان‌طور که پیش‌تر اشاره کردیم میان حکام مختلف مسیحی غرب اروپا و امپراتوری مسیحی بیزانس در شرق آن انس و الفت چندانی وجود نداشت و فی‌الواقع هر از گاهی بین آنان تخاصماتی نیز صورت می‌گرفت اما به هرحال سقوط آناتولی و افتادن بخش‌های بزرگی از جهان مسیحی آن‌روز به‌دست مسلمانان خبر ناگواری برای هم‌کیشان مسیحی آنان در غرب بود. آن‌چه به این ناگواری دامن می‌زد اخباری بود که حکایت از تضییقات و فشارهای مسلمین بر مسیحیان می‌نمود. این‌که این اخبار تا چه حد درست بود قابل بحث است، اما اکنون ما می‌دانیم که اساساً با به‌قدرت رسیدن قبایل آسیای مرکزی تمایلات و گرایشات زیادی به تعصب و سخت‌گیری‌های مذهبی در جهان اسلام ظاهر گردید. به هر حال سقوط آناتولی به‌دست مسلمین برای مسیحیان یادآور از دست دادن سرزمین مقدس بود و یک‌بار دیگر احساسات مذهبی آنان را جریحه‌دار نمود. اما همان‌طور که در مرتبهٔ قبلی نتوانسته بودند واکنش چندانی نشان دهند، این بار نیز وضع چندان تفاوتی با گذشته نداشت. اگر در سقوط سرزمین مقدس، آنان با نیروی مسلمین در قالب قبایل عرب روبه‌رو بودند، این بار قبایل ترک با فراهم آوردن و تشکیل یک نیروی نظامی عظیم و کارا همان جریان را در بخش مهم دیگری از جهان مسیحیت تکرار کرده بودند و همان‌طور که در قرن هفتم مسیحیان نتوانسته بودند در مقابل نیروی متشکل قبایل عرب تحرک چندانی از خود نشان دهند، این بار نیز خیل عظیم سپاهیان ترک و ترکمن امکان مقابلهٔ جدی را از آنان سلب می‌نمود. با این تفاوت که این‌بار چندان طولی نکشید تا نیروی نظامی چشم‌گیر مسلمین در معرض هرج و مرج و پریشانی قرار گرفت.

با گذری که در فصل سوم از چگونگی ظهور و افول قدرت‌های متکی به قبایل و گروه‌های صحرانشین داشتیم، می‌دانیم که معمولاً پس از آن که قدرت آنان در سایهٔ رهبری قدرتمند و متهور یکی از رؤسای خود به اوجش می‌رسید پس از مرگ یا سقوط وی، عصر افول آغاز می‌شد. منحنی سیر قدرت ترکمن‌ها نیز به نظر می‌رسد تابع چنین فرمولی بوده باشد. با مرگ ملکشاه سلجوقی در سال ۱۰۹۲ م. و قتل خواجه نظام‌الملک مغز متفکر سیاسی

و سازمان‌دهندهٔ نظام سلجوقیان به‌دست فرقهٔ اسماعیلیه، ماشین نیرومند و پرصلابت نظامی سلجوقیان به سرعت رو به فروپاشی گذارد. کشمکش‌های پایان‌ناپذیر میان مدعیان جانشینی سلاجقه (چه از درون خود ترکمن‌ها و چه از ناحیهٔ قبایل رقیب دیگر) در ایران و شرق امپراتوری اسلامی از یک‌سو و میان بغداد و حکومت شیعی فاطمیون در مصر و خاورمیانه از سویی دیگر، برای نخستین بار شکاف‌هایی را برای ورود نیروهای خارجی به درون امپراتوری اسلام پدید آورد. از صدر اسلام به این طرف برای نخستین بار بود که کلیسا و حکام مسیحی احساس می‌کردند که برای بازپس‌گیری سرزمین مقدس موقعیت مناسبی برایشان به‌وجود آمده است.

اولین دسته‌های داوطلبین مسیحی متشکل از گروه‌ها و ملیت‌های مختلف در سال ۱۰۹۵م. (۴۸۸ هـ.) به سمت سرزمین مقدس به راه افتادند. برخی از طریق دریا و برخی از راه خشکی از طریق ترکیهٔ امروزی به لبنان، سوریه و نهایتاً فلسطین رسیدند. به دنبال جنگ‌ها و محاصره‌های طولانی سرانجام پیکارگران مسیحی که بر خود نام جهادگران مسیحی[1] گذارده بودند و در تاریخ به نام صلیبیون معروف شدند در سال ۱۰۹۹ م. بیت‌المقدس را تصرف نمودند. اما حاکمیت آنان بر خاورمیانه چندان پایدار نماند. خاورمیانه‌ای که صلیبیون در انتهای قرن یازدهم بر آن دست یافته بودند با خاورمیانه‌ای که در زمان خلافت عمر در نیمهٔ اول قرن هفتم از دست داده بودند تفاوت‌های بنیادی پیدا کرده بود. در طی این چهار و نیم قرن نه تنها بخش عمده‌ای از خاورمیانه مسلمان شده بود بلکه به دلیل آن که سرزمین مقدس عملاً بخشی از امپراتوری اسلام شده بود، با شرق ارتباط و پیوستگی بنیادی پیدا کرده بود. بنابراین حکام مسیحی و جمعیت‌های همراهشان (اعم از نیروهای رزمنده و مردمان عادی) عملاً خود را در سرزمین دشمن احساس می‌کردند. مناطقی را که به تصرف خود درآورده بودند همچون جزایری بود که اطراف آن را مسلمانان احاطه کرده بودند. بنابراین با ساختن قلعه و دژهای مستحکم که آثار برخی از آنها حتی امروزه هم در سوریه، لبنان و فلسطین به چشم می‌خورد سعی کردند جلوی حملات تلافی‌جویانهٔ مسلمین را سد نمایند. به‌علاوه با برخی از حکام مسلمان نیز پیمان دوستی و عدم تجاوز منعقد کردند.[2] مسلمین نیز با عقد پیمان با برخی از فرماندهان صلیبیون، خود را از شر فرمانروایان دیگر و همچنین رقبای

---

1 - Crusaders

2 - Ibid., p. 121.

هم‌کیش خود نیز در امان نگه می‌داشتند. بنابراین روابط بین شرق و غرب در قرن دوازدهم خلاصه می‌شد در مجموعه‌ای از جنگ‌ها و پیمان‌های صلح میان مسلمین و مسیحیان، در حالی‌که صلیبیون سعی می‌کردند پیروزی یا ورود خود را در خاورمیانه تثبیت نمایند.

اما از نیمهٔ دوم این قرن توان نظامی مسلمین مجدداً رو به صعود گذارد. این‌بار اتحادیه‌ای از قبایل کرد و عرب شمال بین‌النهرین و شام (سوریه) به رهبری رئیس قبیله‌ای لایق و متهور به نام صلاح‌الدین ایوبی شروع به پیشروی نمودند. نیروی جدید در سال ۱۱۷۱ م.(۵۶۴ هـ.) موفق شد نخستین پیروزی‌های مهم نظامی خود را به‌دست آورد. آنان موفق شدند قوای فاطمیون را شکست داده و بر صحرای سینا و مصر دست یابند. با اضمحلال فاطمیون، تسنّن مجدداً به این مناطق بازگشت و صلاح‌الدین توانست بسیاری از قبایل سنّی‌مذهب عرب را نیز همراه خود ساخته و در سال ۱۱۸۷ م. مسلمین مجدداً بیت‌المقدس را به تصرف درآوردند. اما با مرگ صلاح‌الدین در سال ۱۱۹۳ م.(۵۸۶ هـ.) ماشین نظامی مسلمین به‌تدریج رو به اضمحلال گذارد. به‌علاوه بایستی توجه داشت که اگرچه مسلمین توانستند بیت‌المقدس را از مسیحیان بازپس‌گیرند اما حکام مسیحی به بخش‌های مختلفی از حاشیهٔ لوانت (سوریه، لبنان و جنوب ترکیه) همچنان تسلط داشتند. بنابراین با فروپاشی فرماندهی نیروی مسلمین، صلیبیون تجدید قوا نموده و در سال ۱۲۲۹ م.(۶۲۲ هـ.) مجدداً بیت‌المقدس را تصرف کردند.

حاکمیت مجدد صلیبیون بر بیت‌المقدس تفاوت چندانی با حاکمیت بار اول آنان به بار نیاورد. به‌علاوه این بار صلیبیون با مشکل مهم دیگری نیز روبه‌رو بودند. جدای از اختلافات و رقابت‌هایی که بین سران مختلف فاتح مسیحی وجود داشت، اختلافات و کشمکش‌های موجود در میان قدرت‌های مختلف و رقیب اروپای فئودالی (همچون اختلافات دامنه‌دار میان جنوایی‌ها با ونیزی‌ها، پرتغالی‌ها با اسپانیایی‌ها، فرانسوی‌ها با انگلیسی‌ها، پادشاه این منطقه با فئودال آن یکی، یک اسقف با اسقف دیگر و ...) بالطبع بر روابط بین صلیبیون نیز اثر می‌گذارد و مانع از آن می‌شد تا فاتحین مسیحی بتوانند به صورت نیرویی یکپارچه و منسجم حاکمیت خود را بر خاورمیانه تثبیت نمایند. مجموعهٔ این عوامل باعث گردید تا مسیحیون علی‌رغم برتری نظامی‌شان نتوانند سرزمین مقدس را نگه دارند و مجدداً مسلمین در سال ۱۲۴۴ م.(۶۴۹ هـ.) بر آنان فایق شده و بیت‌المقدس را باز پس گرفتند.

دست به‌دست شدن سرزمین مقدس میان مسلمین و صلیبیون سرانجام در سال ۱۲۹۰ م.

(۶۹۵ هـ.) و با پیروزی کامل مسلمین بر نیروهای صلیبی خاتمه یافت. نیروی جدیدی که در جهان اسلام به قدرت رسیده و شکست قطعی و نهایی صلیبیون را به ارمغان آورده بود «مملوک‌ها» بودند. ماهیت اجتماعی این نیرو با غزنویان، سلاجقه و یا ایوبی‌ها تفاوت چندانی نداشت. آنان غلامان و بردگان ترک بودند که به عنوان برده و مزدور توسط حکام مسلمان خریداری شده و وارد خدمت نظام شده بودند. به دلیل استعداد درخشان ترکان در امر سپاهیگری و سوارکاری (که لازمهٔ صحرانشینی بود) بسیاری از آنان به درجات بالای نظامی رسیده و نیروهای زیادی، که اغلب نیز پایگاه اجتماعی‌شان مشابه خودشان بود، تحت امرشان قرار گرفته بودند. به‌علاوه پس از به قدرت رسیدن در مصر، آنان با خرید نیروهای جدید و تربیتشان موفق شدند نیروی نظامی قدرتمندی را در شمال آفریقا و خاورمیانه تشکیل دهند و در مقاطع بعدی بر بین‌النهرین و حجاز نیز تسلط یافتند و با شکست کامل و قطعی صلیبیون کنترل کامل خاورمیانه را نیز به‌دست گرفتند.

نخستین اقدام مملوک‌ها پس از بیرون راندن صلیبیون این بود که راه ورود مجدد آنان را از بین ببرند. از جمله این‌که کلیهٔ بنادر مشرف بر دریای مدیترانه را ویران کردند تا دیگر صلیبیون نتوانند از طریق مدیترانه به سرزمین مقدس لشکرکشی نمایند. آنچه مملوک‌ها درنیافته بودند این واقعیت بود که در فاصلهٔ دو قرن میان ۱۱۰۰ م. (حدوداً ۵۰۰ هـ.) که صلیبیون به سمت شرق و سرزمین مقدس به راه افتادند تا ۱۳۰۰ م. (۷۰۰ هـ.) که سرانجام بیرون رانده شدند این تماس دوقرنه با مشرق‌زمین آثار بلندمدتی را برای میهمانان ناخواسته و ناخوانده برجای گذارده بود. تأثیراتی که نه تخریب کلیهٔ بنادر و گذرگاه‌های خشکی و دریایی همچون لازقیه، طرابلس، جونیه، بیروت، صیدا، صور، عکّا، حیفا، اشداد، جبالیه، غزه و ... نه بیرون راندن صلیبیون از خاورمیانه قادر نبودند آنها را محو نمایند. تأثیراتی که اگر بگوییم زیربنای اروپای آینده و رنسانس را پایه‌گذاری نمودند سخنی به گزاف نگفته‌ایم.

تأثیرات بلندمدت هجوم صلیبیون بر شرق

جنگ‌های صلیبی مثل هر جنگ دیگری با کشتار، ویرانی، آوارگی انسان‌ها و تخریب امکانات اقتصادی همراه بود. اما بایستی توجه داشت که در طی این دو قرن پیوسته جنگ برقرار نبود. معمولاً پس از یک دوره جنگ و تفوق یک‌طرف، دوره‌ای از سکون و آرامش پیش می‌آمد تا دور بعدی که ممکن بود ده‌ها سال بعد صورت گیرد. با توجه به امکانات آن

زمان و این‌که مسیحی‌ها مجبور بودند نیروهای خود را از غرب اروپا راهی خاورمیانه نمایند، بعضاً بین دو دوره لشکرکشی ده‌ها سال فاصله می‌افتاد. در طی دوره‌های نسبتاً طولانی صلح، زندگی عادی، تجارت، کار و کسب و مراوده بین مردم علی‌رغم درگیری‌های پراکنده مجدداً به راه می‌افتاد. ***بنابراین جنگ‌های صلیبی تماس و مراودهٔ گسترده‌ای را برای نخستین بار میان اروپاییان و مسلمین با خود به دنبال آورد.***

نخست ببینیم تأثیر صلیبیون بر مسلمین چگونه بود. در مجموع بایستی گفت که صلیبیون از خود تصویری بسیار منفی بر جای گذاردند؛ تصویری آکنده از توحش، خونریزی و بربریت. از دید مسلمین آنان اقوام و ملل وحشی بودند که به‌جز قتل و غارت و جنگیدن هنر دیگری نداشتند. بالطبع سرزمینی که این اقوام از آن می‌آمدند نیز برای مسلمین به مثابه سرزمینی تاریک با مردمانی وحشی بود که هیچ چیزی برای آموختن و یا عرضه به دیگران نداشت. آنان نه تنها نسبت به مسلمین رفتارشان وحشیانه و ویرانگر بود بلکه با مسیحیان شرقی (بیزانس) نیز در موارد زیادی همان رفتار را نشان می‌دادند. به عنوان مثال، در جریان چهارمین هجوم خود به شرق، صلیبیون وارد قسطنطنیه (استانبول)، مرکز بیزانس، شدند و با خود موجی از ویرانی و غارت به همراه آوردند. سربازان مسیحی کاتولیک بسیاری از کلیساها، صومعه‌ها و دیرهای هم‌کیشان ارتودوکس خود را ویران نمودند، آیین عبادت کلیساهای ارتودوکس را به اجبار به طریق کاتولیک درآوردند، جواهرات و اشیای قیمتی کلیساها را به تاراج بردند، کتب زیادی را به همراه کتابخانه‌ها از بین بردند و بسیاری از آثار فرهنگی و هنری بیزانس را نابود ساختند.[۱] رفتار صلیبیون با یهودی‌ها نیز بهتر نبود. برخورد آنان بالاخص در مواقعی که در حال عقب‌نشینی بودند بدتر نیز می‌شد و عملاً هرچه بر سر راهشان بود یا به غنیمت گرفته می‌شد یا منهدم می‌گردید. بنابراین این‌که مملوک‌ها سعی کردند با ویران نمودن بنادر خاورمیانه راه بازگشت آنان را ببندند کاملاً قابل درک است.

تمایل به نظامی‌گری و به تعبیر امروزه میلیتاریزه شدن مسلمانان در خاورمیانه و شمال آفریقا پیامد دیگر هجوم صلیبیون بود. از آن‌جا که به دلیل ساختار جغرافیایی و اجتماعی خاورمیانه نیروهای نظامی خاستگاه قبیلگی داشتند بنابراین با اهمیت یافتن نظامی‌گری بالطبع قبایل و نیروهای اجتماعی نه چندان پیشرفته‌تر جامعه، بر هرم قدرت دست یافتند. اگر در شرق امپراتوری اسلام (ایران و ماوراءالنهر) قبایل ترک، ازبک، تاتار، ترکمن صاحب

---

1 - Ibid., p. 143.

قدرت بودند، در غرب و شمال آن نیز قدرت نظامی در دست قبایل بود. قدرت مرکزی سیاسی اسلام در قالب دستگاه دارالخلافه در بغداد در میان این دو نیرو مجبور به همزیستی شده بود، در عین حال که سعی می‌کرد حتی‌الامکان درجه‌ای از حاکمیت سیاسی و بعضاً شرعی خود را نیز اعمال نماید، حاکمیتی که به‌تدریج از قرن یازدهم محدود به بغداد و بخش کوچکی از مرکز امپراتوری در منطقهٔ بین‌النهرین می‌شد. بیرون از این محدودهٔ کوچک (در مقایسه با بخش عظیم و گستردهٔ دیگر جهان اسلام) حاکمیت مرکز اسلام عملاً دیگر سمبولیک و اسمی بود. دستگاه حاکمیت اسلام بدل شده بود به یک مقام تشریفاتی **مشروعیت‌بخشی** به این سردار ترک یا آن یکی، به این رئیس قبیلهٔ ترکمن یا کرد یا آن یکی. به عبارت دیگر، دو نیروی عمده‌ای که هر دو نیز منشأ اجتماعی‌شان یکسان و صحرانشین بود همچون دو تیغهٔ قیچی از قرن یازدهم به بعد جهان اسلام را از شرق و غرب آن در میان خود گرفتند. در میان این دو نیرو، دستگاه خلافت عباسی قرار گرفته بود که به زحمت سعی می‌کرد رهبری خود را بر جهان اسلام اعمال نماید. اما با وجود این تلاش‌ها در اواسط قرن سیزدهم، زمانی که مغولان بر بغداد دست یافتند، با قتل خلیفه و برچیدن کامل دستگاه خلافت در سال ۱۲۵۸ م. (۶۶۳ هـ.) عملاً مرکزیت و رهبری جهان اسلام که از زمان حضرت رسول‌الله به‌وجود آمده بود از میان رفت. شاید از این نظر که دیگر رهبری واحد و مرکزیتی وجود نداشت، استفاده از لفظ ***جهان اسلام یا امپراتوری اسلام*** از نیمهٔ دوم قرن سیزدهم میلادی (قرن هفتم هجری) دیگر بی‌معنا باشد. چون آن‌چه از این برهه به بعد وجود داشت مجموعه‌ای از قدرت‌های ریز و درشت اما تکه پاره شدهٔ جهان اسلام سابق بود که اینجا و آن‌جا تحت عنوان ایوبی‌ها، مملوک‌ها، صفویه‌ها، عثمانی‌ها، تیموریان، مغول‌ها در هند و ... به نام یا بی‌نام اسلام مستقل و غالباً نیز در پیکار با یکدیگر اعمال قدرت می‌کردند.

در فصول سوم و چهارم ما تبعات بلندمدت سیاسی، اجتماعی و اقتصادی حکومت قبایل را بر شرق امپراتوری اسلام (ایران) مورد بررسی قرار دادیم. به نظر نمی‌رسد سرنوشت بخش غربی و شمالی امپراتوری اسلام تحت حکومت قبایل چندان متفاوت از ایران بوده باشد. فی‌الواقع از زمان فروپاشی فاطمیون در مصر، تمامی قدرت‌هایی که در شمال و غرب امپراتوری اسلام (خاورمیانه، جنوب ترکیه و شمال آفریقا) به قدرت رسیدند بدون استثنا، منشأ قبیلگی داشتند (ایوبی‌ها، مملوک‌ها و بعداً ترکان عثمانی) با تمام مشکلات و موانعی که بافت اجتماعی و نظام قبیلگی بر سر راه پیشرفت و توسعه قرار می‌دهد. بنابراین تأثیر

کوتاه‌مدت هجوم صلیبیون بر شرق را می‌توانیم تخریب و غارت به حساب آوریم. اما در بلندمدت تأثیر این هجوم‌ها به صورت «میلیتاریزه» شدن جامعهٔ مسلمین در شمال و غرب آن بود. و از آن‌جا که مهم‌ترین و اصلی‌ترین نیروی نظامی در آن عصر قبایل بودند، می‌توان گفت که ***نتیجهٔ بلندمدت هجوم صلیبیون به قدرت رسیدن و حاکمیت قبایل در مهم‌ترین و به تعبیر امروزه استراتژیک‌ترین مناطق امپراتوری اسلام بود. با تمامی تبعات منفی که تکیه بر قدرت این نیروها به دنبال آورد.***

***

اگر جنگ‌های صلیبی چندان تبعات مثبتی برای مسلمین به همراه نداشت برای اروپاییان درست برعکس بود. گفتیم که تماس با اروپاییان، مسلمین را به این باور رساند که «فرانک‌ها»[1] به‌جز توحش چیز دیگری ندارند. بالطبع سرزمین یا سرزمین‌هایی که این مردمان نیمه‌وحشی از آن سرازیر شده بودند به‌جز تاریکی و توحش ارمغان دیگری نداشتند. بنابراین از دید مسلمین بهترین واکنش آنان در مقابل این مردمان آن بود که درِ جوامع خود را به روی آنان ببندند. اما چه تصویری برای طرف مقابل یعنی صلیبیون وجود داشت؟ پاسخ کوتاه این است که تصویر آنان از شرق درست در نقطهٔ مقابل مسلمین قرار داشت. شرق برای آنان سرزمین شکوه، افسانه، هزار و یک شب، ابریشم، شال کشمیر، پارچه‌های زربفت سمرقند و بخارا، اسب‌های بادپا، سلاح‌های فولادی پیشرفتهٔ شام، انواع و اقسام گیاهان طبی، ادویه‌جات معطر، غذاهای متنوع مطبوع، لعل، یاقوت، زمرّد، طلا و جواهر و در یک کلام سرزمین ثروت بود؛ سرزمینی بود مملو از کالای طبیعی و تولیداتی که برای هر متاع آن بازار گرمی در اروپا وجود داشت. صدها هزار اروپایی که در طی این دو قرن مدتی را در شرق گذراندند بعد از بازگشت به موطن خود مصرف‌کننده و مبلغ کالاهای شرقی شدند. البته قبلاً نیز تجارت بین شرق و غرب وجود داشت، اما جنگ‌های صلیبی باعث گردید تا آشنایی و مصرف کالاهای شرقی در اروپا به یک‌باره افزایش زیادی پیدا کند. اگر تا قبل از جنگ‌های صلیبی، مصرف‌کنندگان کالای شرقی را عمدتاً اریستوکراسی و اعیان و اشراف غربی تشکیل می‌دادند، پس از پایان این جنگ‌ها بسیاری از مردم معمولی نیز طعم کالای شرقی را چشیده و جزء مصرف‌کنندگان آنها شده بودند. به زودی به همراه دسته‌های اولیهٔ «جهادگران صلیبی»

---

۱ – «فرانک» که گرفته شده از اقوام «فرنک» غرب و شمال اروپا است و امروزه بخشی از فرانسه را تشکیل می‌دهد، لفظی بود که مسلمین برای نامیدن صلیبیون از آن استفاده می‌کردند.

صدها تاجر ونیزی، جنووایی، سیسیلی، فلاندرزی (بلژیکی)، فرانکی (فرانسوی)، انگلیسی و... نیز رهسپار شرق شدند. اگر هم برای شماری از صلیبیون اولیهٔ هجوم به شرق به منظور بازپس‌گیری سرزمین مقدس از مسلمین و بازگرداندن آن به مسیحیان بود، به‌زودی معلوم شد که این پیکار جدای از بُعد الهی آن، دربرگیرندهٔ بُعد مادی چرب و قابل توجهی نیز هست. بنابراین مرز بین ایثار و پیکار برای امر دین با مرز بین پیکار برای ثروت و به‌دست آوردن مال و غنایم درهم آمیخت و اگر بگوییم بسیاری از صلیبیون بعدی بیشتر به انگیزهٔ ثروت و افسانهٔ شرق راهی سرزمین مقدس شدند تا عشق و انگیزهٔ بازپس‌گیری سرزمین مقدس، سخنی به گزاف نگفته‌ایم. بنابراین به موازات آمدن صلیبیون به شرق، تجارت نیز به‌نحو فزاینده‌ای میان شرق و غرب گسترش یافت.

تأثیر بنیادی و سرنوشت‌ساز دیگری که تماس با شرق برای اروپا به‌وجود آورد آگاهی و آشنایی با علوم و تکنولوژی، فرهنگ و تمدن پیشرفتهٔ جامعهٔ اسلامی آن‌روز بود. لغات و اصطلاحاتی همچون «صفر»، «لگاریتم»، «الجبرا» (جبر)، «شیمی»، «الکل»، «الگاریتم»، «اسطرلاب» که امروزه در زبان‌های اروپایی عیناً با همان تلفظ عربی آنها یا با اندکی تغییر به کار می‌روند نشان‌دهندهٔ عمق تأثیر فرهنگ و تمدن اسلام بر اروپاست. فرهنگ و تمدن یونانی، ایرانی، سریانی (شامی)، بیزانسی، هندی و چینی که وارد جهان اسلام شده بود و در عصر طلایی قوام یافته و پیشرفت نموده بود از طریق جهان اسلام به اروپا رفت. اگر مسلمین مجبور بودند علوم و دانش را از زبان‌های مختلف فراگیرند و به زبان عربی ترجمه نمایند، برای اروپاییان حتی این زحمت هم وجود نداشت. آنان مجبور نبودند فارسی (پهلوی)، سانسکریت، یونانی، عبری، سریانی و زبان‌های دیگر شرقی را بدانند تا به علوم دست یابند. این زحمت را مسلمین سه قرن قبل از آمدن اروپاییان به خاورمیانه کشیده بودند. بنابراین صرف آگاهی از زبان عربی کافی بود تا درِ گنجینهٔ قرن‌ها علم و معرفت به روی اروپاییان گشوده شود. گنجینه‌ای که در طی دو قرن تماس صلیبیون و مسلمانان بر روی اروپاییان گشوده شد و زمینه‌های اصلی پیدایش و جوانه زدن رنسانس و انقلاب علمی را در غرب به‌وجود آورد.[1]

پیامد مهم و تاریخی بعدی که در نتیجهٔ جنگ‌های صلیبی به بار آمد عبارت بود از گسترش و نیرومندتر شدن اروپاییان در دریا؛ عاملی که در قرون بعدی مهم‌ترین و

1 - Ibid., p. 121.

سرنوشت‌سازترین تأثیر را بر روابط میان شرق و غرب داشت. زیرا تسلط و تفوق بی‌چون و چرای غربی‌ها بر دریا راه را برای نفوذ و حضور بعدی آنان در شرق و نهایتاً سلطهٔ آنان بر مشرق‌زمین هموار ساخت. از آن‌جا که تسلط غربیان بر دریا که در طول قرون وسطی شکل گرفت نتایج سرنوشت‌ساز و تاریخی را در روابط بین شرق و غرب بر جای گذاشت، لازم است آن را قدری عمیق‌تر مورد بررسی قرار دهیم.

چگونگی و علل مسلط شدن اروپاییان بر دریا در طول قرون وسطی

در طی دو قرنی که تهاجم صلیبیون برای بازپس‌گیری سرزمین مقدس در جریان بود نیروی دریایی اروپاییان گسترش قابل ملاحظه‌ای یافت. اسباب و علل این گسترش متعدد بود. اولاً مسیر اصلی حرکت صلیبیون به شرق از طریق دریا بود. حمل و نقل صلیبیون پیکارگر به‌علاوه ساز و برگ نظامی، آذوقه، اسب‌ها و چهارپایان باربر و به تعبیر امروزه لجستیک، نیاز به کشتی‌های بزرگ‌تر و به لحاظ نظامی مجهزتری را به‌وجود آورد.

به‌علاوه با تصرف بخش‌هایی از خاورمیانه و نهایتاً بیت‌المقدس، هزاران هزار زایر مسیحی از اروپا عازم سرزمین مقدس می‌شدند. نقل و انتقال آنان عامل دیگری برای نیاز به کشتی‌های بیشتر، بزرگ‌تر و سریع‌تر و افزایش حجم مبادلات دریایی گردید. و بالاخره تجار اروپایی موفق شدند از فرماندهان و شاهان فاتح مسیحی امتیازات مهمی برای انحصار تجارت بین شرق و غرب اخذ نمایند. این امتیازات باعث شد تا تجار اروپایی از رقبای مسلمان خود جلو بیفتند و عملاً انحصار تجارت دنیای آن‌روز در مدیترانه که قلب تجارت جهان آن‌روز بود به‌دست اروپاییان افتاد. به این معنا که تا قبل از آمدن صلیبیون به شرق، انتقال مال‌التجاره تا دریای مدیترانه برعهدهٔ مسلمین بود و از آن‌جا به بعد برعهدهٔ تجار اروپایی گذاشته شد. اما همان‌طور که پیش‌تر نیز اشاره داشتیم، با ورود قوای صلیبیون به خاورمیانه خیل تجار اروپایی نیز به همراه آنان وارد شرق شدند و عملاً بخشی از تجارت را در منطقه به انحصار خود درآوردند. بالطبع آنان برای حمل و نقل کالا به سراغ کشتی‌ها و دریانوردان اروپایی رفتند ضمن آن که عبور و مرور کشتی‌ها در غرب مدیترانه و در حوزهٔ جبل‌الطارق عمدتاً در دست دریانوردان اروپایی بود.

درک این‌که چرا جنگ‌های صلیبی باعث گسترش و پیشرفت چشم‌گیر نیروی دریایی اروپاییان شد در حالی‌که نیروی دریایی مسلمین تحول خاصی را در این دو قرن پیدا نکرد، به

نظر نمی‌رسد چندان پیچیده باشد. دست‌یابی یا راه رسیدن مسلمانان و اروپاییان به سرزمین مقدس یا در حقیقت صحنهٔ نبرد از دو مسیر کاملاً متفاوت بود: مسلمین از راه خشکی و مسیحیان از راه دریا. بنابراین در طی این دو قرن، نیروی دریایی اروپاییان گسترش قابل ملاحظه‌ای نمود در حالی‌که نیروی دریایی مسلمین به دلیل عدم نیاز تحول خاصی نیافت. برعکس، قوای زمینی آنان بود که به‌تدریج گسترش یافت و همان‌طور که دیدیم در نهایت توانست تمامی صلیبیون را از سرزمین مقدس بیرون رانده و حاکمیت بی‌چون و چرای مسلمانان را پس از دو قرن مجدداً بر تمامی مناطق خاورمیانهٔ امروزی تا مرزهای امپراتوری بیزانس (جنوب ترکیه) برقرار کند.

اما تحول اصلی، تحولی که بازتاب آن بلندمدت بود، در دریا صورت گرفت. در حالی‌که تا قبل از این دو قرن نیروی دریایی اروپاییان نسبت به مسلمین برتری خاصی نداشت و حتی در حوزهٔ مدیترانه که مرکز اروپای آن‌روز بود نیروی دریایی مسلمین توانسته بود به عنوان یک نیروی قوی به تعبیر امروزه «حضور فعالی» داشته باشد و شکست‌های سنگینی هم در جریان تصرف جزایر قبرس، سیسیل، جبل‌الطارق و سواحل اسپانیا بر اروپاییان وارد کند، اما در طی این دو قرن و بنابر عواملی که دیدیم، این موازنه به‌تدریج به نفع غربیان تغییر یافت. نقطهٔ عطف عصر جدید را به بهترین شکل خود می‌توانیم در انتهای قرن سیزدهم ملاحظه کنیم. در سال ۱۲۹۳ م. (۶۹۲ هـ.) نیروی دریایی متحد جنووا و پرتغالی‌ها شکست سنگین و قطعی در جبل‌الطارق بر مسلمین (ایوبی‌ها) وارد ساختند؛ شکستی که در حقیقت سرآغاز تحولی جدید در روابط بین شرق و غرب بود.

روند پیش افتادن دریایی اروپاییان علی‌رغم رانده شدنشان از سرزمین مقدس در عصر بعد از جنگ‌های صلیبی هم ادامه یافت. آن‌چه باعث این گسترش، و حتی شاید بتوان گفت سرعت یافتن آن شد تسلط مملوک‌ها بر خاورمیانه بود. زیرا این تسلط برای اروپاییان و ارتباط آنان با شرق مشکلات فراوانی پیش آورد. گفتیم که مملوک‌ها برای برطرف نمودن تهدید آتی اروپاییان، تمامی بنادر و اسکله‌های منطقهٔ لوانت (جنوب ترکیه، لبنان، سوریه و فلسطین) را منهدم نمودند. اگرچه آنان توانستند با این حرکت راه‌های ورود از دریا را به روی اروپاییان ببندند اما این تصمیم عملاً بخش عمده‌ای از تجارت مابین شرق و غرب را نیز مسدود نمود. با از میان رفتن مسیر اصلی تجارت میان شرق و غرب، تجار مجبور بودند از دو مسیر باقی‌ماندهٔ دیگر استفاده نمایند. مسیر شمالی که از تبریز به آسیای صغیر امتداد

[illegible]

نیز کارنامهٔ آنان چندان درخشان‌تر از دولت‌های دیگری که تجارت و اقتصاد را به‌دست خود می‌گیرند نبود. مضافاً این‌که آنان اولاً به امر اقتصاد و تجارت آشنایی قبلی نداشتند، ثانیاً به عنوان فرمانروایی غریبه و غیرمحلی، مملوک‌ها تا به آخر فرمانروایی‌شان نیز نتوانستند انس و الفت چندانی میان خود و مردم محلی اعم از اعراب یا بومیان مصر و شمال آفریقا ایجاد کنند. سیاست‌های اقتصادی مملوک‌ها به‌تدریج آثار و تبعات منفی خود را بروز داد و امپراتوری مقتدر و بزرگی را که گرد هم آورده بودند از درون ضعیف و آسیب‌پذیر ساخت.[۱]

بروز طاعون در اواسط قرن چهاردهم ضربهٔ دیگری بر پیکر مملوک‌ها بود. بین ۱۳۵۰ – ۱۳۴۷ م. (۷۴۹ – ۷۴۶ هـ.) که شیوع طاعون در اوجش بود از جمعیت نیم‌میلیونی قاهره ۲۰۰/۰۰۰ نفر یا ۴۰٪ جمعیت از بین رفتند. با توجه به این‌که اکثر آنان شهرنشین بودند و در صنعت و تجارت آن‌روز کار می‌کردند این مصیبت نیز تأثیر مخربی بر ساختار اقتصادی مسلمین وارد آورد.[۲]

اما آن مقدار که به بحث ما مربوط می‌شود بیشتر روابط میان مملوک‌ها با اروپاییان است. مملوک‌ها که متوجه شده بودند با تخریب بنادر لوانت، قاهره تنها راه تجارت بین شرق و غرب است عملاً از هیچ فشاری برای اخذ مالیات و عوارض هرچه بیشتر از اروپاییان فروگذار نکردند.[۳] آنان گاو شیردهٔ عوارض و مالیات را آن‌قدر دوشیدند تا نه تنها دیگر شیری نداشت بلکه پستان‌هایش خشک شده و از میان رفت.

اخذ عوارض فزاینده بر صادرات و واردات اروپاییان باعث افزایش قیمت‌ها می‌شد که خواه ناخواه بر بازار فروش و مصرف تأثیر منفی می‌گذارد. بنابراین اروپاییان به‌تدریج احساس می‌کردند که برای نجات تجارت خود با شرق و رهایی از چنگال مملوک‌ها چاره‌ای ندارند به‌جز آن که هرطور شده راه دیگری برای ارتباط با شرق پیدا کنند.

رشد قابل توجه توان دریایی اروپاییان در دو قرن گذشته و شکست مسلمین در دریا در دههٔ پایانی قرن سیزدهم عواملی بود که باعث می‌شد تا اروپاییان در دریا از حس اعتماد به نفس نسبتاً بالایی برخوردار باشند. با توجه به این واقعیت که جز دریا راه دیگری برای دسترسی به شرق وجود نداشت، دریانوردان اروپایی از نیمهٔ دوم قرن چهاردهم به‌تدریج به

---

1 - Janet L. Abu-lughad, ***Before European Hegemony: The World System A.D. 1250-1350***, Oxford University Press (U.K., 1989), pp. 236-240.

2 - Ibid., p. 237.

3 - Ibid., p. 240.

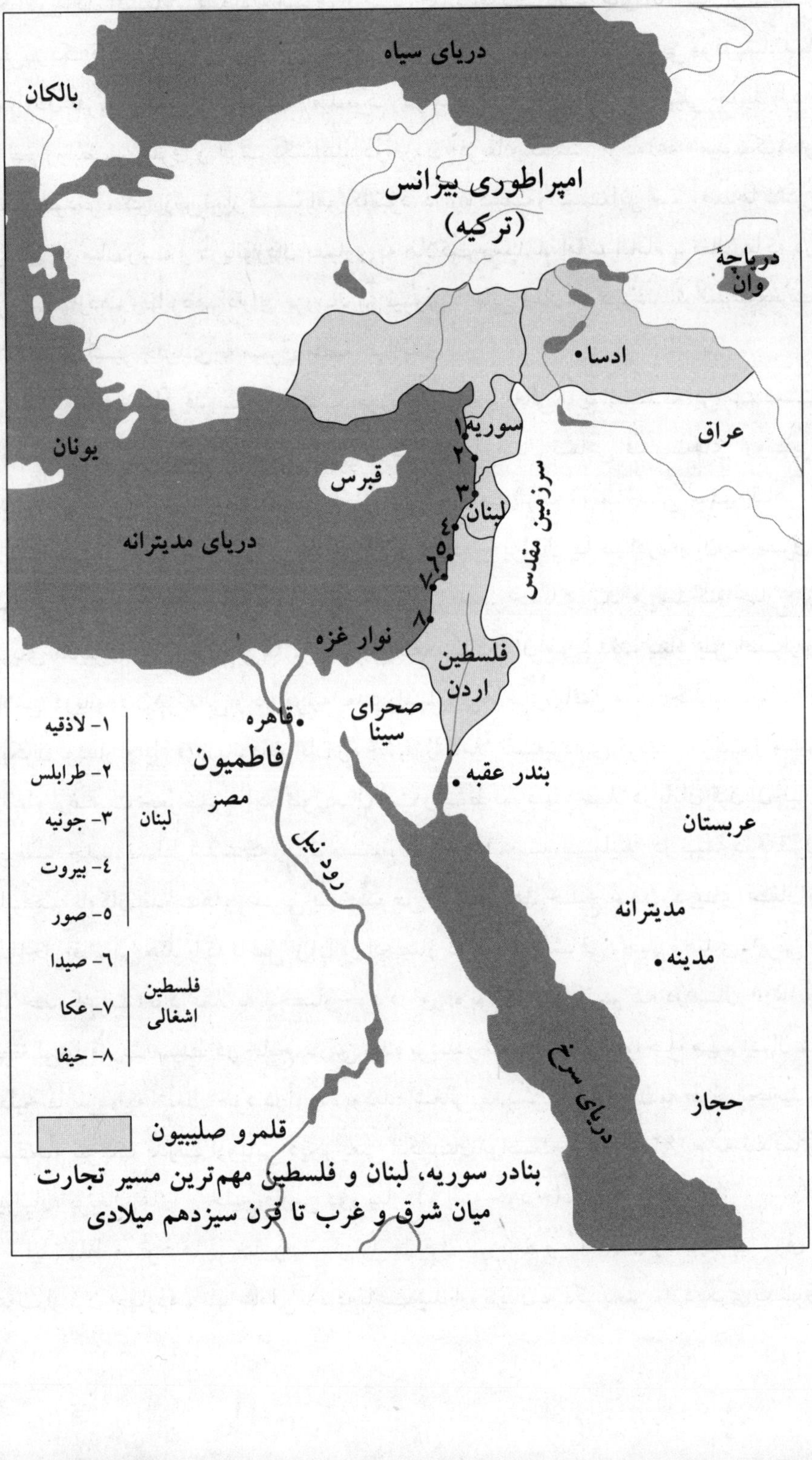

بنادر سوریه، لبنان و فلسطین مهم‌ترین مسیر تجارت میان شرق و غرب تا قرن سیزدهم میلادی

فکر دور زدن آفریقا و رسیدن به مشرق از مسیر جدید افتادند. تلاش‌های آنان پس از گذشت بیش از یک قرن به نتیجه رسید و در نیمهٔ اول قرن پانزدهم دریانوردان اروپایی موفق شدند با دور زدن آفریقا و گذشتن از دماغهٔ «امید نیک» در منتهی‌الیه جنوب آفریقا فصلی جدید را در تاریخ روابط بین شرق و غرب بگشایند. دور زدن آفریقا و گذشتن از دماغهٔ «امید نیک» در عصر خودش، کم‌ارزش‌تر از کشف آمریکا نبود. در راه کشف و تثبیت این مسیر صدها کشتی اروپایی از میان رفت و دریانوردان بسیاری به هلاکت رسیدند. اما سرانجام پرتغالی‌ها که در قرون چهاردهم و پانزدهم دارای بزرگ‌ترین نیروی دریایی زمان خود بودند توانستند مغرب را از طریق مسیر جدیدی به مشرق متصل سازند.

این‌که چرا از میان قدرت‌های رقیب حوزهٔ مدیترانه پرتغالی‌ها توانستند به این مهم دست یابند با در نظر گرفتن موقعیت آنان قابل درک است. از میان تمامی قدرت‌های اروپایی آن‌روز، پرتغالی‌ها بیشترین فاصله را با سواحل شرق مدیترانه (و یا حتی مسیر قاهره) داشتند. این بُعد مسافت باعث می‌شد که کالای وارده به پرتغال یا صادره از آن به شرق، گران‌تر از کالای رقبای دیگر تمام شود. بالطبع اگر مسیر جدیدی پیدا می‌شد که خارج از دریای مدیترانه باشد، پرتغالی‌ها بزرگ‌ترین نفع‌برندگان آن می‌شدند. بنابراین اصرار و تلاش دریانوردان پرتغالی و در مرتبهٔ بعدی اسپانیایی‌ها برای یافتن مسیر جدید بیشتر از دیگران بود. از اوایل قرن پانزدهم آنان راه جدید را کاملاً نقشه‌برداری کردند، حرکت و مسیر بادها و وضعیت جغرافیایی را در طول سال ثبت و ضبط نمودند و عملاً در پایان قرن آن‌چنان بر مسیر جدید مسلط شدند که می‌توانستند آن را چشم‌بسته بپیمایند. در نیمهٔ دوم قرن پانزدهم، ناوگان قدرت‌های غربی به‌خصوص پرتغالی‌ها، خلیج عدن، دریای عمّان و سواحل اقیانوس هند را که تا قبل از آن در انحصار دریانوردان شرقی (چینی، هندی، ایرانی و بالاخص اعراب) بود عملاً به انحصار خود درآورده بودند. می‌دانیم که در سال ۱۵۰۰ م. پرتغالی‌ها قدرت مسلط در خلیج فارس شده بودند و تنگهٔ هرمز و سواحل مهم ایران در خلیج فارس را به اشغال خود درآورده بودند؛ اشغالی که بیش از یک قرن به طول انجامید و سرانجام نیز یک قدرت اروپایی دیگر یعنی انگلستان توانست در سال ۱۶۲۰ م. به تقاضای ایرانیان، پرتغالی‌ها را از خلیج فارس دور سازد (و البته خود جانشین آنان شود).

آیا تسلط مملوک‌ها بر خاورمیانه از اواسط قرن سیزدهم و سد شدن راه تجارت شرق و غرب از قرن چهاردهم تنها عاملی بود که باعث شد اروپاییان به فکر یافتن راه دیگری به شرق

بیفتند؟ پاسخ هم مثبت است و هم منفی. مثبت از این لحاظ که اسباب و علل دیگری نیز وجود داشت و منفی از این بابت که اگرچه این اسباب و علل بعضاً متفاوت از یکدیگر بودند اما نتیجهٔ امر یکسان بود. یعنی آن اسباب و علل به‌گونه‌ای بودند که ***اروپاییان مجبور بودند راه دیگری را برای ارتباط با شرق پیدا کنند.***

مهم‌ترین این عوامل هجوم مغول‌ها بود. کشتار، تخریب، غارت و در یک کلام تلاطم اولیهٔ مغولان که فرونشست آنان صاحب یکی از بزرگ‌ترین امپراتوری‌های تاریخ شدند: از شمال و غرب چین تا سواحل دانوب در مجارستان. تا زمانی که این امپراتوری عظیم سر پا بود، برای تجارت و حرکت تجار و مال‌التجاره شرایط مطلوبی برقرار بود. تجار می‌توانستند مال‌التجارهٔ خود را از ماوراءالنهر تا دریای مدیترانه به‌راحتی حمل کنند. مغولان در اوج قدرتشان امنیت قابل ملاحظه‌ای در قلمرو امپراتوری عظیم خود به‌وجود آورده بودند؛ امنیتی که برای تجارت و اقتصاد بسیار مناسب بود. به‌علاوه یکپارچه شدن مناطق عبور کالا به این معنا بود که فقط یک‌بار و به یک مرجع عوارض پرداخت می‌شد. بنابراین هجوم مغولان اگرچه در بلندمدت برای ایران و شرق به‌جز تخریب نتیجهٔ دیگری به بار نیاورد اما برای مناطقی که توانسته بودند از سیل بنیان‌کن مغولان در امان بمانند عملاً مزیتی بود که در پناه آن در عصر پس از هرج و مرج، تجارتشان با سهولت و کارایی بیشتری صورت می‌گرفت. اما دیدیم که ثبات مغولان بیش از یک قرن به طول نینجامید. با مرگ سلطان ابوسعید آخرین بازماندهٔ ایلخانان مغول در ایران در سال ۱۳۳۰ م. (۷۱۰ هـ.)، عصری از بی‌ثباتی و جنگ قدرت میان مدعیان سلطنت، ایران را فراگرفت. این بی‌ثباتی و ناامنی و سر برافراشتن مدعیان قدرت در هر منطقه‌ای، به‌سرعت رونق تجاری را که در عصر ثبات و امنیت مغولان به‌وجود آمده بود از میان برداشت. فقدان امنیت همچون سم مهلکی وضعیت حمل و نقل کالا را میان شرق و غرب مختل نمود. به‌علاوه مشکلات و مسایل معمول که در زمان ناامنی و جنگ بر سر راه فعالیت‌های اقتصادی قرار می‌گیرد به‌زودی در قلمرو سابق مغولان حاکم شد.

مشکل بعدی که در شرق سر برآورده و گرفتاری‌های جدی بر سر راه تجارت میان شرق و غرب ایجاد نمود، هجوم ازبک‌ها و تاتارها به رهبری تیمور لنگ بود. امیر تیمور لنگ در سال ۱۳۸۰ م. (۷۶۰ هـ.) به ایران حمله برد و با سرعتی حیرت‌انگیز بخش‌هایی از هندوستان، تمامی ماوراءالنهر، خراسان، نواحی شمالی و مرکزی ایران، آذربایجان، ماورای قفقاز و

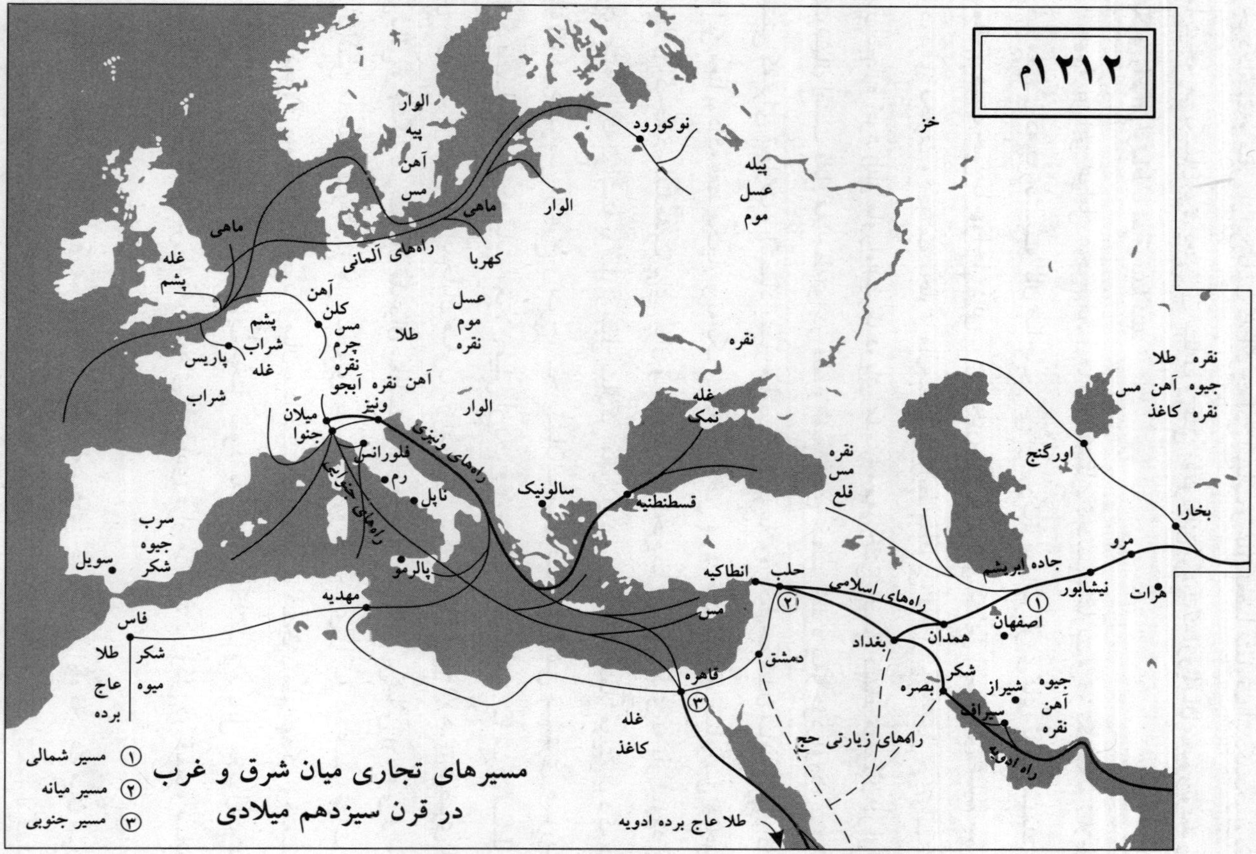
۱۲۱۲م
مسیرهای تجاری میان شرق و غرب
در قرن سیزدهم میلادی
① مسیر شمالی
② مسیر میانه
③ مسیر جنوبی
نوکورود
خز
پیله
عسل
موم
الوار
پیه
آهن
مس
ماهی
الوار
ماهی
راه‌های آلمانی
کهربا
غله
پشم
آهن
کلن
مس
چرم
نقره
پشم
شراب
غله
پاریس
شراب
طلا
عسل
موم
نقره
نقره
آهن نقره آبجو
ونیز
میلان
جنوا
الوار
راه‌های ونیزی
راه‌های جنوایی
فلورانس
رم
ناپل
پالرمو
سالونیک
قسطنطنیه
غله
نمک
نقره
مس
قلع
سرب
جیوه
شکر
سویل
فاس
مهدیه
شکر
طلا
میوه
عاج
برده
انطاکیه
حلب
مس
دمشق
قاهره
غله
کاغذ
راه‌های زیارتی حج
طلا عاج برده ادویه
راه‌های اسلامی
بغداد
همدان
اصفهان
نیشابور
جاده ابریشم
مرو
هرات
بخارا
اورگنج
نقره طلا
جیوه آهن مس
نقره کاغذ
شکر
بصره
شیراز
سیراف
جیوه
آهن
نقره
راه ادویه

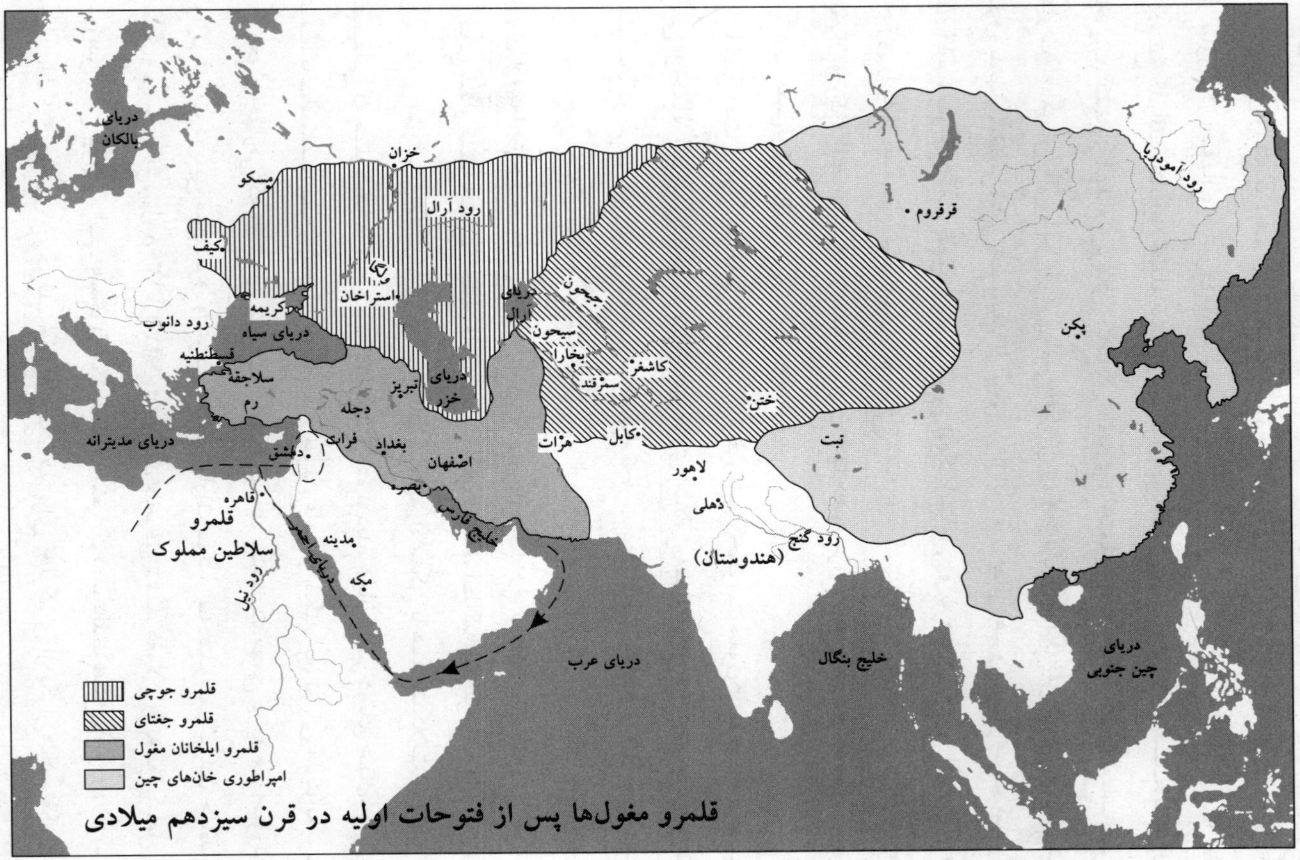

قلمرو مغول‌ها پس از فتوحات اولیه در قرن سیزدهم میلادی

آناتولی، بغداد، حلب و دمشق را در بیست سال بعدی درنوردید و به ضرب شمشیر امپراتوری‌ای وسیع گرد هم آورد. حملهٔ تیمور نیز کمتر از مغولان کشت و کشتار و ویرانی به بار نیاورد. در اصفهان، به عنوان مثال، تیمور یکصدهزار نفر را قبل از آن که آن‌جا را ترک کند از دم تیغ گذراند.[1] بنابراین حملهٔ تیمور را می‌توان در راستای هجوم مغولان دانست؛ با همان تخریب، کشتار و انهدام زیربنای اقتصادی، تجاری، اجتماعی و فرهنگی شرق، اما با این تفاوت که اگر بی‌ثباتی ناشی از فروپاشی امپراتوری مغولان یک قرن پس از حملهٔ آنان در شرق پدیدار شد، بی‌ثباتی عصر بعد از تیمور از اوایل قرن پانزدهم و پس از مرگ تیمور (۱۴۰۵م.) به‌وجود آمد. ظهور و افول تیمور ابعاد نابسامانی و به هم ریختگی اقتصادی و تجاری را که از نیمهٔ دوم قرن چهاردهم شروع شده بود گسترده‌تر کرد. به تعبیر امروزه، «بحران و رکود اقتصادی» که از نیمهٔ اول قرن چهاردهم شروع شده بود، در دهه‌های پایانی این قرن عمیق‌تر شده و وارد قرن پانزدهم گردید.

با کمی دقت درمی‌یابیم که بی‌ثباتی ناشی از فروپاشی حکومت مغول‌ها، به‌علاوه تخریب ناشی از حملهٔ امیرتیمور لنگ در شرق امپراتوری اسلامی مصادف می‌شود با تثبیت قدرت مملوک‌ها در غرب امپراتوری. به عبارت دیگر، تجارت بین شرق و غرب در قرن چهاردهم از دو سو دچار اختلال شد: مسیر شمال (تبریز، ارزروم، طرابوزان، دریای سیاه، بغاز بسفر، دریای اژه، مدیترانه) در بخش‌های ایران و آناتولی بعد از مغول و تیموریان دچار ناامنی و بی‌ثباتی شد و مسیر جنوب (خلیج فارس، بصره، بغداد، شام، انطاکیه، مدیترانه) به دلیل از بین رفتن بنادر مشرف بر مدیترانه در لوانت. بنابراین تنها راه ممکن با همهٔ مشکلات، موانع و تضییقاتی که مملوک‌ها در این مسیر به‌وجود آورده بودند، همان مسیر دریای عمان، دریای عرب، باب‌المندب (یمن)، بحرالاحمر، خلیج سوئز، قاهره، اسکندریه، دریای مدیترانه بود.

تحول چهارمی که در شرق صورت گرفت و تبعات بلندمدت مهمی در به هم خوردن توازن قدرت دریایی میان شرق و غرب داشت عبارت بود از به قدرت رسیدن خاندان «مینگ» در چین در سال ۱۳۶۸ م. (۷۴۷ هـ.). مینگ‌ها موفق شدند مغولان را به‌طور کامل از سرزمین چین بیرون برانند. همچون مملوک‌ها که سعی کرده بودند با بستن راه ورود غربیان جلوی لشکرکشی آنان را بگیرند، خاندان مینگ هم برای جلوگیری از تکرار هجوم مغول‌ها و دیگر صحرانشینان دشت گبی از شمال عملاً راه‌های ارتباط زمینی چین را با غرب آن

---

۱ - سیروس شفقی، *جغرافیای اصفهان*، انتشارات دانشگاه اصفهان، ۱۳۵۳، ص ۲۲۸-۲۲۶.

مسدود کردند. اولین قربانی استراتژی جدید چینی‌ها تجارت بین شرق و غرب بود. با قطع ارتباط زمینی، اگرچه چینی‌ها جلوی تکرار هجوم مغول‌ها را می‌گرفتند، اما خط تجارت یا - درست‌تر گفته باشیم - حمل کالا را به غرب (ماوراءالنهر) و از آن‌جا به اروپا (از طریق شمال ایران یا خلیج فارس) نیز مختل می‌کردند.

قطع ارتباط زمینی با غرب به هیچ وجه به‌معنای آن نبود که چینی‌ها خواستار صدور کالا به غرب نبودند. برعکس، از دید آنان جلوگیری از خطر هجوم صحرانشینان از غرب و در نتیجه ثبات و امنیتی که به‌وجود می‌آمد، موجب می‌شد آنها بتوانند با خیال راحت‌تری به امر تجارت بپردازند. اما با بسته بودن راه زمینی تنها مسیر ممکن برای حمل و نقل کالا به غرب، دریا بود. و در عمل نیز چنین شد. حمل و نقل کالا بین چین و غرب که طی قرون متمادی از طریق ایران و از مسیر معروف ***راه ابریشم*** صورت گرفته بود از اوایل قرن پانزدهم به دریا منتقل شد و ***راه ابریشم*** به‌تدریج منسوخ شده و صرفاً به صورت نامی در تاریخ درآمد. از آن‌جا که نیروی دریایی قدرت‌های غربی در این مقطع دست بالا را پیدا کرده بود و از مسلمین و دیگر شرقیان از جمله خود چینی‌ها جلو افتاده بود، تحول جدید بیشتر به نفع غربیان تمام شد تا قدرت‌های دیگر. اکنون غربی‌ها فقط مشکل دور زدن قارهٔ آفریقا و رسیدن به خلیج فارس را نداشتند بلکه می‌بایستی باز هم جلوتر روند و وارد اقیانوس هند و از آن‌جا آب‌های آسیای جنوب شرقی شوند تا بتوانند محموله‌های تجاری خود را به غرب حمل نمایند.

تحول پنجمی که اتکای اروپاییان را به دریا افزایش داد، به قدرت رسیدن ترکان عثمانی و نهایتاً پیدایش امپراتوری عثمانی از نیمهٔ دوم قرن چهاردهم بود. برخلاف امپراتوری‌های ترکان آسیای مرکزی (غزنویان، سلاجقه، خوارزمشاهیان، مغول‌ها و تیموریان) که بسیار سریع به قدرت رسیدند و سریع نیز قدرت را از کف دادند، به قدرت رسیدن ترکان عثمانی تدریجی بود. از به قدرت رسیدن عثمان، اولین رهبر ترکان عثمانی (۱۳۲۴ - ۱۲۸۱م.) تا فتح قسطنطنیه به‌دست سلطان محمد فاتح در سال ۱۴۵۳ م. (۸۵۲ هـ.) بیش از یک قرن به طول انجامید. قرن چهاردهم را می‌توان به‌درستی قرن تأسیس و شکل‌گیری امپراتوری عثمانی دانست. در طول این یک قرن عثمانی‌ها نه تنها بخش عمده‌ای از آناتولی را تصرف کردند بلکه در نیمهٔ دوم این قرن از غرب به صربستان و از شمال به دانوب در مجارستان رسیده بودند. به‌علاوه تا پایان این قرن توانسته بودند بخش‌هایی از امپراتوری مملوک‌ها را در خاورمیانه نیز تصرف نمایند. اما پیروزی‌های چشم‌گیر و خیره‌کنندهٔ ترکان عثمانی در قرن

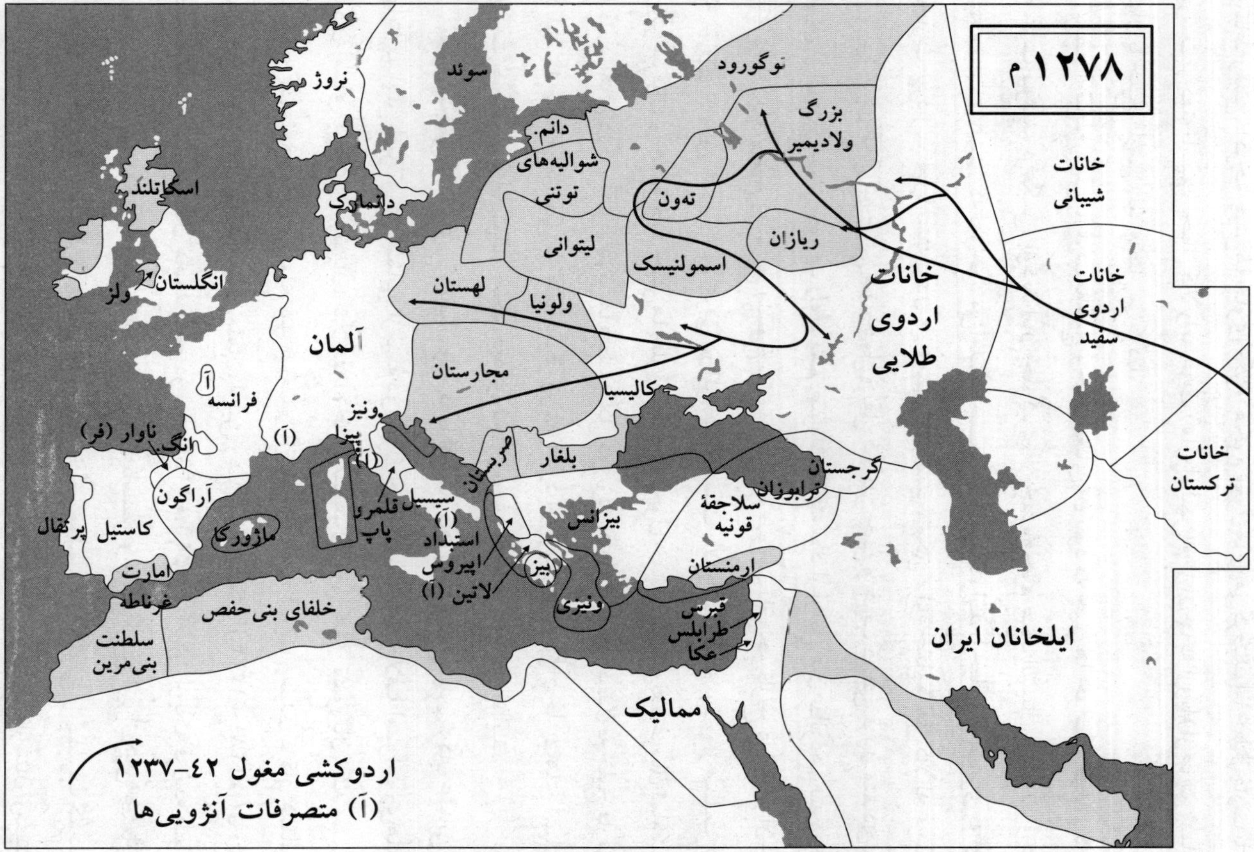
۱۲۷۸ م
نروژ
سوئد
نوگورود
بزرگ
ولادیمیر
خانات
شیبانی
دانم.
شوالیه‌های
توتنی
تەون
ریازان
اسکاتلند
دانمارک
لیتوانی
اسمولنیسک
خانات
اردوی
طلایی
خانات
اردوی
سفید
انگلستان
ولز
لهستان
ولونیا
آلمان
مجارستان
فرانسه
کالیسیا
ونیز
پیزا
ناوار (فر)
انگ.
آراگون
بلغار
گرجستان
طرابوزان
سلاجقهٔ
قونیه
بیزانس
خانات
ترکستان
کاستیل
پرتغال
مازورکا
سیسیل
قلمرو
پاپ
استبداد
اپیروس
لاتین (آ)
ارمنستان
امارت
غرناطه
خلفای بنی‌حفص
ونیزی
قبرس
طرابلس
عکا
ایلخانان ایران
سلطنت
بنی‌مرین
ممالیک
اردوکشی مغول ۴۲–۱۲۳۷
(آ) متصرفات آنژوییها

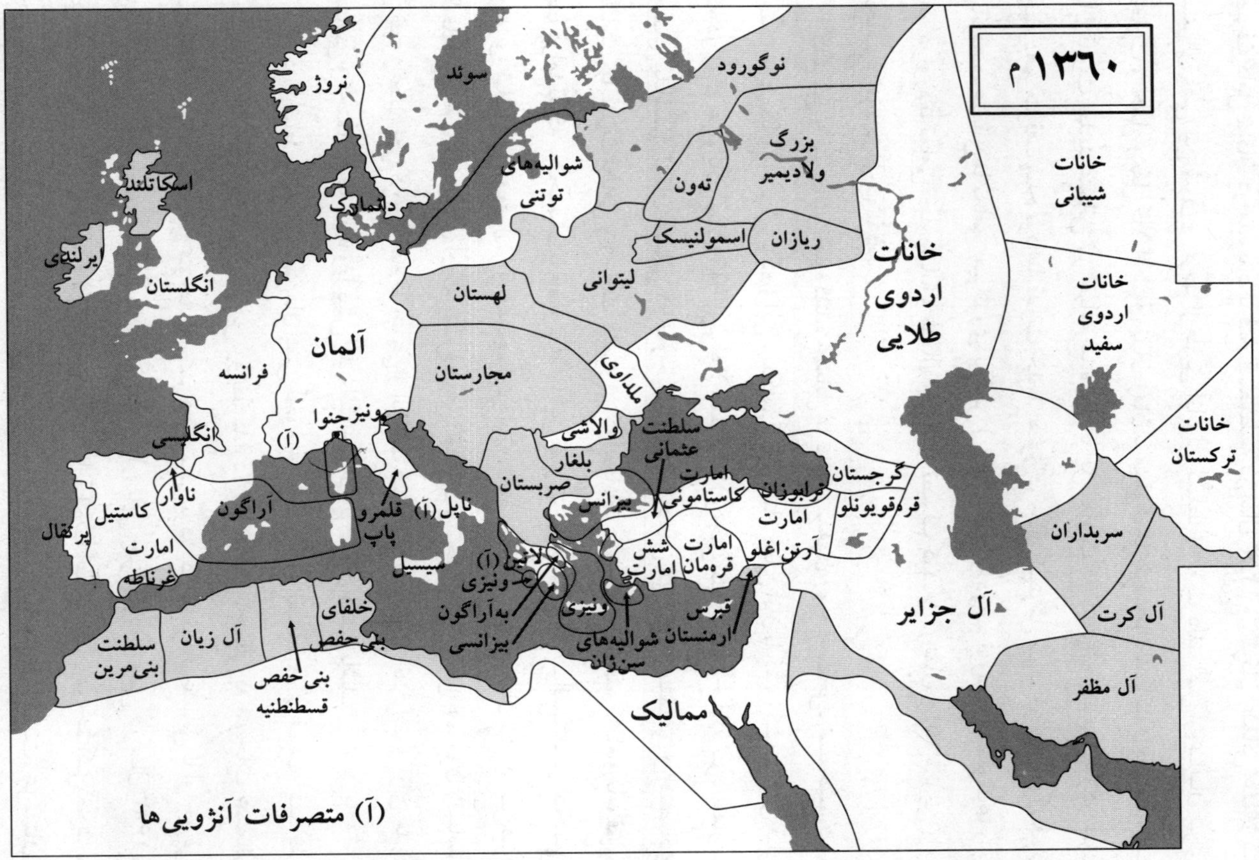
۱۳۶۰ م
نروژ
سوئد
نوگورود
اسکاتلند
ایرلند
انگلستان
دانمارک
شوالیه‌های توتنی
تهون
بزرگ ولادیمیر
اسمولنیسک
ریازان
خانات شیبانی
لیتوانی
لهستان
خانات اردوی طلایی
خانات اردوی سفید
آلمان
فرانسه
مجارستان
ملداوی
ونیزجنوا
(آ)
انگلیسی
والاشی
سلطنت عثمانی
خانات ترکستان
بلغار
گرجستان
صربستان
امارت کاستامونی
ترابوزان
ناوار
کاستیل
آراگون
قلمرو پاپ
ناپل (آ)
بیزانس
قره‌قویونلو
امارت
سربداران
پرتقال
امارت غرناطه
سیسیل
لاتین (آ)
ونیزی
به‌آراگون
شش امارت
امارت قره‌مان
آرتن‌اغلو
آل جزایر
خلفای بنی‌حفص
ونیزی
قبرس
آل کرت
سلطنت بنی‌مرین
آل زیان
بیزانسی
شوالیه‌های سن‌ژان
ارمنستان
بنی‌حفص قسطنطنیه
آل مظفر
ممالیک
(آ) متصرفات آنژوی‌ها

پانزدهم به‌وقوع پیوست. در نیمهٔ اول این قرن مناطق شمال بین‌النهرین، عراق و حجاز نیز به تصرف کامل ترکان درآمده بود. با فتح قسطنطنیه در سال ۱۴۵۳ م.، ترکان عثمانی عملاً بر مسیر ارتباطی بین شرق و غرب از طریق آناتولی تسلط یافته بودند. اگر اروپاییان برای تجارت و حمل و نقل کالا از شرق تا آن زمان با مملوک‌ها طرف بودند، اکنون به معضلات آنان قدرت جدید عثمانی نیز اضافه شده بود؛ با این تفاوت که گسترش مملوک‌ها در قرن چهاردهم متوقف شده بود اما قدرت جدید هنوز در حال گسترش بود. در نیمهٔ اول قرن شانزدهم، عثمانی‌ها تمامی امپراتوری بیزانس (روم شرقی) را درهم نوردیده، مملوک‌ها را به زانو درآورده، تمامی خاورمیانه و شمال آفریقا را تصرف کرده و در سال ۱۵۲۹ م. وین را به محاصرهٔ خود درآورده بودند.

گسترش و فتوحات خیره‌کنندهٔ عثمانی‌ها بیشتر مرهون روحیهٔ نظامی، سلحشوری و جنگ‌آوری قبایل آناتولی بود. از این دیدگاه، کشورگشایی‌های آنان با کشورگشایی‌های قبلی که در زمان غزنویان، سلاجقه، ایوبی‌ها، مملوک‌ها (و حتی بنی‌امیه) رخ داده بود تفاوت چندانی نداشت. ترکان عثمانی در به‌وجود آوردن نهادهای سیاسی، اجتماعی و اقتصادی متناسب با قدرت نظامی و وسعت قلمرویی که ایجاد کرده بودند همان‌قدر ناکام و ناموفق از آب درآمدند که سلجوقیان یا مملوک‌ها؛ با این تفاوت که عثمانی‌ها توانستند در مجموع رهبری شایسته‌تر، معقول‌تر و منسجم‌تری ارائه دهند. بنابراین اقتدار آنان تا اواخر قرن هجدهم دوام یافت، بدون آن که پیشرفت‌ها، تغییرات و تحولات بنیادینی همچون رنسانس و ظهور عصر خردگرایی، انقلاب علمی و انقلاب صنعتی و یا پیدایش تفکرات و آرای مدرن سیاسی و اجتماعی که در اروپا پیش‌آمد تأثیر چندانی بر ترکان داشته باشد.

اما در ارتباط با بحث اصلی‌مان یعنی نحوهٔ شکل‌گیری روابط شرق و غرب، پیدایش امپراتوری عثمانی چه تأثیری بر این روابط گذارد؟ اگر نگاهی اجمالی به فتوحات عثمانی بیندازیم درمی‌یابیم که این فتوحات بیشتر در خشکی بود. اگرچه ترکان عثمانی تا اواخر قرن هفدهم خواب راحت را بر چشمان قدرت‌های اروپایی حرام کرده و حتی در سال ۱۶۸۳ م. نیز مجدداً وین را به محاصره درآورده بودند، اما قدرت اصلی آنان در خشکی بود. در حالی‌که فتوحات آنان در خشکی شامل تمامی خاورمیانه (ازجمله عراق، کویت، عربستان)، ترکیه، شمال آفریقا، بالکان، بخش‌هایی از مجارستان، کریمه (شامل دریای سیاه)، جنوب یونان، بلغارستان و آلبانی می‌شد، اما در دریا آنان فقط توانسته بودند جزیرهٔ قبرس و کرت

(جنوب یونان) را تصرف نمایند. بنابراین علی‌رغم آن که در طی قرون پانزدهم، شانزدهم و هفدهم آنان بزرگ‌ترین قدرت دنیا بودند، با این حال این اقتدار صرفاً در خشکی بود و تسلط در دریا کماکان در دست قدرت‌های اروپایی باقی ماند. حتی می‌توان گفت که پیدایش امپراتوری مقتدر عثمانی نه تنها به روندی که از قرن چهاردهم توسط اروپاییان آغاز شده بود (یعنی پیدا کردن راه جدیدی به شرق از طریق دریا) پایان نبخشید بلکه به آن شتاب بیشتری داد و انگیزه‌های تازه‌تری برای این تلاش و تقلا به‌وجود آورد. شاید بتوان گفت که سقوط تاریخی قسطنطنیه به‌دست ترکان عثمانی در سال ۱۴۵۳ م. باعث افزایش تلاش‌های دریانوردان اروپایی در نیمهٔ دوم قرن پانزدهم گردید. زیرا درست در نیمهٔ دوم این قرن بود که اروپاییان سرانجام به موفقیت‌های سرنوشت‌ساز و تاریخی دست یافتند. در سال ۱۴۹۸ م. «واسکودوگاما»[1] موفق شد با گذشتن از دماغهٔ «امید نیک» راه دریایی به شبه قارهٔ هند را کشف کند. در همین ایام بود که «کریستف کلمب»[2] قارهٔ آمریکا را کشف کرد. اندکی پس از این دو ماجرا، دریانورد دیگری به نام «ماژلان»[3] موفق شد برای نخستین بار کرهٔ زمین را دور بزند. آن‌چه در نهایت باعث تسلط اروپاییان بر شرق گردید صرفاً مسلط شدن آنان در دریا نبود بلکه بیشتر شیوهٔ برخورد و نگرش آنان در مقایسه با شرقیان بود که اسباب سلطه را به‌وجود آورد.

خانم «ابولغد» تغییر و تحولی را که ورود اروپاییان به شرق با خود به دنبال آورد به‌نحو ارزنده‌ای تشریح نموده است.[4] عصارهٔ نظریهٔ او این است که سیستم تجاری در شرق اگرچه بعضاً دچار رقابت‌ها، هرج و مرج و بی‌ثباتی می‌شد، اما این مشکلات در مجموع در مناطق خشکی اتفاق می‌افتادند. در دریای شرق همواره نوعی ثبات وجود داشت و بازیگران نظام تجارت بین‌الملل در دریا به یک نوع همزیستی با یکدیگر رسیده بودند. به عبارت دیگر، هر چهار بازیگر اصلی تجارت در شرق، - چینی‌ها، هندیان، ایرانیان و اعراب - حضور و نقش یکدیگر را پس از قرن‌ها داد و ستد به رسمیت شناخته بودند. به همین دلیل در حوزهٔ اقیانوس هند، دریای عمان و نهایتاً خلیج فارس ثبات و امنیت نسبی از دیرباز به‌وجود آمده بود، به‌نحوی که هیچ‌یک از بازیگران درصدد حذف دیگری و تسلط کامل خود بر دریا و به تعبیر

---

1 - Vasco da Gama
2 - Christopher Columbus
3 - Magellan
4 - op. cit., Abu - Lughad, pp. 360-364.

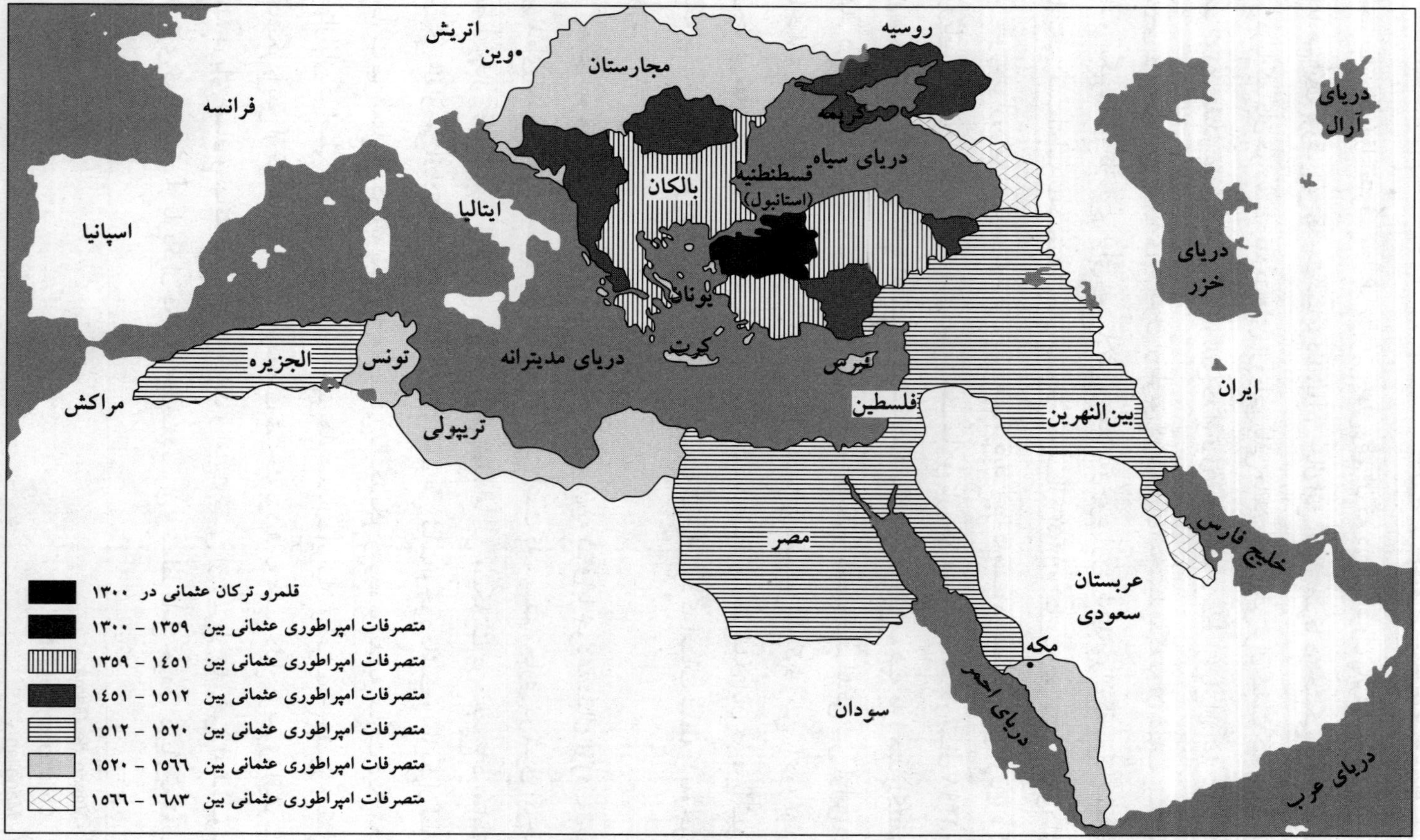
روسیه
اتریش
وین
مجارستان
فرانسه
کریمه
دریای آرال
دریای سیاه
قسطنطنیه
(استانبول)
بالکان
ایتالیا
اسپانیا
دریای خزر
یونان
کرت
الجزیره
تونس
دریای مدیترانه
قبرس
ایران
مراکش
فلسطین
بین النهرین
تریپولی
خلیج فارس
مصر
عربستان
سعودی
مکه
سودان
دریای احمر
دریای عرب
قلمرو ترکان عثمانی در ۱۳۰۰
متصرفات امپراطوری عثمانی بین ۱۳۵۹ - ۱۳۰۰
متصرفات امپراطوری عثمانی بین ۱۴۵۱ - ۱۳۵۹
متصرفات امپراطوری عثمانی بین ۱۵۱۲ - ۱۴۵۱
متصرفات امپراطوری عثمانی بین ۱۵۲۰ - ۱۵۱۲
متصرفات امپراطوری عثمانی بین ۱۵۶۶ - ۱۵۲۰
متصرفات امپراطوری عثمانی بین ۱۶۸۳ - ۱۵۶۶

۰۶

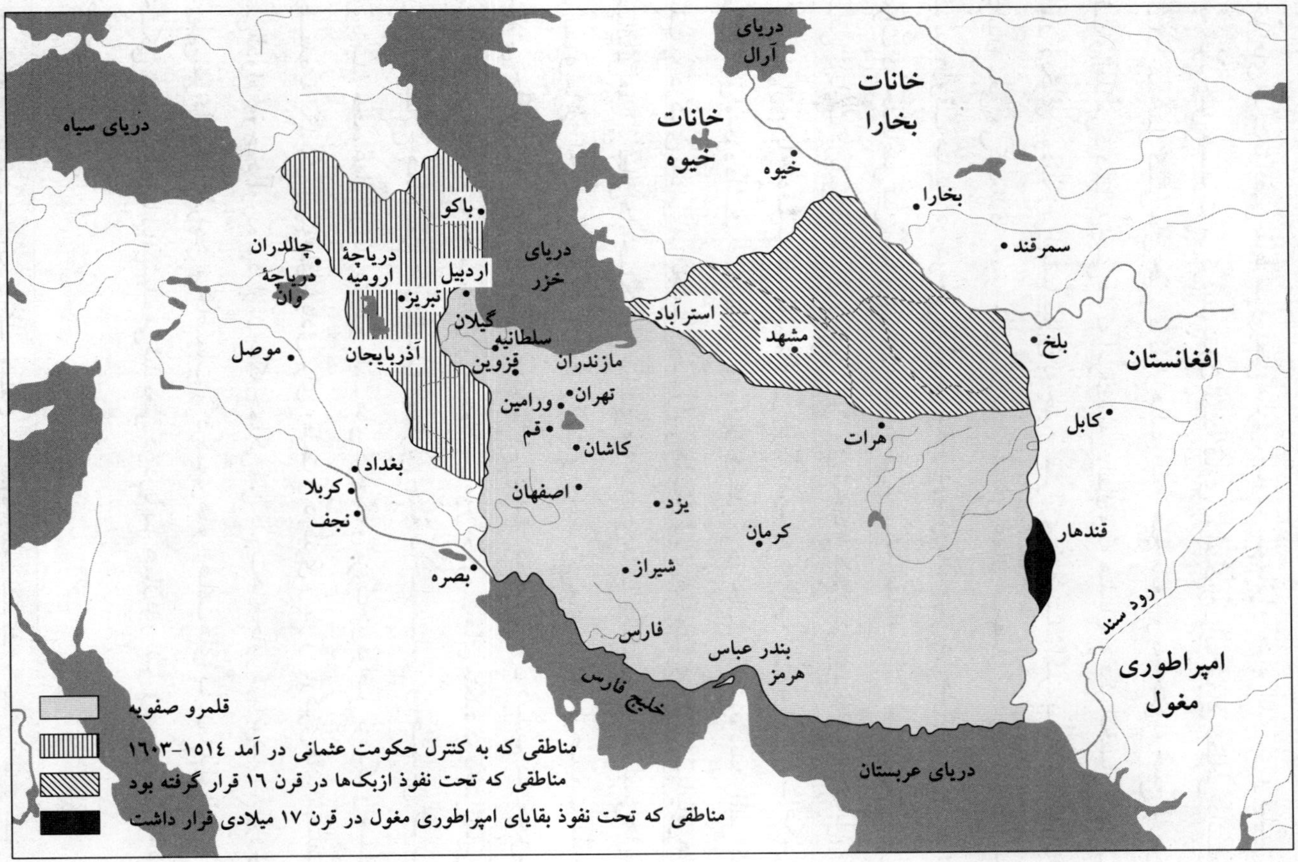
دریای سیاه
دریای آرال
خانات خیوه
خانات بخارا
خیوه
بخارا
سمرقند
باکو
دریای خزر
چالدران
دریاچهٔ وان
دریاچهٔ ارومیه
اردبیل
تبریز
گیلان
سلطانیه
قزوین
آذربایجان
موصل
مازندران
استرآباد
مشهد
بلخ
افغانستان
تهران
ورامین
قم
کاشان
کابل
هرات
بغداد
کربلا
نجف
اصفهان
یزد
کرمان
قندهار
شیراز
بصره
رود سند
فارس
بندر عباس
هرمز
خلیج فارس
امپراطوری مغول
دریای عربستان
قلمرو صفویه
مناطقی که به کنترل حکومت عثمانی در آمد ۱۵۱۴-۱۶۰۳
مناطقی که تحت نفوذ ازبک‌ها در قرن ۱۶ قرار گرفته بود
مناطقی که تحت نفوذ بقایای امپراطوری مغول در قرن ۱۷ میلادی قرار داشت

امروزه ایجاد انحصار و مونوپولی نبودند. تجار مسلمان، به عنوان مثال، با کشتی‌های هندی و ناخداهای عرب تا اقصی نقاط شرق یعنی مالزی، جاوه و سوماترا و جزایر اندونزی و فیلیپین یا به خود چین مسافرت می‌کردند، بدون آن که نیازی به اسکورت یا قوای نظامی داشته باشند.[۱] همچنین کشتی‌های چینی یا تجار هندی بدون هیچ مانعی و به‌راحتی به خلیج فارس رفت و آمد می‌کردند. نه چینی‌ها، نه اعراب، نه ایرانیان و نه هندیان به فکر انحصار و بیرون راندن دیگری نبودند زیرا اساساً نیازی به چنین استراتژی نداشتند. اگر، به عنوان مثال، ایرانیان سعی می‌کردند در حوزهٔ خلیج فارس یا دریای عمان انحصار تجارت را به‌دست گیرند، آن‌وقت هندیان در سواحل اقیانوس هند و دریانوردان چینی در جنوب شرقی آسیا و اعراب در حد فاصل بین آسیا و دریای مدیترانه می‌توانستند مقابله به مثل نمایند. بنابراین اساس تجارت دریایی در مشرق از دیرباز بر روی اتحاد و همزیستی بود تا تضاد و تقابل.

اما در اروپا یا – دقیق‌تر گفته باشیم – در حوزهٔ مدیترانه که قلب اروپا بود، درست عکس حالت شرق وجود داشت. عملاً تمامی بازیگران با یکدیگر در حالت رقابت بودند؛ رقابتی که اغلب به درگیری نظامی می‌انجامید: جنوایی‌ها با ونیزی‌ها، ونیزی‌ها با اسپانیایی‌ها، اسپانیایی‌ها با پرتغالی‌ها، جملگی با هلندی‌ها، هلندی‌ها با انگلیسی‌ها، انگلیسی‌ها با فرانسوی‌ها الی آخر. این فضای آکنده از رقابت و رویارویی‌های دایمی از طبیعت نظام فئودالی حاکم بر اروپای قرون وسطی نشأت می‌گرفت. در فصل اول دیدیم که تجزیهٔ امپراتوری بزرگ روم به مجموعه‌ای از خرده‌قدرت‌ها و حکومت‌های متعدد در بخش غربی آن یا به اصطلاح همان نظام «فئودالیسم» مهم‌ترین جنبهٔ ساختار سیاسی و اجتماعی غرب اروپا شد. مجموعه‌ای از قدرت‌ها و ملیت‌های کوچک و بزرگ در فواصل نزدیک و عملاً چسبیده به یکدیگر زمینه‌های زیادی برای رقابت و درگیری و یار و یارگیری‌های مختلف علی‌الدوام به‌وجود آورده بود. از آن‌جا که جملگی این قدرت‌ها مجاور دریا بودند لذا نیروی دریایی نیز داشتند. بنابراین مخاصمات و درگیری‌ها و رقابت‌های پایان‌ناپذیر آنان در خشکی همواره به دریا نیز کشیده می‌شد یعنی در دریا نیز همان‌قدر تنش وجود داشت که در خشکی.

---

۱ – فی‌الواقع می‌توان گفت که بزرگ‌ترین کشور مسلمان یعنی اندونزی بدون لشکرکشی و جنگ و از طریق مسافرت تجار مسلمان (غالباً عرب) اسلام آورد. اساساً بخش عمده‌ای از مسلمانان آسیای جنوب شرقی از برمه، چین و فیلیپین گرفته تا مالزی، سنگاپور، تایلند و کامبوج جملگی از طریق تجار مسلمان که بدان مناطق برای تجارت، ایاب و ذهاب می‌کردند با اسلام آشنا شدند.

نتیجهٔ مهمی که از ملاحظهٔ بالا به‌دست می‌آید این است که فضای حاکم بر دریا در اروپا درست برعکس فضای حاکم بر دریا در شرق بود. در غرب، حمل و نقل تجاری در دریا همواره با نوعی همراهی نظامی - اگر نگفته باشیم اسکورت نظامی - همراه بود، در حالی‌که در شرق این‌گونه نبود. همان‌طور که دیدیم ساختار ژئوپلیتیک در حوزهٔ اقیانوس هند به‌گونه‌ای بود که نیاز چندانی به حضور نیروی نظامی برای امنیت حمل و نقل دریایی نبود. اما چنین فضایی برای دریانوردان اروپایی که در جو رقابت و درگیری‌های پایان‌ناپذیر اروپا متولد شده بودند ناآشنا بود و آنان در حوزهٔ شرق دقیقاً همان‌گونه رفتار نمودند که در غرب به آن خو گرفته و در آن بزرگ شده بودند. بنابراین دریانوردان اروپایی که به‌تدریج در نیمهٔ دوم قرن پانزدهم با دور زدن آفریقا وارد آب‌های شرق می‌شدند با خود نظامی‌گری در دریا را نیز وارد این آب‌ها نمودند. نگرش آنان به قدرت‌های محلی نیز همانند نگرششان به رقبای خود در حوزهٔ مدیترانه بود. از دید آنان تجار و دریانوردان هندی، عرب، چینی و ایرانی رقیب نبودند بلکه دشمن نظامی محسوب می‌شدند، که بنابر قاعدهٔ نظامی «بهترین دفاع حمله است»، قدرت‌های اروپایی از همان ابتدای حضور خود در شرق به قدرت‌های محلی با دید خصم نگریستند و به آنان حمله‌ور شدند. آن‌چه به این روحیهٔ تخاصم دامن می‌زد غریب بودن غربیان در شرق بود. واقعیت این است که دریانوردان غربی در آب‌های شرق نه تنها هزاران کیلومتر از سرزمین‌های خود به دور بودند، بلکه مردمان و قدرت‌های شرقی نیز برای آنان کاملاً ناآشنا بودند؛ چه به لحاظ زبان، چه به لحاظ مذهب و چه به لحاظ رفتارهای اجتماعی. و این بر احساس ناامنی غربیان و به دید خصم نگریستن شرقیان از سوی آنان می‌افزود.

در یک کلام، اگر از دید تجار و دریانوردان هندی، چینی، عرب یا ایرانی، فعالین یا بازیگران دیگر صحنهٔ تجارت بین‌الملل، رقیب محسوب می‌شدند، از دید اروپاییان، دیگران رقیب به شمار نمی‌آمدند بلکه دشمن نظامی بودند. بنابراین، بحث فقط این نبود که غربیان از قرن چهاردهم به‌تدریج وارد شرق شدند، بلکه نکتهٔ اساسی‌تر این بود که «بازیکنان» جدید با خود قوانین جدیدی نیز وارد میدان کردند؛ قوانینی که برای بازیکنان قبلی کاملاً تازه بود و آنان را عملاً غافلگیر ساخت. این نکته بسیار حایز اهمیت را خانم «ابولغد» به فراست دریافته و می‌گوید:

> «هیچ‌یک از قدرت‌های ذی‌نفع منطقه‌ای (در حوزه‌های دریایی شرق) در طول قرن سیزدهم و چهاردهم سعی نداشتند که کل منطقهٔ تجاری را تحت سلطهٔ خود در بیاورند. نه

نیازی به این‌کار داشتند، و نه هیچ‌یک به‌تنهایی توان انجام آن را. بنابراین ضمن تحمل یکدیگر به‌تدریج نوعی همزیستی میان آنان به‌وجود آمده بود. البته گهگاهی در اینجا یا آن‌جا حاکمی به قدرت می‌رسید که سعی می‌کرد در حوزهٔ خود اقتدار بیشتری اعمال نماید. اما در مجموع اساس تجارت و دریانوردی در شرق بر مبنای موازنهٔ قدرت بود، بدون آن که هیچ‌یک از قدرت‌ها قصد انحصار و به در کردن حریفان دیگر را داشته باشد.

اما این نظام (که تا قرن پانزدهم دوام آورده بود) با ورود قدرت‌های اروپایی دگرگون شد. بازیگران جدید به‌سرعت مقررات بازی را تغییر دادند. شرایط جدیدی که از سوی اروپاییان از قرن شانزدهم وارد بازی گردید برای بازیگران قبلی تازه بود و غیرمترقبه، به‌نحوی‌که آنان هرگز فرصت آن که خود را با شرایط جدید تطبیق دهند، پیدا نکردند و کاملاً غافلگیر شدند.»

«قوانین جدید بازی» عبارت بودند از میلیتاریزه کردن حمل و نقل دریایی از یک‌سو و سعی در تسلط بر دیگران و نهایتاً بیرون راندن آنان از صحنه از سویی دیگر. پرتغالی‌ها، به عنوان مثال، در جریان ورود خود به شرق و درگیر شدنشان در امر تجارت به موازات آن، نه تنها در همان سال‌های اولیهٔ قرن شانزدهم خلیج فارس را به اشغال کامل خود درآوردند بلکه سعی کردند بر راه‌های منتهی به بنادر هند، چین و نهایتاً کل منطقهٔ جنوب شرقی آسیا نیز تسلط پیدا کنند. به‌علاوه با نیروی دریایی مملوک‌ها و بعداً امپراتوری عثمانی نیز در باب‌المندب (مدخل دریای سرخ) به نبرد پرداختند و سعی کردند تا نقل و انتقال دریایی از طریق دریای سرخ را نیز قطع نمایند. با محاصرهٔ دریایی و بلوکه کردن اطراف باب‌المندب، آنان موفق شدند تا خط ارتباطی مهم بین شرق و غرب را از طریق مصر قطع نمایند. این تحول برای شرق نقطهٔ عطفی تاریخی به شمار می‌آمد اگرچه به تعبیر منفی و ناخوشایند آن. زیرا همان‌طور که دیدیم راه‌های دیگر ارتباط بین شرق و غرب ظرف قرون گذشته و بنابر دلایل مختلف مطرود شده بود و خط عمدهٔ ارتباط همان مسیر قاهره - دریای سرخ - اقیانوس هند بود که این خط نیز اکنون توسط پرتغالی‌ها از حیّز انتفاع خارج می‌شد. در نتیجه تنها خط ارتباطی بین شرق و غرب از طریق دور زدن آفریقا و دماغهٔ «امید نیک» بود. اما همان‌طور که دیدیم این خط اساساً توسط اروپاییان کشف یا ایجاد شد و از همان ابتدا نیز در انحصار قدرت‌های غربی قرار گرفت. بنابراین می‌توان گفت که حمل و نقل تجاری از قرن شانزدهم به بعد عملاً در انحصار اروپاییان درآمده بود.

موفقیت دریایی پرتغالی‌ها در شرق صرفاً بخشی از تحولی بنیادی بود که به دنبال موج «حرکت به سمت شرق» از اواسط قرن چهاردهم در حوزهٔ مدیترانه به‌وجود آمده بود. بُعد دیگر این تحول توسط اسپانیایی‌ها یعنی قدرت دریایی بزرگ دیگر مدیترانه و رقیب

پرتغالی‌ها تکوین یافت. اگر پرتغالی‌ها توجهشان عمدتاً به سمت تجارت بین شرق و غرب معطوف بود، اسپانیایی‌ها در عوض یک گام جلوتر رفتند و به‌تدریج موفق شدند «دنیای جدید»[1] را کشف کنند؛ دنیایی که امروزه ما آن را عمدتاً به نام قارهٔ آمریکا و به‌خصوص خود کشور آمریکا می‌شناسیم. اگر دستاورد پرتغالی‌ها، انحصار بخش عمده‌ای از تجارت بین شرق و غرب بود، دستاورد رقبای اسپانیایی‌شان منابع و ذخایر انبوه طلا و نقره بود که بعدها تجارت برده از آفریقا به «دنیای جدید» و ایجاد مزارع بزرگ نیشکر، تنباکو و دیگر محصولات کشاورزی نیز به آن اضافه شد. بعدها به این دو قدرت، بلژیک، هلند، فرانسه و مهم‌تر از همه، بریتانیا (انگلستان) نیز اضافه شدند.

قدرت‌های حوزهٔ مدیترانه (اسپانیا و پرتغال) اگرچه در ایجاد و تحکیم این تحول پیش‌کسوت بودند، اما در نهایت انگلیسی‌ها بودند که توانستند تسلط بی‌چون و چرای خود را نسبت به قدرت‌های حوزهٔ مدیترانه اعمال نمایند. اگرچه در ابتدا پرتغالی‌ها توانستند تجارت با شرق در حوزهٔ اقیانوس هند را به انحصار خود درآورند و خلیج فارس را بیش از یک قرن در تسلط خود داشته باشند، اما در نهایت انگلیسی‌ها بودند که آنان را از میدان به در کردند و کل شبه‌قارهٔ هند و آسیای جنوب شرقی را به زیر سلطهٔ خود درآوردند. اگرچه این اسپانیایی‌ها بودند که قارهٔ آمریکا را کشف کردند و جزایر و نقاط مختلف آن را به نام شاهان و شاهزادگان اسپانیایی و اولیا و بزرگان کلیسا درآورند و پس از به یغما بردن بخش عمده‌ای از طلا و نقرهٔ آن، نخستین کشتزارها و مزارع بزرگ را به کمک سیاه‌پوستانی که به عنوان برده از آفریقا آورده بودند ایجاد نمودند، اما در نهایت انگلیسی‌ها بودند که اسپانیایی‌ها را از قارهٔ آمریکا بیرون راندند و بزرگ‌ترین بخش قارهٔ آمریکا یعنی آمریکای شمالی (ایالات متحدهٔ آمریکا و کانادا) را مستعمرهٔ خود ساختند. به‌عبارت دیگر، علی‌رغم آن که قدرت‌های حوزهٔ مدیترانه از قرن پانزدهم تا اواخر هفدهم ابرقدرت‌های مسلم زمان خود بودند و نیمی از دنیا را در تصرف خود داشتند، اما یک قرن بعد، یعنی در پایان قرن هجدهم، فرانسه و به‌ویژه انگلستان بودند که بدل به ابرقدرت‌های جدید شدند و عملاً رقبای حوزهٔ مدیترانهٔ آنان بدل به قدرت‌های دست چندم شده بودند. فی‌الواقع در یک قرن بعد، یعنی در قرن نوزدهم، از اسپانیا و پرتغال قرن شانزدهم دیگر خبری برجای نمانده بود. هر دو آنان (و تا حدود زیادی

---

۱ - «دنیای جدید» ترجمهٔ «the New World» است و به سرزمین‌های دوردست که در طی قرون پانزدهم، شانزدهم و هفدهم توسط دریانوردان اروپایی کشف شدند اطلاق می‌شود و شامل قارهٔ آمریکا، جزایر و خشکی‌های واقع در اقیانوس آرام، استرالیا، زلاندنو و کانادا است.

قدرت‌های دیگر حوزهٔ مدیترانه یعنی ونیز و جنووا) مبدل به دو امپراتوری مضمحل شدهٔ کشاورزی عقب مانده شده بودند که به هیچ روی شباهتی به اسپانیا و پرتغال قرون چهاردهم تا هفدهم نداشتند. این‌که این تحول شگرف چگونه پدید آمد در ورای کار ما قرار می‌گیرد. مجموعه‌ای از عوامل - رنسانس، عصر بیداری، انقلاب علمی و مهم‌تر از همه پیدایش انقلاب صنعتی در انگلستان و در مرتبهٔ بعدی در فرانسه و آلمان - بدون تردید اسباب پیدایش این دگرگونی تاریخی شدند. در حالی‌که انقلاب صنعتی انگلستان در نیمهٔ دوم قرن هجدهم صورت گرفت، در اسپانیا انقلاب صنعتی بیش از دو قرن بعد، یعنی در نیمهٔ دوم قرن بیستم، آغاز گردید. جهش بزرگ اقتصادی که به دنبال انقلاب صنعتی در اسپانیا پیش آمد باعث شد تا اسپانیا نیز از یک اقتصاد وابسته به کشاورزی مبدل به یک قدرت صنعتی شود، یعنی همان راهی که کم و بیش انگلستان، فرانسه و آلمان پیموده بودند البته با دو قرن فاصله. اما در پرتغال انقلاب صنعتی به‌معنای کلاسیک آن هرگز اتفاق نیفتاد و در مجموع این کشور حتی در دهه‌های پایانی قرن بیستم نیز به صورت یک کشور کشاورزی و توسعه نیافته (به نسبت سایر کشورهای اروپایی) باقی ماند. جدای از روند صنعتی شدن، در ارتباط با ساختارهای سیاسی، اجتماعی، اقتصادی و مذهبی نیز هر دو کشور اشتراکات جالبی با یکدیگر دارند. بر هر دو کشور حکومت‌های متمرکز، توتالیتر و قدرتمندی از قرون وسطی به این طرف همواره حاکم بوده‌اند؛ در هیچ‌یک از آنها ساختارها و نهادهای اجتماعی که قادر باشند در مقابل حکومت قدرتی داشته باشند و عرض‌اندامی نمایند (چه رسد به این‌که حاکمیت مطلق حکومت را بتوانند تعدیل یا کنترل نمایند) به‌وجود نیامدند؛ آزادی‌های سیاسی، آزادی مطبوعات، آزادی اجتماعات صنفی و احزاب، رسانه‌های گروهی مستقل از دولت و... در هیچ کدام تا دو دههٔ پیش به‌وجود نیامده بودند؛ و بالاخره در هر دو کشور اقتدار مذهب در قالب کلیسای کاتولیک بسیار عمیق و گسترده بوده است.

اگرچه همان‌طور که گفتیم زمینه‌های افول پرتغال و اسپانیا در ورای کار ما قرار می‌گیرد، اما بد نیست خاطرنشان سازیم که آن‌چه بر این دو امپراتوری مقتدر قرون وسطای اروپا رفت چندان تفاوتی با آن‌چه بر قدرت‌های شرقی رفت ندارد. سرنوشت این دو قدرت به‌علاوه قدرت‌های مسیحی دیگری که در قرون وسطی یعنی تا زمان انقلاب صنعتی (قرن هجدهم) پیشگام و سرآمد بودند (جنووا، ونیز، بالکان، بیزانس، امپراتوری مجار، اتریش،...) دقیقاً نشان‌دهندهٔ پوچی و بی‌محتوایی باوری است که طبق آن پیشرفت اروپاییان و متقابلاً

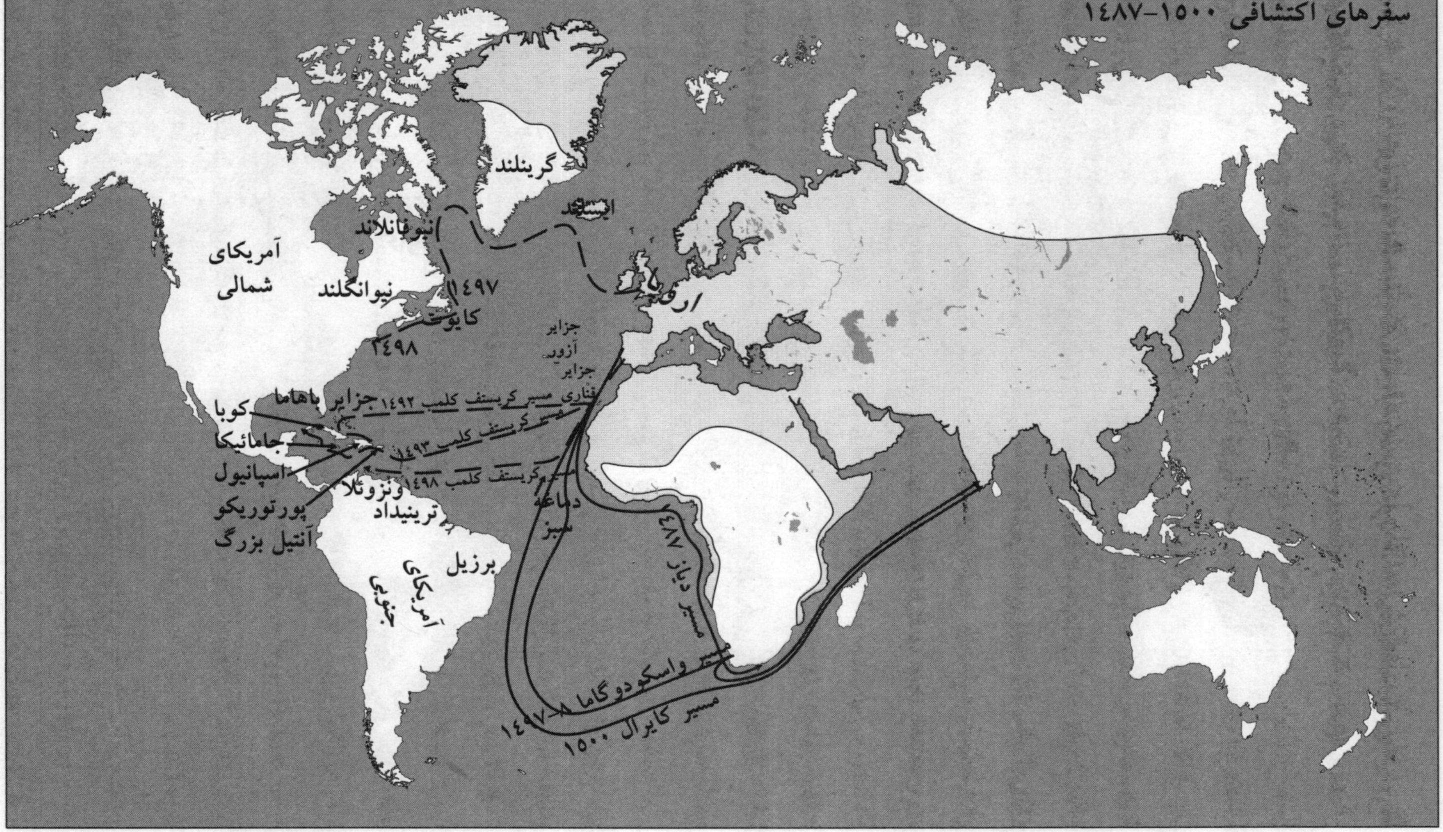

سفرهای اکتشافی ۱۵۰۰–۱۴۸۷

گرینلند
دریای شمال
روسیه
آمریکای شمالی
اقیانوس آرام
اقیانوس اطلس
اقیانوس آرام
(چین)
پکن
مسکو
دریای بالتیک
ونیز
جنوا
استانبول
تبریز
بخارا
سمرقند
کاشغر
کابل
لاهور
هرات
اصفهان
بغداد
دمشق
اورشلیم
بصره
مدینه
مکه
قاهره
دهلی
(هندوستان)
(تونس)
(مراکش)
(الجزایر)
سنگال
دریای عربستان
خلیج بنگال
دریای جنوبی چین
دریای جاوه
(اندونزی)
آمریکای جنوبی
آفریقا
زنگبار
اقیانوس هند
استرالیا
امپراطوری اسلام در آغاز قرن ۱۸
بنادر تجاری اروپایی‌ها در قرن ۱۸
متصرفات اسپانیایی‌ها در قرن ۱۸
نفوذ امپراطوری بریتانیا در شبه قاره هند و آفریقا در قرن ۱۸
نفوذ امپراطوری روسیه به قلمرو امپراطوری اسلام در فاصله ۱۵۳۳ تا ۱۸۱۵
نفوذ امپراطوری اتریش - مجارستان به قلمرو امپراطوری اسلام در فاصله ۱۶۹۹ تا ۱۸۱۵

عقب‌ماندگی مسلمین یک برنامهٔ سازمان یافتهٔ دقیق و «توطئه‌ای» طرح‌ریزی شده از سوی غرب مسیحی بوده است. بر بسیاری از امپراتوری‌های ابرقدرت مسیحی اروپایی دقیقاً همان رفت که بر امپراتوری مسلمان عثمانی. در قرن نوزدهم، امپراتوری مسلمان عثمانی همان‌طور در حال خرد شدن و اضمحلال بود که امپراتوری‌های مسیحی پرتغال و اسپانیا در قرون قبل از آن. امپراتوری مسلمان عثمانی همان‌قدر در زیر چرخ رنسانس، عصر بیداری و انقلاب صنعتی خرد شد که قدرت‌های مسیحی. بنابراین اگر هنوز اصراری باشد که تاریخ را به‌گونهٔ یک طرح و توطئهٔ از پیش تعیین شده بدانیم، بایستی گفت که این طرح و توطئه نه علیه مسلمین بلکه علیه تمامی قدرت‌ها و امپراتوری‌هایی اتفاق افتاد که دروازه‌های خود را به روی پیشرفت علمی، تفکر اجتماعی، تعقل سیاسی و تفکر انتقادی[1] بستند، صرف‌نظر از آن که در شرق بودند یا غرب، اروپایی بودند یا عرب یا ایرانی، هندی بودند یا چینی، مسیحی بودند یا هندو و یا مسلمان.

جمع‌بندی و نتیجه‌گیری

همان‌طور که در مقدمهٔ این کتاب متذکر شدیم، از دیدگاه رادیکال و انقلابی جدیدی که با فرهنگ چپ وارد حیات سیاسی ایران گردید رابطهٔ میان شرق و غرب خلاصه می‌شود در تضاد و رویارویی میان آن دو. این ایدهٔ کلی به‌تدریج پرداخته گردید و با اقبال زیادی از سوی بسیاری از ایرانیان، صرف‌نظر از دیدگاه ایدئولوژیک و جهان‌بینی خاصشان، روبه‌رو گردید. حسن بزرگ این دیدگاه در این است که با به کارگیری آن تکلیف عقب‌ماندگی ایران خلاصه و یک کاسه می‌شود. نه نیازی به بررسی تاریخ و تحولات اروپا هست و نه نیازی به دانستن و آگاهی از چگونگی سیر این تحولات در ایران. همچنین، نه نیازی دیگر به شناخت اقلیمی اروپا هست و نه نیازی به دانستن این‌که ایران دارای کدامین ویژگی‌های طبیعی بوده است و این **چگونه بودن**‌ها چه نوع جوامع با کدامین ساختارها و چه نوع روابط اجتماعی را به‌وجود آورده است. پدیدهٔ عقب‌ماندگی به شکل ساده و کلی در ***تضاد و تقابلی*** تاریخی خلاصه می‌شود که از دیرباز مابین شرق و غرب بوده است؛ تضادی که در پرتو آن یکی (غرب) همواره سعی داشته (و دارد) که دیگری (شرق) را در بند و عقب‌ماندگی نگه دارد. بنابراین برای بررسی اسباب و علل عقب‌ماندگی ایران ما نیاز چندانی به شناخت جامعهٔ ایران نداریم

---

1 - critical thinking

[illegible]

[illegible]

[illegible]

تاریخی شد. اولاً حجم ارتباطات بین جوامع مختلف اروپایی زیاد بود؛ اعم از ارتباطات تجاری و سیاسی یا اجتماعی و فرهنگی. اگر این خصوصیت را نقطهٔ قوت نزدیکی اجتماعات اروپایی با یکدیگر بدانیم، نقطهٔ ضعف آن عبارت بود از ظهور رقابت‌ها و تخاصمات پایان‌ناپذیر میان اروپاییان. این پدیده را به بهترین شکلش می‌توان در نظام فئودالی اروپای قرون وسطی ملاحظه نمود که در آن اروپا میان ده‌ها پادشاه، دربار، دوک‌نشین، فئودال، بارون، لرد و خاندان‌های ریز و درشت اشرافی به همراه نفوذ کلیساهای مختلف تقسیم شده است.

بُعد دیگر مجاورت اروپا با آب در تمایل زیاد به دریانوردی و درنتیجه تسلط بر دریا خلاصه می‌شود. فی‌الواقع جملگی قدرت‌های اروپایی از توان دریایی تجاری و نظامی قابل‌توجهی برخوردار بودند. سهولت ارتباط از یک‌سو و برخورداری از شرایط طبیعی مناسب که در موارد زیادی منجر به تولید مازاد بر مصرف می‌شد از سویی دیگر دست به‌دست یکدیگر دادند و باعث شدند تا بسیاری از جوامع اروپایی به امر تجارت با جوامع دیگر بپردازند.[1]

اگرچه شرایط اقلیمی اروپا مطلوب بود، اما تمدن‌های اولیه در شرق به‌وجود آمدند. مجموعه‌ای از تنوع آب و هوا، آفتاب، حرارت و خاک غنی در کنار رودخانه‌ها دست به‌دست یکدیگر دادند و باعث شدند تا کشاورزی و دامپروری نخستین‌بار در مشرق‌زمین به‌وجود آید. به‌علاوه تنوع آب و هوا باعث گردید تا در شرق تنوع محصولات کشاورزی به‌مراتب بیشتر از اروپا باشد. در نتیجه غرب در ابتدا واردکنندهٔ محصولات شرقی اعم از کشاورزی یا به تعبیر امروزه «تولیدی» بود. مسیر تاریخی **راه ابریشم**، پل ارتباط تجاری مابین شرق و غرب بود. غربی‌ها که در ابتدا کالای چندانی برای صدور به شرق نداشتند برای تأمین «کسری موازنهٔ تجاری» خود مجبور شدند به جستجو و استخراج فلزات گران‌بها بپردازند. همچنین سعی نمودند تا با تهیه و تولید کالاهای دیگر این کسری را موازنه کنند؛ عواملی که به نوبهٔ خود سبب شدند تا غربیان برای کشف و دست‌یابی به منابع و امکانات جدید بیشتر به دریا و دریانوردی روی آورند. بالاخره انگیزهٔ بعدی که اروپاییان را به سیر و جستجو و رفتن به سرزمین‌های ناشناختهٔ دیگر سوق داد، اعتقاد به گسترش آیین مسیحیت و مبارزه با شرک و

---

۱ – برخلاف بسیاری از اجتماعات اسکان‌یافته در ایران که در حالت خودکفایی اقتصادی به سر می‌برند بدون آن که ارتباط تجاری چندانی با محیط بیرون از خود داشته باشند.

کفر بود. مجموعهٔ این عوامل سبب شدند تا اروپاییان خیلی بیشتر از شرقیان روی به مکاشفه، سیر و سیاحت و دست‌یابی و دست‌اندازی به مناطق دیگر آورند. این روند بالاخص از قرون وسطی به بعد بسیار پررنگ‌تر شد. تحولاتی همچون رنسانس، انقلاب علمی و نیاز فزاینده به دست‌یابی به راه‌ها و مسیرهای دریایی تازه و درنوردیدن اقیانوس‌ها که نهایتاً منجر به کشف ***دنیای جدید*** گردید جملگی باعث پیدایش ***انقلاب تجاری*** [۱] و ***مرکانتالیزم*** [۲] در اروپا و بالاخص در غرب آن شدند؛ تحولاتی که از دل آنان ***انقلاب صنعتی***، سرمایه‌داری و نهایتاً غربی که ما امروزه می‌شناسیم تولد یافت. این تحولات اگرچه تاریخی بودند و بدون درک آنان نمی‌توان غرب را شناخت [۳]، اما آن‌چه به کار ما بیشتر مربوط می‌شود نحوهٔ ارتباط غرب با شرق است.

با گسترش اسلام در قرن هفتم میلادی نُخستین برخورد بین مسلمین و جهان مسیحیت به‌وجود آمد. با فتح کامل خاورمیانه، مسلمین قلمرویی را که مسیحیان سرزمین مقدس می‌دانستند از آن خود ساختند. قدرت نظامی مسلمین باعث شد تا مسیحیان اندیشهٔ بازپس‌گیری سرزمین مقدس را تا چهار قرن بعد به تعویق بیندازند. در نیمهٔ دوم قرن یازدهم دسته‌های مختلف مسیحی عمدتاً از غرب اروپا گرد هم آمده و برای بازپس‌گیری سرزمین مقدس روانهٔ خاورمیانه شدند، حرکتی که در تاریخ به نام «جنگ‌های صلیبی» معروف گردید و سه قرن به طول انجامید. در طی این مدت خاورمیانه و فلسطین چندین بار بین مسلمین و اروپاییان دست به‌دست گشت تا سرانجام مسلمین در انتهای قرن سیزدهم میلادی با پیروزی کامل بر صلیبیون اروپایی، آنان را از کل منطقهٔ خاورمیانه بیرون راندند و با تخریب بنادر مشرف بر مدیترانه امکان ورود مجدد آنان را مسدود ساختند. این تحول به همراه مشکلات دیگری که در مسیرهای دیگرِ تجارت میان شرق و غرب به‌وجود آمد باعث گردید تا مسیر اصلی تجارت از قرن چهاردهم به بعد عمدتاً از طریق مصر صورت گیرد. بنابراین حیات تجاری بین شرق و غرب در دست فرمانروایان و سلاطین مملوک حاکم بر مصر افتاد. این تغییر زمانی اتفاق افتاد که به دنبال دو قرن تماس صلیبیون با شرق، حجم تجارت بین شرق و غرب افزایش چشم‌گیری یافته بود. سلاطین مملوک که نیاز روزافزونی به درآمد بیشتر برای

---

1 - the Commercial Revolution

2 - Mercantilism

۳ – بگذریم که امروزه بسیاری در ایران بدون سر سوزنی آشنایی و آگاهی از این تحولات، غرب را به راحتی و به آسانی تجزیه و تحلیل نموده و به سرعت برق آن را کالبدشکافی می‌کنند.

تأمین مخارج فرایندهٔ نظامی‌شان داشتند سعی نمودند تا آن‌جا که مقدور بود با اخذ مالیات و عوارض بر مال‌التجاره‌ای که از قاهره به مقصد اروپا (و یا بالعکس) عبور می‌کرد نیازهای مالی خود را تأمین کنند. این سیاست به‌علاوه نزدیکی مملوک‌ها با تجار ونیزی که رقیب قدرت‌های دیگر اروپایی بودند باعث گردید که اروپاییان به فکر یافتن مسیرهای دیگری برای ارتباط با شرق بیفتند. این نیاز بالاخص در مورد پرتغالی‌ها و اسپانیایی‌ها که در منتهی‌الیه دریای مدیترانه بودند و در نتیجه کالا برای آنان گران‌تر از دیگران تمام می‌شد محسوس‌تر بود.

اگرچه پیدا کردن راه‌های جدید برای دست‌یابی به شرق، انگیزهٔ مهمی برای تجار و دریانوردان غربی بود، اما عوامل نیرومند دیگری همچون رقابت بین قدرت‌های مختلف اروپایی، رنسانس، انقلاب تجاری، تغییر در ساختارهای اقتصادی و تولیدی اروپاییان، شروع اضمحلال نظام فئودالی با پایان یافتن قرون وسطی و پیدایش تدریجی ناسیونالیسم و ملت - کشور[1]، تبلیغ آیین مسیحیت، یافتن طلا و نقره و ... نیز این روند را تشدید می‌کردند. نتیجهٔ همهٔ اینها تحول تاریخی پیدایش ***عصر اکتشافات سرزمین‌های دیگر*** بود.[2] آن‌چه این تحول را امکان‌پذیر می‌ساخت تجربه، آشنایی و تسلط نسبی بر دریا بود که اروپاییان از دیرباز به واسطهٔ موقعیت جغرافیایی خود از آن برخوردار بودند. افزون بر سابقهٔ تاریخی، استفاده از قطب‌نما و اسطرلاب که از مسلمین فراگرفته بودند، به‌علاوه جا افتادن این باور که زمین کروی است (و در نتیجه بی‌انتها نیست) همگی باعث شدند تا دریانوردان اروپایی با اطمینان خاطر و قوت قلب بیشتری دل به دریاهای ناشناخته بزنند. این تحول نه تنها برای غرب بلکه اساساً برای کل جهان متمدن آن‌روز نقطهٔ عطف و سرآغاز عصری کاملاً جدید بود. به گفتهٔ پروفسور «بارنز» مورخ اثر معروف ***تاریخ تمدن غرب***، این تحول، ***اقتصاد غرب را از یک اقتصاد محلی و منطقه‌ای که در حوزهٔ مدیترانه متمرکز می‌شد به یک اقتصاد جهانی و بین‌المللی مبدل نمود.*** در نظام بین‌المللی جدید دیگر فضای چندانی برای مملوک‌ها، اعراب، جنوایی‌ها، ونیزی‌ها، سیسیلی‌ها، ترکان و دیگر قدرت‌های قرون وسطایی وجود نداشت. مراکز تجاری که تقریباً از شروع تاریخ مدون بشری در حوزهٔ مدیترانه استقرار یافته و بیش از چندهزار سال مدیترانه را به صورت قلب تجارت و اقتصاد جهان درآورده بودند، اکنون

1 - Nation-State

2 - The Age of Voyages and Overseas Discoveries

دیگر به تدریج رو به خاموشی می‌رفتند. مراکز و اسامی تازه‌ای چون لیسبون (پرتغال)، بوردو (فرانسه و اسپانیا)، لیورپول و بریستول (انگلستان) و آمستردام (هلند) جای مراکز قبلی همچون قاهره، اسکندریه، حلب، شام، انطاکیه، قسطنطنیه، جنووا، سیسیل، ونیز، بصره، بغداد، تبریز، سمرقند و بخارا را می‌گرفتند.[1] ***ستون فقرات و پیش‌نیاز زیربنایی و کلید ورود به نظام جدید نیروی دریایی بود.*** بنابراین از همان ابتدای عصر جدید برای قدرت‌هایی که مرکز ثقلشان در خشکی بود امید زیادی وجود نداشت. اما این همهٔ مشکل نبود. بازیکنان جدید صحنهٔ بین‌المللی که به‌تدریج از اواخر قرن پانزدهم در آب‌های مشرق‌زمین ظاهر می‌شدند با خود قواعد و قوانین جدیدی نیز وارد میدان می‌کردند؛ قواعد و قوانینی که برای شرقیان در حوزهٔ دریا کاملاً ناشناس بود. در حالی‌که بازیگران شرقی در طی قرون متمادی در آب‌های شرق بر اساس همزیستی و رعایت منافع متقابل به داد و ستد پرداخته بودند، با بازیگرانی روبه‌رو شدند که اساس بازی‌شان بر روی رقابت، سلطه و از میدان به در کردن دیگران قرار داشت.

مشکل دیگر قدرت‌های شرقی از جمله ایران در این بود که توان نظامی آنان در خشکی خلاصه می‌شد. علی‌رغم آن که هم ترکان صفوی و هم ترکان عثمانی در خشکی دارای توان نظامی قابل ملاحظه‌ای بودند و ترکان عثمانی حتی در نیمهٔ دوم قرن هفدهم توانسته بودند وین را به محاصرهٔ خود درآوردند و نیمی از اروپا را در تسلط خود داشته باشند، اما در دریا قدرت آنان حتی به پای قدرت‌های دست دوم و سوم اروپایی هم نمی‌رسید. ترکان عثمانی حتی در اوج قدرت نظامی‌شان نتوانستند از تصرف چند جزیرهٔ کوچک در مدیترانه فراتر روند. کارنامهٔ ایرانیان حتی از این هم ضعیف‌تر بود زیرا در سال ۱۵۰۰ م. که پرتغالی‌ها پای در خلیج فارس گذاردند حکام صفوی به‌جز تسلیم چارهٔ دیگری نداشتند. تبعات ضعف یا فی‌الواقع فقدان نیروی دریایی برای ایرانیان فقط در مسایل نظامی خلاصه نمی‌شد. در عصر جدیدی که از قرن شانزدهم به‌وجود آمده بود نیروی دریایی فقط کاربرد نظامی نداشت، بلکه ستون فقرات ارتباطات، تجارت، صادرات، واردات، دست‌یابی به مناطق جدید، حمل و نقل و اطلاعات هم به شمار می‌آمد. بنابراین بدون برخورداری از قدرت دریایی، هیچ شانسی در عرصهٔ رقابت‌های بین‌المللی وجود نداشت.

---

1 - Edward Mcnall Burns, ***Western Civilizations***, vol. II, 8th edition, W. W. Norton & Company (U.S., 1973), p. 440.

برخورداری از نیروی دریایی اگرچه شرط لازم ورود به صحنهٔ جدید بین‌المللی بود اما به هیچ روی شرط کافی برای موفقیت در این صحنه نبود. اسباب و عوامل دیگری نیز می‌بایستی در کشورها وجود می‌داشت تا آنان بتوانند مقهور رقبای خود نشوند. مهم‌ترین آنها عبارت بودند از اسباب و عواملی که بتوانند زمینه‌ساز انقلاب صنعتی شوند. چنین اسباب و عواملی نه تنها در میان قدرت‌های شرقی بالاخص ایرانیان که قرن‌ها می‌شد جامعهٔ خود را از علوم و فعالیت‌های علمی محروم کرده بودند وجود نداشت، بلکه قدرت‌های حوزهٔ مدیترانه هم عمدتاً فاقد آن بودند. فی‌الواقع این زمینه‌ها حتی در میان دو ابرقدرت بزرگ قرون پانزدهم و شانزدهم یعنی پرتغال و اسپانیا که دنیای آن‌روز را میان خود تقسیم کرده بودند نیز وجود نداشت. بنابراین ستارهٔ اقبال این دو ابرقدرت نیز از اواخر قرن هفدهم به‌تدریج رو به افول گذاشت و تا پایان قرن هجدهم، قرنی که از نیمهٔ دوم آن انگلستان توانسته بود پذیرای انقلاب صنعتی شود، از امپراتوری‌های پرتغال و اسپانیا دیگر چندان صلابت و قدرتی بر جای نمانده بود. به سخنی دیگر، و برخلاف باور جاافتادهٔ ما، بر قدرت‌های اروپایی که نتوانسته بودند به موقع در مسیر تغییر و تحولات سیاسی، اجتماعی و اقتصادی لازم گام بردارند همان رفت که بر قدرت‌های مسلمان نظیر امپراتوری‌های صفوی و عثمانی. اسپانیا و پرتغال در نیمهٔ دوم قرن بیستم نه تنها با قدرت‌های دیگر اروپایی قابل قیاس نبودند بلکه امپراتوری عثمانی (ترکیه) به‌مراتب از هر دو آنها پیشرفته‌تر بود.

در یک کلام، شرق و غرب در مجموع مسیرهای جداگانهٔ خود را پیمودند - اگرچه این مسیرها که در انتها بسیار با یکدیگر تفاوت داشتند. یکی (غرب یا درست‌تر گفته باشیم بخشی از قدرت‌های غربی) در مسیر پیشرفت و توسعه بود؛ پیشرفت و توسعه‌ای که بخشی از آن به سراغ تسلط بر منابع اقتصادی مناطق دیگر جهان از جمله شرقی‌ها رفت، دیگری در جهت عکس، در مسیر انفعال، در جا زدن و درون خود بودن حرکت نمود. سرانجام وقتی این دو مجموعه به‌تدریج از قرن هجدهم به یکدیگر رسیدند نتیجهٔ کار کاملاً روشن بود. برتری و تسلط کامل یکی، در مقابل، ضعف و تسلیم دیگری؛ نتیجه‌ای که متأسفانه برای بسیاری از جوامع و ملل صرف‌نظر از آن که غربی بودند یا شرقی، مسلمان بودند یا مسیحی عیناً اتفاق افتاد.

جمهوری اسلامی ایران
دانشگاه تهران

شماره ....
تاریخ ....
پیوست ....

بسمه تعالی

بهمن ۱۳۷۰

کمیتهٔ برنامه‌ریزی علوم انسانی (تاریخ ـ علوم سیاسی)
شورای‌عالی ستاد انقلاب فرهنگی

احتراماً به استحضار می‌رساند که اینجانب صادق زیباکلام، پس از اخذ دکترا از کشور انگلستان در سال ۱۳۶۹ به میهن بازگشته و در حال حاضر در خدمت دانشکدهٔ حقوق و علوم سیاسی دانشگاه تهران می‌باشم. از آن‌جا که زمینهٔ کارهای تحقیقاتی دورهٔ دکترایم پیرامون تحولات سیاسی و اجتماعی معاصر ایران بود، بالطبع بعد از ورود در این زمینه‌ها به امر آموزش مشغول بوده‌ام.

ظرف یک سال گذشته نکته‌ای مورد توجهم قرار گرفته که هر روز بیش از پیش مرا به خود مشغول داشته است. در خلال کلاس‌هایی که در طی این مدت داشته‌ام این پرسش را مطرح نموده‌ام که «اسباب و علل عقب‌ماندگی ایران چه بوده است؟» چرا و چگونه ایران قرن نوزدهم مجموعه‌ای می‌شود از ضعف اقتصادی، عقب‌ماندگی سیاسی، رکود اجتماعی، بی‌بنیگی علمی و...؟ ریشه‌ها و علل پیدایش آن انحطاط غریب و درماندگی عمیقی که بر ایران عصر قاجار سایه افکنده در کجا بوده است؟ پاسخ متداول و به تعبیری کلاسیک این پرسش، که معمولاً هم در کلاس‌هایم مطرح می‌شود، عبارت است از ***استعمار*** در اشکال کهنه و نو، سرمایه‌داری جهانی و امپریالیسم. این پدیده به عنوان عامل اصلی همهٔ مشکلات، ناکامی‌ها، ضعف‌ها و شکست‌های ما در دادگاه تاریخ معاصر ایران بر کرسی اتهام نشسته است.

شاید سخنی به اغراق نباشد اگر بگوییم بخش عمده‌ای از آثار ما پیرامون عصر قاجار در این خلاصه می‌شود که استعمار و ابر قدرت‌ها چه به روز ایران آورده‌اند: چگونه طرح و توطئه ریخته‌اند، دسیسه کرده‌اند، چگونه بساط فراماسون به پا داشته‌اند، چگونه رجال

سیاسی قاجار را تحت‌الحمایه قرار می‌دهند و آنان را به‌جای اندیشهٔ وطن در سودای خدمت به سفارتین روس و انگلیس وا می‌دارند. چگونه رشوه می‌دهند، فساد می‌کنند، امتیاز می‌گیرند، معاهده و قرارداد تحمیل می‌کنند، رجال وطن‌دوست را از سر راه بر می‌دارند و در عوض سر سپردگان، عوامل نفوذی، خاینین و مأمورین را یاری می‌دهند، شاه را قدرت می‌بخشند و در مقابل مردم را سرکوب می‌کنند، دین را از سیاست جدا می‌کنند و...

اما مشکل من در این است که چه‌طور شد استعمار توانست به ایران بیاید؟ چه‌طور شد که دولت‌های «فخیمهٔ انگلیس» و «بهیهٔ روس» توانستند آن‌چنان بر شالودهٔ حکومت «قوی شوکت پادشاهی» ایران دست یابند اما ایرانیان نرفتند روس، پروس، انگلیس را به استعمار خود درآورند. چه‌طور شد انگلیسی‌ها در قرن نوزدهم و پیش‌تر از آن سر از ایران درآوردند اما ما نرفتیم سر از لندن و بروکسل درآوریم؟ چه‌طور شد آنها سوار بر کشتی شده و به اطراف و اکناف دنیا رفته و سر از ینگه دنیا درآوردند، اما جامعهٔ ما با رهبرانی سر و کار یافت که تصور می‌کردند برای رسیدن به ینگه دنیا بایستی چاه کند؟ مشکل من در استعمار و این‌که چرا می‌آید به ایران و از وقتی آمد چه می‌کند نیست. گمان نمی‌کنم استعمار مدعی این باشد که آمده بوده در ایران تا راه‌آهن، تراموا، چراغ برق، قورخانه، فاکتوری، آب‌انبار، مسجد، جاده، مدرسه، دارالشفا و... به پا دارد. بدیهی است که آمده بود نفت، تنباکو، آهن و... را ببرد. آمده بود امتیاز بگیرد، قرارداد ببندد و در یک کلام جامعه را تا آن‌جا که می‌توانست تحت سلطه و اختیار خود قرار دهد.

مشکل من در بعد از آمدن استعمار نیست، بلکه در این است که از کی، چگونه، و چه‌طور ما می‌رسیم به مقطعی که استعمار توانست به ایران وارد شده و آن مصیبت‌ها را به بار آورد. آن‌چه مسلم است، اگر جامعهٔ آن‌روز ما به آن درجه از ضعف و سستی نرسیده بود، بالطبع استعمار هم نمی‌توانست به آن راه یافته و آن مصیبت‌ها هم پیش نمی‌آمدند.

مشکل من، و سؤالی که در کلاس‌هایم مطرح می‌کنم، این است که چرا و چه شد که ما رسیدیم به آن مرحله‌ای که دوالپای استعمار توانست وارد شده و بر گرده‌مان سوار شود؟ استعمار بسی جنایت‌ها که مرتکب شده، ولی واقع مطلب این است که قبل از آن که او بیاید، در جامعهٔ ما نه سخنی از فیزیک بود، نه شیمی، نه طب، نه هندسه، نه ریاضیات، نه هیات، نه نجوم، نه اقتصاد، نه علوم سیاسی، نه دانش زبان‌های خارجه، نه... اینها را دیگر استعمار بر سر ما نیاورد بلکه قبل از او علوم از جامعهٔ ما رخت بر بسته بود. مشکل من در این است که

جامعه‌ای که در مقاطعی پرچمدار علوم بوده، ابوریحان بیرونی، فارابی، خوارزمی، ابن‌سینا، جابربن حیان، زکریای رازی و ... را به جامعه بشری تقدیم داشته، چگونه به جامعه‌ای تنزل می‌یابد که در آن نه اثری از علم و دانش است و نه نشانی از دانشمند، دانشگاه، کتابخانه، لابراتوار و تحقیق؟

سال‌ها پیش زمانی که مراحل اولیهٔ دورهٔ دکترایم را می‌گذراندم، این سؤالات به مخیله‌ام راه یافت. آن‌روزها فکر می‌کردم که یقیناً چنین سؤالات بنیادی توسط اساتید و اهل فن در علوم سیاسی و تاریخ بارها و بارها مورد کنکاش قرار گرفته و ده‌ها (اگر نه صدها) کتاب، رساله، مقاله و گفتار پیرامون آنها به رشتهٔ تحریر درآمده است. فکر می‌کردم بی‌اطلاعی من ناشی از تازه وارد بودنم در این وادی‌ها است.

اما هرچه زمان می‌گذرد اطمینان بیشتری می‌یابم که این سؤالات در قالب تحصیلات دانشگاهی ما اساساً مطرح نمی‌شوند، چه رسد به کنکاش، تجزیه و تحلیل و ریشه‌یابی. به‌تدریج به این نتیجه رسیده‌ام که حتی در سطوح دانشگاهی نیز برخورد با این بخش از تاریخ ایران به صورت معلول‌نگاری و معلول‌نگری نیست بلکه بیشتر وقایع‌نگاری است: شرح ناهنجاری‌ها و ناکامی‌های سیاسی، اقتصادی و اجتماعی ایران در گذشته است تا علت‌جویی و ریشه‌یابی مسایل. بیشتر شرح این است که استعمار چه کرد تا طرح این‌که اساساً چرا استعمار توانست بیاید. گمان نمی‌کنم اگر ادعا نمایم که آن‌چه در سطوح دانشگاهی ما اعم از لیسانس و فوق‌لیسانس تحت عناوینی چون، تحولات سیاسی و اجتماعی معاصر ایران، تاریخ روابط خارجی ایران، دیپلماسی ایران، تاریخ عصر قاجار، روابط ایران، اقتصاد ایران، انقلاب اسلامی ایران و... آموزش داده می‌شود چیزی به‌جز تکرار معلول‌ها در قالب شرح یک سلسله حوادث و رویدادهای مشخص نیست، سخنی به گزاف گفته باشم. بالاترین شاهد مدعایم این واقعیت است که اگر از یک فارغ‌التحصیل لیسانس یا فوق‌لیسانس علوم سیاسی یا تاریخ بپرسیم چه‌طور شد که انگلیسی‌ها به ایران آمدند ولی ایرانیان به انگلستان نرفتند، چه‌طور شد در طی قرون هجدهم و نوزدهم ده‌ها دانشمند و عالم اروپایی قادر شدند آن‌چنان تحولی عظیم در علم و صنعت به‌وجود آورند ولی در ایران حتی یک عالم علوم طبیعی هم نبود، بتواند پاسخ چندان روشن و مستدلی بدهد. حداکثر اگر فارغ‌التحصیل فهیمی باشد، همان داده‌های دانشگاهی‌اش را که شرح معلول‌ها است بتواند پس دهد.

بنده منکر فراگیری و آموزش رویدادها نیستم. این‌که محاصرهٔ هرات کی و در زمان کدام

پادشاه به‌وقوع پیوست، فلان وزیر کدام عهدنامه را منعقد نمود و یا اختلافات ایران و انگلیس بر سر چه بوده و بلژیکی‌ها در فلان قرارداد چه امتیازاتی به چنگ آوردند، تردیدی نیست که برای شناخت گذشته نه تنها لازم بلکه واجب است. ***اما آن‌چه مهم‌تر و لازم‌تر است درک آن شرایط اجتماعی می‌باشد که این اتفاقات را سبب می‌شود. مهم‌تر از ذکر جزئیات معاهدهٔ ترکمنچای، تشریح علل زیربنایی ضعف بنیهٔ نظامی حاکم بر ایران عصر قاجار است، که شکست نظامی از روس‌ها و معاهدهٔ ترکمنچای را سبب می‌شوند.*** به سخن دیگر، تأکید بایستی بیشتر بر روی تشریح و آموزش عوامل پیچیده‌تر و عمیق‌تر سیاسی، اجتماعی و اقتصادی داخلی باشد. به روی این‌که ***چگونه ما، ما شدیم و چگونه ما رسیدیم به ایران عصر قاجار؟***

چه اگر مخروطی که آموزش تحولات سیاسی و اجتماعی معاصر ایران را تشکیل می‌دهد وارونه نماییم، آن‌وقت ضعف نظامی، عقب‌ماندگی اقتصادی، فقدان بنیان‌های علمی و آگاهی‌های اجتماعی، عدم توسعهٔ ساختار سیاسی، نبود ارتباطات مدرن... و بالاخره ظهور و سلطهٔ استعمار در ایران عصر قاجار جملگی معلول می‌شوند؛ معلول شرایطی که زیربنای ساختار سیاسی ـ اجتماعی و اقتصادی ایران قرن نوزدهم را تشکیل می‌داده‌اند. مهم این است که دانشجو را به سمت علل سوق دهیم. همان عللی که به‌وجود آورندهٔ آن همه عقب‌ماندگی و انحطاط شده‌اند.

پیشنهاد مشخص من در این خصوص عبارت است از طرح درسی در دو الی سه واحد که در آن علل عقب‌ماندگی ایران، یا اصطلاحی که من در سر کلاس‌هایم به کار می‌برم «چگونه ما، ما شدیم»، مورد کنکاش و ریشه‌یابی قرار گیرد. نه فکر این پیشنهاد و نه اندیشهٔ نگارش به شما در ضمیر من، امور قریب‌الوقوعی نبوده‌اند. همان‌طور که پیش‌تر نیز اشاره کردم، چنین اندیشه‌هایی سال‌هاست که در مخیله‌ام بوده‌اند. اما شک و تردید و پرسش هم، به موازات این اندیشه‌ها به جلو می‌آمده‌اند. سه عامل باعث شده‌اند تا در نهایت کفهٔ تردیدها سبک‌تر گشته و در خود این جسارت را بیابم تا آن کمیتهٔ محترم را مخاطب قرار دهم.

نخست آشنایی با آثاری است که در مجموع پیرامون تحولات سیاسی و اجتماعی معاصر ایران می‌باشد. جدای از حضور نوعی نگرش مکانیکی ـ مارکسیستی در میان برخی از این آثار، سایهٔ آرا و اندیشه‌های چپ بر سر بسیاری از آنها سنگینی می‌کند. که البته با در نظر گرفتن عمق و قدمت چپ در زمینهٔ نگارش متون سیاسی ـ تاریخی و اجتماعی در ایران، این پدیده چندان هم نمی‌بایستی به دور از انتظار باشد. اما مشکل اساسی‌تر در این است که بسیار

از آنها در واقع خلاصه می‌شوند به نوعی وقایع‌نگاری و یا به تعبیر بنده معلول‌نگری و معلول نگاری. عامل دوم صحبت‌های زیادی می‌باشد که با برخی از همکاران و صاحب‌نظران داشته‌ام. در مجموع می‌توانم بگویم که جای خالی چنین درسی را بسیاری دیگر نیز حس می‌کنند. عامل سوم، که از نظر بنده اصلی‌ترین و مهم‌ترین عامل می‌باشد، واکنش دانشجویانم بوده است. علی‌رغم آن که بسیاری از مباحث مطروحهٔ خام، کلی و در مواردی با تصریح و تأکید من مبنی بر این‌که مطالب ارائه شده را بایستی در حد شروع بحث و در حد حدس و گمان دانست، مع‌ذلک استقبالی که می‌کنند، اشتیاقی که در خلال بحث‌هایشان موج می‌زند، بزرگ‌ترین عاملی شده است که احساس خلأ کنم در اینجا خلأ جدی وجود دارد.

چنان‌چه اصل پیشنهاد مورد عنایت قرار گیرد، بنده مطالبی سیاه مشق نموده‌ام که در آن به‌گونه‌ای مبتدی سعی شده است برخی از سؤالات فوق‌الذکر مورد کنکاش قرار گیرد.

با عرض ادب و احترام

صادق زیباکلام

استادیار دانشکدهٔ حقوق و علوم سیاسی دانشگاه تهران

این نامه را من قریب به سه سال پیش ارسال نمودم و هنوز منتظر پاسخ یا لااقل واکنشی از جانب کمیتهٔ محترم برنامه‌ریزی علوم انسانی شورای‌عالی انقلاب فرهنگی هستم.[1]

از صدای سخن عشق ندیدم خوش‌تر　　　یادگاری که در این گنبد دوار بماند

---

۱ -(این یادداشت مربوط به سال ۱۳۷۳ و پس از چاپ اول این کتاب از سوی نویسنده است. ویراستار)

پس از چاپ اول کتاب، پاسخ شورای محترم عالی انقلاب فرهنگی به نامه فوق دریافت گردید که عیناً جهت قضاوت خوانندگان درج می‌شود.

بسمه تعالی

شماره ۲۶۹۷/
تاریخ ۷۰/۹/۱۹
پیوست ....

جمهوری اسلامی ایران
شورای عالی انقلاب فرهنگی

جناب آقای دکتر صادق زیباکلام
عضو هیأت علمی دانشکدهء حقوق و علوم سیاسی دانشگاه تهران

پاسخ نامهء مورخ ۱۳۷۰ شمارا با نامه نمی توان داد. اولاً سؤالی که مطرح کرده اید بسیار حساس و اساسی است ثانیاً رسیدگی به آن سؤال قبل از این که درقالب یک درس دو واحدی بگنجد، مستلزم پژوهش درچند زمینه است :

۱- تاریخ تحول سیاسی درایران - تحلیل قدرت
۲- تاریخ تحول دینی درایران - تحلیل اعتقادی
۳- تاریخ تحول فرهنگ واندیشه درایران - تحلیل فلسفی
۴- تاریخ تحول علمی درایران - تحلیل علمی
۵- تاریخ تحول هنردرایران - تحلیل هنری، معماری

بادردست داشتن این تحلیلها، ابعاد شخصیتی ایرانیان به عنوان یک ملت معلوم می شود بویژه نوع انعطاف پذیری یامقابله یا واکنش یاقیام درشرایط مختلف اجتماعی، ازجمله شرایطی که دردوران دویست سالهء قاجاروسپس پهلوی رخ نمود.

نتیجهء این پژوهشها به ماکمک خواهد کرد که به اتکای شناخت خویش ونقاط قوت و ضعف ملی، آیندهء خود رابهتروسریعترمتحول کنیم وبسازیم. (علاوه برارضای کنجکاوی نسبت به گذشته که آن هم ضروری است) البته یک مطالعهء تطبیقی باسایرملل نیزدرهمین زمینه وبه دنبال آن پژوهش اول می تواند بسیارکارسازومفید باشد.

شخصیت اجتماعی ایرانیان رانباید باخصلتهای فردی هرایرانی اشتباه کنیم. اولی درمقولهء جامعه شناسی ودومی درمقولهء روانشناسی است. کاری که محتاج کوشش همچو شمامحققانی است، همان بحث زمینهء اول است. درصورتی که آمادگی دارید این بررسی عمیق رابه اتکای یک گروه پژوهشی دانشگاهی یامستقل به انجام رسانید دبیرخانهء شورای عالی انقلاب فرهنگی ازآن استقبال خواهد کرد.

سید مصطفی میرسلیم
دبیر شورای عالی

ضمایم چاپ دوم

گزارشی از اولین جلسهٔ نقد و بررسی کتاب «ما چگونه، ما شدیم» در فرهنگسرای اندیشه [1]

چندی پیش یک جلسهٔ نقد و بررسی کتاب در ***فرهنگسرای اندیشه*** پیرامون کتاب «ما چگونه، ما شدیم: ریشه‌یابی علل عقب‌ماندگی در ایران» به قلم دکتر صادق زیباکلام (انتشارات روزنه، تهران ۱۳۷۴) از سوی جمعی از محققین و اساتید دانشگاه برگزار گردید. این نشست با حضور قریب به دویست تن مستمع که اکثراً دانشجو بودند صورت گرفت و نزدیک به ۵ ساعت به طول انجامید. گزارش ذیل فشرده‌ای از مطالبی است که توسط ناقدین پیرامون کتاب فوق عنوان گردید به‌علاوه پاسخ نویسنده بدان‌ها.

در ابتدای جلسه آقای دکتر حسین مهدوی (استاد جامعه‌شناسی) ضمن خوش‌آمد گویی به حاضران، پیرامون علت انتخاب ***ما چگونه، ما شدیم*** برای نقد و بررسی توضیحاتی دادند. ایشان اظهار داشتند به اعتقاد برگزارکنندگان این جلسه، کتاب فوق در خصوص مسئلهٔ ریشه‌یابی علل توسعه نیافتگی ایران به یک نوآوری و حرکت تازه دست زده است. اگرچه موضوع عقب‌ماندگی یا توسعه‌نیافتگی در ایران جدید نیست و آثار زیادی در این خصوص تألیف و ترجمه شده است اما به جرأت می‌توان گفت نگرشی که در این کتاب نسبت به موضوع صورت گرفته کاملاً تازه است. نوآوری کتاب در آن است که برخلاف آثار دیگری که علت عقب‌ماندگی ایران را در عوامل خارجی و از جمله مهم‌ترین این عوامل یعنی در نقش استعمار و دخالت بیگانگان سراغ گرفته‌اند، این کتاب به عوامل داخلی و ویژگی‌های درون جامعهٔ ایران پرداخته است. نویسنده معتقد است که استعمار و ورود آن به ایران علت

---

[1] – این مطالب به نقل از: روزنامهٔ **سلام** (۵ و ۸ آذر ۱۳۷۴) است که با مراجعه به یادداشت‌هایم از جریان نقد، چند سطری برآن افزودم.

عقب‌ماندگی جامعهٔ ایران نبود بلکه معلول عقب‌ماندگی آن بود. او می‌نویسد قبل از آن که استعمار در عصر قاجار پای به ایران بگذارد، جامعهٔ ما در مسیر قهقرا افتاده بود. خود این امر که استعمار توانست از هزاران کیلومتر آن سوی دریاها به ایران آمده و بر آن مسلط شود نشان‌دهندهٔ ضعف و عقب‌ماندگی ما بود. والّا چرا به جای آن که روس، پروس، انگلیس و فرانسه آمدند و ما را مستعمره ساختند، ما نرفتیم آنها را به استعمار خود در آوریم؟ بنابراین، «ما چگونه، ما شدیم» برای اولین بار نگاه به درون افکنده و به جای آن که علت عقب‌ماندگی را در معلول سراغ بگیرد (امری که تاکنون رایج بوده است)، سعی کرده به جستجوی علت اصلی و درونی خودمان بپردازد. این نوآوری و تحول تازه‌ای که در این اثر به‌وجود آمده باعث گردید تا از سوی دوستان کتاب‌خوان برای نقد و بررسی پیشنهاد گردد.

پس از سخنان آقای دکتر مهدوی، خانم دکتر نگین یاوری (استاد فلسفه و تاریخ، پژوهشکدهٔ فلسفه و حکمت وزارت فرهنگ و آموزش عالی) به عنوان اولین منقد به نقد کتاب پرداخت. ایشان بزرگ‌ترین نقطهٔ قوت کتاب را در گریزان بودن آن از نظریات رایج سنتی مارکسیستی و نئومارکسیستی در قالب تئوری‌های وابستگی و توسعه[1] و در عوض سعی در ایجاد یک ساختار تاریخی - جامعه شناختی از ایران دانستند. در عین حال اضافه نمودند که اگر کتاب را یک اثر تاریخی - اجتماعی بدانیم در آن صورت از دید «تاریخ‌نگاری»[2]، این اثر مشکلاتی پیدا می‌کند. جدی‌ترین این اشکالات آن است که «ایران»ی که نویسنده از آن در طول کتاب نام می‌برد چندان مشخص نیست. چه به لحاظ حدود و ثغور جغرافیایی و چه مهم‌تر از آن به مفهوم ملت - دولت، مراد نویسنده از «ایران» به درستی روشن نیست. ایران زمان قاجار با ایران زمان صفویه، سلجوقیان، غزنویان، سامانیان و ساسانیان نه تنها به لحاظ محدودهٔ جغرافیایی متفاوت بوده است بلکه به مفهوم «ملت» و «ملیت» نیز واحد نبوده. مع‌ذلک، در کتاب به‌گونه‌ای از ایران سخن رفته که گویی در تمام قرون و اعصار همواره در یک حد و مرز معین قرار داشته‌ایم.

منقد بعدی دکتر ناصر هادیان (استاد علوم سیاسی دانشگاه تهران) بود. ایشان بزرگ‌ترین ایراد کتاب را در فراهم نیاوردن یک چارچوب تئوریک برای ارائه سوژه عقب‌ماندگی دانست. از نظر ایشان، نویسنده می‌بایستی به لحاظ روش‌شناسی (متدولوژی) در ابتدا یک یا

---

1 - dependency development

2 - historiography

چند فرضیه برای خواننده به‌وجود می‌آورد و سپس در طول کتاب در چارچوب این فرضیات به تجزیه و تحلیل علل عقب‌ماندگی می‌پرداخت. در سایهٔ چنین چارچوبی که ما به آن در حوزهٔ معرفت‌شناسی، **روش علمی** می‌گوییم نویسنده می‌توانست به خواننده نشان دهد که از میان تئوری‌های موجود در خصوص علل عقب‌ماندگی، کدام یک بهتر و علمی‌تر توانسته‌اند پاسخ‌گوی علل عقب‌ماندگی در ایران باشند. این ایراد در برخی از فصول کتاب خود را به‌گونه‌ای پررنگ‌تر نشان می‌دهد. به عنوان مثال، نویسنده در فصل پنجم کتاب به تجزیه و تحلیل علل «خاموشی چراغ علم در ایران» می‌پردازد (به عنوان یکی از اسباب و علل عقب‌ماندگی)، در حالی‌که می‌بایستی قبلاً «جایگاه خاموشی چراغ علم» و رابطهٔ آن با پدیدهٔ عقب‌ماندگی را برای خواننده به‌وجود می‌آورد. علی‌رغم این کاستی، ایشان نیز معتقد بودند که کتاب یک اثر کاملاً بدیع است و نویسنده به‌گونه‌ای جدی دست به یک نوآوری و تحولی فکری در خصوص مسئله توسعه نیافتگی و عقب‌ماندگی زده است.

سومین منقد، آقای دکتر هوشنگ کاویانی (استاد بازنشستهٔ فلسفه و تاریخ)، محور اصلی نقد خود را بر فصلی از کتاب تحت عنوان «خاموش شدن چراغ علم در ایران» قرار دادند. ایشان تلقی نویسنده را از جریانات فکری خردگرا چندان درست ندانستند. زیرا از دید ایشان اگر تعقل یا خردگرایی را جزء لاینفک بنیان فکری در اسلام بدانیم در آن صورت منطقاً تفکرات جزم‌اندیش همچون «اشاعره» نمی‌توانستند ظهور کنند و به قول نویسندهٔ کتاب با جریانات خردگرا به ستیز بپردازند. اصولاً تقسیم جریان تفکر در اسلام به دو قطب سنت‌گرا و تعقل‌گرا را ایشان نوعی ساده‌اندیشی دانستند که علی‌رغم نادرست بودنش در کتاب «ما چگونه، ما شدیم» به عنوان یک رکن اساسی مورد استفاده قرار گرفته است.

منقد چهارم، آقای دکتر عماد افروغ (استاد جامعه‌شناسی دانشگاه تربیت مدرس)، بزرگ‌ترین نقص کتاب را در فقدان ارائهٔ یک تعریف از پدیدهٔ عقب‌ماندگی دانستند. ایشان اظهار داشتند با آن که کتاب پیرامون پدیده و علت یا علل عقب‌ماندگی است با این حال نویسنده هیچ تعریف، معیار و ملاکی از این‌که «عقب‌ماندگی چیست؟» به خواننده ارائه نمی‌دهد. اگر ملاک و تعریف و شاخص نداشته باشیم (آن‌طور که این کتاب ندارد)، بر روی چه اساس و پایه‌ای می‌توانیم بگوییم ایران کشوری عقب مانده است؟ متقابلاً، ملاک توسعه‌یافتگی و پیشرفت و ترقی کدام است؟ ایشان معتقد بودند که اگر نویسنده خود را مقید به ارائهٔ یک چارچوب نظری از توسعه‌نیافتگی می‌دید در آن صورت مجبور می‌شد تا به نقش

استعمار در روند تاریخی عقب‌ماندگی جهان سوم (ازجمله ایران) اذعان نماید. ایشان در تأثیر عامل خارجی در علت عقب‌ماندگی گفتند که نویسنده به آثار تخریبی هجوم مغول بر تمدن و ترقی ایران اشاره کرده است اما در مورد همین تأثیر از ناحیهٔ هجوم قدرت‌های استعماری اصلاً وارد بحث نشده و حتی با مرتبط دانستن آن با علت عقب‌ماندگی ایران صراحتاً مخالفت می‌ورزند. ایراد مهم دیگر ایشان بر فصل پنجم کتاب یعنی بحث مربوط به «خاموشی چراغ علم در ایران» بود. به اعتقاد ایشان، استفاده از اصطلاح «عاریتی بودن علوم» در عصر طلایی رونق علمی تمدن اسلامی از جانب نویسنده حکایت از آن دارد که ایشان قصد القای این باور را دارند که اساساً اسلام و علم با یکدیگر سازگاری ندارند.

منقد پنجم، دکتر فرهاد عطایی (استاد علوم سیاسی دانشگاه شهید بهشتی)، به نقد دیدگاه مؤلف پیرامون ساختار قدرت سیاسی در ایران و رابطهٔ آن با عقب‌ماندگی پرداختند. به اعتقاد ایشان، نویسنده باید تلاش بیشتری در نشان دادن رابطه بین «تمرکز قدرت در دست حکومت» و عقب‌ماندگی به عمل می‌آوردند. چرا بایستی فرض نمود (آن‌گونه که «ما چگونه، ما شدیم» فرض کرده است) که استبداد سیاسی لزوماً منجر به عقب‌ماندگی اقتصادی و اجتماعی می‌گردد؟ ایراد دیگر ایشان آن بود که نویسنده به جریانات عرفانی و تصوف و تأثیرات آنان بر ساخت و سازهای تحولات سیاسی و اجتماعی ایران نپرداخته‌اند.

آخرین منقد، آقای دکتر سعید زیباکلام (استاد فلسفهٔ علم و جامعه‌شناسی معرفت پژوهشکدهٔ فلسفه و حکمت وزارت فرهنگ و آموزش عالی) بود. ایشان طولانی‌ترین نقد (در حدود یک ساعت) و در عین حال بیشترین مخالفت را با کتاب ابراز داشتند. اساس استدلال ایشان آن بود که نویسنده با تأکید بر عوامل داخلی، نقش استعمار را در عقب‌ماندگی ایران نادیده انگاشته به‌نحوی که عملاً اسباب تبرئه استعمار نیز در کتاب فراهم آمده است. از دید ناقد، «ما چگونه، ما شدیم» نه تنها قبحی برعملکرد استعمار وارد نمی‌سازد بلکه سعی دارد تا آمدن استعمار اروپا به مشرق‌زمین را «طبیعی»، «مقبول» و «اجتناب‌ناپذیر» جلوه دهد. با خواندن نقل‌قول‌هایی از کتاب، ناقد بر آن بودند تا نشان دهند که کتاب در حقیقت سعی در دادن «***غسل تعمید به استعمار***» دارد.[1] از نظر ایشان، نه تنها در گذشته میان سرمایه‌داری غرب و جهان غیرسرمایه‌داری تضاد منافع جدی برقرار بوده بلکه این تضاد منافع امروز هم به

---

۱ - نگاه کنید به متن کامل نقد ایشان از کتاب که در مجلهٔ **فرهنگ و توسعه** (شمارهٔ ۲۰، آذر ۱۳۷۴) به چاپ رسیده و عیناً در کتاب درج شده است.

وضوح به چشم می‌خورد. وی با اشاره به نقش آمریکا (به عنوان پیش‌قراول استعمار جدید و امپریالیسم) در صحنهٔ تحولات بین‌المللی همچون کودتای ۲۸ مرداد سال ۱۳۳۲ در ایران، ساقط نمودن دولت ملی و مردمی پرزیدنت سالوادور آلنده در شیلی (سال ۱۳۵۲)، ویتنام، کامبوج، لائوس، مبارزه و محاصرهٔ کوبا، فلسطین و موارد بسیار دیگر، نتیجه‌گیری کردند که دخالت غرب چه به صورت آشکار و چه از طریق سازمان‌ها و ساختارهای بین‌المللی نظیر شرکت‌های چند ملیتی، «بانک جهانی»، «سازمان تجارت جهانی»[1]، صندوق بین‌المللی پول[2] و حتی سازمان ملل در جلوگیری از رشد و ترقی کشورهای جهان سوم و استعمار زده واضح‌تر از آن است که کسی بتواند به‌گونه‌ای جدی در مقام انکار یا کم‌رنگ جلوه دادن آن برآید (آن‌طور که «ما چگونه، ما شدیم» آشکارا این قصد را کرده است). به‌علاوه ایشان معتقد بودند که برخلاف نظر نویسنده که می‌گویند به لحاظ تاریخی میان اسلام و جهان غرب تضاد و تقابلی نبوده است (در فصل ششم کتاب)، اتفاقاً جدای از تضاد کلی میان جهان سرمایه‌داری یا توسعه یافته و جهان سوم یا توسعه نیافته، تضاد دیگری نیز به واسطهٔ فرهنگ و ایدئولوژی میان جهان اسلام و غرب وجود دارد که نقش استعمار را در جلوگیری از رشد و توسعهٔ ایران (به عنوان بخشی از جهان اسلام) به‌مراتب پررنگ‌تر می‌سازد.

انتقاد اساسی دیگر ایشان به «ما چگونه، ما شدیم» آن بود که این اثر به تمجید و پذیرش بی‌چون و چرا از **رنسانس**، **اومانیسم** و **خردگرایی** رنسانس برخاسته و علت توفق غربیان را به‌واسطهٔ ظهور تمدن جدید در قالب رنسانس بعد از قرون وسطی می‌داند. متقابلاً، علت در جا زدن شرق را در فقدان وقوع چنین تحولاتی می‌داند. ناقد اشاره نمودند که چنین پذیرش مطلق و بی‌چون و چرایی از فرهنگ و تمدن غرب، حتی از سوی خود غربی‌ها هم کمتر ابراز شده است. بسیاری از حکما، فلاسفه و اندیشمندان غربی ایرادات بنیادی و مخالفت‌های عمیقی با آن‌چه نویسنده آن را «خردگرایی رنسانس» می‌داند به عمل آورده‌اند. پیدایش «پست مدرنیزم» را در حقیقت بایستی ادعانامهٔ خود غربی‌ها علیه مشکلات و بن‌بست‌های مدرنیزم، لیبرالیسم و اومانیسم دانست. برخلاف دیدگاه «ما چگونه، ما شدیم»، ناقد نه تنها رنسانس و تحولات بعد از آن را لزوماً مترادف با «ترقی»، «پیشرفت» و «مدرنیزم» ندانستند بلکه برعکس، استدلال نمودند که استعمار و استثمار جهان سوم از یک‌سو، وقوع جنگ‌های

---

1 - WTO

2 - IMF

گسترده و ویرانگر جهانی، استفاده از سلاح‌های هسته‌ای، کشتارهای دسته‌جمعی، فاشیسم، نسل‌کشی و انواع جنایات دیگر از ناحیهٔ غربی‌ها از سویی دیگر، به وضوح نشان‌دهندهٔ ورشکستگی و انحطاط تمدن بورژوازی غرب است.

همان‌طور که ملاحظه گردید بیشترین مطالب ناقدین متوجه فصل «خاموشی چراغ علم در ایران» و فصل مربوط به رویارویی میان شرق و غرب بود که تحت عنوان «شرق و غرب: تماس یا تقابل؟» موضوع آخرین فصل کتاب است. علت توجه به فصل اخیر تا حدود زیادی روشن است. به دلیل فضای فرهنگی خاصی که ما اکنون در آن به سر می‌بریم، موضوع غرب و رابطهٔ ما با آن بدون شک توجه زیادی را به سمت خود جلب می‌کند. اما در خصوص فصل «خاموشی چراغ علم در ایران» علت چیز دیگری است. دلیل اصلی توجه بیش از حد به این فصل را بایستی در جدید بودن مباحث آن دانست. ما همواره بسیار خوانده و شنیده‌ایم که مسلمین در مقطعی از تاریخ تمدن خود پرچمدار علوم و دانش بودند. اما در خصوص این‌که چه می‌شود که آن مجد و عظمت از بین رفته و مسلمین روی گردان از علوم می‌شوند کمتر توضیح و تحلیلی وجود داشته است. زیرا تحقیق و کاوش منضبطی در این وادی‌ها کمتر صورت گرفته است. علت توجه به فصل «خاموشی چراغ علم» آن است که چنین تحقیقی در این فصل صورت گرفته و خواننده با مطالعهٔ این فصل تا حدود زیادی به اسباب و علل و چگونگی صعود و نزول علمی مسلمین آشنا می‌شود. نویسندهٔ عوامل سیاسی، اجتماعی و مهم‌تر از همه، فکری را که زمینه‌ساز این افت و خیز شده‌اند با دقت و موشکافی به رشتهٔ تحریر آورده است. اگرچه خود موضوع تازه نیست اما ریشه‌یابی علل آن از سوی نویسنده بدون تردید یک کار تحقیقی تازه است. به همین خاطر هم این بخش از کتاب در جریان نقد و بررسی بیشترین توجهات را به خود جلب نمود.

نویسندهٔ کتاب در پایان هر نقدی به ارائهٔ برخی پاسخ‌ها و توضیحات اقدام نمود. از جمله در پاسخ به انتقادات آقای دکتر هادیان که کتاب تعریفی از عقب‌ماندگی و توسعه‌نیافتگی ارائه نداده است، ایشان اظهار داشتند که این کار تعمداً صورت گرفته زیرا نیازی به چنین تعریف و توصیفی نیست. وی افزود، مشکل اساسی بسیاری از آثاری که پیرامون توسعه‌نیافتگی در ایران تاکنون انتشار یافته آن است که ضمن تعریف توسعه نیافتگی از دیدگاه‌های مختلف، آنان خواننده را وارد مباحث تئوریک و جامعه‌شناختی می‌کنند. از آن‌جا که این مباحث نظریه‌پردازی بوده و نوعاً نیز ترجمه‌ای هستند لذا مطالب چندانی در خصوص علل

عقب‌ماندگی به خواننده ارائه نمی‌دهند. خواننده ضمن آن که کتاب کاملی را در خصوص توسعه خوانده است اما در پایان هنوز به درستی در نیافته که اوّلاً چرا و چگونه شد که کشورش در مسیر عقب‌افتادگی افتاد و ثانیاً راه بیرون رفتن از سیکل عقب‌ماندگی کدام است؟ به جای ریختن مباحث کلی و تئوریک بر سر خواننده در قالب ترجمه‌های گنگ، نامفهوم و ثقیل، «ما چگونه، ما شدیم» سعی نموده بحث عقب‌ماندگی را در قالب شرایط و مختصات جامعهٔ ایران مطرح نماید. به‌علاوه، در ذهن خواننده برای بسیاری از مفاهیم سیاسی و اجتماعی یک معنا و ادراک اولیه‌ای وجود دارد که نیاز به تعریف را منتفی می‌سازد. به عنوان مثال، اگر خواننده در جمله‌ای بخواند که «فلان کشور آفریقایی عقب‌مانده است»، تصویری در ذهنش از عقب‌ماندگی وجود دارد و استنباط او از این گزاره در قالب همان تصویر صورت خواهد گرفت که درست هم هست. همین معرفت باعث می‌شود که اگر برعکس گفته شود که «سوئیس یا ژاپن کشورهای عقب‌مانده‌ای هستند»، خواننده دچار مشکل فکری شده و این گفته را نپذیرد. در مورد ایران هم وقتی اصطلاح «عقب‌ماندگی» به کار گرفته می‌شود، همان ذهنیتی که خواننده از این واژه دارد برای ایجاد دیالوگ یا ارتباط بین او و نویسنده کفایت می‌کند. مگر آن که نویسنده خواسته باشد تعریف جدیدی از عقب‌ماندگی ارائه دهد یا به هر صورتی نیاز داشته باشد تا معرفت خواننده‌اش را تغییر دهد. بنابر این کار اصلی این نیست که عقب‌ماندگی را تعریف کنیم زیرا خواننده می‌داند راجع به چه موضوعی نویسنده دارد بحث می‌کند. کار اصلی آن است که علت این عقب‌ماندگی را برای او تبیین و تحلیل نماییم. در خصوص نشان دادن راه حل نیز نویسنده معتقد بودند که برخلاف راه‌حل‌هایی که تاکنون برای از میان بردن عقب‌ماندگی پیشنهاد شده است، مادام که ما نتوانیم به علل عقب‌ماندگی‌مان پی‌ببریم مشکل بتوانیم به رهیافت و چاره‌جویی برسیم. بنابر این در کتاب «ما چگونه، ما شدیم» از «راه‌حل» خبری نیست بلکه به‌جای آن سعی شده علت عقب‌ماندگی فهمیده شود.[1]

اما در خصوص ایراد «متدولوژی» و بحث‌های «معرفت‌شناختی» بایستی بگویم که این تصور که در جهان بیرون یا در دنیای واقعیت روش یا معرفتی به نام ***روش علمی*** وجود دارد که به کمک آن می‌توان همهٔ مشکلات، مسایل، سؤالات و خلاصه نادانسته‌ها و ابهامات را

---

۱ – جدای از آقای دکتر هادیان، چند تن دیگر از منتقدین نیز فقدان ارائهٔ راه حل در رهایی از عقب‌ماندگی را یکی از ضعف‌های کتاب دانستند.

گره‌گشایی و حل و فصل نموده و سره را از ناسره جدا نمود خیال خام و باور پوچی است. نه تنها یک **روش علمی** مشخص، معین و مورد قبول همگان اساساً وجود خارجی ندارد، بلکه خود این‌که آیا مقوله‌ای به نام **روش علمی** می تواند یا می‌بایستی وجود داشته باشد بیش از نیم قرن است که به‌گونه‌ای جدی و بنیادی به زیر علامت سؤال رفته است. این‌که چرا چنین نگرش‌های به اصطلاح منطق‌گرا و «پوزیتیویستی» که تعلق به قرن نوزدهم دارند هنوز این‌چنین در دانشگاه‌های ما رایج است داستان مفصلی دارد که جای آن در این جلسه نیست. فقط به این مقدار بسنده کنم که ما در زمینه‌های مباحث فلسفهٔ علم و معرفت‌شناسی دقیقاً همان قدر عقب هستیم که در حوزه‌های دیگر علوم و دانش‌های بشری. بنابراین چندان جای تعجب نیست اگر ستارهٔ بخت و اقبال منطق و روش علمی و پوزیتیویسم بیش از نیم قرن است که در غرب افول کرده است و ما در ایران هنوز در این وادی‌ها غوطه‌ور هستیم.

در پاسخ به نظرات آقای دکتر کاویانی، نویسنده استدلال نمودند: این‌که ما قایل به این باشیم که اسلام ذاتاً «تعقل‌گرا» یا «سنت‌گرا»ست، سخن درستی نیست؛ زیرا ما در میان مسلمین هر دو تلقی را شاهد هستیم؛ هم در گذشته و هم در حال. این استدلال که اگر اسلام ذاتاً «تعقل‌گرا» می‌بود ما در نتیجه شاهد پیدایش جریانات سنت‌گرا نمی‌شدیم، از این مسئلهٔ مهم غفلت می‌نماید که هم تعقل‌گرایان و هم سنت‌گرایان در حقیقت بنیان و چارچوب رهیافتشان را همواره بر روی شریعت بنا نهاده‌اند. این‌گونه نبوده که تعقل‌گرایان یا جریانات تعقلی معرفت دینی‌شان را از بیرون از شریعت استخراج کرده باشند. چنان‌که سنت‌گرایان نیز چه در گذشته و چه امروز اصل و مبنای قرار گرفتن سنت را از درون شریعت استخراج می‌نمایند. حضور هیچ‌یک از این دو جریان نبایستی به‌گونه‌ای تفسیر شود که منجر به حذف و انکار جریان دیگر شود. ممکن است تقسیم‌بندی معرفت دینی به دو جریان ***تعقل‌گرا*** و ***سنت‌گرا*** ساده نمودن مسئله باشد ولی واقعیت امر آن است که هر دو این معرفت‌ها را ما همواره شانه به شانهٔ یکدیگر شاهد بوده‌ایم.

در پاسخ به ایرادات آقای دکتر افروغ، نویسنده توضیح دادند که به ایرادشان در زمینهٔ تعریف نکردن ملاک و معیار توسعه‌نیافتگی، در پاسخی که به آقای دکتر هادیان داده‌اند مطالبی گفته شده. در پاسخ به این‌که چرا از تبعات هجوم مغول سخن رفته است اما به تبعات منفی استعمار اشاره نشده، نویسنده چنین پاسخ دادند. مقایسه میان این دو تحول تاریخی از پایه برخطا قرار دارد. زیرا مغولان در زمانی به ایران حمله نمودند که ایران به عنوان بخشی از

تمدن اسلامی در اوج شکوفایی بود و مغولان بر این تمدن صدمات و لطمات بلندمدت جدی وارد نمودند. اما استعمار زمانی وارد ایران گردید و صدمات و لطمات بر ما وارد نمود که قرن‌ها می‌شد ما در مسیر انحطاط و عقب‌ماندگی افتاده بودیم. در خصوص این ادعای منتقد که ***ما چگونه، ما شدیم*** قصد القای این باور را دارد که اساساً اسلام و علم با یکدیگر سازگاری ندارند، نویسنده پاسخ دادند که اصلاً نمی‌توانند درک نمایند که منتقد محترم چگونه به یک چنین جمع‌بندی رسیده‌اند؟ آن‌چه نویسنده سعی کرده نشان دهد اتفاقاً درست برعکس برداشت آقای دکتر افروغ است. بر خلاف این دیدگاه که اسلام با علم مخالف است، نویسنده خواسته تا نشان دهد که اسلام ذاتاً مخالفتی با علم ندارد. مسلمین در مقاطعی پرچمدار علم و دانش بوده‌اند و در مقطع دیگری رویگردان از علم. بنابر این بایستی دید که زمینه‌های اجتماعی به‌وجود آمدن ***تلقی مسلمین*** (له یا علیه علم) از کجا و چگونه و تحت کدامین شرایط اجتماعی شکل می‌گیرد.

افزون بر مطالب فوق، روزنامهٔ **سلام** پاسخ حقیر را به آن بخش از ایرادات آقایان دکتر سعید زیباکلام و عماد افروغ که کتاب را متهم به جانبداری از غرب کرده بودند نیز چاپ نموده بود. چون این اتهام در مقالهٔ معروف ***غسل تعمید*** هم آمده است و بنده در جوابیه‌ام به نقد فوق این اتهام را نیز پاسخ داده‌ام بنابراین از ذکر آن در اینجا خودداری ورزیده‌ام. خوانندگان محترم می‌توانند به بخش پایانی پاسخم تحت عنوان «***فرار از تاریخ تاکی؟***» مراجعه نمایند.

گزارشی از دومین جلسهٔ نقد و بررسی کتاب «ما چگونه، ما شدیم» دانشگاه تهران، مورخ ۱۳۷۴/۸/۱۵ [۱]

همان‌طور که در پیش‌گفتار چاپ دوم کتاب توضیح داده شد، به دنبال تشکیل اولین جلسهٔ نقد و بررسی کتاب که در تیرماه سال ۱۳۷۴ در فرهنگسرای اندیشه منعقد گردید و استقبالی که عمدتاً از ناحیهٔ دانشجویان نشان داده شد، برخی از دانشجویان درصدد برآمدند تا جلسهٔ مشابهی در دانشگاه تهران برپا دارند. با تماس‌هایی که با شماری از اساتید داشتند سرکار خانم دکتر منصوره اتحادیه (نظام مافی) و جناب آقای دکتر محمدابراهیم باستانی‌پاریزی از گروه تاریخ دانشکدهٔ ادبیات و علوم انسانی دانشگاه تهران، آقای دکتر محمود سریع‌القلم از دانشکدهٔ حقوق و علوم سیاسی دانشگاه شهید بهشتی، آقایان دکتر حسین بشیریه و دکتر احمد ساعی از دانشکدهٔ حقوق و علوم سیاسی دانشگاه تهران پذیرفتند که کتاب را مطالعه و مورد نقد قرار دهند. ضمناً حقیر به دانشجویان اعلام داشتم که چنان‌چه حق انتخابی داشته باشم بسیار مایل هستم که از ناحیهٔ «راست فکری» نیز حداقل یک نفر در جریان نقد شرکت داشته باشد. دانشجویان با هفته‌نامهٔ «صبح» تماس گرفتند و آقای علی شکوهی از شورای سردبیری آن روزنامه قبول کردند که در گردهمایی شرکت نمایند.

در روز موعود، آقایان دکتر باستانی‌پاریزی و دکتر سریع‌القلم ظاهراً به دلیل حضور یکی از منقدین از شرکت در جلسه خودداری کردند. آقای شکوهی نیز به جلسه می‌آیند اما با مشاهدهٔ خیل صدها دانشجو، عقب‌گرد کرده و با ارسال یادداشتی از شرکت در جلسه عذر خواستند.

جلسه که به همت جهاد دانشگاهی تهران ترتیب یافته بود در حدود ساعت ۲ بعدازظهر

---

۱ – این مطالب عمدتاً از روی نوارهای ضبط شده در جریان نقد و بررسی استخراج شده‌اند.

شروع شد و تا ساعت ۵/۳۰ ادامه یافت. در ابتدا آقای دکتر ساعی به معرفی کتاب پرداختند و با طرح سؤالی که کتاب نیز به آن پرداخته بحث را آغاز کردند: ***چرا و چگونه کشور ایران علی‌رغم سابقهٔ کهن تمدنی و تاریخی‌اش، در زمرهٔ کشورهای پیرامونی، عقب‌مانده یا عقب‌نگه‌داشته شده یا توسعه‌نیافته قرار گرفت؟*** ناقد با اشاره به این‌که ایرادها و اشکالاتی بر کتاب دارند مع‌ذلک شیوهٔ تحلیل کتاب و اطلاع از مفاد آن را یک ضرورت برای دانشجویان حوزهٔ تاریخ، علوم اجتماعی و علوم سیاسی و اساساً «ایران‌شناسی» دانستند. ایشان بحث‌های مخالف و موافقی را که کتاب برانگیخته بسیار حایز اهمیت توصیف کردند و افزودند اختلافات و مباحث آکادمیک اساساً جزء طبیعت کار دانشگاهی است و این‌که در ایران ما کمتر چنین مباحث و آثاری داشته‌ایم نشانهٔ بارز ضعف آکادمیک و رسالت معرفت‌پروری دانشگاهی ماست.

منقد بعدی، سرکار خانم دکتر منصوره اتحادیه (نظام مافی) بودند. نخستین ایراد ایشان به کتاب آن بود که برخلاف نظر نویسنده، ما در ایران کمتر دولت یا حکومت‌های قدرتمند و متمرکز داشته‌ایم. بنابراین، این‌که تمرکز قدرت در دست حکومت را یکی از علل و عوامل عقب‌ماندگی در ایران بدانیم (آن‌طور که نویسندهٔ «ما چگونه، ما شدیم» استدلال کرده) مبهم و نیاز به توضیح دارد. چنان‌که در اروپای بعد از قرون وسطی ما حکومت‌های متمرکز و نیرومند داشته‌ایم و در عین حال شاهد توسعه‌یافتگی و پیشرفت اروپاییان نیز هستیم. ایراد بعدی ناقد درخصوص نقش و جایگاه حکومت در زیربنای اقتصادی جامعهٔ ایران بود. ایشان با این نظر کتاب که مالکیت زمین در ایران همواره در دست حکومت‌ها بوده و یا اگر هر حکومتی اراده می‌کرده می‌توانسته زمین‌های ملاکین را مصادره نموده و تصاحب نماید، موافق بودند و هم جهت با نظر نویسنده، معتقد بودند که مالکیت هرگز نتوانست در ایران چه قبل و چه بعد از اسلام پا بگیرد. اما آن‌چه مورد مخالفت ایشان با دیدگاه نویسنده بود در خصوص نقش دولت در ایجاد تأسیسات زیربنایی اقتصادی همچون ساختن سد، قنات و کشیدن نهر و غیره بود. به نظر ناقد، حکومت‌ها در این امور نقشی نداشتند و این مالکین یا مردم بودند که به این امور می‌پرداختند. در حالی‌که از تحلیل کتاب این‌طور استنباط می‌شود که نویسنده معتقد است این نقش را حکومت‌ها (به دلیل تملکشان بر زمین) عهده‌دار بوده‌اند.

آخرین ایراد ناطق به کتاب در خصوص نقش قدرت‌های خارجی در امور سیاسی ایران بود. به نظر ایشان، احساس کلی که به خواننده پس از مطالعهٔ کتاب دست می‌دهد آن است که

خارجی‌ها چندان در امور ایران دخالتی نداشته‌اند. اما واقعیت آن است که خارجی‌ها در امور ما بسیار دخیل بوده‌اند. از اوایل قرن نوزدهم و شروع جنگ‌های ایران و روس، همواره در هر مذاکره و هر امر مهم سیاسی و دیپلوماتیک ما شاهد حضور سفرا یا نمایندگان دولت‌های روس و انگلیس هستیم. بنابراین واقعاً نمی‌توان خارجی‌ها را در ایران بی‌نقش دانست. ایشان اظهار امیدواری کردند که نویسنده در کتاب بعدی‌شان نشان دهند که تأثیر ذهنی - روانی این حضور بر تصمیم‌گیری‌ها و سیاست‌گذاری‌های مسئولین و نخبگان سیاسی ایران چگونه بوده است؟ در خصوص عقب‌ماندگی ایران و این‌که این عقب‌ماندگی قبل از ورود استعمار به ایران شکل گرفته بود، ایشان کاملاً با نویسنده هم‌رأی بودند. به نظر ایشان، این فکر که ریشه‌های عقب‌ماندگی ایران را بایستی در ضعف نهادها و بنیان‌های سیاسی، اجتماعی و اقتصادی ساختاری ایران جستجو نماییم فکر کاملاً تازه و بدیعی است. به اعتقاد ایشان، برای نخستین‌بار است که به پدیدهٔ عقب‌ماندگی ایران از یک منظر تاریخی - اجتماعی درونی نگریسته شده و برایشان جالب بود که این نگرش نه از ناحیهٔ یک مورخ یا استاد علم تاریخ بلکه از جانب یک استاد علوم سیاسی صورت گرفته است.[۱]

به نظر حقیر، مهم‌ترین ایراد سرکار خانم دکتر اتحادیه (نظام‌مافی) باز می‌گردد به ساختار قدرت یا نقش حکومت در عقب‌ماندگی ایران. از آن‌جا که این ایراد در مقالهٔ معروف **غسل تعمید** که علیه کتاب نوشته شده نیز آمده و بنده به آن پاسخ مبسوطی داده‌ام که در صفحات بعدی درج شده است، لذا در اینجا از تکرار آن خودداری می‌کنم (البته در جلسه نقد و بررسی بدان مشروحاً پرداختم). در خصوص ایراد دوم ایشان، این‌که آیا زیربناهای اقتصادی (نهر، قنات، سد و...) را حکومت ایجاد می‌کرده یا ملاکین یا مردم (رعیت)، من فکر نمی‌کنم بتوان یک قانون مشخص ارائه داد. به‌علاوه فکر نمی‌کنم چندان اهمیتی داشته باشد که کدام نهاد متولی این امور بوده است. ضمن آن که در کتاب هم مشخصاً اشاره نشده که کدام نهاد یا جریان اجتماعی متولی این امور بوده‌اند. آن‌چه اهمیت دارد و بنده در کتاب استدلال کرده‌ام آن است که به دلیل نامطلوب بودن شرایط اقلیمی در ایران (کمبود آب) نقش عامل انسانی در تهیه و توزیع آب بسیار اساسی و عملاً زیربنای اقتصادی ایران در طول تاریخ بوده است. به سخن دیگر، کمبود شرایط طبیعی را نیروی کار انسانی تا حدودی جبران می‌نموده است.

---

۱ - یقیناً اگر ایشان می‌دانستند که این استاد علوم سیاسی در اصل مهندس شیمی بوده بر شگفتی و تحیرشان خیلی بیشتر افزوده می‌شد!

کافی است نگاهی به تعداد و نقش قنات، سد، کانال و آب بند در ایران بیندازیم و آن را با یک کشور اروپایی مثل فرانسه یا آلمان مقایسه کنیم. در آن‌جا هرگز نیازی به تأمین آب از طرق مصنوعی نبود زیرا طبیعت به اندازهٔ کافی منابع آبی (باران و رودخانه‌های بزرگ قابل کشتیرانی) در اختیار انسان‌ها قرار داده بود. نتیجهٔ مهم و تاریخی این پدیده آن شد که برخلاف جوامع غربی، در جوامع شرقی از جمله ایران از زمان پیدایش نخستین اجتماعات اولیه نیاز به نهادی برای تهیه، توزیع و مدیریت آب بود (نیازی که در جوامع غربی به‌وجود نیامد). این نیاز و سازمانی که به دنبال آن شکل گرفت به‌تدریج و در جریان گسترشش به نهادی قدرتمند بدل گردید که ما امروزه آن را به نام «حکومت» می‌شناسیم. تمرکز مطلق قدرت در دست این نهاد که توسط منتسکیو، «ویتفوگل»، «مارکس» و دیگران به نام ***استبداد شرقی*** لقب گرفت دارای تبعات مهم و سرنوشت‌سازی برای ایران بود. نخست آن که چه قبل و چه بعد از اسلام، حکومت در مجموع محملی مقدس و آسمانی پیدا نمود. حکام و سلاطین یکی پس از دیگری، به‌نحوی خود را مرتبط با خداوند و خدمت‌گزار او و شریعت توصیف می‌کردند و امر حکومت و فرمانروایی جایگاهی ماوراءالطبیعی و مقدس یافت. نتیجه آن که برخلاف جوامع غربی، در ایران حکومت، قدرت مطلق سیاسی پیدا نمود و کمتر نهاد سیاسی، اجتماعی، اقتصادی و دینی توانست مستقل از حکومت در طول تاریخ در ایران به‌وجود آید. این وضعیت درست برعکس جوامع غربی بود زیرا در آن‌جا حکومت صرفاً بخشی از قدرت را دارا بود. بخش دیگر قدرت در دست اشراف و زمین‌داران بزرگ (فئودال‌ها) و بخش دیگر در دست کلیسا بود. در نتیجه و به دلیل فقدان قدرت مطلق در دست حکومت، تشکل‌های اقتصادی، اجتماعی و نهایتاً سیاسی مستقل از حکومت توانستند در جوامع غربی به‌وجود آیند. اما در ایران، در ورای حکومت و قدرت مطلق و بی‌چون و چرای آن، هیچ نهاد و جریان دیگری اقتصادی، اجتماعی و یا سیاسی نتوانست شکل گیرد.

به‌علاوه، و باز به دلیل فقدان قدرت مطلق حکومت در غرب، قانون توانست در عرصهٔ اجتماعی جایگاهی یافته و نه تنها جلوی زیاده‌روی حکومت، حکام، اشراف و زمین‌داران را تا حدودی بگیرد بلکه مفاهیمی همچون «حقوق سیاسی»، «اجتماعی» و «مدنی» توانستند معنا و مفهوم پیدا کنند. اما در ایران قانون به‌معنای ابزاری که تأمین کنندهٔ حقوق سیاسی و اجتماعی مردم (یا رعیت) در قبال حکومت باشد چندان موجودیتی نیافت. قانون، آن چیزی بود که حکومت اراده می‌کرد، و مقررات آن چیزی بود که حکومت به مقتضای مصالح و

منافع سیاسی، اجتماعی و اقتصادی‌اش به آن نیاز داشت و اعمال می‌نمود.

جدای از عدم شکل‌گیری نهادها و تشکیلات اجتماعی مستقل از حکومت، نتیجهٔ مهم و تاریخی دیگر ضعف قانون و تمرکز مطلق قدرت در دست حکومت و بی‌اعتباری یا کم‌اعتباری مالکیت بود. حکومت در ایران می‌توانست از هر که، هرچه را می‌خواهد گرفته، ضبط یا مصادره نماید. اصولاً با سقوط و ظهور هر سلسله یا حکومت محلی، نسلی از «مالکین» جدید ظاهر می‌شدند. در حالی‌که در اروپا صدها خانواده اشراف را می‌توان نشان داد که بیش از چندین قرن بر منطقه‌ای فرمانروایی می‌کرده‌اند و صاحب و «مالک» آن بوده‌اند. «تملک» آنها بر آن مناطق و «حق» آنان بر حکم‌رانی بر آن منطقه همان‌قدر به رسمیت شناخته می‌شد که «حق» پادشاه بر سلطنت و زعامت کلیسا بر شریعت. در ایران اما چنین پدیده‌ای به‌ندرت اتفاق افتاد. به اشارهٔ حکومت و تغییر نظر سلطان، حاکم، خلیفه یا پادشاه و یا تغییر حکومت، سرنوشت بسیاری از مالکین یا اشراف نیز دگرگون می‌شد. هیچ قانون و میثاق اجتماعی در پشتیبانی، تحکیم و تثبیت از مالکیت وجود نداشت و حکومت بدون نیاز به هیچ عذر و بهانه‌ای هرگاه که اراده می‌کرد می‌توانست مالکیت افراد را نقض و کان لم یکن نماید.[1]

بنابراین، این‌که استدلال نماییم چه کسی قنات یا زیر بناهای دیگر تولیدی را احداث می‌نموده (دولت، مالکین یا رعیت) چندان اهمیتی پیدا نمی‌کند زیرا صرف‌نظر از آن که فلان قنات یا نهر را چه کسی احداث می‌نمود، حکومت همواره می‌توانست آن را تصاحب نموده و یا مالک یا مالکین دیگری برای آن تعیین نماید.

ناقد سوم، جناب آقای دکتر حسین بشیریه در ابتدا به ذکر نکات مثبت کتاب پرداختند. از نظر ایشان، کتاب از یک سطح علمی بالایی برخوردار است و نویسنده موفق شده که سؤال اساسی را که در ذهن داشته به‌گونه‌ای منسجم، سازمان یافته و واضح در طول کتاب مطرح نماید. اصولاً تجزیه و تحلیل و پرداختن به موضوعاتی که یک بستر زمانی گسترده را مدنظر قرار می‌دهند (آن‌گونه که در این کتاب ملاحظه می‌کنیم) کار دشواری است زیرا نویسنده بایستی بتواند اجزای بحث و مفاهیمش را به‌گونه‌ای منسجم و مرتبط، پیش برده و میان متغیرهایش ارتباطی هماهنگ برقرار سازد. اما علی‌رغم دشواری ذاتی چنین کارهایی، نویسنده توانسته به‌نحو شایسته‌ای از پس این مهم برآمده، اجزای بحث و مفاهیم نظری را که

---

۱ - علی‌رغم این تفاوت‌های بنیادی، بسیاری از مارکسیست‌های ایرانی نظام فئودالی **غربی** و شیوهٔ تولیدی خاص آن را یکسره بر ایران قابل انطباق یافته و در تحلیل‌های تاریخی و جامعه‌شناسانهٔ خود از آن بهره می‌جویند.

در ذهن داشته به‌گونه‌ای بسیار منضبط و مرتبط پیاده نماید. نکتهٔ مثبت دیگر در مورد کتاب از نظر آقای دکتر بشیریه آن بود که پرداختن به موضوعات نظری پیرامون ایران بسیار واجب است و از نقطه نظر ***ایران‌شناسی*** چنین آثاری آن هم با کیفیتی که این کتاب از آن برخوردار است برای مباحث دانشگاهی بسیار لازم و مغتنم است.

ناقد سپس به طرح دیدگاه‌های خود از کتاب پرداختند. نخستین ایراد ایشان آن بود که نظریهٔ «استعمار، عامل عقب‌ماندگی» که محور اساسی انتقاد کتاب است یک توهم ***عوام‌گرا*** یا عامیانه است. این درست است که این توهم بسیار در ایران متداول است اما این گستردگی محدود می‌شود به اقشار عوام جامعه و هیچ نویسنده، تحلیل‌گر، صاحب‌نظر جدی و عالمی که آگاه به تحولات تاریخی است، اعتقادی به این دیدگاه ندارد. رفع و دفع این توهم ممکن است اسباب ایجاد توهم دیگری شود که دیدگاه‌ها و نظریات مارکسیستی در قالب ***تئوری وابستگی*** را مورد تردید و ابهام قرار دهد. به عبارت دیگر، نفی و بی‌اعتبار ساختن «فرضیه‌های توطئه» و توهم‌های بیمارگونهٔ دخالت خارجی‌ها در شئونات سیاسی و اقتصادی ایران، نبایستی اسباب زدوده شدن نقش استعمار و سرمایه‌داری از منظر مارکسیستی در عقب‌ماندگی جهان سوم شود. از نظر ایشان، این مشکل بالاخص از آن‌جا ممکن است به‌وجود آید که «***ما چگونه، ما شدیم***» اساس تحلیلش را بر نفی و نقد «مارکسیسم» در ادبیات سیاسی رایج در ایران بنا نهاده است. اما نویسنده بایستی توجه داشته باشند آن‌چه در ایران تحت عنوان «مارکسیسم» رایج است در حقیقت «استالینیزم» است که توسط نظریه‌پردازان اتحاد شوروی تدوین شده و توسط حزب توده و جریانات مشابه آن حزب وارد ادبیات سیاسی رادیکال معاصر ایران شده است. تلاش نویسنده در رد استالینیزم که تلاشی به حق هم هست، این اشکال را دارد که ممکن است مارکسیسم را هم برای خواننده در پرده‌ای از ابهام قرار دهد.

آقای دکتر بشیریه با توضیح این‌که قصد دفاع از مارکس و مارکسیسم را نداشته و صرفاً خواهان آشنایی و معرفی صحیح نظرات «مارکسی» و تفکیک آنها از «استالینی» است، بحث مفصلی را در تشریح و بسط آرای تحلیل‌گران مارکسیست و نئومارکسیست در خصوص توسعه و ***تئوری وابستگی*** ارائه دادند. ایشان با اشاره به دیدگاه‌های صاحب‌نظرانی همچون «پل باران» و «فرانک» اظهار داشتند که مارکس این‌قدر ساده‌اندیش نبود که قایل به بسط دیدگاه‌های خود در خصوص اروپا به آسیا و شرق باشد. برعکس، تلاش مارکس در فراگیری

زبان فارسی و تلاش انگلس در یادگیری زبان‌های عربی و چینی مبیّن این واقعیت است که آنان معتقد بودند برای درک تحولات شرق می‌بایستی خود آن جوامع را مورد مطالعه قرار دهند.

پس از این مقدمه، ناقد بر تشریح و تبیین دیدگاه مارکس در مورد عقب‌ماندگی و آرای نظریه‌پردازان مارکسیست طرفدار ***تئوری وابستگی*** پرداختند. به گفتهٔ ایشان، اساس ***تئوری وابستگی*** بر روی اندیشهٔ مارکس و نویسندگان نئومارکسیست قرار دارد و در اینجا مباحث جدی و بنیادی مطرح شده‌اند که اگر کار ما علمی باشد نمی‌توانیم این آرا را مردود دانسته یا در تحلیل خود از فرایند عقب‌ماندگی و توسعه‌نیافتگی از آنها استفاده ننماییم. اگرچه از دید ایشان نویسندهٔ کتاب از مفاهیم مارکسیستی در تحلیل خود از روند تکامل جامعهٔ ایران استفاده نموده، اما ایراد اساسی که این اثر دارد آن است که به تئوری‌های وابستگی و آرای مارکسیست‌ها در این زمینه نپرداخته است. اشکال اساسی که این روش (از دید دکتر بشیریه) پدید می‌آورد آن است که ما نمی‌توانیم مفاهیم بعد از سرمایه‌داری را در مورد عصر ما قبل سرمایه‌داری به کار گیریم. مفاهیمی همچون «توسعه»، «وابستگی» و «پیشرفت» مفاهیمی هستند که با سرمایه‌داری و به دنبال آن متولد شدند. قبل از سرمایه‌داری، جهان در مجموع در یک حالت قرار دارد و نمی‌توان از اصطلاحات مدرن همچون «عقب‌مانده» یا «پیشرفته» استفاده نمود. این مفاهیم متعلق به بعد از سرمایه‌داری هستند و با ظهور سرمایه‌داری است که این مقولات معنی و مفهوم پیدا می‌کنند تا قبل از ظهور سرمایه‌داری، ممکن بود که ایران در برخی جنبه‌ها چندان پیشرفتی ننموده و برعکس انگلستان پیشرفت‌هایی می‌داشته. اما تا قبل از پیدایش سرمایه‌داری، ما نه ایران را می‌توانیم «عقب‌مانده» توصیف کنیم و نه انگلستان را «پیشرفته». زیرا سرمایه‌داری بود که در قرن نوزدهم جهش و تحولی به نام «توسعه» یا «پیشرفت» خلق نمود.

همان‌طور که «**توسعه**»، «**پیشرفت**» و «**مدرنیته**» با پیدایش سرمایه‌داری است که معنا و مفهوم پیدا می‌کند، متقابلاً ***عقب‌ماندگی*** و ***توسعه نیافتگی*** نیز از اینجا به بعد است که ظاهر می‌شود. به‌علاوه، با پیدایش سرمایه‌داری نوعی «تقسیم کار بین‌المللی» در اقتصاد جهانی شکل می‌گیرد. یک گروه از کشورها که در آنها سرمایه‌داری متولد شده بدل به کشورهایی توسعه یافته، تولید کننده، صنعتی و صادر کننده می‌شوند و مابقی جهان کشورهایی عقب مانده، وابسته به کشاورزی، صادر کنندهٔ مواد خام و وارد کننده. این تقسیم کار جدید جهانی

است که به تعبیر مارکس و طرفداران تئوری وابستگی به عاملی در جهت جلوگیری از رشد و توسعهٔ کشورهای گروه دوم (عقب مانده‌ها) بدل می‌شود. بنابراین خطا خواهد بود اگر مفاهیم سرمایه‌داری را در تحلیل‌های خود از عصر ما قبل سرمایه‌داری به کار گیریم.

ایراد دیگر ایشان به فصل پنجم کتاب (خاموشی چراغ علم در ایران) بود. از نظر ناقد، تحلیل نویسنده مبنی بر این‌که در عصر طلایی اسلام، ایران به اوج شکوفایی تمدنی رسید صحیح نیست. علما و دانشمندانی البته در این برهه پیدا شدند (ضمن آن که آرای فلسفی آنها متأثر از فرهنگ و تمدن یونانی بود) اما کدام انباشت سرمایه، کدام جهش تکنیکی و علمی و کدام تغییر بنیادی در فرماسیون‌های جامعه در این مقطع به‌وجود آمد؟ این‌که نویسنده قایل شده در این عصر و در سایهٔ اسلام، ایران به اوج تمدنی خود می‌رسد، این اوج در چه بوده است؟ آیا انقلاب صنعتی پیش آمد؟ آیا تغییرات کمی و کیفی در مناسبات اجتماعی و زیر بنای تولیدی به‌وقوع پیوست؟ اما زمانی که در غرب انقلاب صنعتی و سرمایه‌داری تولد یافت این تحول آن‌چنان عمیق و فراگیر بود که نه تنها مناسبات تولیدی را در خود غرب برهم ریخت بلکه بر جوامع دیگر نیز تأثیر گذارد. کدام تحول، فرهنگ، ایدئولوژی و تمدن توانسته در مقابل بهمن غرب بایستد؟ اما تمدنی که نویسنده معتقدند در عصر طلایی اسلام به‌وجود می‌آید آن‌چنان ضربه‌پذیر بود که با تغییر حکومت، رفتن و آمدن یک خلیفه به هم می‌ریزد.

پس از سخنان آقای دکتر بشیریه، خانم دکتر اتحادیه مطالبی اظهار داشتند و به‌خصوص با آن بخش از سخنان ایشان که دخالت استعمار و بیگانگان را در مسایل ایران یک «توهم عامیانه» توصیف کرده بودند به‌شدت به مخالفت پرداختند. ایشان با ذکر شواهد و اسناد تاریخی مدعی بودند که این پدیده در ایران یک توهم عامیانه نیست بلکه بسیاری از رجال، سیاسیون، دولت‌مردان و روزنامه‌نگاران نیز به آن باور داشته‌اند. بنابر این کتاب «**ماچگونه، ما شدیم**» برای نخستین بار با طرح این مسئله که قبل از آن که خارجی‌ها و استعمار به ایران وارد شوند ایران یک کشور عقب‌مانده می‌بوده، دست بر روی یک بحث اساسی و معضل مهم تاریخی – سیاسی معاصر ایران گذارده است.

در پاسخ به بیانات دکتر بشیریه، نخستین نکته‌ای که به نظر حقیر رسید آن بود که نقد ایشان در مجموع بیش از آن‌چه در مورد مطالب کتاب باشد در خصوص آن‌چه کتاب نگفته

است بود.[۱] بیشتر در توصیف و تحلیل دیدگاه مارکس و نظریه‌پردازان مارکسیست طرفدار فرضیه ***توسعهٔ وابستگی*** بود تا نقد دیدگاه‌های مشخصی که در کتاب آمده است. اما در خصوص آن بخش از مطالب ایشان که معتقدند در دیدگاه «***استعمار، عامل عقب‌ماندگی***» و نقش خارجی‌ها در مسایل ایران ما با یک توهم عامیانه روبه‌رو هستیم و نه یک جریان فکری -سیاسی عالمانه و دانشگاهی، افزون بر مطالب خانم دکتر اتحادیه، بنده نیز مطالبی افزودم و سعی کردم نشان دهم تا این اندیشه نه تنها در میان عوام، بلکه در میان خواص، نخبگان سیاسی و حتی قشر دانشگاهی و تحصیل کردهٔ ما همان‌قدر ریشه دارد که در میان عوام. به‌علاوه، این پدیده‌ای نیست که فکر کنیم صرفاً در گذشته بوده و اکنون دیگر به صورت تاریخ درآمده است. این اعتقاد امروزه همان‌قدر در باور و گفتمان سیاسی ما رایج است که درگذشته بوده است.

اما در خصوص بحث اصلی آقای دکتر بشیریه یعنی نظریهٔ «***توسعهٔ وابستگی***» که توسط «پل باران»، «فرانک» و دیگران مطرح شده، به گمان حقیر این دیدگاه در حقیقت «تحلیل بعد از وقوع» است. اساس استدلال این نظریه آن است که جوامع در یک حالت (از نظر عقب‌ماندگی یا پیشرفت) قرار داشتند. اما به دلیل تغییر و تحولاتی که در یک‌سری از این جوامع پیش آمد (انقلاب صنعتی، پیدایش سرمایه‌داری و بورژوازی، توسعه و مدرنیزاسیون) آنان توانستند پیشرفت نموده و دیگران در همان حالت باقی ماندند که ما به آن عقب‌ماندگی یا توسعه نیافتگی اطلاق می‌کنیم. در جوامع غربی، به دنبال انقلاب صنعتی فئودالیسم فروریخته و فرماسیون مدرنی که ما به آن سرمایه‌داری می‌گوییم متولد می‌شود. این نظام جدید، با برهم ریختن مناسبات بین‌المللی قبلی اسباب پیدایش مدل جدیدی می‌شود (امپریالیسم) که این خود شکاف مابین جوامع پیشرفته و عقب‌مانده را عمیق‌تر می‌سازد.

چه کسی می‌گوید که این تحلیل به سؤال اصلی که در ***ما چگونه، ما شدیم*** مطرح شده پاسخ می‌دهد؟ این تحلیل در حقیقت شکل سؤال را عوض می‌کند. یا به عبارت دیگر، سؤال را با یک سؤال دیگر پاسخ می‌دهد. در پاسخ به این سؤال که ***چرا غربیان توانستند به توسعه و پیشرفت برسند اما ما نتوانستیم***، پاسخ می‌دهد، به این دلیل که در آن جوامع انقلاب صنعتی صورت گرفت، فئودالیسم فروپاشید و سرمایه‌داری متولد شد. اما در جوامع شرقی فرماسیون‌های

۱ – خود آقای دکتر بشیریه نیز در پایان مطالبشان فرمودند که قدری از مطالب کتاب دور شدند.

کهن ماقبل سرمایه‌داری همچنان برجای ماندند. آیا واقعاً می‌توان این را پاسخ به «ما چگونه، ما شدیم» دانست؟ این پاسخ صرفاً شکل سؤال را عوض می‌کند. زیرا می‌توان از طرفداران نظریه وابستگی پرسید که چرا در آن جوامع انقلاب صنعتی توانست به‌وقوع بپیوندد اما در جوامع شرقی این تحول رخ نداد؟ چرا در آن جوامع، فئودالیسم فروپاشیده و تبدیل به سرمایه‌داری شد اما در جوامع «پیرامونی» یا توسعه نیافته مناسبات فئودالیسم، سنّتی یا به هر حال ماقبل سرمایه‌داری تبدیل به مناسبات جدید نشد؟ چرا در آن جوامع از قرن پانزدهم به این طرف علوم جدید رشد کردند و انقلاب علمی صورت گرفت اما در این جوامع حتی در دهه‌های پایانی قرن نوزدهم هنوز کسی نمی‌دانست فیزیک، شیمی، بیولوژی، پزشکی مدرن، جغرافیا، علوم سیاسی، اقتصاد و ... چیست؟ چرا در آن جوامع رنسانس پیش آمد اما در این جوامع چنین تحولی اتفاق نیفتاد؟ چرا در آن جوامع قانون، نهادهای سیاسی، اجتماعی و اقتصادی مستقل از حکومت به‌وجود آمدند، اما در این جوامع هیچ نهاد اجتماعی، هیچ جریان سیاسی یا اقتصادی، هیچ گروه فکری یا سیاسی نتوانست زیر جثهٔ سنگین حکومت نفس بکشد؟

تئوری‌های وابستگی در بهترین حالت، صرفاً معلول را تبیین می‌کنند. می‌گویند جوامع شرقی یا جهان سومی نتوانستند به پیش بروند چون ***آن‌گونه*** بودند: وابسته، تک محصولی و کشاورزی بودند، نهادها و سازمان‌های مدرن اجتماعی و مستقل از حکومت در آنها به‌وجود نیامده بود، دورهٔ مرکانتالیزم (انقلاب تجاری) را نتوانسته بودند پشت سر بگذارند، انباشت سرمایه در آنها صورت نگرفته بود و...). در مقابل، جوامع توسعه یافته یا «متروپل» توانستند پیشرفت کنند چون: غیروابسته بودند، اقتصادشان از دایرهٔ خودکفایی فراتر رفته و مازاد بر مصرف بود، محصولات کشاورزی و صنعتی تولید می‌کردند، نهادهای سیاسی و تجاری مستقل از حکومت در آنها به‌وجود آمده بود، تجارت آزاد داشتند، کسانی به دنبال علوم جدید در آنها بودند، به دنبال مرکانتالیزم توانستند به انباشت سرمایه دست یابند و...

آن‌چه ما به دنبال آن هستیم دقیقاً آن چیزی است که تئوری وابستگی به آن نمی‌پردازد. چرا، آن تحولات در برخی جوامع اتفاق افتاد، اما در برخی دیگر به‌وقوع نپیوست؟ چرا یکی ***آن‌گونه*** شد دیگری ***این‌گونه***؟ چرا یکی توسعه یافته، پیشرفته و متروپل به نام انگلستان شد و یکی عقب‌مانده، توسعه نیافته و وابسته به‌نام ایران؟ این تفاوت‌ها از ***کجا***، ***کی*** و ***چگونه*** به‌وجود آمدند؟ اگر از بیرون مجموعهٔ تئوری وابستگی به آن بنگریم، آن‌چه به‌دست می‌آید را

می‌توانیم به این صورت خلاصه نماییم. این تئوری به‌نحوهٔ پیدایش جوامع سرمایه‌داری (پس از آن که این جوامع به‌وجود می‌آیند) نگریسته و می‌گوید این تحولات در شرق یا آفریقا به‌وجود نیامدند و لذا ما آنها را توسعه نیافته می‌نامیم.

مشکل دیگر نظریهٔ مارکسیستی تئوری وابستگی آن است که نقطهٔ شروعش به انقلاب صنعتی و پیدایش سرمایه‌داری، یا به عبارت دیگر نیمهٔ دوم قرن هجدهم باز می‌گردد. از دید این تئوری، تا قبل از این مقطع چندان «تقسیم کار بین‌المللی» صورت نگرفته و مفاهیمی همچون «عقب‌ماندگی»، «پیشرفت» و «توسعه نیافتگی» شکل نگرفته و ما هنوز در عصر ماقبل سرمایه‌داری و ما قبل مدرنیته به سر می‌بردیم. مشکل یا تحول، هرچه بوده از این مقطع است که آغاز می‌شود.

اما واقعیت آن است که تفاوت میان شرق و غرب یا رفتن به سمت مسیرهای جداگانه حداقل سه قرن قبل از پیدایش سرمایه‌داری به‌وجود آمده بود. انقلاب صنعتی و پیدایش سرمایه‌داری سبب شدند تا این اختلاف یا شکاف پیش آمده هم به‌لحاظ کمی و هم به لحاظ کیفی به‌شدت افزایش یابد. به سخن دیگر،(و بر خلاف استدلال طرفداران تئوری وابستگی) اختلاف میان شرق و غرب از زمان پیدایش سرمایه‌داری به‌وجود نیامد. این اختلاف قرن‌ها قبل از آن به‌وجود آمده بود و پیدایش سرمایه‌داری صرفاً آن را گسترده‌تر نمود ولی مسبب آن (آن‌طور که طرفداران نظریهٔ وابستگی تحلیل می‌کنند) نبوده است. اروپایی‌ها در حدود سه قرن قبل از انقلاب صنعتی و پیدایش سرمایه‌داری موفق شدند کرهٔ زمین را دور زده و به کشف قارهٔ جدید (آمریکا) نایل شده و سر از شرق و خلیج فارس درآورند. آیا می‌توان تحولات بعدی مغرب‌زمین را در قرن هجدهم از جمله انقلاب صنعتی و پیدایش سرمایه‌داری، منفک از تحولات مغرب‌زمین در قرن پانزدهم دانست؟ واقعیت آن است آن‌چه ما در قرن هجدهم تحت عنوان پیدایش سرمایه‌داری یا مدرنیته شاهدش هستیم تحولی نبود که یک شبه به‌وجود آمده باشد بلکه ادامهٔ روندی بود که از قرن پانزدهم شروع شده بود. در تمام مدتی که این تحولات در غرب در حال شکل‌گیری بود، در مشرق‌زمین، تغییرات عمده‌ای به‌وقوع نپیوست. شاید در اینجا پرسشی مطرح شود که چرا بنده این همه تأکید دارم تا فاصله‌ای که میان شرق و غرب به‌وجود آمد را در جایگاه صحیح تاریخی آن قرار دهم؟ چرا این همه مصر هستم تا نشان دهم فاصله میان شرق و غرب ربطی به پیدایش سرمایه‌داری در اروپا نداشته و دو، سه قرن قبل از آن این شکاف به‌وجود آمده بوده؟ در پاسخ

بایستی گفت که غفلت از این بعد تاریخی و پذیرش نظریهٔ وابستگی باعث به‌وجود آمدن دو نتیجه‌گیری مهمی شده که هر دو آنها همان‌قدر در خطا هستند که اصل نظریه.

نخست آن که، وقتی استدلال می‌نماییم که شرق و غرب تا قبل از ظهور انقلاب صنعتی و پیدایش سرمایه‌داری کم و بیش در یک سطح و در یک وضعیت به سر می‌بردند لاجرم به این نتیجه‌گیری می‌رسیم که «پیش افتادن»، «ترقی» یا «توسعه یافتگی» غرب در نتیجهٔ ظهور این تحولات در قرون هجدهم و نوزدهم بود. بنابراین دیگر نیازی نیست به قبل از این مقطع و تحولات زیربنایی که قبل از قرن هجدهم در غرب به‌وجود آمد بپردازیم. به همین خاطر است که در منابع و آثار سیاسی ما کمتر مطالبی پیرامون رنسانس، عصر روشنگری، خردگرایی... وجود دارد. این‌که این تحولات چه بودند، چرا و چگونه به‌وجود آمدند و پیامدهای آنان بر تحولات بعدی غرب چه بود. در عوض ادبیات و گفتمان سیاسی ما (ملهم و متأثر از چپ) مملو از تأثیر و تأثرات سیاسی و اقتصادی سرمایه‌داری بر جهان سوم یا توسعه نیافته است. رواج این ادبیات و نگرشی که در پشت آن قرار دارد سبب گردیده تا جلوی شناخت صحیح و واقع‌گرایانهٔ ما از غرب و تحولات تاریخی آن گرفته شود.

دومین پیامد زیان‌بار رواج تئوری وابستگی در میان ایرانیان عبارت است از برقراری رابطهٔ مستقیمی میان پیشرفت غرب و عقب‌ماندگی شرق. مشابه چنین گزاره‌هایی را زیاد شنیده و خوانده‌ایم: «***عقب‌ماندگی شرق و پیشرفت غرب دو روی یک سکه‌اند؛ این دو لازم و ملزوم یکدیگر بوده‌اند؛ اولی در حقیقت پیش نیاز دومی بوده است؛ بدون استثمار، غارت و در نتیجه جلوگیری از رشد و توسعهٔ شرق، غرب هرگز نمی‌توانست ترقی و پیشرفت نماید، عقب‌ماندگی شرق، بهایی بود که برای پیشرفت غرب پرداخت گردید؛...***»

این تصور که علی‌رغم خطا بودنش بسیار در میان ما متداول است، نتیجهٔ منطقی پذیرش تئوری وابستگی است. اگر پیش فرض این تئوری را بپذیریم (که پیشرفت و عقب‌ماندگی در نتیجهٔ بروز انقلاب صنعتی و پیدایش سرمایه‌داری و «تقسیم کار بین‌المللی» بود) در آن صورت پیشرفت یکی و عقب‌ماندگی دیگری در نتیجه شکل‌گیری و گسترش روابط سرمایه‌داری بود که پس از انقلاب صنعتی پیش آمد. بنابراین، همان‌طور که نیازی به شناخت غرب ما قبل سرمایه‌داری نیست، همچنین نیازی هم به شناخت ایران ما قبل سلطهٔ سرمایه‌داری در قرن نوزدهم نیست. به همین خاطر است که ادبیات سیاسی ما در خصوص عقب‌ماندگی منحصراً خلاصه می‌شود به ایران عصر قاجار. همان‌طور که نیازی نبود تا غرب

ما قبل سرمایه‌داری را بشناسیم (چنان‌که نشناخته‌ایم)، همچنین نیازی نیست تا برای تحلیل و درک عقب‌ماندگی ایران به قبل از عصر قاجار رجوع کنیم (چنان‌که نکرده‌ایم). این خیلی جالب است که مارکس برای شناخت جوامع مشرق‌زمین از جمله ایران تا بدانجا پیش می‌رود که به فکر فراگیری زبان فارسی می‌افتاد، اما پیروانش هرگز نیازی به شناخت جامعهٔ ایران پیدا نکردند و با تعمیم و فرموله کردن دیدگاه‌های او در قالب ***تئوری وابستگی***، همه مسایل را حل کردند.

ایراد دیگر آقای دکتر بشیریه پیرامون این‌که ما نمی‌توانیم و نبایستی مفاهیم عصر مدرنیته و جدید را مثل «توسعه» یا «عقب‌ماندگی» برای توصیف و تحلیل گذشته به کار ببریم، اگرچه ظاهری درست دارد اما در واقع این امر صورت گرفته و مشکلی هم پیش نیاورده است. مفاهیمی همچون «توسعه»، «وابستگی»، «پیشرفت» و «عقب‌ماندگی» درست است که بیشتر از نیمهٔ دوم قرن بیستم و پس از جنگ جهانی دوم در واژگان علوم سیاسی، اجتماعی و اقتصادی در دانشگاه‌ها و میان تحلیل‌گران راه یافتند، اما این نبایستی مانع از آن شود که فکر کنیم قبل از این تحول، انسان‌ها نتوانسته بودند درک صحیحی از عقب‌ماندگی و پیشرفت داشته باشند. یک قرن و نیم قبل از ظهور ***تئوری‌های وابستگی*** و پیدایش مفاهیم «***عقب‌ماندگی***» و «***توسعه یافتگی***»، عباس میرزا از رئیس هیأت فرانسوی‌ها می‌پرسد که ***چرا ما ایرانیان این‌چنین در غفلت و بی‌خبری به سر می‌بریم و شما غربی‌ها آن‌گونه توانسته‌اید پیشرفت نمایید؟*** فی‌الواقع عباس میرزا زمانی به این معرفت و آگاهی که مملکتش عقب مانده است می‌رسد که مارکس طفل خردسالی بیش نبود (دههٔ ۱۸۲۰). این درست است که در زمانهٔ عباس میرزا نه هیچ‌یک از مفاهیم جدید اقتصاد سیاسی به‌وجود آمده بود و نه هیچ‌یک از تئوری‌های وابستگی. اما این مانع از آن نبود و نشد که عباس‌میرزا و نسل‌های بعد از او به این معرفت و آگاهی نرسند که در جوامع غربی تغییر و تحولاتی صورت گرفته که در ایران آنها پیش نیامده بود. مهم نیست که آنان از کدام اصطلاح یا واژه برای توصیف این پدیده بهره جستند، بلکه مهم درک و آگاهی آنان از این تفاوت بود.

آخرین سخنی که پیرامون تئوری وابستگی می‌توان گفت اشاره به برخی از کشورهای جهان سوم است که توانسته‌اند ظرف سه دههٔ گذشته از مدار عقب‌ماندگی خارج شوند. تایوان، کرهٔ جنوبی، هنک کنگ، سنگاپور، مالزی، هند، برزیل، آرژانتین، ترکیه توانسته‌اند با به اجرا در آوردن اصلاحات اقتصادی و سیاسی مناسب به موفقیت‌های قابل توجهی دست

یابند. اگرچه در زمینه‌های تأمین اجتماعی، کاهش فقر و اختلاف طبقاتی، این کشورها هنوز راه درازی بایستی بپیمایند اما دیگر نمی‌توان آنان را «عقب‌مانده» یا حتی «درحال توسعه» توصیف نمود. موفقیت آنان در حالی صورت می‌گیرد که از دید طرفداران تئوری وابستگی، «استعمار» و «امپریالیسم» به‌شدت گذشته در عرصهٔ مناسبات بین‌المللی حضور دارند. حداقل نتیجه‌گیری که از موفقیت این کشورها می‌توان به‌دست آورد آن است که چنان‌چه در جامعه‌ای اصلاحات صحیح اقتصادی، مشارکت سیاسی و مناسبات بهتر اجتماعی به اجرا درآید، استعمار و امپریالیسم چندان نمی‌توانند سد راه پیشرفت آن کشور شوند. به سخن دیگر، ***عقب‌ماندگی همان‌قدر که ممکن است متأثر از عملکرد استعمار باشد، به همان میزان نیز می‌تواند مولود فقدان اصلاحات و سیاست‌های صحیح سیاسی، اجتماعی و اقتصادی از ناحیهٔ رژیم‌های حاکم برکشورهای عقب مانده باشد.***

دکتر سعید زیباکلام

وَاللهُ علیماً بذات الصّدور

هیچ کس را غسل تعمید ندهیم[1]

بررسی کتاب ما چگونه، ما شدیم؟ ریشه‌یابی علل عقب‌ماندگی در ایران

کتاب «ما چگونه، ما شدیم؟ ریشه‌یابی علل عقب‌ماندگی در ایران» نوشتهٔ دکتر صادق زیباکلام، از جمله معدود آثاری است که نویسنده در آن به دنبال یافتن پاسخ به سؤالی بسیار جدی و حیاتی، به کندوکاو پرداخته است. تا آن‌جا که راقم این سطور اطلاع دارد و نویسندهٔ کتاب هم این آگاهی را تأیید می‌کند، موضوع مورد کاوش، متأسفانه کمتر موردتوجه قرار گرفته است و اگر هم بعضاً مورد توجه بوده، نوعاً پاسخی مجمل، غیرمحققانه و غیرمستدل یافته است. در این‌گونه آثار معدود، معمولاً یکی دو عامل به عنوان علت ذکر می‌شود، بدون این‌که شواهد تاریخی مستدلی برای آن ارائه گردد و بحثی برای موجه جلوه دادن آرای طرح شده صورت گیرد. بنابراین، شایسته است حداقل از بابت طرح موضوعی بسیار مبرم و مهم در این کتاب، به منزلهٔ یک موضوع مستقل و نه در حاشیه، چندین مسئلهٔ دیگر و نیز به خاطر رجوع به برخی منابع تاریخی و طرح شواهد تاریخی، از نویسنده قدردانی شود.

با توجه به شرایط کنونی جامعهٔ ما و وضعیت اسف‌بار امکانات تحقیقاتی پژوهشگران و استادان محقق و بی‌توجهی و ادباری که این گروه معدود از اساتید دانشگاهی با آن مواجهند، به واقع جای شگفتی و مسرت است که هنوز کسانی پیدا می‌شوند که دست به تألیفی محققانه

---

۱ - بخش‌هایی از این مقاله و نیز مطالب مشابهی را جناب دکتر زیباکلام در اولین جلسهٔ نقد و بررسی کتاب ***ما «چگونه ما شدیم»*** ارائه نمودند. متن کامل آن عیناً از مجلهٔ ***فرهنگ و توسعه*** (شمارهٔ ۲۰، آبان ۱۳۷۴) کپی شده است.

بزنند. از این جهت نیز باید دست نویسنده را به گرمی فشرد و «خدا قوت» گفت و آرزوی تحقیقات بیشتر او را در دل پروراند.

با این وصف، طرح و نقد این‌گونه پژوهش‌ها را، هم اقبال و دلگرمی بخشیدن به نویسندگان آن‌ها می‌پندارم و هم گامی در جهت تعالی سطح کار محققان به طور اعم و تنقیح و پیراستن اثر مورد ارزیابی به طور اخص. خدا قوت گفتن به محققی و ارج نهادن به تحقیقش در لسان علمی، یعنی به طرح و ارزیابی عالمانه‌اش پرداختن.

هدف محوری و اصلی دکتر زیباکلام در این اثر، یافتن علل و عوامل اصلی و تاریخی عقب‌ماندگی ایران است. وی در تحلیل خود، علت‌های چندی را بیان می‌کند که از جمله مهم‌ترین آنها شرایط زیست‌محیطی ایران است. نویسنده بر آن است که «از جمله مهم‌ترین و اصلی‌ترین منبعی که در طبیعت وجود داشت، آب بود و به نظر می‌رسد همین عامل بود که شرق و غرب را در جریان تکامل بعدی خود به راه‌های جداگانه کشاند!!»[1] به تعبیر دیگر، نزولات جوی غنی و دسترسی به دریاها منابعی بودند که «سرنوشت تکامل اجتماعی» غرب و نیز شرق را رقم زدند. در جای دیگری همین حکم، بیان محکم‌تر و جازم‌تری پیدا می‌کند. به طوری که «وضعیت جغرافیایی سخت حاکم بر ایران، باعث به‌وجود آمدن شرایط اجتماعی شده است که در مجموع برای توسعه و پیشرفت چندان مناسب نبوده است». گمان می‌کنم این اظهارات بی‌قید و بلاشرط کفایت کند تا میزان توجه و تکیهٔ نویسنده را به محیط زیست دریابیم. با این وصف، جای‌جای کتاب را مورد غور و بررسی قرار می‌دهیم تا ضمن بازسازی علل عقب‌ماندگی ایران، به طور مستدل و مستند به اقوال نویسنده، دلایل ذی مدخل دیگر را بیابیم و مقام و منزلت علت و معلولی آن‌ها را محک بزنیم تا شاید منهاج و مفری بیابیم و وی را از موضع اقلیم‌گرایی و دترمینیزم زیست‌محیطی، برکنار و مصون داریم.

نویسنده ضمن نقد معتقدان به تز «استعمار عامل عقب‌ماندگی» و این‌که سلاطین و رجال فاسد و خودکامهٔ ایران مدخل و مجرای استعمارگران قرار گرفتند و هر دو از قبل همکاری با یکدیگر سود بردند، می‌افزاید که حاکمیت چنین رجالی «مولود و معلول شرایط اجتماعی و سیاسی جامعهٔ ایران بوده است.» به بیانی دیگر، خدمتگزاری شاهان و سلاطین ایران به استعمارگران «معلول ساختار اجتماعی جامعهٔ ما» بود (همان‌جا). خودکامگی و سرسپردگی

---

۱ - شمارهٔ صفحات ذکر شده با توجه به چاپ‌های نخست این کتاب آمده است. طبیعی است در چاپ‌های اخیر و ویرایش نهایی صفحه‌بندی و نیز شمارهٔ صفحات اندکی تغییر کرده است. (یادداشت ویراستار)

[illegible]

شرایط اقلیمی ندارد: «*جدای از تأثیر بافت قبیله‌گرایی*، به نظر می‌رسد بتوان بر دلیل عمیق دیگری نیز در توجیه چرایی اقتدار بی‌چون و چرای حکومت در ایران دست گذارد. این تحلیل نیز در نهایت ارتباط مستقیمی با شرایط اقلیمی ایران و مشخصاً مسئله کمبود آب پیدا می‌کند». در حالی‌که روشن است که صحرانشینی، قبیله‌گرایی و زندگی ایلی، مستقیماً برآمده از شرایط اقلیمی است.

نگاهی اجمالی به آن‌چه به تحلیل باز نمودیم، نشان می‌دهد که جمیع عوامل و علل مورد ذکر نویسنده، نهایتاً به وضعیت اقلیمی و زیست‌محیطی تقلیل می‌یابد و نگرش وی را در تحلیل نهایی، تابع تمام‌عیار مکتب محیط زیست‌گرایی می‌کند. دیگری را نویسنده بدین صورت ذکر می‌کند: اما پیش از این‌که نتیجهٔ نهایی اخذ شود، علت تام و تمام دیگری را نویسنده بدین صورت ذکر می‌کند: «ضرباتی که ایران در نیمهٔ اول قرن سیزدهم از مغولان خورد، آن‌چنان گسترده، عمیق و همه‌جانبه بود که می‌توان گفت ایران دیگر نتوانست کمر راست کند. فی‌الواقع روند افول یا انحطاطی که از اوایل قرن یازدهم با هجوم اولین دسته‌های قبایل آسیای مرکزی به ایران آغاز گردید، تا اواسط قرن سیزدهم و به‌دست مغولان به اوج خود رسیده و کامل شد. افولی که نتیجهٔ منطقی آن ایران قرن نوزدهم شد».

اگرچه ذکر این عامل عقب‌ماندگی، نه تنها جا را برای عوامل زیست‌محیطی تنگ می‌کند، بلکه اساساً با توجه به شکل یک‌پارچه و یک‌جانبه‌ای که بیان شده است، هیچ جایی برای عوامل دیگر باقی نمی‌گذارد. اما متأسفانه حتی این عامل هم از سیطره و تابعیت شرایط اقلیمی مصون نمانده است: «با مسلمان شدن ایرانیان و از میان رفتن حکومت مقتدر مرکزی در ایران، مانع هجوم قبایل آسیای مرکزی به ایران... از میان رفت».

وجود حکومت پرقدرت ایران پیش از اسلام، در واقع به صورت عامل بازدارنده عمل می‌کرده و در عمل از تهاجم قبایل صحرانشین آسیای میانه، جلوگیری می‌کرده است. روشن است که عدم وجود عامل بازدارندهٔ تهاجم و استیلا، علت و انگیزهٔ تهاجم نمی‌شود. اگر کمی عمیق‌تر بیندیشیم، بدین نکته دست خواهیم یافت که عدم وجود عامل بازدارنده در نهایت فقط از هجوم ممانعت می‌کند، اما علت و انگیزندهٔ هجوم نمی‌شود. نویسنده متذکر این دقیقه نمی‌گردد، اما احتمالاً به طور ناخودآگاه بدین امر توجه کرده است که این قبایل می‌باید انگیزه و هدفی در تهاجم خود داشته باشند و صرف عدم مانع، علت تهاجم نمی‌شود. به نظر نویسنده: «آن هدف، مراتع شمال ایران از جمله ناحیهٔ خراسان بود.» پرواضح است که مراتع

دریافت‌های درونی ناخودآگاه و مهم‌تر از آن، در اختیار داشتن و یا مواجه شدن با آثاری چند، وی را ناخواسته و نادانسته به سوی محیط زیست‌گرایی سوق داده است. اگر کسانی از این تأملات روش‌شناسانه و نقد مضمر در آن، برآشفته‌اند و این‌گونه ارزیابی را برنمی‌تابند، خوب است تعجیل نورزند و سخن روش‌شناسانهٔ نویسنده را که مؤید اظهارات فوق است، به دقت مورد تأمل قرار دهند: «به جای استفاده از یک الگوی از پیش تعریف شده که نتیجه‌اش بالاجبار و به‌گونه‌ای اجتناب‌ناپذیر، شناخت و تبیین تحولات بر طبق آن الگو خواهد بود، ما در این کتاب سعی کرده‌ایم در جهت عکس عمل کنیم. یعنی به جای پیروی از یک الگوی معین، هدفمان این خواهد بود که ببینیم اصولاً جامعهٔ ایران «چگونه» جامعه‌ای بوده است و این «چگونه بودن» را کدامین اسباب و علل سبب شده‌اند و نهایتاً این‌که چگونه عوامل درونی جامعهٔ ایران، شکل کلی مناسبات اجتماعی، اقتصادی و سیاسی آن را ترسیم کرده‌اند». (ص ۲-۷۱) سخن ابداً این نیست که در تحلیل پدیدارها، هر نوع پدیداری، باید یک الگوی از پیش تعریف شده در نظر گرفت و از آن بالاجبار و با جزمیت تمام و به رغم شواهدی ناسازگار و غیرمترقبهٔ متعارض، تبعیت کرد. حاشا و کلا. نکتهٔ ارجمند روش‌شناسانه که از بررسی علوم تجربی خوش‌آوازه مستفاد می‌شود، این است که دیدن این‌که جامعهٔ ایران اصولاً چگونه جامعه‌ای است، در پرتو نظریه یا نظریه‌ها، حدس و گمان‌ها، انتظارات و تمایلات و یا منظر و پیش‌فرض‌هایی صورت می‌گیرد. هم‌چنین است یافتن اسباب و علل و یافتن و تعیین و حتی ارزیابی عوامل درونی مشکّل و مقوّم مناسبات اجتماعی، اقتصادی و سیاسی. این ***دیدن‌ها، یافتن‌ها و ارزیابی‌ها*** در هر حوزه‌ای از معرفت بشری که باشند، همواره مولود و مسخّر انواع مختلف تجارب بشری هستند و البته تجارب را در اینجا به معنی بسیار وسیع آن که شامل تجارب دینی -ایمانی، هنری، اجتماعی، سیاسی، آموزشی، معرفتی و زیست‌محیطی نیز می‌شود، مراد می‌کنم. نباید این تصور بسیار خام پوزیتیویستی را باور داشت که هرکس همین‌قدر که همت کند و چشمان فهم و درکش را بگشاید، به روشنی خواهد دید که اصولاً جامعهٔ ایران «چگونه» جامعه‌ای بوده است و کدامین علل و عوامل، مقوّم و سازنده آن بوده‌اند. درک و فهم واقعیات جاری و موجود یک جامعه و عوامل مؤثر و موجدهٔ آن بسیار بسیار پیچیده و مشکل است، چه رسد به درک واقعیات گذشتهٔ آن جامعه. فراموش نکنیم آن‌چه واقعیات گذشته می‌نامیم و به راحتی و بدون دغدغهٔ معرفتی، مصرف‌کنندهٔ آن هستیم، چیزی نیست جز بنا و عمارتی که مورخان متکی و مجهز به

آرا و نظریه‌هایی که‌گاه خود نیز بدان وقوف ندارند و در مواردی که دارند، اغلب از سر تأمل و مداقّه اختیار و انتخاب نکرده‌اند، آن را به مدد مصالحی که خود انتخاب و گزینش کرده‌اند و به علاوه خود تصمیم گرفته‌اند کدام جزء و تکه را مجاور یا مقابل، عقب یا جلو و بالا یا پایین کدام جزء و تکه دیگر قرار دهند، ساخته‌اند. هر مورخی که حاصل کار خود یا همکاران خویش را مورد نگاهی فرامعرفتی یا معرفت درجه دو قرار داده باشد، به اهمیت و ظرافت این دقیقهٔ بسیار گران‌بهای معرفت‌شناسانهٔ تاریخی پی‌برده است که در لحظهٔ ساخت و روایت یک رویداد تاریخی، چیزی به نام ***ربط تاریخی***، صدر و ذیل، آغاز و انتها و تار و پود روایت تاریخی را شکل و محتوا می‌بخشد. مورخ هنگامی که سراغ مواد و مصالح عمارت تاریخی خود می‌رود، از همان آغاز راه انبانی از انواع تجارب را بر دوش دید و بینش و گزینش خود حمل می‌کند و با آن انبان است که در پهنهٔ بی‌انتهای گذشته می‌گردد تا آن را، یعنی آن گذشته را، بازیابی و بازسازی کند. چشم بستن و غفلت کردن از این آموزه‌های معرفت‌شناسانه و نیز از آن نظریه‌ها و پیش‌فرض‌ها، نتیجه‌ای جز این ندارد که این‌ها داد خود را در جای خود می‌ستانند و ناگهان محقق حقیقت‌جو را غافلگیر خواهند کرد و خود را ناخواسته و نادانسته وی، بر او تحمیل خواهند کرد. به یاد داشته باشیم که طرد نظریه‌های موجود، بدون نقد و ارزیابی‌شان، یا به اخذ و اسارت ناخودآگاه آن‌ها خواهد انجامید (همان‌طور که ملاحظه کردیم) و یا به ابداع خام نظریه‌هایی دیگر.

عدم تفطن بدین نکات بسیار اساسی باعث می‌شود نویسنده تحت تأثیر کتاب تاریخ علوم عقلی در تمدن اسلامی (۱) و امثال آن، تصویر بسیار حیرت‌انگیز و خارق‌العاده‌ای از خصوصیات علم و فلسفه در اوج رونق علمی تمدن اسلامی ارائه نماید: «رونق علمی... یک جریان طبیعی و خودجوش نبود». (ص ۴-۲۲۳) «نهضت علمی تمدن اسلامی» یک نهضت طبیعی خودجوش نبود، بلکه یک نهضت ترجمه بود. دارالحکمه «نیز یک دانشگاه نبود، بلکه بیشتر یک دارالترجمه بزرگ بود». (ص ۲۲۴) به بیانی دیگر، علوم عصر طلایی تمدن اسلامی «عاریتی» بود. (ص ۲۸۱) وی سپس استدلال می‌کند که: «از آن‌جا که درخت علوم طبیعی در امپراتوری اسلام از طریق تولد و رشدی طبیعی و خودجوش به بار نیامده بود، بالطبع از خود هویت و جهت هم نداشت». (ص ۲۴۳) ممیزهٔ دیگر عبارت است از: «طبیعت تقلیدی علومی که رایج شدند». (ص ۲۲۵) برای توضیح بیشتر این خصوصیت، نویسنده ضمن تأیید نظر دکتر ذبیح‌الله صفا، آن را به طور مؤکد نقل می‌کند که: «مسلمین غالباً مغلوب شهرت بعضی از

دانشمندان قدیم شده‌اند و از تحقیق جدید در درستی یا نادرستی نظرهای آنان بازماندند». (ص ۲۲۶)(۲) دو ممیزهٔ دیگر عبارت است از این‌که رونق علمی را حکومت پدید آورد (ص ۲۲۵) و دیگر این‌که پزشکی، پیشرفت حیرت‌انگیزی داشت. اما آن هم به دلیل کراهت تشریح و کالبد شکافی در اسلام... نهایتاً توقف کرد. (ص ۲۲۸) در یک جمله، علم و فلسفه در اوج شکوفایی علمی تمدن اسلامی، غیرطبیعی، غیر خودجوش، بی‌هویت، تقلیدی، ترجمه‌ای و عاریتی بود!

عدم عنایت لازم به مباحث روش‌شناسی، عدم تفطن به مشکلات و غوامض فلسفی و روش‌شناختی تاریخ‌نگاری و اخذ شیوه و روش تحقیقی نامضبوط، اعتباطی و ناکاویده توسط نویسنده، جملگی وی را هر دم اسیر و دربند یک موضع و باد و توفانی می‌کند: زمانی که اهمیت طرح سؤال چرایی عقب‌ماندگی ایران مطرح است و لازم می‌شود وضعیت ایران معاصر باگذشتهٔ ایران مقایسه شود، ایران جامعه‌ای می‌شود که: «در عصر اوج تمدن اسلام، پرچمدار علم و معرفت بشری بود». (ص ۱۴) هم‌چنین هنگامی که در مقام رد میهن‌پرستان دو آتشهٔ وطنی و پارسی‌گرایان قرار می‌گیرد، بر این عقیده می‌شود که «در پاسخ پارسی‌گرایان کافی است صرفاً به این نکتهٔ تاریخی اشاره نماییم که یکی از پیشرفته‌ترین اعصار علمی در مشرق‌زمین (و از جمله ایران) از قضای روزگار به هنگام اوج تمدن اسلامی به‌وجود آمد». (ص ۲۸) در مقام و مناسبت دیگری: «اگر در آن مقطع [مقطع رونق علمی تمدن اسلامی] نیز همانند امروز جایزهٔ نوبل وجود می‌داشت، بدون تردید ایرانیان و دقیق‌تر گفته باشیم، دانشمندان پهنهٔ اسلام که ایران نیز جزیی از آن بود، جوایز نوبل را در رشته‌های مختلف علوم درو می‌کردند». (ص ۲۰۲) و باز به تعبیر دیگری: «دانشمندان مسلمان بدون اغراق در هر زمینهٔ علمی سرآمد عصر خود بودند». (ص ۲۰۳)

تصور نشود که این‌گونه تقریرات و قضاوت‌های ناهمساز و گاه متناقض تاریخی، تصادفاً رخ نموده است. اتفاقی که امکان دارد بر هر محققی رخ نماید. در موارد دیگر هم اثر تحقیقی نویسنده از این نقص بزرگ رنج می‌برد. نمونهٔ دیگر، در مورد زمان تماس یا تقابل غربیان با تمدن اسلامی است که موارد آن را مستند به اقوال نویسنده در ظل تحلیل و بازسازی وجه بسیار مهم دیگر کتاب، وانموده‌ام.

کتاب با سؤال از علت عقب‌ماندگی ایران آغاز می‌کند و در نقد آنان که علت را استعمار معرفی می‌کنند، سؤال شایستهٔ دیگری مطرح می‌کند و آن این‌که چرا غربیان **توانستند** ما را

استعمار کنند؟ این سؤال در واقع سؤالی است، که کلید راه‌ها و مجاری تبیین و تحلیل نویسنده را به‌دست می‌دهد. روشن است که این سؤال حاوی دو نکتهٔ بسیار مهم است. یکی همان که آشکار است و نویسنده با توانایی از آن سود جسته و پیکان حملات خود را به درستی متوجه آن کرده است و آن این‌که ما ضعیف و منحط بودیم که غربیان توانستند ما را استعمار کنند. ما استعداد و آمادگی استعمار شدن داشتیم که غربیان توانستند آن کنند که کردند و می‌کنند. اگر بخواهیم از رویداد تاریخی مهمی به عنوان مثال بهره بریم، باید از زبان نویسنده گفت: «این‌که غربیان توانستند در ۲۸ مرداد ۱۳۳۲ کودتا کنند و حکومتی ملی و مردمی را سرنگون کنند، بدین علت بود که ما متفرق و ناآگاه بودیم، در پاره‌ای از موارد فاسد و فاسق بودیم و در مواردی دیگر مال‌پرست و قدرت‌جو و محبوبیت طلب. در غیر این صورت غربیان نمی‌توانستند توفیق یابند». توجه بارز نویسنده به درون است و در مقابل سایر نویسندگانی که هر اتفاقی که در طول تاریخ ایران رخ داده است، غربیان و خارجیان را بانی و باعث و علت آن می‌شناسند، به قوت تمام به احتجاج می‌پردازد. روشن است که این نگرش با نگرش عمومی و غالب اجتماع ما در تعارض و تقابل است و ناگفته نماند که نویسنده در این سخن پیشگام و یا تنها نیست. پیش از او دیگران و از همه شناخته شده‌تر و معروف‌تر، مرحوم مهندس بازرگان به کرات از برون‌نگری یا نظریه توطئه انتقاد کرده‌اند و آن را برای جامعهٔ ما مایه و باعث خفت و ذلت بیشتر دانسته‌اند.

در اینجا به تحلیل و وانمودن این‌که چرا برون‌نگری مایهٔ خفت و ذلت بیشتر می‌شود، نخواهم پرداخت. فعلاً بدین مقدار بسنده می‌کنم که بگویم برون‌نگری، غرب و هر آن‌چه را که بیرون از مرزهای ایران است، فاعل و فعال مایشاء می‌سازد و ملت ایران را و هر آن‌چه ایران محسوب می‌شود مفعول، منفعل، بی‌اراده و آلت دست غربیان. واضح است که با این تز و اطلاق آن به هر رویداد داخلی، غربیان متهم و مقصر می‌شوند و ایرانیانی که در آن رویداد، سهم مؤثر و تعیین‌کننده‌ای داشته‌اند، مطهر و منزه می‌گردند. به نظر من یکی از مهم‌ترین انگیزه‌ها و انگیزنده‌های اصلی نویسنده در این اثر، غسل تعمیدی است که به طور منظم و مرتب به حکام و مسئولان ایرانی در همهٔ دوره‌ها و اعصار داده می‌شود. غسل تعمیدی که علاوه بر نجات عاملان از عواقب اعمال سوء و شوم آنها، حکام آینده را نیز در اِعمال سیاست‌های غیرمشروع و غیرملی بعدی، به یک معنا بیمه می‌کند. روشن است که این انگیزهٔ صائب نویسنده و انتقاد اصولی‌ای که به رویکرد برون‌نگر دارد، هر قدر مورد تأکید قرار

گیرد، باتوجه به شرایط موجود و غالب بودن نظریهٔ توطئه، باز هم شایسته طرح و تکرار است. بنابراین یکی از مهم‌ترین و بهترین پیام‌های نویسنده در این اثر این است که ایرانیان نباید خود را و مسئولان و حکام خود را در ارتباط با آن‌چه عقب‌ماندگی ایران می‌نامیم، غسل تعمید بدهند.

اما متأسفانه این همهٔ کار نویسنده در مورد غسل تعمید نیست، زیرا به موازات نکوهش از غسل تعمید خودی، غسل تعمید دیگری نیز رخ می‌دهد. پیش از این گفته شد که سؤال چرا غربیان توانستند ما را استعمار کنند، حاوی دو نکته است. یکی آشکار و صریح که توضیح داده شد و دیگری ضمنی که همان کفه موازنه را کاملاً به سمت خود و ایران سنگین کردن و کفهٔ غیر و غرب را نه سبک که خالی کردن است. به عنوان نمونه، در مقدمه که زمینه‌ساز ساختار کتاب است، نویسنده اساساً وجود پدیدهٔ استعمار را مفروض و مفروع عنه می‌گیرد، گویی استعمار از مفروضات و مقدمات حیات جوامع بشری است و لذا سؤالی که می‌ماند این است که در مصاف برای سلطه و غارت، کدام یک از دو طرف ضعیف‌تراند و البته به نظر نویسنده، ضعف ضعیف کاملاً از خود او و مایه گرفته از درونْ خود اوست. صرف‌نظر از این‌که نویسنده هیچ‌گاه هیچ تبیین، تحلیل و توجیهی از این فرض عمیق فلسفهٔ اجتماعی، سیاسی و فلسفهٔ تاریخ خود نمی‌دهد، اساساً بدین دقیقهٔ ظریف اما مهلک، تفطن ندارد که این فرض، زور و قدرت نظامی و اقتصادی را در پهنهٔ جهان، اساس مبادلات جوامع می‌شناساند و بدین طریق، به طور تلویحی و پوشیده، تفوق و استیلای قدرت نظامی و اقتصادی را مجاز و مشروع می‌سازد. مفروض پنداشتن پدیدار استعمار در روابط جوامع، یعنی استعمارگر را به طور ضمنی غسل تعمید دادن و استعمار و غارت شده را محکوم کردن به علت قلّت فرصت، ناگزیرم تحلیل فلسفی مفروضات و مبانی بحث اصلی نویسنده را به همین صورت فشرده و موجز رها کنم و به ذکر شواهدی از آن‌چه به تحلیل، برهان کردم، از زبان نویسنده بپردازم.

در نقد طرفداران تز «استعمار عامل عقب‌ماندگی»، نویسنده اظهار می‌کند: «... به جای پرداختن به علت (این‌که چرا ما این قدر ضعیف و ناتوان بودیم که استعمار توانست وارد مملکتمان شود)، آنان صرفاً به معلول پرداختند (این‌که استعمار پس از آن که وارد شد، چه کرد)». (ص ۴-۳۳) ملاحظه کنید در این سخن، استعمار مفروض گرفته شده است و لذا آن‌چه می‌ماند دو طرف پدیدار استعمار است که یکی علت می‌شود و دیگری معلول! البته

استبعادی ندارد که در این معادله دو طرفه استعمار، استعمارگر علت باشد و استعمار شده معلول یا بالعکس. دو اشکال اساسی بر این تبیین اجتماعی و سیاسی وارد است. اولاً، در این تبیین مفروض و مندرج است که از دو طرف پدیدار استعمار، یکی تماماً علت است و دیگری تماماً معلول. آیا برای این ساده‌سازی بیش از حد می‌توان تحلیل و توجیهی ارائه کرد؟ آیا در پدیدارهای فوق‌العاده پیچیدهٔ اجتماعی - سیاسی، همواره دو طرف یا دو عامل وجود دارد که یکی تماماً علت است و دیگری تماماً معلول؟

گفتیم که استبعادی ندارد که در تصویر خام معادلهٔ دو طرفهٔ استعمار، کدام علت باشد و کدام معلول. از این سخن این نکتهٔ باریک منطقی را مراد می‌کنم که اگر پدیدار استعمار را بدین شکل بسیار ساده‌انگارانه بپذیریم، منطقاً هیچ رجحانی وجود ندارد که کدام یک از دو بدیل را انتخاب کنیم. در اینجا باید فقط سراغ شواهد تجربی تاریخی رفت تا راهنمایمان شود. اما نویسنده بدون ارائهٔ هیچ‌گونه قراین و شواهد تجربی که دال بر یکی از آن دو باشد، به راحتی استعمار شده و غارت شده را علت پدیدار استعمار اعلام می‌کند و استعمارگر را معلول! یعنی در داستان استعمار، اصولاً غارت شده سبب است و غارتگر و متجاوز، اثر و نتیجه! به تعبیر ساده‌تر، اما وفادار به‌معنای دقیق کلمات علت و معلول، ما ایرانیان سبب شدیم که غربیان ما را استعمار کنند! و اگر بخواهیم مثال سابق‌الذکر کودتای ۲۸ مرداد سیای آمریکا و دولت انگلیس را نمونه قرار دهیم، باید مطابق تعلیل نویسنده بگوییم که ما ایرانیان و به ویژه احزاب و شخصیت‌های سیاسی، علت و باعث کودتا شدیم و سیاست دولت‌های آمریکا و انگلیس، معلول و نتیجهٔ کار ما بود. آنها نه چنین قصدی داشتند و نه چنین تمایلی. این ما ایرانیان بودیم که آنها را به کودتا، استقرار حکومت دست نشانده و ایجاد ساواک و غیر آن ***ناگزیر و ناچار*** کردیم! مگر علت و معلول معنایی غیر از این دارد؟ وقتی می‌گوییم فلزات در اثر حرارت منبسط می‌شوند و یا وقتی می‌گوییم فقر و عدم تأمین اجتماعی و فشار مالی و محرومیت اجتماعی و اقتصادی، سبب یا علت فساد و فحشا و بی‌سوادی و بزهکاری در جامعه می‌شود، روشن است که منظورمان این است که فلز نمی‌خواست انبساط کند، لکن به علت حرارت، ناگزیر از انبساط شده است. به همین‌سان، مردم عموماً و ابتدا به ساکن تمایلی به بزهکاری و ارتشا و اختلاس و فحشا و اعتیاد ندارند، لکن فقر و محرومیت شدید و بیکاری آنان را ناگزیر بدان سوی سوق می‌دهد.

شاید تصور شود که در اینجا نویسنده مرتکب یک خطای سهوی شده است و عبارت

منقول، سهواً ابراز شده است. اما متأسفانه این طور نیست. زیرا در پایان مقدمه که فراهم کنندهٔ شالوده کتاب است، با این تصریحات مؤکد مواجه می‌شویم که: «***مصیبت‌های استعمار، معلول ضعف و عقب‌ماندگی ما بود. ورود استعمار به ایران در حقیقت معلول عقب‌ماندگی ما بود، نه علت آن.***» (ص ۳۶، تأکید از نویسنده است.) نیازی به تحلیل بیشتر نیست تا وانموده شود که مطابق این نگرش بنیادی، ما ایرانیان و عقب‌ماندگی ما علت و سبب است و استعمار استعمارگران و غارتگران، معلول و اثر آن علت و سبب!

غسل تعمید غربیان، بدین اظهارات اساسی و استراتژیک محدود نمی‌شود. نویسنده در فقرات دیگری با این نگرش به تطهیر و تنزیه چند صد سال اغوا و فریب و دست‌اندازی و چپاول می‌پردازد. به عنوان نمونه، برای موجه نمودن آن‌چه غربیان با امپراتوری عثمانی کردند، گفته می‌شود: «بر بسیاری از امپراتوری‌های ابر قدرت مسیحی اروپایی دقیقاً همان رفت که بر امپراتوری مسلمان عثمانی. در قرن نوزدهم، امپراتوری مسلمان عثمانی همان‌طور در حال خرد شدن و اضمحلال بود که امپراتوری‌های مسیحی پرتغال و اسپانیا در قرون قبل از آن.» (ص ۳۳۶)

راقم این سطور که در حوزهٔ تاریخ سیاسی، حضور و دخولی متخصصانه ندارد، نمی‌تواند کم و کیف نحوهٔ رویارویی بخشی از اروپا و بخش دیگر آن یعنی امپراتوری اسپانیا و پرتغال را با نحوهٔ رویارویی اروپاییان با امپراتوری عثمانی، مقایسه و قضاوت کند. این کار بر عهدهٔ مورخان محقق دانشگاهی است. اما توجه شما را بدین نکته که قبلاً به تحلیل وانمودم، جلب می‌کنم که اگر مِن‌باب بحث، با روایت تاریخی نویسنده مماشات کنیم که آن دو نحوهٔ رویارویی، یکسان بوده است، باز هم اصل و اساس آن رویارویی و تقابل که برای غارت و چپاول، انحصار منابع بیشتر و تمرکز قدرت به هر وسیلت و حیلتی صورت گرفته است، محل ایراد و اعتراض است. به عبارت دیگر، اگر بگوییم غربیان با چینیان و هندیان و ویتنامیان و کامبوجیان همان کرده‌اند که با ایرانیان کرده‌اند، از زشتی و تباهی و بطلان و عصیان ایشان و اعمالشان چیزی کاسته نمی‌شود، بل افزوده می‌شود. به نظر من غلتیدن نویسنده در این ورطه ابداً جای تعجب ندارد؛ زیرا نتیجهٔ مستقیم منطقی آن اساس فلسفهٔ تاریخی و فلسفه اجتماعی و سیاسی‌ای است که نویسنده به ظن قوی، ناخودآگاه آن را مفروض و بایسته پنداشته است. چرا باید سیر تحولات اجتماعی و سیاسی کلانِ درون جوامع و تحولات کلانِ بیرون و مابین جوامع را براساس تضاد و تقابل و رویارویی برای

انحصار منابع و تمرکز قدرت و تمرکز گذاشت که در نتیجه؛ استعمار و استثمار در تحلیل‌های سیاسی‌مان مفروض و بایسته گرفته شوند؟ روشن است که در این صورت، اندیشهٔ سیاسی و تحلیل‌های سیاسی مأخوذ و برخاسته از این شالوده، عمدتاً به یافتن و تبیین انحای مختلف و برتر و مؤثرتر و بعضاً آبرومندانه‌ترِ فایق آمدن در این‌گونه رویارویی‌ها، تقلیل می‌یابد؛ تقابل‌هایی که هدفی جز استیلا یافتن بر ملت‌ها و منابعشان ندارد. از خود سؤال کنیم با برگرفتن چنین مبنای اساسی و پی‌نهادن چنین شالوده‌ای، آیا می‌توان سیاست‌های دولت اسرائیل در قبال فلسطینیان، دولت آمریکا و متحدان غربی‌اش در ویتنام و کامبوج، آمریکا در هیروشیما و ناکازاکی، در شیلی ۱۹۷۳ و بعد از آن، در ایران ۱۳۳۲ و بعد از آن، صرب‌ها در قبال بوسنیان، آمریکا در فیلیپین و موارد بی‌شمار دیگر را مورد ارزیابی و قضاوت قرار داد؟ واقعیت این است که از پیام‌های مهم اما مهلک و ضمنی دیگر این کتاب که در جای جای آن مستور و مستقر است، آن است که زور و قدرت و اعمال آن، حق است و مفروض و مشروع. اگر در این مورد تردیدی هست، یک‌بار دیگر کتاب را به دقت بخوانید تا نمودهای آن را ببینید.

نکتهٔ دیگری که همین‌جا لازم می‌بینم بیفزایم، این است که تز بنیادین مزبور و نحوهٔ بسط و ظهور آن در روایات تاریخی نویسنده، حاوی تز هولناک دیگری هست و آن عبارت است از هدف وسیله را توجیه می‌کند. این دومی، مولود و فرزند مشروع تز نخستین است. در هیچ کجای کتاب با قید و شرطی مواجه نشدم که مانع از انعقاد نطفه و تولد چنین فرزند نامبارکی بشود. خیلی فشرده، اگر قرار باشد که تقابل قدرت‌ها برای افزایش و انحصار قدرت و ثروت، مجاز و مفروض باشد و هیچ قید و شرطی برای این تقابل‌ها فرض نکنیم، الا توفیق و تسلط، روشن است که طرفین می‌توانند به خاطر هدف مشروع و مجاز خود از هر وسیله‌ای سود ببرند و در این صورت، هر فعل و قول و عملی برای نیل به استیلای نظامی و اقتصادی، مباح و موجه می‌شود.

بازگردیم به نمودهای دیگر غسل تعمید غربیان. نویسنده پیش از جمع‌بندی، در آخرین فصل کتاب می‌افزاید که اگر لازم باشد تحولات سیاسی و اجتماعی تاریخی را مولود توطئه بدانیم، در آن صورت: «بایستی گفت که این طرح و توطئه نه علیه مسلمین، بلکه علیه تمامی قدرت‌ها و امپراتوری‌هایی اتفاق افتاد که دروازه‌های خود را به روی پیشرفت علمی، تفکر اجتماعی، تعقل سیاسی و نقد نظری بستند».(ص ۳۳۶)

[illegible]
[illegible]
[illegible]
[illegible]
[illegible]
[illegible]
[illegible]
[illegible]
[illegible]
[illegible]
[illegible]
[illegible]
[illegible]
[illegible]
[illegible]
[illegible]
[illegible]
[illegible]
[illegible]
[illegible]
[illegible]
[illegible]
[illegible]
[illegible]
[illegible]
[illegible]

[illegible]
[illegible] ⊡ [illegible]

گمان ندارم نویسنده قایل به چنین قولی باشد، اما خوب است بدانیم کم نیستند فیلسوفان و متفکران بزرگی که در غرب در این حوزه‌ها می‌اندیشند و بینش و منش غربی، هر دو را که حاصل نهضت روشنگری قرن هجده است، جدی و محققانه زیر سؤال برده‌اند. بروز دو جنگ جهانی و احتمال هولناک و غیرقابل تصور جنگ جهانی سوم، تکثیر و تولید سلاح‌های کشتار جمعی، فاشیسم، نژادپرستی، آثار مخرب مصنوعات تکنولوژی، شکل و محتوی اغلب سرد و بی‌روح زندگی که نزد برخی از متفکران غربی، عاری از معنی و مفهوم و انگیزه شده است، نوع روابط اجتماعی و نیز روابط بین ملت‌ها و دول، بعضی از برجسته‌ترین فیلسوفان و نظریه‌پردازان غربی را به‌گونه‌ای به فکر و اندیشه فرو برده که مقبولیت تعقل و عقلانیت مورد ستایش و اوج نویسنده و بسیاری از دانشگاهیان و بل حوزویان ما را سخت به تزلزل و تشکیک انداخته است.

مجدداً باز می‌گردیم به نمونه‌ای دیگری از غسل تعمید غربیان. نویسنده در شرح دیدگاه رادیکال و انقلابی جدید که با فرهنگ چپ وارد اندیشهٔ اجتماعی سیاسی ایران گردید،(ص ۳۳۶) اظهار می‌کند از نظر اینان پدیدار عقب‌ماندگی عبارت است از حاصل تقابل و تضادی که غربیان همواره سعی داشته‌اند شرقیان را عقب نگه دارند.(ص ۳۳۷) اما به نظر نویسنده، واقعیت از این «مدل خیالی پیچیده‌تر و عمیق‌تر است».(همان جا) به اعتقاد نویسنده: «اساساً شرق و غرب در مجموع مستقل از یکدیگر تحول یافتند و زمانی که از قرن هفدهم به بعد این دو تمدن با یکدیگر مرتبط شدند، شرق (بالاخص اعراب و ایرانیان) قرن‌ها می‌شد که در حال درجا زدن بود، در حالی‌که غربیان از برخی جهات توانسته بودند به پیشرفت‌های سرنوشت‌سازی نایل شوند. به عبارت دیگر، شرق و غرب زمانی به یکدیگر رسیدند که همه چیز کم و بیش تعیین شده بود».(همان‌جا) کمی تأمل در این سخن، دلالت آن را آشکار می‌کند. زیرا همه چیز به وضوح بیان شده است: «شرق و غرب زمانی به یکدیگر رسیدند که همه چیز کم و بیش تعیین شده بود». به عبارت دیگر، غربیان در هیچ برهه‌ای از تاریخ در کشورهای آفریقایی و آسیایی هیچ دخل و تصرفی نکردند. شرقیان خود در مسیر انحطاط رفتند و غربیان هم بدون دخالت و تعرضی مشغول راه پیشرفت‌آمیز خود بودند. از قرن هفدهم به بعد هم که آشنایی به‌وجود آمد، نه تقابل و رویارویی رخ داد و نه جنگ و توطئه و تحمیل قراردادهای مختلف، بلکه فقط «مرتبط شدند»!

در جای دیگر، این غسل تعمید در هیأت تبیین و توجیهی زیست‌محیطی و نیز دینی

ظهور می‌کند. وی توضیح می‌دهد که به واسطهٔ تنوع محیط زیست، کشاورزی نخست در شرق به‌وجود آمد و لذا غربیان وارد کننده شدند. (ص ۳۳۸) در نتیجه، غربیان کسر موازنهٔ تجاری پیدا کردند و بنابر این «**مجبور شدند** به جستجو و استخراج فلزات گران‌بها بپردازند». (ص ۳۳۹، تأکید از ماست.) به علاوه، اینان تلاش کردند تا با «تهیه و تولید کالاهای دیگر»، کسر موازنهٔ تجاری خود را که معلول تنوع محیط زیست آن‌ها بود، مرتفع نمایند. (همان‌جا) با این اوصاف، روشن است که موضوع کسری موازنه بود که غربیان را مجبور و ناگزیر کرد به جستجو و استخراج فلزات گران‌بها بروند. به علاوه همین علت بود که تهیه و تولید کالاهای دیگر را بر غربیان تحمیل کرد. به گفتهٔ نویسنده این‌ها بودند «عواملی که به نوبهٔ خود سبب شدند تا غربیان بیشتر به دریا و دریانوردی روی آورند». (ص ۲۳۹) با این توضیحات نویسنده آشکار می‌شود که اولاً «کالاهای دیگر» موردنظر غربیان چگونه کالاهایی هستند و ثانیاً روی آوردنشان به دریانوردی، آشکار می‌کند که غربیان این کالاهای دیگر را از کجا می‌خواستند «تهیه و تولید» کنند. تصور نشود که غربیان قصد سوئی داشتند و مثلاً ایجاد مستعمرات و چپاول منظم و مستمر منابع شرقیان، مدنظر آنها بوده است، خیر. اروپاییان تنها و تنها در فکر رفع کسر موازنه تجاری بودند که محیط زیستشان بر آنها تحمیل کرده بود. اما رفع کسر موازنه تجاری تنها انگیزندهٔ اروپاییان به سیر و سیاحت و دریانوردی نبود، بلکه هدفی مقدس و غیرقابل مناقشه نیز علت و عامل بوده است و آن «گسترش آیین مسیحیت و مبارزه با شرک و کفر» (همان جا) بود. اما تقریر و تلقی ویژهٔ نویسنده از تحولات تاریخی و تبیین وی از پدیدار استعمار و تنزیه و تطهیر ایشان بدین جا ختم نمی‌شود. زیرا «مسلمین قلمرویی را که مسیحیان سرزمین مقدس می‌دانستند، از آن خود ساختند». (همان جا) لذا در نیمهٔ دوم قرن یازدهم، مسیحیان برای «***باز پس گیری سرزمین مقدس***، روانه خاورمیانه شدند.» (همان‌جا، تأکید از ماست.) این باز پس گرفتن سرزمین‌هایی که مسلمین از مسیحیان گرفته بودند، همان است که به جنگ‌های صلیبی معروف است و دو قرن به درازا کشید. بر مورخان متخصص این دوره از تاریخ است که وجود مسئله‌ای به نام «باز پس‌گیری» را تأیید و یا تکذیب کنند. بنده فقط مایلم تعارضی را متذکر شوم و آن این‌که آن‌جا که نویسنده به دنبال طرح کاملاً خودی و بومی کردن عقب‌ماندگی شرق است و غرب را از داشتن کم‌ترین سهمی هم مبرا می‌کند، گفته می‌شود که دو تمدن شرق و غرب از قرن هفده به بعد با هم مرتبط می‌شوند. در حالی‌که اکنون ملاحظه می‌کنیم که اروپاییان از نیمهٔ دوم قرن یازدهم فقط به

مدت دو قرن با تمدن اسلامی جنگیده‌اند. بر بنده به لحاظ تاریخی روشن نیست که آیا قبل از تقابل‌های جنگی، رویارویی و یا واقعاً تماس‌هایی از نوع دیگر هم وجود داشته است یا نه؟ اما قراین دلالتی، مرا بدین حدس قوی رهنمون می‌شود که چون جنگ‌ها، همه مقدماتی دارند و حاصل تماس‌ها و داد و ستدهای مختلف و از پیش است، به احتمال قوی اولین تماس‌ها و تقابل‌ها پیش‌تر از نیمه دوم قرن یازدهم صورت گرفته است. علاوه بر این تعارض، ناهمسازی دیگری در همین زمینه متأسفانه رخ داده است و آن در آخرین سطور کتاب است که گفته می‌شود: «سرانجام وقتی این دو مجموعه [یعنی شرق و غرب] به‌تدریج از قرن هجدهم به یکدیگر رسیدند، نتیجه کار کاملاً روشن بود.» (ص ۳۴۳) در حالی‌که پیش‌تر از این، قرن هفده مبدأ تقابل و رویارویی ذکر شده بود.

چگونگی ظهور و تکوین استعمار اروپاییان و سیر تحول آن را نویسنده بیشتر تشریح می‌کند. به تصریح وی، انگیزه مهم غربیان در تجارت و دریانوردی «دست‌یابی به شرق» بود. (ص ۳۴۰) حقیر در متون تاریخی فارسی دستی ندارم و لذا این سؤال برایم طرح شده که آیا سنت، ادب و نزاکت تاریخ‌نگاری سیاسی در ایران ایجاب کرده است که قلع و قمع شرقیان و سپس چپاول و غارت و دوشیدن منابع آن‌ها بدین شکل محترمانه و مؤدبانه بیان شود؟ نویسنده سپس «عوامل نیرومند دیگری» را که یافتن راه‌های جدید دست‌یابی به شرق را تشدید کرد، بدین‌گونه ذکر می‌کند: «رقابت قدرت‌های اروپایی با یکدیگر، رنسانس، انقلاب تجاری، ساختار جدید اقتصاد کشورهای اروپایی، پیدایش ناسیونالیزم، تبلیغ مسیحیت و یافتن طلا و نقره.» (ص ۳۴۰) اگر کمی دقت کنیم، متفطن این مطلب خواهیم شد که نویسنده در این صفحات به ویژه در فقرات منقول، به زبان فوق‌العاده تطهیر کننده و توجیه کننده‌ای پدیدار استعمار و مراحل و عوامل ذی‌مدخل در تکوین و ظهور آن را تشریح می‌کند. بنابر این، آن‌جاکه از دریانوردی و تجارت و دست‌یابی به شرق صحبت می‌شود، منظور این است که استعمار شرق و غارت منابعشان انگیزه مهم دریانوردی غرب بود. اما اینجا که از عوامل تشدیدکننده روند دست‌یابی به شرق سخن می‌رود، منظور این است که این عوامل در تکوین استعمار، واجد نقش بودند. اما آن‌چه برای بنده فوق‌العاده نکته‌آموز و سؤال‌انگیز شده، این است که رنسانس، ساختار جدید اقتصاد اروپاییان و روابط بین کشورهای اروپایی بدین نحو نیرومند در پدیدار استعمار و غارت نقش داشته‌اند. باید اذعان کنم تمدن غرب را از زاویه‌های دیگری نگاه کرده بودم، اما هیچ‌گاه بدین روشنی توجه نکرده بودم که یکی از

نمودهای بارز و شاخص تمدن غربی، یعنی نحوه ایجاد و نوع رابطه با شرق را که بسیاری از متفکران و روشنفکران غربی نیز سخت مورد انتقاد قرار داده‌اند، باید جلوه‌ای از رنسانس، نهضت روشنگری قرن هجده و نوع ساختارهای اجتماعی، سیاسی و اقتصادی ایجاد شده در کشورهای اروپایی دانست. بسیار متحمل است که نویسنده چنین منظور و معنایی را اراده نکرده باشد، بلکه از این استنباط، ناخشنود و بدان معترض نیز باشد. بنابر این، برای استنباط خود چنین اقامهٔ برهان خواهم کرد. نویسنده متذکر می‌شود که نظام بین‌المللی جدید، اقتصاد غرب را از یک اقتصاد محلی – منطقه‌ای، به اقتصاد جهانی تبدیل کرد. (ص ۳۴۱) آن‌چه این تبدیل را عملی ساخت، توانایی و قدرت دریانوردی اروپاییان بود. (همان‌جا) و آن‌چه انگیزهٔ دریانوردی اروپاییان و کسب قدرتشان شد، سیطره و سلطه یافتن بر منابع شرقیان. (ص ۳۴۰) هم‌چنین از عوامل نیرومندی که روند سلطه بر منابع شرقیان را تشدید کرد، به گفتهٔ نویسنده، رنسانس بود و روابط سیاسی و اقتصادی بین اروپاییان و نیز روابط اقتصادی حاکم در کشورهای اروپایی. حال ببینیم این نظام جدید بین‌المللی که غرب ایجاد کرده و ریشه در رنسانس قرون چهارده، پانزده و شانزده دارد و از آن سرچشمه سیراب می‌شود، بزرگ‌ترین و عمده‌ترین ممیزه‌اش چیست. نویسنده به روشنی پاسخ سؤال را در اختیار نهاده است: «***ستون فقرات و پیش‌نیاز زیربنایی و کلید ورود به نظام جدید، نیروی دریایی بود***». (ص ۳۴۱، تأکید از نویسنده است.) به عبارت ساده‌تر، زور و قدرت جنگی، مقدمهٔ ورود به نظام جدید بین‌المللی است. هر کشور و تمدنی هم که فاقد آن باشد و یا واجد آن باشد، اما آن را برای ایجاد سلطه و چپاول منابع دیگران به کار نبرد، نمی‌تواند وارد نظام جدید بین‌المللی شود و بنابر این نمی‌تواند در چارچوب جدید به تکاثر قدرت و ثروت در کشور خود بپردازد. روشن است که وقتی کشوری نتواند به موازات سایر کشورها در چارچوب مقررات و نظام جدید بین‌المللی به غارت منابع دیگران بپردازد، قدرت اقتصادی لازم برای توسعه و ***پیشرفت از نوع غربی*** را فاقد خواهد شد و لذا عقب‌مانده خواهد گردید. نویسنده سپس به تشریح بیشتر شرایط ورود به نظام جدید بین‌المللی پرداخته، اضافه می‌کند اگرچه برخورداری از زور و قدرت دریایی شرط لازم ورود به نظام جدید بود، اما کافی نبود. شرط کافی عبارت است از «***علوم و فعالیت‌های علمی***.» (ص ۳۴۲) با این بیان روشن می‌شود که از نظر نویسنده، علوم و کاوش‌های علمی چه نقش و جایگاهی در روابط قدرت‌های دارند و یا باید داشته باشند. در اینجا ابداً مجال نیست تا این تلقی کلیشه‌ای بسیار رایج از علوم و نقش

آن‌ها در جامعه و صحنه رقابت‌ها و شقاوت‌های حکومت‌ها مورد ارزیابی واقع شود. این کار فرصت بسیار فراخ دیگری را طلب می‌کند.

در اینجا نتایجی را که به اتکای اظهارات نویسنده و تحلیل آن‌ها به‌دست آورده‌ایم، خلاصه می‌کنم: نظام جدید بین‌المللی‌ای که اروپاییان معمار آن هستند، نظامی است که ریشه در رنسانس و تفکر اجتماعی و تعقل سیاسی غربی دارد و بدنه و ستون فقراتش را نیروی دریایی می‌سازد و نیاز حافظان و گردانندگان اصلی آن را، منابع و معادن شرقیان تأمین می‌کند و انگیزهٔ اصلی و فلسفهٔ وجودی آن به تصریح نویسنده، رفع کسری موازنه تجاری و نیز مبارزه با شرک و کفر است. بدین‌گونه داستان تأسف‌بار غسل تعمید غربیان تکمیل می‌شود، غسل تعمیدی که به همان میزان مهلک و ویرانگر است که غسل تعمید شرقیان و ایرانیان برای عقب‌ماندگی و انحطاط و جهل و جوری که از آن خبر داریم و به سهم خود که ابداً هم کم نیست، در ایجاد آن شریک و مقصر هستیم.

آن‌چه مایهٔ حیرت بنده می‌شود، این است که در آخرین صفحات آخرین فصل کتاب، نویسنده اظهاراتی می‌کند که اگر لختی در معنا و دلالت‌های آن‌ها تأمل و تعمق می‌شد، فقط غربیان تطهیر و تزکیه نمی‌شدند، بلکه جایگاه خود را در ایجاد وضعیت موجود شرقیان می‌یافتند. وی تصریح می‌کند که: «بازیکنان جدید صحنه بین‌المللی که به‌تدریج از اواخر قرن پانزدهم در آب‌های مشرق‌زمین ظاهر می‌شدند، با خود قواعد و قوانین جدیدی نیز وارد میدان می‌کردند؛ قواعد و قوانینی که برای شرقیان در حوزهٔ دریا کاملاً ناشناس بود. در حالی‌که بازیگران شرقی در طی قرون متمادی در آب‌های شرق براساس همزیستی و رعایت منافع متقابل به داد و ستد پرداخته بودند، با بازیگرانی روبه‌رو می‌شدند که اساس بازی‌شان بر رقابت، سلطه و از میدان به در کردن دیگران قرار داشت». (ص ۳۴۱)

از ناهمسازی تاریخ رویارویی شرق و غرب که در اینجا اواخر قرن پانزده ذکر شده و در جای دیگر قرن هفده و در جایی قرن هیجده، ناهمسازی‌ای که به لحاظ تاریخ‌نگاری، غیرقابل اغماض است، لکن برای تحلیل موجود ما اهمیتی ندارد، صرف‌نظر می‌کنیم. اگر صدق تاریخ‌نگارانه سخن نویسنده را مفروض بگیریم، آیا این مطلب از آن به وضوح استنتاج نمی‌شود که این اروپاییان بودند که قواعد و قوانین زور و قدرت و تجاوز و غارت منابع و ثروت دیگران را به شرقیان تحمیل کردند، در حالی‌که شرقیان چنین سودایی در سر نداشتند و از قواعد احترام به حقوق متقابل پیروی می‌کردند؟ در اینجا باید از خود بپرسیم که

[illegible] ●

[illegible] ●

[illegible]

[illegible] ▣

۱ - نوشتهٔ ادب معروف، دکتر ذبیح‌الله صفا. امید است این کتاب معروف و متداول و رایج دانشگاهی که مشحون است از اظهارات نامستدل و بدون شاهد، تحقیر و تخفیف ضمنی و ظریف و گاه صریح اسلام و مسلمین و عدم ذکر بسیاری از ابداعات و اختراعات دانشمندان بزرگ ایرانی و مسلمان، روزی نه چندان دور توسط استاد محققی مورد نقد و ارزیابی دقیق و موشکافانه‌ای قرار گیرد تا هم بی‌اعتباری آن اثبات شود و هم اغراض و اهداف خاصی که نویسنده‌اش حامل و ناقل آن بوده، آشکار گردد.

۲ - برای تحقیق و ارزیابی صدق این قضاوت دکتر صفا، خوانندگان را به توضیحاتی که در:

Concise Dictionary of Scientific Biography

راجع به هر یک از دانشمندان یا فیلسوفان ذیل آمده است، ارجاع می‌دهم: ثابت‌بن قره (ص ۶۷۶)، ابواسحاق زرقانی (ص ۷۱۶)، ابوالحسین صوفی (ص ۶۶۱) بتروجی (ص ۸۱)، ابن شاطر (ص ۶۳۲ و ۶۳۱)، جابربن افلح (ص ۳۶۱)، قطب‌الدین شیرازی (ص ۵۷۶)، ابن رشد (ص ۵۹۷)، ابن نفیس (ص ۱۹۵)، خواجه نصیرالدین (ص ۶۹۷)، امین‌الدوله ابن القف (ص ۵۷۵)، ابوالقاسم زهراوی (ص ۷۴۵)، ابوعبدالله بتانی (ص ۵۳)، علی‌بن عباس (ص ۴۴۶)، کمال‌الدین فارسی (ص ۳۷۵)، ابن هیثم (ص ۳۳۲)، بدیع‌الزمان اسماعیل‌بن رزاز (ص ۳۶۵).

غسل تعمید استعمار و ریختن آب تطهیر بر عملکرد آن:[1]

نقدی بر کتاب «ما چگونه، ما شدیم: ریشه‌یابی علل عقب‌ماندگی در ایران»، به قلم دکتر صادق زیباکلام، انتشارات روزنه، سال ۱۳۷۴.

در حدود یک‌سال پیش دعوای قلمی میان آقای دکتر شاپور رواسانی از یک‌سو و آقای دکتر صادق زیباکلام از سویی دیگر در مجلهٔ **فرهنگ و توسعه** به‌وقوع پیوست.[2] اساس دعوا بر سر نقش استعمار در توسعه نیافتگی و عقب‌ماندگی کشورهای جهان سوم به‌طور عام و ایران بالاخص بود. دکتر رواسانی معتقد بودند که عقب‌ماندگی کشورهای جهان سوم از یک‌سو و پیشرفت کشورهای غربی از سوی دیگر دو روی یک سکه و لازم و ملزوم یکدیگر بوده‌اند. استدلال ایشان آن بود که سرمایه‌داری نیاز به ذخیرهٔ سرمایه داشت و این سرمایهٔ لازم جهت صنعتی شدن را از طریق استثمار کشورهای دیگر به‌دست آورد.

مطالب ایشان که بعد در روزنامهٔ کیهان نیز به چاپ رسید واکنش خاصی را برنینگیخت زیرا این مطالب به اشکال دیگر از سال‌ها قبل چه توسط خود آقای دکتر رواسانی و چه توسط دیگران وارد ادبیات سیاسی ایران شده بود. طرح جدید آن توسط مشارالیه در حقیقت بازنگری یا یادآوری همان باورهای پیشین بود به علاوهٔ تأکیدی که آقای دکتر رواسانی بر وجود نوعی رابطهٔ مستقیم میان عقب‌ماندگی دنیای سوم و توسعهٔ جهان غرب ترسیم نموده بودند. اما چندی بعد دکتر صادق زیباکلام به اصطلاح خود در مقام پاسخ‌دهی به آقای دکتر رواسانی برآمد. ایشان به استناد این‌که دیدگاه آقای دکتر رواسانی حرف تازه‌ای نبوده و تزی است که همواره و از دیرباز در پاسخ به علل عقب‌ماندگی ایران مورد استفاده بوده است، به

---

۱ - این مقاله نخستین‌بار در روزنامهٔ ***جمهوری اسلامی*** (۱۹ تیر ۱۳۷۴) و سپس در مجلهٔ ***فرهنگ و توسعه*** (شمارهٔ ۱۹، مهر ۱۳۷۴) و بالاخره در روزنامهٔ ***کیهان*** (۱۶، ۱۷ آبان ۱۳۷۴) به چاپ رسید.

۲ - ***فرهنگ و توسعه***، شماره‌های ۱۰، ۱۱، ۱۲ سال ۱۳۷۳.

تخطئهٔ نظرات دکتر رواسانی پرداخته و اصل و اساس آن نظرات را مردود دانستند. اساس استدلال آقای دکتر زیباکلام ان بود که این «حرف‌ها» و «اندیشه‌ها» که غرب و استعمار عامل عقب‌ماندگی ایران بوده‌اند مطلبی است که مارکسیست‌ها واضع آن بوده‌اند و بنابراین بایستی در درستی آن تردید نمود. اگرچه ایشان مستقیم و آشکارا اشاره‌ای نکرده بودند، اما واضح بود که درصدد استفاده از دو موضوع در رد نظرات آقای دکتر رواسانی بودند. نخست آن‌که با توجه به فروپاشی مارکسیسم و بی‌اعتباری آن می‌خواستند از این رهگذر استفاده نموده و به خواننده القا نمایند که چون سرنوشت مارکسیسم در جهان این‌گونه شده، پس به این سخن آن نیز بایستی با دیدهٔ تردید نگریست. موضوع دوم، نسبت دادن نظرات آقای دکتر رواسانی به حزب توده و در نتیجه سعی در استفاده از بدنامی و ورشکستگی توده‌ای‌ها در ایران به‌منظور خدشه‌دار نمودن دیدگاه‌های دکتر رواسانی.

جدای از این دو مقوله، آقای دکتر زیباکلام نتوانسته یا نخواسته بودند استدلال منسجم و محققانه‌ای در رد نظریات آقای دکتر رواسانی مطرح نمایند. ایشان در حقیقت به جای پاسخ به دیدگاه‌های آقای دکتر رواسانی، به طرح سؤالاتی پرداخته بودند نظیر این‌که «چرا ایران عقب مانده شد؟»؛ «چرا نهادها و ساختارهای مدرن سیاسی و اجتماعی در ایران تولد نیافت؟»؛ «چرا از علوم جدید در ایران عصر قاجار اثری نبود؟»؛ «چرا در ایران قدرت سیاسی همواره در دست حکومت متمرکز بوده است؟»؛ «چرا نهاد قضا سست و در دست حکومت بوده»؛ «چرا مالکیت از ناحیهٔ حکومت به‌رسمیت شناخته نمی‌شده»؛ «بی‌خبری و بی‌اطلاعی از جهان بیرون از ایران چگونه توانسته بوده ایرانیان را آن‌چنان در خود فرو ببرد؟» و... سؤالاتی کلی از این دست. آن‌چه در نوشتهٔ آقای دکتر زیباکلام بیش از هر چیز دیگری خواننده را شگفت‌زده می‌کرد این واقعیت بود که ایشان زحمت پاسخ‌دهی حتی به یکی از سؤالات فوق را نیز به خود نداده بودند.

در شمارهٔ بعدی «**فرهنگ و توسعه**» آقای دکتر رواسانی پاسخ‌های متقن و محکمی به ایرادات آقای دکتر زیباکلام دادند. از جمله اشاره نمودند که استفاده از برچسب توده‌ای سلاح کهنه و رنگ و رورفته‌ای است که دیگر خریداری ندارد. ایضاً، نسبت دادن هر کس و هر جریانی که با نظام منحط سرمایه‌داری مخالفت می‌کند به اتحاد شوروی هم دیگر کارایی چندانی ندارد. به‌علاوه ایشان با استناد به مبارزات ضد استعماری ایرانیان همچون مبارزات مرحوم امیرکبیر، نهضت تنباکو، حرکت سیدجمال‌الدین اسدآبادی، قیام جنگل، مبارزات

آیت‌الله شهید مدرس، نهضت ملی شدن نفت و... نشان دادند که برخلاف آن‌چه آقای دکتر زیباکلام مدعی شده‌اند نه شروع مبارزه با استعمار در ایران با حزب توده بوده و نه این حزب هرگز انحصار مبارزات ضد استعماری را در تاریخ معاصر ایران داشته است. به‌علاوه ایشان با ذکر مثال‌هایی از دخالت‌های مستقیم و غیرمستقیم استعمار و امپریالیسم در گذشته و حال در مصالح و منافع ملی ایران، نه تنها یک‌بار دیگر به نقش ویرانگر و مخرب دخالت‌های بیگانگان استثمارگر تاکید نمودند بلکه با استناد به این عملکرد بر سر موضع اصلی خود که همان «استعمار، عامل عقب‌ماندگی» ایران است ایستادند. از آقای دکتر زیباکلام دیگر مطلبی ظاهر نشد تا این‌که اخیراً کتاب ایشان در این خصوص تحت عنوان **ما چگونه، ما شدیم: *ریشه‌یابی علل عقب‌ماندگی در ایران*** منتشر گردید.

این کتاب در اساس جوهرهٔ اندیشهٔ نویسنده در قبال سؤال ***چرا ایران عقب ماند؟*** است. اما این اثر را بایستی در حقیقت ریختن آب تطهیر و دادن غسل تعمید بر استعمار و عملکرد سیاه تاریخی آن در ایران دانست. آن‌چه واقعاً این اثر را در فرهنگ ادبیات سیاسی معاصر ایران یگانه می‌سازد، این است که در این اثر از همه‌چیز و همه‌کس سخن رانده شده و به عنوان مسئول عقب‌ماندگی ایران بر جایگاه متهمین توسط نویسنده احضار شده الّا عامل اصلی و تاریخی توسعه نیافتگی ایران یعنی استعمار و امپریالیسم. کتاب را برعکس می‌توان تلاشی دانست در جهت تبرئهٔ استعمار و نقش منفی و مخرب آن در تاریخ معاصر ایران.

کتاب به شش فصل و یک مقدمه طولانی تقسیم می‌شود. در بخش مقدمه، نویسنده با طرح سؤالاتی در خصوص عقب‌ماندگی ایران در عصر قاجار، خواننده خود را با این سؤال روبه‌رو می‌سازد که علت آن عقب‌ماندگی چه بوده است؟ سپس به نقد پاسخ‌هایی که به این سؤال داده شده است می‌پردازد. از جمله می‌نویسد که یکی از متداول‌ترین پاسخ‌ها به سؤال فوق در میان ایرانیان آن است که استعمار را علت این عقب‌ماندگی می‌داند. اما نویسنده مرتبط دانستن عقب‌ماندگی ایران با عامل بیرونی یعنی دخالت‌های استعماری قدرت‌های بیگانه را خطا دانسته و معتقد است که تز ***استعمار، عامل عقب‌ماندگی*** علی‌رغم محبوبیت آن در میان ایرانیان، بسیاری از سؤالاتی را که در خصوص عقب‌ماندگی ایران مطرح هستند بدون پاسخ می‌گذارد. در عوض، ایشان با رد کلی و مطلق عامل بیرونی، شروع به یافتن علل عقب‌ماندگی در داخل جامعهٔ ایران می‌نماید. چهار فصل بعدی را می‌توان تشریح علل عقب‌ماندگی ایران از دید نویسنده دانست.

فصل اول را نویسنده با بررسی وضعیت جغرافیایی ایران آغاز می‌کند و به‌زعم خود به چند نتیجه مهم که با مسئلهٔ عقب‌ماندگی ایران مستقیماً ارتباط پیدا می‌کند دست می‌یابد. نخست آن که شرایط جغرافیایی ایران اساساً مساعد و مناسب برای پیشرفت و توسعه نبوده است. ثانیاً، در نتیجهٔ شرایط جغرافیایی ایران، از یک‌سو شهرنشینی در ایران چندان رونقی نمی‌یابد و از سویی دیگر صحراگردی و چادرنشینی از جمله ویژگی‌های اصلی تمدن در ایران می‌شود. نتیجهٔ سومی که نویسنده از شرایط طبیعی ایران استخراج می‌نماید عبارت است از تمرکز مطلق قدرت سیاسی در دست حکومت. او هر سه این ویژگی‌ها را مغایر با ترقی و تکامل اجتماعی و اقتصادی دانسته و در سه فصل بعدی در مقام اثبات این مدعی برمی‌آید.

آرای آقای دکتر زیبا کلام چه به‌لحاظ تاریخی، چه به‌لحاظ جامعه‌شناسی و چه از نظر دیدگاه‌های تئوریک توسعه با ایرادات اساسی مواجه می‌شوند. نخست آن که اگر شرایط اقلیمی ایران برای پیدایش یک جامعهٔ نیرومند و توسعه یافته مناسب نبوده و این شرایط به‌گونه‌ای بوده‌اند که عقب‌ماندگی نتیجهٔ محتوم و اجتناب‌ناپذیر آن بوده‌اند، پس در مقاطع تاریخی که ایران قدرتی جهانی بوده است و نه تنها کشوری عقب‌مانده به شمار نمی‌آمده بلکه در ردیف یکی، دو قدرت بزرگ جهانی بوده، چگونه با نظریهٔ نویسنده قابل انطباق است؟ جالب است که خود نویسنده نیز به این امر اشاره دارد. در فصل سوم ایشان تشریح می‌نمایند که چگونه در مقطعی از تاریخ، ایران نه تنها کشوری عقب‌مانده نبوده بلکه برعکس از همه نظر پیشرفته و قدرتمند بوده است. وی سیاههٔ گسترده‌ای از محصولات صنعتی و کشاورزی ایران به‌دست می‌دهد که از ایران راهی اروپا می‌شده است (ص ۱۳۷ – ۱۳۱).

ایراد بنیادی دیگر که کتاب دارد از بعد تاریخی – جامعه‌شناسی است. نگرش کلی نویسنده بر مجموعهٔ سیر تکامل تاریخی جامعهٔ ایران یک نگرش ایستا و لایتغیر است. به این معنا که تصویری که خواننده از لابلای صفحات کتاب از جامعهٔ ایران در طول تاریخ به‌دست می‌آورد عبارت است از جامعه‌ای که در طی قرون و اعصار همواره دارای خصوصیات و ویژگی‌های ثابتی بوده است و هیچ تغییر و تحولی در آن صورت نگرفته. انسان‌ها آمده و رفته‌اند، حکومت‌ها و سلسله‌های مختلف در طول قرون متمادی برخاسته و مضمحل شده‌اند، اقوام و طوایف مختلفی وارد فلات قارهٔ ایران شده و در آن مستقر گردیده یا بر آن حمله‌ور شده و تشکیل حکومت‌های جدید داده‌اند، اما علی‌رغم همهٔ این تغییر و تحولات

که در دل تاریخ کهن ایران به‌وقوع پیوسته‌اند نویسنده طوری در مورد جامعهٔ ایران به تجزیه و تحلیل پرداخته که گویی هیچ تغییر و تحولی در آن صورت نگرفته. صرف‌نظر از آن‌که در کدام قرن و مقطع تاریخی هستیم، قبل از اسلام یا بعد از آن، در قرون وسطی هستیم یا در قرون جدید، در عهد صفویه هستیم یا در عصر قاجار، هیچ تفاوتی از نظر نویسنده در جامعهٔ ایران وجود ندارد. مشخصات سیاسی و اجتماعی که نویسنده از ایران عصر ساسانی ترسیم می‌نماید درست همان است که از نظر ایشان در عصر قاجار یعنی دو هزار سال بعد از آن وجود دارد. یعنی در ظرف این دو هزار سال هیچ تغییر و تحولی در جامعهٔ ایران صورت نگرفته است. این ایراد صرفاً یک برداشت شخصی از طرف ما نیست بلکه نویسنده با صراحت می‌نویسد: «***... همان‌طورکه حکومت در زمان غزنویان، سلاجقه، ایلخانان، و ... قدرت مطلق را در دست داشت، در عصر قاجار نیز این چنین بود... به لحاظ سیاسی و اجتماعی در فاصلهٔ بین قرون وسطی تا قرن نوزدهم در ایران تغییرات دامنه‌داری به‌وجود نیامد... دو قرن ثباتی که در زمان صفویه در ایران به‌وجود آمد (نیز نتوانست) در زمینه‌های سیاسی و اجتماعی تغییرات چندانی به بار آورد***» (ص ۱۹۸ - ۱۹۶). گمان نمی‌رود هیچ مورخ و محققی در حوزه‌های تاریخ، علوم سیاسی یا علوم انسانی بتواند چنین ادعایی را آن هم با صراحت و قطعیتی که ایشان کرده‌اند بنماید. چگونه می‌شود مدعی شد که در یک جامعه‌ای در طول یک هزار سال هیچ تغییر و تحول سیاسی و اجتماعی پدید نیاید؟ حتی ساده‌ترین و ابتدایی‌ترین جوامع نیز در طول چند قرن دچار تغییر و تحول می‌شوند چه رسد به جامعه‌ای به گستردگی و پیچیدگی ایران آن هم در طول بیش از یک هزار سال از تاریخش.

سومین ایراد اساسی که دیدگاه ایشان پیدا می‌کند به ماهیت قدرت و ساختار حکومت در ایران باز می‌گردد. دکتر زیباکلام تمرکز قدرت در دست حکومت را از جمله اسباب و علل عقب‌ماندگی ایران می‌دانند (صص ۱۹۹ - ۱۸۶، ۱۰۸ - ۹۴، ۶۸ - ۵۷). در اینجا چند مسئله مطرح می‌شود. اوّلاً نویسنده هیچ استدلال علمی و هیچ کنکاش تئوریکی در جهت اثبات یا درستی ادعایشان به عمل نمی‌آورند. ایشان تمرکز قدرت در دست حکومت را منافی با پیشرفت می‌دانند و همین. این‌که اساس و پایه‌های این نظریه چیست، چرا و چگونه و بر چه اساسی قدرت متمرکز مانع توسعه و پیشرفت می‌شود و این‌که آیا این یک قانون کلی، جهان‌شمول و اجتناب‌ناپذیر است و سؤالاتی از این دست مبهم و بدون پاسخ می‌مانند. برخلاف نظر ایشان که آن‌چنان مطلق و مصرانه معتقدند تمرکز قدرت در دست حکومت

مانع از ترقی و توسعه می‌شود، بسیاری از کشورهایی‌که توانسته‌اند از مدار عقب‌ماندگی خارج شوند این تحول را در سایهٔ یک نظام سیاسی متمرکز، نیرومند و براساس شالودهٔ برنامه‌ریزی‌های جامع و ملی که نیاز به یک حکومت مرکزی نیرومند را اجتناب‌ناپذیر می‌سازد، عملی ساخته‌اند. روند صنعتی شدن اروپا در قرن هجدهم و نوزدهم نیز همین را نشان می‌دهد. جملگی کشورهایی که در آنها انقلاب صنعتی صورت گرفت دارای حکومت‌های نیرومند و متمرکزی بودند. ما هیچ مثالی چه در گذشته و چه امروزه نداریم که در آن قدرت مرکزی وجود نداشته و جامعه در بستری از حکومت‌های محلی و خرده‌قدرت فرورفته باشد اما در عین حال جهش اقتصادی و صنعتی هم در آن کشور به‌وقوع پیوسته باشد. خوشحال می‌شدیم اگر ایشان چنین الگویی را در گذشته یا حال می‌توانستند به خوانندگانشان نشان دهند.

در فصل پنجم کتاب، نویسنده دست بر روی بحث مهم و تاریخی گذارده‌اند تحت عنوان ***اسباب و علل خاموشی چراغ علم در ایران***. ایشان در این فصل ضمن بر شمردن تبعات منفی روی‌گردانی از علوم، همچنین سودای آن را دارند که به‌زعم خودشان اسباب و علل رکود فعالیت‌های علمی و روی‌گردانی مسلمین از دانش‌های جدید را ریشه‌یابی نمایند. این فصل که در حقیقت مفصل‌ترین قسمت کتاب است و نویسنده در دیباچهٔ کتاب اعتراف می‌نمایند بیشترین زحمت را برای نگارش آن کشیده‌اند در عین حال یکی از مبهم‌ترین بخش‌های کتاب نیز شده است. ایشان در این قسمت ضمن مردود شمردن آرا و اندیشه‌های دیگران که به پاسخ این سؤال پرداخته‌اند، دیدگاه خود را مطرح می‌نمایند. آقای دکتر زیباکلام قریب به هشتاد صفحه مطلب نگاشته‌اند و در این هشتاد صفحه از فلسفه، فقه، ظهور و سقوط بنی‌امیه و بنی‌عباس، به قدرت رسیدن سلاجقه و مغولان گرفته تا جبر و اختیار، فقه حنفی، مالکی، شافعی و حنبلی تا آرای خواجه نظام‌الملک، غزالی، اشاعره، معتزله، خوارج، مرجئه تا... به بحث و بررسی پرداخته‌اند و همه این‌ها نیز به اصطلاح برای نشان دادن چگونگی و علل روی‌گردانی مسلمین از علم است. خواننده در این فصل مفصل و خسته‌کننده با همه‌چیز و همه‌کس آشنا می‌شود، بدون آن که آخرالامر و به درستی دریابد که چه شد تا به‌زعم ایشان «مسلمین از علم رویگردان شدند». تنها مطلب مشخص آن است که این خاموشی فقط در میان اهل سنت نبود بلکه شیعیان نیز به همان اندازه از علوم روی‌گردان شدند. در حالی‌که ایشان آشکارا از این خاموشی و تأثیرات آن بر مسئلهٔ عقب‌ماندگی ایران دلتنگ به‌نظر

می‌رسند و در حالی‌که نقش غزالی در رویارویی با علم و فلسفه واضح‌تر از آن است که نیازی به تذکر باشد و خود نویسنده نیز بر این امر اشعار دارد، با این حال کتاب به غزالی تقدیم شده است. و اگر این پارادوکس کافی نبود، ایشان همچنین با تقدیم کتاب به دو تن از سرداران سرافراز سپاه اسلام در جنگ تحمیلی، تحیّر خواننده را دامن می‌زنند. به هر حال شاید این سه شخصیت به نوعی با یکدیگر پیوند می‌خورند که از آن پیوند و رابطه صرفاً شخص نویسنده مستحضرند.

فصل ششم، یعنی آخرین فصل کتاب را در حقیقت بایستی نقطهٔ اوج کتاب دانست. در حقیقت بخش عمده‌ای از انگیزه ما در نگارش این نقد به‌واسطهٔ فصل ششم است. اگر فصول قبلی را می‌توانستیم به هر حال و تا حدودی توجیه نموده و علی‌رغم کاستی‌های بنیادی‌شان به اعتبار آن که دیدگاه و نظر متفاوت یا تازه‌ای از نویسنده‌ای تازه‌کار است پذیرفته و از کنارش در گذریم، مطالب این بخش را به هیچ روی نمی‌توان با چنین غمض عین و تساهلی رفع و رجوع نمود. ساختار اصلی بحثی که در این فصل به‌رشتهٔ تحریر درآمده خلاصه می‌شود در سیر تاریخی رویارویی میان مسلمین و جهان غرب از زمان ظهور اسلام تا قرون اخیر. این فصل را می‌توان در حقیقت عصارهٔ کتاب دانست. در این فصل است که نویسنده در صفحه به صفحهٔ آن به‌گونه‌ای خونسرد و با صبر و حوصله به دفاع بنیادی از عملکرد غرب در طول تاریخ می‌پردازد. حجم مطالبی که در دفاع از غرب مطرح شده آن‌چنان انبوه است که اگر خواسته باشیم جملگی آنها را مورد بررسی قرار دهیم عملاً همهٔ شصت صفحهٔ این فصل را بایستی سطر به سطر در اینجا نقل کنیم زیرا بدون اغراق سطر به سطر این فصل دفاعیه‌ای است از عملکرد شوم و سیاه غرب. بنابراین ما صرفاً به ذکر چند مورد آشکار بسنده کرده و به منظور انسجام مطلب آنها را فهرست‌وار نقل می‌نماییم.

۱ - در این فصل اساساً نویسنده می‌خواهد نشان دهد که اسلام و غرب تضادی با یکدیگر نداشته و آمدن مسیحیت و استعمار به شرق برای رویارویی با اسلام نبوده است. به همین منظور می‌نویسد که اساساً از قرن هفتم هجری (سیزدهم میلادی) به بعد دیگر جهانی به نام اسلام و یا امپراتوری اسلام وجود نداشته است (ص ۳۰۸). بنابر این دلیلی هم برای ستیز غرب با اسلام نمی‌توانسته وجود داشته باشد. ایضاً در مورد فروپاشی امپراتوری عثمانی نیز نویسنده همین نظر را دارند. ایشان بیش از یک قرن یورش بی‌وقفه قدرت‌های استعماری اروپای قرن نوزدهم یعنی روسیه، فرانسه و انگلستان را در جهت تجزیهٔ امپراتوری عثمانی

به‌نحو باورنکردنی نادیده گرفته و در تحلیل خود از فروپاشی آن امپراتوری سرسوزنی به این حرکت‌ها اشاره ندارند. (ص ۳۳۶ - ۳۲۵). چگونه می‌توان جنگ‌های گسترده میان امپراتوری عثمانی و روسیه را که منجر به جداشدن تمامی بالکان و بخش‌هایی از شرق اروپا از جهان اسلام شد نادیده گرفت؟ چگونه می‌توان جنگ‌های گسترده میان امپراتوری عثمانی و فرانسه را که منجربه استیلای فرانسویان بر شمال آفریقا در قرن نوزدهم شد را نادیده گرفت؟ چگونه می‌توان جنگ‌های گسترده میان ترکان و انگلستان را که منجر به استیلای استعمار انگلیس بر فلسطین، مصر، اردن، عراق، عربستان و خلیج فارس گردید نادیده گرفت؟ آیا اینها نشانه‌های بارزی از تضاد میان اسلام و استعمار نیست؟

۲ - در تأیید دیدگاه بالا، نویسنده سعی نموده تمامی شواهد تاریخی را که عکس این ادعا را نشان می‌دهند را به‌نحوی توجیه نماید. از جمله جنگ‌های صلیبی را که به تصدیق همه مورخین، نبرد تاریخی آشکار میان اسلام و مسیحیت غربی بوده را تقلیل می‌دهد به یک جنگ اقتصادی برای به‌دست آوردن منافع صرفاً تجاری (ص ۳۰۹).

۳ - در بخشی تحت عنوان ***چگونگی و علل مسلط شدن اروپاییان بر دریا در طول قرون وسطی*** (ص ۲۹۸ - ۲۹۱)، نویسنده سعی نموده تا تسلط غربیان بر دریا را یک تحول طبیعی معرفی کند که از موقعیت خاص جغرافیایی قارهٔ اروپا ناشی می‌شود. بنابراین تلاش غربی‌ها برای کشف سرزمین‌های دیگر و تسلط بر آن مناطق را نبایستی به پای خلق و خوی استعماری و استثماری آنان گذارد بلکه موفقیت آنان از یک‌سو و عدم موفقیت ما از سویی دیگر منعکس‌کنندهٔ شرایطی بود که هر یک از دو مجموعهٔ جهان اسلام و غرب در آن به سر می‌بردند. این تحلیل در صفحهٔ ۳۱۴ کتاب به اوج خود می‌رسد. نویسنده پس از بررسی فشرده‌ای از جنگ‌های صلیبی به تشریح پیامدهای بلندمدت این جنگ‌ها در غرب و جهان اسلام می‌پردازد. به زعم آقای دکتر زیباکلام، یکی از پیامدهای سرنوشت‌ساز و تاریخی این جنگ‌ها عبارت بود از بسته شدن راه تجارت میان شرق و غرب که تا قبل از آن باز بود. و چون غربیان نیاز حیاتی به تجارت با شرق داشتند (برای تأمین بسیاری از مایحتاجشان)، مجبور شدند که راه جدیدی برای رسیدن به شرق پیدا کنند که عبارت بود از دور زدن قارهٔ آفریقا و ورود به شرق از طریق سواحل اقیانوس هند. در اینجاست که نویسنده به نتیجه‌گیری بدیع تاریخی خود رسیده و تلویحاً استدلال می‌کند که اگر غربی‌ها به سمت شرق روی آوردند و در دریا پیش افتادند گناه آن بر گردن مسلمین بود که در ابتدای راه تجارت آنان را مسدود

نمودند. استدلال ایشان مثل آن است که بگوییم اگر دزدی از طریق پشت‌بام خانه‌ای وارد شود، مقصر صاحب‌خانه است که در منزل را در ابتدا بر روی دزد بسته بوده است.

> ***«مملوک‌ها (مسلمین) که متوجه شده بودند با تخریب بنادر لوانت، قاهره تنها راه تجارت بین شرق و غرب است عملاً از هیچ فشاری برای اخذ مالیات و عوارض هرچه بیشتر از اروپاییان فروگذاری نکردند.***
>
> ***اخذ عوارض فزاینده بر صادرات و واردات اروپاییان باعث افزایش قیمت‌ها می‌شد که خواه ناخواه بر بازار فروش و مصرف تأثیر منفی می‌گذارد. بنابراین اروپاییان به‌تدریج احساس می‌کردند که برای نجات تجارت خود با شرق و رهایی از چنگال (مسلمین) چاره‌ای ندارند به‌جز آن‌که هر طور شده راه دیگری برای ارتباط با شرق پیدا کنند.» (ص ۳۱۴).***

چند صفحه بعد نویسنده مجدداً با خط ایتالیک پررنگ می‌نویسد **«*به هر حال اروپاییان مجبور بودند که راه دیگری را برای ارتباط با شرق پیدا کنند*»** (ص ۳۱۷).

واقعاً که دست مریزاد. حق و حقوقی را که ایشان برای غربی‌ها قایل شده‌اند گمان نمی‌رود که آنان خود قایل شوند. آقای دکتر زیباکلام، این اجبار چیست؟ کدام اجبار؟ چرا؟ این چه اجباری است که یک تمدن یا یک قدرت یا یک کشور یا یک امپراتوری را از نظر شما محق می‌سازد تا برای تامین منافع خود به سراغ استثمار و استعمار دیگران برود؟ آیا این همان استدلال معروف و تاریخی نیست که استعمارگران در توجیه عملکردشان بدان استناد می‌نمودند؟ ملل ضعیف و عقب‌مانده که دارای منابع و ذخایری بودند که به دلیل فقدان سرمایه و تکنولوژی نمی‌توانستند از آن بهره‌برداری نمایند، بنابراین کشورهای غربی که این توان را داشتند به این کشورها رفته و منابع فوق را مورد بهره‌برداری قرار می‌دادند. اگر این «اجبار» را ما در قرون وسطی برای غربی‌ها به رسمیت بشناسیم (آن‌طور که شما در کتابتان به رسمیت شناخته‌اید)، چه دلیلی دارد که امروزه نیز همین حق را برای آنان به رسمیت نشناسیم؟ دیروز نیاز به مواد غذایی، ابریشم، شال کشمیر، حریر بخارا، صنایع سمرقند، ادویه‌جات هند... بود که «اجبار» رفتن به شرق و بهره‌برداری از منابع آن را ایجاد می‌کرده امروز نیاز به نفت، مواد خام و بازاری برای صدور تولیدات سرمایه‌داری است که «اجبار» رفتن به شرق و تسلط بر آن را برای غربی‌ها به‌وجود آورده است. کدامین تفاوت ماهوی حقوقی، انسانی، اخلاقی میان «نیاز» آن‌روز و «نیاز» امروز وجود دارد؟ اگر این «نیاز» در گذشته به دنبال خود اجباراً غربی‌ها را به شرق کشاند پس امروز هم غربی‌ها، ژاپنی‌ها و آمریکایی‌ها به دلیل «نیاز» به نفت بایستی «اجباراً» در خلیج فارس حضور یابند. دیروز پرتغالی‌ها به دلیل «نیاز» به تجارت با شرق با کشتی جنگی و ارتش جزیره هرمز را گرفته و

خلیج‌فارس را تیول خود نموده بودند، امروز هم آمریکایی‌ها بنابر «نیاز» دیگری با ناو و ناوچه‌های جنگی بایستی در خلیج‌فارس حضور داشته باشند. آیا این «نیاز»، این «حق»، این «اجبار» که شما براساس آن عملکرد استعمار را آن‌گونه در کتابتان «طبیعی» جلوه داده‌اید، برای ملل استعمار شده و استثمار زده هم وجود دارد؟ آیا برای جهان سومی‌ها، برای آفریقایی‌ها، آسیایی‌ها، فلسطینی‌ها، چچنی‌ها، بوسنیایی‌ها، الجزایری‌ها،... هم «نیاز» و «حقی» وجود دارد؟

تشبث به مفاهیم گنگ و بی‌اعتباری همچون به رسمیت شناختن «حق» و «نیاز طبیعی» برای استعمارگران تنها استدلال آقای دکتر زیباکلام در تلاششان در جهت تبرئه استعمار نیست. ایشان به منظور آن که کمترین تردید و دغدغه‌ای در ذهن خواننده‌اش نسبت به عملکرد و نقش استعمار در عقب‌ماندگی ایران باقی نماند، آن‌چنان سیمای دهشتناکی از ایران ترسیم می‌نمایند که خواننده احساس می‌کند قبل از آن که استعمار بر ایران پای نهد تکلیف عقب‌ماندگی و انحطاط جامعهٔ ایران از قرن‌ها قبل روشن شده بوده. ایرانی که در لابلای متون و صفحات «**ما چگونه، ما شدیم**» به خواننده معرفی می‌شود آن‌چنان در مسیر قهقرا، عقب‌ماندگی و بی‌خبری قرار دارد که ورود استعمار چندان تأثیری نمی‌تواند بر آن داشته باشد:

> ***«... اساساً شرق و غرب در مجموع مستقل از یکدیگر تحول یافتند و زمانی که از قرن هفدهم به بعد این دو تمدن با یکدیگر مرتبط شدند شرق (بالاخص اعراب و ایرانیان) قرن‌ها می‌شد که در حال درجا زدن بود در حالی‌که غربیان از برخی جهات توانسته بودند به پیشرفت‌های سرنوشت‌سازی نایل شوند. به عبارت دیگر شرق و غرب زمانی به یکدیگر رسیدند که همه چیزکم و بیش تعیین شده بود.»*** (ص ۳۳۷)

مشکل بنیادی «**ماچگونه، ما شدیم**» این نیست که پای بر روی دستاوردها و فرهنگ و تمدن تاریخی ملت ایران گذارده و هیچ نکتهٔ مثبتی در گذشتهٔ آن نمی‌بیند الّا عقب‌ماندگی اقتصادی، استبداد مطلق سیاسی و بی‌خبری گسترده و عمیق اجتماعی. گمان نمی‌رود نشان دادن نگرش افراطی، تعصب‌آمیز و مایوس‌کننده نویسنده از ایران و گذشته‌اش چندان دشوار باشد. آن‌چه بیش از هر چیز دیگری در «**ما چگونه، ما شدیم**» دل انسان را به درد می‌آورد تبرئه عملکرد تاریخی شوم و سیاه استعمار در ایران است. بدبختانه این تطهیر زمانی دارد صورت می‌گیرد که ایران بیش از هر زمان دیگری در معرض آماج حملات استعمار و امپریالیسم قرار گرفته است. اگر حتی به فرض محال، استدلال نویسنده را بپذیریم که در جریان عقب‌ماندگی ما در گذشته استعمار نقشی نداشته و اسباب و علل هرچه بوده از خودمان بوده است، یورش

بی‌رحمانهٔ استعمار و امپریالیسم بر ایران امروزی کمتر تردیدی برای هر ایرانی صاحب دردی باقی می‌گذارد که مشکل در کجاست و کدامین اسباب و علل از زمان پیروزی انقلاب اسلامی ظرف ۱۷ سال گذشته بیشترین تلاش‌ها را در جهت ایجاد موانع و شکست تلاش‌های ایران به منظور نیل به پیشرفت، ترقی و استقلال سیاسی به عمل آورده‌اند.

فرار از تاریخ تاکی؟[1]

پاسخی بر نقد کتاب «ما چگونه، ما شدیم: ریشه‌یابی علل عقب‌ماندگی در ایران» تحت عنوان «*غسل تعمید استعمار و ریختن آب تطهیر بر عملکرد آن*»

اگرچه باور آن ممکن است قدری ثقیل به نظر برسد اما از چاپ مقالهٔ «غسل تعمید استعمار» در نقد کتابم توسط روزنامهٔ جمهوری اسلامی قلباً خوشحال شدم. با این‌که نقد فوق، کتابم را به اصطلاح سکهٔ یک پول کرده و در ۳۵۰ صفحهٔ آن حتی یک نکتهٔ مثبت هم نیافته بود، اما این امر به هیچ‌روی خللی در شادی و شعفم پدید نیاورد. دلیل اصلی‌ام برای خرسندی آن بود که می‌دیدم در یک روزنامهٔ جدی، نقدی جدی و بسیار مفصل از یک اثر تازه صورت گرفته است. خرسندی‌ام از این بود که فی‌نفسه نقدی از یک کتاب چاپ شده بود. خود این امر که عدّه‌ای بنشینند و کتابی را زیرو رو کرده و سپس دیدگاه‌های خود را نسبت به آن بر روی کاغذ بیاورند به خودی خود امری بسیار پسندیده و مبارک است. واقعیت تلخ آن است که فرهنگ نقد و نقادی کتاب در جامعهٔ ما باب نیست. با این‌که بیش از نیم قرن از پیدایش دانشگاه و یک قرن از ورود صنعت چاپ و نشر کتاب در مملکت ما می‌گذرد اما هنوز حتی در میان جماعت دانشگاهی و کتاب‌خوان ما نیز فرهنگ نقد کتاب رواج نیافته است، چه رسد به لایه‌های دیگر جامعه‌مان. نقد کتاب باعث می‌شود تا اولاً خوانندگان بالقوهٔ یک اثر قبل از مطالعه با عصارهٔ مباحث آن آشنا شوند. ثانیاً، نقد یک اثر و

---

۱ – این مقاله را حقیر در پاسخ به مقالهٔ ***غسل تعمید استعمار*** که روزنامه‌های **جمهوری اسلامی**، **کیهان** و **مجلهٔ فرهنگ و توسعه** به چاپ رسید تهیه نمودم. روزنامه محترم جمهوری اسلامی به استثنای ۲، ۳ صفحهٔ آخر آن، مابقی مقاله را عیناً درج نمود (۹، ۱۶، ۲۳ مرداد ۱۳۷۴). مجلهٔ ***فرهنگ و توسعه*** هم اعلام آمادگی نموده که پاسخ را درج نماید و بالاخره روزنامهٔ وزین ***کیهان*** (که یک نسخهٔ کوتاه شده این مقاله را برایش ارسال نمودم) نیز به دلیل اعتقاد جدی‌اش به تضارب اندیشه و مهم‌تر از آن برای نشان دادن اعتقاد جدی‌ترش بر احترام به قانون (از جمله قانون مطبوعات) از درج حتی یک سطر آن هم خودداری ورزید.

پایانی قرن نوزدهم وارد ایران گردید. نه هر کس که طرفدار نظریه «استعمار، عامل عقب‌ماندگی» است توده‌ای و طرفدار اروپای شرقی سابق است، و نه هر کس که طرفدار دموکراسی، آزادی و حاکمیت قانون است لزوماً طرفدار غرب و آمریکا است.

برای این ادعا که نظریهٔ «استعمار، عامل عقب‌ماندگی» از بیرون وارد اندیشهٔ سیاسی ما شده است دو دلیل وجود دارد. نخست آن که تا قبل از ورود این اندیشه به ایران، غرب نه تنها عامل بدبختی، عقب‌ماندگی، فتنه، فساد، ظلم، تعدی، استعمار، استثمار و... به شمار نمی‌آمد، بلکه الگو، مدینهٔ فاضله و غایتی بود که ترقی و پیشرفت ملت‌ها نهایتاً به خلق چنان جامعه‌ای می‌انجامید. ثانیاً، طرح این اندیشه که غرب، به عنوان یک نظام «سرمایه‌داری» که خون طبقهٔ کارگر یا پرولتاریا از آن می‌چکد و در بیرون از اروپا نیز «زحمت‌کشان» جهان غیرسرمایه‌داری یا ملل تحت ستم را عقب نگه داشته و به استثمار در آورده، توسط مارکس انجام گرفت. (برای اطلاع بیشتر از این جهان‌بینی و نحوهٔ ورود و تأثیر آن بر اندیشه سیاسی در ایران رجوع کنید به «ما چگونه، ما شدیم»، ص ۴۵-۱۶). همان‌طور که گفته شد، هدف من از ذکر این تاریخچه بی‌اعتبار ساختن نظریهٔ «استعمار، عامل عقب‌ماندگی» نیست. بلکه قراردادن بحث بر یک چارچوب تاریخی است. به علاوه چه کسی گفته است که طرح این موضوع اسباب بی‌اعتباری دیدگاه «استعمار، عامل عقب‌ماندگی» و طرفداران آن می‌شود؟ بر عکس، بنده معتقدم اقبال و نفوذ اندیشه‌های چپ در جامعهٔ روشنفکری ما آن‌چنان گسترده و متداول است که چنین «اتهامی» در حقیقت اسباب اعتبار و حسن شهرت می‌شود. اصولاً نشریات ما (اعم از دولتی یا غیر دولتی، اسلامی یا سکولار، لیبرال یا رادیکال) آن‌چنان مملو از توالی اندیشهٔ «استعمار، عامل عقب‌ماندگی» است که جایی و مجالی برای فکر دیگری نیست. اگر هم در زمینه‌های دیگری «دگراندیشی» وجود داشته باشد، در این نکتهٔ خاص وحدت نظر کامل وجود دارد. نشریات دولتی یا در خط دولت که جای خود دارند، هیچ‌یک از نشریات معتبر روشنفکری «دگراندیش» (***ایران فردا، فرهنگ و توسعه، کیان، آدینه، تکاپو، نگاه نو، پیام امروز، گفت‌وگو، کتاب توسعه*** و...) نیز حاضر نشدند کتاب «ما چگونه، ما شدیم» را حتّی معرفی کنند. در حالی‌که اگر حدیث این کتاب تکرار همان حرف‌های سابق و بازگویی مجدد تئوری‌های رنگ و رورفتهٔ «توسعهٔ وابستگی» و «استعمار، عامل عقب‌ماندگی» بود، بدون تردید صفحات زیادی را به خود اختصاص داده و نامش بر سر زبان‌ها افتاده بود.

فی‌الواقع آن‌چه اسباب سوءِ شهرت را فراهم می‌آورد، چسبانده شدن به چپ یا حزب

توده نیست بلکه بر عکس، در جوّ فعلی جامعهٔ ما چسبانده شدن به غرب و سرمایه‌داری است که اسباب بدنامی سیاسی و اجتماعی می‌شود. و اتفاقاً طرفداران نظریهٔ «استعمار، عامل عقب‌ماندگی» از آقای دکتر رواسانی گرفته تا نویسندگان ارجمند مقاله «غسل تعمید استعمار»، عاملاً و عامداً سعی کرده‌اند که از این سلاح علیه حقیر استفاده نمایند. آقای دکتر رواسانی در پاسخشان به رد دیدگاه اینجانب و دفاع از نظریهٔ «استعمار، عامل عقب‌ماندگی» از حقیر خواسته بودند پاسخ دهم که «***چرا استعمارگران از هجوم نظامی، محاصرهٔ اقتصادی، تحریکات تروریستی و ... دست برنمی‌دارند؟ امریکا از جان مردم کوبا و لیبی و کرهٔ شمالی و ایران چه می‌خواهد؟ چرا غرب به سومالی سرباز مسلح می‌فرستد؟ چرا کوبا و لیبی در محاصره‌اند؟ چه کسی کودتاها را در آفریقا و آمریکای لاتین ترتیب می‌دهد؟***»[1] نمی‌دانم به جای زندگی در آلمان، اگر جناب آقای دکتر رواسانی در کوبا، لیبی یا کرهٔ شمالی که رهبر قبلی آن «کیم ایل سونگ» چیزی در حدود نعوذبالله خدا به حساب می‌آید، زندگی می‌کردند و مایل بودند در آن کشورها نیز «دگراندیشی» نموده و خلاف حکومت بیندیشند و بنویسند (آن‌طور که در آلمان مشغول هستند) آیا باز هم با همین حرارت از کوبا، لیبی و کرهٔ شمالی دفاع می‌کردند؟ بگذریم. نویسندگان مقاله «غسل تعمید استعمار» در انشانویسی و شعاردهی، گوی سبقت را از آقای دکتر رواسانی نیز ربوده‌اند و اگر آقای دکتر، مطالبه حق و حقوق لیبی، کوبا و کرهٔ شمالی را کرده‌اند، آن بزرگواران یک مرحله نیز جلوتر رفته و صورت حساب مطالبات معوقه فلسطین، چچن، بوسنی و هرزگوین و الجزایر را نیز از حقیر به عنوان مباشر و پیشکار غرب مطالبه نموده‌اند. نمی‌دانم در کجای «ما چگونه، ما شدیم» بنده از غرب و عملکرد آن جزء به‌جزء به دفاع برخاسته و آن را تأیید و تصدیق کرده‌ام؟ جرم من و گناه نابخشودنی‌ام آن است که می‌گویم ما تا کی می‌خواهیم چشمانمان را بر روی ضعف‌ها، کاستی‌ها و مشکلات جامعه‌مان ببندیم و دیگری را مسئول همهٔ بدبختی‌هایمان بدانیم؟ طرح این سؤال نه ربطی به بدنامی یا خوشنامی حزب توده و فروپاشی بلوک شرق و مارکسیسم دارد، و نه بنده خواسته‌ام از آن آب گل‌آلود ماهی بگیرم. چسبانیدن حقیر به غرب و زدن برچسب‌های رنگارنگ و القای این‌که بنده از عملکرد آمریکا و غرب دفاع می‌کنم و حق و حقوقی برای فلسطینی‌ها، چچنی‌ها و بوسنیایی‌ها ... قایل نیستم برای این سؤال پاسخ نمی‌شود. حتی به فرض اگر بنده مدافع هر حق و ناحقی که در چهار گوشهٔ جهان اتفاق می‌افتد باشم، باز هم گره‌ای از سؤالاتی

---

۱ - **فرهنگ و توسعه**، شمارهٔ ۱۲ (خرداد ۱۳۷۳).

که در «ما چگونه، ما شدیم» مطرح کرده‌ام باز نمی‌شود. حتی اگر معلوم شود بنده حقوق‌بگیر سازمان «سیا» و سرپرست مخوف‌ترین لژهای فراماسونری انگلستان هستم، باز هم این سؤالات مطرح هستند و کس دیگری خواهد آمد که آنها را مطرح سازد. «**پرنده در هر حال رفتنی است، بایستی به پرواز اندیشید**».

بیش از نیم قرن است که طرفداران «استعمار، عامل عقب‌ماندگی» استدلال کرده‌اند که استعمار جلوی پیشرفت و ترقی ما را گرفت. اما اکنون سؤالاتی مطرح شده است که درستی این دیدگاه رایج و جاافتاده را با مشکلات جدی روبه‌رو می‌سازد. مثلاً، مسبب این‌که در ایران عصر قاجار (و پیش‌تر از آن) کسی به دنبال علوم نبود و حتی کسی از دانش‌های جدید به درستی اطلاع هم نداشت، چه کسی بود؟ آیا این را نیز استعمار باعث شده بود؟ آیا قبل از ***این‌که استعمار وارد ایران شود، در ایران کسانی سرگرم تحصیل و تحقیق در فیزیک، شیمی، هندسه، علوم‌سیاسی، اقتصاد، پزشکی، تاریخ، جغرافیا و ... بودند اما پس از آن‌که استعمار وارد شد همه این اساتید و دانشمندان را نابود کرد و دیگر اجازه نداد کسی گرد علوم و دانش‌های جدید بگردد؟ آیا قبل از آن‌که استعمار به ایران پای بگذارد در کشور ما ده‌ها کالج و دانشگاه و مدارس جدید دایر بودند لکن استعمار به محض ورود همه آنها را تعطیل نمود و اعلام کرد وای بر حال کسی که از امروز دیگر به فکر ایجاد مدرسه و اشاعهٔ علوم جدید بیفتد؟ آیا استعمار پس از ورود خود به ایران احزاب سیاسی، گروه‌ها، دسته‌جات و سازمان‌های صنفی را غیر قانونی اعلام کرده و مطبوعات را نیز تعطیل نمود یا آن‌که ما اساساً قبل از ورود استعمار هیچ نهاد سیاسی و صنفی مستقل از حکومت نداشتیم؟ آیا قبل از آن‌که استعمار به ایران پای بگذارد، ایرانیان نسبت به محیط درون و بیرون جامعه‌شان در آگاهی کامل به سر می‌بردند اما استعمار پس از ورود به ایران حصاری بر گرد مملکت کشید و سعی کرد ایرانیان، را در جهالت و بی‌خبری از دنیا و جامعه‌شان نگه‌دارد؟ آیا قبل از آن‌که استعمار به ایران وارد شود، ایرانیان رجال خبیر، فهیم، عالم و میهن‌دوست را برای حکم‌رانی انتخاب می‌کردند اما از زمانی که استعمار وارد شد آن رجال و حکام را قلع و قمع نموده و از روی صفحهٔ زمین محو نمود و به جای آنان فتحعلی شاه و میرزا آقاخان نوری را از لندن و بروکسل وارد ایران نمود و حاکم نمود؟ آیا قبل از آن‌که استعمار پای به ایران بگذارد، پادشاه به عنوان رئیس حکومت هیچ قدرت و اختیاری نداشت، و در عوض قانون بر مملکت حاکم بود و نمایندگان ملت خیر و صلاح مملکت را در مجلس رقم می‌زدند اما از زمانی که استعمار وارد شد، قانون را جمع نموده، مجلس را تعطیل و تمامی قدرت و اختیارات را در کف پادشاه قرار داد؟ آیا قبل از آن‌که استعمار به ایران پای بگذارد***

ایران از یک اقتصاد شکوفا و غنی برخوردار بود، صنایع، معادن و کشاورزی آن محصولات خود را روانهٔ بازارهای خارجی می‌نمودند، اما به مجرد آن‌که استعمار وارد شد، معادن را تعطیل، صنایع را از کار انداخته و جلوی صادرات محصولات کشاورزی را گرفت؟

حتی اگر به فرض پاسخ همه این سؤالات مثبت باشد، هنوز هم نظریهٔ «استعمار، عامل عقب‌ماندگی» با مشکلات جدی روبه‌روست. سؤال اساسی که زیر بنای همهٔ پرسش‌های بالا می‌شود آن است که ***چگونه استعمارگران توانستند از هزاران کیلومتر آن طرف‌تر آمده و بر ما مسلط شوند، اما ما نرفتیم آنها را به استعمار درآوریم؟*** چرا انگلیس، روس، پروس، فرانسه، و بلژیک آمدند و ما را به استعمار درآوردند، اما ایران نرفت هلند، دانمارک و سوئد را به استعمار خود درآورد؟ آیا پاسخ این سؤال غیر از این می‌تواند باشد که ما ضعیف، عقب‌مانده، توسعه نیافته و بی‌خبر بودیم اما آنها توانسته بودند به آن درجه از قدرت برسند که بر کشتی سوار شده و پس از پیمودن هزاران کیلومتر به اینجا رسیده و بر ما مسلط شوند؟ بحث آن نیست که آیا استعمار دیگران به لحاظ اخلاقی درست است یا نه؟ صد البته که به لحاظ دینی، اخلاقی و انسانی عملی است مذموم و ناپسند. بحث آن است که ما آن‌قدر در بی خبری به سر می‌بردیم که حتی از روی نقشه هم نمی‌توانستیم نشان دهیم انگلستان در کجای دنیا قرار دارد، چه رسد به آن که خواسته باشیم آن‌جا را به استعمار خود نیز درآوریم. این‌که استعمار توانست بر ما مسلط شود نشان دهندهٔ این واقعیت است که در آن جامعه تحولاتی صورت گرفته بود که در ایران اتفاق نیفتاده بود. بنابراین سؤال بعدی این می‌شود که چه شد ما آن‌قدر عقب افتادیم اما اروپایی‌ها برعکس آن‌قدر قدرت یافتند که توانستند بر ما مسلط شوند؟ این‌ها سؤالاتی هستند که مدافعین نظریهٔ «استعمار، عامل عقب‌ماندگی» هرگز نه مطرح کرده‌اند و نه به طریق اولیٰ در مقام پاسخ‌گویی آن برآمده‌اند. فی‌الواقع آنان مخروط تاریخ معاصر را وارونه کرده‌اند و به جای پرداختن به علت، به سراغ معلول رفته‌اند. به جای پرداختن به این‌که چه شد ما آن‌قدر ضعیف شدیم که انگلستان توانست بر گردهٔ ما سوار شود، به معلول، که سوار شدن انگلیس بر گرده‌مان است پرداخته‌اند. به جای آن که علت عقب‌ماندگی را روشن نمایند، ورود استعمار را که در حقیقت خود معلول عقب‌ماندگی ما می‌باشد به عنوان علت بخورد ما داده‌اند. حاشا و کلا که بنده خواسته باشم عملکرد استعمار و ضایعات و صدمات تاریخی را که بر ما وارد نموده و در آینده نیز وارد خواهد ساخت منکر شوم و یا به قول نویسندگان مقاله آنها را تأیید کنم و «بر سر آن عملکرد آب تطهیر ریخته و آن را غسل تعمید دهم». حرف من

آن است که اگر ما در ابتدا ضعیف و آسیب‌پذیر نمی‌بودیم، اگر ما در بی‌خبری و بی‌دانشی به سر نمی‌بردیم، آیا استعمار می‌توانست بر ما سلطه یافته و آن مصیبت‌ها را بر سر ما وارد سازد؟ بحث بر سر آن نیست که استعمار از زمانی که وارد شد چه صدماتی برما وارد ساخت. سؤال این است که چرا ما آن‌قدر ضعیف بودیم که او توانست وارد شده و آن بلاها را بر سرمان بیاورد؟ تکلیف استعمار روشن است. آمده بود که منابع ما را ببرد، ثروت ما را تاراج کند، معادن ما را غارت کند، فرهنگ ما را از بالندگی و شکوه بیندازد، دین را از سیاست جدا سازد، امتیاز بگیرد، قرارداد تحمیل کند، نفت،قیر، مس، آهن، سرب، توتون و تنباکوی ما را چپاول نماید. حتی خود استعمار نیز منکر این‌ها نیست. در هیچ کجا نداریم که استعمارگران گفته باشند ما رفته بودیم به ایران که در آن‌جا آب‌انبار، مسجد، مدرسه، بیمارستان، کالج، دانشگاه، مدرسه، کتابخانه، و ... بسازیم در ضمن با مالاریا هم مبارزه نموده به‌علاوه سطح بهداشت، سواد و دانش ایرانیان را نیز بالا ببریم. آمده بودند که منافع کسب نمایند. صحنه را از رقبای دیگر خالی کنند و اگر تک تک درختان جنگل‌های شمال را ما بریده و به آنان تقدیم می‌کردیم، بعید به نظر می‌رسد که یکی از اصحاب استعمار از باب خیراندیشی ما را از این کار نهی می‌نمود. بنابراین نیازی نیست که عملکرد و نقش استعمار را از سر نو مورد ارزیابی قرار دهیم. این‌کار ظرف پنجاه سال گذشته به دفعات صورت گرفته و همه می‌دانیم که استعمار چه به روز ما آورده است. ***آن‌چه نمی‌دانیم این است که چرا توانست چنین کند؟***

از دیدگاه مدافعین نظریه «استعمار، عامل عقب‌ماندگی»، تاریخ معاصر ایران از زمان آمدن استعمار شروع می‌شود. آنان نه به گذشتهٔ ایران می‌پردازند و نه زحمت تجزیه و تحلیل ساختارهای سیاسی، اجتماعی، و اقتصادی ایرانی را که استعمار بدان پای گذارد به خود می‌دهند. همچنین جدای از برخی کلیشه‌های رایج مارکسیستی (***تولد سرمایه‌داری، انباشت سرمایه، صدور کالا، صدور سرمایه و ...***) هیچ تحلیل واقع‌گرایانه‌ای از اسباب و علل موفقیت و پیش افتادن غربی‌ها نیز ارائه نمی‌دهند. به عبارت دیگر، نه به تحلیل ریشه‌ای عقب‌ماندگی خودمان می‌پردازند و نه به ریشه‌یابی علل موفقیت غربیان. این تفاوت میان ما و آنها، این قوت آنان و در مقابل ضعف ما چگونه و چرا به‌وجود آمد؟ آیا این تفاوت میان ما و آنها همواره وجود داشته است؟ اگر از تئوری‌های نژادپرستانه صرف‌نظر کنیم، همه شواهد و قرائن تاریخی حکایت از آن دارند که جوامع گوناگون بشر امروزی تمدن خویش را در شرایط مشابهی شروع کردند. حتی اگر این را نیز به عنوان یک نظریهٔ تاریخی نپذیریم، این

مقدار مشخص است که در مقطعی از تاریخ میان ما و غربی‌ها تفاوت چندانی وجود نداشته است. در آن صورت این سؤال پیش می‌آید که اسباب و عللی که باعث گردید تا غربی‌ها پیش بیفتند کدام بود؟ و اگر حتی اصطلاح «پیش افتادن» را مناسب توصیف آنان ندانیم، بگوییم علتی که باعث شد آنان از ما نیرومندتر شوند کدام بود؟ آیا پیش افتادن آنان از یک‌سو و عقب ماندن ما از سویی دیگر اجتناب ناپذیر بود؟ امری محتوم و تاریخی بود؟ قسمت، تقدیر و دست سرنوشت این‌گونه می‌خواست؟ آیا ما بداقبالی آوردیم و آنان نیک‌بختی؟ اگر بپذیریم که خداوند همه ابنای بشر را یکسان آفریده، پس ناگزیر ترقی عده‌ای و عقب‌ماندگی جمعی دیگر بایستی اسباب و عللی زمینی داشته باشد. آن علل کدام هستند؟

سؤالات و پرسش‌هایی از این قبیل که در «ما چگونه، ما شدیم» مطرح گردیده قریب به دویست سال پیش به مخیله عباس میرزا فرمانده کل قوای ایران راه یافت و ذهن او را درخود فرو برد. درمانده و مستأصل از هرگونه پیش‌روی در امر جنگ علی‌رغم رشادت‌های سپاهیانش و در حالی‌که مجبور بود هر روز شاهد پیشروی مرتب روس‌ها باشد، او خسته و مستأصل از مسیو «ژوبر» رئیس هیأت فرانسوی که به ایران آمده بود می‌پرسد که «***علت ضعف و عقب‌ماندگی ایرانیان از یک‌سو و پیشرفت و ترقی فرنگیان از سویی دیگر چیست؟ آیا جمعیت و حاصلخیزی و ثروت مشرق‌زمین از اروپا کمتر است؟ آیا آفتاب که قبل از رسیدن به شما به ما می‌تابد تأثیرات مفیدش در سر ما کمتر از سر شماست؟ یا خدایی که مراحمش بر جمیع ذرات عالم یکسان است خواسته شما را بر ما برتری دهد؟ گمان نمی‌کنم. اجنبی حرف بزن! بگو چه باید بکنم که ایرانیان را هشیار نمایم؟***» (ما چگونه، ما شدیم، ص ۲۳).

به نظر می‌رسد درک دویست سال پیش عباس میرزا از صورت مسئله واقع‌بینانه‌تر از درک امروزی ما باشد. او اگرچه پاسخ را نمی‌دانست اما لااقل سؤال را درست درک کرده بود. او از یک‌سو قوای نظامی پراکندهٔ ایران را می‌دید که اساسش بر دسته‌های مختلف قبایل و طوایف قرار داشت و از سویی دیگر قوای یک‌دست و منضبط ارتش روس را که تحت امر سلسله مراتب فرماندهی متمرکز قرار داشت. او از یک‌سو سپر، گرز، شمشیر، قداره، تفنگ‌های ساچمه‌ای و چخماقی نیروهای ایران را می‌دید و از سویی دیگر ساز و برگ و تسلیحات جدید و توپخانهٔ متحرک و پیشرفتهٔ روسیان را شاهد بود. او از یک‌سو مجروحین سپاه خود را می‌دید که از میدان خارج می‌شدند و از سویی دیگر مجروحین روسی را می‌دید که به کمک پزشکی جدید و جراحی پس از معالجه مجدداً راهی میدان نبرد می‌شدند. چنین

شد که آستین را بالا زد و اولین دولت‌مردی شد که به فکر اصلاحات مدرن افتاد. اما تکلیف سؤال تاریخی‌اش از مسیو ژوبر فرانسوی چه شد؟

نسل‌های پس از عباس میرزا هریک به فراخور معرفت و تلقی اجتماعی که در آن به سر می‌بردند به این سؤال پاسخ دادند. یک دسته علت عقب‌ماندگی را در وجود شاهان و دربار قاجار دانستند. شاهان قاجار به نوبهٔ خود علت عقب‌ماندگی را در فقر اقتصادی و عقب‌ماندگی مردم یافتند. مردم به نوبهٔ خود (آنهایی که به این درجه از آگاهی می‌رسیدند که دریابند عقب مانده‌اند) علت عقب‌ماندگی را در فقدان رجال اصلاح‌گر می‌دانستند. رجال اصلاح‌گر علت عقب‌ماندگی را در فقدان یک ارتش جدید و با دیسیپلین می‌دانستند. قوای مسلحه به نوبهٔ خود رجال سیاسی را عامل عقب‌ماندگی کشور می‌دانستند. برخی از روشنفکران به سراغ اسلام رفتند و آن را عامل عقب‌ماندگی اعلام کردند. گروه دیگری اعراب و حمله آنان به ایران را علت عقب‌ماندگی دانستند. مشکل هرچه بود از دید آنان از زمان هجوم اعراب به ایران به‌وجود آمده بود. آن امپراتوری عظیم و تمدن بزرگ در نتیجه یورش اعراب و چیرگی اسلام، در ایران از بین رفته و جای آن را ایرانی عقب‌مانده، فقیر و ناتوان گرفته بود. «نژاد پاک آریایی و اهورایی» ایرانی مسئولیتی در قبال عقب‌ماندگی ایران نداشت (همان‌طور که امروزه معتقدیم ما خود نقشی در عقب‌ماندگی‌مان نداریم و گناه بر گردن استعمار بود که ما را عقب نگه داشت).

تا این‌که سرانجام رسیدیم به مد جدید و متهم اخیر که استعمار باشد. آن‌چه در این بازی تاریخی «کی بود کی بود، من نبودم» جالب است این‌که هرگز نخواسته‌ایم اسباب و علل عقب‌ماندگی را از داخل مجموعه‌ای که ایران را می‌سازد استخراج کنیم. همواره انگشت اتهام به سوی یک عنصر (ترجیحاً خارجی که از بیرون وارد ایران می‌شود) نشانه می‌رود. به قول میرزاآقاخان که کوشید تا به سؤال عباس میرزا پاسخ دهد، «***نژاد پاک، اصیل و اهورایی ایرانی و سرزمین مهر و آفتاب ایران***» فرهمندتر و فره‌تر از آن آن است که عقب بماند (ما چگونه، ما شدیم. ص ۲۶). بنابراین بایستی کس دیگری را به عنوان مسئول عقب‌ماندگی‌مان پیدا نماییم. متداول‌ترین متهمین بر جایگاه اتهام عقب‌ماندگی ما همواره خارجی‌ها بوده‌اند. یک زمان اسکندر مقدونی و رومیان، زمانی اعراب، بعد ترکان. نوبتی هم باشد نوبت غربی‌ها است. شاه سابق در این باور که استعمار غرب علت عقب‌ماندگی بود و دشمنی دیرینه‌ای با پیشرفت ایران دارد، تا بدانجا پیش رفت که باور پیدا کرده بود غربی‌ها به دلیل پیشرفت‌های

[illegible]

[illegible]

[illegible]

بلکه به کمک علت‌یابی. این نگاه به **درون** و طرح مسئله عقب‌ماندگی و علت توسعه‌نیافتگی از این زاویه جدید است که اسباب به هم‌ریختگی تفکر کلاسیکی را که تا کنون رایج بوده، پیش آورده است. به آن حد که منتقدین را واداشته آن را «***غسل تعمید استعمار***» و یا «***دفاع از عملکرد تاریخی شوم غرب***» اعلام کنند.

جدای از «تطهیر استعمار»، ایراد اساسی دیگری که منتقدین بر کتاب «ما چگونه، ما شدیم» وارد ساخته‌اند آن است که در این کتاب سیمای تاریخی ایران به‌گونه‌ای ثابت ترسیم شده است. در هر جامعه‌ای به هر حال تغییر و تحولاتی به مرور زمان پیش می‌آید و بنده به هیچ‌روی منکر تغییر و تحول در جامعهٔ ایران نشده‌ام، بلکه سخنم آن است که علی‌رغم تمام این تغییرات، جامعهٔ ایران حداقل در طول تاریخ هزار سالهٔ اخیر خود دارای چند مشخصهٔ اصلی بوده است. آن‌چه معتقدم لایتغیر بوده است این چند ویژگی است. نخست آن که الیگارشی سیاسی حاکم بر ایران (لااقل از هزارهٔ دوم میلادی یا از قرن پنجم هجری به این‌طرف) همواره مبنای قبیلگی و طایفگی داشته است. خاستگاه سلسله‌های غزنویان، سلجوقیان و خوارزمشاهیان همگی قبایل مختلف ترک و یا ترکمن آسیای مرکزی بودند که به ایران حمله کرده و قدرت را از آن خود نمودند. ایلخانان، طوایف مغول و تیموریان صحرانشینان ماوراءالنهر بودند. سلسله‌های آق‌قویونلو، قراقویونلو و صفویه قبایل صحرانشین آسیای صغیر (آناتولی) بودند. فاصله بین صفویه و افشار را قبایل افغانی پر کردند. سلسله افشاریه در حقیقت طوایف اکراد ایل افشار بودند و سلسلهٔ زندیه را عشایر و طوائف جنوب ایران تشکیل می‌دادند. و بالاخره قاجارها نیز تعلق به ایل قاجار داشتند. به عبارت دیگر، از قرن پنجم هجری (یازدهم میلادی) تا به قدرت رسیدن سلسله نامیمون پهلوی، یعنی در طول بیش از هزار سال، حکومت‌هایی که بر ایران حکومت می‌نمودند یکی پس از دیگری یا این قبیله بودند یا آن طایفهٔ صحرانشین. این‌که یک هزار سال حاکمیت بلاانقطاع قبایل و طوایف مختلف صحرانشین چه تأثیرات بنیادی بر جامعهٔ مدنی ایران می‌گذارد بخش عمده‌ای از کتاب «ما چگونه، ما شدیم» را تشکیل می‌دهد. در طی این یک هزار سال حکومت‌های بسیاری متولد و منقرض شدند اما ***پایگاه اجتماعی قدرت سیاسی در ایران ثابت ماند.*** این ادعا بیان یک نظریه اجتماعی یا سیاسی نیست بلکه واقعیتی است که بر اساس مشاهدهٔ تاریخی از خاستگاه و پایگاه حکومت‌های مختلف در ایران صورت گرفته است.

▣ ۷۸۹

حکومت اموال هر که را که می‌خواست مصادره یا ضبط ننمود؟ کدام محکمه حکومت را مقصر دانست و دستور داد اموال ضبط شده از ناحیهٔ حکومت به صاحبش باز گردانده شود؟ کدام قاضی گفت آن مخالف حکومت که گردنش زده شد یا به زندان افتاده به ناحق بوده است؟ کدام قانون توانست در مقابل خواست و اراده حکومت بایستد؟ ثباتی که «ما چگونه، ما شدیم» به آن قایل است بی‌اعتباری بلکه عدم وجود قانون و استبداد مطلق حکومتی است. آیا به مرور زمان در قدرت مطلق حکومت در ایران تغییر و تحولی به‌وجود آمد؟ آیا رضاشاه می‌گفت حیف که دیگر در زمان آغا محمدخان نیستیم والا میدانستم با مخالفینم چه کنم؟ آیا آغا محمدخان می‌گفت حیف که دیگر در زمان نادرشاه نیستیم والا می‌دانستم با مخالفینم چگونه رفتار نمایم؟ آیا نادرشاه می‌گفت حیف که دیگر در زمان شاه اسماعیل نیستیم والا می‌دانستم مخالفینم را چه‌سان ریشه‌کن کنم؟ آیا شاه اسماعیل می‌گفت حیف که دیگر در زمان سلطان محمود غزنوی نیستیم والا می‌دانستم که چه شیوه‌ای در سرکوب مخالفین به کار بندم؟ قانون و امنیت سیاسی و اجتماعی در ایران در زمان سلطان محمود چه میزان بود و هزار سال بعدش در زمان رضاشاه چقدر بود؟ بسی تغییر و تحولات که در این یک هزار سال در ایران اتفاق افتاد، اما تا آن‌جا که مربوط به رعایت قانون می‌شود کدام تغییر و تحول در این یک هزار سال صورت گرفت؟ تا آن‌جا که مربوط به جلوگیری از اعمال حاکمیت مطلق حکومت می‌شود، کدام تغییر و تحول در این یک هزار سال پدیدار شد؟

ایراد دیگری که منتقدین برکتاب وارد ساخته‌اند درخصوص تمرکز قدرت در دست حکومت و ارتباط این پدیده با عقب‌ماندگی است. نوشته‌اند که چرا من تمرکز قدرت در دست حکومت را یکی از عوامل عقب‌ماندگی دانسته‌ام؟ کشورهایی را مثال زده‌اند که حکومت‌هایی متمرکز و منسجم داشته‌اند ولی در عین حال توانسته‌اند پیشرفت هم بنمایند. و پرسیده‌اند که اساساً مگر می‌شود بدون برخورداری از یک سیستم متمرکز و منسجم حکومتی، برنامه‌ریزی نمود و گام در راه توسعه و پیشرفت گذارد؟ بنده فکر می‌کنم که در اینجا خطای فاحشی از سوی آنان رخ داده است زیرا یکپارچگی در قدرت و انسجام حکومتی را با استبداد یکسان گرفته‌اند. اما در مورد اول یعنی رابطهٔ بین استبداد حکومتی و عقب‌ماندگی، تصور نمی‌کنم این رابطه آن‌چنان پیچیده باشد که نیاز به اثبات و تجزیه و تحلیل داشته باشد. ساده‌ترین استدلالی که می‌توان به کار گرفت آن است که در یک نظام سیاسی استبدادی یک فرد یا حداکثر چند تن تصمیم گیرنده هستند. بنابراین صلاح یا فساد،

عقب‌ماندگی یا پیشرفت آن جامعه محدود و منحصر می‌شود به توان عقلی آن یک یا چند نفر. در حالی‌که در یک نظام کثرت‌گرا، به‌واسطهٔ حضور عقول زیادتر احتمال وقوع خطا کمتر می‌شود. ثانیاً، مشاهده و تجربه دلالت بر این امر دارد. نوعاً کشورهایی که ترقی و توسعه در آنها صورت گرفته برخوردار از نظام‌های سیاسی کثرت گرا بوده‌اند یا به هر حال در آنان درجه‌ای از دموکراسی و مشارکت سیاسی وجود داشته است. برعکس، در جوامعی که زیر سلطه رژیم‌های استبدادی بوده‌اند کمتر پیشرفت و تحولات عمیق اقتصادی و اجتماعی صورت پذیرفته است. ثالثاً، یک نظام سیاسی غیر استبدادی بالضروره اطاعت از قانون می‌نماید (در غیر این صورت مجبور است با استبداد و به دلخواه حکومت نماید). اطاعت حکومت از قانون اسباب امنیت اجتماعی را فراهم آورده و در نتیجه شهروندان ترسی از سرمایه‌گذاری و مشارکت در ساخت و سازهای تولیدی و فعالیت‌های اقتصادی که در بلند مدت ثمردهی دارند نداشته و تدریجاً رونق تجاری و اقتصادی که پیش نیاز ترقی و پیشرفت است فراهم می‌آید. برعکس، در نظام‌های مطلق‌گرا یا استبدادی که در آن همه چیز بستگی به اراده و نظر حکومت دارد و قانون فرع بر اراده و میل مجریان است، تمایل شهروندان به سرمایه‌گذاری و فعالیت‌های تولیدی به دلیل فقدان امنیت اجتماعی کاهش می‌یابد که این حالت مغایر با پیشرفت و رونق اقتصادی است. برای اثبات این مدعی نیز می‌توان ده‌ها رساله نوشت و سال‌ها مطالعه و بررسی کرد و یا می‌توان روش ساده‌تری برگزید و نگاهی به سرشت ساختار سیاسی در بسیاری از جوامع پیشرفته و عقب‌مانده انداخته و آنها را با هم مقایسه نمود.

اما تمرکز و یکپارچگی در حکومت با تمرکز مطلق قدرت، دو پدیدهٔ کاملاً جدا و متفاوت از یکدیگر هستند. در ساختار حکومت متمرکز، یک مرکز تصمیم‌گیری بیشتر وجود ندارد، اما جان کلام اینجاست که این مرکز یگانه مطیع قانون بوده، اعمال و رفتار آن در محدودهٔ وظایف و اختیارات تعریف شدهٔ قانونی صورت می‌گیرد و این مرکز نمی‌تواند به دلخواه و هرطور که میل و اراده نمود تصمیم‌گیری نماید. ثانیاً، ابزارها و نهادهایی وجود دارند که عملکرد حکومت را کنترل نموده و می‌توانند از حکومت «حساب‌کشی» نمایند. مجلس، مطبوعات، گروه‌های فشار، احزاب و تشکل‌های سیاسی، رسانه‌های جمعی و قوه قضائیه همگی می‌توانند سیاست‌ها و تصمیم‌گیری‌های همان حکومت متمرکز و یکپارچه را مورد سؤال قرار داده و خواهان رسیدگی شوند (برخی همچون قوهٔ مقننه و قضائیه قانوناً می‌توانند

به کار حکومت رسیدگی کنند و برخی دیگر مثل مطبوعات با اتکا به افکار عمومی این قدرت را دارند). به سخن دیگر، حکومت علی‌رغم برخورداری از تمرکز و قدرت، مجبور به پاسخ‌دهی در قبال اعمال خویش است. یا به تعبیری دیگر، تمرکز و یکپارچگی حکومت، آن را در ورای قانون و نظارت مردم قرار نمی‌دهد. حکومت‌های آلمان، ژاپن، فرانسه یا هند بسیار نیرومند هستند، اما علی‌رغم آن نیرومندی، این حکومت‌ها در قبال هر اقدام کوچک و بزرگی که در داخل یا خارج از کشور به عمل می‌آورند پاسخ‌گو هستند. این کجا و حکومت محمدرضا شاه و رضا شاه کجا؟ چه کسی قادر بود یا جرأت می‌کرد از محمدرضا شاه یا رضا شاه در قبال سیاست‌هایشان توضیح بخواهد؟ حکومت‌های استبدادی نیز متمرکز و یکپارچه هستند ولی آیا ملت سهم و نقشی در تصمیم‌گیری‌های آنان دارد؟

منتقدین محترم نوشته‌اند که برخلاف نظری که در «ما چگونه، ما شدیم» مطرح شده است تمرکز قدرت در دست حکومت مانع ترقی نیست و بسیاری از کشورهایی که توانسته‌اند از مدار عقب‌ماندگی خارج شوند، این تحول را در سایهٔ یک نظام سیاسی متمرکز و یک حکومت نیرومند انجام داده‌اند. آنها اشاره کرده‌اند که روند صنعتی شدن اروپا در قرن هجدهم و نوزدهم نیز همین را نشان می‌دهد. همان‌طور که گفته شد، اگر منظور نویسندگان محترم از «حکومت مرکزی نیرومند» حکومتی است که فراتر از قانون قرار داشته باشد و اعمال و رفتار آن قابل رسیدگی نباشد در آن صورت بایستی گفت که این تصور صحیح نیست. ***نه تنها در قرون هجدهم و نوزدهم حکومت‌ها در اروپا دارای قدرت مطلق نبوده‌اند بلکه حتی در قرون پیش از هجدهم نیز در کنار قدرت حکومت قدرت‌های دیگری نیز وجود داشته‌اند و حکومت صرفاً بخشی از ساختار قدرت را تشکیل می‌داده است و نه به مانند ایران همهٔ آن را.***

پیرامون فصل پنجم، «***خاموشی چراغ علم در ایران***» منتقدین نوشته‌اند که در این فصل بنده از فلسفه، فقه، ظهور و سقوط بنی‌امیه و به قدرت رسیدن بنی عباس، سلاجقه و مغولان گرفته تا بحث جبر و اختیار و ... به بحث پرداخته‌ام بی آن که سرانجام توانسته باشم به خواننده‌ام اسباب و علل روی‌گردانی مسلمین از علوم را تفهیم کنم. دل‌ناخوشنودی آنان از این فصل چندان به این‌که آیا این فصل در هدفی که داشته موفق بوده یا خیر مربوط نمی‌شود بلکه مشکل آن است که چرا اساساً مقوله‌ای تحت عنوان «روی‌گردانی مسلمین از علوم» مطرح شده است. زیرا ما ترجیح می‌دهیم بیشتر به افتخارات و دستاوردهایمان بیندیشیم تا ضعف‌ها و نواقصمان. ترجیح می‌دهیم از عصر طلایی و از افتخارات و از پیشتازی مسلمین

در علوم صحبت کنیم تا از «روی‌گردانی خود از علوم». منتهی واقعیت تاریخی آن است که مسلمین در مقطعی از تاریخ پیشتاز علوم زمان خود بودند، و در مقطعی دیگر نه تنها از آن پیشتازی هیچ خبر و اثری نبود، بلکه در بخش عمده‌ای از جهان اسلام کمتر عالم و دانشمندی سرگرم تحقیق و تفحص پیرامون علوم طبیعی بود. این تحول هرچه بود، زشت یا زیبا، خوب یا بد، ناگوار یا دلپذیر، ریشه و اسباب و علل به‌وجود آمدنش درون جامعهٔ خود ما بود. به سخن دیگر، ابوعلی سینا، فارابی، جابربن حیان و خوارزمی همان‌قدر بخشی از گذشتهٔ ما را تشکیل می‌دهند که تخریب مدارس جدید در زمان قاجار به اتهام بی‌دینی. کاری که ما تاکنون انجام داده‌ایم عبارت بوده است از یادآوری و بالیدن بر اولی و سکوت در قبال دومی. در حالی‌که ما هر دوی اینها بوده‌ایم. ارسال مکرر تاج گل برای اولی و بستن چشمانمان بر روی دومی، مشکلی را حل نمی‌کند. چه بخواهیم و چه نخواهیم، بخشی از علت عقب‌ماندگی ما به روی‌گردانی ما از علوم باز می‌گردد. بنابراین چاره‌ای نداریم الّا این‌که ببینیم پس از آن عصر طلایی، پس از آن اوج و پیشتازی مسلمین در علوم، چه شد که ما پس رفتیم و درجا زدیم. اگر صحبت از نحله‌های فکری حنفی، معتزله، شافعی، حنبلی، بحث‌های جبر و اختیار و... شده است برای آن بوده تا نشان داده شود که این روی‌گردانی نه از آسمان نازل شد، و نه چینی‌ها و یا غربی‌ها آن را به ما تحمیل کردند. هرچه بود تحولی بود که اسباب و عوامل پیدایشش در درون جامعهٔ خود ما بود.

اما در مورد ابوحامد امام محمد غزالی که نوشته‌اند «***علی‌رغم مخالفت او با علوم و فلسفه چرا کتاب به غزالی تقدیم شده است؟***» بایستی توضیح دهم که من هم تا قبل از نگارش این کتاب در مورد غزالی دچار همان سوءِ برداشتی بودم که بسیاری در ایران (از جمله منتقدین محترم) دچار آن هستند؛ یعنی این باور که غزالی تیشه برداشت و بر ریشهٔ علم و فلسفه می‌زد. اما واقعیت این نیست، و یا حداقل این همهٔ واقعیت نیست. بحث پیرامون غزالی بسیار پیچیده و مفصل است. بنده نه این صلاحیت را دارم که پیرامون آن شخصیت عظیم مطلبی بنگارم و نه اساساً در کار دین‌شناسی اهلیتی دارم. آن‌چه علی‌رغم اینها مرا واداشت تا در مقابل غزالی سر تعظیم فرود آورم، جدای از شخصیت عالم، فرهیخته و متقی آن بزرگوار، درک این مطلب بود که چرا غزالی آن همه سعی دارد تا خرج دین را از علم و فلسفه جدا سازد. همهٔ ما با بحث‌های شبه علمی و طرز فکری که سعی دارد اساس و بنیاد دین را بر روی علم و معرفت علمی قرار دهد آشنا هستیم. همهٔ ما مشابه این بحث‌ها را فراوان شنیده‌ایم که اگر

فی‌المثل اسلام خواسته که مسلمین روزه بگیرند، امروزه ثابت شده و تحقیقات فلان دانشمند فرانسوی یا آلمانی نشان داده که روزه اعصاب را تقویت نموده و سوءِ هاضمه را هم از بین می‌برد؛ اگر اسلام گفته مشروب نخوریم، دانش پزشکی امروزه ثابت کرده که مشروبات الکلی معده، روده و کبد را از کار انداخته و لوزالمعده را هم تنبل می‌کند؛ اگر اسلام غنا را حرام دانسته، امروزه ثابت شده که موسیقی اعصاب سمپاتیک مغز را آزار می‌دهد و ... مباحثی از این دست که خلاصهٔ کلام می‌خواهند نشان دهند که دستورات اسلام نه تنها منافات و تضادی با علم ندارد بلکه بسیاری از آنها مبنای علمی و پزشکی دارند. به سخن دیگر، اساس اسلام بر روی علم است. نتیجهٔ طبیعی چنین رهیافتی آن خواهد بود که هرچه علم بگوید دین نیز تأیید خواهد کرد و مبانی شناخت در هر دو یکی است. بدین ترتیب هر آفتی که به علم وارد شود به دین هم سرایت می‌کند و اگر بدعتی در دین وارد شود راه را بر علم نیز می‌بندد اگرچه عالم گالیله باشد و علم کروی بودن زمین. غزالی چنین دینی را نفی می‌کند. او روزه گرفتنی را که برای سلامت بدن مضر باشد نفی می‌کند. او حرمت شرب خمر را به‌واسطه آن که کبد انسان را تنبل می‌کند نفی می‌کند. ***او راه شریعت را از معبر علم و مباحث فلسفی نمی‌داند بلکه آن را از طریق تعبد و ایمان می‌جوید.*** غزالی معتقد است علت روزه‌داری مسلمان بایستی آن باشد که این امر را حضرت باری‌تعالی خواسته است و نبی‌اکرم(ص) ابلاغ فرمود، همین و بس. صرف‌نظر از آن که روزه برای جسم و روان، برای کف دست یا قوزک پا مفید است یا خیر. ایضاً در مورد هر دستور دیگر دینی. غزالی می‌گوید امر دین را بایستی از راه دل، ایمان و تعبد جست نه آن که ببینیم کجایش را علم ثابت کرده و کجایش را با استدلال و براهین عقلی می‌توان ثابت کرد. من فکر می‌کنم اساساً علت «علم‌گریزی» و «فلسفه‌ستیزی» غزالی به واسطهٔ آن بود که در عصر او (آن‌طور که در «ما چگونه، ما شدیم» تشریح شده است) علم، فلسفه و دین در هم آمیختند و بسیاری از مباحث دینی تحت تاثیر اندیشه‌های تعقلی و خردگرایانهٔ یونانی که در عصر طلایی وارد جهان اسلام شده بود قرار گرفت. به تعبیری دیگر، برای بسیاری از مسلمین مباحث دینی از یک معبر فلسفی می‌گذشت. اما چرا غزالی با این روش مخالف بود؟

مهم‌ترین دلیل او برای مخالفت با چنین معرفت دینی آن بود که این معرفت را مسبب منازعات فکری و تزلزل‌های پیش آمده در افکار و اندیشه‌های دینی مسلمین می‌دانست(ص ۲۶۸-۲۵۶). او علم و فلسفه را ضعیف‌تر از آن می‌دانست که بتوانند پایه‌های شریعت را بر

روی خود قرار دهند. غزالی بنیان علوم را متغیر و بنیان فلسفه را در هم آمیخته می‌دید و خوف آن را داشت که اسلامی که بر پایه‌هایی این‌چنین متزلزل و پرمجادله قرار گیرد چگونه شریعتی از آب به در خواهد آمد. از دید غزالی، فلسفه‌ای که درون خود، آن همه جدل و نابسامانی داشت و هر جنبه‌اش مملو از تضارب آرا و عقاید متضاد بود، نمی‌توانست مبنا و پایه و اساس برای اثبات اصول دین خدا قرار گیرد. به نظر من، و بر خلاف نظر رایج، غزالی در اثر معروفش «*تهافت الفلاسفه*» در پی آن نیست که با فلسفه به ستیز برخاسته و آن را منهدم سازد. بلکه مراد او در حمله به فلسفه و بیان تناقضات و مغایرت‌های موجود در این علم آن بود که نشان دهد چنین مجموعهٔ به هم ریخته‌ای نمی‌تواند پایه واساس شریعت قرار گیرد. هدف او از بی‌اعتبار ساختن فلسفه آن بود که به مسلمین و علمایی که پایهٔ دین را بر روی فلسفه قرار داده بودند نشان دهد که دین خدا را بر روی چه پایهٔ سست و لرزانی نهاده‌اند و چه آشفتگی و هرج و مرجی از این روش نتیجه خواهد شد. و اگر من کتابم را به غزالی (رحمت‌الله علیه) تقدیم داشتم به واسطهٔ آن بود که تعلق به نسلی دارم که به آنها آموخته شده بود «***آرا و دستورات دین مبین اسلام چقدر علمی است و چقدر با علم سازگاری دارد.***» اسلام را بایستی بپذیریم چون «***علمی است***» و «***با علم منافات ندارد.***» ***اما غزالی می‌گوید اسلام را بایستی بپذیریم چون حضرت باری تعالی خواسته و از طریق رسولش به ما ابلاغ کرده است.*** و با در نظر گرفتن رواج و مقبولیت بحث‌های شبه علمی «پست مدرنیستی»، «معرفت شناختی» و «علم گرایانه»‌ای که امروزه در جامعهٔ ما پیرامون شریعت به راه افتاده آیا پس از گذشت نهصد سال از غزالی، تفکرات او ارتباط تنگاتنگی با مباحث دین‌شناسی زمانه ما پیدا نمی‌کند؟

منتقدین محترم نوشته بودند که ارتباط میان غزالی، شهید همت و شهید خرازی چه بوده؟ و به طعنه افزوده بودند که اگر میان آن دو «سردار سرافراز اسلام» با غزالی ارتباطی باشد از کنه آن ارتباط فقط نویسنده آگاه است. ای کاش این‌گونه بود و یاوه‌گویی مثل من می‌توانست به درجه‌ای برسد که ارتباط میان آن «سه تن» را «ببیند». اما مشکل دید منقدین محترم آن است که به دنبال «هم‌زبانی» می‌گردند و «هم‌دلی» را نمی‌بینند.

ای بسا هندو و ترک همزبان — ای بسا دو ترک چون بیگانگان
غیر رمز و غیر ایما و سِجِل — صد هزاران ترجمان خیزد ز دل
پس زبان هم‌دلی خود دیگر است — همدلی از همزبانی بهتر است

شاید اگر به جای «همزبانی»، آنها به دنبال «همدلی» می‌گشتند عالم را چیزی به‌جز ارتباط

میان «غزالی (رحمت‌الله علیه)»، «همت» و «خرازی» نمی‌دیدند.

آخرین بخش نقد که مفصل‌ترین، گزنده‌ترین و در عین حال جدی‌ترین آن نیز هست مربوط می‌شود به «***اسلام و غرب***». این قسمت در حدود نیمی از مقالهٔ «غسل تعمید استعمار» را تشکیل می‌دهد و همان‌طور که عنوان مقاله نیز نشان می‌دهد، در این قسمت است که منتقدین محترم دعوای اصلی خود را با «ما چگونه، ما شدیم» مطرح ساخته‌اند. جوهرهٔ انتقاد آنان نیز این است که در این کتاب به غرب و عملکرد تاریخی سیاه آن در جهان سوم ازجمله در ایران غسل تعمید داده شده و با طیّب و طاهر نمودن عملکرد استعمار، بنده سودای آن را دارم که بگویم آن عملکرد از منظر تاریخی درست بوده است و غرب در هر آن‌چه کرده محق بوده و هیچ قبح و منعی بر عملکرد آن وارد نیست.

مطالب در این بخش از نقد، بسیار است و پیرامون هر یک از بندهای آن می‌توان رساله‌ای نوشت؛ اما پاسخ‌دهی به این بندها و ایرادات نه ثمری دارد نه چیزی را عوض می‌کند. زیرا در جامعهٔ ما نسبت به غرب یک «***احساس سیاسی***» وجود دارد که بعید به نظر می‌رسد با بحث و منطق بتوان آن را تغییر داد. بنابر این مطالب این بخش از نقد را به دو قسمت تقسیم نموده‌ام. بخشی که در یک چارچوب نظری قابل بحث و بررسی است و در رد یا تأیید آن می‌توان استناد به ادله و شواهد تاریخی و نقلی نمود و بخش دوم که به تلقی ویژه و «***احساس سیاسی***» خاصی که امروزه ما نسبت به غرب پیدا کرده‌ایم باز می‌گردد. در مورد بخش دوم معتقدم بحث و تجزیه و تحلیل منطقی آب در هاون کوبیدن است زیرا در اینجا با «تعقل سیاسی» روبه‌رو نیستیم، بلکه با یک «احساس سیاسی» مواجه هستیم. پیرامون این بخش من صرفاً به دادن یک نظر شخصی اکتفا کرده و بحثی نکرده‌ام.

اما در مورد «بخش تعقلی» ***اسلام و غرب***، اهمّ ایرادات را می‌توان در چند محور خلاصه نمود. اولین و مهم‌ترین ایراد آن است که از دید منتقدین محترم (و تفکر رایج در جامعهٔ ما به‌علاوه از دیدگاه برخی نظریه‌پردازان غربی همچون پروفسور ساموئل هانتینگتون صاحب نظریهٔ مشهور ***رویارویی تمدن اسلام و غرب در قرن بیست و یکم و بالاخره طیفی از جناح‌های دست راستی، نژادپرست و محافظه‌کار غربی***)، اسلام و تمدن غرب همواره در تضاد و تقابل با یکدیگر بوده‌اند و این تضاد امروزه همان‌قدر مطرح است که در زمان جنگ‌های صلیبی (هشتصد سال پیش) و قبل از آن وجود داشته است. اما من در «ما چگونه، ما شدیم» این تضاد را نپذیرفته‌ام بلکه قایل به نوعی «دِتانْت» یا همزیستی میان این دو تمدن شده‌ام. انتقاد دومی

که وارد شده آن است که به منظور اثبات نظریه «همزیستی» و نفی نظریهٔ «تقابل»، حقیر منکر شواهد و قراین تاریخی شده‌ام. از جمله نوشته‌ام که علت به‌وجود آمدن جنگ‌های صلیبی میان مسلمین و غربی‌ها به‌واسطه مذهب نبوده و اسباب و علل دیگری در کار بوده است. سوم آن که، آمدن غربی‌ها به شرق را در جهت رویارویی و ضربه وارد ساختن به اسلام ندانسته‌ام. چهارم آن که، فروپاشی امپراتوری عثمانی به‌دست قدرت‌های غربی را به عنوان ادامه تضاد میان اسلام و غرب تلقی نکرده‌ام و ***آن را توطئه‌ای از جانب غربی‌ها برای لطمه وارد ساختن به اسلام نمی‌دانم.*** پنجم آن که، استعمار کشورهای اسلامی توسط اروپاییان از قرن نوزدهم به این طرف را به عنوان تلاش غرب برای ضربه وارد نمودن به اسلام نمی‌دانم. ششم آن که، آمدن غربی‌ها به شرق را از قرن پانزدهم به این طرف «توجیهم» کرده و به زعم منتقدین برای آنها در این مورد «حق» قایل شده‌ام. البته موارد و نکات دیگری هم در مقاله می‌توان پیدا نمود لکن «دانه‌درشت‌ها» همین‌ها هستند.

همهٔ این موارد در حقیقت شاخ و برگ‌های مختلف تنهٔ اصلی یک درخت‌اند. تنهٔ اصلی آن است که ***آیا میان اسلام و غرب در طول تاریخ تضاد وجود داشته است (و بالطبع اکنون هم ادامه دارد) یا خیر؟*** آنان که به این سؤال پاسخ مثبت می‌دهند (که اکثریت قریب را شامل می‌شوند) اصولاً هر تحول و رویدادی را که میان بخشی از جهان اسلام با بخشی از جهان غرب رخ داده از این دریچه می‌نگرند. از جنگ‌های صلیبی در نهصد سال پیش گرفته تا آمدن برادران شرلی به ایران، جنگ‌های ایران و روس، فروپاشی امپراتوری عثمانی، ورود استعمار به کشورهای مسلمان، پیدایش اسرائیل و حوادث کنونی در بوسنی و هرزگوین را از این زاویه می‌نگرند. «ما چگونه، ما شدیم» این نظر همگانی و رایج را ندارد. یعنی قایل به‌وجود نوعی تضاد و تقابل و رویارویی تاریخی از پیش تعیین شده میان اسلام و جهان غرب نیست. بر خلاف دیدگاه تقابل که هر تحولی میان اسلام و غرب را حلقه‌ای از یک زنجیر کلی می‌بیند، «ما چگونه، ما شدیم» معتقد است که هر تحولی را بایستی مستقلاً و در چارچوب اجزا و عناصر سیاسی، اقتصادی و اجتماعی تشکیل‌دهندهٔ همان تحول، جستجو نماییم. مهم‌ترین استدلال کتاب آن است که اگر جنگ را به عنوان یک شاخص اندازه‌گیری تضاد و تقابل میان ملت‌ها و تمدن‌ها در نظر بگیریم، در آن صورت حجم جنگ‌ها و رویارویی‌های نظامی و سیاسی میان غربیان با یکدیگر و مسلمین با یکدیگر به‌مراتب بیش از حجم درگیری‌های میان مسلمین و غربی‌ها بوده است. آن مواردی هم که پیکار و رویارویی میان مسلمین و غربی‌ها پیش آمده،

انگیزه و دلیل آن رویارویی‌ها لزوماً دین نبوده است. مذهب را حداکثر بتوان یکی از اجزای تخاصم دانست و نه همهٔ آن. نگرش کتاب به جنگ‌های صلیبی نیز از چنین زاویه‌ای بوده است. منتقدین محترم نوشته‌اند که «***جنگ‌های صلیبی به تصدیق همهٔ مورخین، نبرد میان اسلام و مسیحیت غربی بوده است.***» چه کسی این را گفته؟ کدام همه مورخین؟ منابع معتبر تاریخی که «ما چگونه، ما شدیم» به آنها استناد کرده است این جمع‌بندی را تأیید نمی‌کنند. بر طبق آن منابع، بخش عمده‌ای از انگیزهٔ داوطلبان و ارتش‌های غربی در «جهاد» علیه مسلمین (کفار از دید آنها) به‌دست آوردن مال و ثروت بود. فقر عمومی و شرایط نامطلوب اقتصادی در غرب اروپای آن زمان از یک‌سو و رونق اقتصادی، ثروت و منابع افسانه‌ای شرق آن‌روز از سویی دیگر، انگیزهٔ کمی برای هجوم نبود. به علاوه استفاده از عنصر دشمن خارجی (به‌خصوص که ثروتمند هم بود) انگیزه‌ای قوی بود برای پایان بخشیدن یا حداقل کاستن از دامنهٔ اختلافات و منازعات پایان‌ناپذیر میان اشراف، فئودال‌ها، دربار و خاندان‌های دوک‌نشین مختلف و متعدد اروپای فئودالی. جدای از همهٔ این‌ها، مهم‌ترین شاهدی که در ماهیت دینی جنگ‌های صلیبی تردید به‌وجود می‌آورد آن است که ***نیمی از جهان مسیحیت آن‌روز که همجوار دنیای اسلام بود از شرکت در جنگ‌های صلیبی خودداری کرد.*** نه تنها شرق اروپا از شرکت جستن در جنگ‌های صلیبی اجتناب نمود بلکه حتی اجازهٔ عبور «جهادگران» صلیبی غرب اروپا را نیز از خاک خود نمی‌داد و در مواردی میان آنان برخوردهای نظامی خونین و گسترده صورت می‌گرفت. علاوه بر آن پیوندهایی بود که میان مسلمین و صلیبیون علیه دشمن ثالث مسیحی یا مسلمان صورت می‌گرفت (ما چگونه، ما شدیم ص ۳۱۱-۲۹۸) آیا می‌توان همهٔ این شواهد تاریخی را نادیده گرفت و هنوز پای فشرد که جنگ‌های صلیبی دنبالهٔ تضاد تاریخی میان اسلام و غرب بود؟ البته وقتی ما در مورد وقایع بوسنی و هرزگوین که امروز و پیش چشمانمان اتفاق می‌افتد، قایل باشیم که این جنگی میان اسلام و غرب است، تکلیف جنگ‌های صلیبی که هشتصد سال پیش اتفاق افتاده است روشن خواهد بود.

اگر در مورد علت بروز جنگ‌های صلیبی تردید باشد، پیرامون علت فروپاشی امپراتوری عثمانی به نظر نمی‌رسد دیگر بتوان شک کرد. این درست است که میان امپراتوری عثمانی و قدرت‌های اروپایی پیکارهای طولانی در گرفت، اما انگیزهٔ این پیکارها شریعت نبود. نه ترکان برای دفاع از اسلام با روس‌ها، انگلیسی‌ها، فرانسوی‌ها، صرب‌ها، یونانی‌ها و کروات‌ها می‌جنگیدند و نه قدرت‌های اروپایی به سودای ضربه وارد آوردن به اسلام با

عثمانی‌ها وارد جنگ شدند. انگیزهٔ این جنگ‌ها درست همانند انگیزه‌ای بود که موجب بروز جنگ میان مسلمین با یکدیگر از جمله میان امپراتوری عثمانی و ایران زمان صفوی می‌شد. انگیزهٔ رویارویی‌ها همان بود که قدرت‌های مختلف اروپایی را با خودشان درگیر می‌نمود: انگلستان با فرانسه، آلمان با روسیه، پروس با مجارستان، صرب‌ها با کروات‌ها، یونان با ایتالیا، جنوب ایتالیا با شمال آن، باسک با اسپانیا، بلژیکی‌های فلاندرزی با بلژیکی‌های فرانسوی، ایرلندی‌ها با انگلیسی‌ها... انگیزهٔ ناپلئون در لشکرکشی به مصر برای ضربه وارد نمودن به اسلام و امپراتوری عثمانی نبود، زیرا در همان مقطع فرانسویان بـه کـمک ایـرانـیان شـتافته بودند. انگیزهٔ او همان بود که در مرحلهٔ بعدی وی را واداشت تا به روسیه حمله برد. حاشا و کلا که نبردها با امپراتوری عثمانی به‌واسطهٔ رویارویی با اسلام بوده باشد. اسلام کدام خطر و کدام مشکل را برای ناپلئون یا دولت فخیمهٔ انگلستان یا بهیّهٔ تزار روس پیش آورده بـود؟ جنگ‌ها به خاطر خاک، تصرف سرزمین بیشتر، رقابت‌های اقتصادی و تجاری، تسلط بـر مناطق سوق‌الجیشی (استراتژیک)، دست‌یابی به بندر و راه یـافتن بـه دریـا و آب‌هـای آزاد، گرفتن منابع طبیعی و معدنی و... بود. به همین خاطر بود که در عرصهٔ جنگ جهانی اول ترکان مسلمان را در کنار آلمان‌های کاتولیک، برعلیه روس‌های ارتدوکس و انگلیسیان پروتستان می‌بینیم.

نکتهٔ دیگری که از جانب طرفداران تـز «استعمار، عـامل عـقب‌ماندگی» در خـصوص امپراتوری عثمانی همواره نادیده انگاشته شده پذیرش واقعیت‌های جـامعهٔ عـثمانی است. ترکان عثمانی در فاصلهٔ میان قرون چـهاردهم تـا هـفدهم مـیلادی تـوانستند بـزرگ‌ترین امپراتوری را در داخل اروپا ایجاد نمایند. مرزهای امپراتوری آنان از آذربایجان ایران شروع می‌شد و پس از گذشتن از بخش‌های وسیعی از اروپای مرکزی امروز تا مـجارستان ادامـه می‌یافت. ترکان حداقل دو بار به صورت جدی تا دروازه‌های وین، یعنی قلب اروپا، پیش رفتند که آخرین بار نیمهٔ دوم قرن هفدهم بود. اما سرانجام ماشین نـظامی آنـان در اروپـا از حرکت باز ایستاد. دلیل آن توقف توطئهٔ جهان مسیحیت و غربی‌ها علیه ترکان نـبود. بـلکه نتیجهٔ وضعیت سیاسی اجتماعی و اقتصادی جامعهٔ عثمانی بود - جامعه‌ای که درهای خود را محکم بر روی هرگونه اصلاح و ترقی بسته بـود. در حـالی‌که جـوامـع اروپـایی در مسیر اصلاحات سیاسی، اقتصادی و اجتماعی جدید گام می‌نهادند، ترکان در آستانهٔ قـرن بـیستم جامعهٔ خود را هنوز در همان فضای قرون چهاردهم و پانزدهم نگه داشته بودند. بدین ترتیب

عاقبت کار اجتناب‌ناپذیر بود. این فقط ترکان نبودند که پای در گذشته داشتند و رنسانس تأثیری در جامعه‌شان نتوانست پدید آورد. دو ابرقدرت دیگر اروپا یعنی امپراتوری پرتغال و اسپانیا نیز همانند ترکان عمل نمودند و نهایتاً به همان سرنوشت نیز دچار شدند. آنان نیز علی‌رغم آن که در فاصلهٔ بین قرون پانزدهم تا هجدهم هر یک توانسته بودند بر نیمی از جهان شناخته شده آن‌روز تسلط یابند، با این حال از آن‌جا که نتوانستند پذیرای اصلاحات مدرن سیاسی و اقتصادی و نهایتاً انقلاب صنعتی شوند، در پایان قرن هجدهم نه تنها شوکت ابرقدرتی خود را از دست دادند، بلکه با ظهور قدرت‌های جدید اروپایی بدل به قدرت‌های دست چندم شدند. قدرت‌های جدید شامل آن دسته از کشورهای اروپایی بودند که در جهت اصلاحات جدید گام برداشتند. کشورهایی نظیر انگلستان، فرانسه، هلند و بلژیک جایگزین ابرقدرت‌های قرون وسطی یعنی اسپانیا، پرتغال و امپراتوری عثمانی شدند. بنابراین اگر هنوز اصراری هست که تاریخ را به مثابه یک «**توطئه بزرگ**» بنگریم، بایستی گفت که این توطئه نه علیه اسلام بود و نه برعلیه امپراتوری عثمانی، بلکه برعلیه قدرت‌هایی بود که دروازه‌های خود را بر روی پیشرفت علمی، تفکر اجتماعی، تعقل سیاسی و اصلاحات اقتصادی بستند، صرف‌نظر از آن که در شرق بودند یا در غرب، اروپایی بودند یا عرب، پرتغالی و اسپانیای بودند یا عثمانی یا ایرانی.

به همین ترتیب آمدن غربی‌ها و استعمار به شرق به منظور از میان برداشتن اسلام و مسیحی نمودن مسلمانان نبود. اساساً قدرت‌های سیاسی اروپای بعد از رنسانس، ازجمله قدرت‌های استعماری، نوعاً بی‌دین بودند. ممکن است این پادشاه اروپایی یا آن یکی، این نخست وزیر یا آن صدراعظم، این تزار یا آن امپراتور، این وزیر مختار یا آن سفیر، تعلق خاطر دینی می‌داشتند اما این امر پدیده‌ای شخصی بود. در مشرب سکولاریزم حاکم بر اروپای بعد از رنسانس، دین امری شخصی بود، اعم از مسیحیت یا اسلام، آیین بودا یا کیش زرتشت. و این حکم کلی بود چه در اروپا و چه در مستعمرات. بنابراین تلاش استعمار برای نفوذ به مناطق دیگر صرفاً به منظور دست‌یابی بر منافع و منابع اقتصادی بود. به همین دلیل، استعمار هم سر از مصر سنّی درآورد هم ایران شیعه. هم به سر وقت آفریقای بی‌دین رفت هم آمریکای لاتین مسیحی. در این میان چین کنفسیوس، هند برهما و برمه، لائوس، کامبوج و ویتنام بودایی را نیز بی‌نصیب نگذارد.

آن‌چه باقی می‌ماند اتهامات شدیدی است که نویسندگان مقاله به «ما چگونه، ماشدیم»

به‌واسطهٔ دفاعش از غرب (البته به زعم آنان) وارد ساخته‌اند. بنده معتقدم که «ما چگونه، ما شدیم» به هیچ روی از غرب دفاع نمی‌کند. آن‌چه باعث این تلقی از کتاب شده است همان «**احساس سیاسی**» است که در میان ما نسبت به غرب وجود دارد و پیش‌تر از آن نام بردیم. از جمله جلوه‌های این احساس آن است که در ما نوعی عادت حمله به غرب و متهم نمودن آن برای همهٔ ناملایمات وجود دارد. اگر نوشته‌ای یا تحلیلی دست بر روی ناملایمات و مشکلات تاریخی ما بگذارد و به سراغ غرب نرود، آن اثر لاجرم به مثابهٔ دفاع از غرب تلقی می‌شود. استالین معتقد بود «**هرکه با ما نیست دشمن ماست**». در اینجا هم هر اثر تاریخی سیاسی و جامعه‌شناختی که پیرامون ایران باشد و به غرب حمله نکند، دوست غرب است. «ما چگونه، ما شدیم» نه به غرب حمله می‌کند و نه از آن جانبداری. زیرا یک بیانیهٔ سیاسی یا سر مقاله روزنامه‌ای نیست. تحقیقی تاریخی است با همهٔ ضعف‌ها و کاستی‌هایش. علاوه بر آن موضوع کتاب اساساً پیرامون غرب و عملکرد آن نیست. بنابراین به جای پرداختن به این‌که آیا در این کتاب از غرب جانبداری شده یا خیر بنده فکر می‌کنم بهتر باشد به اسباب و عللی که این تفکر را القا می‌کند بپردازیم. یعنی همان «احساس سیاسی». با وجود این احساس، بحث و استدلال بی‌فایده است زیرا ما از قبل تصمیم گرفته‌ایم که سیاه و سفید کدام است.

این نگرش، همان‌طور که در ابتدای مقاله گفته شد، مولود تفکر چپ است. تا قبل از آن، غرب نه تنها این چهرهٔ ملعون امروزی را برای ما نداشت، بلکه مدینهٔ فاضله، الگو و منبع الهام روشنفکران ما نیز بود. نسل‌های اولیهٔ ایرانیانی که به‌تدریج و با گسترش ارتباطات با بیرون از ایران از جمله با غرب آشنا شدند سخت تحت تأثیر تمدن و تفکر اروپا قرار گرفتند. عقب‌ماندگی عمیق اقتصادی، سیاسی و اجتماعی حاکم بر ایران باعث می‌شد که غرب درخشندگی خاصی برای ایرانیان داشته باشد. در ابتدا بیشتر جنبه‌های اقتصادی و پیشرفت‌های تکنیکی غرب بود که چشمان ایرانیان را خیره می‌ساخت. اما برای نسل‌های بعدی به‌تدریج بنیان‌های سیاسی - اجتماعی و فکری غرب جذابیّت یافت. پندارها و موضوعاتی همچون اصل تفکیک قوا، حاکمیت قانون، محدودیت اختیارات حکومت، مصلوب‌الاختیار بودن پادشاه، رعیت نبودن مردم و برخورداری‌شان از حق و حقوق سیاسی و مدنی، آزادی، امنیت ، رفاه، ترقی، پیشرفت اقتصادی، وجود روزنامه، کتاب، بهداشت، ارتباطات، احزاب سیاسی، اتحادیه‌های صنفی، تشکیلات کارگری ... جذابیت بسیاری برای تجار، تحصیل‌کردگان، روشنفکران و برخی دولت‌مردان و روحانیون آن‌روز ایران پیدا

نمود. ایرانی که در آن «**شاه سایهٔ خدا**»، «**حکمش قانون**»، «**کلامش مقدس**» و مردمش رعیتی بیش نبودند. در سایهٔ تلاش‌های این گروه از ایرانیان بود که اندیشهٔ قانون خواهی و مشروطه‌طلبی یا محدودیت قدرت حکومت و شکل‌گیری پارلمان یا مجلس در ایران تولد یافت. نسل‌های بعدی روشنفکران ایرانی صرفاً به الگوبرداری از مشروطه و حکومت قانون بسنده نکردند بلکه برای انجام اصلاحات عمیق اقتصادی و اجتماعی و ایجاد جامعه‌ای مدرن کماکان به تقلید از غرب ادامه دادند. اوج این «**غرب‌محوری**» یا «غرب‌باوری» را بایستی در نسل تقی‌زاده سراغ گرفت که اعتقاد داشت از «**فرق سر تا نوک پا بایستی فرنگی شد**». اما نسل تقی‌زاده را بایستی اوج جریان غرب‌باوری دانست. از اینجا بود که به‌تدریج از شهریور ۱۳۲۰ به بعد آرا و جهان‌بینی سیاسی جدیدی در قالب اندیشه‌های چپ وارد ایران شد. در بستر جریان فکری جدید، غرب دیگر نه تنها مدینهٔ فاضله نبود بلکه سمبل همه مصیبت‌های بشری نیز به شمار می‌آمد. غرب دیگر مترادف با مفاهیمی همچون اومانیسم، لیبرالیسم، اصل تفکیک قوا، حاکمیت قانون، دموکراسی و متفکرانی همچون ژان ژاک‌روسو، جان استوارت میلز، جان لاک، دیدرو و دانته نبود بلکه با معانی جدیدی همچون استعمار، استثمار، سرمایه‌داری و امپریالیسم همراه شد. غرب از آن «همه» بودن تنزل یافت به «هیچ» شدن. سؤالی که امروز فراروی ما قرار دارد و تا به آن نپردازیم و برایش پاسخی فراهم نکنیم از بند آن «**احساس سیاسی**» نسبت به غرب رها نمی‌شویم، آن است که بالاخره غرب کدام است؟ سمبل پیشرفت و ترقی است یا مولّد همهٔ مفاسد و بدبختی‌ها؟ غرب کدام است، آن که تقی‌زاده باور داشت یا آن که امروز ما باور داریم که سمبل همه زشتی‌ها و پلیدی‌هاست؟

به گمان حقیر، واقعیت غرب نه آن است که تقی‌زاده مجنون‌وار به دنبالش بود، نه این است که ما امروز آب دهان بر صورتش می‌اندازیم. غرب نه آن بود که نسل تقی‌زاده می‌پنداشت و نه این است که ما امروز باور داریم. غرب جایی‌است میان این دو افراط «همه» یا «هیچ». در غرب، ترقی، پیشرفت، آزادی، انسان‌گرایی، قانون و دموکراسی هست، اما فاشیسم، نسل‌کشی، سلاح هسته‌ای، جنگ‌های عالم‌گیر، نژادپرستی، آلودگی محیط زیست، مصرف‌گرایی، و مصرف‌زدگی بی امان هم هست. غرب، نه «همه» است و نه «هیچ». «همه» دانستنش همان قدر خطاست که «هیچ» شمردنش.

غربی که تقی‌زاده باور داشت همان‌قدر وجود نداشت و ندارد، که غرب خیالی‌ای که ما امروز برای خود ساخته و سخت سرگم پیکار با آن هستیم. تا به‌حال ما در میان دو سر افراطی

طیف غرب‌شناسی بوده‌ایم. اما من تردیدی ندارم که سرانجام روزی خواهد آمد که ما غرب را آن‌گونه که «هست» ببینیم نه آن‌گونه که خودمان می‌خواهیم و در ذهنمان ساخته‌ایم. شاید نسل بعد از ما و شاید نسل‌های بعد از آنها به این واقعیت‌گرایی تاریخی برسند و غرب را نه آن‌طور که «می‌خواهند»، بلکه آن‌طور که «هست» بشناسند. تا آن‌زمان، اگر کسی مطرح کند که «ما چگونه، ما شدیم» و آیا کسی «ما را، ما کرد» یا «ما خودمان، ما شدیم» متهم می‌شود که دارد با یک دست به استعمار غسل تعمید می‌دهد و با دست دیگر ساقی‌وار بر سر آن آب تطهیر می‌ریزد.

«ریشه‌یابی» یا «ریشه‌تراشی»

نقد کتاب ما چگونه، ما شدیم: ریشه‌یابی علل عقب‌ماندگی در ایران

دکتر احمد سیف

ما چگونه، ما شدیم: ریشه‌یابی عقب‌ماندگی در ایران

صادق زیباکلام

تهران: انتشارات روزنه، ۱۳۷۵

نویسندهٔ کتاب ما چگونه، ما شدیم: ریشه‌یابی علل عقب‌ماندگی در ایران[۱]، بی‌گمان «آدم رشیدی» است و بسیار هم «با جرأت و با شهامت». به خودی خود چنین «شهامتی» عیب و ایرادی ندارد و بعید نیست گاه مفید هم باشد. اما نکته این است که وقتی نویسنده‌ای بتواند در لابه‌لای یک کتاب ۴۰۰ صفحه‌ای «علل عقب‌ماندگی در ایران» را در گسترهٔ تاریخ «ریشه‌یابی» کند و به‌علاوه مجموعهٔ گسترده و حتی بسیار پراکنده‌ای از دست‌آوردهای فکری بشریت را در یکی دو قرن گذشته تحت عباراتی چون «حرف‌های تکراری، فرضیات دایی‌جان ناپلئون، تحلیل‌های خیالی» هم فاقد ارزش اعلام کند، آنگاه روشن نیست در کارهای «پژوهشی» بعدی‌اش باید خدمت کدام دسته از دست‌آوردهای بشری برسد! به واقع برای کارهای بعدی چه باید بکند؟

پیش از هر چیز بگویم که نویسنده البته حق دارد نسبت به هرکس و هر نظریه و هر نگرشی دیدگاهی انتقادی داشته باشد، و بر هرکس و هر نظری انتقاد بنویسد. ولی اگر می‌خواهد جدی گرفته شود، باید قبل از هر چیز موضوع نقدش را بشناسد و از آن مهم‌تر، اندیشه‌ای

---

۱ – فصلنامهٔ مؤسسهٔ مطالعات تاریخ معاصر ایران، سال دوم، شماره پنجم، بهار ۱۳۷۷

منضبط و منظم داشته و در بیان نظریات دیگران، یعنی آن‌چه به نقد می‌کشد، صداقت داشته باشد. از آن گذشته، حداقل شناختی از روش‌شناسی علمی، یعنی حداقل شناختی از شیوه‌های پذیرفته شدهٔ تحقیق علمی نیز ضروری است و پیش‌انگارهٔ این دو پیش‌شرط البته این است که نویسنده به جد بخواهد خدمت‌گزار هرچند ناچیز حقیقت باشد. و اما، برای روشن شدن حقیقت لازم و ضروری است که نویسنده در برابر خویشتن خویش احساس مسئولیتی عمیق و تام و تمام داشته، با خویش صادق باشد.

آیا در مورد این کتاب و یا نویسنده‌اش می‌توان چنین گفت؟ بی‌گمان نویسنده چنین ادعایی دارد. هدف عمدهٔ این نوشتهٔ کوتاه، وارسیدن همین نکته است و بدون هیچ ادعایی نقد همهٔ آن‌چه در این کتاب آمده، نیست. برای وارسیدن همهٔ آن‌چه در این کتاب آمده است باید کتابی به همین حجم نوشت، و چنین کاری فرصتی بیشتر می‌طلبد که دریغا فراهم نیست.

ابتدا به ساکن می‌خواهم دربارهٔ عنوان فرعی کتاب کمی مکث کنم: ریشه‌یابی علل عقب‌ماندگی در ایران، بدون تردید موضوع بسیار مهمی است. ولی این عنوان را بگذارید در کنار این سخن درست که «آیا بدون شناخت درد، می‌توان به درمان پرداخت؟». البته که نه، و بعد، این دو را بگذارید کنار این پاسخ نامعقول نویسنده به یک انتقاد که «تعمداً» تعریفی از عقب‌ماندگی ارائه نداده است، «زیرا نیازی به چنین تعریف و توصیفی نیست». آن هم با این ادعا که «در ذهن خواننده برای بسیاری از مفاهیم سیاسی و اجتماعی یک معنا و ادراک اولیه وجود دارد که نیاز به تعریف را منتفی می‌سازد». و بعد این داستان دلکش را می‌گوید که «اگر خواننده در جمله‌ای بخواند که «فلان کشور آفریقایی عقب افتاده است» تصویری در ذهنش از عقب‌ماندگی وجود دارد و استنباط او از این گزاره در قالب همان تصویر صورت خواهد گرفت که درست هم هست».

و اما آن‌چه از این میان سر بر می‌آورد، ساده‌انگاری و مسئولیت‌گریزی نویسنده است و از آن بدتر، اگر درکش از عقب‌ماندگی همین است که به این ترتیب به نمایش می‌گذارد، پس ظاهراً نمی‌داند دربارهٔ چه پدیده‌ای دارد ریشه‌یابی می‌کند. و وقتی آدم درد را به درستی نمی‌شناسد، ریشه‌یابی آن درد ناشناخته نیز قلابی می‌شود و بی‌فایده. این روایت که خواننده می‌داند و آن تصویر درست هم هست، بدون ارائهٔ تعریفی از «عقب‌ماندگی»، ادعای بی‌ربطی است که به دشواری می‌توان جدی گرفت. «ادراک اولیه» در هیچ زمینه‌ای نیاز به تعریف را منتفی نمی‌سازد تا چه رسد در این حوزه که اگر نویسنده بداند این همه بحث و جدل در

جریان است و در ۵۰ـ۴۰ سال گذشته، اگر نخواهیم دورتر برویم، در جریان بوده است. و اما چرا نویسنده تعریفی از عقب‌ماندگی به‌دست نمی‌دهد؟ به اعتقاد من دلیل اصلی‌اش این است که ارائهٔ تعریف از این یا هر پدیدهٔ دیگر معمولاً کمی دست و پا گیر است. چون تعریف در بطن خویش حامل محدودیت‌هایی است، یعنی نویسنده دیگر نمی‌تواند مربوط و نامربوط زمین و زمان را به هم بدوزد. باید مباحث ارائه شده در چارچوبی منطقی و مستدل قرار گیرد و نویسنده و تحلیل‌گر باید به تعاریف خویش وفادار بماند. و همهٔ این کارها، البته به ذهنی منضبط نیازمند است. در عین حال، وقتی موضوع یک پژوهش تعریف نمی‌شود، در آن صورت همه چیز نامربوط هم مربوط به نظر می‌آید و این به نظر آمدن اما واقعیت را تغییر نمی‌دهد. چرا که نامربوط، همیشه نامربوط است. در نبود تعریف، معیار و محکِ سنجش چه می‌شود؟ برای روشن شدن مشکلاتی که از نبودن تعریف ریشه می‌گیرد، این دو ادعا را با هم مقایسه می‌کنیم: «کرهٔ شمالی عقب‌مانده است» و بعد، «عربستان سعودی عقب‌مانده است». اگر نویسنده ادعا کند در ذهن خواننده با ادراک اولیه تصویری از عقب‌ماندگی شکل می‌گیرد که «درست هم هست»، آنگاه و بلافاصله باید گفت که این نویسندهٔ گرامی ماست که نمی‌داند دربارهٔ چه پدیده‌ای دارد قلم می‌زند و اگر عقب‌ماندگی را تعریف نکنیم، براساس آن «ادراک اولیه» چاره‌ای نداریم که کرهٔ شمالی و عربستان سعودی را همسان و همطراز فرض کنیم که بدون تردید غلط است. و اگر نکنیم، در نبودن تعریف، چه کنیم؟ خلاصه کنم، با فقدان تعریف، روشن نیست که قصد و غرض نویسنده به راستی چیست؟ این «مای» ایشان کیست؟ چه مختصاتی دارد که نباید داشته باشد و چه‌ها ندارد که می‌باید داشته باشد؟ بدون تعیین این جزییات، البته که می‌توان کلی‌گویی کرد و من بر این عقیده‌ام که کار ما از این گونه کلی‌گویی‌ها به واقع گذشته است.

نویسنده به راستی دربارهٔ چه دارد «ریشه‌یابی» می‌کند؟ این عقب‌ماندگی سیاسی است یا اقتصادی، فرهنگی است یا اجتماعی؟ و یا ترکیبی است از این‌ها و تازه از کدام؟ عقب‌ماندگی به عنوان مفهومی کلی و مجرد وجود ندارد تا «ریشه‌یابی» شود. اکنون می‌پردازیم به «ریشه‌یابی» نویسنده و داستان مفصل‌ترش را خواهیم شنید. ولی جای گفتن دارد که نویسنده به خاطر همین ذهنیت غیرمنضبط دربارهٔ مسایل و موضوعاتی قلم می‌زند که در باره‌شان نه به جد اندیشیده است و نه به واقع مطلب دندان‌گیری می‌داند. سند ما نیز آن چیزی است که در این کتاب نوشته است.

بد نیست نمونه‌ای ارائه کنم. دو فصل اول کتاب بنا به وعدهٔ نویسنده نه فقط بازنگری این دیدگاه [مارکسیسم] به عنوان شروع کار ایشان است بلکه «در فصل بعدی خواهیم دید که تحلیل مارکسیسم از روند تحولات اجتماعی و سعی در استفاده از این الگو در تبیین پدیده‌ها عقب‌افتادگی در جامعه‌ای همچون ایران ما را با چه مشکلات و نارسایی‌هایی مواجه می‌سازد». و اما آن‌چه در این فصل می‌آید، به همه چیز مربوط می‌شود غیر از آن‌چه باید بشود.

اولاً قبل از هر چیز بگویم و بگذرم که غرض نه دفاع از این مکتب خاص نظری، بلکه اشاره به ضعف نگرش نویسندهٔ محترم به شیوهٔ تحقیق و به تاریخ به طور کلی است. آقای نویسنده که می‌خواهد نارسایی تحلیل مارکسیستی از عقب‌ماندگی را نشان بدهد نه فقط به هیچ یک از منابع کلاسیک مارکسیستی اشاره‌ای ندارد بلکه در پیوند با عقب‌ماندگی نیز به هیچ مقاله و کتابی که در دههٔ گذشته نوشته شده باشد مراجعه نکرده است. گذشته از آن به نظر می‌رسد که نویسنده با نوشته‌های استادان صاحب‌نام و سرشناس مسایل مربوط به توسعه و عقب‌ماندگی، برای نمونه استره‌تین، فرانکو سیرژ، سینگر، چنری، رانیس، لوئیس، میردال، بارن، تودارو، و خیلی‌های دیگر هم آشنا نیست. بنابراین، چگونه می‌توان دربارهٔ عقب‌ماندگی «ریشه‌یابی» کرد، برای من روشن نیست. عمده‌ترین منبع نویسنده در نوشتن این فصل مهم «جزوهٔ درسی» استاد فقید حمید عنایت است که اگر برداشت نویسنده از آن درست باشد، آن‌چنان تعریف بی‌در و پیکری از فئودالیسم به‌دست می‌دهد که گرهی از کار کسی باز نخواهد کرد. براساس این تعریف، نه فقط ایران بلکه همهٔ کشورها در طول تاریخ ماقبل قرن نوزدهم در آن جای می‌گیرند. یعنی، پنج شرط زنده‌یاد حمید عنایت درخصوص یک جامعهٔ فئودالی، به واقع در مورد همهٔ جوامع پیشاسرمایه‌سالاری صادق است. حالا بماند که شرط اول، «شکل اصلی تولید، کشاورزی باشد»، نیز درست نیست، یعنی تا برآمدن نظام سرمایه‌سالاری در همهٔ جوامع، از عهد عتیق تا قرن هجدهم و نوزدهم این شرط وجود داشته است. ولی جالب است که نویسنده با تکیه بر این تعریف نادرست از فئودالیسم، که به غلط آن را به مارکس نسبت می‌دهد، نتیجه می‌گیرد که «نه‌تنها در عرض قرون وسطی در ایران چنین روابطی حاکم نبوده بلکه قبل و بعد از آن هم‌چنین ساختار اجتماعی در جامعهٔ ما وجود نداشته است». تا کمی بعد دربارهٔ ایران می‌نویسد «از آن‌جا که کشاورزی پایهٔ اقتصاد را تشکیل می‌داده است» و به‌علاوه سرتاسر کتاب بر این دلالت دارد که آن شروط دیگر نیز در

ایران وجود داشته، پس با توجه به آن‌چه خود نوشته و براساس تعریفی از فئودالیسم که خود مطرح نموده است، روشن نیست چگونه می‌توان به نتایجی که رسیده‌اند، رسید و کاربرد «فئودالیسم» را دربارهٔ ایران نادرست اعلام کرد؟

علت این دست سهل‌انگاری‌ها به اعتقاد من این است که نویسنده دربارهٔ آن‌چه می‌نویسد احساس مسئولیت نمی‌کند و به همین دلیل هم هست که این کتاب سرشار از ادعاهایی است که به دشواری می‌توان آنها را جدی گرفت. برای مثال می‌نویسد: «ظهور مارکس و اندیشه‌هایش در نیمهٔ دوم قرن نوزدهم باعث گردید که تا در ایران هم بسیاری از روشنفکران، نویسندگان و مورخین مدرن به سمت آرای او متمایل شوند».

سؤال این است که در قرن نوزدهم هزار و یک متفکر و اندیشمند دیگر هم «ظهور» کرده بودند. متفکرانی که نوشته‌هایشان به آسانی در دسترس همگان بود و خواندن کتاب و نوشتهٔ آنها در دورهٔ پهلوی‌های پدر و پسر، زندان و شکنجه نیز در پی نداشت، چه شد و چه پیش آمد که به قول نویسنده، ایرانیان به سمت آنها متمایل نشدند! ممکن است بد و بی‌راه گفتن به مارکس و تفکر چپ برای عافیت‌طلبی مناسب باشد، ولی با پراکندن باورهایی از این قماش، ادعاهای کوشش برای درک این‌که ***ما چگونه، ما شده‌ایم*** نه فقط کمی زیادی است که خام و ناسنجیده نیز هست.

واقعیت این است که نویسنده اگرچه دربارهٔ فئودالیسم قلم‌فرسایی می‌کند ولی دربارهٔ این ساختار چیزی که قابل توجه باشد نمی‌داند. از سویی، نویسندهٔ محترم اگرچه عزم خود را جزم کرده است تا نادرستی تحلیل مارکسیستی را نشان بدهد، ولی نه می‌داند مارکس و دیگران از جامعهٔ فئودالی چه درک و برداشتی داشته‌اند و نه برای ایشان مهم است که نمی‌داند. و چون این را نمی‌داند، تعجبی نیز ندارد که با به کار گرفتن تعاریفی قائم به شخص نویسنده دربارهٔ این مقوله‌ها قلم‌پردازی می‌کند. برای نمونه در یک‌جا می‌نویسد «فی‌الواقع آن‌چه به نام ***فئودالیسم*** معروف شده در حقیقت ساختار قدرتی بود که به‌تدریج از اواخر قرن نهم و عمدتاً هم در تکهٔ غربی اروپا شکل گرفت». این‌که چه کسی چنین می‌گوید روشن نمی‌شود. با این وصف در جای دیگر، ادعا می‌کند که «درمجموع می‌توان شالودهٔ روابط اجتماعی یک جامعهٔ فئودالی را در دو محور اصلی خلاصه نمود. محور اول عبارت بود از روابط بین یک فئودال و رعایایش و محور دوم روابط بین فئودال و پادشاه، کمی بعد که کارکرد قالب فئودالیسم را برای ایران درست نمی‌داند، می‌نویسد: «ازجمله مهم‌ترین تفاوت‌ها حدود

اختیارات حکومت و تفاوت بنیادی دیگر در مسئلهٔ مالکیت بر زمین است». و ظاهراً خودشان یادشان نیست که دو محور اصلی که پیش‌تر پیش کشیده بودند، مسئلهٔ مالکیت زمین را در بر نمی‌گرفت و معلوم نیست چه شد و چه پیش آمد که این نکته به ناگاه این همه اهمیت پیدا کرد!

باری، با همهٔ دشنامی که به هرکس و همه‌کس می دهد، این کتاب، برای عقب‌ماندگی ایران دو عامل می‌شناسد: حملهٔ مغول‌ها و کمبود باران. بسیاری از مسایل فرعی‌تر یا نتیجهٔ حملهٔ مغول‌ها بودند و یا در پیوند با کمبود باران قابل تبیین‌اند و این شیوه هرچه باشد، ریشه‌یابی نیست. نام واقعی‌ترش «علت‌تراشی» است. نه برای پرتو افکندن، که در ذات علت تراشیدن نیست، بلکه برای خاک پاشیدن بر چشم‌ها و دل‌هایی است که با صداقت تمام تشنهٔ دانستن‌اند. همین. خواندن این کتاب مرا به یاد داستانی می‌اندازد که به ذکر می‌ارزد. در سال‌های اولیهٔ ۱۹۷۰ که قیمت نفت بالا رفته بود، در یک مصاحبهٔ تلویزیونی [برنامهٔ پانوراما در شبکهٔ بی‌بی سی] از شاه سابق ایران خواستند که برای تخفیف «فشارهای تورمی» قیمت نفت اوپک را کنترل کند. شاه سابق بی‌ارتباط به پرسش گفت: «بارانتان را به من بدهید.» از آن‌جاکه شاه واژهٔ rain را شبیه به reign [یعنی سلطنت، حکمروایی] تلفظ کرده بود و از آن مهم‌تر پاسخ شاهانه به پرسش ربطی نداشت، مصاحبه‌گر که کمی گیج و منگ شده بود، ناباورانه پرسید، «اعلی‌حضرت چه فرمودند؟ باران!!!». شاه سابق هم بدون این‌که خم به ابرو بیاورد ادامه داد: «در کشور من باران کم است و ما مجبوریم به نفت متکی باشیم...» و باقی قضایا... در آن سال‌ها، نمی‌دانستیم که شاه، انگار چیزهایی می‌دانست که افرادی چون این نویسندهٔ محترم از آن کاملاً بی‌خبر بودند.

باری، با ادعاهای شدید و غلیظی که نویسنده در رد نظر هرکسی که دربارهٔ توسعه، توسعه‌نیافتگی، و استعمار قلم‌زده، به کار گرفته است، خواننده به واقع حیرت می‌کند وقتی می‌بیند همهٔ «ریشه‌یابی» نویسنده برای بازکردن این گرهٔ کور «عقب‌ماندگی» ایران به «کمی باران» خلاصه می‌شود... بعد در کنار این عامل، اگرچه به روی هرکسی که به استعمار و عامل خارجی اشاره کند شمشیر می‌کشد، ولی اگر عامل خارجی «حملهٔ مغول‌ها» باشد، این می‌شود، «ریشه‌یابی» عقب‌ماندگی یا به ادعای نویسنده، «نگاه از درون»! خیر، وقتی تاریخ چندین قرنی ایران با همهٔ بد و خویش و بالا و پایینش بازیچهٔ «سخاوتمندی و یا خساست» ابر می‌شود و یا حملهٔ مغول‌ها در هفت قرن پیش، این هرچه باشد، «ریشه‌یابی نیست.

برخوردی منفعلانه است به شرایط اقلیمی از یک سو و نشانهٔ نگرشی است مسئولیت‌گریز از سوی دیگر، که معلوم نیست، برای سال‌های پایان قرن بیستم و اوایل قرن بیست و یکم حلال کدام مشکل ما می‌تواند باشد؟ اگرچه حملهٔ مغول‌ها فاجعه‌ای بس عظیم برای ایران بود، ولی نویسندهٔ محترم در نظر نمی‌گیرد که متفقین، فقط ۵۰ سال پیش، ژاپن را با بمب‌های اتمی و ابزارهایی به مراتب مهیب‌تر از آن‌چه در ۷۰۰ سال پیش وجود داشت، با خاک یکسان کردند و امروز، تنها نیم قرن بعد، این کشور به تأیید همگان پرتوان‌ترین قدرت اقتصادی جهان و در زمینه‌های علمی و پیشرفت تکنولوژیک نیز سرآمد همگان است. پس داستان عقب‌ماندگی ما را به کمبود باران و یا به آن‌چه در ۷۰۰ سال پیش و حتی کمی فراتر در ۱۰۰۰ سال پیش اتفاق افتاد، نسبت دادن، مضرترین شیوهٔ علت‌تراشی و مسئولیت‌گریزی تاریخی است. یعنی، برخلاف همهٔ ادعاهای نویسنده، حداکثر موفقیت ایشان در این است که برای ما‌ی ایرانی، یک عامل خارجی بی‌خطر پیدا کرده‌اند. و از آن گذشته، اگر مسئلهٔ اقلیمی به صورتی که ایشان می‌نویسند، تعیین‌کننده بوده باشد، دیگر چگونه می‌توان و می‌پرسم چرا باید مستبدان حاکم بر ایران و در واقع همهٔ ساختار سیاسی و فرهنگی ایران در طول قرون را به پای میز محاکمه کشاند و از آنها حساب پس گرفت؟ به گفتهٔ ایشان، این جماعت نتیجهٔ طبیعی اوضاع حاکم بر ایران بودند... این که نویسنده به غسل تعمید استعمار دست زدند یا نزدند، به خودشان مربوط می‌شود، ولی نتیجه‌گیری اساسی و در عین حال مرتجعانه‌ای که از این بررسی سر بر می‌آورد، این که ما‌ی ایرانی لایق و سزاوار هر آن‌چه‌هایی بوده‌ایم که داشته‌ایم و معلوم نیست که اگر چنین شیوهٔ «علت‌یابی» مقبول باشد، چرا برای مثال، اکنون باید بتوانیم برای نمونه یقهٔ همین حکومت کنونی‌مان را بگیریم و از دولت‌مردان گزارش کار بخواهیم و یا آنها را به زیر ذره‌بین نقد ببریم. حتی در ۱۵۰ سال گذشته، در طول حکومت قاجارها و پهلوی‌ها از آن سلاطین مستبد چه انتظاری و از آنها چه شکوه‌ای، که هم کمبود آب را داشتند و هم این‌که می‌بایست با پیامدهای هجوم مغول در ۷ قرن پیش سر می‌کردند!

نویسنده با شیوهٔ تحقیق و با تاریخ یک‌سره بیگانه است و ذهنیتی آشفته‌اندیش و برخلاف همهٔ شعارهایی که در دفاع از آزادی و دموکراسی می‌دهد، مستبدسالار دارد. نه در برابر خویش احساس مسئولیت می‌کند و نه در برابر خوانندگان و نه در پیشگاه علم و به خصوص تاریخ‌نگاری. اگرچه گوهر اصلی و اساس کتاب، گرته‌برداری بسیار ناشیانه‌ای از کتاب ***استبداد شرقی*** ویتفوگل است که همانند ایشان جوامع شرقی را بنا شده «بر آب» می‌دانست،

ولی در ناسزاگویی غیرانتقادی به آن‌چه «تفکر چپ» می‌نامد، حد و مرزی نمی‌شناسد. و چون اندیشه‌ای خام و پریشان دارد و چون شیوهٔ تحقیق نمی‌داند و با مفاهیم ابتدایی تاریخ و اقتصاد و جامعه‌شناسی آشنا نیست، در نمی‌یابد که حتی اگر ادعانامه‌اش درست هم باشد، ضدیت با غرب نه با چپ در ایران شروع شد و نه در هیچ مقطعی در انحصار چپ قرار داشت. متأسفانه ایشان نمی‌داند که ضدیت با استعمار نیز در سطح جهان و ایران نه با چپ شروع شد و نه در انحصار چپ قرار داشت. به‌علاوه، طبقاتی دیدن جامعه نیز، برخلاف آن‌چه نویسنده به غلط مدعی می‌شود نه با مارکس آغاز شد و نه در انحصار او بود. ولی چه می‌توان کرد؟ نویسندهٔ عالی‌مقام ما در جامعه‌ای قلم می‌زند که به قول استاد حسین عظیمی ساده‌اندیشی در عرصهٔ اندیشهٔ عمده‌ترین آفت فرهنگی آن است.

اگرچه مدعی است که با چاپ نظر مخالفین «نوآوری دیگری نیز» کرده است و اگرچه به روی دست‌آوردهای فکری بشر در بیش از یک قرن گذشته که در ضمن پرباری حیرت‌انگیزی هم داشته است تحت عناوینی چون «پندارهای رنگ و رو رفتهٔ مارکسیستی – استالینیستی برجای مانده از ادبیات سیاسی و جهان‌بینی حزب توده» و یا «این تحلیل رنگ و رو رفته و ورشکستهٔ همیشگی»، «کلیشه‌های رایج»، «حرف‌های تکراری، فرضیات دایی‌جان ناپلئونی، تحلیل‌های خیالی» شمشیر می‌کشد و اگرچه با خودشیفتگی گمان می‌کند آن‌چه نوشته است «عده‌ای را از خواب پرانده است» و اگرچه به دفعات به «نوآوری‌های» خود می‌بالد، ولی در عین حال با اشاره به فروش کتاب و بحث‌های درگرفته در حول و حوش این کتاب از «فروتنی» هم دست بر نمی‌دارد و این در حالی است که خودش هم قبل از هرکس می‌داند که راست نمی‌نویسد: «هنوز هم فکر می‌کنم اشتباهی صورت گرفته والا نه من چیز مهمی نوشته‌ام، نه کشفی کرده‌ام و نه یک نظریهٔ جدید ارائه داده‌ام». با این همه، «پر واضح است که طرح چنین ادعایی [این‌که ما اساساً در هیچ مقطعی از تاریخ ایران نظام فئودالسیم نداشته‌ایم] یقیناً با واکنش تندی مواجه خواهد شد».

نویسندهٔ کتاب همانند نویسندهٔ این نوشتار هنوز دانش‌آموز دبستان و دبیرستان بودند که استاد فقید خنجی و استاد احمد اشرف در پژوهش‌های خویش این «چنین ادعا» کرده بودند. حتی در اوایل سال‌های ۱۹۸۰، استاد کاتوزیان به همین مقوله پرداخت. از آن گذشته، نویسندهٔ محترم اگر ذهنیتی به نسبت آزادتر داشت و برای رد مارکس (یعنی هدف دو فصل اول کتاب خود) به نوشته‌های او و یا انگلس نیز مراجعه می‌کرد، می‌دانست که مارکس و

انگلس در ۱۴۰ سال پیش چنین نوشته بودند. پس، بالاغیرتاً، این «نوآوری» را دیگر به حساب خود واریز نفرمایند که از انصاف به دور است. تفاوت در این است که این استادان می‌دانستند دربارهٔ چه مقوله‌ای قلم می‌زدند و نویسندهٔ محترم کتاب به وضوح چنین دانشی ندارد.

می‌گویم نویسنده ذهنیتی مستبداندیش دارد، چون تنها مستبدین‌اند که اگرچه خودشان از هفت دولت آزادند که هرچه دل تنگشان می‌خواهد بگویند و بکنند ولی نقد را «علیه» خود می‌بینند و از آن به عنوان «دعوا» نام می‌برند.

می‌گویم نویسنده صادق نیست چون اگرچه شکوه می‌کند که ناقدی در ۳۵۰ صفحهٔ این کتاب نکتهٔ مثبتی ندیده است ولی خودش در تصویری که از دست‌آوردهای فکری چپ‌اندیشان و بسیار کسان دیگر در ۱۵۰ سال گذشته ارائه می‌دهد تنها زشتی می‌بیند و توطئه‌پنداری. حالا بماند که برای نویسندهٔ حقیقت‌جوی ما «چپ» از استالین و حزب توده شروع و به همان دو نیز ختم می‌شود! می‌گویم نویسنده صادق نیست، چون اگر نگران حقیقت بود از زبان معاندان عقیدتی خویش نمی‌نوشت که به باور این جماعت بسیار گسترده و پراکنده «جامعهٔ ما هیچ مشکلی برای پیشرفت و ترقی نداشت و بسی هم پیشرفت و ترقی کرده بود و مثل ساعت مرتب و منظم به جلو می‌رفت». و پس آنگاه دریایی گندناک از لجن را بر سر و روی همگان می‌پاشد که به «تحلیل» ایشان انتقاد نوشته‌اند. پرسش این است که کدام نویسنده و یا محقق ایرانی، چپ و راست و میانه، چنین ادعا کرده است؟ منبع این ادعای نویسنده کدام کتاب و یا مقاله است؟ و در این پیوند است که نه فقط استاد روانسانی «انشانویس» و «شعاری» می‌شود، بلکه دیگران «در انشانویسی و شعاردهی گوی سبقت را از آقای روانسانی نیز ربوده‌اند.» و جالب است که بعد شکوه می‌کنند که ما چرا در ایران فرهنگ نقد نداریم! با این شیوهٔ نگرشی که خود ایشان در این کتاب عرضه می‌فرمایند، چرا باید نقد داشته باشیم! همین‌جا بگویم که من نه با نظریات آقای دکتر روانسانی تمام و کمال موافقم (در واقع با اغلب نظریات ایشان موافق نیستم) و نه با دیدگاه‌های استادم کاتوزیان و نه با دیدگاه‌های دیگر منتقدان محترم این کتاب. ولی اگر خواهان وارسیدن حقیقت هستیم، پس حد و مرزها را بشناسیم. فرهنگ نقد با ناسزاگویی غیرانتقادی ریشه نمی‌گیرد، یعنی، در هیچ جای جهان نگرفته است. به‌علاوه احترام به همسان‌اندیشان که هنری نیست. در واقعیت زندگی، این خصلت برجستهٔ هر مستبد و دیکتاتوری است. احترام و پایبندی عملی به

دموکراسی و آزادی از احترام به عقاید کسانی که با آنها همسویی نداریم جدایی‌ناپذیر است.

می‌گویم نویسنده روش تحقیق نمی‌داند و با تاریخ یک‌سره بیگانه است چون اگرچه «تحقیق تاریخی» می‌کند ولی ظاهراً نمی‌داند هرچه در کتاب تاریخی بیاید و یا در فلان و بهمان سند دست‌نوشته ثبت شود سندیت تاریخی ندارد. چیزی به نام تعقل تاریخی هم داریم. یعنی مورخ باید ذهنیت حقیقت‌جو و نقاد خود را به کار بگیرد و از میان اسناد تاریخی آن‌چه برای درک درست‌تر از سیر تحولات تاریخی لازم است، نه برای جا انداختن انگاره و گمان شخصی، به شیوه‌ای منطقی و سنجیده ارائه نماید. اجازه بدهید این نکته را کمی بشکافم. اگرچه نویسنده می‌خواهد «مخروط را وارونه» نماید ولی حد اعلای کارش این می‌شود که به جای استعمار - که به قول ایشان یک عامل خارجی است - یک عامل خارجی دیگر، حملهٔ مغول‌ها» بسیار عمده می‌شود. روغن این آش آن‌قدر زیاد می‌شود که به واقع برای سلامت فکر مضر می‌شود. مرو «دو بار توسط مغولان مورد قتل‌عام قرار گرفت» بار اول، ۷۰۰ هزار نفر و به گفته یکی دیگر، ۱/۳۰۰/۰۰۰ نفر به قتل رسیدند در هرات نیز ۱/۶۰۰/۰۰۰ و بنا به روایتی ۲/۴۰۰/۰۰۰ نفر را کشتند. نیشابور سرنوشت تلخ‌تری داشت و «۳ بار مورد کشتار سنگین قرار گرفت». تنها در بار سوم، ۱/۷۴۷/۰۰۰ تن از دم تیغ گذشتند». در ری ۷۰۰/۰۰۰ نفر و در بغداد نیز ۸۰۰/۰۰۰ تن را کشتند. و ادامه می‌دهد که اگرچه این ارقام می‌تواند اغراق‌آمیز باشد ولی «مورگان» نوشته است که «به هر حال این ارقام می‌تواند کم و بیش درست هم باشد».

و اما، ایراد در چیست؟ دربارهٔ نیشابور، نویسنده فراموش می‌کند که اصل روایت این است که در کشتار سوم نیشابور ۱/۷۴۷/۰۰۰ مرد را سر بریدند.[1] اگر به وجود همین عده زن هم قایل باشیم و اگر در عین حال بپذیریم که به همین عده هم کودک وجود نداشت (یعنی میانگین یک فرزند برای یک زوج)، در آن صورت جمعیت نیشابور در زمان کشتار سوم رقمی می‌شود نزدیک به ۶/۰۰۰/۰۰۰ نفر؛ و این تاریخ‌نگاری نیست، قصه‌پردازی عوام‌فریبانه است. مگر تهران در ۷۰۰ سال بعدش این همه جمعیت داشت که نیشابور در قرن سیزدهم داشته باشد؟ مگر در هیچ نقطه‌ای از کرهٔ زمین شهری در قرن نوزدهم این همه جمعیت داشت؟

---

۱ - بنگرید به: ای. پ. پطروشفسکی، **کشاورزی و مناسبات ارضی در ایران عهد مغول**، ترجمهٔ کریم کشاورز، تهران، ۱۳۴۴، جلد اول، ص ۶۱.

غذای این همه جمعیت از کجا و چگونه می‌آمده است؟ این جمعیت میلیونی در شهرها چه می‌کرده‌اند؟ نظام‌های حقوقی و سیاسی این‌چنین شهرهای عظیمی چگونه بود؟ تازه با این همه جلال و جبروت، مغول‌ها و دیگر اقوام و قبایل چگونه توانستند با ایران آن روز آن کنند که کردند؟ و اما نویسنده می‌کوشد «علمی» برخورد کند. اول می‌گوید در حملهٔ چنگیزخان «۷۰۰ واحد اسب» وجود داشت که هر واحد شامل یک هزار رأس اسب بوده است. بلافاصله معلوم نیست برچه اساس تخفیف می‌دهد و می‌نویسد: «به نظر می‌رسد یکصدهزار رأس اسب در لشکرکشی‌های صحرانشینان رقم کاملاً معمولی بوده باشد» ۱۴۵، تأکید را افزوده‌ام)، بعد، علوفهٔ مورد نیاز روزانه را محاسبه می‌کند و بعد از کش و قوس بسیار نتیجه می‌گیرد که برای حمل علوفهٔ یک ماهه این تعداد اسب «به حدود یکصدهزار شتر هم نیاز بوده». خوب باشد، ولی غذای این همه شتر از کجا می‌آمده است؟

البته «سربازان مغول با ۲۴ میلیون گوسفند و بز و حدود ۴ میلیون رأس اسب در ماوراءالنهر و خراسان در حرکت بوده‌اند». فرض می‌کنیم که ۲۴ میلیون گوسفند و بز در «مزارع» می‌چریدند ولی اگر میانگین علوفهٔ مورد نیاز برای ۱۵۰/۲۰۰ هزار رأس اسب در روز ۱۲۰۰ تن (و نه ۱۰۰۰ تن) و در ماه معادل ۳۶۰۰۰ تن (و نه ۳۰/۰۰۰ تن) باشد، پس به ۱۲۰/۰۰۰ نفر شتر (نه ۱۰۰/۰۰۰ نفر) نیاز می‌بود، پس علوفه یک ماهه ۴ میلیون رأس اسب بنا به روایتی که نویسنده به‌دست می‌دهد، ۷۲۰/۰۰۰ تن می‌شود که حملش به ۲/۴۰۰/۰۰۰ نفر شتر نیاز می‌بود! ایشان می‌نویسد هر سرباز مغولی ۳۰ رأس گوسفند» هم به همراه داشت. البته اندکی بعد این رقم را به ۱۰ رأس تخفیف می‌دهد. بر مبنای رقم کمتر شدهٔ نویسنده، اگر به همراه مغولان ۲۴ میلیون گوسفند هم می‌بود که تعداد سربازان مغولی ۲/۴۰۰/۰۰۰ نفر می‌شد که اگر نویسنده بداند دربارهٔ چه دارد قلم می‌زند، برای آن دوران کمی بیشتر از بیش زیادی است!

آیا آقای نویسنده همین چند سال پیش شاهد نبود که در لشکرکشی آمریکا و دیگر کشورهای غربی به خلیج‌فارس چه مجموعه‌ای از پیشرفته‌ترین وسایل حمل و نقل به کار افتاد تا شمار بسیار کمتری از سرباز را به خلیج‌فارس روانه کنند!

مشکل نویسنده اما فقط به شمارهٔ اسب و گوسفند و بز و شتر محدود نمی‌شود. بی‌توجهی در استفاده از اسناد تاریخی به واقع حد و مرزی ندارد. مرویان به واقع چه‌قدر «نجیب» بودند که: «پس از سقوط مرو به‌دست مغولان، به هر سربازی ۳۰۰الی ۴۰۰ مروی تحویل گردید که

سر از تن‌هایشان جدا کنند». در دوره‌ای که نه مسلسل وجود داشت و نه بمب، چرا هیچ‌کدام از این مرویان به فکرشان نرسید که سربازان مغولی را از پای درآورند، چون هرچه سرباز مغولی چابک و تیزپر می‌بود، ۳۰۰ الی ۴۰۰ تن مروی می‌توانستند از پس حداقل یک سرباز مغولی برآیند؟

البته از بررسی نویسنده در فصل دوم کتاب نیز غافل نمانید! در اقتصادی که به آن صورت تصویر می‌شود، چگونه پیدایش این شهرهای عظیم امکان‌پذیر می‌شود، و این تنها یکی از معماهای طرح شده و پاسخ نیافته در این کتاب است.

و اما با تکیه بر این‌گونه «شواهد» است که نویسنده - اگرچه می‌خواست نادرستی «معلول‌نگری و معلول‌نگاری»، «وقایع‌نگاری» و (به قول زنده‌یاد اخوان) چه و چه‌ها را نشان بدهد، و از آن مهم‌تر نشان بدهد که علت عقب‌ماندگی را در عوامل بیرونی دیدن نادرست و گمراه‌کننده است - یک‌باره «هجوم قبایل آسیای مرکزی در طول سده‌های یازدهم تا چهاردهم» را به عنوان «یکی از عناصر زیربنایی این افول» مطرح می‌کند. عامل خارجی، استعمار و امپریالیسم سرمایه‌سالاری غرب نباشد، قبایل مغولی یا دیگر قبایل اگر بودند، اشکالی ندارد! حالا بماند که وقتی ایران به دورهٔ شاه‌عباس می‌رسد از آن انهدام و افول اثر نشانه‌ای نیست. به عوض همهٔ سیاحانی که در آن سال‌ها از ایران دیدن کرده‌اند، از رونق اقتصادی و امنیت راه‌ها سخن می‌گویند. با این وصف، از درون آن «اقتصاد شکوفا»ی نظام سرمایه‌سالاری سر بر نمی‌زند. در این سال‌ها نیز، همچنان کمبود باران را داریم (در ضمن دو، سه قرنی هم بیشتر از انهدام زیر ساخت‌های اقتصادی ایران به‌دست مغولان نگذشته است) ولی به شکل و حالتی که نویسنده در این کتاب مطرح می‌کند، مسئله‌آفرین نبود. ولی به این سؤال، عدم تکامل سرمایه‌سالاری، نمی‌توان با دخیل بستن به «حملهٔ مغول‌ها» و یا «کمبود باران» پاسخ گفت، یعنی، اگرچه نویسنده به خیال خویش نوآوری کرده و شماری از اندیشمندان ما نیز متقاعد شده‌اند که «ما چگونه، ما شدیم، برای اولین بار نگاه به درون افکنده و به جای آن که علت عقب‌ماندگی را در معلول سراغ بگیرد... سعی کرده به جست‌وجوی علت اصلی و درونی خودمان بپردازد. این نوآوری و تحول تازه‌ای که در این اثر به وجود آمده...». ولی در راستای یافتن و درک علل عقب‌ماندگی ایران، ما همچنان اندر خم یک کوچه‌ایم. با این همه، نویسنده بر این گمان باطل است که کتاب ایشان:

> سعی کرده است پس از دویست سال به سراغ سؤال عباس‌میرزا برود و بپرسد واقعاً چه شد که ما عقب افتادیم؟ اما نه از طریق معلول‌نگری و بلکه به کمک علت‌یابی این نگاه

به درون و طرح مسئلهٔ عقب‌ماندگی و علت توسعه‌نیافتگی از این زاویهٔ جدید است که اسباب به‌هم ریختگی تفکر کلاسیکی را که تاکنون رایج بوده است پیش آورده، به آن حد که منتقدین را واداشته آن را غسل تعمید استعمار و یا دفاع از عملکرد تاریخی شوم غرب اعلام کنند.

ای کاش نویسنده به یک دهم آن‌چه به طور خسته‌کننده‌ای تکرار می‌کند، عمل می‌کرد و به قول خودشان، این تفکر کلاسیک را در هم می‌ریخت و ما هم در این رهگذر می‌فهمیدیم چرا ما، ما شده‌ایم. این کتاب، اگرچه برای این پرسش جوابی ندارد، ولی سند انکارناپذیر است که ما، اگر شیوهٔ دیگری در پیش نگیریم، چرا همین ما، باقی خواهیم ماند!

می‌گویم نویسنده روش تحقیق نمی‌داند و صادق نیست. چون اگر صادق بود و اگر روش تحقیق می‌شناخت، آنگاه نه فقط از زبان معاهدان ایدئولوژیک خود ناراست نمی‌نوشت، بلکه در پیوند با آن‌چه می‌نوشت، سند و منبع به‌دست می‌داد. برای نمونه، منبع این نظریات که «جهان سوم سمبل خوبی می‌شود و غرب سمبل زشتی و اهریمنی» است کدام کتاب یا مقاله است و در جای دیگر می‌نویسند: طرفداران نظریهٔ استعمار عامل عقب‌ماندگی نیز نه چندان به ایران پیش از قرون نوزدهم کاری دارند و نه چندان در پی درک علل پیشرفت و ترقی غربیان بر می‌آیند. از دید آنان [این «آنان» کیانند؟] به نظر نمی‌رسد در جامعهٔ ایران قبل از قاجار مشکلاتی وجود داشته باشد»، ارائهٔ تصویری خودپرداخته از دیدگاه‌های دیگران و آنگاه رد آن دیدگاه‌های خودساخته که هنری ندارند، به‌عکس عین بی‌هنری است. این نکته نیز بماند که نویسندهٔ محترم اگر تاریخ می‌دانست، این را نیز می‌دانست که «درک علل پیشرفت و ترقی غربیان» اگرچه به قصد کنجکاوی‌های توسعه‌نیافتگی ایران در پایان قرن بیستم، به فرستادن اندیشمندان ما پی نخود سیاه بیشتر شباهت دارد تا این‌که نشانهٔ کوششی جدی و صادقانه باشد برای یافتن راه حل.

از آن گذشته، نویسندهٔ محترم خود به آن‌چه از دیگران و برای دیگران می‌خواهد باور ندارد و عمل نمی‌کند. یعنی، اگرچه برایشان مهم است که «علل پیشرفت و ترقی غربیان» را بشناسیم، و اگرچه بر این دل می‌سوزاند که قرن‌ها قبل از آن که استعمار پای به ایران بگذارد، چراغ علم خاموش گشته بود، ولی خودشان در پایان قرن بیستم به هیچ‌یک از موازین علمی پایبندی نشان نمی‌دهند. در مقدمهٔ «کار خود را [با] بازنگری این دیدگاه» مارکسیسم، شروع می‌کنند تا در فصل بعدی نشان دهد که «تحلیل مارکسیسم از روند تحولات اجتماعی» برای

وارسیدن عقب‌ماندگی جامعه‌ای چون ایران چه مشکلات و نارسایی‌هایی به دنبال خواهد داشت. ای کاش نویسندهٔ محترم این خدمت عظیم را از جامعهٔ روشنفکری ایران دریغ نمی‌داشتند. و اما، در پایان قرن بیستم آیا این شیوهٔ کار مفید و کارساز است که نویسنده‌ای دو فصل از کتابش را به بازنگری دیدگاهی تخصیص بدهد و در موارد مکرر از مارکس سخن بگوید ولی به هیچ‌کدام از نوشته‌های مارکس برای نشان دادن انتقادات خویش استناد نکند؟ البته نویسنده حق مسلم دارد که در رد هر دیدگاهی قلم بزند، ولی چگونه است که ایشان به خود زحمت نداده‌اند تا حتی به یکی از نوشته‌های این شخص [مارکس] که از دیدگاه نویسنده مسبب این همه کج‌اندیشی و کج‌فهمی بوده است، نظری بیفکند تا بتوانند مستدل‌تر و محکم‌تر ردیه‌شان را قلمی بفرمایند. نویسنده‌ای که این همه بر فواید «درک علل پیشرفت غربیان» تأکید می‌کند آیا دیده، شنیده، و یا خوانده است که یک نویسندهٔ غربی به چنین کاری دست بزند؟ نویسندهٔ محترم، به واقع از همان ابتدا تصمیمش را گرفته است تا بر نظرگاه مارکسیسم ردیه بنویسد، خوب باشد. ولی ای کاش می‌رفتند و می‌خواندند و انتقادی آگاهانه می‌نوشتند که شاید مثمر ثمری می‌شد و بی‌گمان ارزش آموزشی داشت، ولی بنگرید که نویسندهٔ محترم ما چه می‌نویسد! به گفتهٔ نویسنده مارکس‌گراها تضاد طبقاتی را موتور حرکت تاریخ می‌دانند و ایشان برای این‌که نادرستی این نظر را نشان دهند، به ذکر مثال رو می‌کنند که اتفاقاً خیلی هم خوب است. از قیام‌ها و مبارزات مردم سخن می‌گویند که «ممکن است برخی به واسطهٔ ظلم حکام یا سلاطین به وجود آمده باشند، برخی ریشه‌های مذهبی داشته‌اند، برخی دیگر بر سر آب و زمین بوده‌اند، در مواردی قیام‌ها بر علیه پرداخت مالیات یا خراج بوده است. یا ریشه‌های قومی، محلی و رقابت بین قبایل و طوایف، و یا پای اختلافات مذهبی در میان بوده... و اما در قالب مارکسیستی این حرکت‌ها همواره یک گونه تبیین می‌شوند و آن هم در چارچوب مبارزات طبقات محروم و استثمار شده با اربابان و هیأت حاکمهٔ ظالم و استثمارگر». با آن‌چه خود نویسنده نوشته است معلوم نیست چرا «تضاد طبقاتی» غلط می‌شود! دعوا بر سر زمین و آب و یا پرداخت و خراج، اگر نشانه‌های برخورد و تصادم طبقاتی نیست، پس چیست؟

و اما، روایت مغشوش نویسندهٔ محترم به راستی انتها ندارد. اگرچه تحلیلی به‌دست نمی‌دهند ولی به درستی می‌نویسند که «ما اساساً در هیچ مقطعی از تاریخ ایران نظام فئودالی نداشته‌ایم». «شیوهٔ تولید آسیایی» نیز ظاهراً به دلشان نچسبیده است، چون بیشتر در حد یک

ایده است. پرسش اما این است که در ایران، پس، چه داشته‌ایم؟

مارکسیست‌ها به قول ایشان تضاد طبقاتی را موتور حرکت تاریخ می‌دانند که به اعتقاد نویسنده نادرست است. خوب قبول، از دیدگاه ایشان، تغییرات و تحولات تاریخی به چه دلیل یا دلایلی اتفاق می‌افتند؟ کسی که می‌خواهد به جای معلول‌نگری و معلول‌نگاری «علت‌جویی و ریشه‌یابی» کند، آیا نباید به این پرسش اساسی پاسخ بدهد؟ برای نویسندهٔ محترم، غیر از کمبود باران و حملهٔ مغول‌ها، علل تغییرات و تحولات ایران چه بودند؟ با یادآوری می‌ارزد که با چشم‌پوشی از مقولهٔ باران، قبایل و چادرنشینی نیز از معادلهٔ ایشان حذف خواهد شد. آیا بی‌انصافی می‌کنم اگر بگویم که آقای نویسنده «تضاد طبقاتی» مارکس را با «کمبود باران» تاخت زده‌اند!

در همین زمینه بد نیست اشاره کنم که نویسنده اگرچه دربارهٔ فئودالیسم قلم می‌زند ولی مختصات آن نظام را نمی‌شناسد. از سویی می‌نویسد «زیربنای اقتصاد در نظام فئودالی بر مبنای تولیدات کشاورزی بود». و اگرچه می‌نویسد که در ایران هیچ‌گاه فئودالیسم نداشته‌ایم، ولی می‌نویسد «از آن‌جاکه [در ایران] کشاورزی پایه اقتصاد را تشکیل می‌داده است». اگر پایه بودن تولید کشاورزی بدون وارسیدن زیر بنای مناسبات تولیدی جامعه را فئودالی می‌کند، پس چگونه است که در ایران داستان به صورت دیگری در می‌آید؟ نویسنده اگرچه در هر فرصتی به «مورخین مارکسیست» بد و بی‌راه می‌گوید ولی همانند «پطروشفسکی» و دیگر مورخان مارکسیست روسی برای تاریخ ما «فئودال‌های تاجر» می‌تراشد و سپس تضاد مابین تجار و فئودال‌ها را در ایران انکار می‌کند و هرگز نیز به ذهنش خطور نمی‌کند که پیش‌تر «فئودالیسم» ایران را رد کرده بود. اگر این رد کردن درست است، پس چرا می‌بایست ایران مختصاتی شبیه به مختصات اروپای فئودالی می‌داشت؟ از آن بحث‌برانگیزتر روایت نویسنده است از مقولهٔ «حکومت» در ایران: «در ایران تکلیف قدرت همواره مشخص بود. اول، وسط و آخر قدرت به حکومت ختم می‌شد». به صورتی که نویسنده مطلب را ارائه می‌دهد و به‌خصوص با کنار نهادن همگان تنها و تنها شخص شخیص شاه باقی می‌ماند. ولی مشکل تحلیل نویسندهٔ محترم ما این است که با کنار گذاشتن همگان، قدرت شاه از کجا می‌آمده است؟ یعنی می‌خواهم بگویم که اگرچه در کل حرف نویسنده دربارها حکومت مطلقه درست است ولی روغن این نکتهٔ درست را آن‌قدر زیاد می‌کند که همان سخن درست غیرواقعی و نادرست می‌شود. زنجیره‌ای از وابستگان و پیوستگان ریز و درشت، از جمله به

خاطر منافع خاص طبقاتی، گروهی و قومی‌شان بود که مجریان بکن و نپرس شاه می‌شدند. این درست است که در برابر قدرت فائقهٔ شاه وزیر و گدا در هیچ بودن برابر بوده‌اند (این در واقع یکی از عمده‌ترین مختصات حکومت مطلقه است)، ولی این نیز صحت داشت که همان وزیر در برابر دیگران (غیر از شاه) خود مستبدی مطلق بود و هر کاری که دوست می‌داشت می‌کرد، بدون این‌که به کسی و مقامی پاسخ‌گو باشد. این مخروط استبدادی تا سطح کدخدای ده پایین می‌آمد. به علاوه، حتی شاه نیز برای اجرای آن‌چه فرمان می‌داد به حمایت گوشهٔ دیگری از این ساختار نیاز داشت. مثال می‌زنم، ناصرالدین شاه با همراهی اکثریت شاهزادگان و دیگر درباریان و آقاخان نوری‌ها و علی خان‌ها و... بود که به قتل امیرکبیر برآمد. نادیده گرفتن آن ساختاری که بود و همیشه نیز در ایران وجود داشت، و همه چیز را در پوشش واژهٔ گنگ «حکومت» آوردن راه‌گشا و کارساز نیست، چون منشأ قدرت همان «حکومت» برای آن‌چه می‌کرد به صورت معمایی لاینحل در می‌آید.

می‌گویم، نویسنده برخلاف همهٔ ادعاها مسئولیت‌پذیر نیست و دربارهٔ آن‌چه می‌نویسد نیندیشیده است. اجازه بدهید مثال بزنم: «اساساً در ایران مقوله‌ای به نام حمل و نقل وجود نداشت. حتی تا اوایل قرن بیستم حمل و نقل در ایران با استفاده از قاطر، الاغ، شیر، گاری و حداکثر اسب خلاصه می‌شد». به واقع نویسنده می‌خواهد بگوید که سیستم پیشرفته و موتوریزه حمل و نقل نداشتیم ولی بالکل منکر وجود «مقوله‌ای به نام حمل و نقل» می‌شود. در جای دیگر، مدعی می‌شود که «فی‌الواقع در برخی از کشورهای اروپایی از جمله انگلستان مصرف آب، مجانی است و در منازل کنتور آب وجود ندارد». به عنوان کسی که نزدیک به ۳۰ سالی می‌شود در انگلستان زندگی می‌کند، می‌گویم نویسنده بی‌دقتی می‌کند. فی‌الواقع در هیچ جای انگلستان «مصرف آب مجانی نیست» و هرگز مجانی نبوده است. آقای نویسنده نبودن کنتور را دلیل بر «مجانی بودن» مصرف آب می‌داند که نادرست است. در انگلستان، هر خانوار به فراخور موقعیت، حق مصرف سالیانهٔ آب می‌پردازد. با اشاره به این نکات می‌خواهم بی‌دقتی نویسنده را نشان بدهم که اگر در ثبت دیگر نکات نیز این چنین کرده باشند که واویلا.

و اما، می‌گویم، نویسنده با تاریخ‌نگاری بیگانه است. دلیل من هم این است که فصل دوم با فصل سوم کتابش جمع شدنی نیست. اگر «فصل دوم» درست است که «فصل سوم» نادرست است و اگر «فصل سوم» درست است که «فصل دوم» باید دوباره‌نویسی شود. پس داستانش را بشنویم: در فصل دوم از فقدان یک «اقتصاد سراسری» سخن می‌گوید و ادامه می‌دهد:

حداقل نتیجهٔ نامطلوب این‌گونه خودکفایی در این است که چون تولیدکنندگان اضافه تولیدی ندارند، بالطبع درآمدی هم پیدا نمی‌کنند. فقدان درآمد بالطبع تولیدکنندگان را از دست‌یابی به دارایی و سرمایه محروم می‌سازد و فقدان سرمایه به‌نوبهٔ خود باعث می‌شود که سرمایه‌گذاری در امر تولید صورت نگرفته و در نتیجه تولید همواره در یک حالت ایستا درجا زده و پیشرفتی حاصل ننماید. این دور باطل را حتی امروزه هم در ایران می‌توان مشاهده نمود.

همین فصل با گرفتاری‌های دیگری نیز روبه‌روست. پیش‌تر به اشاره گفتیم که بیشتر این فصل گرته‌برداری ناشیانه‌ای از «استبداد شرقی» ویتفوگل است ولی هیچ‌جا به او اشاره‌ای ندارد. به‌علاوه مفهوم دولت شرقی را نیز از آنتی دورینگ انگلس «وام» می‌گیرد. ولی اینجا هم به منبع اصلی اشاره‌ای نیست. با این وصف همچنان به ردیه‌نویسی خویش بر دیدگاه‌های مارکس ادامه می‌دهد. به نظر نویسنده مارکس و مارکس‌گراها تاریخ جوامع شرقی را از همان اساس نادرست فهمیده‌اند، چون از دیدگاه نویسنده مسیر تحولی به قرار زیر بوده است.

در غرب   تولید ← ← تضاد ← ← دولت

در شرق   دولت ← ← تهیه و توزیع آب ← ← تولید

نویسندهٔ کتاب انگار نمی‌داند که اگر تولیدی نباشد، یعنی تصویری که ایشان از جوامع شرقی به‌دست می‌دهند، مازادی هم نیست تا در تهیه و توزیع آب سرمایه‌گذاری شود تا در پی آن «تولید به راه بیفتد». به عبارت دیگر، ایشان داستان پیدا شدن دولت را در هوا رها کرده‌اند و با توجه به اهمیتی که مقولهٔ «دولت» در نوشتهٔ ایشان دارد، معلوم نیست بر سر بقیهٔ ادعاهای ایشان چه می‌آید؟ به اعتقاد من نتیجهٔ نخواندن اغلب آن‌چه نوشته‌اند و یک خط در میان خواندن شمار معدودی از منابع دست دوم و کوشش برای «وارونه کردن مخروط نگرش تاریخی ما» همین وارونه دیدن قضایاست. باری، توجه داشته باشید که نتیجه‌گیری نویسنده در فصل دوم «درجا زدن تولید» در ایران بود ولی در فصل بعد همین کتاب انگار دارد از سرزمین دیگری سخن می‌گوید. فقط «شمال و شرق ایران» نبود که «تبدیل به مراکز رونق و آبادانی شده بودند. چنین وضعیتی در مناطق دیگری از ایران نیز به وجود آمده بود». کمی بعد، از «شکوفایی اقتصادی و صنعتی» سخن می‌گوید که به پیشرفت «در زمینه‌های علمی» هم منتهی شد.

همان ایرانی که گرفتار قهر آسمانی بود و به علاوه «بخش عمده‌ای از آن هم سبک زندگی چادرنشینی» داشت که «به دلیل ماهیت ساده و ابتدایی خود، نظام قبیلگی چندان نیازی به ساختارها و نهادهای پیچیده و پیشرفته اجتماعی» نداشت و به‌علاوه «نیازهای آن اندک و

محدود بود» به ارادهٔ نویسندهٔ گرامی ما، «عملاً مرکز علم و فرهنگ و تجارت و اقتصاد شده بود». حال آن اقتصاد و جامعه‌ای که در فصل دوم به آن گونه تصویر شده است، چگونه می‌تواند مرکز علم و فرهنگ و تجارت و اقتصاد بشود. این نکته روشن نیست و روشن نمی‌شود؟ ایشان دوست دارند همهٔ خوانندگان کتاب ایشان خوشحال و راضی باشند... هم آنهایی که در طول تاریخ ما شلاق نوکری بیگانگان و اجانب را به عنوان بازوبند پهلوانی به رخ ما کشیدند و هم آنان که کبک‌وار سر در برف کرده و هر نقد و پرسشی را در این پوشش که ما در عهد پادشاه وزوزک چنین و چنان بودیم، سرکوب کردند امکان رشد و ریشه گرفتن ندادند.

آن‌چه خمیرمایهٔ این کتاب مغشوش را می‌سازد همین دست وارونه دیدن‌ها و وارونه‌نویسی‌هاست. بگذارید نمونهٔ دیگری بدهم. در جایی ایشان ادعا می‌کند که اگر «در آن مقطع نیز همانند امروز جایزهٔ نوبل وجود می‌داشت بدون تردید ایرانیان و دقیق‌تر گفته باشیم دانشمندان پهنهٔ اسلام که ایران نیز جزیی از آن بود، جوایز نوبل را در رشته‌های مختلف علوم درو می‌کردند». بنده هم امیدوارم که ادعای نویسنده درست باشد ولی وقتی به بررسی «نحوهٔ پیدایش و خصوصیات عصر طلایی رونق علمی تمدن اسلامی» می‌رسیم، متوجه می‌شویم، «آن‌چه بدنهٔ علوم اسلامی را تشکیل می‌داد برگرفته از تمدن‌های دیگر بود». پس، به این ترتیب، سرزمین‌های اسلامی و از جمله ایران نمی‌توانستند «عملاً مرکز علم» بوده باشند، چون به ادعای خود ایشان، از تمدن‌های دیگر و طبیعتاً پیشرفته‌تر می‌آموخته‌اند. خود نویسندهٔ می‌نویسد، «بخش عمده‌ای از معرفتی که حاصل شده بود ترجمه و تقلید منابع پیشینیان بود» و به همین دلیل و به درستی می‌نویسد که «در ترجمه و تقلید، تفکر و کنکاش کمتر به وجود می‌آید». یعنی هرچه آدم صفحات بیشتری از کتاب را می‌خواند، «عصر طلایی» کم‌رنگ‌تر می‌شود و سرانجام کاملاً رنگ می‌بازد.

و اما، اگر از شیوهٔ استدلال نویسنده پیروی کنیم، حتی در شروع عصر طلایی هم که برخلاف ظاهر آن‌قدرها هم «طلایی» نبوده، مسایلی وجود داشت که «ما را ما کرده بود» و این مسایل نیز همچنان در خود ما بود، چون آن‌چه از «بیرون» می‌آمد علم بود و ترجمه و نتیجهٔ هراس‌انگیزی که از این نگرش نویسنده می‌توان گرفت و یا باید گرفت این‌که ما شرقیان انگار «نژادی پست‌تر» بوده‌ایم که در همهٔ طول و عرض تاریخ همیشه از دیگران عقب‌تر بوده‌ایم.[1]

---

۱ – نویسنده مستقیماً چنین ادعایی ندارد ولی از بررسی ارائه شده در این کتاب، برخلاف ادعای نویسنده، غیر از این نمی‌توان نتیجه گرفت.

در همین زمینه به روایت نویسنده دقت کنیم: «علوم طبیعی» «درختی نبود که به صورت نهالی کاشته شده و به‌تدریج ریشه دوانیده و رشد کرده باشد، بلکه درختی بود که با ریشه از جای دیگر کنده شده و به بغداد آورده شده و در آن‌جا کاشته شده بود» و به همین دلیل نیز این درخت «بالطبع از خود هویت و جهت هم نداشت».

اگرچه پیشنهادم به نظر خنده‌دار می‌آید ولی دارم متقاعد می‌شود که نویسنده کتاب خودش را نیز دقیق نخوانده است. در رد نظر کسانی که «خاموشی چراغ علم در ایران» را در نتیجهٔ عامل خارجی، برای نمونه، حملهٔ مغول‌ها، می‌دانند، نویسنده با آوردن گفتاوردی از یک کتاب بد نوشتهٔ دیگر[1]، با قیافه‌ای حق به جانب می‌پرسد که «آیا مسئله به همین سادگی بود؟»، «یعنی اگر خاموشی چراغ علم در ایران، ناشی از هجوم مغولان [یک عامل خارجی] بوده باشد، درآن صورت موضوع چندانی دیگر برای تحقیق نمی‌ماند»، (عبارت داخل [ ] را افزوده‌ام). صورت مسئله را درست می‌داند ولی با قاطعیت و حروف برجسته اعلام می‌کند «این افول را آنان را به وجود نیاوردند»، و به یادمان باشد که نویسنده برای یافتن علل درونی افول کوشش می‌کند. اما کمی بعد می‌خوانیم که «علی‌رغم فضای رکودی که در بغداد حاکم گردید، در ایران فعالیت‌های علمی ادامه یافت». خاندان‌های مختلفی که در ایران بودند کمتر سیاست بغدادی را طابق‌النعل بالنعل به اجرا گذاردند، تا این‌که «سرانجام پس از هجوم قبایل آسیای مرکزی در قرن یازدهم، در ایران نیز فضای بغداد [یعنی رکود] حاکم گردید»، (عبارت داخل [ ] را افزوده‌ام). به سخن دیگر، نویسنده که قرار بود برخلاف دیگران که «معلول‌نگری» کرده‌اند و همیشه از تاریخ فرار کرده‌اند «علت‌جویی» و «ریشه‌یابی» کند، با این همه ادعا و خودپسندی که صفحات این کتاب را پوشانده است، خاموشی چراغ علم در ایران را نیز همانند دیگران ناشی از یک «عامل خارجی» برآورد می‌کند، و گناه بزرگ‌ترش به گمان من این است که ادعای ارائهٔ نگرشی متفاوت از دیگران را هم دارد. و چون همین کتاب را حتی با دقت نخوانده است، پس به دفعات تکرار می‌کند که «اسباب و علل عقب‌ماندگی ایران هرچه بود از داخل بود». اشکال کار نویسنده به نظر من در این است که نمی‌داند این داخل در همهٔ موارد از خارج آمده است. در جایی حملهٔ مغولان است و در جای دیگر یورش دیگر قبایل آسیای مرکزی. این «خارج» اگر استعمار و امپریالیسم سرمایه‌سالاری غرب

---

۱ - نویسنده آن‌چنان از کتاب آقای فشاهی نقل می‌کند که انگار آن کتاب حرف اول و آخر را دربارهٔ تاریخ ایران زده است. برای نقدی مفصل از کتاب آقای فشاهی که در موارد مکرر مورد استفادهٔ نویسنده قرار گرفته است بنگرید به بهروز امین. ***دربارهٔ فئودالیسم ایران در قبل از مشروطه***، تهران، پیام، ۱۳۵۶.

نباشد، بقیه انگار برای این نویسنده مهم نیست. گفتیم در جایی مغولان و در جای دیگر دیگران‌اند که معرکه‌گردان تاریخ ما می‌شوند و این مای ایرانی هستیم که در این نوشته نیز به صورت مفعولان تاریخ قلمداد می‌شویم و این، به گمان من، زشت‌ترین پیامد ناشی از تحلیل در این کتاب است.

و جالب است که با وجود ارائهٔ تحلیلی از این دست، نویسنده در موارد مکرر این ادعای بی‌پایهٔ خویش را تکرار می‌کند که ایشان با نوشتن این کتاب «برای نخستین بار به جای معلول‌نگاری سعی کرده به علت‌یابی بپردازد»، و به قول ایشان به همین علت هم «این‌چنین مورد خشم و غضب قرار گرفته» است. چنین آرزویی برای نویسنده البته که ایراد و اشکالی ندارد. و اما، آدم این درد را با کدام زبان بگوید که برای یک نویسنده و محقق ایرانی که در سال‌های پایانی قرن بیستم کتاب می‌نویسد، پرسش اساسی این است که: «چگونه استعمارگران توانستند از هزاران کیلومتر آن‌طرف‌تر آمده و بر ما مسلط شوند، اما ما نرفتیم آنها را به استعمار درآوریم؟»

تو گویی که ما در ایران بلاکشیده‌مان، دیگر هیچ مشکل و معضل دیگر نداریم. همین که فهمیدیم در هزار سال پیش از دیگران عقب‌تر بوده‌ایم، دیگر خیالمان راحت می‌شود و همه دست به‌دست و بازو به بازوی هم می‌دهیم تا به قول نویسنده شاید به وضعی برسیم که مثلاً حالا دیگر ما برویم و «هلند، دانمارک و سوئد را به استعمار خودمان» در بیاوریم! جهان‌بینی پنهان شده در ورای این نگرش به راستی هراس‌انگیز است. یا مستعمره می‌کنی و یا مستعمری می‌شود، برای جوامع بشری، راه سومی وجود ندارد. چنین نگرشی اگر نشانهٔ طبیعی دانستن قدرت‌مداری و تبلیغ استعمار نیست، پس چیست؟ یعنی همین امروز نیز، با پی گرفتن این شیوهٔ بررسی چگونه می‌توان به امپریالیسم جهان‌خوار آمریکا یا دیگر قدرت‌های سلطه‌طلب گفت که باید دست از زورگویی و ظلم و ستم بر ملل ضعیف‌تر بردارند. آیا نویسندهٔ بافضیلت این کتاب نخواهد گفت که می‌توانند و می‌کنند. ما هم اگر می‌توانستیم، می‌کردیم یا باید می‌کردیم...

و اما، من برآنم که جامعهٔ بشری در پایان هزارهٔ دوم و آغاز هزارهٔ سوم میلادی، با قوانین حاکم بر جهان حیوانات و بر جنگل بسی بیشتر از آن‌چه نویسندهٔ محترم این کتاب تصور می‌کند، فاصله گرفته است.

پاسخی به یک نقد

پاسخ دکتر صادق زیباکلام به مقالهٔ ریشه‌یابی یا ریشه‌تراشی[1]

آن‌چه می‌خوانید مطلبی است که آقای دکتر صادق زیباکلام در پاسخ به نقد آقای دکتر احمد سیف تحت عنوان «ریشه‌یابی یا ریشه‌تراشی» که در فصلنامهٔ تاریخ معاصر ایران (شماره پنجم) به چاپ رسیده بود برای ما ارسال کرده‌اند. یادآوری این نکته ضروری است که چاپ مطلبی در فصلنامهٔ تاریخ معاصر دال بر پذیرش دیدگاه‌های نویسندهٔ آن نیست. به هر حال فصلنامه ضمن احترام به آرا و دیدگاه‌های صاحب‌نظران و متخصصان این حوزه از نظرات تمامی این عزیزان در چهارچوب تعیین شده استقبال می‌کند.

سردبیر محترم

با سلام و تحیت، درج مقالهٔ «ریشه‌یابی یا ریشه‌تراشی»: نقد کتاب «ما چگونه، ما شدیم: ریشه‌یابی علل عقب‌ماندگی در ایران» به قلم جناب آقای دکتر احمد سیف در «فصلنامهٔ مؤسسهٔ مطالعات تاریخ معاصر ایران (سال دوم، شماره پنجم، بهار ۱۳۷۷)» پیش از هر چیز اسباب شگفتی و تعجب مرا فراهم ساخت. مطالعهٔ فصلنامه یکی از کارهای منظم من می‌باشد و چه از بابت کیفیت مقالات آن و چه با آشنایی دور و نزدیکی که با برخی از دست‌اندرکاران محترم و فاضل مؤسسه دارم، همواره آن را تشکیلاتی علمی، وزین و پژوهشی یافته‌ام که کمتر حاضر می‌شود به درج مطالبی غیرپژوهشی و احیاناً جنجال برانگیز بپردازد. شگفتی‌ام

---

۱ - به سرکار خانم فرشته اتفاق‌فر، کارشناس مؤسسهٔ «مطالعات تاریخ معاصر» که در تنظیم، تصحیح و ویرایش این مقاله نهایت بزرگواری را به عمل آوردند، مدیون و از ایشان سپاسگزارم. از مساعی جناب آقای مرتضی رسولی، مسئول بخش تاریخ شفاهی مؤسسه نیز که با پی‌گیری اسباب چاپ این پاسخ را فراهم آورده‌اند نیز صمیمانه تشکر می‌کنم. امید آن که محتوای این مقاله اسباب پشیمانی این عزیزان را فراهم نیاورده باشد.

بیشتر از این بابت بود. حجم دشنام‌دهی در مقالهٔ آقای دکتر سیف در حدی بود که من بعید به نظر می‌رسید فصلنامهٔ مؤسسه مطالعات تاریخ معاصر ایران آن را درج نماید.

بنده به عنوان نمونه برخی از هتاکی‌های آقای دکتر سیف را نسبت به خودم (و نه نسبت به مطالب کتاب) برای جناب‌عالی می‌آورم: «فقدان صداقت (یعنی بنده هیچ صداقتی در نوشتن «ما چگونه، ما شدیم» نداشته‌ام و اساساً به لحاظ شخصیتی انسان صادقی نیستم) (صفحات ۲۴۸/۲۴۴/۲۴۳/۲۳۷)[1]؛ «خدمتگزار حقیقت نیستم»؛ «روش‌شناسی علمی را اساساً نمی‌شناسم»؛ «مسئولیت‌گریز هستم»؛ «نمی‌دانم راجع به چه چیزی دارم می‌نویسم»؛ «کارم (یعنی کتاب ما چگونه، ما شدیم) قلابی و بی‌فایده است»؛ «به کارل مارکس بد و بیراه گفته‌ام»؛ «به هرکس و به همه کس در کتاب دشنام می‌دهم»؛ «هدفم از نوشتن کتاب پاشیدن خاک بر چشم حقیقت بوده است»؛ «با شیوهٔ تحقیق بیگانه هستم»؛ «با تاریخ بیگانه هستم»؛ «ذهنم آشفته است»؛ «ذهنم مستبد است»؛ «در ناسزاگویی به تفکر چپ هیچ حد و مرزی نمی‌شناسم»؛ «حتی با مفاهیم ابتدایی تاریخ، اقتصاد و جامعه‌شناسی آشنا نیستم»؛ «خودم هم می‌دانم که راست نمی‌نویسم»؛ «خودم هم کتابی را که نوشته‌ام نخوانده‌ام»؛ «پرمدعا و خودپسندم» و...

شاید تصورش سخت باشد، ولی بنده سر سوزنی از مطالب آقای دکتر سیف ناراحت نشدم. در مقایسه با مطالب دیگری که «دکتر سیف»های دیگر ظرف این چند ساله نثارم کرده‌اند، مطالب ایشان چندان هم موهن نبود.

«دکتر سیف»های دیگر ظرف این مدت پا را به مراتب فراتر گذارده و حقیر را «جاسوس»، «مفسده»، «وابسته» (ظاهراً به آمریکا، انگلستان، و هر کجای دیگری که ما با آنها مخالفیم ازجمله و اخیراً طالبان)، «منحرف ساختن جوانان»، «گمراه نمودن دانشجویان»، «مزدور»، «خائن»، «سرسپرده»، «حقوق‌بگیر» و... اعلام کرده‌اند. باز جای شکرش باقی است که دکتر سیف فصلنامهٔ تاریخ معاصر صرفاً به «بی‌سوادی»، «دروغ‌پردازی»، «ندانستن تاریخ، اقتصاد، جامعه‌شناسی و روش علمی» و «بی‌صداقتی» حقیر اکتفا کرده‌اند.

بنده این سؤال را از آقای دکتر سیف نمی‌کنم زیرا پاسخ ایشان روشن است. اما مایلم از هیأت تحریریهٔ «فصلنامه تاریخ معاصر» بپرسم که در کجای دنیا رسم بر این است که وقتی کتاب یا اثری را می‌خواهند نقد کنند، به جای پرداختن به مطالب کتاب به روانکاوی و

---

۱ - شماره‌های صفحات ارجاعی مربوط به فصلنامهٔ مؤسسهٔ مطالعات تاریخ معاصر ایران است.

روانشناسی شخصیت نویسنده بپردازند: این‌که «ذهنش مغشوش است»؛ «دروغ می‌گوید»، «صداقت ندارد»، «خودش هم کتابش را نخوانده»، «بی‌سواد است»، «مستبد است» و...؟ گیریم که من همهٔ اینها هستم، چه ربطی به موضوع کتابم دارد؟ آیا در انگلستان که جناب آقای دکتر سیف می‌فرمایند سی سال است در آن بلاد زندگی می‌کنند، کتب تاریخی و موضوعی را این‌گونه نقد می‌کنند؟ انگلستان که جای خود دارد، بعید به نظرم می‌رسد حتی در بیافرا هم آن نوشته را بتوان به عنوان نقد عرضه داشت.

یک فقره از بیشترین حملات آقای دکتر سیف به حقیر به واسطهٔ مارکس و مارکسیسم است. چندین بار نوشته‌اند که به مارکس هتاکی کرده، به مارکسیست‌ها ناسزا گفته‌ام، در ناسزاگویی به تفکر چپ هیچ حد و مرزی را نمی‌شناسم ایراد دیگرشان در این فقره آن است که چرا در بررسی آرای مارکس به آثار ایشان رجوع نکرده‌ام. برخلاف آن‌چه ایشان ادعا کرده‌اند، بنده در هیچ کجای **ما چگونه، ما شدیم** نه به مارکس، نه به مارکسیست‌ها و نه به هیچ گروه، دسته و جریان دیگری نه اسائهٔ ادب کرده‌ام، نه توهین و نه ناسزا گفته‌ام درخصوص فقرهٔ دوم، این‌که چرا به آثار مستقیم مارکس رجوع نکرده‌ام، دلیلش کاملاً روشن است. زیرا کتاب نه درخصوص اندیشه و آرای مارکس است نه پیرامون مارکسیسم و نه فلسفهٔ تاریخ از دیدگاه مارکس. بنده صرفاً به منظور معرفی و یک آشنایی مقدماتی برای خوانندگانی که با مارکسیسم بیگانه هستند چند صفحه‌ای را در کتاب تخصیص به این منظور داده‌ام. این‌که این چند صفحه را بنده از کجا آورده‌ام، اصلاً مهم نیست. مهم آن است که آیا آن چند صفحه توانسته درک درست و جامعی از مارکسیسم به خواننده ارائه دهد یا نه؟ مگر بنده می‌خواسته‌ام فلسفهٔ ماتریالیسم تاریخی مارکس را نقد کنم که می‌بایستی به آثار دست اول مارکس رجوع می‌کردم؟ هدف یک آشنایی بسیار کلی و مقدماتی با مارکسیسم بوده است و بس. خوب بود جناب دکتر سیف می‌نوشتند آن مقدمه یا آن چند صفحه کجایش ایراد دارد و مارکس اگر آن را می‌خواند، نمی‌پذیرفت و می‌گفت نه اینها از آن من نیست؟ به‌علاوه درخصوص نویسندگانی که ایشان از آنان نام برده‌اند نیز باز ضرورتی ندارد که برای آشنایی با دیدگاه‌های آنان حکماً با مارکسیسم و فلسفه مارکس آشنا باشیم. زیرا دکتر سیف بهتر می‌دانند که مقولهٔ «توسعه»، «توسعه‌نیافتگی» و «عقب‌ماندگی» مفاهیمی هستند که عمدتاً در دوران بعد از جنگ سرد مطرح شدند. یعنی قریب به هفتاد سال بعد از درگذشت مارکس. سرانجام این‌که اساساً چرا بایستی در ریشه‌یابی علل عقب‌ماندگی صرفاً در یک چارچوب

مارکسیستی حرکت نمود؟

همهٔ اینها به کنار، فرض بگیریم نویسنده‌ای یا بندهٔ حقیر در جستجوی علل عقب‌ماندگی استدلال سست و بی‌منطقی ارائه دهیم. مثلاً حقیر نظریه‌ای ارائه دهم مبتنی بر این‌که علت عقب‌ماندگی ایران به واسطهٔ وجود منطقهٔ کرمان است که در ازمنهٔ گذشته مکران نام داشته است. اصرار هم داشته باشم که این یک نظریهٔ بکر و دست اول است و برخلاف آرای دیگران که تاکنون می‌پنداشته‌اند تهران علت عقب‌ماندگی ایران بوده است، مدعی شویم که کرمان این نقش را داشته است. اگر یک نظریه به لحاظ محتوا ناصحیح باشد چه دخلی به روان‌شناسی نویسندهٔ آن پیدا می‌کند؟ اگر همهٔ مطالب ***ما چگونه، ما شدیم*** عبث و ناصحیح باشد، چگونه با این فرض، آقای دکتر سیف به این حکم می‌رسند که من انسانی «نادرست» و «ناصادق» هستم؟ می‌خواهم بگویم رد دیدگاه‌های یک نویسنده (هرقدر هم که آن دیدگاه‌ها ضعیف و غیر علمی باشند) یک مسئله است، و تخطئهٔ شخصیت نویسنده‌اش مسئله‌ای دیگر. تا آن‌جایی که به نقد آقای دکتر سیف مربوط می‌شود، ایشان بیش از آن‌چه در پی نقد و بررسی مطالب ***ما چگونه، ما شدیم*** باشد، درصدد آن هستند تا نشان دهند بنده چه میزان انسان بی‌ریشه و نادرستی هستم. با توجه به این‌که بنده هیچ سابقهٔ مراوده‌ای اعم از خصمانه یا دوستانه با جناب ایشان نداشته‌ام و اگر وی را جایی ببینم حتی قادر نیستم ایشان را به جای آورم، و ایضاً ایشان هم سابقه برخورد شخصی با حقیر نداشته‌اند، پس این همه بغض و کینه بر سر چیست؟

در پاسخ بایستی بگویم که در مجموع دو گروه بیشترین مخالفت‌ها را با ***ما چگونه، ما شدیم*** نشان دادند. مقصودم آن نیست که دیگران همه با مطالب کتاب موافقت داشتند، خیر. دیگران هم ایراداتی مطرح کرده‌اند، ضعف‌هایی بر کتاب وارد ساخته‌اند و اینجا و آن‌جا استدلال‌های کتاب را سست دیده‌اند اما در عین حال نکات مثبت و ارزنده‌ای هم در کتاب یافته‌اند. اما این دو گروه به جز تقبیح، تخریب، زشتی و سیاهی هیچ نکتهٔ دیگری در کتاب ندیده‌اند. گروه اول شامل نویسندگان و جریاناتی می‌شود که نسبت به مارکسیسم تعلق خاطر دارند و روایت توسعه‌نیافتگی را حاضر نیستند خارج از چارچوب مارکسیستی ببینند. ***ما چگونه، ما شدیم*** تبیین‌های مارکسیستی و نئومارکسیستی جدید را در ریشه‌یابی علل عقب‌ماندگی در ایران نارسا می‌بیند. این موضوع درحقیقت بزرگ‌ترین جرم کتاب است. گروه دوم شامل جریاناتی می‌شود که من آنان را «راست فکری» توصیف کرده‌ام. این دو

جریان علی‌رغم تفاوت‌های بنیادی‌شان، درخصوص یک مسئلهٔ اساسی با یکدیگر اشتراک‌نظر دارند که ضدیت با غرب است.

ضدیت اصلی این دو گروه با **ما چگونه، ما شدیم** از آن‌جا نشأت می‌گیرد که این کتاب به جای نشانه رفتن غرب در قالب استعمار با امپریالیسم به عنوان عامل تاریخی توسعه‌نیافتگی، اساس استدلالش آن است که برای یافتن علل عقب‌ماندگی ایران می‌بایستی مقدم بر هر چیز دیگر به داخل خود ایران بازگردیم. بهترین و مناسب‌ترین راه برای نشان دادن تقارن موجود میان این دو جریان و ضدیت مشترکشان با این کتاب آن است که محتوی و لحن حملات «راست فکری» به **ما چگونه، ما شدیم** را در کنار نقد آقای دکتر سیف قرار دهیم.[1] علی‌رغم وجه اشتراک کلی‌شان در ضدیت با این کتاب، هریک از این دو جریان در عین حال دلایل خاص خود را نیز دارند.

یکی از دلایل ضدیت گروه چپ که در مقالهٔ آقای دکتر سیف هم بخش قابل‌توجهی را به خود اختصاص داده است مقولهٔ فئودالیسم است. شاید تا به امروز صدها صفحه مطلب پیرامون حضور فئودالیسم یا عدم حضور فئودالیسم در ایران توسط مارکسیست‌های ایرانی به رشتهٔ تحریر درآمده باشد. عده‌ای معتقدند که در ایران نظام فئودالی کم و بیش به همان صورتی که مدنظر مارکس بوده وجود داشته است. عده‌ای دیگر معتقدند که نه این‌گونه نبوده و بالاخره گروه سومی معتقدند که به هر حال در ایران «نوعی نظام فئودالی» وجود داشته است. همچون بحث «جبر» و «اختیار» در میان اهل کلام، بحث وجود یا نبود فئودالیسم هم در میان مارکسیست‌های ایرانی پایان‌ناپذیر بوده است. **ما چگونه، ما شدیم** معتقد است که «فرماسیون فئودالیسم» آن گونه که در اروپا پدید آمد و مورد احتجاج مارکس قرار گرفت، هرگز در ایران وجود نداشته است.

این نظر جدای از آن که برای بسیاری از مارکسیست‌ها قابل قبول نیست، مشکل جدی‌تر که ایجاد می‌کند آن است که بخشی از تجزیه و تحلیل مارکسیست‌ها را درخصوص ایران با مشکل مواجه می‌سازد.

من وارد جزئیات استدلال‌های کتاب پیرامون این ادعا نمی‌شوم. در آن‌جا تلاش کرده‌ام که به زبانی ساده شاکله یا اسکلت اصلی یک نظام فئودالی را برای خواننده ترسیم نمایم. سپس با مقایسهٔ آن نظام با آن‌چه در ایران قرون وسطی وجود داشت، به این نتیجه‌گیری رسیده‌ام که

---

۱ - کاری که خوانندگان محترم به سهولت می‌توانند انجام دهند.

فرماسیون اجتماعی را که در ایران وجود داشت هرچه بنامیم، نمی‌توان آن را فئودالیسم (به آن معنا که مراد مارکس بود) نامید. دکتر سیف در رد این نظر سعی کرده‌اند تا اولاً نشانش دهند که من چه‌قدر «بی‌سواد»، «بی‌اطلاع» و «ناصادق» هستم؛ ثانیاً، با ارائهٔ توضیحاتی پیرامون آب، زمین و این‌که اساس تولید در ایران کشاورزی بوده می‌خواهند ثابت کنند که در ایران نیز همچون اروپا فئودالیسم وجود داشته است. من در پاسخ ایشان و مابقی کسانی که این‌چنین از این ادعای کتاب برآشفته‌اند بایستی بگویم که بحث بر سر جزییات و لفاظی با کلمات و عبارت نیست. طبیعی است که نظام تولیدی ایران بر مبنای کشاورزی بوده است. بالطبع یک عده بی‌زمین بوده‌اند به نام «رعیت»، عده‌ای هم صاحب زمین و مالک. بحث بر سر این‌ها نیست. وجود آب، زمین، رعیت، مالک و تولیدات کشاورزی نیست که نظام تولیدی و فرماسیون اجتماعی ایران را در عصر سلجوقیان، صفویه یا قاجارها به صفت «فئوالیسم» منصف می‌سازد. بلکه همان‌طور که در ***ما چگونه، ما شدیم*** تشریح شده مناسبات اجتماعی و روابط تولیدی است که سبب می‌شود ما یک نظام را فئودالی بنامیم. ازجمله مهم‌ترین مسایل در مناسبات اجتماعی عبارتند از نقش حکومت؛ ساختار سیاسی قدرت؛ حاکمیت قانون؛ وجود اتحادیه‌های مستقل از حکومت؛ محترم شمرده شدن اصل مالکیت؛ و بالاخره به رسمیت شناخته شدن یک مجموعه‌ای از عهد و میثاق‌های اجتماعی. در این حوزه‌ها ایران هیچ شباهتی به اروپای فئودالیسم نداشت. ازجمله درخصوص قدرت، حکومت و ساختار سیاسی تفاوت میان ایران و اروپا بنیادی بود. در اروپا، حکومت تنها یک پایهٔ قدرت بود و دو پایهٔ دیگر عبارت بودند از اشراف (فئودال‌ها) و کلیسا. ***در ایران، اول، وسط و آخر قدرت از آن حکومت بود و بس.*** در اروپا، جورج سوم، پیت چهارم، فردیناند دوم، ویلیام هشتم، الیزابت پنجم این حق را نداشتند که به قلمرو اشراف تجاوز کرده، زمین‌های یک مالک یا فئودال را مصادره کرده، تصرفی در اموالش نموده یا رعیتش را بگیرند. حرم یک فئودال مشخص، حاکمیت وی در آن‌جا معین، و تملک وی بر زمین‌ها، رعیت و اموالش مورد تضمین بود. ما کم نداریم خاندان اشرافی در اروپا را که قدمت تاریخشان به چند صد سال می‌رسد. اما در ایران، در کدام مقطع تاریخی و در کدام عصر ما چیزی شبیه به آن‌چه در اروپا بود داشتیم؟ «حریم»، «مالکیت»، «امنیت»، «حق و حقوق اجتماعی» در ایران، مفاهیم بی‌معنایی بیش نبودند، ملعبهٔ دست حکام و سلاطین. تنها چیزی که معنا و رسمیت داشت و حق و حقوق بی‌چون و چرا بود، ارادهٔ حکومت و منویات پادشاه، سلطان یا امیر بود. به اشارهٔ حکومت،

[illegible]

[illegible]

استعمار سبب می‌شود که اولاً، ما هرگز نتوانیم مشکلات و ضعف‌های خودمان را درک کنیم (چون همواره کاسه و کوزه‌ها بر سر استعمار شکسته می‌شود)، ثانیاً این‌که ما را وا می‌دارد به جای پرداختن به علت به سراغ معلول برویم (آن‌طور که تا به حال کرده‌ایم).

مشکل سوم مارکسیست‌ها با ***ما چگونه، ما شدیم*** به واسطهٔ مسئلهٔ «غرب‌ستیزی» در این کتاب است. ***ما چگونه، ما شدیم***، «غرب‌ستیزی» چپ را در ایران بیش از آن‌چه معلول تفکر فلسفی و تاریخی بداند، معلول یک نوع برخورد سیاسی، مجادله و عوام‌زدگی می‌پندارد. بنابراین نه‌تنها ارزشی برای این پدیده قایل نیست بلکه معتقد است عینک تیره غرب‌ستیزی کورباعث شده تا ما نتوانیم بسیاری از حقایق و واقعیات جهان را آن‌گونه که هستند درک کنیم و به‌جای واقعیت، جهانی در ذهن خود ساخته و پرداخته کرده‌ایم که معلوم نیست چه میزان واقعی است. کتاب معتقد است زمان آن فرارسیده که ما این عینک تیره را برداریم و به جای غرب‌ستیزی به غرب‌شناسی بپردازیم.

گروه دومی که از در مخالفت جدی با ***ما چگونه، ما شدیم*** درآمدند جریاناتی هستند که من به آنها «راست فکری» لقب داده‌ام. ماهیت اجتماعی این جریان بسیار متفاوت از جریان اول است. اما علل مخالفتشان با ***ما چگونه، ما شدیم*** با گروه اول چندان متفاوت نیست. این گروه بیشتر شامل جریانات تندرو اسلامی می‌شود. علی‌رغم تفاوت‌ها و تناقضات بنیادی که میان جهان‌بینی مارکسیسم با «راست‌فکری» اسلامی وجود دارد، در یک نقطه و پیرامون یک موضوع اشتراک‌نظر جالبی میان این دو وجود دارد و آن هم در نگرششان نسبت به غرب است. راست‌فکری نیز ضدیت شدیدی با غرب از خود نشان می‌دهد. بخش عمده‌ای از کیفرخواست راست‌فکری علیه غرب همان حرف‌ها و تحلیل‌های مارکسیست‌ها است: این‌که غرب باعث عقب‌ماندگی ما شده، این‌که غرب با سلطهٔ استعمار یا از طریق استعمار، جهان سوم را به استثمار درآورده، این‌که غرب مخالف پیشرفت و ترقی واقعی کشورهای در حال توسعه است، این‌که غرب مخالف پیشرفت و ترقی واقعی کشورهای در حال توسعه است، این‌که غرب از طریق شرکت‌های چند ملیتی، بانک جهانی، صندوق بین‌المللی پول و اهرم‌های دیگر، جهان سوم و کشورهای در حال توسعه را استثمار و چپاول می‌نماید و قس علی‌هذا. اما افزون بر اینها، «راست فکری» انگیزه‌های مخصوص به خودش را نیز علیه غرب دارد. این‌که غرب بی‌دین است، غرب به دین اهمیتی نمی‌دهد، در غرب سکولاریزم حاکم است، غرب دشمن اسلام و مسلمین است (به دلیل پایبندی مسلمانان به دین)، غرب

می‌خواهد فرهنگ، سبک زندگی و باورهای اجتماعی خود را به جهان اسلام تحمیل کند و در یک کلام غرب قصد نابودی جهان اسلام را دارد. از سوی دیگر راست فکری معتقد است که کنار گذاردن دین از عرصهٔ امور اجتماعی و تقلیل آن به امری فردی و خصوصی سرانجام به تباهی و ضلالت جامعه ختم می‌شود. بنابراین نظام غربی محکوم به شکست و فنا است. اگر مشکل مارکسیسم با غرب به واسطهٔ ماهیت نظام سرمایه‌داری می‌باشد، مشکل راست‌فکری با غرب از این فراتر رفته و وارد مسایل فرهنگی و اجتماعی هم می‌شود. جایی که هر دو اشتراک دارند نقش غرب در عقب نگه‌داشتن کشورهای جهان سوم ازجمله ایران است.

واضح است که اگر نویسنده‌ای این باور جاافتاده را که غرب یا استعمار نقش اصلی را در عقب‌ماندگی تاریخی ما داشته‌اند به زیر سؤال ببرد، هر دو جریان مارکسیستی و «راست‌فکری» اسلامی (علی‌رغم تفاوت‌هایشان) در قبال چنین اندیشه‌ای به‌شدت واکنش نشان می‌دهند. هر اندیشه‌ای که بخواهد خدشه‌ای به این «مستمسک» و «نظریه» وارد سازد، بدون تردید با واکنش تند هر دو جریان مواجه می‌شود. در عمل نیز این گونه شد و تندترین برخوردها و حادترین حملات به **ما چگونه، ما شدیم** از سوی «راست فکری» و نشریات وابسته به آن صورت گرفت (مشروح این حملات و انتقادات در ضمایم **ما چگونه، ما شدیم** به طور کامل درج شده است).

مهم‌ترین اتهامی هم که در این راستا هر دو جریان به **ما چگونه، ما شدیم** وارد ساخته‌اند (اتهامی که آقای دکتر سیف هم به کتاب وارد کرده‌اند) آن است که با نفی غرب و استعمار به عنوان عامل اصلی عقب‌ماندگی ایران و در عوض ریشه‌یابی مسئله در تار و پود شرایط اقلیمی، تحولات تاریخی، سیاسی و اجتماعی ایران، حقیر به استعمار، غسل تعمید داده و اسباب تبرئهٔ آن را (از گناه تاریخی عقب نگه‌داشتن ما) فراهم کرده‌ام. به‌علاوه با خودداری از حمله به غرب، به عملکرد شوم غرب در قالب استعمار، استثمار و غارت منابع و ثروت کشورهای دیگر یک نوع «مشروعیت طبیعی» داده و بدتر از آن برای فلسفهٔ استعمار یک نوع «حق» قایل شده‌ام. به این معنا که چون غربی‌ها قوی بوده‌اند، این «حق» را داشته‌اند که بروند دیگران را به استعمار خود درآورند. ما چون ضعیف بودیم نتوانستیم این عمل را انجام دهیم و اگر قدرت می‌داشتیم ما هم می‌توانستیم و می‌بایستی دیگران را مستعمرهٔ خود می‌کردیم. دکتر سیف در وارد ساختن این اتهام به کتاب این‌گونه می‌نویسند:

آدم این درد را با کدام زبان بگوید که برای یک نویسنده و محقق ایرانی که در سال‌های پایانی قرن بیستم کتاب می‌نویسد، پرسش اساسی این است که: چگونه استعمارگران توانستند از هزاران کیلومتر آن طرف‌تر آمده و بر ما مسلط شوند، اما ما نرفتیم آنها را به استعمار درآوریم؟ تو گویی که ما در ایران بلاکشیده‌مان، دیگر هیچ مشکل و معضل دیگر نداریم. همین که فهمیدیم در هزار سال پیش از دیگران عقب‌تر بوده‌ایم، دیگر خیالمان راحت می‌شود و همه دست به‌دست و بازو به بازوی هم می‌دهیم تا به قول نویسنده شاید به وضعی برسیم... که برویم هلند، دانمارک و سوئد را به استعمار خودمان در بیاوریم! جهان‌بینی پنهان شده در ورای این نگرش به راستی هراس‌انگیز است یا مستعمره می‌کنی یا مستعمره می‌شود، برای جوامع بشری، راه سومی وجود ندارد. چنین نگرشی اگر نشانهٔ طبیعی دانستن قدرت‌مداری و تبلیغ استعمار نیست، پس چیست؟ یعنی همین امروز نیز با پی‌گرفتن این شیوهٔ بررسی چگونه می‌توان به امپریالیسم جهانخوار آمریکا با دیگر قدرت‌های سلطه‌طلب گفت که باید دست از زورگویی و ظلم و ستم بردارند؟

مشابه همین مطالب را که بنده حق و حقوق برای غربی‌ها و استعمارگران در غارت و چپاولشان قایل شده‌ام، «راست فکری» نیز بر ***ما چگونه، ما شدیم*** وارد ساخته است. در نقد یا مقالهٔ معروف ***غسل تعمید استعمار*** که راست‌فکری در مخالفت با ***ما چگونه، ما شدیم*** به رشتهٔ تحریر درآورده، می‌نویسند:

«... حق و حقوقی را که ایشان (یعنی حقیر) برای غربی‌ها قایل شده‌اند گمان نمی‌رود که آنان خود قایل شوند. آقای دکتر زیباکلام، این چه (حقی) است که یک تمدن یا یک قدرت یا یک کشور... را از نظر شما محق می‌سازد تا برای تأمین منافع خود به سراغ استثمار و استعمار دیگران برود؟... تشبث به مفاهیم گنگ و بی‌اعتباری همچون به رسمیت شناختن «حق» و «نیاز طبیعی» برای استعمارگران تنها استدلال آقای دکتر زیباکلام در تلاششان در جهت تبرئهٔ استعمار نیست.

آیا به راستی ما «چگونه، ما شدیم» مبلغ و مدافع استعمار است؟

بنده برای نشان دادن آنکه ریشهٔ عقب‌ماندگی ما درون جامعه خودمان بوده و متهم ساختن این و آن دردی را دوا نکرده و ما چاره‌ای نداریم الا این‌که برای رفع عقب‌ماندگی و چارهٔ توسعه‌نیافتگی‌مان به خودمان بازگردیم، این سؤال را مطرح ساخته‌ام که چگونه استعمارگران توانستند از هزاران کیلومتر آن طرف‌تر آمده و بر ما مسلط شوند، اما ما نرفتیم آنها را به استعمار درآوریم؟ چرا انگلیس، روس، پروس و... ما را به استعمار درآوردند، اما ایران نرفت هلند، دانمارک و سوئد را به استعمار خود درآورد؟ پاسخم آن است که ما ضعیف، عقب‌مانده، توسعه نیافته و بی‌خبر بودیم اما آنها توانسته بودند به آن درجه از قدرت برسند که بر کشتی سوار شده و پس از پیمودن هزاران کیلومتر به اینجا رسیده و بر ما مسلط شوند. کجای این استدلال می‌گوید که استعمار پدیدهٔ مقبول و درستی است و هرکه می‌تواند

بایستی دیگری را به استعمار خود درآورد؟ جالب است که بلافاصله پس از پایان جمله، بنده نوشته‌ام: «بحث آن نیست که آیا استعمار دیگران به لحاظ اخلاقی درست است یا نه؟ صد البته که به لحاظ دینی، اخلاقی و انسانی عملی است مذموم و ناپسند. بحث آن است که ما آن‌قدر در بی‌خبری به سر می‌بردیم که حتی از روی نقشه هم نمی‌توانستیم نشان دهیم انگلستان در کجای دنیا قرار دارد، چه رسد به این‌که خواسته باشیم آن‌جا را به استعمار خود نیز درآوریم».

علی‌رغم همهٔ اینها، آقای دکتر سیف نوشته‌اند که بنده از قانون جنگل جانب‌داری کرده و معتقدم که «یا بایستی استعمار کرد یا استعمار شده». بنده قضاوت در این خصوص را می‌گذارم بر عهده خوانندگان.

مشکل راست‌فکری و آقای دکتر سیف آن است که ما آن‌قدر سره و ناسره را به هم بافته و عادت کرده‌ایم همهٔ مشکلات و نابسامانی‌های جامعه‌مان را به پای استعمار بریزیم که برایمان به جز حمله به غرب چیز دیگری متصور نبوده است. ما خو گرفته‌ایم به این‌که تا سخن از توسعه‌نیافتگی و عقب‌ماندگی می‌شود یکراست به سراغ غرب برویم آن‌چنان که اگر نویسنده‌ای پیدا شد و این «سخن خطرناک»، این «لفظ ناشایست»، این «سؤال مشکوک» و این «نغمهٔ مظنون» را ساز کرد که پس خودمان چی؟» آیا ما خودمان هیچ نقش و مسئولیتی در قبال «ما شدنمان» نداریم، بلافاصله آقای دکتر سیف و دکتر سیف‌ها تیغ از نیاز برکشیده و بانگ برمی‌آورند که «دارد از غرب، استعمار و آمریکا دفاع می‌شود». استدلال کتاب و جملات آن سلیس‌تر و ساده‌تر از آن هستند که استادی همچون دکتر سیف در فهم آن دچار سوءبرداشت شود. بنابراین اگر ***کتاب متهم به جانب‌داری از استعمار و غربیان می‌شود، مشکل در جای دیگری است. در آن‌جاست که «ما چگونه، ما شدیم» نه تنها از فرهنگ غوغاسالارانه و عوام‌زده «غرب‌ستیزی کور» حاکم بر گفتمان سیاسی و اجتماعی رایج جامعه پیروی ننموده و سنت‌شکنی کرده بلکه حتی یک گام هم فراتر رفته و پرسیده که ما تا به کی می‌خواهیم با متهم ساختن دیگران از رویارویی با ضعف‌ها، کمبودها، مشکلات و مصایب جامعه‌مان فرار کنیم؟***

«صادق زیباکلام»

فهرست منابع فارسی

اشپولر، برتولد. ***تاریخ ایران در قرون نخستین اسلامی***، جلد اول، ترجمه جواد فلاطوری، شرکت انتشارات علمی و فرهنگی، چاپ سوم، (تهران، ۱۳۶۹)

تاریخ مغول در ایران، ترجمه محمود میرآفتاب شرکت انتشارات علمی و فرهنگی (وابسته به وزارت علوم)، چاپ دوم، (تهران، ۱۳۵۶)

اشرف، احمد. ***موانع تاریخ رشد سرمایه‌داری در ایران***، انتشارات زمینه، (تهران، ۱۳۵۹)

الفاخوری، حنا - خلیل البحر.
تاریخ فلسفه در جهان اسلامی، ترجمه عبدالحمید آیتی، سازمان انتشارات و آموزش انقلاب اسلامی، چاپ سوم، (تهران، ۱۳۶۷)

باسورث، ادموند کلیفورد. ***تاریخ غزنویان***، ترجمه حسن انوشه، انتشارات امیرکبیر، (تهران، ۱۳۵۶)

پطروشفسکی، ای. پ. ***اسلام در ایران***، ترجمه کریم کشاورز، چاپ چهارم، انتشارات پیام، (تهران، ۱۳۵۴)

پیگولوسکایا، ن. و، آ. یو. یاکوبوسکی، ای. پ. پطروشفسکی، آ. م. بلنیتسکی، ل. و. اشرویوا.
تاریخ ایران، ترجمه کریم کشاورز، چاپ چهارم، انتشارات پیام، (تهران، ۱۳۵۴)

(همان نویسندگان) تحت عنوان ***ایران باستان***، ترجمه کریم کشاورز (بی‌نا، بی‌تا)

(همان نویسندگان) تحت عنوان، ***ایران در سده‌های میانه***، ترجمه سیروس ایزدی و حسین تحویلی، (بی‌نا، بی‌تا).

حائری، عبدالهادی. ***نخستین رویارویی‌های اندیشه‌گران ایران با دو رویهٔ تمدن بورژوازی غرب***، انتشارات امیرکبیر، (تهران، ۱۳۶۷)

خسروی، خسرو. ***مسئله ارضی و دهقانان تهیدست در ایران***، نشر بیداری، (تهران، ۱۳۶۰)

خواندنیهای تاریخی، جلد دوم، انتشارات هفته، (تهران، ۱۳۶۲)

خنجی، محمدعلی. ***نقد تاریخ ماد***، انتشارات طهوری، (تهران، ۱۳۵۸)

راوندی، مرتضی. ***تاریخ تحولات اجتماعی ایران***، انتشارات امیرکبیر، (تهران، ۱۳۵۸)

رنان، کالین. ا. ***تاریخ علم کمبریج***، ترجمه حسن افشار، نشر مرکز، چاپ دوم، (تهران، ۱۳۷۱)

زرین‌کوب، عبدالحسین. ***تاریخ ایران بعد از اسلام***، انتشارات وزارت آموزش و پرورش، (تهران، ۱۳۴۳)

زندگینامهٔ علمی دانشمندان اسلامی، بخش اول، ترجمه احمد آرام، احمد بیرشک، بهاءالدین خرمشاهی، کامران فانی، فاضل لاریجانی، انتشارات علمی و فرهنگی (وابسته به وزارت علوم)، (تهران، ۱۳۶۴).

سارتون، جورج. ***مقدمه تاریخ علم***، جلد اول، ترجمه غلامحسین صدری افشار، انتشارات وزارت علوم، (تهران، ۱۳۵۳).

ساندرز، ج. ج. ***تاریخ فتوحات مغول***، ترجمه ابوالقاسم حالت، انتشارات امیرکبیر، (تهران، ۱۳۶۱).

سعادت، فتح‌الله و امیرهوشنگ امینی. **جغرافیای اقتصادی ایران**، انتشارات دانشکده علوم ارتباطات اجتماعی، (تهران، ۱۳۵۰).

سلطان‌زاده، حسین. **تاریخ مدارس در ایران** (از عهد باستان تا تاسیس دارالفنون)، انتشارات پگاه، (تهران، ۱۳۶۴).

شفقی، سیروس. **جغرافیای اصفهان**، انتشارات دانشگاه اصفهان، (اصفهان، ۱۳۵۲).

صفا، ذبیح‌الله. **تاریخ علوم عقلی در تمدن اسلامی تا اواسط قرن پنجم** (مجلد اول)، انتشارات دانشگاه تهران، چاپ چهارم، (تهران، ۱۳۷۱).

طباطبایی، سیدجواد. **درآمدی فلسفی بر تاریخ اندیشهٔ سیاسی در ایران**، دفتر مطالعات سیاسی و بین‌المللی (وابسته به وزارت خارجه)، (تهران، ۱۳۶۷).

عنایت، حمید. **نهادها و اندیشه‌های سیاسی در ایران و اسلام**، دانشکده حقوق و علوم سیاسی دانشگاه تهران (جزوه درسی)، (تهران، ۱۳۵۰)

اندیشه سیاسی در اسلام معاصر، ترجمه بهاءالدین خرمشاهی، انتشارات خوارزمی، (تهران، ۱۳۶۲)

فرشاد، مهدی. **تاریخ علم در ایران** (دو جلد)، انتشارات امیرکبیر، (تهران، ۱۳۶۵).

فشاهی، محمدرضا. **گزارش کوتاه از تحولات فکری و اجتماعی در جامعهٔ فئودالی ایران**، انتشارات گوتنبرگ، (تهران، ۱۳۵۴).

کسائی، نورالله. **مدارس نظامیه و تأثیرات علمی و اجتماعی آن**، انتشارات امیرکبیر، چاپ دوم، (تهران، ۱۳۶۳).

لمبتون، ان. ک. اس. **مالک و زارع در ایران**، ترجمهٔ منوچهر امیری، مرکز انتشارات

علمی و فرهنگی (وابسته به وزارت علوم)، چاپ سوم، (تهران، ۱۳۶۲).

سیری در تاریخ ایران بعد از اسلام، ترجمه یعقوب آژند، انتشارات امیرکبیر، (تهران، ۱۳۶۳).

معتمدی، ناصر. ***ایران یک کشور کشاورزی نیست باید صنعتی شود***، (بی‌نا)، (تهران، ۱۳۴۴).

مطهری، مرتضی. ***آشنایی با علوم اسلامی*** (۳ جلد)، دفتر انتشارات اسلامی (وابسته به جامعهٔ مدرسی حوزهٔ علمیه قم)، (تهران، ۱۳۵۸)

خدمات متقابل اسلام و ایران، انتشارات صدرا، (قم، ۱۳۶۶).

مورگان، دیوید. ***مغول‌ها***، ترجمه عباس مخبر، نشر مرکز، (تهران، ۱۳۷۰).

میراحمدی، مریم. ***تاریخ سیاسی و اجتماعی ایران در عهد صفوی***، انتشارات امیرکبیر، (تهران، ۱۳۷۱).

نفیسی، سعید. ***تاریخ اجتماعی ایران از انقراض ساسانیان تا انقراض امویان***، انتشارات موسسه مطالعات و تحقیقات اجتماعی دانشکده ادبیات دانشگاه تهران، (تهران، ۱۳۴۲).

ورداسبی، اباذر. ***ایران در پویهٔ تاریخ***، انتشارات قلم، (تهران، ۱۳۵۶).

علل کنونی و ناپیوستگی تکامل جامعه فئودالی ایران، چاپ سوم، انتشارات چاپار، (تهران، ۱۳۵۶).

یوسفی اشکوری، حسن. ***مجموعهٔ مقالات احیاء***، ناشر حسن یوسفی اشکوری، (تهران، ۱۳۶۷).

کلیهٔ نقشه‌های فارسی از کتاب ***اطلس تاریخی جهان از آغاز تا امروز*** اثر کالین مک‌ایودی ترجمهٔ فریدون فاطمی، نشر مرکز، چاپ چهارم، (تهران ۱۳۷۱) اخذ شده است.

فهرست منابع انگلیسی

Abu-Lughod, Janet L. ***Before European Hegemony: The World System A.D. 1250-1350***, Oxford University Press (U.K., 1989)

Abrahamian, Ervand. ***Iran Between Two Revolutions***, Princeton University Press (U.S., 1982)

Amid, Mohammad Javad. ***Agriculture, Poverty and Reform in Iran***, Routledge (U.K., 1990)

Burns, Edward Mcnall. ***Western Civilization***, volume II, 8th edition, W. W. Norton & Company (U.S., 1973)

Duri, A. A. (translated from Arabic into English by Lawrence I. Conrad), ***The Historical Formation of the Arab Nation***, Croom and Helm Centre for Arab Unity Studies (U.S., 1987)

Fisher, S. N. and William Ochsenwald. ***The Middle East, A History***, McGraw-Hill, 4th Edition (U.S., 1990)

Guillaume, Alfred. ***Islam***, Penguin Books (U.K., 1983)

Hartog, Leo de. *Genghis Khan Conqueror of The World*, I.B. Tauris (U.K., 1989)

Hitti, Philip. K. *History of the Arabs*, 14th reprint, Macmilan (U.S., 1991)

Kedourie, Elie and Sylvia. G. Haim (ed). *Towards a Modern Iran: Studies in Thought, Politics and Society*, (U.K., 1980)

Lambton, Ann K. S. *Continuity and Change in Medieval Persia: Aspects of Administrative, Economic and Social History, 11th-14th Century*, I.B. Tauris (U.K., 1988)

Macloy, Don. *Technology Made Simple* (U.K., 1984)

Mortimer, Edward. *Faith and Power: The Politics of Islam*, Faber and Faber (U.K., 1982)

Unstead, R. J. *Looking at History*, volume II: *The Middle Ages*, A. and C. Black (U.K., 1972)

Roberts, J. M. *An Illustrated World History*, volume 4: *Different Worlds*, Penguin Books (U.K., 1986)

The Penguin History of the World, Penguin Books (U.K., 1990)

Watt, William Montgomery. *Islamic Fundamentalism and Modernity*, Routledge (U.K., 1989)